V&R

Analysen und Dokumente

Band 28

Wissenschaftliche Reihe der Bundesbeauftragten für die Unterlagen des Staatssicherheitsdienstes der ehemaligen Deutschen Demokratischen Republik (BStU)

Vandenhoeck & Ruprecht

Henry Leide

NS-Verbrecher und Staatssicherheit

Die geheime Vergangenheitspolitik der DDR

Vandenhoeck & Ruprecht

Bibliografische Information Der Deutschen Bibliothek

Die Deutsche Bibliothek verzeichnet diese Publikation in der
Deutschen Nationalbibliografie; detaillierte bibliografische Daten sind
im Internet über <http://dnb.ddb.de> abrufbar.

ISBN 3-525-35018-X

Druck und Bindung: Hubert & Co., Göttingen
Umschlagkonzept: Groothuis, Lohfert, Consorten, Hamburg

Gedruckt auf alterungsbeständigem Papier.

Inhalt

Einleitung ... 11
Zeitrahmen und Aufbau ... 16
Literatur und Quellen ... 18

I Die Rolle der Staatssicherheit im deutsch-deutschen und internationalen Kontext

1 Vom Kriegsende bis zu den Waldheimer Prozessen – die Vorgeschichte bis 1950 ... 27
Alliierte Strafverfolgung ... 27
Alliierte Rekrutierungen ... 30
Internierung und Entnazifizierung ... 33
Dezernate K5 und der Befehl 201 ... 35
Die Waldheimer Prozesse ... 39

2 Stille Integration und die Aktivitäten des MfS 1950 bis 1958 ... 43
NSDAP-Mitglieder in der frühen DDR ... 45
Die Beteiligung des MfS an der Strafverfolgung 1950 bis 1956 ... 52
Anfänge der IM-Werbung ... 54
Die Anwerbung von Amnestierten und Haftentlassenen ... 57
Die Perspektive der Opfer ... 66

3 Kampagnen und Prozesse 1958 bis 1968 ... 73
»Was Bonn verdeckte – die DDR deckte es auf« – Die Propaganda-Kampagnen ... 73
Wechselwirkungen: Westliche Rechtshilfeersuchen, das RSHA-Verfahren und die Verjährungsdebatte 1963 bis 1965 ... 88
Aktion Konzentration 1965 ... 95
Ausbau der MfS-Diensteinheiten ... 96
Absicherung des Rechtshilfeverkehrs ... 99

4 Ermittlungen und Strafverfolgungspolitik der siebziger und achtziger Jahre 105
»Strukturverfahren« der HA XX/2/III 118
Behandlung von in Frankreich verurteilten Kriegsverbrechern 124
Der Fall Heinz Barth 131

II Das MfS als Aktensammler

1 Anfänge ab 1945 143
Die Pressestelle II im Polizeipräsidium Berlin 143
Die Personalpolitische Abteilung beim SED-Parteivorstand 147
Die Aktensammlung der K 5 150

2 Die Rolle der Sowjetunion 152
Die Beschlagnahme deutschen Archivguts durch die Rote Armee 152
Rückgabe der Archivalien durch die UdSSR an die DDR 153

3 Systematischer Ausbau der Bestände seit den sechziger Jahren 156
Aufbau des Sonderspeichers der HA IX/11 156
Munitionslieferant für die geheime SED-Kirchenpolitik: Das Referat Familienforschung im Deutschen Zentralarchiv Potsdam 162
Erste Auswertungen und Übernahmen aus anderen Archiven 164
Die Aktion »Licht« 167
Die Bildung der Dokumentationsstelle des Ministeriums des Innern 1964 168
Fortgesetzte Bestandsergänzungen 176

4 Aktenbeschaffung und Verfilmungsaktionen in sozialistischen Bruderländern 181
Polen 182
UdSSR 184
ČSSR 186

III Fallstudien

1 Zum Umgang mit NS-Belastungen im hauptamtlichen Personal des MfS ... 191

2 Anwerbungen und Anwerbungsversuche als inoffizielle Mitarbeiter ... 195

V-Mann in neuen Diensten – Paul Reckzeh ... 196

Sächsische Gestapobeamte als »Kundschafter für den Frieden«? Anwerbungsversuche bei Otto Boden, Hellmut Grafe und Franz Bienert ... 199

Ein SD-Außenstellenleiter im Dienst des MfS – Erwin Rogalsky-Wedekind ... 207

Eine Polizeikarriere in zwei Diktaturen – Heinrich Groth ... 217

SS-Bürokrat aus dem Reichssicherheitshauptamt – Kurt Harder ... 224

Gestapo- und SD-Leute im Bezirk Leipzig – der Vorgang »Geheimnis« ... 229

Der Kommunistenjäger – Willy Läritz ... 240

Der »volksdeutsche« Dolmetscher Franz Schilling ... 245

SS-Einsatzgruppe D – MfS-Informant – Todesurteil: Johannes Kinder ... 249

Politische Abteilung des Konzentrationslagers Auschwitz – Josef Settnik ... 251

Der Wachposten – August Bielesch ... 261

Hauptscharführer im SS-Sonderkommando – Erich Mauthe ... 265

Der Arisierer – Helmut Wagner ... 270

»Nicht an größeren verbrecherischen Handlungen beteiligt« – der Gestapobeamte Wilhelm Stahl ... 272

Späte Anwerbung unter »Druck« – Johannes T. ... 275

3 NS-Belastete im Westeinsatz ... 277

Vom Judenjäger in Frankreich zur Parteiaufklärung der SED – August Moritz ... 277

Der Schreibtischtäter – Lothar Weirauch ... 284

SD-Außenstellenleiter und West-Ost-Überläufer – Ernst Schwarzwäller ... 292

Der Brandstifter – Hans Sommer ... 301

Eine Verwechslung – ein Westberliner Rechtsanwalt wird verdächtigt, hoher Gestapo-Führer gewesen zu sein ... 318
Gefängnisverwalter im SS-Sonderkommando: Paul Walter ... 319

4 Mangelnder Verfolgungswillen bei »Euthanasie«-Tätern ... 332
Ein westdeutscher Professor und sein ostdeutscher Oberarzt: Werner Catel und Hans-Christoph Hempel ... 333
Rückwirkungen des westdeutschen Heyde-Sawade-Prozesses: Die Ärzte Otto Hebold, Herbert Becker, Gerhard Wischer und Günther Munkwitz ... 336
»Ein unseren gesellschaftlichen Verhältnissen widersprechendes Ergebnis« – Ärzte der Landesheilanstalten Stadtroda: Johannes Schenk, Margarete Hielscher, Rosemarie Albrecht ... 344
Die MfS-Prozesspolitik im westdeutschen Euthanasieverfahren 1967 ... 347

5 Verweigerte Rechtshilfe und Vertuschungen ... 354
Rückwirkungen der Kampagnenpolitik – Auschwitz-Belastete in der DDR ... 354
Stillhalten nach SS-Einsatz – Variante West: Georg Heuchert ... 361
Stillhalten nach SS-Einsatz – Variante Ost: Karl Mally ... 367
In Frankreich in Abwesenheit verurteilt, in der DDR vor Verfolgung geschützt: Heinz Helemann ... 369
»Die wenigen Überlebenden sind der einstimmigen Auffassung, dass ›Bernhard‹ eine schreckliche Bestie ist« – Dr. Harald Heyns alias Dr. Herbert Monath-Hartz ... 373

6 Die Kehrseite der Kehrseite – NS-Opfer und die verdeckte Integrationspolitik ... 392
Opfertraumatisierung und Täterintegration: Die Einsamkeit eines ehemaligen Auschwitzhäftlings ... 392
Ein Auschwitz-Häftling im Visier des MfS ... 397
Gerhard Löwenthal, sein Überleben im Dritten Reich und das Ministerium für Staatssicherheit ... 401
Weitere Widersacher – Simon Wiesenthal, Robert Havemann ... 407
Instrumentalisierung der Vergangenheit im Kampf gegen die westdeutsche Sozialdemokratie ... 408

Resümee: Die geheime Vergangenheitspolitik von SED und MfS zwischen Systemkonflikt und Antifaschismus 413

Danksagung 419

Abkürzungen 421
Literaturverzeichnis 427
Personenregister 444

Einleitung

André Kaminski, der 1968 im Zuge antisemitischer Kampagnen aus Polen ausgebürgert wurde, zeichnet in einem turbulenten Roman die Geschichte seiner Familie in den Wirren des letzten Jahrhunderts nach. Er beginnt mit einem seiner Onkel: »Jedenfalls stammte Onkel Henner vom berühmten Rabbi Schloime Rosenbach ab, der vor dreihundert Jahren in der Bukowina seine Traktate schrieb und auf dessen Grabstein der folgende Sinnspruch steht ›Wahrheit ist das wertvollste aller Güter und soll gehandhabt werden mit Sparsamkeit und Zurückhaltung.‹« Augenzwinkernd fügt er hinzu: »Meine Familie war und ist bestrebt, dieser Devise nachzuleben. Seit Generationen pilgern wir alljährlich am heiligen Jom Kippur nach Tschernowitz und beten für die Seele des großen Vorfahren. Dieser Brauch wurde unterbunden, als Tschernowitz hinter den Eisernen Vorhang zu liegen kam – doch zum Trost der Nachfahren wurde der Sinnspruch des alten Gelehrten zur Maxime des kommunistischen Weltsystems von der Elbe bis zur Küste des japanischen Meeres.«[1]

Mit der vorliegenden Studie soll aufgezeigt werden, wie es in der DDR um »die Wahrheit« zu einem ganz speziellen Thema bestellt war: dem Image eines antifaschistischen Musterstaates bei der Bewältigung des in der Menschheitsgeschichte einzigartigen Verbrechens eines rational geplanten und schließlich industriell durchgeführten Völkermords. Konkret geht es um die spezielle Rolle des Ministeriums für Staatssicherheit (MfS) in der Vergangenheitspolitik der DDR, im Kontext des Kalten Krieges und der deutsch-deutschen Systemkonkurrenz. Neben vielen anderen Funktionen als »Generalunternehmer für Sicherheit«[2] lag auch die Verfolgung von NS-Verbrechern schon seit den ersten Anfängen der DDR in den Händen dieses geheimen Apparates, der an rechtsstaatliche Prinzipien nicht gebunden und allein der Räson des SED-Staates unterworfen war. Natürlich waren an der Aufarbeitung der NS-Verbrechen in der DDR auch viele andere beteiligt: die Justiz, Archive, Propagandastellen der SED-Führung, die Organisationen der einst Verfolgten, Jüdische Gemeinden und so weiter. Doch die besondere Rolle, die sich die Staatssicherheit auf diesem sensiblen Feld eroberte, hatte Folgen, die bis heute in ihren Dimensionen nur unvollkommen sichtbar sind. Diese sorgsam verhüllte Kehrseite der DDR-Vergangenheitspolitik wird hier erstmals einer systematischen Analyse unterzogen.

Die Grundannahme dieser Untersuchung lautet, dass sich die Aktivitäten der DDR zur politischen und juristischen Aufarbeitung des Nationalsozialismus nicht

1 Kaminski: Nächstes Jahr in Jerusalem, 1988, S. 7.
2 Vollnhals: Der Schein der Normalität, 1997, S. 245.

allein aus deren Verhältnis zur Vergangenheit erklären, sondern in erster Linie aus der zeitgenössischen Gegenwart:

»Unter der Voraussetzung einer Zweiteilung in einen prosowjetischen und einen prowestlichen deutschen Staat konnten der östliche Anti-Faschismus und der westliche Antinazismus eine kritische Aufnahme und Verarbeitung der Weimarer Republik, des Nationalsozialismus und des Holocausts nur in den Koordinaten des feindlichen Aufeinanderbezogenseins leisten.«[3]

Sowohl die Bundesrepublik als auch die DDR sahen sich jeweils als politische Alternative zum Hitler-Staat. Die Bundesrepublik als westliche parlamentarische Demokratie, die DDR als »Diktatur des Proletariats« und erster Arbeiter-und-Bauern-Staat auf deutschem Boden. Beide Teilstaaten entwickelten, ausgehend von ihren jeweiligen politischen Vorstellungen, unterschiedliche Strategien im Umgang mit der Bürde des Nationalsozialismus und wurden bei ihren Bemühungen um die Rückkehr in die internationale Staatengemeinschaft zu Konkurrenten in der Vergangenheitsaufarbeitung.[4] Dieses Streben hatte für die ostdeutsche Partei- und Staatsführung nicht zuletzt innenpolitische Bedeutung, weil sie aus ihrem Antifaschismus und dessen internationaler Reputation auch »historische« Legitimität gegenüber der eigenen Bevölkerung schöpfen wollte, deren demokratisches Votum sie stets scheute. Im dualistischen Weltbild der SED-Propaganda wurde die DDR zum »Staat der Opfer«, »Staat des Friedens und des Sozialismus« sowie »Staat der Antifaschisten«, während die Bundesrepublik als »Staat der Täter« bzw. als »Hort der Reaktion und des Militarismus« dargestellt wurde. Die historische Verantwortung für die Untaten des NS-Regimes wurde damit kurzerhand nach Westen delegiert, etwa mit der Behauptung, dass sich das Gros der strafrechtlich und moralisch Verantwortlichen für die Verbrechen des NS-Regimes in den Westen abgesetzt hätte.[5] Diese Externalisierung enthielt zugleich das Angebot einer Generalabsolution für loyale Einwohner der DDR: »Hitler, so schien es, ist ein Westdeutscher gewesen.«[6]

Die hier genauer zu untersuchende zentrale These des Selbstverständnisses des DDR-Antifaschismus lautete, dass nicht nur die sozioökonomischen Wurzeln des Faschismus als Spielart des »räuberischen Imperialismus« ausgemerzt seien,[7] sondern alle der DDR möglichen Maßnahmen ergriffen worden seien, um NS-Täter zu verfolgen und ihrer gerechten Strafe zuzuführen. Ausdrücklich und mit direktem Bezug auf die Bundesrepublik hieß es hierzu in einer Broschüre der DDR-Justiz aus dem Jahre 1965:

»Der Zweck der vorliegenden Dokumentation ist es, die Internationale Öffentlichkeit über die Haltung der beiden deutschen Staaten zur Verfolgung und Bestrafung der Nazi- und Kriegsverbrecher zu informieren. Sie erbringt den Nachweis, dass die DDR alles in ihren

3 Grunenberg: Antifaschismus – ein deutscher Mythos, 1993, S. 19.
4 Danyel: Vorwort, in: Ders.: Die geteilte Vergangenheit, 1995, S. 11.
5 Frei: NS-Vergangenheit unter Ulbricht und Adenauer, 1995, S. 125–132, hier 130.
6 Bender: Deutsche Parallelen, 1989, S. 48.
7 Vgl. Kegel: Ein Vierteljahrhundert danach, 1971, S. 115.

Kräften Stehende getan hat, um Nazi- und Kriegsverbrecher systematisch zu verfolgen, entsprechend dem Grad ihrer Schuld zu bestrafen und nicht wieder zu staatlichen oder anderen gesellschaftlich bedeutsamen Ämtern zuzulassen. Die Dokumentation zeigt, dass der Bonner Staat von Anbeginn seiner Existenz nichts unterlassen hat, um faschistischen Verbrechern milde Behandlung, Rehabilitierung und Wiederaufstieg zu sichern.«[8]

Angesichts der vermeintlichen oder tatsächlichen Versäumnisse und Unterlassungen in der Bundesrepublik verschaffte dieser Nimbus der Unnachgiebigkeit der DDR einigen Kredit, auch bei vielen in Ost und West, die sonst für die ostdeutsche Parteidiktatur wenig übrig hatten. Auch wenn der DDR-Antifaschismus augenscheinlich kein demokratisches Programm war, galten die zahlreichen persönlich verfolgten Kommunisten in der Partei- und Staatsführung der DDR doch als authentische Repräsentanten dieser Doktrin. Was auch immer man von ihnen halten mochte – sie standen für den Bruch gegenüber der fatalen Kontinuität der bürgerlichen Eliten in der Bundesrepublik.[9]

Auch das Ministerium für Staatssicherheit selbst berief sich gerne auf diesen Zweig seiner Arbeit, wenngleich er nur einen kleinen Bruchteil seiner Aktivitäten darstellte. Noch in den letzten Wochen seiner Existenz warb das MfS für sich mit Hinweis darauf, dass seit 1961 in der DDR insgesamt »736 Nazi- und Kriegsverbrecher entlarvt und ihrer Bestrafung zugeführt« worden seien.[10]

Risse bekam dieses Bild, als 1991 Journalisten und Historiker begannen, die einschlägigen Archivbestände des MfS genauer in Augenschein zu nehmen. Wie Götz Aly und andere zu ihrer Verblüffung feststellten, hatte das MfS – von der Öffentlichkeit in Ost und West unbemerkt – eine riesige Anzahl von verloren geglaubten Dokumenten der NS-Zeit aus »sicherheitspolitischen Erwägungen bzw. politisch-operativen Gründen«[11] in einem gesonderten Dokumentenspeicher zusammengezogen und verwaltet. Rasch kam der Verdacht auf, dass die vom MfS sorgsam gehüteten Akten von und über NS-Täter auch »für Erpressungen in

8 Vgl. Die Haltung der beiden deutschen Staaten zu den Nazi- und Kriegsverbrechen. Eine Dokumentation. Hg. v. Generalstaatsanwalt der DDR, Ministerium der Justiz der DDR. Berlin (Ost) 1965, S. 6.

9 Detaillierter dazu siehe Loth; Rusinek: Verwandlungspolitik, 1998; Broszat; Schwabe: Die deutschen Eliten, 1989; Frei: Karrieren im Zwielicht, 2001; Schenk: Auf dem rechten Auge blind, 2001; Klee: Deutsche Medizin im Dritten Reich, 2001; Döscher: Verschworene Gesellschaft, 1995; Noethen: Alte Kameraden und neue Kollegen, 2003.

10 Diese Anzahl der Verurteilungen traf zu; sie gingen allerdings keineswegs alle auf das Konto des MfS. Ministerium für Staatssicherheit, Presseabteilung: Fakten und Argumente. Material für die Öffentlichkeitsarbeit (1989)2, S. 15; siehe auch Funke, Rainer: Wie geheim ist unser Geheimdienst? ND-Gespräch mit Generalleutnant Dr. Wolfgang Schwanitz, Leiter des Amtes für Nationale Sicherheit. In: ND v. 23.11.1989, S. 4.

11 Vgl. Claus-Dieter Zimmermann: Die Erfassung sowie Nutzbarmachung von Archivmaterialien und dokumentarischen Veröffentlichungen über die Tätigkeit ehemaliger faschistischer Sondergerichte (1933–1945) zur Unterstützung der politisch-operativen Arbeit des MfS, für die revolutionär-tschekistische Traditionspflege sowie die Öffentlichkeitsarbeit und damit verbundene Erfordernisse zur Verwirklichung des Beschlusses des Sekretariats des ZK der SED vom 25.7.1983 zur zentralen Erfassung von schriftlichen Materialien zu Personen und Sachverhalten sowie gegenständlichen Zeugnissen des antifaschistischen Widerstandskampfes, Fachschulabschlussarbeit 1985; BStU, MfS, JHS des MfS in Potsdam-Eiche 704/85, Bl. 7.

und außerhalb der DDR, für Kampagnen gegen die braunen Eliten der BRD und sicher auch, um Strafverfahren zu vereiteln«, benutzt worden waren.[12]

Jenseits der propagandistisch breit ausgewälzten Prozesse gegen NS-Täter zeichneten sich die Umrisse einer verdeckten Welt ab, in der ganz andere Maßstäbe als die der geordneten und strengen Strafverfolgung gegolten hatten. Hinter dem Normenstaat, so ließe sich mit Ernst Fraenkel argumentieren, offenbarte sich die Sphäre des Maßnahmestaates, dessen Maximen ganz entgegengesetzt waren.[13] Hier galt als Zweck nicht Sühne, sondern der »größte sicherheitspolitische Nutzen«, und die Mittel richteten sich nicht nach den Erfordernissen und Schranken des Strafprozesses, sondern stammten aus dem Methodenarsenal der Geheimpolizei.[14]

Über das Wechselverhältnis zwischen diesen beiden Sphären des DDR-Justiz- und Polizeiapparates wird bis heute gestritten. Abgesehen von den Schlachten zwischen Journalisten und den einstigen Akteuren selbst halten sich auch in der akademischen Diskussion Positionen, die den DDR-Stellen einen konsequenten und unmittelbar auf Sühne gerichteten Aufarbeitungswillen konstatieren, wie etwa der niederländische Jurist Frits Rüter, Herausgeber einer Dokumentation der einschlägigen DDR-Gerichtsurteile.[15] Für die aufkommenden Vermutungen über zahlreiche Fälle von NS-Tätern, die das MfS gedeckt habe, so Rüter, fehle es an jeglichen Belegen.[16]

Auf der anderen Seite sind mehrere Studien entstanden, die den instrumentellen Charakter vieler Aufarbeitungsaktivitäten deutlich herausarbeiten, unter anderem die grundlegende Arbeit von Annette Weinke.[17] Sie hat aufgezeigt, wie die Verfolgung nationalsozialistischer Gewaltverbrechen (Sprachregelung Deutschland West) bzw. Verbrechen gegen die Menschlichkeit (Sprachregelung Deutschland Ost) in den beiden deutschen Staaten in hohem Maße auf Reaktion und Gegenreaktion im Zuge der Systemkonfrontation und Konkurrenzsituation beruh-

12 Vgl. Aly, Götz: Stasi hortete Nazi-Akten. In: taz v. 23.4.1991, S. 13; siehe dazu auch weitere Pressemeldungen: Hälfte hinter Efeu. In: Der Spiegel 21/1991 v. 20.5.1991, S. 51–56; Gunkel, Gerhard: Nazi-Verbrecher waren für Stasi tätig. In: Mitteldeutsche Zeitung v. 17.2.1992; Renz, Ulrich: Staatssicherheit hat mutmaßliche Verbrecher zur Mitarbeit erpreßt. In: Mitteldeutsche Zeitung v. 29.5.1992; Deckwerth, Sabine: NS-Verbrecher als Waffe im Klassenkampf. In: Berliner Zeitung v. 4.8.1992.

13 Fraenkel: Der Doppelstaat, 2001, S. 49; zur Adaption auf die DDR vgl. u. a. Werkentin: Politische Strafjustiz in der Ära Ulbricht, 1997, S. 365–373; Budde: Willkür! Die Schattenseite der DDR, 2002; Engelmann; Vollnhals: Justiz im Dienste der Parteiherrschaft, 2000, S. 10 f.

14 Engelmann; Vollnhals: Justiz im Dienste der Parteiherrschaft, 2000, S. 10 f.

15 Vgl. Einleitung: Die Veröffentlichung der Ostdeutschen Urteile wegen NS-Tötungsverbrechen. In: Rüter: DDR-Justiz und NS-Verbrechen, 2002, S. 3.

16 So Rüter bei der Vorstellung des ersten Bandes seiner Dokumentation. Vgl. Hendriks, Annemieke: Konsequenter und ehrlicher. Die Ahndung von NS-Verbrechen in der DDR – Frits Rüters Urteil. In: ND v. 29.11.2002, S. 13.

17 Weinke: Die Verfolgung von NS-Tätern, 2002; vgl. auch die wegeweisenden Arbeiten von Danyel: Die geteilte Vergangenheit, 1995; Lemke: Kampagnen gegen Bonn, 1993, S. 153–174; Bästlein: »Nazi-Blutrichter als Stützen des Adenauer-Regimes«, 1994; Herf: Zweierlei Erinnerung, 1998; vgl. ferner Keller u. literaturWERKstatt Berlin: Die Nacht hat zwölf Stunden, dann kommt schon der Tag, 1996; Leo; Reif-Spirek: Vielstimmiges Schweigen, 2001; Moller; Rürup; Trouvè: Abgeschlossene Kapitel?, 2002; Agethen; Jesse; Neubert: Der missbrauchte Antifaschismus, 2002.

ten. Zugleich verwies sie bei allen Unterschieden auf überraschende Parallelen in den Phasen der deutsch-deutschen Vergangenheitspolitik – von der Entnazifizierung der unmittelbaren Nachkriegszeit über die Reintegrationspolitik der fünfziger Jahre bis zum Schlagabtausch der Gerichtsprozesse in den sechziger Jahren.

Außerdem hat ihre Analyse vorgeführt, dass sich die Vielzahl der deutschen und internationalen Akteure keineswegs nach einem simplen Ost-West-Muster sortieren lassen. In beiden deutschen Staaten gab es vielmehr jeweils mehrere Akteure mit unterschiedlichen Interessen. Zudem waren die internationalen Beteiligten, vor allem aus Frankreich, Polen, Israel und anderen Staaten, die die Interessen von NS-Opfern vertraten, von hoher Bedeutung.

Innerhalb dieses breiten Panoramas von Akteuren bedarf das Ministerium für Staatssicherheit der genaueren Einordnung über die bislang vorliegenden, eher exemplarischen Studien hinaus. Sowohl die Arbeit von Annette Weinke als auch die vorliegende Studie belegen, wie durch die Omnipräsenz, die nahezu absolute Verfügungsgewalt über Akten und Menschen sowie die sich aus der Logik einer Diktatur entwickelnde Sicherheitsdoktrin der Justizapparat marginalisiert, zum Hilfsorgan degradiert und Gesetze zu Makulatur wurden.

Auch die internationale Dimension, insbesondere die Haltung der DDR zur Schoah und zum Staat Israel, ist mittlerweile ausgiebig untersucht worden.[18] Jeffrey Herf konstatierte führenden Politikern der DDR »einen von grotesker Ironie geprägten Weg, indem sie den Antifaschismus mit der Unterdrückung der Erinnerung an den Holocaust im Innern und der Feindschaft gegenüber dem jüdischen Staat im Äußeren vereinbar machten.«[19]

Dem MfS wuchsen im Umgang der DDR mit der NS-Vergangenheit im Laufe der Zeit mehrere Funktionen zu:

- Die Durchführung von Ermittlungsverfahren und Steuerung von Strafverfahren in der DDR: Diese Funktion als strafrechtliches Untersuchungsorgan war, zumindest in ihren Folgen, am deutlichsten sichtbar.
- Die Sicherung der DDR gegen negative Rückwirkungen von NS-Verstrickungen: Hierzu zählte etwa die Abwicklung bzw. Behinderung von Rechtshilfeersuchen aus der Bundesrepublik oder auch von sozialistischen Verbündeten wie Polen und der UdSSR.
- Die Kampagnensteuerung gegen die BRD: Hierunter fällt sowohl die Koordinierung des Vorgehens in westdeutschen Strafverfahren, etwa bei Nebenklagevertretungen aus der DDR, als auch die Munitionierung von Kritikern des westdeutschen Umgangs mit der NS-Vergangenheit.

18 Vgl. Wolffsohn: Die Deutschland-Akte, 1995; Mertens: Davidstern unter Hammer und Zirkel, 1997; Illichmann: Die DDR und die Juden, 1997; Timm: Hammer, Zirkel, Davidstern, 1997; Offenberg: »Seid vorsichtig gegen die Machthaber«, 1998; Käppner: Erstarrte Geschichte, 1999; Meining: Kommunistische Judenpolitik, 2002; Haury: Antisemitismus von links, 2002.

19 Herf: Zweierlei Erinnerung, 1998, S. 453 f.

- Die Sammlung von Beweisdokumenten: Um die oben genannten Funktionen erfüllen zu können, schuf das MfS einen eigenen Fundus von Schriftgut und anderen Materialien aus der Zeit des Nationalsozialismus. Wo möglich, sollte dieser Fundus zu einem Informationsmonopol ausgebaut werden.
- Neben der Materialsammlung schuf sich das MfS speziell zur Erfüllung der oben genannten Aufgaben ein umfangreiches Netz von inoffiziellen Mitarbeitern und schöpfte auch das sonstige Arsenal geheimpolizeilicher Arbeitsmethoden aus.
- Koordination der Akteure: Das MfS strebte kraft seiner institutionellen Möglichkeiten an, alle einschlägigen Aktivitäten der DDR sowie möglichst auch der sozialistischen Bruderstaaten und der sympathisierenden bzw. kooperierenden Organisationen und Personen im Westen zu harmonisieren und dabei den propagandistischen und sicherheitspolitischen Vorgaben der politischen Führung der DDR Geltung zu verschaffen.

Naturgemäß resultierten aus dieser Verklammerung von außen- und innenpolitischen Ansprüchen und Forderungen auch Widersprüche und Zielkonflikte. Anhand der Wege, auf denen diese gelöst wurden, zeigen sich die vergangenheitspolitischen Prioritäten von SED und MfS.

Zeitrahmen und Aufbau

Die Funktionen des MfS in der DDR-Vergangenheitspolitik sollen in dieser Studie in ihrer historischen Genese rekonstruiert und eingeordnet werden. Wie die Untersuchung der MfS-Aktivitäten zeigt, spielte dabei die Verfolgung und Ahndung von NS-Straftaten fraglos eine gewisse Rolle im Sinne einer solchen Bewältigung. Neben dieser vergangenheitsbezogenen Aufgabe verfolgte die Staatssicherheit jedoch weitere, auf die politische Gegenwart der Nachkriegszeit gerichtete Zwecke, die mit dem ersten Komplex allenfalls mittelbar, zum Teil auch überhaupt nichts, zu tun hatten.

- Jenseits des immanent nachvollziehbaren Zwecks der Enttarnung von NS-Belasteten in politischen Positionen der Bundesrepublik entfaltete die Instrumentalisierung von NS-Komplexen ein erhebliches Eigenleben, das aus politischem Kalkül heraus auch objektiv strafvereitelnde Wirkungen hatte – was zum Teil bewusst einkalkuliert wurde.
- Zum zweiten brachte es die meist eher stille Integrationspolitik der SED gegenüber früheren »Mitläufern«, einfachen NSDAP-Parteigenossen etc. mit sich, dass in der DDR auch stärker NS-Belastete lange Zeit unbehelligt blieben. Auch hier wurde – mit Rücksicht auf die negative öffentliche Wirkung – nicht selten auf eine angemessene strafrechtliche Verfolgung verzichtet.

In Anlehnung an Norbert Frei, der die bundesdeutschen Aktivitäten zur »Bewältigung der Bewältigung«, also zur Exkulpierung und Reintegration von NS-Belasteten untersucht hat, lässt sich der Gesamtkomplex dieser DDR-Aktivitäten als »Vergangenheitspolitik« bezeichnen, in der wiederum das Ministerium für Staatssicherheit eine zentrale Rolle, insbesondere hinsichtlich der sorgsam verdeckten Komponenten einnahm.[20]

Sie werden im ersten Teil systematisch herausgearbeitet und mit ihren unterschiedlichen Akzentsetzungen im Laufe der Jahrzehnte periodisiert. Damit verbunden ist die Nachzeichnung der institutionellen Entwicklung der NS-Aufarbeitung als Aufgabe des MfS. Der zeitliche Schwerpunkt dieser Betrachtung liegt in den fünfziger bis frühen siebziger Jahren.

In einem eigenen Abschnitt wird ferner die Aktensuch- und -sammelpolitik des MfS untersucht, die die Grundlage für alle anderen Aktivitätszweige des MfS auf diesem Gebiet bildete und selbst von einer bemerkenswerten Dynamik geprägt war.

Im dritten Teil werden die unterschiedlichen Umgangsweisen des MfS mit NS-Tätern anhand von verschiedenen Fallkomplexen exemplarisch untersucht. Ohne hier Repräsentativität anstreben zu können, wird das in mehrerlei Hinsicht sehr breite Spektrum der Fallkonstellationen aufgefächert. Die zur Diskussion stehenden Tätergruppen reichen von Wachleuten aus Konzentrationslagern, Angehörigen von SS-Einsatzgruppen, V-Leuten der Gestapo und des SD, teilweise im kommunistischen Milieu, bis hin zu Ärzten, die an den Mordprogrammen der »Euthanasie« beteiligt waren. Verfolgt werden hier also nicht Fälle einfacher Zugehörigkeiten zur NSDAP oder anderen Organisationen und Institutionen des NS-Staates, sondern mindestens wahrscheinlicher persönlicher Beteiligung an nationalsozialistischen Verbrechen.[21] Der zeitliche Schwerpunkt liegt hierbei auf den fünfziger und sechziger Jahren, doch die operative Bearbeitung durch das MfS konnte auch bis in die siebziger und achtziger Jahre reichen bzw. in einigen Fallkomplexen erst in dieser Phase einsetzen. Hinsichtlich der Lebenswege nach 1945 geht es sowohl um West- als auch um Ostdeutsche sowie um einige Zeitgenossen, die sich ihrer Verantwortung als Wanderer zwischen den Welten entziehen wollten. Dem gesellschaftlichen Rang nach reichen die Fälle von mittleren Funktionsträgern und angesehenen Ärzten bis zu ganz unschein-

20 Frei: Vergangenheitspolitik, 1997, S. 13 f.

21 Als solche potenziellen Straftäter sind zunächst all jene Personen anzusehen, die Organisationen bzw. deren Struktureinheiten angehörten, welche mit Urteil des Internationalen Militärgerichtshofes in Nürnberg als verbrecherisch (Gestapo, SS, SD, SA usw.) eingestuft wurden. Dieser Begriff des »potenziellen Straftäters« wird von Günther Wieland kritisiert. Vgl. Wieland: Die Ahndung von NS-Verbrechen, 2002, S. 75. Er ist jedoch keineswegs ungewöhnlich. Damit mutmaßliche Täter nicht vom Eintritt der Verjährung profitierten, wurden in der Bundesrepublik Ermittlungsverfahren pauschal gegen sämtliche Angehörige ganzer Einheiten und Dienststellen eingeleitet. Bei einer Vielzahl bestätigte sich der Verdacht später nicht, die Verfahren wurden dann eingestellt. Vgl. Streim: Vorwort, in: Hoffmann, Christa: Stunden Null?, 1992, S. 15. Auch das MfS ging, wie zu schildern sein wird, bei diesem Personenkreis generell von einem Anfangsverdacht persönlicher Tatbeteiligung aus.

baren und unauffälligen DDR-Bürgern – und natürlich im Falle der Westdeutschen ebenfalls von hochrangigen Amtsträgern bis zu manch obskuren Gesellen.

Im Unterschied zum ersten Abschnitt sind die Fallstudien nicht chronologisch gegliedert, sondern folgen einer Typologie unterschiedlicher MfS-Vorgehensweisen. Die unterschiedlichen Phasen der MfS-Politik gegenüber den NS-Belasteten lassen sich dabei zuweilen auch am Einzelfall sehr gut nachvollziehen.

Das Spektrum reicht von Schnellverfahren gegen NS-Täter, deren Namen in westdeutschen Gerichtsverfahren aufgetaucht waren, über die faktische Sabotierung westlicher Rechtshilfeersuchen bis hin zu Vertuschungen im Falle von teilweise schwer belasteten Naziverbrechern. Die Mehrzahl der hier vorgestellten Fälle (und wohl auch der vom MfS intensiver in »Bearbeitung« genommenen NS-Täter) betrifft jedoch die Anwerbung von NS-Belasteten als inoffizielle Mitarbeiter (IM) durch die Staatssicherheit. Dabei handelte es sich mehrheitlich um DDR-Bürger, jedoch auch um eine Reihe von Westdeutschen. So breit das Spektrum der hier präsentierten Fälle ist, handelt es sich doch nur um eine Auswahl, nicht etwa um eine abschließende Behandlung aller einschlägigen Operationen des MfS.

Literatur und Quellen

Die folgende Literaturübersicht konzentriert sich auf die Veröffentlichungen unmittelbar zur Rolle des MfS in der NS-Aufarbeitung. Zum allgemeinen Kontext der deutsch-deutschen Aufarbeitungsgeschichte nach 1945 sind unzählige Publikationen erschienen, die hier nicht im Einzelnen gewürdigt werden können. Bis weit in die neunziger Jahre hinein war der Umgang der Staatssicherheit mit der NS-Vergangenheit als Thema nahezu ausschließlich Kombattanten der Propagandaschlachten des Kalten Krieges vorbehalten, und in gewisser Hinsicht dominieren sie bis heute die Art und Weise der Auseinandersetzung.

Der wahrscheinlich erste direkte Hinweis auf die Nutzung von Nationalsozialisten durch das MfS findet sich in einer von der »Kampfgruppe gegen Unmenschlichkeit« herausgegebenen Broschüre.[22] Die darin enthaltenen Informationen und die Aussagen eines Überläufers in einer weiteren Broschüre[23] fanden später auch Eingang in die Geheimdienstliteratur, ohne dass es möglich war (und für nötig gehalten wurde), die Behauptungen zu überprüfen.[24] Erst Karl Wilhelm Fricke unterbrach mit dem Argument, er könne keine Belege dafür erbringen, diese Zitierkette.[25]

22 Vgl. Sagolla: Die Rote Gestapo, 1953, S. 33.

23 Vgl. Der Staatssicherheitsdienst. Ein Instrument der politischen Verfolgung in der Sowjetischen Besatzungszone Deutschlands. Hg. v. Bundesministerium für gesamtdeutsche Fragen. Bonn 1962, S. 216 f.

24 Vgl. Zolling; Höhne: Pullach intern, 1971, S. 253 f.; Höhne: Der Krieg im Dunkeln, 1998, S. 526 f.; Kappelt: Braunbuch DDR, 1981; Ders.: Die Entnazifizierung in der SBZ, 1997.

25 Vgl. Fricke: Die DDR-Staatssicherheit, 1984, S. 194.

Nach der Wende setzte sich der erbitterte Kampf um die Deutungshoheit auf diesem politisch aufgeladenen Feld fort. Nach einer ersten Inspektion äußerte der Historiker und Publizist Götz Aly die Vermutung, die vom MfS verwahrten NS-Aktenberge seien auch für die Vereitelung von Strafverfahren benutzt worden.[26] Umgehend widersprach der einstmals für die NS-Aktensammlung zuständige MfS-Oberstleutnant Dieter Skiba in einem Interview für das Neue Deutschland. Skiba schilderte die ihm unterstellte Abteilung IX/11 als »die zentrale Diensteinheit im Ministerium für Staatssicherheit, die sich mit der Aufklärung von Nazi- und Kriegsverbrechen [und] mit der Fahndung nach Tätern befasste«. Die politische Funktion in der Auseinandersetzung mit der Bundesrepublik bestritt Skiba nicht, unterstrich jedoch den unbedingten Ermittlungswillen »bis zum Nachweis des dringenden Tatverdachts von Kriegsverbrechen bzw. Verbrechen gegen die Menschlichkeit«.[27] Hinsichtlich weiterer Aufgabengebiete berichtet Skiba, dass seine Abteilung auch zur Vergangenheit etlicher SED-Spitzenfunktionäre recherchiert habe und schilderte mit knappen Worten, wie die Akten in den Besitz des MfS gelangt waren. Mit dem Hinweis, aus Gründen der inneren Konspiration keine näheren Kenntnisse zu besitzen, bestritt Skiba aber, dass die Rechercheergebnisse seiner Abteilung »für Kompromittierungen, Erpressungen, Denunziationen oder ähnliche« verwandt worden seien.[28] Er räumte ein, dass die Akten der Forschung nicht frei zugänglich waren. Es sei aber möglich gewesen, indirekt über das Dokumentationszentrum der Staatlichen Archivverwaltung oder die Generalstaatsanwaltschaft nach bestimmten Dokumenten im Bestand der HA IX/11 suchen zu lassen. »Der Spiegel« zitierte Skiba einen Tag später mit deutlicheren Worten:

> »Politische gingen juristischen Erwägungen vor. [...] Bestimmte Leute hat man hier eben nicht angeklagt, weil sonst die Weltöffentlichkeit gesagt hätte: ›Aha, in der DDR gibt's also auch Nazis.‹ […] Zuweilen, berichtet Skiba, hätten seine Archivare da schon für den Papierkorb gearbeitet – etwa im Fall einiger Euthanasieärzte, die im SED-Staat Karriere gemacht hatten.«[29]

Derartige Kontroversen zwischen Journalisten und den früheren Verantwortlichen im MfS, bei der DDR-Staatsanwaltschaft und bei anderen DDR-Stellen halten bis heute an. Simon Wiesenthal erhob 1992 den Vorwurf, dass Ermittlungen gegen mutmaßliche Nazi-Verbrecher im Sande verlaufen seien, »weil DDR-Behörden ihr Aktenmaterial nicht herausgaben und bundesdeutsche Rechtshilfeersuchen nicht beantworten.«[30] Der Leiter der »Zentralen Stelle der Landesjustizverwaltungen zur Aufklärung nationalsozialistischer Verbrechen« in Ludwigsburg (ZStL) gab bekannt, dass seine Fahnder aufgrund neuer Beweis-

26 Aly, Götz: Stasi hortete Nazi-Akten. In: taz v. 23.4.1991, S. 13.

27 Vgl. Vesper, Karlen; Becker, Holger: Erpresserzentrale, Aktenhort oder was? Die DDR-Staatssicherheit und ihr Archiv über die Nazizeit – Nachfragen zu einem geheimnisumwitterten Thema. In: ND v. 18./19.5.1991, S. 13.

28 Vgl. Ebenda.

29 Hälfte hinter Efeu. In: Der Spiegel 21/1991 v. 20.5.1991, S. 50–56, hier 53.

30 dpa/Schwerin: »Nazi-Verbrecher durch MfS-Akten überführen«. In: Die Welt v. 30.1.1992.

stücke aus dem »Stasi-NS-Archiv« möglicherweise Verfahren gegen NS-Täter einleiten oder wieder aufnehmen würden. Zudem vertrete er die Meinung, dass die Dokumente zusammengetragen worden seien, um DDR-Bürger und Bundesbürger »unter Druck zu setzen«.[31]

In einer sechsteiligen Serie über »Alt-Nazis in der DDR« lieferte die Zeitung des Neuen Forums Die Andere Anfang 1992 außerdem Fälle von Karrieren ehemaliger Nationalsozialisten und unbehelligten mutmaßlichen Straftätern in der DDR, zu denen zum Beispiel vergeblich Rechtshilfeersuchen westdeutscher Gerichte ergangen waren.[32] Sie führte auch mehrere Fälle von Personen »mit mehr oder weniger strafrechtlich relevanter Vergangenheit« an, die vom MfS als inoffizielle Mitarbeiter angeworben worden waren.[33]

Aufseiten der Verteidiger der DDR-Aufarbeitungspolitik trat neben Skiba vor allem Günther Wieland hervor, der von 1963 bis 1990 Mitarbeiter des Generalstaatsanwalts der DDR und für die Bearbeitung von Rechtshilfevorgängen zuständig gewesen war. Er knüpfte an die offiziellen Positionen der DDR an und bestand auf der prinzipiellen Korrektheit seines Verhaltens vor 1989.[34] Darüber hinaus suggerierte er eine Unabhängigkeit der Justiz, die es so nie in der DDR gegeben hat, unter anderem indem er die Rolle des MfS entweder bagatellisierte oder bewusst verschwieg.[35] Während Wieland zumindest punktuell bemüht war, den angeblich konsequenten und rechtsstaatlich einwandfreien Kurs der DDR-Staatsanwaltschaft von den geheimpolizeilichen Praktiken des MfS auf diesem Feld abzugrenzen, strich Skiba in einer umfangreichen gleichsam offiziösen Rechtfertigungsschrift der ehemaligen MfS-Führung die Praktiken seines Arbeitsgebietes weiterhin als besonders vorbildlichen Teil des MfS-Wirkens heraus.[36]

Auch Offiziere der DDR-Auslandsspionage haben wiederholt betont, dass sie zwar bei ihrem Kampf gegen die Bundesrepublik aufgrund der vielen einstigen NS-Kader in ihrem »Operationsgebiet« zwangsläufig in die Situation gerieten, solche auch als Spione zu werben. Kandidaten seien jedoch gründlich überprüft worden: »Verdachtsmomente in dieser Richtung führten unter allen Umständen zu gründlicher Beweiserhebung und bei Bestätigung zu einer Anklage.«[37] Diesen

31 dpa/Ludwigsburg: Fahnder rechnet mit neuen Verfahren gegen Nazi-Verbrecher. In »Stasi-NS-Archiv« in Berlin Beweisstücke entdeckt. In: Der Tagesspiegel v. 10.2.1992; dpa/Ludwigsburg: Stasi sammelte Beweise, um Nazis zu erpressen. In: Leipziger Volkszeitung v. 10.2.1992; dpa/Ludwigsburg: Mit Akten der Stasi NS-Verbrecher enttarnen? In: Neue Zeit v. 10.2.1992; dpa/Ludwigsburg: Neue NS-Verfahren dank Stasi? Ludwigsburger Zentralstelle fand im Archiv Beweise gegen Nazis. In: Frankfurter Rundschau v. 11.2.1992 usw.

32 Benedict, Laura: Ein düsteres Kapitel, Teil 2. In: Die Andere v. 15.1.1992, S. 4.

33 Dies.: Die geliebten Feinde. Letzter Teil der Serie: Alte Nazis in der DDR. In: Die Andere v. 22.4.1992, S. 9.

34 Vgl. Wieland: Die deutsch-deutschen Rechtsbeziehungen, 1994.

35 Vgl. Ders.: Der Beitrag der deutschen Justiz, 1996, S. 344–409; Ders.: Verfolgung von NS-Verbrechen, 1998, S. 185–203; Ders.: Verdienst und Defizit der DDR-Justiz, 2000; Ders.: Der Beitrag der DDR zur Ahndung, 1996; Ders.: Die Ahndung von NS-Verbrechen, 2002.

36 Vgl. Coburger; Skiba: Die Untersuchungsorgane des MfS, Bd. 2, 2002.

37 Vgl. Eichner; Dobbert: Headquarters Germany, 1997, S. 31.

Standpunkt nimmt auch der einstige HVA-Chef Markus Wolf ein: »Nazis waren bei uns nicht erwünscht«[38]. Nur in einem einzigen Fall habe man mit einer Agentengruppe unter Anleitung eines vormaligen SD-Führers kooperiert. Außerdem schreibt Wolf: »Hätten wir weniger Skrupel gehabt, wären wir schon in den Anfangsjahren unseres Dienstes leichter und schneller in die Spitzen der westdeutschen Geheimdienste und der Bundeswehr eingedrungen. Der sowjetische Nachrichtendienst ging in dieser Hinsicht mit großem Erfolg sehr viel pragmatischer vor.«[39]

Als mäßig geschicktes Ablenkungsmanöver ist wohl auch das Unternehmen zweier ehemaliger MfS-Offiziere zu werten, die Sammlung der Abteilung IX/11 als wichtige Quelle für die Geschichte der deutschen Arbeiterbewegung anzupreisen.[40]

Parallel dazu begann die methodisch kontrollierte, wissenschaftliche Beschäftigung mit dem Thema. Schon 1991 verwiesen Thilo Weichert und Rita Sélitrenny auf etliche Geheime Mitarbeiter (Vorläufer der IMB) in der Leipziger Bezirksverwaltung für Staatssicherheit der fünfziger Jahre, die SS-Formationen, der NSDAP oder anderen NS-Organisationen angehört hatten. Es hatte sogar eine Dienstanweisung des damaligen Ministers für Staatssicherheit gegeben, nach solchen Personen zu suchen und diese anzuwerben.[41]

Den bis heute bekanntesten Fall deutsch-deutscher Nichtverfolgung eines NS-Täters präsentierte Falco Werkentin 1995: Er betrifft den 2. Schutzhaftlagerführer des Konzentrationslagers Buchenwald, SS-Obersturmführer Erich Gust, vermutlich einer der Mörder des KPD-Vorsitzenden Ernst Thälmann und vieler anderer Häftlinge, dessen getarnte Existenz unter falscher Identität in der Bundesrepublik das MfS bereits in den sechziger Jahren ermittelt hatte, ohne dass es zu einem Hinweis an die westdeutschen Ermittlungsbehörden gekommen wäre.[42] Anhand dieses Falls hat Werkentin erstmals quellenfundiert aufgezeigt, zu welch fatalen Konsequenzen die deutsch-deutsche Konkurrenzsituation und der fehlende Vorrang eines unbedingten Verfolgungswillens auch im Osten Deutschlands führen konnte. Weitere Fälle der Nichtverfolgung legte die Hamburger Staatsanwältin Helge Grabitz 1998 in einem Aufsatz vor.[43]

Mutmaßungen über eine hauptamtliche Beschäftigung von NS-Kadern durch die Staatssicherheit konnte Jens Gieseke hingegen 1997 ausräumen. Die Nachprüfung zahlreicher in der älteren Literatur angeführter Fälle angeblicher Übernahmen, z. B. von Gestapo-Beamten, erwies sich im Lichte der Aktenevidenz als

38 Wolf, Markus: Spionagechef im geheimen Krieg. Erinnerungen, 1997, S. 65.

39 Ebenda, S. 162.

40 Vgl. Muregger; Winkler: Quellen zur Geschichte der deutschen Arbeiterbewegung im »NS-Archiv«, 1994; zu den Potenzialen der Sammlung vgl. Unverhau: Das »NS-Archiv« des Ministeriums für Staatssicherheit, 1998.

41 Sélitrenny; Weichert: Das unheimliche Erbe, 1991, S. 86 f.

42 Vgl. Werkentin: Politische Strafjustiz in der Ära Ulbricht, 1997, S. 183–199; vgl. die vorangegangene öffentliche Berichterstattung durch das Magazin »Panorama« des Norddeutschen Rundfunks; Sendung Nr. 483 v. 2.11.1992.

43 Vgl. Grabitz: Die Verfolgung von NS-Verbrechen, 1998, S. 144–179.

gegenstandslos. Allerdings verdichteten sich Hinweise auf Anwerbungen als inoffizielle Mitarbeiter.[44]

Die Instrumentalisierungen von NS-Belastungen westdeutscher Juristen und Politiker hat in einigen Fällen Hubertus Knabe nachgezeichnet und in seine Sicht der Westarbeit des MfS gegen die »unterwanderte Republik« eingeordnet.[45] Weitere Publikationen fokussieren Hintergründe und Wirkungen der vergangenheitspolitischen Kampagnen der DDR gegen die Elitenkontinuität in der Bundesrepublik, beschreiben aber hierin mehr die politische Leitungsebene und die zeithistorische Ausgangssituation als den Beitrag des MfS.[46] Der MfS-spezifische Anteil wurde hingegen auf einer Tagung der BStU anhand des Falles Theodor Oberländer von Philipp-Christian Wachs und Götz Aly intensiv diskutiert.[47]

Die MfS-Rolle hat schließlich auch Annette Weinke in ihrer bereits erwähnten grundlegenden Studie herausgearbeitet.[48] Detailliert schildert sie die Wechsel- und Rückwirkungen der DDR-Kampagnen gegen die vorgeblich »refaschisierte« Bundesrepublik und die Rolle der DDR im internationalen Kontext der Strafverfolgungsbemühungen. Deutlich arbeitet sie heraus, wie stark die strafrechtliche Ahndung von NS-Delikten und alle anderen von der DDR ausgehenden Aktivitäten das Ziel hatten, den westlichen Nachbarn wegen dessen unbewältigter Vergangenheit in die Defensive zu drängen, um selbst nationale und internationale Anerkennung einzuheimsen. Zum Instrumentarium dieser Politik zählten die propagandistisch ausgeschlachteten Nebenklagen in westlichen NS-Verfahren, die manifeste Behinderung der bundesdeutschen Strafverfolgung durch Verweigerung von Informationen und mangelnde Unterstützung bei Rechtshilfeersuchen. Anschaulich belegt Weinke, wie das MfS bedingt durch die deutsch-deutsche Systemkonfrontation ab Mitte der sechziger Jahre eine institutionelle Vormachtstellung aufbauen konnte, sodass es im Verhältnis zur Justiz bei der Strafverfolgung von NS-Verbrechen nach und nach die Federführung übernahm.

Zur Quellenlage: Die vorliegende Untersuchung stützt sich, dem bis 1989 geheimen Gegenstand entsprechend, überwiegend auf unveröffentlichte Dokumente des Ministeriums für Staatssicherheit. Den Kern bilden Sach- und Personenakten der drei wichtigsten Diensteinheiten für das hier behandelte Thema. Dabei handelt es sich um die Abteilungen 10 und 11 der Hauptabteilung (HA) IX (Untersuchungsorgan) sowie das Referat III der Abteilung 2 in der HA XX, spezialisiert auf die operative Bearbeitung von NS-Fällen. Hinzu kommen die jeweiligen Nachfolgediensteinheiten, wie etwa die Arbeitsgruppe »Verbrechen gegen die

44 Vgl. Gieseke: Erst braun, dann rot?, 1997.

45 Vgl. Knabe: Die unterwanderte Republik, 1999, S. 121–152 u. 195–197.

46 Vgl. Bästlein: »Nazi-Blutrichter als Stützen des Adenauer-Regimes«, 1994, S. 408–444; Illichmann: Die DDR und die Juden, 1997; Lemke: Instrumentalisierter Antifaschismus, 1995; Ders.: Kampagnen gegen Bonn, 1993; Brochhagen: Nach Nürnberg, 1994.

47 Vgl. Wachs: Eine Kampagne als sinnstiftendes Gemeinschaftswerk des Ostblocks, 2003. Der Kommentator Götz Aly hat seinen Diskussionsbeitrag bedauerlicherweise nicht zum Tagungsband beigesteuert. Vgl. ferner die ausführliche Darstellung von Wachs: Der Fall Oberländer (1905–1998), 2000.

48 Vgl. Weinke: Die Verfolgung von NS-Tätern, 2002.

Menschlichkeit« in der HA IX. Dabei stellten sich Querbezüge zu einer Fülle von operativen Diensteinheiten des MfS her, sowohl in der Berliner Zentrale als auch in den Bezirksverwaltungen und Kreisdienststellen. Wie auf vielen Feldern der MfS-Forschung, erwiesen sich auch hier einige Prüfungs- und Abschlussarbeiten der MfS-internen Hochschule als aufschlussreich, weil sie Probleme der operativen Praxis aufgriffen und im Zusammenhang darstellten. Außerdem erwies sich eine Vielzahl jener NS-Akten der Abteilung IX/11 als äußerst informativ, die nach der Wende in den Bestand des Bundesarchivs übergegangen sind und sich im Zwischenarchiv in Dahlwitz-Hoppegarten befinden.

Hinzu kamen weitere Bestände des Bundesarchivs, wie beispielsweise die Unterlagen der Generalstaatsanwaltschaft der DDR, des ehemaligen Berlin Document Center (BDC) und diverse Verfahrensakten der ZStL, welche nun von der dortigen Außenstelle des Bundesarchivs betreut werden. Aus den Beständen der Stiftung Parteien und Massenorganisationen der DDR im Bundesarchiv (SAPMO-BA) wurden Protokolle von Sekretariatssitzungen des ZK der SED sowie Berichte der ZK-Abteilung Leitende Organe der Partei und der Massenorganisation ausgewertet.

Zu den Quellen dieser Untersuchung zählen ferner im weiteren Sinne die veröffentlichten zeitgenössischen Bücher, Broschüren und Artikel, mit denen die DDR die NS-Belastung westdeutscher Eliten sowie die strafrechtliche Untätigkeit der Bundesrepublik anprangerte und sich selbst konsequente Aufarbeitung und Strafverfolgung attestierte.[49] So wurde in einer Vielzahl von Veröffentlichungen auf Personen des öffentlichen Lebens der Bundesrepublik[50], ganze Berufsgruppen[51] und andere Teile der gesellschaftlichen Eliten[52] hingewiesen,

49 Zum Beispiel: Die Haltung der beiden deutschen Staaten zu den Nazi- und Kriegsverbrechen. Eine Dokumentation. Hg. v. Generalstaatsanwalt der DDR, Ministerium der Justiz der DDR. Berlin (Ost) 1965; Przybylski: Zwischen Galgen und Amnestie, 1979; Ders.; Busse: Mörder von Oradour, 1984; Wieland: Der Jahrhundertprozeß von Nürnberg, 1986; Busse; Krause: Lebenslänglich für den Gestapokommissar. 2. Aufl., 1989.

50 Um nur einige Beispiele zu nennen: Globke und die Ausrottung der Juden. Hg. v. Ausschuss für Deutsche Einheit. Berlin (Ost) 1960; Die Wahrheit über Oberländer. Braunbuch über die verbrecherische faschistische Vergangenheit des Bonner Ministers. Hg. v. Ausschuss für Deutsche Einheit. 2. Aufl., Berlin (Ost) 1960; Krüger; Schulz: Kriegsverbrecher Heusinger, 1960; Globkes Braune Notstands-Exekutive. Hg. v. Ausschuss für Deutsche Einheit. Berlin (Ost) 1963; Von der Reichsanwaltschaft zur Bundesanwaltschaft. Wolfgang Fränkel. Neuer Generalbundesanwalt. Eine Dokumentation. Hg. v. Ausschuss für Deutsche Einheit und Vereinigung Demokratischer Juristen Deutschlands. Berlin (Ost) o. D.; Ernst Lemmer. Goebbels-Journalist, Nazi-Spitzel und Revanche-Minister. Hg. v. Nationalrat der Nationalen Front des Demokratischen Deutschland. Berlin (Ost) 1964; Weißbuch über die Kriegsverbrechen des Generalinspekteurs der Bundeswehr, General Heinz Trettner. Hg. v. Nationalrat der Nationalen Front des Demokratischen Deutschland. Berlin (Ost) 1964 usw.

51 Vgl. Wir klagen an! 800 Nazi-Blutrichter – Stützen des militaristischen Adenauer-Regimes. Hg. v. Ausschuss für Deutsche Einheit. Berlin (Ost) 1959; Bonn sanktioniert Kriegsverbrechen. Dokumentation über weitere 120 Kriegs- und Sonderrichter Hitlers im Dienste der Erhard-Regierung. Hg. v. Nationalrat der Nationalen Front des demokratischen Deutschland. Berlin (Ost) 1964; Gestapo- und SS-Führer kommandieren die westdeutsche Polizei. Hg. v. Ausschuss für Deutsche Einheit. Berlin (Ost) 1961 usw.

52 Vgl. Braunbuch: Kriegs- und Naziverbrecher in der Bundesrepublik und in Westberlin. Hg. v. Nationalrat der Nationalen Front des Demokratischen Deutschland, Dokumentationsarchiv der Staat-

denen man tatsächliche oder vermeintliche Vergehen in der Zeit des Nationalsozialismus vorwarf. Auch wenn die MfS-Beteiligung an ihrer Entstehung seinerzeit nicht bekannt war, behandeln sie wesentliche Aspekte des Themas. Dergleichen galt für Auftragsarbeiten von Julius Mader, über den noch zu berichten sein wird, und in denen unter anderem die NS-Vergangenheit von Mitarbeitern bundesrepublikanischer Nachrichtendienste thematisiert wurde.[53]

Wie bereits dargelegt, beteiligen sich einige der einstmals mit diesem Aufgabenbereich betrauten MfS-Offiziere heute an der Debatte. Ihre Sicht der Dinge stellt eine gewisse Ergänzung dar, wenngleich der Sachertrag ihrer Einlassungen stark durch das Bemühen um Rechtfertigung überlagert ist. Ältere Überläuferinformationen liegen zumindest aus dem tschechoslowakischen Geheimdienst vor. Aus ihnen ist die Kooperation der Ostblockgeheimdienste bei Desinformations- und Propagandakampagnen abzulesen.[54] Zu diesem Komplex tragen auch die Enthüllungsbücher beteiligter MfS-Offiziere bei, die erstmals Einzelheiten über die Arbeitsweise der für derartige »aktive Maßnahmen« zuständigen Abteilung preisgeben. Unter anderem bestätigten sie, NS-Akten aus dem hauseigenen Archiv nach belastendem Material durchgesehen und in einigen Fällen entlastende Dokumente entnommen zu haben, sodass diese sich dann optimal eigneten, ausgewählte Personen zu diskreditieren. Andere Akten habe man durch Dokumente aus eigener Fertigung »vervollständigt«.[55]

Zum Abschluss der einleitenden Bemerkungen sei ein persönliches Wort gestattet: Mich beschäftigt das Thema dieser Untersuchung seit Mitte der neunziger Jahre. Bei verschiedenen Gelegenheiten habe ich mich auch öffentlich geäußert. Ein erster Aufriss des Problemkomplexes konnte 2000 vorgestellt werden.[56]

Es geht mir nicht darum, einen Sieger im Wettkampf zu küren, welcher der deutschen Teilstaaten die aus der Vergangenheit resultierenden mannigfaltigen Probleme besser bewältigt hat. Die gewiss nicht geringen Mängel und Versäumnisse auf westdeutscher Seite sollen hier weder aufgerechnet noch entschuldigt werden. Genauso wenig soll verschwiegen werden, dass es trotz unterschiedlich begründeter Widerstände in beiden deutschen Teilstaaten immer wieder und in allen gesellschaftlichen Bereichen auch ernst zu nehmende Bemühungen gegeben hat, NS-Verbrechen konsequent zu ahnden. Doch »Kombattantenhistorie« trägt bei keinem Thema zur Wahrheitsfindung bei – für den hier verfolgten Komplex ist sie schlichtweg unwürdig und unangemessen. Die vorliegende Untersuchung nimmt für sich in Anspruch, bei aller Deutlichkeit der Befunde abgewogen zu urteilen und sich nicht Kolportage und Husarenmeldungen auszuliefern.

lichen Archivverwaltung der DDR. 3. Aufl., Berlin (Ost) 1968; Przybylski; Busse: Mörder von Oradour, 1984.

53 Vgl. Mader: Die graue Hand, 1960.

54 Vgl. Bittman: Geheimwaffe D, 1973; Ders.: Zum Tode verurteilt, 1984.

55 Vgl. Bohnsack; Brehmer: Auftrag: Irreführung, 1992; Bohnsack: Die Legende stirbt, 1997.

56 Leide: Die verschlossene Vergangenheit, 2000, S. 524 f.

Dieser Ansatz ist auch von Apologeten der DDR-Aufarbeitungspraxis gewürdigt worden. So zitiert mich Günther Wieland mit der Bemerkung, auch ich würde den Untersuchungsführern des MfS »hervorragend recherchierte Vorgänge gegen NS-Täter« attestieren.[57] Er bezog sich auf ein Roundtable-Gespräch der PDS-Mitgliederzeitschrift »Disput« im Jahre 1994 mit ehemaligen Häftlingen, PDS-Funktionären, MfS-Mitarbeitern und Wissenschaftlern. Ich hatte dort über »hervorragend recherchierte Vorgänge gegen NS-Täter« berichtet, die »mit einer unglaublichen Akribie, mit einem unheimlichen Wissen, mit einer unheimlichen Kompetenz« betrieben worden seien. Mit breiterer Kenntnis des Gesamtkomplexes würde ich dieses Lob heute so nicht mehr wiederholen. Ich bleibe allerdings beim zweiten, von Wieland nicht zitierten Teil meiner damaligen Aussage. Bezogen auf die Anwerbungen von NS-Verbrechern als inoffizielle Mitarbeiter sagte ich damals: »Für mich als ehemaligen DDR-Bürger, der wenigstens den Antifaschismus in der DDR sah, ist das nicht selbstverständlich. Und ich verstehe auch nicht, wie Sie den ehemaligen KZ-Insassen so etwas überhaupt zumuten. Es ist bodenlos.«[58]

57 Wieland: Der Beitrag der deutschen Justiz, 1996, S. 406.

58 Vgl. Bittere Wahrheiten (II). Antifaschismus in der DDR – ein Blick mit Flecken? In: Disput 13(1994), S. 6–10.

I Die Rolle der Staatssicherheit im deutsch-deutschen und internationalen Kontext

1 Vom Kriegsende bis zu den Waldheimer Prozessen – die Vorgeschichte bis 1950

Alliierte Strafverfolgung

Als das Ministerium für Staatssicherheit im Februar 1950 gegründet wurde, war auf dem Gebiet der Aufarbeitung des Nationalsozialismus sowohl in Westdeutschland als auch in der DDR erkennbar eine zweite Phase angebrochen. Vorangegangen war in der unmittelbaren Nachkriegszeit seit 1945 eine Periode, in der auf Betreiben der Anti-Hitler-Koalition nationalsozialistische Täter verhaftet, interniert und strafrechtlich verfolgt sowie in der sowjetischen Besatzungszone oftmals auch nach Sibirien deportiert wurden.[1]

Am 8. August 1945 wurden das Londoner Vier-Mächte-Abkommen über die Verfolgung und Bestrafung der Hauptkriegsverbrecher der europäischen Achse[2] sowie in Vorbereitung des Hauptkriegsverbrecherprozesses das »Statut für den Internationalen Militärgerichtshof« verabschiedet.[3] Der Internationale Militärgerichtshof (IMG) in Nürnberg, bis heute Vorbild internationaler Kriegsverbrechertribunale, urteilte 1945/46 einige der Haupttäter des NS-Regimes ab und schuf Grundlagen für die weitere juristische Verfolgung.[4] Mit der Definition der international und rückwirkend geltenden Tatbestände der Verbrechen gegen den Frieden, der Kriegsverbrechen sowie der Verbrechen gegen die Menschlichkeit wurden zentrale Instrumente geschaffen, die fortan die Grundlage für Strafverfahren gegen NS-Täter bilden sollten.[5] Außerdem wurde in Nürnberg eine Reihe von nationalsozialistischen Organisationen (Gestapo, SD, SS sowie das Korps der

1 Vgl. Fricke: Politik und Justiz in der DDR, 1979; Gerhard: Die politischen Häftlinge der Sowjetzone, 1989; Broszat; Henke; Woller: Von Stalingrad zur Währungsreform, 1990; Flocken; Klonovsky: Stalins Lager in Deutschland 1945–1950, 1991; Henke; Woller: Politische Säuberung in Europa, 1991; Vollnhals: Entnazifizierung, 1991; Wember: Umerziehung im Lager, 1992; Kilian: Stalins Prophylaxe, 1997; Mironenko; Niethammer; von Plato in Verbindung mit Knigge; Morsch: Sowjetische Speziallager, Bd. 1, 1998; Dies.: Sowjetische Speziallager, Bd. 2, 1998 usw.

2 Das Abkommen ist abgedruckt in: Ratz: Die Justiz und die Nazis, 1979, S. 15–17.

3 Hinsichtlich des Zustandekommens des Abkommens und des Verhandlungsverlaufs siehe Taylor: Die Nürnberger Prozesse, 1996, S. 80–102.

4 Vgl. Internationaler Militärgerichtshof Nürnberg: Der Nürnberger Prozess gegen die Hauptkriegsverbrecher vom 14.11.1945–1.10.1946, Amtlicher Text in Deutscher Sprache, 23 Bde., Nürnberg 1947; Heydecker; Leeb: Der Nürnberger Prozess, o. D. (1958); Smith: Der Jahrhundert-Prozess, 1977.

5 Das Londoner Abkommen sowie das Statut sind in der Originalfassung abgedruckt in: Taylor: Die Nürnberger Prozesse, 1996, S. 742–744 bzw. 745–753.

Politischen Leiter der NSDAP) als »verbrecherisch« erklärt. Die Zugehörigkeit zu ihnen bot unmittelbar Handhabe zur strafrechtlichen Ahndung, wenngleich nach Maßgabe des Gerichts aufgrund des persönlichen Charakters strafrechtlicher Schuld »Massenbestrafungen zu vermeiden« seien.[6]

Auf Grundlage des Londoner Abkommens fanden umfangreiche und verschiedenartige Kriegsverbrecherprozesse in Europa sowie in Japan statt. Der ursprüngliche Plan, vor dem IMG weitere gemeinsame alliierte Prozesse gegen führende Männer des nationalsozialistischen Deutschlands zu führen, wurde aus vielfältigen Gründen nicht verwirklicht. Zur Erfüllung der getroffenen Vereinbarungen sowie um eine einheitliche (und verbindliche) Rechtsgrundlage für alle vier Besatzungszonen zu schaffen, kodifizierte der Alliierte Kontrollrat am 20. Dezember 1945 die Rechtsgrundlagen des Nürnberger Militärtribunals im Gesetz Nr. 10 über die »Bestrafung von Personen, die sich Kriegsverbrechen, Verbrechen gegen den Frieden oder gegen die Menschlichkeit schuldig gemacht haben«.[7] Auf dieser Grundlage führte der Militärgerichtshof in Nürnberg unter US-Gerichtshoheit weitere zwölf Prozesse durch.[8] Andere von den Westalliierten angestrengte Verfahren richteten sich gegen das SS-Personal und Funktionshäftlinge etlicher Konzentrationslager,[9] die Mörder notgelandeter amerikanischer Flugzeugbesatzungen und anderer Kriegsgefangener,[10] gegen hohe deutsche Militärs, wegen der unter ihrem Kommando begangenen Verbrechen,[11] sowie Angehörige der Waffen-SS-Division »Das Reich«, die für das Massaker im französischen Oradour-sur-Glane verantwortlich gemacht wurden.[12] Aber auch gegen Mitarbeiter der hessischen Landesheilanstalt Hadamar, die hunderte erkrankte polnische und russische Zwangsarbeiter, Männer, Frauen und Kinder »abgespritzt« hatten, wurden Prozesse geführt.[13]

Auch wenn es den Alliierten nach der deutschen Kapitulation selbstverständlich nicht gelang, sämtliche Verdächtige festzunehmen, so führten sie doch, so Klaus-Dietmar Henke, »zwischen 1945 und 1948, als der Strafwille am stärksten

6 Vgl. Das Urteil von Nürnberg. Grundlage eines neuen Völkerrechts. München 1946, S. 96.

7 Das Gesetz ist abgedruckt in: Heidmann; Wohlgemuth: Zur Deutschlandpolitik, 1966, S. 130–136.

8 Vgl. Friedrich: Das Gesetz des Krieges, 1995; Ueberschär: Der Nationalsozialismus vor Gericht, 1999; von zur Mühlen; von Klewitz: Die 12 Nürnberger Nachfolgeprozesse 1946–1949, 2000.

9 Vgl. Rückerl: Die Strafverfolgung von NS-Verbrechen 1945–1978, 1979, S. 25–32; Zur Verjährung nationalsozialistischer Verbrechen. Dokumentation der parlamentarischen Bewältigung des Problems 1960–1979. Hg. v. Deutschen Bundestag, Presse- und Informationszentrum. Teil I, Bonn 1980, S. 93–99; Wieland: Der Beitrag der deutschen Justiz zur Ahndung, 1996; Freund: Der Mauthausen-Prozeß, 1997; Stiepani: Die Dachauer Prozesse, 1999.

10 Vgl. Rückerl: NS-Verbrechen vor Gericht, 1984, S. 97–100; Stein: Geschichte der Waffen-SS, o. D., S. 250–252; Fallkapitel zu Harald Heyns/Frankreich.

11 Vgl. Hilberg: Die Vernichtung der europäischen Juden, Bd. 3, 1993, S. 1131–1183; Brochhagen: Nach Nürnberg, 1994, S. 24–31; Wette: Die Wehrmacht, 2002, S. 220–223.

12 Vgl. Stitzer: Mordprozeß Oradour, 1954; Moisel: Frankreich und die deutschen Kriegsverbrecher, 2004, S. 148–158.

13 Vgl. Taylor: Die Nürnberger Prozesse, 1996, S. 322.

war, [...] einen unerhört massiven Schlag gegen die nationalsozialistische Gewaltkriminalität, und zwar gegen die Mörder der unteren *und* oberen Etagen«.[14]

Außerdem wurde in ganz Europa von nationalen Gerichten eine große Anzahl Prozesse gegen deutsche NS-Täter geführt.[15] Insgesamt wurden in den ehemals von den Deutschen besetzten Ländern gegen hunderttausende Menschen Verfahren eingeleitet, Zehntausende wurden verurteilt (davon etwa 15 000 zum Tode).[16] Diese Gerichtsverfahren richteten sich nicht nur gegen deutsche NS-Gewaltverbrecher, sondern in hohem Maße auch gegen einheimische »Vaterlandsverräter«, »Kollaborateure« und »Denunzianten«.[17]

In der Sowjetunion und der Sowjetischen Besatzungszone war die Verfolgung der Nazi- und Kriegsverbrecher »mit unterschwelligen oder offenen Vergeltungsmaßnahmen des Siegers sowie mit spezifischen Repressiv- und Terrormethoden«, die in der damaligen UdSSR zum Alltag gehörten, verbunden.[18] Die alliierten Bestimmungen wurden von den sowjetischen Sicherheits- und Justizorganen »extensiv ausgedeutet, willkürlich angewendet und für politische Ziele massiv missbraucht«.[19] Der russische Historiker Nikita Petrov kommt vor diesem Hintergrund zu der Einschätzung: »Zu einem gewissen Grad waren die Geschehnisse in der Sowjetischen Besatzungszone durch das Wesen der sowjetischen totalitären Ordnung vorgegeben, und sie stellten den Kontrapunkt zu den demokratischen Umgestaltungen in den Westzonen dar. Für Stalin waren breit angelegte Repressionen eines der wichtigsten Instrumente seiner Politik, und die Straf organe waren ein Steuerungs- und Kontrollmittel.«[20]

Nach amtlichen sowjetischen Angaben wurden bis zum 1. Januar 1947 insgesamt 65 138 Personen wegen ihrer Zugehörigkeit zu einer im Nürnberger Hauptkriegsverbrecherprozess für verbrecherisch erklärten NS-Organisation interniert. Von diesen sollen bis zum 1. Januar 1947 insgesamt 17 175 Personen von den Sowjetischen Militärtribunalen (vermutlich auf der Grundlage von Artikel II 1d des KRG 10 – Organisationsverbrechen – SMT) verurteilt worden sein.[21] Zum gleichen Zeitpunkt sollen auf dem Gebiet der SBZ 14 240 Personen wegen Kriegsverbrechen oder Verbrechen gegen die Menschlichkeit von den Tribunalen zur Rechenschaft gezogen, 138 zum Tode, 13 960 zu anderen Strafen verurteilt

14 Henke: Die Trennung vom Nationalsozialismus, 1991, S. 75.

15 Vgl. Taylor: Die Nürnberger Prozesse. Kriegsverbrechen und Völkerrecht, 1951, S. 23f.; Zur Verjährung nationalsozialistischer Verbrechen. Dokumentation der parlamentarischen Bewältigung des Problems 1960–1979. Hg. v. Deutschen Bundestag, Presse- und Informationszentrum. Teil I, Bonn 1980, S. 96–102; Rückerl: NS-Verbrechen vor Gericht, 1984, S. 101–104; Wieland: Der Beitrag der deutschen Justiz, 1996, S. 357; Musial: NS-Kriegsverbrecher, 1999.

16 Vgl. Henke; Woller: Politische Säuberung in Europa, 1991, S. 7–20, hier 18 (Einleitung).

17 Vgl. Boveri: Der Verrat im XX. Jahrhundert, 1957; Sèrant: Die politischen Säuberungen in Westeuropa, 1966; Garscha; Kuretsidis-Haider: Die Nachkriegsjustiz, 1995; Dies.: Keine »Abrechnung«, 1998.

18 Vgl. Courtois u. a.: Das Schwarzbuch des Kommunismus, 1998.

19 Erler; Friedrich: Das sowjetische Speziallager Nr. 3, 1995, S. 10.

20 Petrov: Zur Geschichte der sowjetischen Repressionsorgane, 2001, S. 31.

21 Meyer-Seitz: Die Verfolgung von NS-Straftaten, 1998, S. 36 f. Leicht abweichende Zahlen nennt Welsh: »Antifaschistisch-demokratische Umwälzung«, 1991, S. 93.

und 142 freigesprochen worden sein.[22] Insgesamt wurden zwischen 70 000 und 80 000 Deutsche von SMT verurteilt. Davon entfallen etwa 34 000 auf Kriegsgefangene, Soldaten und Offiziere der verschiedenen Waffengattungen der Wehrmacht, Angehörige von Volkssturm, SA, SD, SS, »das Personal von Gefängnissen, Konzentrationslagern, Militärkommandanturen, Organen der Militärstaatsanwaltschaft und Gerichten«, die zwischen 1941 und 1953 von sowjetischen Gerichten und Sonderbehörden abgeurteilt wurden.[23] Hinzu kommen etwa 35 000 bis 40 000 »Zivilisten«[24], darunter auch Personen aus der halb zivilen und halb militärischen Grauzone des »Osteinsatzes«, wie das Personal der mobilen Einsatzgruppen, der Kommandanturen der Sicherheitspolizei, von Polizeibataillonen, Kommandos der Geheimen Feldpolizei, SD- und SS-Mannschaften, Aufsichtspersonal in sowjetischen Kriegsgefangenen- und Ostarbeiterlagern, die zwischen 1945 und 1955 belangt wurden.[25] Sowohl die Mehrzahl der Kriegsgefangenen[26] als auch ein hoher Prozentsatz der Zivilisten wurden wegen Kriegsverbrechen und nationalsozialistischer Gewalttaten verurteilt.[27] Aufgrund der willkürlichen Kriterien und des Fehlens elementarer Maßstäbe rechtsstaatlicher Verfahren lässt sich bis heute nicht feststellen, wie viele von ihnen zu Recht wegen dieser Delikte verurteilt worden sind.[28]

Alliierte Rekrutierungen

Während dieser ersten Phase setzte bereits sowohl auf östlicher als auch auf westlicher Seite geradezu ein Wettlauf ein um die Rekrutierung von deutschem wissenschaftlichem und (meist militär-)technischem Personal, teilweise mit NS-Belastung, das für eigene Zwecke in Dienst genommen wurde. Insgeheim wurden deutsche Chemiker, Kernphysiker, Ärzte, Flugzeug- und Raketenkonstrukteure, Schiffbaufachleute, Elektrotechniker, Feinoptiker und andere Spezialisten, meist aus Forschungsabteilungen der Wehrmacht und zivilen Einrichtungen, angeworben.[29] Darunter befanden sich auch SS-Führer und andere, die in den

22 Vgl. Semiryaga: Wie Berijas Leute in Ostdeutschland die »Demokratie« errichteten, 1996, S. 750.

23 Hilger: Deutsche Kriegsgefangene, 2000, S. 63; Hilger; Schmidt; Wagenlehner: Sowjetische Militärtribunale, Bd. 1, 2001, S. 11 (Einleitung).

24 Vgl. Hilger; Schmeitzner; Schmidt: Sowjetische Militärtribunale, Bd. 2, 2003, S. 18 (Einleitung).

25 Vgl. Jeske; Schmidt: Zur Verfolgung von Kriegs- und NS-Verbrechen, 2003, S. 191.

26 Vgl. Hilger; Schmidt; Wagenlehner: Sowjetische Militärtribunale, Bd. 1, 2001, S. 16 (Einleitung).

27 Vgl. Jeske; Schmidt: Zur Verfolgung von Kriegs- und NS-Verbrechen, 2003, S. 165.

28 Vgl. ebenda, S. 155–192; Meyer-Seitz: Die Verfolgung von NS-Straftaten, 1998, S. 38 f.; vgl. zu dieser Thematik Lang: Stalins Strafjustiz, 1981, S. 65–73; Wagenlehner: Stalins Willkürjustiz, 1993, S. 49 f.; Karner: Im Archipel GUPVI, 1995, S. 170–176; Zeidler: Stalinjustiz contra NS-Verbrechen, 1996.

29 Vgl. Bower: Verschwörung Paperclip, 1987; Albrecht; Heinemann-Grüder; Wellmann: Die Spezialisten, 1992; Naimark: Die Russen in Deutschland, 1997, S. 259–315.

deutschen Waffenschmieden, Versuchsanstalten, Instituten, Laboratorien oder anderswo einen Beitrag zum mörderischen Krieg geleistet hatten und bei denen eine persönliche Verantwortung für die Ermordung von Zwangsarbeitern und Häftlingen zu vermuten war.

Zu ähnlichen Entwicklungen kam es bei den Geheimdiensten. Beide, die Vereinigten Staaten und die Sowjetunion, hatten dabei im Grunde die gleiche Idee: Sie warben manchen ehemaligen Parteigänger Hitlers und vermeintlichen Nachrichtenprofi oder Terrorspezialisten aus SS, SD und Gestapo sowie vormalige Kollaborateure als Agenten an, um unter Ausnutzung ihres spezifischen Wissens und ihrer Kontakte in die gegnerischen Geheimdienste einzudringen und Informationen aus den jeweils anderen Besatzungszonen zu beschaffen.[30] Nach erstem Zögern ergriffen die Amerikaner die Gelegenheit, Offiziere der Abteilung Fremde Heere Ost im Generalstab des Heeres unter Leitung des Generalmajors Reinhard Gehlen zu engagieren. Das Interesse erwachte, als ihnen bekannt wurde, wie intensiv die russischen Verbündeten nach dem Material von »Fremde Heere Ost« und deren Leiter fahndeten.[31] Gehlen offerierte den Amerikanern, »seinen eingespielten, organisatorisch und materialtechnisch nahezu unversehrten nachrichtendienstlichen Apparat zum Einsatz gegen die Sowjets zur Verfügung zu stellen«, und diese akzeptierten das Agreement.[32] Rund 50 Mitarbeiter zählte die Organisation, als Gehlen die ersten Aufklärungsorder erteilte.[33] Später, mit dem Rückenwind des Korea-Krieges und des verschärften Ost-West-Gegensatzes, holte Gehlen weitere Nachrichtendienstler aus dem »einstigen Horrorreich des Heinrich Himmler in die Organisation«.[34] Hunderte ehemaliger SS- und SD-Leute sickerten in die Organisation Gehlen ein, weil sie vorgaben, aus vergangenen Tagen noch Kontakt zu ehemaligen Agenten und Sabotagekommandos in den Weiten der Sowjetunion aus den Tagen des Unternehmens »Zeppelin«[35] zu besitzen, oder etwa das Archiv des von der SS unterhaltenen Wannsee-Instituts in Berlin anboten.[36] Tatsächlich waren solche Angebote wenig stichhaltig. Die Agenten des SD waren längst von der sowjetischen Geheimpolizei liquidiert, und das Material des Wannsee-Institutes war schon 1945 dem sowjetischen Geheimdienst in die Hände gefallen.[37] Dennoch fand manch hochrangige Figur aus SS und SD, wie etwa der Chef der Geheimen Feldpolizei, SS-Oberführer Wilhelm Krichbaum, Unterschlupf in der Organisation Gehlen.[38] Gestützt auf die gemeinsame Vergangen-

30 Vgl. Klimow: Berliner Kreml, 1951, S. 121; Naimark: Die Russen in Deutschland, 1997, S. 476–480; Foitzik: Sowjetische Militäradministration in Deutschland, 1999, S. 165.

31 Vgl. Zolling; Höhne: Pullach intern, 1971, S. 102 f.

32 Buchheit: Die anonyme Macht, 1969, S. 100. Gehlen selbst bestätigte, dass die Initiative von ihm ausgegangen war. Vgl. Gehlen: Der Dienst, 1973, S. 94–120.

33 Vgl. Zolling; Höhne: Pullach intern, 1971, S. 113.

34 Vorwort von Heinz Höhne, in: Reese: Organisation Gehlen, 1992, S. 16.

35 Detaillierter dazu Mallmann: Der Krieg im Dunkeln, 2003.

36 Vgl. Zolling; Höhne: Pullach intern, 1971, S. 214–218.

37 Vgl. ebenda, S. 216.

38 Vgl. ebenda, S. 217; Gessner: Geheime Feldpolizei, 1986, S. 38 u. 105; Simpson: Der amerikanische Bumerang, 1988, S. 311; Reese: Organisation Gehlen, 1992, S. 212. Anzumerken bleibt, dass der 1957 verstorbene Krichbaum nach der Verhaftung Felfes selbst in Verdacht geriet, ein KGB-Agent

heit, ausgestattet mit Referenzen ehemaliger Kameraden, zogen die SS/SD-Männer nun weitere Kameraden in die Organisation.

Dieser Rekrutierungsstrategie standen die sowjetischen Geheimdienste in nichts nach.[39] Sie begannen, im anschwellenden Flüchtlingsstrom nach Westen ihre Agenten zu platzieren. Dazu warben sie deutsche Kriegsgefangene an oder mischten andere Personen ihres Vertrauens unter die Flüchtenden.[40] Der berühmteste Fall war der des SS-Obersturmführers und SD-Zuträgers Heinz Felfe, einst Referatsleiter im Amt VI des RSHA und später Leiter des Sowjetunion-Referats in der Gegenspionageabteilung des Bundesnachrichtendienstes, der 1961 zusammen mit dem vormaligen Leiter der SD-Hauptaußenstelle Dresden, SS-Hauptsturmführer Johannes Clemens und dem SD-Vertrauensmann, SS-Oberscharführer Erwin Tiebel, als KGB-Agent enttarnt wurde.[41]

Einschlägige sowjetische Akten sind bis zum heutigen Tag nicht zugänglich, sodass bisher nur die entsprechenden Aktivitäten der Amerikaner relativ umfassend untersucht und einer breiteren Öffentlichkeit bekannt sind.[42] Durch die MfS-Akten ist aber belegbar, dass die sowjetische Geheimpolizei über die bereits bekannten Anwerbungen hinaus bei der Wahl ihrer Informanten nicht eben wählerisch war. So rekrutierte sie beispielsweise einen Hauptwachtmeister des an zahlreichen Massenmorden an Juden und Partisanen beteiligten Polizei-Bataillons 304[43] ebenso wie eine Angestellte aus der Zentralverwaltung des Amtes V des RSHA (Kriminalpolizei).[44] In den Dienst der sowjetischen Staatssicherheit genommen wurden ebenfalls ein SS-Hauptsturmführer der Gestapo Chemnitz[45], ein SS-Hauptscharführer der SD-Verwaltung des KdS Warschau[46] sowie ein SS-Sturmbannführer im Kirchenreferat des Amtes IV des RSHA.[47] Andere inoffizielle Mitarbeiter der sowjetischen Geheimpolizei sind später in der DDR wegen Verbrechen gegen die Menschlichkeit zum Tode verurteilt und hingerichtet worden, wie zum Beispiel der ehemalige SS-Obersturmführer und

gewesen zu sein und ein von ihm geführtes Agentennetz abgeschaltet wurde. Vgl. Schlafende Agenten. In: Der Spiegel 20/2001 v. 14.5.2001, S. 20.

39 Vgl. Klimow: Berliner Kreml, 1951, S. 121; Naimark: Die Russen in Deutschland, 1997, S. 476–480; Foitzik: Sowjetische Militäradministration, 1999, S. 165.

40 Sacharov; Filippovych; Kubina: Tschekisten in Deutschland, 1998, S. 329–331.

41 Ausführlicher zu diesem Komplex vgl. Spionage. Felfe. Umarmt und geküsst. In: Der Spiegel 30/1963 v. 24.7.1963, S. 20–23; Spionage. Felfe. Fiffi in IIIf. In: Der Spiegel 9/1969 v. 24.2.1969, S. 74, 76 u. 78; Zolling; Höhne: Pullach intern, 1971, S. 284–292 u. 315–319; Felfe: Im Dienst des Gegners, 1989; Reese: Organisation Gehlen, 1992; Bailey; Kondraschow; Murphy: Die unsichtbare Front, 1997, S. 336–349; Kraushaar: Karriere eines Boxers, 1997; Höhne: Der Krieg im Dunklen 1998, S. 548–551.

42 Vgl. Simpson: Der amerikanische Bumerang, 1988.

43 Vgl. (KGB): Auskunftsbericht über die Materialien über den ehemaligen geheimen Erkunder der sowjetischen Organe für Staatssicherheit »Feuer«, 22.6.1970, Übersetzung aus dem Russischen; BStU, MfS, HA IX/11, RHE 20/69 SU, Bd. 5, Bl. 136 f.

44 Vgl. Schreiben Mielkes an das ZK der SED, Abteilung für Sicherheitsfragen, in der Angelegenheit Ingeborg B., 3.6.1969; BStU, MfS, SdM 1099, Bl. 15 f.

45 Vgl. Fallkapitel zu Franz Bienert.

46 Vgl. Fallkapitel zu Helmut Wagner.

47 Dr. Karl N.: An den Nachrichtendienst der Sowjet-Union. Politische Erklärung. Moskau 19.12.1949; BStU, MfS, SdM 613, Bl. 30–33.

Zugführer im I. SS-Gendarmerie-Bataillon 62, Albert Schuster[48], sowie der Einsatzgruppenangehörige Johannes Kinder[49]. Diese Aufzählung stellt mit Sicherheit nur die berühmte »Spitze des Eisberges« dar.

Internierung und Entnazifizierung

Mit der strafrechtlichen Verfolgung war eine umfassende Entnazifizierung des öffentlichen Lebens verbunden, die sich unter anderem im Ausschluss von belasteten Personen aus öffentlichen Ämtern und der Verwaltung äußerte. Diese Praxis war, trotz wachsender Unterschiede zwischen der sowjetischen und der westalliierten Besatzungspolitik, durchaus von parallelen Anstrengungen und durchgreifenden Ergebnissen geprägt.[50]

Die Entnazifizierung in Politik und Wirtschaft, insbesondere im Umgang mit einfachen NSDAP-Mitgliedern, regelte der Alliierte Kontrollrat mit der Direktive Nr. 24.[51] In der SBZ/DDR nutzten die aus der Moskauer Emigration zurückgekehrten deutschen Kommunisten dabei den Neuanfang »zur Implantierung eines Gesellschaftsmodells nach sowjetischem Vorbild«.[52] Unterstützt und gedeckt von der sowjetischen Besatzungsmacht, wurden ganze gesellschaftliche Gruppen pauschal unter Faschismusverdacht gestellt, an den Rand gedrängt und so entmachtet. Es galt, den traditionellen Eliten aus Verwaltung, Politik, Justiz und Wirtschaft ihre politische, gesellschaftliche und vor allem ihre ökonomische Basis zu entziehen. In der offiziellen Geschichtsschreibung der DDR hieß es dazu:

»Obwohl die Entnazifizierung nicht die Hauptmethode der demokratischen Erneuerung der Verwaltungsorgane war, weil leitende Funktionen von Anfang an von Antifaschisten übernommen wurden, trug sie dennoch wesentlich zur endgültigen Zerschlagung des imperialistischen Staatsapparats bei. [...] Die völlige politische Entmachtung der faschistisch-militaristischen Kräfte war ein längerer Prozess, dessen Hauptinhalt die Zerschlagung der

48 (KGB): Bericht, 10.5.1971, Übersetzung aus dem Russischen; BStU, MfS, BV Chemnitz, AIM 728/69, Personalakte, Bl. 273; Urteil des Obersten Gerichts, 1b Strafsenat-1b Ust 7/73 betr.: Zurückweisung der Berufung des Angeklagten gegen das Urteil des Bezirksgerichts Karl-Marx-Stadt vom 9.2.1973, 6.4.1973; BStU, MfS, HA IX/11, ZUV 8, Akte 24, Bl. 1–15. Das Todesurteil wurde am 31.5.1973 in Leipzig vollstreckt.

49 Vgl. Fallkapitel zu Johannes Kinder.

50 Vgl. Fürstenau: Entnazifizierung, 1969; Niethammer: Die Mitläuferfabrik, 1982; Welsh: Revolutionärer Wandel auf Befehl?, 1989; Broszat; Henke; Woller: Von Stalingrad zur Währungsreform, 1990; Henke; Woller: Politische Säuberung in Europa, 1991; Vollnhals: Entnazifizierung, 1991; Wille: Entnazifizierung in der Sowjetischen Besatzungszone, 1993; Benz: Potsdam 1945, 1994; Rößler: Entnazifizierungspolitik der KPD/SED 1945–1948, 1994; van Melis: Entnazifizierung in Mecklenburg-Vorpommern, 1999 usw.

51 Vgl. Direktive Nr. 24 des Kontrollrats vom 12.1.1946 über die Entfernung von Nationalsozialisten aus Ämtern und verantwortlichen Stellungen, in: Heidmann; Wohlgemuth: Zur Deutschlandpolitik der Antihitler-Koalition, 1966, S. 137–144.

52 Henke; Woller: Politische Säuberung in Europa, 1991, S. 14 (Einleitung).

imperialistisch-kapitalistischen Staatsmaschine und der Aufbau neuer antifaschistisch-demokratischer Staatsorgane war.«[53]

Klaus Schroeder kommt zu dem Ergebnis:

»Die von den Alliierten gemeinsam beschlossenen, aber in den Besatzungszonen verschieden gehandhabten Entnazifizierungsmaßnahmen benutzten SMAD und SED für weitergehende politische Zwecke. Neben der Inhaftierung von tatsächlichen Nazi-Verbrechern beschuldigten sie auch politisch Andersdenkende zu Unrecht als NS-Täter, was in der Konsequenz zu weiteren Enteignungen führte. Die SED nutzte somit die Entnazifizierung zur weiteren Festigung ihrer Macht. Der Aufbau eines Sicherheitsapparates wie auch die Instrumentalisierung der Justiz für politische Zwecke garantierten die Dominanz der SED in Ostdeutschland.«[54]

Mit der Entnazifizierung des öffentlichen Lebens ging die Etablierung von stabilen eigenen Machtpositionen für die KPD/SED einher. In den ersten Jahren folgten dicht aufeinander der Austausch von Verwaltungsspitzen und weiteren wichtigen Positionen, die sukzessive Säuberung der weiteren Ränge in den Verwaltungen, im Polizei- und Justizapparat, in der Presse sowie in Bildungseinrichtungen und bedeutenden Industrieunternehmen. Bis Ende 1946 wurden 390 478 ehemalige Nationalsozialisten entlassen bzw. nicht wieder eingestellt.[55]

Zur Vereinheitlichung der Entnazifizierung befahl die SMAD, zum Jahresende 1946 mit der Durchführung der Kontrollratsdirektive Nr. 24 vom 12. Januar 1946[56] in der SBZ zu beginnen.[57] Auf deren Basis überprüften Landes-, Kreis- und Stadtentnazifizierungskommissionen, denen Vertreter der »antifaschistisch-demokratischen Parteien«, der Gewerkschaften und anderer gesellschaftlicher Organisationen angehörten, im ersten Halbjahr 1947 in der gesamten SBZ nochmals 851 479 ehemalige Nationalsozialisten. Bis August 1947 wurden dann nochmals 64 578 Personen, vor allem aus der Wirtschaft, entlassen oder nicht wieder eingestellt.[58] Nach realistischen Schätzungen ist es zu insgesamt »200 000 Entlassungen bei vermutlich etwa 1,5 Millionen NSDAP-Mitgliedern, die 1945 im Bereich der Sowjetzone lebten«, gekommen.[59]

Schließlich wurde mit dem SMAD-Befehl Nr. 201 vom 16. August 1947 über die »Richtlinien zur Anwendung der Direktiven Nr. 24 und Nr. 38 des Kontrollrates« eine weitere Überprüfung im großen Stil angekündigt, die nun überwie-

53 Doernberg: Die Geburt eines neuen Deutschland, 1959, S. 97 u. 460.

54 Schroeder: Der SED-Staat, 1998, S. 24.

55 Meyer-Seitz: Die Verfolgung von NS-Straftaten, 1998, S. 39.

56 Die Direktive Nr. 24 über die Entfernung von Nationalsozialisten und Personen, die den Bestrebungen der Alliierten feindlich gegenüberstehen, aus Ämtern und verantwortlichen Stellungen ist abgedruckt in: Rößler: Entnazifizierungspolitik der KPD/SED 1945–1948, 1994, S. 64–81.

57 Welsh: »Antifaschistisch-demokratische Umwälzung«, 1991, S. 91.

58 Vgl. Wolfgang Meinicke: Zur Entnazifizierung in der sowjetischen Besatzungszone unter Berücksichtigung von Aspekten politischer und sozialer Veränderungen (1945 bis 1948), Dissertation zur Erlangung des akademischen Grades doctor philosophiae (Dr. phil.), vorgelegt der Gesellschaftswissenschaftlichen Fakultät des Wissenschaftlichen Rates der Humboldt-Universität zu Berlin, September 1983, Sign. HUB, UB 84 HM 923, S. 33–47.

59 Vollnhals: Politische Säuberung als Herrschaftsinstrument, 2001, S. 135.

gend in deutsche Hände gelegt wurde. Für alle diejenigen, die als nominelle, nicht aktive Mitglieder der NSDAP eingestuft wurden, enthielt der Befehl 201 ein wichtiges innenpolitisches Signal zu ihrer Reintegration, mit dem auch die SED in diesen Kreisen Kredit gewinnen wollte.[60] Ihnen wurde das aktive und passive Wahlrecht in Aussicht gestellt, Beschränkungen politischer und bürgerlicher Rechte wurden aufgehoben. »Nominelle« Nazis, so hieß es ausdrücklich, sollten nicht gerichtlich belangt werden. Außerdem waren die deutschen Verwaltungsorgane und Entnazifizierungskommissionen dazu angehalten, die »notwendigen Maßnahmen zu ergreifen, die die Beschleunigung der Durchführung und den Abschluss der Entnazifizierung in der sowjetischen Besatzungszone entsprechend den Direktiven Nr. 24 und Nr. 38 des Kontrollrats und dem vorliegenden Befehl sichern«.[61] Diese Signale waren Teil einer »Umarmungsstrategie« der Kommunisten, die für eine »Beruhigung« unter den kleinen Nazis sorgen und sie zu dankbaren und loyalen Anhängern der »neuen Ordnung« machen sollten.[62]

Mit Ausnahme »besonders wichtiger Fälle«, in denen weiterhin Sowjetische Militärtribunale urteilen sollten, wies die Sowjetische Besatzungsverwaltung den deutschen Gerichtsorganen nun auch die Zuständigkeit zur Aburteilung von Kriegsverbrechern, Mitgliedern verbrecherischer Organisationen und führender Persönlichkeiten des Hitlerregimes zu.[63] Dennoch musste jeder Haftbefehl im Zusammenhang mit dem Befehl 201, wie Mielke seinen Mitarbeitern erklärte, »zuallererst von der örtlichen SMAD-Dienststelle« unterzeichnet werden.[64]

Dezernate K 5 und der Befehl 201

Mit der Entnazifizierung und Verfolgung von NS-Tätern eng verknüpft waren auch die Anfänge einer politischen Polizei in der SBZ, die in die Gründung des Ministeriums für Staatssicherheit 1950 mündeten. Der antifaschistische Impetus stellte seit 1945 die Legitimation für deren Aktivitäten dar, wenngleich sie sich schnell auch gegen alle anderen politischen Strömungen richteten, die in Konkurrenz zum Hegemonialstreben der KPD/SED standen. Schon seit den letzten Kriegstagen hatten sich an verschiedenen Orten der Besatzungszone Trupps aus zurückkehrenden Emigranten und befreiten Kommunisten aus Zuchthäusern und Konzentrationslagern gebildet, die erste Gründungskerne der politischen Polizei

60 Vgl. Meyer-Seitz: Die Verfolgung von NS-Straftaten, 1998, S. 165–167; Rößler: Entnazifizierungspolitik der KPD/SED 1945–1948, 1994, S. 41.

61 Vgl. Absatz 2 des Befehls Nr. 201 der SMAD vom 16.8.1947, Richtlinien zur Anwendung der Direktiven Nr. 24 und Nr. 38 des Kontrollrats, abgedruckt in: ebenda, S. 147–149.

62 Vgl. Meyer-Seitz: Die Verfolgung von NS-Straftaten, 1998, S. 176.

63 Vgl. Absätze 3 und 7 des Befehls Nr. 201 der SMAD vom 16.8.1947, Richtlinien zur Anwendung der Direktiven Nr. 24 und Nr. 38 des Kontrollrats, abgedruckt in: Rößler: Entnazifizierungspolitik der KPD/SED 1945–1948, 1994, S. 147–149.

64 Naimark: Die Russen in Deutschland, 1997, S. 86.

darstellten und dann nach und nach in den kommunistisch dominierten Polizeiapparat der SBZ integriert wurden.[65]

Mit der Bildung des Zweiges 5 der Kriminalpolizei (K 5) wurden diese Vorläufer 1946/47 zonenweit vereinheitlicht und weiter ausgebaut. Die Umsetzung des Befehls 201 ergab nun für die K 5 die Chance, sich über die Rolle eines Erfüllungsgehilfen der sowjetischen Geheimpolizei hinaus als eigenständiger Akteur zu profilieren. Die zu diesem Zweck erheblich personell aufgestockte K 5 bildete »Untersuchungsorgane 201«, die die polizeilichen Ermittlungen für die Entnazifizierungskommissionen anzustellen hatten und sogar das Recht erhielten, Anklageschriften selbst zu formulieren – dies stellte eine erhebliche Schwächung der Staatsanwaltschaften dar, denen diese Aufgabe sonst oblag.[66] Etwaige Verdächtige durften auf Anordnung der Leiter der Untersuchungsorgane ohne richterliche Anweisung in Polizeihaft genommen werden. Zugleich erhielt Erich Mielke, Vizepräsident der Deutschen Verwaltung des Innern, die Federführung für die Umsetzung des Befehls 201, obwohl er für die K 5 an sich nicht zuständig war.[67] Die K 5 nahm die Ermittlungen auf und sammelte fortan einschlägiges Schriftgut – den späteren Grundstock für das geheime NS-Sonderarchiv des MfS. Hinsichtlich der politischen Bedeutung des Befehls vertrat Mielke die Auffassung:

»Er bedeutet ein Prüfstein dafür, inwieweit die deutschen Organe in der Lage sind, diese Aufgabe durchzuführen, ferner dafür, inwieweit die Bevölkerung den neuen demokratischen Aufbau, der besonders von der Sozialistischen Einheitspartei gefördert wird, als richtig anerkennt und somit von der Richtigkeit überzeugt ist, auch den letzten aktiven Faschisten seiner gerechten Strafe zuzuführen. [...] Der Befehl Nr. 201 bedeutet eine Teilfrage des Kampfes um die Festigung der demokratischen Macht.«[68]

Neben dem Ausbau der polizeistaatlichen Strukturen bei der Verfolgung von »Schuldigen« verfolgte auch die DVdI-Spitze die Abkehr von der Ausgrenzung einfacher NSDAP-Mitglieder. Im Oktober 1947 erläuterte DVdI-Vizepräsident Wagner vor den Leitern der K 5 aus den SBZ-Ländern:

»Wir würden einen großen historischen Fehler begehen, wenn wir auch in der Zukunft von minder- und schwerbelasteten Pg. sprechen und wenn wir alle Machenschaften auf die

65 Vgl. Gieseke: Die hauptamtlichen Mitarbeiter, 2000, S. 52–55.

66 Vgl. Wagner: Die Tätigkeit der Schutz- und Kriminalpolizei bei der Durchführung des SMAD-Befehls Nr. 201 vom 16.8.1947; BStU, MfS, AS 235/66, Bd. 2, Bl. 26; Vizepräsident Erich Mielke v. 19.1.1948: Referat über die »Politische Bedeutung des Befehls Nr. 201«; BStU, MfS, AS 226/66, Bl. 93–104, hier 97; vgl. Gieseke: Mielke-Konzern, 2001, S. 43.

67 1. Vizepräsident bei der DVdI, Kurt Wagner, o. D., o. Adressat: Betr. Die Tätigkeit der Schutz- und Kriminalpolizei bei der Durchführung des SMAD-Befehls Nr. 201 vom 16.8.1947; BStU, MfS, AS 235/66, Bd. 2, Bl. 26–29, hier 26; vgl. Ausführungsbestimmung Nr. 3 zum Befehl Nr. 201, Absatz 30, in: Zentralverordnungsblatt der Deutschen Justizverwaltung der sowjetischen Besatzungszone in Deutschland, Berlin, 9.10.1947, Ausgabe Nr. 18; vgl. Rößler (Hg.): Entnazifizierungspolitik der KPD/SED 1945–1948, 1994, S. 42 u. 196.

68 Bericht Mielkes über den Stand der Durchführung des Befehls Nr. 201 v. 16.8.1947 auf der Besprechung am 30.10.1947, abgedruckt in: Rößler: Entnazifizierungspolitik der KPD/SED 1945–1948, 1994, S. 196–211, hier 204 f.

früheren Organisationen der NSDAP abwälzen würden. [...] Wer heute die frühere NSDAP als Urheber aller Machenschaften ansieht, begeht einen entscheidenden Fehler. Die Gegner sind in den geschlagenen Kräften zu suchen, nämlich Junker, Großaktionäre, Bankiers usw. usf.«[69]

Anders würde man nur die vielen einfachen NSDAP-Mitglieder »in die Hände der wirklichen politischen Verbrecher«, also den Westen, treiben. Wer willig zum Arbeitseinsatz, bereit zur Übernahme von Verpflichtungen und reuig sei, habe damit seinen Willen zur Wiedergutmachung gezeigt. Dadurch könne man »viele positive Elemente« für sich gewinnen. Damit war auch für die Ermittler der K 5 das Signal unmissverständlich: SED und SMAD machten jenen Millionen von NSDAP-Mitgliedern, die die Massenbasis des Hitlerregimes gebildet hatten, das Angebot, die Ausgrenzung im Falle ihrer loyaler Unterordnung unter den Machtanspruch der SED aufzugeben. Der Volksmund brachte dies auf die ebenso knappe wie präzise Formel: »Die SED – der große Freund der kleinen Nazis«.

Mit SMAD-Befehl Nr. 35 vom 26. Februar 1948 wurde der Abschluss der Entnazifizierung gemäß Befehl 201 verkündet. Die Entnazifizierungskommissionen mussten bis 10. März aufgelöst werden. Die Säuberung der Verwaltung und der Wirtschaft galt damit als offiziell abgeschlossen. Alle Ermittlungen gegen ehemalige Mitglieder der NSDAP und deren Gliederungen, bei denen keine ausreichenden Gründe vorlagen, um ein Gerichtsverfahren einzuleiten, waren einzustellen.[70] Nur noch Verfahren gegen »Kriegs- und faschistische Verbrecher« waren durch die Kriminalpolizei (K 5) und deutsche Gerichte durchzuführen.[71] In Sachsen zum Beispiel waren bis Jahresende 1950 noch 210 Verfahren anhängig.[72]

Von 201-Strafkammern wurden von September 1947 bis Ende 1950 insgesamt 8 321 Personen als NS-Täter verurteilt, davon 5 als Kriegsverbrecher, 2 405 als Hauptschuldige, 5 638 als Belastete und 273 als Minderbelastete.[73] Freigesprochen wurden von den 201-Strafkammern mehr als 1 500 Personen. Bis Oktober 1949 waren von den 201-Gerichten »1 055 Personen wegen Zugehörigkeit zur SS, jeweils 41 Personen wegen ihrer Tätigkeit für die Gestapo oder den SD, dazu 1 163 SA-Führer und 737 politische Leiter« verurteilt worden.[74] Flankiert wurde der Schwenk in der Entnazifizierungspolitik durch entsprechende Amnestien und

69 (DVdI): Bericht über die vom Referat K 5 der DVdI am 7. und 8.10.1947 abgehaltene Arbeitstagung mit den Dezernats- und Kommissariatsleitern K5 der sowjetischen Besatzungszone im Haus der DVdI, Berlin, o. D.; BStU, MfS, AS 442/66, Bl. 1–55, hier 21 (Originalseitenzählung).

70 Vgl. Befehl Nr. 35 der SMAD über die Auflösung der Entnazifizierungs-Kommissionen v. 26.2.1948, abgedruckt in: Rößler (Hg.): Entnazifizierungspolitik der KPD/SED 1945–1948, 1994, S. 257f.

71 Ebenda, S. 258.

72 Meyer-Seitz: Die Verfolgung von NS-Straftaten, 1998, S. 229.

73 Wie Meyer-Seitz eigens darauf hinweist, sind in dieser Zählung die Waldheimurteile sowie die Verurteilungen nach Artikel III A III nicht enthalten. Vgl. ebenda, S. 231.

74 Ebenda, S. 279.

Erlasse von Sühnemaßnahmen.[75] Die nach Befehl 201 gebildeten Sonderstrafkammern blieben bis zur Neuordnung des Gerichtswesens 1952 tätig.

Mit der Bildung des Ministeriums des Innern (MdI) der DDR im Oktober 1949 wurden die Untersuchungsorgane der Hauptverwaltung Deutsche Volkspolizei (HV DVP), Hauptabteilung Kriminalpolizei (K), zugeordnet und damit zunächst von den Vorläufern des MfS abgekoppelt.[76] Bereits seit dem Frühjahr 1949 waren die Einheiten der K 5 zu einer Hauptverwaltung zum Schutz der Volkswirtschaft umgebildet, und damit war der Kern für das wenige Monate später ins Leben gerufene MfS geschaffen worden.

Kurz nach der offiziellen Gründung des MfS ordnete die HV DVP mit Dienstanweisung 13/50 den endgültigen Abschluss der Vorgänge nach Befehl 201 zum 15. März 1950 an. Laut den »Richtlinien zu der Dienstanweisung Nr. 13/50 vom 17.2.1950« mussten zu dem festgelegten Zeitpunkt »alle noch bestehenden U-Organe gemäß Befehl 201« aufgelöst werden. Bei den in Bearbeitung befindlichen Vorgängen sollten die Haftsachen vordringlich abgeschlossen werden. Vorgänge, die keine höhere Freiheitsstrafe als ein Jahr erwarten ließen, waren »zur Ablage zu bringen und ordnungsgemäß zu registrieren«. Fälle »schwerer Verbrechen gegen die Menschlichkeit« sollten jetzt und in Zukunft im »Rahmen der üblichen kriminalpolizeilichen Arbeit nach Kontrollratsgesetz Nr. 10« strafrechtlich verfolgt und der zuständigen Staatsanwaltschaft zur Anklageerhebung übergeben werden.[77] Die selbstständige Anklagebefugnis der Untersuchungsbehörde war damit erloschen.[78] Die nun zuständige Abteilung C der Kriminalpolizei sollte die in »den Untersuchungsorganen befindlichen 201-Karteien« erhalten und das MfS, faktisch in Arbeitsteilung, Verstöße gegen den Artikel III A III der Direktive 38 des Kontrollrates, also »Delikte« aus der Zeit nach dem 8. Mai 1945, bearbeiten. Doch bei dieser Arbeitsteilung blieb es nicht lange. Die angehäuften Aktenbestände, eine Mischung aus Papieren aus der Zeit vor 1945 und späteren Ermittlungsunterlagen, sowie die Verfahrensakten der Entnazifizierungskommissionen wurden (zumindest) teilweise im Widerspruch zur Anweisung der HV DVP ab Mitte der fünfziger Jahre entsprechend einer Dienstanwei-

75 »Gesetz über den Erlass von Sühnemaßnahmen und die Gewährung staatsbürgerlicher Rechte für ehemalige Mitglieder und Anhänger der Nazipartei und Offiziere der faschistischen Wehrmacht«, v. 11.11.1949, in: Das geltende Recht. Sammlung von Gesetzen und Verordnungen der Regierung der DDR. Berlin 1950; Befehl Nr. 43 der SMAD Amnestie aus Anlass des 100. Jahrestages der Märzrevolution von 1848, abgedruckt in: Rößler (Hg.): Entnazifizierungspolitik der KPD/SED 1945–1948, 1994, S. 260.

76 Vgl. Dieter Skiba: Der Beitrag der Organe des MfS bei der konsequenten Verfolgung von Nazi- und Kriegsverbrechen und Verbrechen gegen die Menschlichkeit, Diplomarbeit, JHS des MfS, Potsdam-Eiche 13.11.1980; BStU, JHS MF VVS 384/80, Bl. 31 f.

77 HV DVP, HA K: Richtlinien zur Dienstanweisung Nr. 13/50 v. 17.2.1950, 27.2.1950; HV DVP, HA K: Anschreiben Mielkes an das Ministerium für Staatssicherheit mit der Bitte, die Richtlinie zu unterschreiben, 6.3.1950; BStU, MfS, AS 607/66, Bl. 14 u. 16.

78 Vgl. Meyer-Seitz: Die Verfolgung von NS-Straftaten, 1998, S. 230.

sung[79] von den Kreisdienststellen (KD) und Bezirksverwaltungen des MfS, in Berlin vom Zentralarchiv der Staatssicherheit übernommen.[80]

Die Waldheimer Prozesse

Nach dem formellen Abschluss der Entnazifizierung 1948 entstand in der SBZ die paradoxe Situation, dass einstige Mitläufer des Nationalsozialismus nun gezielt Objekte der SED-Integrationspolitik wurden, während zugleich in den sowjetischen Internierungs- bzw. Speziallagern noch zehntausende Internierte ohne Gerichtsurteil festgehalten wurden, die lediglich – wenn überhaupt – eine ähnliche Vergangenheit aufzuweisen hatten.[81]

Diese Situation hielt im Wesentlichen bis zur Gründung der DDR im Oktober 1949 an. Mit der Auflösung der Lager im Frühjahr 1950 wurden rund 15 000 Häftlinge entlassen, darunter etwa 5 500 bereits von Sowjetischen Militärtribunalen verurteilte. 649 Häftlinge blieben in sowjetischer Hand. Doch zugleich übergaben die sowjetischen Stellen 10 513 Verurteilte zur weiteren Strafverbüßung an die DDR. 3 442[82] Internierte wurden überstellt »zur Untersuchung ihrer verbrecherischen Tätigkeit und Aburteilung durch das Gericht der Deutschen Demokratischen Republik«.[83] Dies übernahmen »Ausnahmegerichte«, die in der sächsischen Kleinstadt Waldheim fast ausschließlich in »scheinjuristischen Geheimverfahren«[84] ihre Urteile fällten. Offiziell wurde dafür der Begriff »Prozesse gegen Nazi- und Kriegsverbrecher in Waldheim« verwandt.[85]

Laut Eisert waren etwa 20 Prozent der Verurteilten einfache Mitglieder oder niedere bis mittlere Funktionäre der NSDAP und ihrer Nebenorganisationen (NSV, DAF etc.). Circa 12 Prozent hatten von 1933 bis 1945 der Polizei in unterschiedlichsten Dienststellungen angehört. Die meisten waren einfache Beamte aus verschiedenen Polizeizweigen, aber zum Beispiel auch der stellvertretende Polizeichef von Paris sowie einige höhere Polizeioffiziere. Etwa 280 Personen hatten der SA bzw. der SS angehört, darunter auch Wachmannschaften von Konzentrationslagern. Rund 400 Gefangene hatten im Dienst von Gestapo und SD gestanden, einige als Mitarbeiter, andere als Zuträger und wieder andere als Kraftfahrer, Schreibkräfte, Köche usw. Hinzu kamen gut 200 zivile Beamte aus

79 Vgl. Dienstanweisung Nr. 37/54 v. 2.6.1954; BStU, MfS, BdL-Dok. 3083, Bl. 1 f. Ausführlicher dazu im Teil II.

80 Vgl. u. a. Muregger; Winkler: Quellen zur Geschichte der deutschen Arbeiterbewegung 1994, S. 88.

81 Vgl. Petrov: Die Apparate des NKVD/MVD und des MGB, Bd. 1: Studien und Berichte, 1998, S. 150.

82 Hinsichtlich der Differenz zwischen den offiziell genannten Zahlen und den in internen zeitgenössischen Dokumenten aufgeführten Personen vgl. Otto: Die Waldheimer Prozesse, Bd. 1: Studien und Berichte, 1998, S. 537.

83 Zit. nach: Fricke: Politik und Justiz in der DDR, 1979, S. 98.

84 Ders.: DDR-Juristen im Konflikt zwischen Gehorsam, Verweigerung und Widerstand, 2000, S. 206.

85 Vgl. Otto: Die Waldheimer Prozesse, Bd. 1: Studien und Berichte, 1998, S. 539 u. 548.

mehreren Reichsbehörden, rund 170 Personen aus der Wirtschaft (Angestellte, Fabrikanten, Kaufleute, Bank- und Betriebsdirektoren u. ä.) und ebenso viele, die mit der Bewachung von Kriegsgefangenen und Fremdarbeitern zu tun gehabt hatten. Etwa 170 Gefangenen, darunter vielen Landwirten, warf man die schlechte Behandlung von ausländischen Zwangsarbeitern vor. Fast 140 sollten sich für begangene Denunziationen in der Zeit zwischen 1933 und 1945 verantworten, darunter auch ehemalige Kommunisten und Sozialdemokraten. Eine weitere Gruppe von Häftlingen waren die rund 130 Justizbeamten, Richter, Staats- und Rechtsanwälte, darunter ein Senatspräsident des Reichsgerichts, ein Reichskriegsgerichtsrat und der erste Generalstaatsanwalt von Prag. Den meisten konnte man allerdings nur ihre Tätigkeit als Amtsrichter, Landgerichtsdirektoren und in anderen Funktionen der Justiz vorwerfen.[86]

Gegen mehr als 160 Personen wurde der Vorwurf erhoben, nach Kriegsende »Sabotage gegen die Besatzungsmacht und die neue Ordnung begangen zu haben«. Ihre Straftaten bestanden zum Beispiel im Abreißen von Wahlplakaten, im Verteilen von Flugblättern und Ähnlichem. Auch mancher unbequeme Landrat, Informant des Ostbüros der SPD oder aufsässige Wismut-Kumpel gehörte dazu.[87]

Unter den restlichen rund 460 Personen waren ungefähr 90 Verleger und Redakteure, fast 70 Jugendliche, denen ihre Zugehörigkeit zur HJ oder angeblichen Werwolfverbänden zum Verhängnis geworden war, weiterhin etwa 65 Justizvollzugsbeamte, mehr als 60 Wehrmachtsangehörige, darunter auch ein Dolmetscher der Geheimen Feldpolizei in Frankreich, etwa 50 Lehrer sowie über 30 Ärzte.[88] Unter den Inhaftierten befanden sich anerkannte »Opfer des Faschismus« und ausgewiesene Antifaschisten[89] sowie der Reichskriegsgerichtsrat Hans-Ulrich Rottka, der 1942 von Hitler in den einstweiligen Ruhestand versetzt worden war, weil er sich der geforderten Strafpraxis verweigert hatte.[90] Angeklagt war auch der vormalige Kriminalkommissar, Herbert Michalke, der weder NSDAP noch SS angehörte und dem der stellvertretende Ministerpräsident, Otto Nuschke, in einer eidesstattlichen Versicherung bestätigt hatte, in der »illegalen Tätigkeit täglich sein Leben riskiert und der Widerstandsbewegung wertvolle Dienste« geleistet zu haben.[91]

Hinzu kamen mindestens vier Personen, die als Angehörige bzw. Funktionäre Jüdischer Gemeinden beschuldigt wurden, mit der Gestapo paktiert zu haben und an deren Verbrechen beteiligt gewesen zu sein.[92] Wie auch schon die Verurtei-

86 Vgl. Eisert: Die Waldheimer Prozesse. Der stalinistische Terror, 1993, S. 29–31.

87 Ebenda, S. 31.

88 Ebenda, S. 32.

89 Vgl. Otto: Die Waldheimer Prozesse, Bd. 1: Studien und Berichte, 1998, S. 543 f. u. 549.

90 Vgl. Werkentin: Politische Strafjustiz in der Ära Ulbricht, 1997, S. 174.

91 Wendel: Ulbricht als Richter und Henker, 1996, S. 64–68.

92 Vgl. Fall Nr. 433, in: (Kommission zur Überprüfung der in Waldheim verurteilten Nazi- und Kriegsverbrecher): (Liste) Vorschläge zur Minderung der Strafe; BStU, MfS, AS 140/55, Bd. 2, Bl. 24; Fall Nr. 91; Fall Nr. 255, in: (Kommission zur Überprüfung der in Waldheim verurteilten Nazi- und

lungen durch SMT innerhalb und außerhalb der Sowjetunion gezeigt hatten, ging es auch hier nicht um Schuld und Sühne, nicht um Rechtsprechung, vielmehr ging es um eine Aburteilungsaktion, mit der Justiz, Volkspolizei und vor allem die SED-Führung unter Walter Ulbricht gegenüber der Sowjetunion ihre unbedingte Zuverlässigkeit beweisen wollten und konnten. Die formelle Handhabe zur Vorbereitung und Durchführung der Waldheimer Prozesse lieferten die bereits bekannten Alliierten Bestimmungen, der Befehl 201 der SMAD in Verbindung mit dem Kontrollratsgesetz Nr. 10 und der Kontrollratsdirektive Nr. 38. Am 26. April begannen zwölf Große und acht Kleine Strafkammern zu arbeiten, die formal dem Landgericht Chemnitz angegliedert waren.[93] Bis zum 14. Juli 1950 waren insgesamt 3 324 Urteile rechtskräftig. Gegen 72 Häftlinge hatte man aufgrund ärztlicher Gutachten nur Haftbefehl erlassen, weil sie verhandlungsunfähig waren. Weitere 71 Häftlinge waren in der Untersuchungshaft und während der Prozesse verstorben, zwei an die SKK übergeben worden.[94] Insgesamt wurden die Waldheimer Prozesse unter großem Zeitdruck vorangetrieben und abgeschlossen. Die SED wollte im Vorfeld des III. Parteitages und der Volkskammerwahlen im Herbst 1950 Handlungsfähigkeit beweisen und sich dieser alten Last entledigen. Bis zum 8. Juni 1950 fällten die Großen und Kleinen Strafkammern über 2 800 Urteile.[95] Erst gegen Ende der Aktion, am 17. Juni 1950, informierte die SED die Öffentlichkeit und wählte zehn Verfahren für Schauprozesse aus, die freilich – inhaltlich und formal – gänzlich unrepräsentativ waren. Mit ihnen sollte lediglich suggeriert werden, dass es sich auch bei den restlichen Verurteilten ebenfalls um überführte »Nazi- und Kriegsverbrecher« handelte, die in konsequenter Weise für ihre »faschistischen Schwerverbrechen« zur Verantwortung gezogen wurden.[96] Außerdem waren bei diesen im Gegensatz zu den anderen Verfahren strafprozessuale Mindestanforderungen wie die Zuweisung von Pflichtverteidigern und die Vernehmung von Zeugen erfüllt.

Vorgeführt wurden Angeklagte wie der ehemalige stellvertretende Kommandant des Wehrmachtsgefängnisses in Torgau, der Leiter des Gefängnisses in Radom (Polen) sowie jeweils ein Gestapobeamter der Staatspolizeiaußendienststelle Pardubitz (Protektorat Böhmen und Mähren) sowie ein an der Verschleppung polnischer Bürger beteiligter SS-Gruppenführer, denen man konkrete Verbrechen nachweisen konnte. Drei dieser Angeklagten wurden zum Tode, drei zu einer lebenslänglichen Freiheitsstrafe und jeweils einer zu 8, 12, 15 und 25 Jahren Zuchthaus verurteilt.[97] Eines der Todesurteile erging gegen Friedrich Beyerlein, Mitarbeiter der Gestapo in Dresden und Krakau. Ihm wurde die Beteiligung an der Verhaftung von KPD-Funktionären und Widerstandskämpfern

Kriegsverbrecher): (Liste Vorschläge zur unverminderten Beibehaltung der Strafe); BStU, MfS, AS 140/55, Bd. V, Bl. 47, 130; Eisert: Die Waldheimer Prozesse. Der stalinistische Terror, 1993, S. 97–100.

93 Vgl. Otto: Die Waldheimer Prozesse, Bd. 1: Studien und Berichte, 1998, S. 539.

94 Vgl. ebenda, S. 547 (Fußnote 71).

95 Vgl. Eisert: Die Waldheimer Prozesse. Der stalinistische Terror, 1993, S. 138.

96 Weinke: Die Verfolgung von NS-Tätern im geteilten Deutschland, 2002, S. 71.

97 Vgl. Eisert: Die Waldheimer Prozesse. Der stalinistische Terror, 1993, S. 179–190 u. 244.

sowie deren Folterung vorgeworfen. Mindestens sechs der von ihm Misshandelten sollen an den Folgen verstorben sein.[98] Ein weiteres Todesurteil erging – allerdings unter Ausschluss der Öffentlichkeit und ohne die Beteiligung eines Verteidigers – gegen den Arzt Gerhard Wischer, der wegen Teilnahme an Tötungen in der Heil- und Pflegeanstalt Waldheim als »Hauptverbrecher« eingestuft und verurteilt worden ist.[99] Insgesamt wurden in den Waldheimer Verfahren 33 Todesurteile gefällt, von denen zwei wieder revidiert wurden.[100] Es war den Bemühungen zweier Minister der LDP zu verdanken, dass die Todesurteile in fünf Fällen in langjährige Zuchthausstrafen umgewandelt wurden, nachdem auch das Politbüro hierfür sein Plazet gegeben hatte.[101] Ein Delinquent verstarb am Tag seiner geplanten Hinrichtung, ein anderer wurde in die ČSSR überstellt. Letztendlich wurden schließlich 24 Häftlinge in den frühen Morgenstunden des 4. November 1950 im Keller der Strafanstalt Waldheim hingerichtet.[102] 146 Häftlinge erhielten lebenslängliche Freiheitsstrafen, die Masse (1 901 Fälle) traf die damaligen Standardstrafmaße der sowjetischen Justiz von 15 bis 25 Jahren. Weitere 1 242 erhielten Strafen bis zu 14 Jahren. Zwei Verurteilte wurden in Heil- und Pflegeanstalten eingewiesen.[103]

Zweifellos standen in Waldheim auch NS-Täter vor Gericht. Den Betreibern der Prozesse ein »antifaschistisches Grundmotiv«[104] zu konzedieren, setzt allerdings voraus, von den entscheidenden Charakteristika zu abstrahieren: Die Verfahrensführung folgte dem Vorbild der stalinistischen Terrorjustiz und verzichtete auf elementare rechtsstaatliche Prinzipien, wie etwa den Nachweis individueller Schuld oder die Möglichkeit der Verteidigung mittels eines Rechtsanwaltes.

Es ging um den politischen Abschluss einer weithin willkürlichen Verfolgung, nicht um Sühne für konkrete NS-Verbrechen. Dieser stalinistische »Antifaschismus« war weder ein demokratisches noch ein rechtsstaatliches Programm. Zweifellos standen auch NS-Verbrecher, die viele Menschenleben auf dem Gewissen hatten, in Waldheim vor Gericht. Doch deren individuelle Taten waren in der Regel überhaupt nicht Gegenstand des Verfahrens, da auf eine detaillierte Beweiserhebung verzichtet wurde. Selbst Thomas Mann empörte sich in einem Brief an den Generalsekretär des ZK der SED, Walter Ulbricht, über die Verfahrenspraxis der Sonderstrafkammern, die Betroffenen seien »ganz im Stil jenes zur Hölle gefahrenen Roland Freisler« behandelt worden.[105] Dass die willkürlichen Todesurteile oder üblichen »25 Jahre« auch NS-Mörder getroffen haben,

98 Vgl. Werkentin: Politische Strafjustiz in der Ära Ulbricht, 1997, S. 166.

99 Vgl. Schröter: Psychiatrie in Waldheim/Sachsen, 1994, S. 220.

100 Vgl. Otto: Die Waldheimer Prozesse, Bd. 1: Studien und Berichte, 1998, S. 548 (Fußnote 73).

101 Eisert: Die Waldheimer Prozesse. Der stalinistische Terror, 1993, S. 261 f.

102 Vgl. Otto: Die Waldheimer Prozesse, Bd. 1: Studien und Berichte, 1998, S. 548 (Fußnote 73).

103 Vgl. HV DVP, HA HS, Untersuchungsorgan Waldheim: Abschlussbericht über die Durchführung der Kriegs- und Nazi-Verbrecher-Prozesse in Waldheim in der Zeit vom 1.4.–15.7.1950, abgedruckt in: Eisert: Die Waldheimer Prozesse. Der stalinistische Terror, 1993, S. 241–247, hier 243.

104 Vgl. Otto: Die »Waldheimer Prozesse« 1950, 1993, S. 22.

105 Henkys: Die nationalsozialistischen Gewaltverbrechen, 1964, S. 195.

kann man als teuer erkauften Zufall einstufen, da zugleich auch reine Mitläufer, die nach den üblichen Entnazifizierungsregeln gemäß Befehl 201 längst als gesellschaftlich integrierbar gegolten hätten, wären sie nicht in die Mühlen der sowjetischen Verfolgungsmaschinerie geraten, und gänzlich Unschuldige, im Extremfall sogar ausgewiesene Antifaschisten, mit schwersten Strafen bemessen wurden. Lediglich wegen Zugehörigkeit zu NS-Organisationen verurteilte man selbst solche Personen, nach denen bereits die Nürnberger Ankläger wegen konkreter Verbrechen gefahndet hatten.[106] Damit haben in einer Reihe von Fällen die Urteile von Waldheim letztlich die Aufdeckung schwerer Naziverbrechen eher behindert.[107] Bezeichnend heißt es im offiziellen, aber nicht veröffentlichten Abschlussbericht, dass sich die »politischen Schwächen« der Kammern besonders dann gezeigt hätten, »wenn eine Verurteilung aus politischen Gründen erfolgen musste und die für die formale juristische Urteilsfindung erforderliche lückenlose Beweisführung fehlte (z. B. Angehörige der Werwolf-Organisation, Agenten und Spione)«.[108] Langfristig sollte sich diese Praxis als schwerwiegende Hypothek erweisen, denn in der DDR galten die in Waldheim Verurteilten als bereits gerecht bestraft, auch wenn ihre etwaigen konkreten Taten gar nicht zur Sprache gekommen waren.[109] Verbunden mit der bald einsetzenden Amnestiepolitik kamen mithin einige NS-Täter überraschend glimpflich davon. Weiterführenden geheimdienstlichen Interessen, bis hin zur Anwerbung, standen aus MfS-Sicht keine ungesühnten Verbrechen mehr im Wege.[110]

2 Stille Integration und die Aktivitäten des MfS 1950 bis 1958

Die nun angebrochene zweite Phase des Umgangs mit der NS-Vergangenheit in der DDR setzte deutlich neue Akzente. Im kritischen Rückblick gesteht der DDR-Historiker Olaf Groehler ein:

106 Vgl. Wieland: Der Beitrag der deutschen Justiz zur Ahndung, 1996, S. 385.

107 Ebenda, S. 386.

108 Zit. nach: Otto: Die Waldheimer Prozesse, Bd. 1: Studien und Berichte, 1998, S. 547.

109 Im Gegensatz zur DDR hatte das Westberliner Kammergericht bereits im März 1954 entschieden, dass die Waldheimer Urteile in rechtlicher Hinsicht als »absolut und unheilbar nichtig« anzusehen seien. Damit verbunden war jedoch auch die Feststellung, dass damit nicht zugleich auch die Unschuld der Verurteilten erwiesen sei. Vielmehr stünde einer nochmaligen Verfolgung dieser Personen »keine Rechtskraft der Waldheimer Urteile entgegen«, sodass ein erneutes Verfahren möglich wäre. Vgl. Kammergericht Berlin: Beschluss vom 15.3.1954, 1 RHE AR 7/54-1a Ws. 26/54, in: Neue Juristische Wochenzeitschrift (1954)50, S. 1901 f. Das Bezirksgericht Dresden kam 1991 zu dem Urteil, dass es sich bei den Waldheimer Prozessen gar nicht »um gerichtliche Verfahren [handelte], sondern um die menschenverachtende Durchsetzung politischer Ziele der damaligen Machthaber unter dem Deckmantel ordentlicher Gerichtsbarkeit«. Zit. nach: Maiwald, Manfred: Rechtsbeugung im SED-Staat. In: Neue Juristische Wochenzeitschrift 46(1993)30, S. 1881–1889, hier 1885.

110 Im Gegensatz dazu kam es in der Bundesrepublik zu erneuten Verfahren gegen ehemals Waldheim-Verurteilte. Vgl. Werkentin: Politische Strafjustiz in der Ära Ulbricht, 1997, S.173–176; Weinke: Die Verfolgung von NS-Tätern im geteilten Deutschland, 2002, S. 376 (Fußnote 47). Fall Reckzeh im Kapitel Fallstudien.

»Persönliche Faschismusbewältigung war in der DDR seit den 50er Jahren kein erwünschtes Thema mehr, das irgendwelche öffentliche Resonanz finden konnte und sollte. Auf diese Weise konnten Millionen von Deutschen in der DDR aus dieser Verantwortung flüchten und sich einem neuen Kommandosystem willig unterwerfen, das ihnen bei vielfach bekannten Methoden, wie sie der Stalinismus in seinem Repertoire hatte, für ein chiliastisches Ziel Absolution verhieß, wenn sie sich nur der neuen Ordnung verschrieben. Gefragt war nicht, wie weit man sich vom Nationalsozialismus und seiner Ideologie tatsächlich gelöst hatte, sondern vielmehr das Gelöbnis zur neuen Ordnung, das durch Taten zu beweisen war. Die Lebensläufe vieler Bürger der DDR lassen erahnen, wie wenig man sich von alten Vorstellungen gelöst hatte, weil man zuviel Vertrautes in der neuen Ordnung vorfand.«[111]

Von der veränderten Stoßrichtung der SED-Vergangenheitspolitik profitierten in den folgenden Jahren auch viele »Waldheimer« und SMT-Verurteilte. So drakonisch die Urteile auch gewesen waren, ab 1952 folgten mehrere Wellen von Amnestien, Strafaussetzungen und Gnadenerweisen, als wollten SED und Sowjets ihre Willkür nachträglich kompensieren. Auf Geheiß der Sowjetischen Kontrollkommission (SKK) setzte das SED-Politbüro im August 1952 eine »Kommission zur Überprüfung der in Waldheim verurteilten Nazi- und Kriegsverbrecher« ein, die unter Leitung des stellvertretenden Leiters der MfS-HA IX, Oberstleutnant Kurt Richter, innerhalb von vier Wochen 3 014 Fälle prüfte.

Die sieben Kommissionsmitglieder, darunter drei mit »Waldheimerfahrung«, schlugen in 993 Fällen vor, die Strafe unverändert zu belassen.[112] Darunter befanden sich schwere Fälle, wie etwa eine Oberaufseherin aus dem Konzentrationslager Flossenbürg, die wegen fortgesetzter Misshandlung von Häftlingen zu lebenslänglicher Haft verurteilt worden war, oder eines Gestapobeamten, der maßgeblich an Deportationen der jüdischen Bevölkerung der Stadt Oppeln in die Vernichtungslager beteiligt gewesen sein soll und zu 25 Jahren Haft verurteilt worden war.[113] Es waren aber auch wegen antisowjetischer Tätigkeit Verurteilte darunter, wie ein langjähriger Kommunist, dem Trotzkismus nachgesagt wurde, oder ein 1945 als 16-Jähriger verhafteter Jugendlicher, mit Strafmaßen von 15 bzw. acht Jahren, die weiterhin im Zuchthaus bleiben sollten.[114] Strafmilderungen sah die Kommission in 1 024 Fällen vor.[115] Sie betrafen zum Beispiel den Leiter einer NS-Verlagsgesellschaft, dessen Haftstrafe wegen propagandistischer Tätigkeit von 20 auf 15 Jahre Zuchthaus gesenkt werden sollte. In einem anderen Fall

111 Groehler: Antifaschismus – Vom Umgang mit einem Begriff, 1992, S. 31.

112 Vgl. Kommission zur Überprüfung der in Waldheim verurteilten Nazi- und Kriegsverbrecher: Namentliche Aufstellung der verurteilten Personen, bei denen die Kommission eine unverminderte Belassung der Strafe vorschlägt; BStU, MfS, AS 140/55, Bd. VI, Bl. 1–33.

113 Vgl. Fall Nr. 26 und Fall Nr. 248, in: (Kommission zur Überprüfung der in Waldheim verurteilten Nazi- und Kriegsverbrecher): (Liste Vorschläge zur unverminderten Beibehaltung der Strafe); BStU, MfS, AS 140/55, Bd. V, Bl. 14, 126.

114 Vgl. Fall Nr. 238 und Fall Nr. 407, in: (Kommission zur Überprüfung der in Waldheim verurteilten Nazi- und Kriegsverbrecher): (Liste Vorschläge zur unverminderten Beibehaltung der Strafe); ebenda, Bl. 121 u. 206.

115 Vgl. Kommission zur Überprüfung der in Waldheim verurteilten Nazi- und Kriegsverbrecher: Namentliche Aufstellung der von der Kommission zur Herabminderung der Strafe vorgeschlagenen verurteilten Personen; BStU, MfS, AS 140/55, Bd. VI, Bl. 34–66.

sollte die Strafe von 25 auf 10 Jahre abgemildert werden. Der Mann hatte kurz nach Kriegsende gemeinsam mit zwei anderen auf eine Gruppe Polen geschossen. Die Kommission schlug jetzt vor, »da L. nicht selbst geschossen hat, die erkannte Strafe um 10 Jahre zu mindern«.[116]

Von 15 auf 10 Jahre Zuchthaus sollte die Strafe der Trägerin des »Goldenen Parteiabzeichens« und Stenotypistin einer SA-Standarte reduziert werden. Sie war im November 1945 verhaftet und in Waldheim verurteilt worden, weil sie aus ihrer »feindlichen Einstellung zur SU« heraus die »Lügennachricht« verbreitet hatte, dass die »Rote Armee aus ehem[aligen] Nazis innerhalb der antifaschistischen Parteien Agenturen errichte und sich dabei angeblich mit Drohungs- und Täuschungsmethoden befasse«[117]. 997 Gefangene sollten nach Ansicht der Kommission von der weiteren Verbüßung der Strafe völlig befreit werden.[118] Bei diesen Festlegungen der Kommission war offenkundig genauso willkürlich entschieden worden wie zuvor in den Prozessen.

Zur Entlassung kamen, was nahe gelegen hätte, nicht nur Gefangene mit Strafen zwischen vier und zehn Jahren, sondern auch 761 Personen mit Strafmaßen von zehn und mehr Jahren Zuchthaus. Sogar 48 »Langstrafer« mit 20 Jahren, einer mit 22 Jahren, fünf mit 25 Jahren und zwei zu lebenslänglich Verurteilte zählten zu den zur Entlassung Vorgeschlagenen.[119] Am 30. September 1952 bestätigte die SKK bis auf drei Fälle die Vorschläge der Kommission.[120] Dieses Szenario sollte sich in den folgenden Jahren noch mehrfach wiederholen. Im Juli 1954 sorgte ein SED-Politbürobeschluss dafür, dass etwa 920 Waldheim-Verurteilte die Freiheit erhielten.[121] Im Herbst 1955 befanden sich noch 968 Verurteilte in Haft, von denen 709 noch im selben Jahr und weitere 226 im April 1956 entlassen wurden. Aller Wahrscheinlichkeit nach wurden die letzten beiden Waldheim-Verurteilten im Frühjahr 1964 aus der Haft entlassen.[122]

NSDAP-Mitglieder in der frühen DDR

Die SED hatte 1948 auf Empfehlung Stalins nicht nur die Initiative zur Gründung der National-Demokratischen Partei Deutschlands (NDPD) als Auffangorganisation für »geläuterte« NS-Kader und Wehrmachtssoldaten

116 Vgl. Fall Nr. 394 und Fall Nr. 398, in: (Kommission zur Überprüfung der in Waldheim verurteilten Nazi- und Kriegsverbrecher): (Liste) Vorschläge zur Minderung der Strafe; BStU, MfS, AS 140/55, Bd. II, Bl. 4 u. 6.

117 Vgl. Fall Nr. 435, in: ebenda, Bl. 25.

118 Vgl. Kommission zur Überprüfung der in Waldheim verurteilten Nazi- und Kriegsverbrecher: Namentliche Aufstellung der von der Kommission zur völligen Befreiung vorgeschlagenen verurteilten Personen; BStU, MfS, AS 140/55, Bd. VI, Bl. 67–93.

119 Vgl. Eisert: Die Waldheimer Prozesse. Der stalinistische Terror, 1993, S. 278.

120 Vgl. Wendel: Ulbricht als Richter und Henker, 1996, S. 83.

121 Eisert: Die Waldheimer Prozesse. Der stalinistische Terror, 1993, S. 279.

122 Vgl. Otto: Die Waldheimer Prozesse, Bd. 1: Studien und Berichte, 1998, S. 552.

ergriffen,[123] sondern auch selbst im großen Stil ehemalige NSDAP-Mitglieder und andere NS-Belastete in ihre Reihen aufgenommen. Bereits 1946 hatten, nachdem in manchen SED-Ortsgruppen die NSDAP-Mitglieder insgeheim einen Anteil von 30 Prozent erreicht hatten, entsprechende Beschlüsse der SED-Parteiführung die offizielle Aufnahmepraxis für diese Klientel wesentlich vereinfacht.[124] Wie die Zählung bei der Parteiüberprüfung 1950/51 ergab, bekannten sich 174 928 SED-Mitglieder dazu, einstmals Mitglieder der NSDAP oder einer ihrer Gliederungen,[125] Offiziere oder Berufssoldaten der Wehrmacht gewesen zu sein.[126] Allein der Anteil der ehemaligen NSDAP-Mitglieder (im strikten Sinne) lag bei 8 bis 10 Prozent aller SED-Genossen.[127] Im direkten Vergleich der absoluten Mitgliederzahlen konnte die SED deutlich mehr ehemalige Parteigenossen für sich rekrutieren als die NDPD.[128]

Natürlich stand man in der SBZ/DDR, ebenso wie in Westdeutschland, vor dem Problem, ein Heer ehemaliger Nationalsozialisten zu integrieren. Und natürlich beschritt man auch in der DDR den – früher oder später unvermeidlichen – Weg der beruflichen Rehabilitierung (und damit auch der gesellschaftlichen Integration); schließlich handelte es sich um einen nicht geringen Prozentsatz der eigenen Bevölkerung. Worum es der SED bei diesen Annäherungsversuchen – immerhin handelte es sich um den vormaligen politischen Erzfeind – im Wesentlichen ging, verdeutlicht ein Vortrag des damaligen sächsischen Innenministers Wilhelm Zaisser (1950 erster Minister für Staatssicherheit) anlässlich einer Tagung leitender Mitarbeiter der sächsischen Landesregierung im März 1949. Zaisser argumentierte hier, dass Zweifel an der politischen Zuverlässigkeit (»demokratische Zuverlässigkeit«) vier Jahre nach dem Zusammenbruch des NS-Regimes nicht mehr mit einer vormaligen nominellen Mitgliedschaft in der NSDAP begründet werden könnten, zumal jene Menschen, die »von Anfang an unter den schwersten Bedingungen ehrlich und loyal und erfolgreich mitgearbeitet« hätten, unter Umständen für die neu aufgebaute Verwaltung wertvoller sein könnten als »dieser oder jener, der immer und ewig lau zur Seite gestanden hat und eben aus diesem Grunde auch nicht Pg. geworden ist«. Auch solle man nicht vergessen, so Zaisser weiter, dass es eine ganze Reihe von »Nicht-Pg.« gebe, »die das heute positiv angestrichen haben wollen, die seinerzeit nicht in die

123 Vgl. Staritz: National-Demokratische Partei Deutschlands, 1990; Schroeder: Der SED-Staat. Geschichte und Strukturen, 1998, S. 41 f.

124 Vgl. Malycha: Die SED. Geschichte ihrer Stalinisierung, 2000, S. 502–504.

125 Gliederungen der NSDAP waren u. a. die Nationalsozialistische Betriebszellenorganisation (NSBO), die Nationalsozialistische Volkswohlfahrt (NSV), die Sturmabteilungen der NSDAP (SA), die Schutzstaffeln der NSDAP (SS), das Nationalsozialistische Kraftfahr-Korps (NSKK), die Hitler-Jugend (HJ), das Nationalsozialistische Fliegerkorps (NSFK), die Deutsche Arbeitsfront (DAF). Aufgrund dieser Vielzahl von Untergliederungen konzentrieren sich die meisten statistischen Angaben nur auf die reine Mitgliedschaft in der NSDAP, SA/SS und HJ/BDM.

126 Vgl. Kowalczuk: Wir werden siegen, weil uns der große Stalin führt!, Bd. 3 der Forschungen zur DDR-Geschichte, 1995, S. 183.

127 Vgl. Gieseke: Erst braun, dann rot?, 1997, S. 129–149, hier 131; Vollnhals: Politische Säuberung als Herrschaftsinstrument, 2001, S. 136.

128 Vgl. Danyel: Die SED und die »kleinen Pg's«, 1999, S. 194.

Nationalsozialistische Partei eingetreten sind, weil das ihrer Meinung nach eine sozialistische Arbeiterpartei war, die ihnen [...] zu weit links stand«. Das Zitat endet mit der Forderung: »Wir verlangen nicht den negativen Nachweis des nicht Belastetseins, des Neutralseins, sondern den positiven Nachweis des Mitmachens.«[129]

Solche positiven Konnotationen eines NS-Engagements blieben wohl selbst im internen Kreis eher die Ausnahme. Tatsächlich lautete das doppelbödige Angebot an die einstigen »Parteigenossen«: Wenn ihr euch uns unterordnet, werden wir euch nicht an Eure Vergangenheit erinnern, die wir aber kennen:

»Die Strategie der Kommunisten war äußerst erfolgreich: Sie sprachen von Kollektivschuld, verlangten Sühne, boten aber gleichzeitig Vergebung an. Sie kritisierten die Spaltung der Arbeiterbewegung (an der sie einen erheblichen Anteil hatten) und sicherten den Arbeitern mit dem Angebot der ›Einheitspartei‹ Trost und Hilfe zu. Sie bestraften die oberen Nazi-Funktionäre und gewährten den Mitläufern Entlastung, indem sie sie zur Bewährung im neuen Staat aufforderten. Sie verlangten Mitarbeit am neuen Gemeinwesen, aber keine Selbstverantwortlichkeit und kamen damit der postnazistischen Mentalität entgegen. Sie delegierten einen großen Teil der Schuld an das ›kapitalistische Wirtschaftssystem‹ und seine Führer und unterstützten damit eine von vielen gehegte Auffassung, die Deutschen seien Opfer gewissenloser Kapitalisten geworden, die sich mit ›den Faschisten‹ verbündet hätten.«[130]

Diese Integrationspolitik sorgte bei manchem Kommunisten für Irritationen. Einer der Waldheimer Volksrichter etwa, der selbst zwischen 1942 und 1945 als politischer Häftling im Zuchthaus Waldheim gesessen hatte, verweigerte die Verurteilung eines ehemaligen, im Dritten Reich parteilosen Sprechers beim Berliner Rundfunk mit dem Hinweis: »Wenn seine Kollegen und Vorgesetzten als Pg.s heute in der DDR wieder an maßgebender Stelle tätig sind, kann man den Nicht-Pg., der an einfacherer Stelle stand, nicht gut verurteilen.«[131] Diese Aussage bezog sich auf zwei Rundfunkmitarbeiter, die wieder an ihrem alten Arbeitsplatz saßen, sowie dessen vormaligen Chef, Horst Dressler-Andress. Jener war von 1945 bis 1948 im Speziallager Buchenwald interniert gewesen, gehörte jetzt dem Parteivorstand der NDPD[132] an und war inzwischen wieder Intendant des Landessenders Weimar.[133] Vor 1945 hatte er, NSDAP-Mitglied seit 1930, maßgeblich die nationalsozialistische Rundfunkpolitik mitgeprägt, war Präsident

129 Zit. nach: Kowalczuk: Wir werden siegen, weil uns der große Stalin führt!, Bd. 3 der Forschungen zur DDR-Geschichte, 1995, S. 185.

130 Grunenberg: Antifaschismus – ein deutscher Mythos, 1993, S. 132.

131 Das Dokument (»Der Prüfungskommission des U-Organs vorlegen«, 5.5.1950), aus dem hier zitiert wurde, ist als Faksimile abgedruckt in: Werkentin: Rechtsprechungseingriffe und Deliktfabrikate in der Justizgeschichte, 1994, S. 34 f.

132 Vgl. BV Frankfurt/Oder, Abt. XX: Auskunftsbericht zum GM »Bach«, 2.10.1967; BStU, MfS, BV Frankfurt/O., AIM 305/72, Bd. I/1, Bl. 84–93.

133 Das Dokument (»Der Prüfungskommission des U-Organs vorlegen«, 5.5.1950), aus dem hier zitiert wurde, ist als Faksimile abgedruckt in: Werkentin: Rechtsprechungseingriffe und Deliktfabrikate in der Justizgeschichte, 1994, S. 34.

der Reichsrundfunkkammer[134] und ist von der Parteikanzlei 1941 zum ständigen Vertreter des Leiters des Reichsministeriums für Volksaufklärung und Propaganda im Generalgouvernement vorgeschlagen worden.[135] Die Verweigerung des Waldheimer Richters blieb allerdings erfolglos. Der Rundfunksprecher wurde (von einer anderen Kammer) trotzdem zu acht Jahren Gefängnis verurteilt.[136]

Obwohl es in den frühen fünfziger Jahren an parteiinternen Säuberungen nicht fehlte, sank der Anteil der NSDAP-Mitglieder nicht.[137] Die Parteistatistik wies zum Jahresende 1953 96 844 SED-Mitglieder (8,6 Prozent) und 9 533 Kandidaten (9,3 Prozent) aus, die früher der NSDAP angehört hatten. Diese Ergebnisse entsprachen durchaus der proklamierten Mitgliederpolitik der SED-Führung. Öffentlich hausieren ging man mit ihnen jedoch nicht. Intern wurde darauf geachtet, dass Häufungen in einzelnen Grundorganisationen nicht zu einer übermäßigen Besetzung von Parteileitungen mit ehemaligen Pg. führten. So verweigerte etwa die SED-Kreisleitung Hildburghausen bei 48 von 151 neu gewählten Grundorganisationsleitungen die Bestätigung, weil die Häufung von NS-Kadern nicht den »kaderpolitischen Prinzipien der Partei« entsprach.[138] In der Betriebsorganisation der Reichsbahn, Bahnhof Themar, waren sogar vier von fünf Leitungsmitgliedern ehemalige NSDAP- bzw. SA-Angehörige und entsprachen damit der »Quote« in der Mitgliedschaft: unter den 28 SED-Reichsbahnern stammten 24 aus der NSDAP.[139] Im DDR-Durchschnitt hatten 13,9 Prozent aller gewählten Leitungsmitglieder der SED-Grundorganisationen eine NS-Vergangenheit, wobei deren Anteil in Betrieben und Schulen besonders hoch war.[140]

Solche Kader gelangten bis in diverse Kreisleitungen und sogar Bezirksleitungen, also die Machtzentren vor Ort. Zum Beispiel waren noch 1958 im Apparat der SED-Kreisleitung Saalkreis (Bezirk Halle/Saale) vier ehemalige Mitglieder der NSDAP sowie je ein Angehöriger der Waffen-SS und der SS tätig. Im gesamten Parteiapparat des Bezirkes Halle (Bezirksleitung mit 118 und Kreisleitungen 1 230 Mitarbeitern) gab es insgesamt 18 ehemalige Mitglieder der NSDAP, SA und SS.[141]

134 Vgl Biographische Angaben zu Dressler-Andress in Kappelt: Braunbuch DDR, 1981, S. 173 f.

135 Vgl. BV Frankfurt/O., Abt. XX: Zusammenfassender Bericht auf (!) den Archivmaterialien ZA VI 384, Bd. 1 und 2 des Dressler-Andress, 21.5.1964; BStU, MfS, BV Frankfurt/O., AIM 305/72, Bd. I/1, Bl. 48–52. Das MfS vermerkte jedoch auch, das Dressler-Andress sich 1941 öffentlich gegen die Ausrottungspolitik ausgesprochen und insbesondere das Lebensrecht der polnischen Intelligenz verteidigt habe. Vgl. BV Frankfurt/Oder, Abt. XX: Auskunftsbericht zum GM »Bach«, 2.10.1967; BStU, MfS, BV Frankfurt/O., AIM 305/72, Bd. I/I, Bl. 87.

136 Werkentin: Politische Strafjustiz in der Ära Ulbricht, 1997, S. 179.

137 Vgl. Bordjugow: Das ZK der KPdSU, 1998; Mählert: »Die Partei hat immer recht!«, 1998, S. 283–349 u. 351–457; Malycha: Die SED. Geschichte ihrer Stalinisierung, 2000, S. 356–447.

138 ZK, Abt. Leitende Organe der Partei und der Massenorganisationen: Zusammenfassender Bericht über die Ergebnisse und Lehren der Berichtswahlversammlungen, 4.2.1954; SAPMO-BA, IV 2/5/25, Bl. 273–333, hier 327.

139 Ebenda.

140 Kowalczuk: Wir werden siegen, weil uns der große Stalin führt!, Bd. 3 der Forschungen zur DDR-Geschichte, 1995, S. 239.

141 Vgl. (Brigade des ZK der SED): Zwischenbericht über die bisherigen Ergebnisse der Tätigkeit der Brigade des Zentralkomitees im Bezirk Halle in der Zeit vom 17.2.–3.4.1958, Anlage 5: Kadermäßige

Die Präsenz einstiger NSDAP-Parteigenossen in der neuen Staatspartei SED war nur die gut verborgene Spitze des Eisberges. In vielen gesellschaftlichen Bereichen, insbesondere dort, wo fachliche Qualifikation gefragt und die Konkurrenz zum Westen hoch war, konzentrierten sich einstige NSDAP-Mitglieder. Dies galt beispielsweise für wichtige Schwerpunktbetriebe wie dem Braunkohlekraftwerk »Franz Mehring«, in dem von 16 Mitgliedern der Werkleitung bzw. Abteilungsleitern acht früher ein Mitgliedsabzeichen der NSDAP getragen hatten. In der Vereinigung Volkseigener Betriebe (VVB) Braunkohle Cottbus waren von 71 Kadern der Revierleitung 31 ehemals in der NSDAP oder ihren Gliederungen organisiert gewesen.[142] Im VEB Modul Karl-Marx-Stadt bestand die Betriebsleitung aus sieben SED-Genossen, von denen vier zuvor Parteigänger der NSDAP waren.[143]

Bei entsprechender Anpassung und SED-loyaler Haltung konnten ehemalige Nationalsozialisten auch in hohe Ämter aufsteigen. Beispielsweise gehörten 56 Abgeordnete der insgesamt 400 der im November 1958 per Einheitsliste gewählten Volkskammer der NSDAP an.[144] In den diversen Zentralkomitees der SED waren insgesamt 27 NSDAP-Parteigenossen integriert, darüber hinaus summa summarum acht Minister und neun stellvertretende Minister, darunter zwei stellvertretende Ministerratsvorsitzende.[145] 1951 waren von 5 833 in der Ministerialbürokratie tätigen SED-Funktionären zuvor 940 in der NSDAP organisiert gewesen.[146]

Solche Beispiele lassen erahnen, dass es wohl vor allem treue Staatsdiener waren, die sich unter wechselnden politischen Verhältnissen erfolgreich in tätiger Subalternität übten. Trotz rigoroser Säuberungen 1945/46[147] blieb NSDAP-Mitgliedern auf Dauer auch der Schuldienst nicht weiter verschlossen, da aus Personal- und Fachkräftemangel schon Ende 1946 eine »großzügige Rehabilitierungspolitik« in der SBZ/DDR eingesetzt hatte. Ähnliches gilt für den Universitätsbereich, 1954 stellten ehemalige NSDAP-Mitglieder 28,4 Prozent der gesamten Professorenschaft (172 von 605 Professoren). Eine starke Belastung wiesen die Fächer Landwirtschafts- und Forstwissenschaften, Veterinärmedizin (41,2 %) sowie die technischen Disziplinen auf. Sogar in solchen »ideologie- und herrschaftsnahen Disziplinen« wie Jura oder Gesellschaftswissenschaften lag deren

Zusammensetzung des Parteiapparates im Bezirk Halle, o. D. (Februar 1958); BStU, MfS, SdM 1350, Bl. 157 f.

142 (ZK der SED): Bericht der Brigade des ZK über die Entwicklung des neuen Arbeitsstils der leitenden Parteiorgane im Bezirk Cottbus bei der Durchsetzung der Beschlüsse des 35. Plenums des K., 10.5.1958, Anlage Nr. 5: Die Arbeit mit den Kadern – Zusammensetzung der Leitungen der Grundorganisationen-Kaderlage in den Apparaten der Kreisleitungen, im Apparat der Bezirksleitung und im Staatsapparat; ebenda, Bl. 2–93, hier 78 f.

143 Leiter der BV Karl-Marx-Stadt: Bericht an Mielke über die Auswertung der Erklärung des Vorsitzenden des Staatsrates und der Beschlüsse des 11. Plenums, Anhang: Beispiele, wie die Durchführung der Maßnahmen und der Beschlüsse der Partei behindert werden; BStU, MfS, SdM 600, Bl. 126–128.

144 Vollnhals: Politische Säuberung als Herrschaftsinstrument, 2001, S. 137.

145 Staadt: Unter der Käseglocke des nationalen Sozialismus, 2000, S. 67.

146 Ebenda, S. 62 f.

147 Vgl. Wille: Entnazifizierung in der Sowjetischen Besatzungszone, 1993, S. 82–103.

Anteil bei 16,6 Prozent. An der Spitze rangierten jedoch die medizinischen Fakultäten mit 45,8 Prozent. Wahrlich, »eine braune Karriere war in den fünfziger Jahren an den Hochschulen der DDR durchaus kein unüberwindliches Karrierehindernis.«[148] Ein weiterer Bereich der DDR, in dem zahlreiche ehemalige Nazis Verwendung gefunden hatten, war der Presse- und Propagandaapparat.[149]

Bekannt ist die systematische Anwerbung von Wehrmachtsoffizieren bis in Generalsränge für die Nationale Volksarmee und ihre Vorläufer.[150] Diese »Konzentrationen« beanspruchten stets die verschärfte Aufmerksamkeit der Staatssicherheit und führten zu zahlreichen IM-Werbungen in und um diese Klientel. Bereits 1952 waren insgesamt 238 der in der DDR lebenden ehemaligen Wehrmachtsoffiziere inoffiziell für das MfS tätig.[151]

Im Vergleich zur Bundesrepublik, die beim Aufbau ihrer Bundeswehr fast ausnahmslos auf Offiziere und Unteroffiziere der Wehrmacht, aber auch der Waffen-SS zurückgegriffen hat, war der Anteil und die Rolle der in die bewaffneten Kräfte der DDR übernommenen Wehrmachtsmilitärs und des SS-Personals allerdings relativ gering.[152] Zudem wurden gemäß einem Politbürobeschluss vom Februar 1957 die meisten nach und nach aus der NVA entlassen, umgesetzt oder pensioniert; nur 67 »Ehemalige« dienten 1964 noch als Offiziere.[153]

Die meisten dieser Offiziere waren – über ihre allgemeine Beteiligung an Hitlers Raub- und Vernichtungskrieg hinaus – vermutlich nicht persönlich vorbelastet. Zu den Ausnahmen zählte der Panzergeneral Arno von Lenski (Jg. 1893), der von 1939 bis 1945 als ehrenamtlicher Beisitzer am Volksgerichtshof an politischen Strafurteilen, darunter mindestens einem Todesurteil, beteiligt gewesen war. Recherchen der Staatssicherheit bestätigten die im Westen erhobenen Vorwürfe gegen ihn, führten jedoch nicht zu Konsequenzen.[154] Von Lenski, der als Verfolgter des Naziregimes (VdN) anerkannt war, wurde vielmehr von der DDR

148 Vollnhals: Die »doppelte« Vergangenheitsbewältigung in Deutschland, 1998, S. 350 f. Zur Entnazifizierung der Ärzte und Ordinarien in der SBZ/DDR sowie deren Wiederverwendung vgl. Ernst: »Die beste Prophylaxe ist der Sozialismus«, 1997, S. 143–206.

149 Aktuelle Materialien zur Deutschland-Frage: Dokumentationszentrum des Bundes Jüdischer Verfolgter des Naziregimes, Pressekonferenz 6. September 1968 Presseclub Concordia, Nationalsozialistische Elemente in Presse und Propaganda der Deutschen Demokratischen Republik. Eine aktuelle Dokumentation. Hg. v. Bundesministerium für Gesamtdeutsche Fragen. Wien 6.9.1968; Ehemalige Nationalsozialisten, welche die Okkupation der ČSSR propagierten. Hg. v. d. Arbeitsgemeinschaft 13. August e. V. Berlin (West) 19.8.1969.

150 Vgl. Diedrich; Wenzke: Die getarnte Armee, 2001, S. 190–201; zum NSDAP-Anteil siehe S. 207.

151 Abt. VI: Angaben über ehemalige Offiziere der ehem. faschistischen Wehrmacht, 2.9.1952; BStU, MfS, AS 1/64, Bd. 3, Bl. 281; hinsichtlich einzelner Fälle vgl. Lapp: Ulbrichts Helfer, 2000, S. 28, 31, 44 u. 62; Dietrich: Bernhard Bechler – Der hemmungslose Karrierist, 2003.

152 Brochhagen: Nach Nürnberg, 1994, S. 196–212; Wenzke: Das unliebsame Erbe der Wehrmacht, 1999; de Maizière: Die Bundeswehr-Neuschöpfung, 1999, S. 1132 u. 1171–1183.

153 Lapp: Ulbrichts Helfer, 2000, S. 180 u. 186.

154 Wenzke: Arno von Lenski – NVA-Panzergeneral, 2003, S. 113.

hoch dekoriert, unter anderem mit dem Vaterländischen Verdienstorden sowie mit der Medaille »Kämpfer gegen den Faschismus 1933–1945«.[155]

Wie der Bericht eines hauptamtlichen Mitarbeiters belegt, war von Lenski nicht der einzige NVA-Offizier, bei dem der Verdacht der Beteiligung an Kriegsverbrechen und anderen NS-Mordtaten aufkam. In einem anderen Fall geriet ein Oberst der NVA in den Verdacht, als SS-Führer an Kriegsverbrechen in Frankreich beteiligt gewesen zu sein. Das MfS ermittelte gegen ihn, doch es kam zu keinem Gerichtsverfahren – der Offizier wurde lediglich entlassen. In diesem Zusammenhang wurde kolportiert, Verteidigungsminister Heinz Hoffmann habe die Parole herausgegeben: »In meinem Ministerium gibt es keine Kriegsverbrecher.«[156]

Während die »Konzentrationen« ehemaliger Offiziere in der Armee bewusst gesteuert und in Kauf genommen wurden, sammelten sich ehemalige SA- und NSDAP-Mitglieder in paramilitärischen Formationen wie der Gesellschaft für Sport und Technik (GST) und den Kampfgruppen der Arbeiterklasse offenbar spontan. So berichtete der Leiter der MfS-Bezirksverwaltung Erfurt, Oberstleutnant Wilhelm Gaida, im Januar 1955, dass sich in einer GST-Einheit seines Bezirks der gesamte ehemalige SA-Reitersturm organisiert habe.[157] Und Wollweber teilte dem damaligen ZK-Sekretär für Sicherheit Honecker im April 1957 mit, dass die Kampfgruppe des VEB Reifenwerk Berlin zu 60 Prozent aus »ehemaligen Nazis« bestehe und dass im VEB Peniger Maschinenfabrik 11 von 90 sowie in der Papierfabrik Lunzenau 10 von 51 Kampfgruppenmitgliedern zuvor in der NSDAP organisiert gewesen seien.[158]

Solche Auflistungen ließen sich ohne weiteres fortsetzen. Sie bildeten die zeitgenössische Grundlage für die ab 1958 aufgelegten einschlägigen Schriften westdeutscher Organisationen, die der DDR ihre unablässige Propaganda gegen die angebliche Refaschisierung der Bundesrepublik heimzahlen wollten.[159] Jenseits des Schlachtenlärms des Kalten Kriegs bleibt festzuhalten, dass die einstige Massenbasis des Hitler-Regimes als personelle Hypothek auch in der DDR präsent war und keineswegs alle Nationalsozialisten in den Westen geflohen waren. Geschützt durch die ökonomistische Faschismusinterpretation gestand sich die SED die Konsequenzen dieses Tatbestandes nie ein. Sie setzte auf die Loyalität und Gefügigkeit dieser Klientel, ohne deren Motivation zu hinterfragen, die von

155 Vgl. Stichwort Arno von Lenski, in: Müller-Enbergs; Wielgohs; Hoffmann (Hg.): Wer war wer in der DDR, 2000, S. 516 f.

156 Aussage von Gerd R., Oberleutnant der MfS-HA I, in: Karau: Stasiprotokolle, 1992, S. 35–51, hier 43.

157 Vgl. (SdM): Vermerk über die Dienstbesprechung am 19.1.1955, o. D.; BStU, MfS, SdM 1921, Bl. 116–129, hier 124.

158 Vgl. (Der Minister für Staatssicherheit): (Mitteilung an Honecker), 12.4.1957; BStU, MfS, SdM 1201, Bl. 114 f.

159 Von 1958 bis 1965 erschienen beispielsweise fünf vom Untersuchungsausschuss Freiheitlicher Juristen (UfJ) in West-Berlin herausgegebene Broschüren mit dem Titel »Ehemalige Nationalsozialisten in Pankows Diensten«, in denen zahlreiche DDR-Funktionäre mit NS-Vergangenheit aufgeführt sind. Die DDR revanchierte sich dafür umgehend und enthüllte ihrerseits die NS-Vergangenheit manch eines UfJ-Mitglieds. Vgl. Mader: ... im Dienste der Unterwelt, 1959.

Opportunismus, Affinität zum Herrschaftsstil der SED oder echtem Gesinnungswandel bestimmt gewesen sein mag. In den Hochzeiten der antifaschistischen Kampagnen musste die SED-Führung einen immensen Imageschaden befürchten, wenn weitere solche Fälle durch westliche Medien bekannt geworden wären. Dies führte zu diskreten parteiinternen personellen Korrekturen[160] und rief das MfS auf den Plan, welches ohne Aufsehen den Aufstieg weiterer ehemaliger NSDAP-Mitglieder, der sowohl innerhalb als auch außerhalb der DDR wahrnehmbar gewesen wäre, eindämmte.

So verhinderte eine Operativgruppe des MfS 1961 durch eine Information an die Parteileitung der »Mathias-Thesen-Werft« Wismar, dass ein langjähriges NSDAP-Mitglied Sekretär einer Abteilungsgewerkschaftsleitung wurde.[161] 1965 unterbanden MfS-Kreisdienststellen »wegen aktiver faschistischer Vergangenheit« die Aufstellung zweier Kandidaten für die örtlichen Volksvertretungen durch Einflussnahme auf den 1. Sekretär der SED-Kreisleitung oder das Kreiswahlbüro. Als offizielle Begründung wurde auf die vermeintlich »ungünstige soziale Zusammensetzung der Volksvertretung« verwiesen.[162] Im Februar 1967 informierte das MfS Erich Honecker sowie den stellvertretenden Volkskammerpräsidenten, Hermann Matern, dass man eine NDPD-Funktionärin aufgrund ihrer NS-Vergangenheit für eine »Volkskammerkandidatur nicht geeignet« hielt. Die Kandidatin hatte als Agentin des SD im Sekretariat des Polizeidirektors der österreichischen Bundespolizei spioniert und war nach ihrer Enttarnung 1934 zu Kerkerhaft verurteilt worden. Nach ihrer Entlassung war sie 1938 in die NSDAP eingetreten und für ihre Spionagedienste mit dem »Blutorden« ausgezeichnet worden. Da nach den Erkundungen des MfS die NS-Vergangenheit der Volkskammerkandidatin unter Bürgern des Bezirkes Cottbus und sogar einigen Republikflüchtlingen bekannt war, wurde auf die Aufstellung schließlich verzichtet.[163]

Die Beteiligung des MfS an der Strafverfolgung 1950 bis 1956

Die Ermittlungen wegen Kriegsverbrechen und Verbrechen gegen die Menschlichkeit verblieben auch nach der Ausgliederung der politischen Geheimpolizei in ein eigenes Ministerium zunächst bei der Kriminalpolizei. Aus der Aufgabenstellung des MfS ergaben sich allerdings mehrere Ansatzpunkte dafür, bei NS-

160 Staadt: Die geheime Westpolitik, 1993, S. 158.

161 BV Rostock, Abt. III/2: Bericht über den bisherigen Verlauf der Gewerkschaftswahlen im Bezirk Rostock, 12.6.1961; BStU, MfS, BV Rostock, Rep. 1, Bd. 99, Bl. 354–366. Laut Anschreiben ging dieser Bericht an den 1. Stellvertreter des Ministers für Staatssicherheit, Generalleutnant Walter.

162 BV Rostock, Abt. XX/1: Durchführung von Maßnahmen zur Vorbereitung der Wahlen zu den örtlichen Volksvertretungen am 10.10.1965, 23.9.1965; BStU, MfS, BV Rostock, Rep. 1, Bd. 92, Bl. 376 f.

163 ZAIG: Einzel-Information über die faschistische Vergangenheit der W., Marianne, Kandidatur für die Wahlen zur Volkskammer 1967; BStU, MfS, ZAIG Nr. 1331, Bl. 1–3; Die Volkskammer der Deutschen Demokratischen Republik 5. Wahlperiode. Hg. v. Präsidium der Volkskammer der DDR mit Unterstützung der Presseabteilung der Kanzlei des Staatsrates der DDR. Berlin (Ost) 1967, S. 79 f.

Fällen ebenfalls aktiv zu werden. Ausgehend von der Annahme, dass unter den alten Parteigängern des Nationalsozialismus eine »potenzielle Basis« für Gegner des SED-Regimes zu finden sei, hatte die Beobachtung und geheimdienstliche Bearbeitung dieser Kreise eine gewisse Priorität.[164] Dies galt sowohl für die innere Überwachung als auch für die Westarbeit gegen die Bundesrepublik. Außerdem bekam das MfS immer wieder parteiinterne Ermittlungen nach Verrätern und Denunzianten aus der Zeit der Illegalität auf den Tisch. Mit seinem zusammengetragenen Aktenfundus zur NS-Zeit beteiligte sich das MfS deshalb immer wieder an den Ermittlungsverfahren der Kriminalpolizei.[165] Das Untersuchungsorgan des MfS (Linie IX) wurde deshalb von Minister Wilhelm Zaisser 1950 beauftragt, die bis dahin von den K 5-Dezernaten bearbeiteten Straftaten als »staatliche Untersuchungsorgane im Rahmen eines Strafverfahrens aufzuklären und zu verfolgen«.[166] Sofern Hinweise aus der Bevölkerung oder Aufträge der SED eingingen, wurde das MfS bei NS-Verbrechen auch unmittelbar tätig.[167]

Geradezu exemplarisch lässt sich diese Entwicklung im Fall Hans Müller (Jg. 1908) nachvollziehen. Der Schutzpolizeibeamte Müller war ab Sommer 1937 in der Staatspolizeileitstelle Breslau zunächst als Sachbearbeiter Hoch- und Landesverratssachen tätig gewesen und hatte in mindestens zehn Fällen Schutzhaftanträge gestellt.[168] Anschließend arbeitete er in der Abteilung Fahndung und gehörte von 1940 bis 1943 dem so genannten »Judendezernat« an. Hier war er mit der staatlich organisierten Ausplünderung der jüdischen Bürger Breslaus (»Erfassung jüdischen Vermögens«) befasst,[169] überwachte die Einhaltung der polizeilichen Meldepflicht und bearbeitete Strafsachen wie »Rassenschande« oder »Verstöße gegen die Kennzeichnungspflicht«.[170] Darüber hinaus war Müller an der organisatorischen Vorbereitung, Zusammenstellung und Durchführung sämtlicher Deportationstransporte von Breslau in die Ghettos Riga und Izbica sowie in die Konzentrations- bzw. Vernichtungslager Theresienstadt und Auschwitz beteiligt.[171]

164 Dieter Skiba: Der Beitrag der Organe des MfS bei der konsequenten Verfolgung von Nazi- und Kriegsverbrechen und Verbrechen gegen die Menschlichkeit, Diplomarbeit, JHS des MfS, Potsdam-Eiche 13.11.1980; BStU, JHS MF VVS 384/80, Bl. 33f.

165 Ebenda, Bl. 37.

166 Beleites: Der Untersuchungshaftvollzug des Ministeriums für Staatssicherheit, 2000, S. 433–465, hier 438.

167 Dieter Skiba: Der Beitrag der Organe des MfS bei der konsequenten Verfolgung von Nazi- und Kriegsverbrechen und Verbrechen gegen die Menschlichkeit, Diplomarbeit, JHS des MfS, Potsdam 13.11.1980; BStU, JHS MF VVS 384/80, Bl. 47.

168 (MfS, Verwaltung Thüringen, Abt. Eisenach): Vernehmungsprotokoll, 23.4.1950; BStU, MfS, BV Erfurt, AP 1261/67, Bl. 15–18.

169 Müller berichtete, dass er sämtliches jüdisches Vermögen (Wäsche, Hausrat, Möbel, Häuser, Grundstücke, Bankkonten usw.) ausgewanderter, geflüchteter oder in den Selbstmord getriebener Juden ermittelt und für den nationalsozialistischen Staat beschlagnahmt habe. Seiner Schätzung nach hatte er persönlich Vermögenswerte in Höhe von ca. 1 000 000 RM beschlagnahmt.

170 (Hans Müller): Lebenslauf und Antrag auf ein mildes Strafmaß, 14.11.1950, Abschrift; BStU, MfS, BV Erfurt, AP 1261/67, Bl. 67–71.

171 Vereinigung der Verfolgten des Naziregimes Deutschlands, Landessekretariat Thüringen: Mitteilung an das Ministerium für Staatssicherheit Weimar-Thüringen betreffs den ehemaligen Gestapo-

Am 8. April 1950 wurde Müller, der jetzt in Eisenach lebte und der SED angehörte, durch Zufall von Überlebenden entdeckt. Der Chef der Verwaltung Thüringen des MfS, VP-Oberrat Ernst Gaida, von der jüdischen Gemeinde informiert, ließ Müller noch in derselben Nacht festnehmen. Am 11. April 1950 erging Haftbefehl, beantragt auf einem Vordruck, auf dem die institutionsgeschichtliche Entwicklung deutlich abzulesen ist: Am oberen linken Rand steht noch gedruckt: Kriminalamt Erfurt – Abteilung K 5, darunter maschinenschriftlich: Deutsche Demokratische Republik, Ministerium für Staatssicherheit – Verwaltung Thüringen.[172] Müller war vermutlich der erste NS-Täter, gegen den das MfS ermittelte, das heißt die Beweismittel durch Vernehmung des Beschuldigten und von Zeugen zusammentrug, eine Anklageschrift erstellte und anschließend dem »aufsichtsführenden Staatsanwalt für die Durchführung des Befehls 201« zur Anklageerhebung übergab. Am 31. Januar 1951 wurde Müller in einer Verhandlung von der Großen Strafkammer 201 des Landgerichts Meiningen »vor erweiterter Öffentlichkeit« wegen Verbrechen gegen die Menschlichkeit zu lebenslänglichem Zuchthaus verurteilt.[173] Das drakonische Urteil blieb letztendlich von begrenzter Tragweite, denn Müller wurde bereits 1956 amnestiert.[174]

Von 1951 bis 1955 war der MfS-Ermittlungsanteil an den 614 Verurteilungen wegen NS-Straftaten mit 49 Verfahren noch relativ begrenzt.[175] Zwischen 1956 und 1960 kam es nur noch zu 18 Verurteilungen, von denen allerdings schon 14 Fälle unter MfS-Regie standen.[176] Diese Tendenz sollte sich später fortsetzen.

Anfänge der IM-Werbung

Als Geheimpolizei beschränkte sich das MfS nicht auf die strafprozessuale Rolle als Untersuchungsorgan, sondern entfaltete ein breites Spektrum »operativer«, das heißt geheimpolizeilicher oder geheimdienstlicher Aktivitäten auch im Zusammenhang mit Personen und Vorgängen aus der Zeit des Nationalsozialismus. Dazu gehörte vor allem der Aufbau eines geeigneten Informantennetzes von »Geheimen Mitarbeitern« (GM) und »Geheimen Informatoren« (GI), später »Inoffiziellen Mitarbeitern« (IM), in der eigenen Bevölkerung, aber auch im so genannten »Operationsgebiet«, vor allem in der Bundesrepublik und West-Berlin.

Beamten Hans Müller (...), 21.4.1950; BStU, MfS, BV Erfurt, Ast. 732/75, Bl. 7f.; (MfS, Verwaltung Thüringen, Abt. Eisenach): Vernehmungsprotokoll, Gegenüberstellung, 4.8.1950; ebenda, Bl. 26–29.

172 MfS, Verwaltung Thüringen: Haftbefehl, 11.4.1950; ebenda, Bl. 5.

173 Urteil der (Großen Strafkammer 201) des Landgerichts Meiningen StKs 28/50 (86/50) In der Strafsache gegen (...) Hans Müller, 31.1.1951; ebenda, Bl. 74–82.

174 Strafnachricht Hans Müller; BStU, MfS, G-SKS 20320.

175 Dieter Skiba: Der Beitrag der Organe des MfS bei der konsequenten Verfolgung von Nazi- und Kriegsverbrechen und Verbrechen gegen die Menschlichkeit, Diplomarbeit, JHS des MfS, Potsdam 13.11.1980; BStU, JHS MF VVS 384/80, Bl. 38.

176 Ebenda, Bl. 70.

Die Richtlinie 21 »über die Suche, Anwerbung und Arbeit mit Informatoren, geheimen Mitarbeitern und Personen, die konspirative Wohnungen unterhalten«, vom 20. November 1952 betrachtete NS-Verstrickte offenbar als Rekrutierungsreservoir, um Organisationen zu infiltrieren, bei denen es sich nach Auffassung der DDR-Machthaber um antikommunistische bzw. DDR-feindliche »Agentenzentralen« handelte.[177] Während man bei der Rekrutierung der hauptamtlichen Mitarbeiter mehr oder minder sorgfältig darauf achtete, dass keine ehemaligen Nationalsozialisten eingestellt wurden, wollte man beim Auf- und Ausbau des Spitzel-Apparates auf diese keineswegs verzichten.

Zur Bearbeitung der Kampfgruppe gegen Unmenschlichkeit (KgU) komme es darauf an, solche Personen anzuwerben, die dort leicht Vertrauen gewännen. Dies seien »ehemalige Faschisten, aktive Offiziere und Unteroffiziere der faschistischen Armee, Angehörige bereits verhafteter Agenten«. Vor allem die in

> »Westberlin und Westdeutschland aus dem Boden wachsenden Soldatenbünde stellen ganz besonders in Westberlin das Sammelbecken aller möglichen Arten von gescheiterten Existenzen dar, heruntergekommene ehemalige Offiziere und Unteroffiziere, ehemalige Gestapoangehörige, Abwehroffiziere, ehemalige so genannte Stabshelferinnen, Rot-Kreuz-Schwestern und Homosexuelle sowie kriminelle und elternlos aufgewachsene Jugendliche«.

Es sei Aufgabe des MfS, solche Personen zur geheimen Mitarbeit anzuwerben.[178] Ähnliches galt für den in Westdeutschland agierenden »Bund Deutscher Jugend«, der den MfS-Erkenntnissen zufolge versuchte, in der DDR Untergruppen zu bilden. Da diese nicht nur das »Verbreiten von Hetzmaterial« zum Ziele hätten, sondern auch »Sabotage, Spionage, Mord und Terror organisieren sollen«, so die Richtlinie, würden hierzu von den »Hauptagenten ehemalige HJ-Führer, Sonthofenschüler, Kinder ehemaliger aktiver Nazis, ehemalige Fahnenjunker, faschistische Offiziere überhaupt und SS-Offiziere im Besonderen für diese Tätigkeit zu gewinnen versucht«. Die »im Kampf gegen diese Verbrecherorganisation stehenden Mitarbeiter« hätten, »um Erfolge zu erzielen«, ihre Geheimen Mitarbeiter in diesen Kreisen zu suchen.[179]

Wenige Monate nach Erlass der Richtlinie 21 gab Mielke im Zusammenhang mit Aktivitäten seines Ministeriums gegen die »Vereinigung der Opfer des Stalinismus« (VOS) die Anweisung heraus, »die Suche nach geeigneten GM und GI unter ehemaligen Internierten, Faschisten oder deren Angehörigen, ehemaligen SA-, SS- und Gestapo-Angehörigen, aktiven Hitler-Jugendführern, ehemaligen NS-Führungsoffizieren, Nazi-Amtswaltern und sonstigen Pg.-Amtsträgern, poli-

177 Die Richtlinie Nr. 21 ist als Dokument 2 abgedruckt in: Müller-Enbergs: Inoffizielle Mitarbeiter, 1996, S. 164–191.

178 Ebenda, S. 166.

179 Ebenda. Anzumerken ist, dass die Behauptungen des MfS in diesem Fall offensichtlich nicht gänzlich der Phantasie entsprangen und vermutlich sogar eine gewisse Berechtigung hatten. Vgl. Latsch: Die dunkle Seite des Westens. Neue historische Forschungen belegen: Im Kalten Krieg kooperierten NATO-Geheimgrupps in acht westeuropäischen Ländern mit rechtsextremen Terroristen und Verbrechern. In: Der Spiegel 15/2005 v. 11.4.2005, S. 48–50.

tischen Leitern [...] so zu organisieren, dass hierfür genügend Zeit frei wird.«[180] Man kann bezweifeln, dass bei diesen Organisationen NS-belastete Personenkreise tatsächlich so dominant waren. Doch eine Grundlage für die Ambitionen des MfS, dort Werbungen vorzunehmen, war damit auch in den offiziellen Dienstvorschriften gelegt.

Sechs Jahre später pries die zweite IM-Richtlinie 1/58 die Vorzüge der Spitzelarbeit in hohen Tönen. Wegen ihrer »Anpassungsfähigkeit, Beweglichkeit und Reaktionsfähigkeit« seien die geheimen Informanten besonders geeignet, »sich Personen, ohne Verdacht zu erregen, zu nähern und anzupassen, Verbindungen und Vertrauensverhältnisse herzustellen und das Wesen dieser Person zu studieren«.[181] Von praktischer Bedeutung bei NS-belasteten Werbungskandidaten war vor allem die »Werbung auf der Grundlage kompromittierenden Materials« – oder wie es später im euphemistischen Stasi-Deutsch hieß, die »Werbung zur Förderung des Wiedergutmachungswillens«.[182] In dieser Hinsicht geeignet schienen Materialien, die »das Ansehen des Kandidaten schädigen und seine berufliche sowie gesellschaftliche Weiterentwicklung behindern« könnten. Sie sollten sich dazu eignen, Kandidaten auch in Westdeutschland zu kompromittieren, um deren »Republikflucht« vorzubeugen.[183]

Vom MfS gesammelte Informationen aus der NS-Zeit bildeten oftmals die Grundlage für Werbungen unter Druck. Wie die Praxis der folgenden Jahre zeigen sollte, wurden die Dienstrichtlinien in dieser Hinsicht tatkräftig umgesetzt. Dabei gerieten die klandestinen Werbeaktivitäten des MfS zwangsläufig in ein Konkurrenzverhältnis mit der propagierten konsequenten Strafverfolgung gegen NS-Täter. Wie Falldarstellungen im Teil III zeigen, reichte das Spektrum der »Kompromate«[184] dabei von eher allgemeinen Hinweisen auf die Zugehörigkeit zu verbrecherischen Organisationen (nach Nürnberger Kriterien), zuweilen

180 Vgl. Dienstanweisung Nr. 3/53/V/c zur Sachakte »Pest«, 14.1.1953, Bl. 1–53, hier 26; BStU, MfS, DSt 100861. Wie bereits in anderen Dienstanweisungen wurde dieses Vorgehen darin mit der Behauptung gerechtfertigt, dass sämtliche höheren Funktionäre der VOS »Faschisten« gewesen seien und in der NS-Zeit »leitende Funktionen im Staats- und Wirtschaftsapparat« inne gehabt hätten. Außerdem würden innerhalb der VOS (»Agentur des amerikanischen Imperialismus«) bevorzugt ehemalige Gestapo-Angehörige, höhere Dienstgrade der SA und SS mit Funktionen betraut werden, um die Mitgliedschaft »ideologisch im faschistischen Sinne zu beeinflussen und besonders Terrorgruppen aufzustellen und zu schulen«. Im Widerspruch zu diesen Behauptungen waren etliche Mitbegründer der VOS, wie Annedore Leber, Gerhard Löwenthal, Melvin J. Lasky und Jeanette Wolff, allesamt NS-Gegner, zum Teil Überlebende von Konzentrationslagern und ausgewiesene Demokraten, daher verunglimpfte und diskreditierte man sie kurzerhand als Mitarbeiter von »Hetz-Zeitungen« bzw. »Spionage- und Sabotage-Zentralen«.

181 Richtlinie Nr. 1/58 für die Arbeit mit inoffiziellen Mitarbeitern im Gebiet der Deutschen Demokratischen Republik v. 1.10.1958, als Dokument 4 abgedruckt in: Müller-Enbergs: Inoffizielle Mitarbeiter, 1996, S. 195–239, hier 198.

182 Ebenda, S. 212f.; vgl. Richtlinie 1/68 für die Zusammenarbeit mit Gesellschaftlichen Mitarbeitern für Sicherheit und Inoffiziellen Mitarbeitern im Gesamtsystem der Sicherung der Deutschen Demokratischen Republik vom Januar 1968, als Dokument 6 abgedruckt in: ebenda, S. 242–282, hier 267.

183 Ebenda, S. 213.

184 »Kompromat« ist ein Neologismus aus der Abkürzungswut des sowjetischen Sicherheitsjargons und aus der Zusammenziehung von »kompromittierendes Material«. Vgl. Kersebohm; Niethammer: »Kompromat« 1949 – Eine statistische Annäherung, Bd. 1, 1998, S. 513.

verbunden mit enttarnten Falschidentitäten, bis hin zu konkreten Verdachtshinweisen auf die Beteiligung an Kriegsverbrechen oder nationalsozialistischen Gewaltverbrechen.[185] Auch der Stand der strafrechtlichen Verfolgung konnte sehr unterschiedlich sein. Zum Teil handelte es sich um Täter, die bereits durch alliierte Militärgerichte abgeurteilt waren und ihre Strafe zumindest teilweise auch verbüßt hatten, wobei später zum Teil neue strafwürdige Tatbestände ans Licht kamen. Andere standen in verschiedenen Ländern in Fahndung oder waren bereits in Abwesenheit verurteilt. Wieder andere waren noch gar nicht ins Visier der Strafverfolgung gerückt. Zugunsten welcher Seite dieses Spannungsverhältnis gelöst wurde, hing wiederum von vielen Umständen im komplexen Geflecht der DDR-Aufarbeitungspolitik ab und konnte im Laufe einer zuweilen jahrzehntelangen Bearbeitung durch das MfS auch wechseln.

Die Anwerbung von Amnestierten und Haftentlassenen

Als besonders wichtiges und interessantes Feld für Anwerbungen erwiesen sich die seit 1950 begonnenen und von 1952 bis 1956 in geringen Abständen durchgeführten Amnestien und Straferlasse für mehrere Gruppen von Häftlingen in Gefängnissen und Lagern der DDR und UdSSR. Hierunter fielen neben den schon genannten Waldheim-Verurteilten vor allem die von Sowjetischen Militärtribunalen meist mit langjährigen Strafen belegten Häftlinge, die in mehreren Wellen nach Deutschland zurückkehren konnten. Das MfS war von Anfang an in den einschlägigen Kommissionen vertreten, die über die Behandlung der einzelnen Fallgruppen zu entscheiden hatten.

Schon vor den Überprüfungen der Waldheim-Urteile hatte ein Politbürobeschluss im Sommer 1952 zur Bildung einer »Kommission zur Überprüfung von Gefangenen, die durch Gerichte der DDR bestraft wurden und entlassen werden sollen«, geführt. Sie hatte Gefangene zu überprüfen, »die nach Befehl 201 oder KG 10 in Verbindung mit KD 38 verurteilt wurden und in den Vollzugsanstalten der DDR ihre Strafe verbüßen«. Gefangene, die ihre Strafe noch nicht zur Hälfte verbüßt hatten, sowie alle inhaftierten Angehörigen der Religionsgemeinschaft »Zeugen Jehovas« sollten grundsätzlich nicht einbezogen werden. Vorschläge für Entlassungen waren unter anderem von der »sozialen Herkunft« der Verurteilten sowie von Ermittlungen des MfS über deren Angehörige abhängig zu machen. Im Ergebnis schlug die Kommission 644 von 3 180 Gefangenen zur Entlassung vor. Zusammen mit den überprüften Waldheim-

185 Hinsichtlich der Definition beider im westlichen Sprachraum verwendeter Begriffe vgl. Artzt: Zur Abgrenzung von Kriegsverbrechen und NS-Verbrechen, 1971. In der DDR wurden entsprechende Tatbestände als »Kriegsverbrechen« bzw. »Verbrechen gegen die Menschlichkeit« bezeichnet. Dies geschah in Anlehnung an das Statut des IMG und sollte die strikte am Völkerrecht ausgerichtete Strafverfolgung der DDR demonstrieren. Wenn im Folgenden also von »NS- (bzw. Nazi-) und Kriegsverbrechen« die Rede ist, entspricht dies dem Alltagssprachgebrauch des MfS, der Justiz und der Propaganda und stellt ein direktes oder indirektes Zitat dar.

Fällen kamen durch Gnadenerlass des DDR-Präsidenten Wilhelm Pieck schließlich 1 590 Personen frei, und bei 1 022 Personen wurde die Strafe herabgesetzt, die allesamt zuvor »wegen ihrer früheren faschistischen Vergangenheit zu Freiheitsstrafen verurteilt worden« waren.[186]

Im März 1953 saßen in DDR-Gefängnissen 3 208 SMT-Verurteilte wegen Kriegsverbrechen und Verbrechen gegen die Menschlichkeit ein. Damit stellten sie insgesamt 27,2 Prozent aller 11 782 SMT-Verurteilten, die sich zu diesem Zeitpunkt in den verschiedenen Gefängnissen der DDR befanden.[187] Von ihnen konnten rund 6 000 Häftlinge aufgrund eines Begnadigungsbeschlusses des ZK der KPdSU im Januar 1954 etwas mehr als die Hälfte die Haftanstalten der DDR verlassen.[188]

Auch direkt aus der Sowjetunion erfolgten ab Sommer 1953 Freilassungen bzw. Überführungen zur weiteren Verbüßung in die DDR, die insgesamt circa 12 000 Kriegsgefangene und 946 Kriegsverurteilte und Zivilinternierte betrafen.[189] In den folgenden Jahren kam es zu weiteren Begnadigungen. Nachdem auf Anregung des sowjetischen Außenministers Wjatscheslaw M. Molotow das Präsidium des ZK der KPdSU im Herbst 1954 das Schicksal der restlichen SMT-Verurteilten in die Hände der DDR gelegt hatte,[190] entschieden dort wiederum zwei Kommissionen, die unter anderem die Loyalität der Angehörigen und die soziale Herkunft der Täter prüften, über deren weiteres Schicksal. Im März 1955 kamen daraufhin 358 Verurteilte und im April weitere 322 Verurteilte frei.[191] Justizministerin Hilde Benjamin meldete jedoch Bedenken hinsichtlich weiterer Entlassungen an. Es handele sich um Verurteilte »wegen Kriegsverbrechen, das heißt Verbrechen gegen die Menschlichkeit«, hauptsächlich um solche, »denen keine unmittelbare persönliche Schuld, sondern nur eine so genannte Kollektivschuld zur Last fällt«. Trotzdem seien »diese Personen als Menschen einzuschätzen, die überwiegend keine positive Stellung zur Deutschen Demokratischen Republik« haben würden.[192] Doch sie konnte sich letztendlich nicht durchsetzen. Insgesamt wurden bis zum Sommer 1955 1 093 Personen entlassen, bei 3 637 Personen sollte die Strafe gemindert und 828 Personen sollten nicht begnadigt werden.[193] Im Ergebnis der berühmten Moskaureise des westdeutschen Bundeskanzlers Konrad Adenauer kehrten ab 1955 fast 10 000 verurteilte Kriegsgefan-

186 Werkentin: Justizkorrekturen als permanenter Prozess, 1992, S. 522.

187 Werkentin: Politische Strafjustiz in der Ära Ulbricht, 1997, S. 340.

188 Hilger; Morré: SMT-Verurteilte als Problem der Entstalinisierung, 2003, S. 710.

189 Ueberschär: Die sowjetischen Prozesse gegen deutsche Kriegsgefangene, 1999.

190 Die entsprechenden Schreiben sind als Dokumente 120–123 abgedruckt in: Mironenko; Niethammer; von Plato in Verbindung mit Knigge; Morsch: Sowjetische Speziallager in Deutschland 1945 bis 1950, Bd. 1, 1998; Dies.: Sowjetische Speziallager in Deutschland 1945 bis 1950, Bd. 2, 1998, S. 385–389.

191 Werkentin: Politische Strafjustiz in der Ära Ulbricht, 1997, S. 342.

192 Das Schreiben von Benjamin an den Ministerpräsidenten Otto Grotewohl ist abgedruckt in: Wendel: Ulbricht als Richter und Henker, 1996, S. 88 f.

193 Werkentin: Politische Strafjustiz in der Ära Ulbricht, 1997, S. 343.

gene und etwa 20 000 Zivilinternierte aus der Sowjetunion zurück.[194] Die letzten der verurteilten Kriegsgefangenen trafen Ostern 1956 ein. Gesondert übergeben wurden den deutschen Behörden 749 wegen besonders schwerer Verbrechensfälle nicht amnestierte Kriegsgefangene und Zivilisten, so genannte »Schwerstkriegsverbrecher«, darunter SS-Führer, Gestapoleute, Ärzte, sowie Angehörige der Einsatzgruppen und der Geheimen Feldpolizei sowie eine nicht »unbeachtliche Zahl« von Führungs- und Aufsichtspersonal verschiedener Konzentrationslager.[195] Zu der Gruppe der »Nichtamnestierten« gehörten jedoch nicht nur Personen, die nach sowjetischem Rechtsverständnis angeblich oder tatsächlich Kriegsverbrechen bzw. Verbrechen gegen die Menschlichkeit begangen hatten, der »weitaus größere Teil war [...] aus politischen Gründen« verurteilt worden.[196] Davon wurden 452 an die Bundesregierung zum weiteren Strafvollzug übergeben. 275 der »nicht amnestierten Kriegsverurteilten« waren der DDR-Regierung überstellt worden, die sie, ebenso wie andere Kriegsverurteilte, die aus der Sowjetunion gekommen waren, »unter grotesk anmutenden Sicherheitsvorkehrungen« in die Strafanstalt Bautzen und Hoheneck einlieferte.[197] Eine Überprüfung der zugrunde liegenden Urteile zog man – anders als in der Bundesrepublik – in diesen Fällen nicht in Erwägung. Ohnehin hatte die Sowjetunion die Verfahrensakten nicht mit übergeben.

Auch in der DDR wurden unterdessen weitere Haftentlassungen vorbereitet. Nach einem Bericht Erich Mielkes an das Politbüro befanden sich im Oktober 1955 noch 1 891 SMT-Verurteilte, 968 Waldheim-Häftlinge und 436 von deutschen Strafkammern nach Befehl 201 Verurteilte in Haft, zusammen also 3 295 Personen.[198] Mielke schlug vor, 1 561 SMT-Verurteilte, 709 Waldheim-Häftlinge und 321 nach Befehl 201 Abgeurteilte zu entlassen und darüber hinaus alle diejenigen, die bis Ende 1947 von SMT verurteilt worden waren, zur Tatzeit noch nicht älter als 20 Jahre alt waren und deren zum Zeitpunkt des Berichtes festgesetzte Strafe nicht zehn Jahre überstieg. Dies wären insgesamt 2 703 Personen gewesen. Das Politbüro senkte die Entlassungszahl auf 2 591 Kriegsverurteilte, während der Ministerrat sie in einer entsprechenden Erklärung vom 22. Dezember 1955 wieder geringfügig auf 2 616 Gefangene anhob.[199] Die letztendliche Entscheidung trafen wiederum Benjamin, Melsheimer und Mielke als Mitglieder der »Kommission der Regierung der DDR zur Überprüfung der von deutschen Gerichten nach Befehl 201 Verurteilten«. Insgesamt wurden zwischen Dezember 1955 und Frühjahr 1956 rund 3 250 Häftlinge dieser Kategorien entlassen.[200]

Eine letzte Entlassungswelle ging von der im April 1956 als Reaktion auf die sowjetische Entstalinisierung gebildeten »Kommission des Zentralkomitees zur

194 Birke: Nation ohne Haus, 1994, S. 444–453.

195 Schmidt, Ute: Spätheimkehrer oder »Schwerstkriegsverbrecher«?, 2001, Bd. 1, S. 273–350, hier 274 u. 340.

196 Ebenda, S. 340.

197 Ebenda, S. 343.

198 Werkentin: Politische Strafjustiz in der Ära Ulbricht, 1997, S. 343.

199 Ebenda, S. 343.

200 Ebenda, S. 344.

Überprüfung von Angelegenheiten von Parteimitgliedern« unter Vorsitz von Ulbricht aus. Die Staatssicherheit war in dieser Kommission durch Ernst Wollweber und Erich Mielke vertreten. Sie beschloss auf ihrer ersten Sitzung am 19. April 1956 die Haftentlassung zahlreicher politischer Gefangener. Darunter waren ehemalige SED-Funktionäre, die in die stalinistische Parteisäuberung geraten waren, Mitglieder der Blockparteien und Anhänger der SPD sowie »alle in Verbindung mit den Kriegsereignissen Verurteilten«.[201] Gemäß einem daraufhin herbeigeführten Beschluss des Präsidiums des Ministerrates wurden jene »Personen, die in Strafvollzugsanstalten der DDR Strafen verbüßen, die von sowjetischen Militärtribunalen oder deutschen Gerichten wegen Verbrechen, die mit dem Hitlerkrieg in Zusammenhang stehen, [...] freigelassen. Insgesamt wurden ab Dezember 1955 3 408 Personen, davon ab dem 26. April 1956 792, entlassen.«[202]

Das Ergebnis dieser Kaskade von Entlassungsaktionen war durchschlagend. Nicht nur kamen zehntausende von Opfern der willkürlichen Kriminalisierung im Hochstalinismus frei, sondern auch fast alle einstmals mit schärfsten Strafen belegten angeblichen oder tatsächlichen NS-Täter. Während sich die Gefängnisse alsbald wieder mit »Staatsverbrechern« füllen sollten, blieben Ende des Jahres 1956 nur noch 34 »Kriegsverurteilte« in den Haftanstalten der DDR.[203]

Mit den Entlassungen des Jahres 1956 endete die offenkundig gezielte Korrektur der Strafpolitik gegen angebliche oder tatsächliche NS-Verbrecher. Fortan blieben wegen Verbrechen gegen die Menschlichkeit verurteilte Täter generell von Amnestien ausgeschlossen. In einer späteren Studie des DDR-Generalstaatsanwaltes hieß es nun kategorisch:

»Die Haltung zu Begnadigungen und zur Strafaussetzung wird unverändert durch den Grundsatz bestimmt, dass die konsequente Verfolgung der Kriegsverbrechen und Verbrechen gegen die Menschlichkeit nicht nur die gerichtliche Bestrafung der Schuldigen, sondern auch die volle Verbüßung der gegen sie verhängten Strafen beinhaltet. Die Länge der verbüßten Strafen, das Alter und der Gesundheitszustand sind wegen der Schwere der Verbrechen und der großen Schuld der Verurteilten nicht dazu geeignet, von diesem Grundsatz abzuweichen. [...] Das Prinzip der vollen Verwirklichung der verhängten Strafen ist ein weiterer Ausdruck für die Ernsthaftigkeit der Staatsmacht der DDR, ihren völkerrechtlichen Verpflichtungen allseitig nachzukommen und das Vermächtnis der Millionen Opfer des Faschismus treu zu erfüllen.«[204]

Zur Vorbereitung der großen Entlassungswelle ab Dezember 1955 gab Mielke, damals noch 1. Stellvertreter des Ministers für Staatssicherheit, auch an den Lei-

201 Das Protokoll der Sitzung ist als Dokument 2 abgedruckt in: Grabert (Hg.): Zur Entlassung werden vorgeschlagen, 1991, S. 14–16.

202 Bericht über die Ergebnisse der Tätigkeit der Kommission des Zentralkomitees zur Überprüfung von Angelegenheiten von Parteimitgliedern, 12.7.1956, als Dokument 11 abgedruckt in: ebenda, S. 101–106, hier 105.

203 Werkentin: Politische Strafjustiz in der Ära Ulbricht, 1997, S. 346.

204 Der Generalstaatsanwalt der DDR, Abt. IA, Az.: 210-622-3: Verfolgung von Kriegsverbrechen und Verbrechen gegen die Menschlichkeit in der DDR, VD, 6.12.1978; BStU, MfS HA IX, Nr. 9647, Bl. 14–22, hier 20–21.

ter der Untersuchungsabteilung Oberst Alfred Scholz, eine Handlungsanweisung »zur persönlichen Orientierung« heraus, die für alle, auch für die von der Sowjetunion übergebenen »Kriegsverurteilten«, also jene »Personen, die wegen während des Krieges begangener Verbrechen gegen die Menschlichkeit verurteilt wurden, unabhängig davon, wann, durch welche Gerichte und nach welchen Gesetzen sie dafür bestraft wurden«, gelten sollte.[205] Offenbar waren einige dem MfS in oder vor der Haft zu Diensten gewesen, zum Beispiel als so genannte »Zelleninformatoren« bei der Bespitzelung von Mithäftlingen, und so mussten entsprechende Vorkehrungen getroffen werden. Sie sollten besonders unterstützt, aber auch unter Kontrolle gehalten werden:

»Personen, die für das MfS tätig waren, ist besondere Beachtung zu schenken durch Nachweisung eines ihrer Qualifikation entsprechenden Arbeitsplatzes, wenn notwendig auch durch Schaffung von Wohnraum und sonstige Hilfeleistungen, damit diese Betreffenden nicht die DDR verlassen. Gleichzeitig sind für diesen Personenkreis besondere operative Maßnahmen entsprechend den konkreten Bedingungen zu ergreifen als weitere Sicherungen zur Verhinderung des Absetzens.«

Da man offenbar davon ausging, dass sich trotzdem mancher in die Bundesrepublik aufmachen würde, entwarf Mielke fein ausdifferenzierte Pläne. Selbst diejenigen, bei denen man sich keine Hoffnungen auf eine erfolgreiche Zusammenarbeit machte, sollten noch nützlich sein:

»Anwerbungen zum Zweck der Desinformation des Gegners mit dem Ziel, dass die betreffenden Personen, die sich absetzen, als Agenten des MfS angesehen werden, sind bei Personen, die dafür infrage kommen, vorzunehmen, wobei die operative Arbeit auch nach der Entlassung noch fortzusetzen ist.«

Parallel sollten aber auch echte Werbungen mit anschließender Ausschleusung in den Westen vorbereitet werden:

»Es ist ferner zweckmäßig, geeignete Personen herauszusuchen, die zur ehrlichen Mitarbeit mit dem MfS bereit sind und sich auf Anweisung des MfS nach Westen absetzen zur Durchführung genau festgelegter Aufgaben: Panik, Demoralisation, Missstimmung zu erzeugen, Misstrauen zu erwecken, Briefe in die DDR zurückzuschreiben über ihre schlechte Lage und um die westlichen Agentenzentralen zu beschäftigen. Das Absetzen müsste auch mit der Absicht erfolgen, später solche Personen zurückzuziehen, um eine politische Auswertung vornehmen zu können.«[206]

Angesichts der großen Zahl von Heimkehrern aus der Sowjetunion und von Entlassungskandidaten innerhalb der DDR eröffnete sich aus MfS-Sicht ein ungeheures Potenzial für seine geheimdienstlichen Zwecke. Mielkes Erwartung war es offenbar, die Ambitionen zur Anwerbung von NS-Kadern zum Kampf gegen die westlichen Feindorganisationen nun im großen Stil mit Leben erfüllen zu

205 Schreiben des 1. Stellvertreters des Ministers an den Leiter der HA (IX), Oberst (Alfred) Scholz, 16.12.1955; BStU, MfS, AS 2/59, Bd. 1, Bl. 487.

206 1. Stellvertreter des Ministers: Anweisung an den Leiter der HA IX, 16.12.1955; BStU, MfS, AS 2/59, Bd. 1, Bl. 490.

können. Selbst Entlassungskandidaten mit völlig ablehnender Haltung zur DDR ließen sich durch eine Scheinanwerbung wenigstens zur Desinformation nutzen. Verheißungsvoller war jedoch die Perspektive, solche ehemaligen NS-Kader systematisch in interessante westliche Positionen zu lenken und dort tatsächlich als Agenten aufzubauen. Mit Mielkes Anweisung vom Dezember 1955 wurde der Grundstein gelegt für Handlungsmuster der Staatssicherheit nicht nur gegenüber haftentlassenen NS-Kadern, sondern in den folgenden Jahren und Jahrzehnten auch in vielen anderen Fällen von neu enttarnten NS-Belasteten.

Nach Aussage von Dieter Skiba, eines langjährigen Mitarbeiters und letzten Leiters des NS-Sonderarchivs im MfS (HA IX/11), sei mit der Entlassungswelle 1955/56 »auf die Organe des MfS eine Aufgabe von großem Umfang und politischer Tragweite sowie politisch-operativer Bedeutung« zugekommen:

»Der Schwerpunkt lag dabei im Einzelfall auf der Prüfung der strafrechtlichen Voraussetzungen für eine solche vorzeitige Entlassung aus der Strafhaft unter dem Gesichtspunkt politischer und politisch-operativer Erwägungen. Ausgehend vom Grad der Schuld des Verurteilten und dem Ausmaß der Verbrechen, an denen er beteiligt gewesen war, musste verantwortungsvoll geprüft werden, ob einer solchen Haftentlassung zugestimmt bzw. eine Herabsetzung des Strafmaßes in Betracht gezogen werden konnte. […] Die dabei durchgeführten politisch-operativen Maßnahmen des MfS reichten von der persönlichen Übernahme einzelner Kriegsverurteilter von den Organen des MdI der UdSSR, der listenmäßigen Erfassung der in Strafvollzugsanstalten der DDR einsitzenden Personen und der Erarbeitung von Stellungnahmen zu diesen bis hin zur Gewinnung von inoffiziellen Mitarbeitern aus diesem Personenkreis, die sowohl in Richtung Operationsgebiet als auch zur Realisierung von Abwehraufgaben innerhalb der DDR eingesetzt werden konnten.«[207]

Die systematische Suche und Nutzung von NS-Kadern für die geheimdienstlichen Zwecke des MfS lässt sich an einem »Feindobjektvorgang« der für Spionageabwehr zuständigen Abteilung II in der Bezirksverwaltung Leipzig gut nachvollziehen, der 1957 unter dem Decknamen »Geheimnis« begonnen wurde.[208] Die einzelnen dort bearbeiteten Personen mit NS-Belastung werden detailliert in den Fallstudien weiter unten behandelt, doch ist der generelle Ablauf solcher Aktionen bereits hier zu skizzieren.

Offizielle Legitimation für alle diese Operationen der Staatssicherheit war die Annahme, dass der BND und andere westliche Kontrahenten sich intensiv um die Anwerbung von NS-Tätern bemühten. Tatsächlich setzte etwa die Organisation Gehlen offenkundig in ihrer Werbepraxis auch auf freiwillige oder auch mittels angedrohter Enttarnung erzwungene Mitarbeit von NS-Belasteten. Laut Zolling und Höhne habe beispielsweise ein V-Mann Gehlens einem in Leipzig wohnenden Ex-Wehrmachtsoffizier erfolgreich damit gedroht, »notfalls die DDR-Organe« darüber zu informieren, dass er im Raum Leningrad an Massener-

207 Dieter Skiba: Der Beitrag der Organe des MfS bei der konsequenten Verfolgung von Nazi- und Kriegsverbrechen und Verbrechen gegen die Menschlichkeit, Diplomarbeit, JHS des MfS, Potsdam 13.11.1980; BStU, JHS MF VVS 384/80, Bl. 64f.

208 BV Leipzig, Abt. II/4: Beschluss für das Anlegen eines Objekt-Vorganges, 19.12.1957; BStU, MfS, HA IX/11, ZR 872, Akte 1, Bl. 4 f.

schießungen teilgenommen habe, falls er sich weigere für die Organisation zu arbeiten.[209] Auch setzte man in Pullach auf die Erpressbarkeit von Kommunisten, die im Nationalsozialismus als V-Leute angeworben worden waren oder anderweitig Genossen verraten hatten. Dem MfS lag damals zum Beispiel ein internes Gehlen-Papier vor, in dem es aus offenbar erfahrenem Munde im vertrauten antibolschewistischem Ton hieß:

»Die Zeit nach 1933 hat gezeigt, dass viele Kommunisten, richtig angepackt, leicht zu Verrätern wurden. Auch heute noch sitzen in hohen und wichtigen Parteistellen ehemalige V-Leute der Stapo. Ist ein solcher erkannt, was mit Hilfe ehemaliger KP-Sachbearbeiter der örtlich zuständig gewesenen Stapostelle geschehen kann, so ist es natürlich einfach, ihn unter Druck zu setzen.«[210]

Diese Werbetechnik wurde offenbar noch in den siebziger Jahren angewandt, wie der Fall des hochrangigen tschechoslowakischen KP-Kaders Josef Grohmann zeigt, der 1973 von bundesdeutschen Geheimdienstlern unter Hinweis auf seine kurz vor Kriegsende erfolgte Verpflichtung als Gestapo-V-Mann angeworben worden war und 1976 enttarnt wurde.[211]

Schon seit den Anfängen in den frühen fünfziger Jahren warb man in Leipzig erfolgreich Informanten aus Kreisen ehemaliger Nationalsozialisten. Bereits aus dem Jahr 1952 finden sich dort Anweisungen wie diese: »Die in dem Archiv einliegenden Unterlagen über ehemalige HJ-Führer müssen überprüft werden und davon zwei geeignete IM in Vorschlag gebracht werden.« An anderer Stelle wird gefordert: »Der ehemalige Gestapo-Angehörige G. [...] ist zu überprüfen und als IM in Vorschlag zu bringen.« Oder: »An den H. […], welcher Angehöriger des SD war und als IM in Vorschlag gebracht wurde, ist ein geeigneter IM anzusetzen.«[212] 1956 führte die Abteilung V der Bezirksverwaltung, zuständig für den politischen Untergrund und die Überwachung vieler gesellschaftlicher Bereiche, unter ihren Geheimen Informatoren (GI) neun »ehemalige Offiziere der faschistischen Armee, Angehörige der SS, der faschistischen Aufklärungs- und Abwehrorgane« sowie fünf »ehemalige Funktionäre der NSDAP und anderer faschistischer Organisationen«. In anderen Abteilungen sah es kaum anders aus.[213]

209 Vgl. Zolling; Höhne: Pullach intern, 1971, S. 163 f.

210 Studie über die KPD (Titelblatt und 2 folgende Seiten fehlen), o. O., o. D. (1952); BStU, MfS, AIM 1370/72, A/XVIII, Bl. 431–454. Laut Hans Sommer (siehe Fallkapitel weiter unten) war diese Studie als Lehrmaterial von der Zentrale der Organisation Gehlen an die einzelnen untergeordneten Dienststellen verteilt worden. Bei den Autoren handelt es sich um ehemalige Angehörige des RSHA. Vgl. Bericht von »Rumland« über die Analyse der Organisation Gehlen über die KPD, April 1957; BStU, MfS, AIM 1370/72, Bd. II/9, Bl. 49 u. Bl. 446–447. Siehe auch die Werbeanweisung der Bezirksvertretung Nord der Organisation Gehlen, o. D. (1951); BStU, MfS, AIM 1370/72, Bd. II/18, Bl. 157.

211 Vgl. Andrew; Mitrochin: Das Schwarzbuch des KGB, 1999, S. 372; (MfS, Abt. X): Bericht über die Untersuchungsergebnisse der Staatssicherheitsorgane der ČSSR in Sachen Grohmann, Josef (...), 25.1.1977; BStU, MfS, AP 5192/82, Bl. 77–81.

212 BV Leipzig, Abt. V: Arbeitsplan der Abt. V für den Monat November 1952, v. 4.11.1952; BStU, MfS, BV Leipzig, Leitung 179, Bl. 12–19, hier 15.

213 Sélitrenny; Weichert: Das unheimliche Erbe, 1991, S. 86 f.

1954 forderte Staatssicherheitschef Ernst Wollweber zur »Verbesserung der operativen Arbeit in der Bezirksverwaltung Leipzig« auf der Linie der Spionageabwehr ausdrücklich die »systematische Erfassung der feindlichen Elemente wie Offiziere, Funker, Fremdenlegionäre und aktive Faschisten«, um geeignete Geheime Mitarbeiter und Informatoren anwerben zu können.[214]

Ende Oktober 1957 begannen die Leipziger Mitarbeiter der Linie II, »sämtliche alten Unterlagen der Angehörigen des SD und der Gestapo sowie deren V-Männer« im Bezirk Leipzig zu sichten, um »die vorhandenen feindlichen Subjekte zu entlarven«.[215] Sie konnten dabei auf Listen aus der unmittelbaren Nachkriegszeit zurückgreifen, als die K 5 und ihre Vorläufer nach Angehörigen des SD,[216] Beamten und Angestellten der Gestapostelle Leipzig sowie deren V-Leuten gefahndet hatten.[217]

Es zeigte sich, dass noch rund 200 der hauptamtlichen Mitarbeiter und V-Leute der örtlichen SD- und Gestapo-Dienststellen im Raum Leipzig wohnten.[218] Nach einigen offenbar eher schleppenden Ermittlungen durch die zuständigen Abteilungen und Kreisdienststellen gab der Leiter der Abteilung II, Oberleutnant Rudolf Emilius, den Recherchen einen größeren Nachdruck und unterstrich als Hauptziel die Anwerbung:

»Das Ziel der operativen Bearbeitung muss darin bestehen, in kürzester Frist festzustellen, ob bei den betreffenden Personen der Verdacht einer Feindtätigkeit in irgendeiner Form gegeben ist. Bestätigt sich dieser Verdacht nicht, so ist mithilfe einer operativen Maßnahme die Werbung des betreffenden ehemaligen SD- oder Gestapo-Mannes durchzuführen. [...] Es kann nicht Aufgabe sein, alle diese Personen in einem langwierigen Prozess operativ zu bearbeiten, sondern es kommt darauf an, einen möglichst großen Teil des betreffenden Personenkreises für eine ehrliche Zusammenarbeit mit dem MfS zu erziehen oder aufgrund

214 Der Staatssekretär: Dienstanweisung Nr. 32/54 über die Verbesserung der operativen Arbeit der BV Leipzig, 6.5.1954; BStU, MfS, DSt 100916, Bl. 1–4, hier 3.

215 BV Leipzig, Abt. II/4: Auskunftsbericht über die Bearbeitung der ehemaligen Angehörigen der Gestapo und des SD sowie deren V-Männer, 31.5.1958; BStU, MfS, HA IX/11, ZR 872, Akte 1, Bl. 252 f.; BV Leipzig, Abt. II/4: Schlussbericht betreffs F(eind)-Objekt Vorgang »Geheimnis«, 22.8.1961; BStU, MfS, HA IX/11, ZR 872, Akte 1, Bl. 231 f. Andere Akten belegen, dass derartige Aktionen nicht allein auf Leipzig beschränkt waren. Auch in Halle/Saale hatten Mitarbeiter der dortigen Abt. II/4 bereits im Sommer 1955 damit begonnen, den Aufenthaltsort ehemaliger SS-, Gestapo- und SD-Angehöriger festzustellen. Vgl. BStU, MfS, AS 4/64, Bd. 1–4.

216 Der SD war im gesamten Reichsgebiet in SD-Oberabschnitte und SD-Abschnitte gegliedert. Die Leipziger SD-Dienststelle gehörte bis 1942 zum SD-Oberabschnitt »Elbe« und firmierte unter der Bezeichnung »SD-Unterabschnitt Leipzig«, »SD-Abschnitt Leipzig«, ab 1941/42 als »SD-Hauptaußenstelle Leipzig«. Außenstellen befanden sich außerdem in Borna, Döbeln, Grimma, Oschatz, Rochlitz, Leipzig. Die SD-(Leit)-Abschnitte unterstanden dem RSHA, berichteten dorthin alle sicherheitsdienstlichen Angelegenheiten und erhielten von dort alle sachlichen Weisungen.

217 Zur Geschichte, Struktur und personellen Besetzung der Leipziger Staatspolizeistelle siehe Schmidt, Hans-Dieter: Gestapo Leipzig, 1997.

218 BV Leipzig, Abt. II/4: Auskunftsbericht über die Bearbeitung der ehemaligen Angehörigen der Gestapo und des SD sowie deren V-Männer, 31.5.1958; BStU, MfS, HA IX/11, ZR 872, Akte 1, Bl. 252.

der Umstände zu zwingen, da die ehemaligen SD- und Gestapoleute ein Teil der Agenturbasis des Gegners darstellen.«[219]

Jenseits der Anwerbungsbestrebungen führte die Serienüberprüfung beim MfS zu detaillierten Kenntnissen über die Verteilung der belasteten Personen in ihrem Bezirk. Schon im Frühjahr 1958 meldete Abteilungsleiter Emilius an den Ersten Sekretär der SED-Bezirksleitung Paul Fröhlich 26 einschlägige Personen »in ökonomischen oder politischen Schwerpunkten des Bezirkes Leipzig«.[220] Es sei zu erwarten, dass der BND unter ihnen Agenten anzuwerben versuche, da »diese aktive Anhänger des Faschismus waren und auf der anderen Seite bereits Erfahrung in nachrichtendienstlicher Hinsicht haben«.[221] Der größte Teil dieser Menschen habe eine negative Einstellung zur Entwicklung in der DDR. Zwar seien die höheren SD- und Gestapoleute mittlerweile durchweg in Westdeutschland (und dort unter anderem beim BND), doch auch die nun aufgespürten Personen stellten ein gewisses Risiko dar. Zwölf von ihnen stünden unter »operativer Kontrolle« des MfS, mit ihnen müsse sich die Partei deshalb vorerst nicht weiter befassen. Anders jedoch bei den verbleibenden 14, die für das MfS offenbar nicht besonders interessant waren. Von diesen seien fünf V-Männer des SD und zwei der Gestapo gewesen. Hinzu kamen zwei Kraftfahrer und vier weibliche Geschäftszimmerangestellte. Einer schließlich hatte der Geheimen Feldpolizei angehört und war nun immerhin Leitungsmitglied einer SED-Betriebsparteiorganisation.

Die Entscheidung über das Schicksal dieser Leute überließ Emilius der Partei. Eine Versetzung, so sein Rat, sei zu erwägen. Ausschlaggebend sollte die Feststellung sein, »wie die Person heute zum Aufbau des Sozialismus steht, ob sie aktiv am Aufbau der DDR mithilft oder ob sie negativ in Erscheinung tritt«. Emilius erläuterte ferner, dass eine Feindtätigkeit nicht nachzuweisen sei. Es handele sich also um eine Vorsichtsmaßnahme, »damit diese Person nicht vom Bundesnachrichtendienst oder einem anderen Geheimdienst angeworben wird«.[222] Die SED-Bezirksleitung nahm die Warnung ernst: Alle 14 genannten Personen wurden ihrer Funktion enthoben und anderen Arbeitsstellen zugewiesen.[223]

Der Ertrag der Operation blieb hinsichtlich der Enttarnung von Westagenten gleich null. Nach vier Jahren Ermittlungen war kein einziger der rund 200 ehemaligen NS-Aktivisten als Agent entlarvt worden. Es gab nicht einmal Anzeichen dafür, dass sich der westdeutsche Geheimdienst besonders für diesen Perso-

219 BV Leipzig, Abt. II/4: Schreiben betreffs Bearbeitung des Bundesnachrichtendienstes an die KD Altenburg, Borna, Delitzsch, Döbeln, Eilenburg, Geithain, Grimma, Leipzig, Oschatz, Schmölln, Torgau, Wurzen, Abt. III, V, VI, Ref. 1, 2, 3, 5, F, SR, 13.3.1958; BA, ZWA Dahlwitz-Hoppegarten, ZR 872, Akte 1, Bl. 315 f.

220 MfS, BV Leipzig: Schreiben an den 1. Sekretär der SED-Bezirksleitung, 24.4.1958; BStU, MfS, HA IX/11, ZR 872, Akte 1, Bl. 246–251.

221 Ebenda, Bl. 246.

222 Ebenda, Bl. 251.

223 BV Leipzig, Abt. II/4: Schlussbericht betreffs F(eind)-Objekt Vorgang »Geheimnis«, 22.8.1961; BStU, MfS, HA IX/11, ZR 872, Akte 1, Bl. 232.

nenkreis interessierte. Durch aufwändige Operationen will die Staatssicherheit jedoch herausgearbeitet haben, was vermutlich niemanden überraschte, dass nämlich »vereinzelte Personen aus diesen Kreisen einer Feindtätigkeit gegen die DDR nicht ablehnend gegenüberstehen« würden.[224] Diese außerordentlich mäßige Bilanz bremste die Leipziger Staatssicherheit jedoch nicht. Sie rekrutierte neun Kontaktpersonen, so genannte »Rotlichter«, die »im Falle eines Ansprechens durch westliche Geheimdienste« sofort das MfS verständigen sollten. Darüber hinaus verpflichtete man, um über die »Absichten und Pläne dieser Kreise« informiert zu sein, weitere acht Personen zur förmlichen inoffiziellen Zusammenarbeit.[225]

Doch der präventive Teil der Operation »Geheimnis« lief ins Leere: Keiner dieser IM wurde von einem westlichen Geheimdienst kontaktiert. Auch in anderen Bereichen blieben die Erfolge der Kooperation eher mager, sodass nur drei von ihnen längerfristig mit der Staatssicherheit in Verbindung standen. Wie die weiter unten behandelten Fälle zeigen, entpuppten sich die meisten Rekrutierten als entweder nicht willens oder nicht tauglich für kunstfertige Operationen zur Enttarnung von vermuteten Infiltrationsversuchen westlicher Geheimdienste. In vielen Fällen blieb kaum mehr übrig als ordinäre Alltagsspitzelei unter der DDR-Bevölkerung. Hierein fügten sich einige nur unwillig und unter dem Druck der Führungsoffiziere, andere entdeckten darin Talente zur Denunziation und persönlichen Vorteilsnahme wieder, die ihnen bereits den Weg durch das Dritte Reich erleichtert hatten.

Der Feindobjektvorgang »Geheimnis« wurde im Sommer 1961 beendet – weitergehende Ermittlungen hinsichtlich mutmaßlicher Straftaten der Gestapo- und SD-Leute vor 1945 unterblieben.

Die Perspektive der Opfer

Die neuen Akzente der Aufarbeitungspolitik in der DDR in den fünfziger Jahren stellten zwangsläufig auch Anforderungen an die einstigen Verfolgten und Opfer des Nationalsozialismus. Die mussten nun zähneknirschend mit ansehen, wie manch alter Parteigenosse, unabhängig davon, ob er tatsächlich eine Wandlung durchgemacht hatte, durchaus als hoffähig oder zumindest als dienstbar akzeptiert wurde. Hinzu kam, dass diese Mitläufer aufgrund ihrer unbeeinträchtigten Biographien bessere akademische bzw. fachliche Qualifikationen besaßen und deshalb bevorzugt Posten bekamen, die den vielfach benachteiligten ehemaligen Häftlingen verwehrt blieben.[226]

Zum Teil identifizierten sich einstige Opfer und Widerstandskämpfer aber auch völlig mit dieser Parteilinie. Viele einst verfolgte Kommunisten führten sogar selbst Regie bei dieser Politik. Auch in der Führung und den operativen

224 Ebenda, Bl. 231.
225 Ebenda.
226 Vgl. Hofmann: Der spezifische Antifaschismus der DDR, 1999.

Rängen des Ministeriums für Staatssicherheit waren viele solche Kader persönlich daran beteiligt, bis hin zur direkten Führung einschlägiger IM-Vorgänge usw.[227]

Trotzdem artikulierte sich von Zeit zu Zeit Unmut oder zumindest Zweifel an den Ergebnissen dieser Integrationspolitik aus den Kreisen der systemloyalen Opferverbände kommunistischer Provenienz. Andere Opfergruppen sind ohnehin mundtot gemacht worden und waren erneut staatlicher Verfolgung ausgesetzt.[228]

Die Ausschüsse für die Anerkennung als Opfer des Faschismus (OdF-Ausschüsse) und später die Vereinigung der Verfolgten des Naziregimes (VVN) hatten vor Gründung der DDR intensiv mit den sowjetischen Sicherheitskräften, der K 5 und den Entnazifizierungskommissionen und Strafkammern nach Befehl 201 zusammengearbeitet. In Abstimmung mit den OdF-Ausschüssen und mit Rückgriff auf deren Such- und Ermittlungsarbeit recherchierten die beim Generalsekretariat der VVN angebundenen Ermittlungsabteilungen beispielsweise bis in die fünfziger Jahre hinein zu NS-Belasteten jeglicher Coleur, aber auch gegen OdF- bzw. VVN-Mitglieder, die ihre Mitgliedschaft erschwindelt hatten oder als straffällig eingestuft wurden.[229] Als VVN-schädigendes Verhalten galt auch, ohne Rücksprache mit der Organisation in Gerichtsverfahren zugunsten von Nazis auszusagen.[230]

Nach Gründung der DDR kooperierte die VVN mit Innenministerium und Volkspolizei, Staatssicherheit, den Parteikontrollkommissionen der SED, sämtlichen DDR-Anklagebehörden, aber auch mit Wiedergutmachungsbehörden und der Justiz der Bundesrepublik. Zudem wurden »regelmäßig Informationen über Ermittlungsergebnisse an die Präsidialkanzlei, die Kaderabteilung der SED und das Büro von Walter Ulbricht« übergeben.[231] Doch vor dem Hintergrund der verschiedenen parteiinternen Säuberungswellen, den antizionistischen Kampagnen und dem latenten Konflikt mit den Rückkehrern aus der Moskauer Emigration geriet die VVN bald an den Rand des Geschehens und wurde 1953 im Handstreich aufgelöst.[232]

Das »Marx-Engels-Lenin-Stalin-Institut« beim ZK der SED übernahm mit Ausnahme eines Teils der Buchenwaldmaterialien sämtliche Forschungsakten, Widerstandsberichte, NS-Dokumente sowie die Bestände an einstmals illegaler Literatur, Zeitungen, Zeitschriften, Flugblättern, Broschüren und Büchern zum

227 Laut Statistik waren bis zum Jahr 1987 von 5 500 bis dahin identifizierten »antifaschistischen Widerstandskämpfern«, d. h. hauptsächlich Kommunisten, ca. 900 inoffiziell für das MfS tätig gewesen. Weitere 950 hatten dem Ministerium als hauptamtliche Mitarbeiter angehört oder standen noch im aktiven Dienst. Vgl. HA IX/AKG: Einschätzung der Wirksamkeit der Untersuchungsarbeit im Jahre 1987, GVS, Januar 1988; BStU, MfS, HA IX, Nr. 422, Bl. 79.

228 Vgl. Reuter; Hansel: Das kurze Leben der VVN, 1997, S. 284–287.

229 Vgl. ebenda, S. 383.

230 Kessler; Peter: »An alle OdF-Betreuungsstellen Sachsen Anhalts!«, 1996, S. 119 f. (Dokument 88).

231 Vgl. Reuter; Hansel: Das Kurze Leben der VVN, 1997, S. 386.

232 Vgl. Foitzik: Vereinigung der Verfolgten des Naziregimes, 1990, S. 752; Reuter; Hansel: Das kurze Leben der VVN, 1997, S. 459–519.

Widerstand. Die Buchenwaldkartei (Häftlingskartei), die bei der VVN vorhandenen Akten über das Lager sowie die Akten und Karteien des Ermittlungsdienstes der VVN erhielt die Staatssicherheit, darunter beispielsweise eine Liste mit früheren V-Leuten der Gestapo in Hamburg.[233] Die Bestände der aufgelösten Landesverbände mussten den SED-Kreis- bzw. Bezirksleitungen übergeben werden und wurden dann in den jeweiligen Bezirksparteiarchiven abgelegt.[234] Als Ersatz für die VVN rief die SED ein »Komitee der antifaschistischen Widerstandskämpfer der DDR« (KdAW) ins Leben, das fortan »auf politisch-kulturellem Gebiet [als] aktives Gremium zur öffentlichen antifaschistischen Traditionspflege« fungierte und den zur »Staatsdoktrin erhobenen Antifaschismus [...] gegenüber den ausländischen und internationalen Widerstandsorganisationen zu repräsentieren« hatte.[235]

Trotz seiner marginalen Bedeutung blieb das Komitee in den folgenden Jahren und Jahrzehnten in der vom parteilichen Dogma geprägten Vergangenheitsbewältigungspolitik der DDR präsent. Mitglieder des Komitees artikulierten trotz ihrer prinzipiellen Parteiloyalität zumindest intern ihre Kritik, wenn sie mit der Verfolgungs- bzw. Integrations- und Rehabilitationspraxis gegenüber einstigen NS-Kadern nicht einverstanden waren. Als westliche Organisationen ab Ende der fünfziger Jahre unter dem einsetzenden Trommelfeuer der DDR-Propaganda-Broschüren die Gegenoffensive suchten und ihrerseits die höheren Ränge in Partei, Staat und Gesellschaft der DDR auf einstige Parteigenossen hin durchforsteten, kam unter den organisierten Antifaschisten in der DDR ein erhebliches Unbehagen auf, das die linientreuen SED-Genossen unter ihnen vor eine Belastungsprobe stellte. Stellvertretend für unterschiedliche Wortmeldungen sei hier ein Brief aus dem Jahr 1964 zitiert, der die frühe Aufarbeitungspolitik bilanziert. Das Schreiben stammte von Willy Kling, Mitglied des Präsidiums des Komitees der Antifaschistischen Widerstandskämpfer, und war an den Präsidenten der Zentralleitung und das Politbüromitglied Hermann Matern gerichtet.[236] Das Komitee war offenbar von Parteistellen gedrängt worden, zu den Broschüren des Untersuchungsausschusses Freiheitlicher Juristen über »Ehemalige Nationalsozialisten in Pankows Diensten« Stellung zu nehmen. Zu seinem Bedauern stellte Kling fest, dass einige der darin genannten Fälle nicht zu entkräften waren. Auf vier Seiten listete er Matern die aus seiner Sicht problematischen Fälle auf.

233 Vgl. ebenda, S. 509.

234 Beck: Archive und archivalische Quellenlage, 1991.

235 Foitzik: Vereinigung der Verfolgten des Naziregimes, 1990, S. 752; Stichwort »Komitee der Antifaschistischen Widerstandskämpfer in der DDR«. In: Herbst; Ranke; Winkler: So funktionierte die DDR, 1994, Bd. 1, S. 513–521, hier 517.

236 Der Inhalt und die folgenden Zitate sind, wenn nicht anders ausgewiesen, dem Schreiben von Kling an Matern entnommen. Vgl. Willy Kling: Anschreiben an Hermann Matern, 29.3.1964; (Komitee der Antifaschistischen Widerstandskämpfer): (Besprechungsprotokoll), 13.3.1964, Anlagen: Abschrift eines Protestschreibens von Kling an unbekannten Adressaten bezüglich der unverständlichen Entlassung eines Massenmörders (Helm), 25.9.1956; Abschrift eines Protestschreibens Klings an die Abteilung Wissenschaft beim ZK der SED bezüglich der Aufnahme von Naziverbrechern in ein wissenschaftliches Gremium der DDR (Leopoldina), 17.12.1960; BStU, MfS, SdM 1117, Bl. 68–77.

Das Papier sei so formuliert, »wie wir es unter uns leisten konnten, für andere Augen und Ohren ist es nicht bestimmt«.

Kling bekannte sich in dem Text zur DDR und erkannte auch an, »welche Wandlungen sich im Bewusstsein vieler Menschen unserer Republik vollzogen haben und stetig vollziehen«. Man wisse vor allem diejenigen zu würdigen, »die bereits in der Nazizeit in Konflikt gerieten, sich durch ihn durchgerungen und die richtigen Konsequenzen gezogen« hätten. Zum Beispiel müsse man die Mitglieder des Nationalkomitees Freies Deutschland würdigen, deren Wandlungsprozess jedem Zweifler mit ganzer Überzeugungskraft erklärt werden könne. Mittlerweile seien jedoch einige Sachverhalte aufgetaucht, die das Komitee vor allem gegenüber ausländischen Partnern in Erklärungsnöte brächten.

In den mittlerweile in der Bundesrepublik angelaufenen NS-Prozessen bis hin zum gerade laufenden Auschwitz-Verfahren habe es »kaum ein Verfahren mit mehreren Angeklagten« gegeben, »in dem nicht wenigstens einer die Anklage gegen ihn als ›ungesetzlich‹ erklärte, weil er bereits einmal in der DDR abgeurteilt und begnadigt« worden war. »Viele hundert Naziverbrecher« seien in den Jahren 1945/46 in Haft genommen und zum größten Teil 1950 in Waldheim abgeurteilt worden, dann aber nach wenigen Jahren wieder freigekommen. Dutzende von ihnen habe man dann in Westdeutschland wieder festgenommen und verurteilt. Gegenüber den auswärtigen Fragestellern könne man auf die fehlenden Beweismittel in den frühen Prozessen verweisen, doch in Wahrheit gäbe es genug Fälle, in denen sich »keine plausible Begründung« finden lasse. Als Beleg führte er einen zwölf Jahre zurückliegenden Prozess in Würzburg an, in welchem Angehörige eines so genannten »Fliegenden Standgerichts« verurteilt worden waren.[237] Durchweg habe es sich um »üble Mörder, die in der letzten Kriegsphase Dutzende von Menschen an die Bäume gehängt hatten«, gehandelt. Als dieses Verfahren 1952 stattfand, habe er die DDR-Stellen auf namentlich bekannte Haupttäter im eigenen Land aufmerksam gemacht. 1956 habe er dann der Presse entnommen, dass die Westberliner Polizei den seit 1952 mit Haftbefehl gesuchten Vorsitzenden dieses »Standgerichtes«, Major Erwin Helm, im Flüchtlingsaufnahmelager Marienfelde verhaftet habe. Helm sei zwar (vermutlich aufgrund von Klings Hinweis von 1952) in der DDR verhaftet und 1953 wegen 230 Todesurteilen zu lebenslänglichem Zuchthaus verurteilt worden, jedoch offenbar 1956 bereits wieder auf freiem Fuß gewesen.[238] Hinsichtlich der Entlassung von verurteilten NS-Tätern, schrieb Kling weiter, habe man in der DDR »einen geradezu grotesken Zustand«. Allgemein sei die Auffassung verbreitet, man habe hier »noch hunderte dieser Kriegs- und Naziverbrecher« in Haft. Er fürchte aber, »dass wir – eingeschlossen der von der Sowjetunion an uns ausgelieferten Verbrecher – von dieser Kategorie in unseren Haftanstalten nicht

237 Zu den Hintergründen dieses Verfahrens vgl. Friedrich: Freispruch für die Nazi-Justiz, 1983, S. 332–343.

238 Tatsächlich ist Helm am 11.9.1953 vom Stadtgericht Berlin zu einer lebenslänglichen Haftstrafe verurteilt und am 28.4.1956 aufgrund der Ministerratsbeschlüsse freigelassen worden. Vgl. Strafnachricht Helm, Erwin, BStU, MfS.

viel mehr als ein Dutzend vorzuweisen haben«: eine durchaus realistische Schätzung.

Er verwies auch auf den Fall des ZK-Mitgliedes Ernst Großmann, der 1959 vom UFJ als einstiger Angehöriger der Wachmannschaft des KZ Sachsenhausen enttarnt worden war. Großmann habe zuvor »auf verschiedenen Konferenzen nicht schlecht die Trommel für sich gerührt«, zum Beispiel »auf dem IV. Parteitag mit dem Hinweis, wie er sich zu revolutionärer Wachsamkeit erziehen ließ«. Er habe lediglich wegen »falscher Angaben über seine Vergangenheit« eine »strenge Rüge« erhalten und sei aus dem ZK ausgeschlossen worden. Er konnte aber weiterhin als Vorsitzender der LPG »Walter Ulbricht« in Merxleben und bis 1963 als SED-Bezirkstagsabgeordneter in Erfurt amtieren.[239] Ein anderer SS-Mann aus demselben Konzentrationslager, Roland Puhr, hingegen sei 1963 vom Bezirksgericht Neubrandenburg zum Tode verurteilt worden. »Kein Kenner von uns zweifelt daran«, schrieb Kling, der selbst Häftling in Sachsenhausen gewesen war, »dass die SS-Vergangenheit der beiden eine recht ähnliche war, dass eine sachkundige Untersuchung gegen Großmann gleiche Dinge zutage gefördert hätte wie das Verfahren gegen Puhr«. Klings Fazit lautete: »Entweder ist Großmann zu billig weggekommen oder Puhr zu teuer.«

Viele Anfragen der ausländischen Partnerorganisationen betrafen auch die vielen angeblichen NSDAP-Mitglieder in DDR-Funktionen. Zwar seien die UFJ-Angaben oft ungenau, doch die Ansammlungen »ehemaliger Nazis bzw. Naziaktivisten« in solchen Institutionen wie der Deutsch-Nordischen Gesellschaft oder der Deutsch-Afrikanischen Gesellschaft seien nach Klings Auffassung aufzulösen. Wenn jemand »im Auftrag des Kolonialpolitischen Amtes der Nazipartei u. a. eine Schrift über die nazistischen Kolonialforderungen veröffentlichte«, habe dieser in »einer solchen Gesellschaft gewiss nichts zu suchen«. Ähnliches gelte für die »Ansammlung ehemaliger Nazis« an verschiedenen Universitäten und anderen Bildungseinrichtungen. Kling verwies hierbei insbesondere auf die Deutsche Akademie der Naturforscher (Leopoldina), die ihren Sitz in der DDR (Halle/Saale) habe, ebenso wie deren Präsident, aber dennoch schwer belastete westdeutsche Wissenschaftler zu ihren Mitgliedern zähle.

Kling war sich bewusst, dass er mit solchen Vorwürfen leicht selbst ins Abseits geraten könnte. Er betonte, dass er und seine Mitstreiter sich schon früh gegen jedes »Sektierertum in den Angelegenheiten der früheren Angehörigen der Nazipartei« gewandt hätten. Ihnen sei keine »Enge« in diesen Fragen vorzuwerfen. Es sei auch ganz unvermeidlich, dass einige ihre NS-Belastungen verschwiegen hätten, weil sie sich tarnen wollten, oder auch nur, weil sie sich schämten. Es bestehe jedoch die Gefahr, dass »solche Personen Erpressungsversuchen ausgesetzt werden können, und dass der Gegner in vielen derartigen Fällen bei den Betreffenden nicht auf die nötige Charakterstärke stößt«. Außerdem würden sich daraus Kontermöglichkeiten der »Feinde« ergeben, wenn die

239 (MfS): Auskunftsbericht über Großmann, Ernst 3.6.1964; BStU, MfS, HA IX/11, AS 236/68, Bd. 2, Bl. 362–366.

DDR die »Verseuchung aller Sphären des öffentlichen Lebens in Westdeutschland mit Naziaktivisten und -Mördern« enthüllen würde.

Der Brief erreichte in Kopie auch den Minister für Staatssicherheit, der die HA XX beauftragte, binnen vier Wochen die Angaben Klings zu überprüfen. Diese wurden im Wesentlichen bestätigt. Klings Vermutung zur Zahl der inhaftierten NS-Täter verfehlte die Wirklichkeit nur unwesentlich. Nach Angaben der HA IX des MfS waren im Frühjahr 1964 noch 34 Personen in der DDR wegen der Begehung von »Verbrechen gegen die Menschlichkeit« inhaftiert. Davon seien 19 Personen von einem SMT, 13 Personen nach Befehl 201, einer in Waldheim und einer darüber hinaus von einem deutschen Gericht verurteilt worden.[240] Zwar waren diese Angaben nicht vollständig, doch allein die Diskrepanz zur Zahl von 83 der allein von Gerichten der SBZ/DDR seit 1945 zu lebenslänglicher Haft verurteilten NS-Täter ist offenkundig, selbst wenn man in Rechnung stellt, dass einige von ihnen möglicherweise bereits verstorben waren.[241] Hinzu kommen noch jene, die zu langjährigen, zeitlich befristeten Haftstrafen verurteilt worden waren.

Auch die Klage Klings über die Ergebnisse der in Hinblick auf NS-Belastungen extrem toleranten Politik gegenüber der Intelligenz erwies sich als zutreffend. Von den rund 80 ostdeutschen und etwa 310 westdeutschen Mitgliedern der »Leopoldina« waren nach den oberflächlichen Recherchen des MfS etwa 60 einstmals Mitglied der NSDAP, rund 100 Mitglieder in deren Gliederungen und anderen NS-Formationen, etwa 25 »bekleideten hohe Funktionen im NS-Staat bzw. traten als Rassenhetzer in Erscheinung«, circa 30 waren höhere Wehrmachtsoffiziere oder SS-Mitglieder, und in etwa die gleiche Anzahl Mitglieder waren »ehemalige Deutsch-Nationale, Stahlhelm-Mitglieder, Freikorpskämpfer usw.« Die Reihe reichte bis zum Präsidenten, Professor Kurt Mothes, der seit 1933 NSDAP- und SA-Mitglied gewesen war und eine beachtliche Wissenschaftlerkarriere im NS-Dozentenbund und an der Universität Königsberg vorzuweisen hatte.[242] Der Vizepräsident, Professor für Zahnheilkunde

240 (HA XX/AG 1): Information zu einigen Fragen betreffend ehemalige Mitglieder der NSDAP und anderer faschistischer Organisationen, die heute zum Teil in der DDR tätig sind, 24.4.1964; BStU, MfS, HA XX/10, unerschlossenes Archivgut, o. Pag., Bl. 1–21 (Originalseitenzählung).

241 Eine Gesamtstatistik des Generalstaatsanwaltes der DDR weist aus, dass von 1945 bis 1964 insgesamt 231 Personen wegen NS-Delikten zu einer lebenslänglichen Zuchthausstrafe verurteilt wurden. Vgl. Die Haltung der beiden deutschen Staaten zu den Nazi- und Kriegsverbrechen. Eine Dokumentation. Hg. v. Generalstaatsanwalt der DDR, Ministerium der Justiz der DDR. Berlin (Ost) 1965, S. 32. Von dieser Gesamtzahl müssen die 146 in Waldheim gefällten Urteile mit diesem Strafmaß sowie die in Abwesenheit gegen Oberländer und Globke ergangenen lebenslangen Haftstrafen subtrahiert werden, daher die Zahl 83.

242 (HA XX/AG 1): Information zu einigen Fragen betreffend ehemalige Mitglieder der NSDAP und anderer faschistischer Organisationen, die heute zum Teil in der DDR tätig sind, 24.4.1964; BStU, MfS, HA XX/10, unerschlossenes Archivgut, o. Pag., Bl. 2. Diese Fakten hinderten die Partei- und Staatsführung der DDR aber nicht daran, Mothes als Hervorragenden Wissenschaftler des Volkes (1965) zu ehren und mit dem Nationalpreis (1953) sowie zweimal mit dem Vaterländischen Verdienstorden (1959, 1960) auszuzeichnen. Vgl. Das Präsidium der Deutschen Akademie der Naturforscher Leopoldina: Kurt Mothes zum 3.11.1980 (Geburtstagsbroschüre). Hg. v. d. Deutschen Akademie der Naturforscher Leopoldina Halle/Saale. Halle/Saale 1980.

und Kieferchirurgie an der Martin-Luther-Universität Halle, hatte ebenfalls sowohl der SA (1933) als auch der NSDAP (1934) angehört.[243] Auch die Hinweise Klings auf zwei im Nürnberger IG-Farben-Prozess Verurteilte, Heinrich Bütefisch und Carl-Albert Krauch, Mitglieder der Leopoldina seit 1939 bzw. 1942, bestätige das MfS. Sie waren in »eingeschränkten Schuldsprüchen« wegen ihrer Beteiligung an »Versklavung und Massenmord« zu je sechs Jahren Gefängnis verurteilt worden.[244] Über weitere westdeutsche Mitglieder, die Kling ebenfalls erwähnt hatte, wie Professor Werner Catel (seit 1937 Mitglied), Professor Julius Hallervorden (seit 1960) und Professor Hugo Spatz (seit 1960)[245] lagen dem MfS nur fragmentarische berufliche und biographische Informationen vor. Zum Teil war ihre Mitgliedschaft in der NSDAP bekannt,[246] nicht aber, dass sie allesamt in nationalsozialistische Medizin- bzw. Euthanasieverbrechen verstrickt waren.[247] Entgangen war Kling, nicht aber dem MfS, dass auch Professor Otmar Freiherr von Verschuer der ebenso exklusiven wie renommierten gesamtdeutschen Gelehrtenvereinigung angehörte. Das MfS notierte zu ihm: »Gründer und Leiter des faschistischen Instituts für Erbbiologie und Rassenforschung.«[248] Dies ist zutreffend, aber es fehlte der Hinweis, dass er ab 1942 als Direktor des Kaiser-Wilhelm-Institutes (KWI) für Anthropologie, menschliche Erblehre und Eugenik fungiert hatte und, wie erst durch neuere Forschungen bekannt wurde, Mentor, Förderer und wahrscheinlich sogar Profiteur des Auschwitzer Lagerarztes Dr. Dr. Josef Mengele gewesen war.[249] Lang waren auch die Listen von einstigen völkischen Karrierewissenschaftlern und Parteigenossen in den Reihen der Lehrkräfte von Universitäten, Medizinischen Akademien und Fachschulen. Mehr als ein Viertel aller DDR-Professoren, vor allem in Natur- und Technikwissenschaften, waren demnach einstige NSDAP-Mitglieder. Zum Stichtag 1. Januar 1963 waren insgesamt 1 102 Professoren, davon 314 ehemalige Mitglieder der NSDAP, beschäftigt.[250] Wie das MfS akribisch verzeichnete, gehörte konsequenterweise der

243 (HA XX/AG 1): Information zu einigen Fragen betreffend ehemalige Mitglieder der NSDAP und anderer faschistischer Organisationen, die heute zum Teil in der DDR tätig sind, 24.4.1964; BStU, MfS, HA XX/10, unerschlossenes Archivgut, o. Pag., Bl. 2 f.

244 Vgl. Boll: Fall 6: Der IG-Farben-Prozess, 1999, S. 133–143, hier 141.

245 Zur Gesamtproblematik des Umganges der Leopoldina mit diesen Mitgliedern vgl. Parthier: Kurt Mothes (1900–1983) Gelehrter, Präsident, Persönlichkeit, 2001, S. 106–111. Die Publikation der Leopoldina stellte mir ihr Mitarbeiter Dr. Wieland Berg zur Verfügung, wofür ich mich herzlich bedanke.

246 (HA XX/AG 1): Information zu einigen Fragen betreffend ehemalige Mitglieder der NSDAP und anderer faschistischer Organisationen, die heute zum Teil in der DDR tätig sind, 24.4.1964; BStU, MfS, HA XX/10, unerschlossenes Archivgut, o. Pag., Bl. 4f..

247 Vgl. Klee: Deutsche Medizin im Dritten Reich, 2001.

248 (HA XX/AG 1): Information zu einigen Fragen betreffend ehemalige Mitglieder der NSDAP und anderer faschistischer Organisationen, die heute zum Teil in der DDR tätig sind, 24.4.1964; BStU, MfS, HA XX/10, unerschlossenes Archivgut, o. Pag., Bl. 9.

249 Vgl. Trunk: Zweihundert Blutproben aus Auschwitz, 2003. Diese und andere Forschungsergebnisse stellte mir Frau Natascha Butzke, Max-Planck-Gesellschaft, zur Verfügung, wofür ich mich an dieser Stelle bedanken möchte.

250 (HA XX/AG 1): Information zu einigen Fragen betreffend ehemalige Mitglieder der NSDAP und anderer faschistischer Organisationen, die heute zum Teil in der DDR tätig sind, 24.4.1964; BStU, MfS, HA XX/10 unerschlossenes Archivgut, o. Pag., Bl. 13.

zuständige Staatssekretär für Hoch- und Fachschulwesen ebenfalls zur Schar der einstigen Parteigenossen. Er war 1937 als 18-Jähriger zu Beginn seiner Physikerausbildung in die NSDAP eingetreten.

Welche Schlussfolgerungen Partei und Staatssicherheit aus der ebenso akkuraten wie stichhaltigen Klageschrift Willy Klings zogen, kann nur begrenzt nachvollzogen werden. Der Brief zeichnet eine frappierende Bilanz der Ergebnisse der SED-Aufarbeitungspolitik in den fünfziger Jahren. Bei dem Versuch, ihre Loyalitätsbasis zu erweitern, hatte die SED in maßgeblichen Kreisen der bürgerlichen Intelligenz und sogar bei der eigenen Mitgliedschaft in erheblicher Größenordnung den Weg frei gemacht für den erneuten Aufstieg von offenkundig karriereorientierten einstigen NSDAP-Mitgliedern. Die Ergebnisse der sowjetischen und ihrer eigenen Strafjustiz hatte sie durch eine ebenso willkürliche wie fahrlässige Entlassungspolitik übertüncht. Dadurch kamen nicht nur viele Unschuldige frei, sondern – im hier untersuchten Zusammenhang – auch schwere NS-Verbrecher, die damit der weiteren Aufklärung und Sühne ihrer Taten entgingen. In dieser Szenerie tummelte sich die Staatssicherheit mit genauem Blick für die Erpressungs- und Anwerbepotenziale in der Klientel einstiger Nationalsozialisten, um sie gegen die Bundesrepublik oder auch als Informanten gegen die eigene Bevölkerung einzusetzen. Die NS-Vergangenheit war damit endgültig zu einem Thema der Gegenwart geworden, als Instrument in den Auseinandersetzungen des Kalten Kriegs.

Klings Brief wirft ein bezeichnendes Licht auf die reale Situation in der DDR und deutet bereits eine Konstellation an, die sich erst nach Abebben der in den fünfziger Jahren begonnenen östlichen Kampagnen gegen Nazis in der Bundesrepublik einstellen sollte: Die für die DDR unangenehmen Rückwirkungen der westdeutschen NS-Prozesse ließ die eigenen Unzulänglichkeiten und Versäumnisse offenkundig werden. Sie mussten um jeden Preis notdürftig kaschiert werden, wollte man nicht riskieren, sein Image als antifaschistischer deutscher Musterstaat zu verlieren.

3 Kampagnen und Prozesse 1958 bis 1968

»Was Bonn verdeckte – die DDR deckte es auf«[251] – Die Propaganda-Kampagnen

Nach der Reintegration ehemaliger Parteigänger der NSDAP in fast alle gesellschaftlichen Bereiche der DDR und einer »zentral gesteuerten Reduzierung des antifaschistischen Anspruchsniveaus – bei allerdings exemplarisch fortgesetzter und öffentlich demonstrierter Unnachsichtigkeit«[252] verlagerte sich das Interesse an Personen und Akten aus der Zeit vor 1945 fast völlig hin zu ihrer pragma-

251 Zit. nach: Norden: Ereignisse und Erlebtes, 1981, S. 231.
252 Frei: NS-Vergangenheit unter Ulbricht und Adenauer, 1995, S. 128.

tischen Nutzung für die politischen und legitimatorischen Auseinandersetzungen des Kalten Krieges.

Propagandakampagnen gegen die Bundesrepublik gehörten seit den Gründungsjahren der DDR zur regelmäßigen Praxis. Mitte der fünfziger Jahre bereits steigerten sich im Zusammenhang mit der Wiederbewaffnung der Bundesrepublik die von der DDR-Propaganda erhobenen Vorwürfe einer ungebrochenen »faschistischen« Kontinuität erheblich. Hauptadressat dieser Bemühungen war das westliche Ausland, in dem antideutsche Ressentiments wachgehalten und gegen die Bundesrepublik und ihre Integration ins westliche Bündnis gekehrt werden sollten.[253] Aber auch in der Innenpolitik der Bundesrepublik erwiesen sich die Vorwürfe einer »Renazifizierung« nicht als wirkungslos.[254] Nach dem Rückstrom der durch die politische Säuberung verdrängten Beamten begannen solche Skandale ab etwa Mitte der fünfziger Jahre eine zunehmende Sensibilisierung der Öffentlichkeit auszulösen, die sich von Enthüllung zu Enthüllung verstärkte und mit der Zeit »gewissermaßen die Produktion körpereigener Abwehrstoffe dieser Nachkriegsgesellschaft« erhöhte.[255]

Koordinationszentrum für die Propagandaaktionen gegen die Bundesrepublik wurde der 1954 gegründete »Ausschuss für deutsche Einheit« (ADE) beim Nationalrat der Nationalen Front mit Albert Norden an der Spitze, der zugleich ab 1955 als Vorsitzender der Agitationskommission des SED-Zentralkomitees und ab 1958 auch als Politbüromitglied die Westagitation verantwortete.[256] Im Hintergrund rückte das Ministerium für Staatssicherheit in den folgenden Jahren in eine Schlüsselposition bei der Beschaffung, zum Teil auch Fabrikation und gegebenenfalls bei der verdeckten Verbreitung von belastenden Informationen, wodurch es die SED in ihrem Versuch unterstützte, mit »erheblicher konspirativer Energie [...] die Fakten und Probleme der ›unbewältigten Vergangenheit‹ zur Destabilisierung der Bundesrepublik zu benutzen«.[257]

In dem arbeitsteiligen Vorgehen der DDR, zu dem noch weitere Akteure beitrugen (unter anderem das Komitee der Widerstandskämpfer, Staatsanwaltschaften und Gerichte, Rechtsanwälte, Archive usw.), lieferte die Staatssicherheit zunächst die Überprüfungen des Personals von Dienststellen und Einrichtungen der Bundesrepublik, auf deren Grundlage festgestellt werden konnte, »welche von diesen Kräften aus der Zeit des Faschismus belastet« waren.[258] Aus den gesammelten NS-Archivalien wurde dann Belastungsmaterial zusammengestellt.[259]

253 Brochhagen: Nach Nürnberg, 1994, S. 216–351.

254 Weinke: Die Verfolgung von NS-Tätern im geteilten Deutschland, 2002, S. 76–110.

255 Henke: Die Trennung vom Nationalsozialismus, 1991, S. 65; zuvor schon Steinbach: Nationalsozialistische Gewaltverbrechen, 1981, S. 48.

256 Zur Rolle und Funktion des ADE im Rahmen der »antifaschistischen Aktionen« gegen die Bundesrepublik vgl. Amos: Die Westpolitik der SED 1948/49–1961, 1999, S. 258–267.

257 Frei: Vergangenheitspolitik, 1997, S. 406.

258 Dieter Skiba: Der Beitrag der Organe des MfS bei der konsequenten Verfolgung von Nazi- und Kriegsverbrechen und Verbrechen gegen die Menschlichkeit, Diplomarbeit, JHS des MfS, Potsdam, 13.11.1980; BStU, JHS MF VVS 384/80, Bl. 94.

259 Ebenda.

Die Geheimpolizei blieb dabei im Hintergrund, um durch »operative Agitation [...] in Übereinstimmung mit der Partei politische Kampagnen der Partei oder anderer Staatsorgane direkt und unmittelbar zu unterstützen, ohne dass der Öffentlichkeit und damit auch für den Feind sichtbar wird, dass Pressekonferenzen oder Pressepublikationen in irgendeinem Zusammenhang mit dem MfS stehen«.[260] Das MfS sollte aus »politischen, operativen oder anderen sachlichen Gründen«, zum Beispiel zum »Zwecke der Täuschung des Feindes«, nicht in Zusammenhang mit solchen Aktivitäten gebracht werden.[261]

Das Spektrum der DDR-Propaganda reichte von Pressekonferenzen, Broschüren und Büchern in verschiedenen Sprachen bis hin zu in Abwesenheit geführten Schauprozessen.[262] Eine besondere Stellung nahm in diesem Zusammenhang Thomas Bergner alias Julius Mader (1928–2000) ein, der in Kontakt mit der Staatssicherheit kam, als er, damals Redakteur im Verlag »Die Wirtschaft«, an einer Dokumentation über den amerikanischen Geheimdienst arbeitete. 1958 warb ihn der Leiter der Abteilung Agitation, Günter Halle, zur inoffiziellen Zusammenarbeit an – eine äußerst produktive und wirkungsvolle Verbindung, deren erste Frucht eine Schrift über den amerikanischen Geheimdienst mit dem bezeichnenden Titel »Allens Gangster in Aktion« werden sollte. Fortan nahm Mader »seine gesamte publizistische Tätigkeit nur noch unter Anleitung und Hilfe der Abteilung Agitation vor«. Im April 1962 wurde er mit dem Dienstgrad Hauptmann zum Offizier im besonderen Einsatz (OibE) ernannt. Innerhalb von knapp 30 Jahren veröffentlichte Mader 32 Buchtitel mit 121 Auflagen und 5,2 Millionen Exemplaren, die in 18 Sprachen übersetzt wurden[263], darunter auch Schriften über die Weiterverwendung ehemaliger Nazis in den Geheimdiensten der Bundesrepublik.[264]

1957 startete die SED ihre erste große Propagandaoffensive gegen die Bundesrepublik. Auf einer internationalen Pressekonferenz präsentierte Albert Norden die Broschüre »Gestern Hitlers Blutrichter – Heute Bonner Justiz-Elite« mit den Namen von 118 ehemaligen NS-Juristen im bundesdeutschen Justizdienst.[265] Bis Ende 1959 steigerte der Ausschuss für Deutsche Einheit die Vorwürfe und die Zahlenangaben: »600 Nazijuristen im Dienste Adenauers« (Mai 1958), »Wir

260 Abt. Agitation: Überblick über die Agitationstätigkeit des MfS, Information an den Minister, 18.7.1969; BStU, MfS, SdM 1416, Bl. 1–49, hier 12.

261 Ebenda, Bl. 12.

262 Als Beispiel für Broschüren und Dokumentationen seien hier nur erwähnt: Ausschuss für deutsche Einheit: Wir klagen an. 800 Blutrichter-Stützen des Adenauer-Regimes, 1959; Ausschuss für deutsche Einheit: Globke – Der Bürokrat des Todes, o. D.; Ausschuss für deutsche Einheit: Globke und die Ausrottung der Juden, 1960; Ausschuss für deutsche Einheit: Globkes Braune Notstands-Exekutive, 1963; Nationalrat der Nationalen Front des Demokratischen Deutschland: Ernst Lemmer. Goebbels-Journalist, 1964; Ausschuss für deutsche Einheit: Bonner Revanchisten – Allianz gegen Entspannung und Abrüstung, 1963; Auf den Spuren der geheimen politischen Polizei Bonns. Kriegs- und Naziverbrecher in der Bundesrepublik, o. Hg. Berlin (Ost) 1965.

263 ZAIG/6: Beurteilung des Genossen Major Mader, Julius, Juni 1989; BStU, MfS, KS 25335/90, Bl. 69–71, hier 69.

264 Vgl. Mader: Die graue Hand, 1960; Ders.: Nicht länger geheim, 1966.

265 Bästlein: »Nazi-Blutrichter als Stützen des Adenauer-Regimes«, 1994, S. 408–444, hier 408.

klagen an – 800 Naziblutrichter« (Februar 1959) und schließlich »Freiheit und Demokratie im Würgegriff von 1 000 Blutrichtern« (November 1959) lauteten die einschlägigen Broschürentitel.[266] Angesichts weitreichender personeller Kontinuitäten zwischen nationalsozialistischer und bundesdeutscher Justiz und der frappierenden Tatsache, dass dies in der Bundesrepublik bis dato nicht einmal als Problem wahrgenommen worden war, erwies sich die Kampagne als außerordentlich wirkungsvoll. Der Druck aus dem Ausland nahm zu, und gegen erhebliche Widerstände begann in der Gesellschaft der Bundesrepublik eine ebenso quälende wie folgenreiche Diskussion über das NS-Erbe. Den »furchtbaren Juristen« wurde schließlich 1961 eine goldene Brücke gebaut mit der Aufforderung, gegebenenfalls freiwillig in den Ruhestand zu treten, wovon allerdings bis 1962 nur 149 Richter und Staatsanwälte Gebrauch machten.[267] Das Thema sollte bis in die achtziger Jahre auf der Tagesordnung bleiben.[268]

Es folgten weitere »unter Mitwirkung der Organe des MfS herausgegebene Dokumentationen«: 1958 über den »einflussreichen Monopolisten in der Rüstungsproduktion der BRD«, Friedrich Flick, 1959 über den ehemaligen Wehrmachtsgeneral und nunmehrigen Bundeswehrgeneral und Kommandeur der NATO-Landstreitkräfte in Europa, Hans Speidel, als »Hauptplaner und Vollstrecker der ›Taktik der verbrannten Erde‹« und viele andere mehr.[269] Die Produktion der Schriften wurde zu einer wesentlichen Aufgabe der MfS-Abteilung Agitation, die damit zu beweisen beabsichtigte, dass die »Militarisierung und Faschisierung Westdeutschlands ein fester Bestandteil der aggressiven Innen- und Außenpolitik des Adenauer-Staates ist«.[270]

Die ideologische Offensive gegen die Bundesrepublik wurde noch verstärkt. Antisemitische Schmierereien zum Beispiel an der neuerbauten Synagoge in Köln zu Weihnachten 1959 kamen der DDR-Propaganda dafür gerade recht.[271] Antisemitische Tendenzen in Westdeutschland galten jetzt als Nachweis für den wachsenden Einfluss ehemaliger Nationalsozialisten in allen Bereichen des gesellschaftlichen Lebens und die Absicht der Adenauer-Regierung, eine »militaristisch-klerikale Diktatur« zu errichten.[272] Mit »staatlicher Duldung«, gewinne gar das »faschistische Gedankengut des arischen Herrenmenschen« wieder an

266 Ebenda, S. 413.

267 Weinke: Die Verfolgung von NS-Tätern im geteilten Deutschland, 2002, S. 118–130.

268 Im Namen des Deutschen Volkes. Justiz und Nationalsozialismus. Katalog zur Ausstellung des Bundesministers der Justiz. Hg. v. Bundesministerium der Justiz. Köln 1989, S. 440–453.

269 Dieter Skiba: Der Beitrag der Organe des MfS bei der konsequenten Verfolgung von Nazi- und Kriegsverbrechen und Verbrechen gegen die Menschlichkeit, Diplomarbeit, JHS des MfS, Potsdam, 13.11.1980; BStU, JHS MF VVS 384/80, Bl. 78.

270 Abt. Agitation: Anschreiben an den Minister, 13.1.1961; Anlage: Jahresbericht 1960 über die Agitationstätigkeit des MfS, 9.1.1961; BStU, MfS, SdM 599, Bl. 79–99, hier 83.

271 Vgl. Brochhagen: Nach Nürnberg, 1994, S. 276–281. Was die Öffentlichkeit allerdings nicht erfuhr war der Umstand, dass in der DDR derartige Schmierereien zwischen 1960 und 1962 ebenfalls »bedeutend zunahmen«. Allein im Jahr 1960 wurden dem DDR-Innenministerium 595 derartige Vorkommnisse gemeldet. Vgl. Timm: Hammer, Zirkel, Davidstern, 1997, S. 165.

272 Zitat hier in: Heyden; Klein; Kosing: Philosophie des Verbrechens, 1959, S. 41.

Boden.[273] In der wissenschaftlichen Literatur ist bereits verschiedentlich über die Steuerung der antisemitischen Schmieraktionen durch SED, MfS oder KGB spekuliert worden. Eindeutige Beweise für bzw. gegen diese Annahme konnten allerdings bis heute noch nicht aufgefunden werden.[274] Fest steht jedoch, dass die SED davon profitierte, während dem Ansehen der allseitig erfolgreicheren Bundesrepublik Schaden zugefügt und die Beziehungen zu den westlichen Verbündeten beeinträchtigt wurden.

Da es, wie es MfS-intern dargestellt wurde, trotz der »umfangreichen propagandistischen Offensivarbeit nach dem Operationsgebiet« nicht gelang, die »extremen reaktionären Kräfte aus ihren Führungspositionen zu drängen bzw. die BRD-Justizorgane zu veranlassen, gegen einzelne dieser Personen Strafverfahren einzuleiten«, inszenierte die DDR ab 1960 zwei Prozesse gegen hochrangige Repräsentanten der Bundesrepublik.[275] Den Anfang machte das Verfahren gegen den Bundesminister für Vertriebene, Flüchtlinge und Kriegsgeschädigte, Theodor Oberländer, der als einer der »Haupteinpeitscher der faschistischen Kriegs- und Ausrottungspolitik« bezeichnet wurde.[276] Das hier zitierte »Braunbuch« verwandte »alle vom MfS erarbeiteten dokumentarischen Unterlagen über die faschistische Vergangenheit des [...] Bonner Ministers«.[277] Ende April 1960 verurteilte ihn das Oberste Gericht der DDR in Abwesenheit unter anderem wegen »fortgesetzt begangenen Mordes, fortgesetzter Anstiftung zum Mord« zu einer lebenslänglichen Freiheitsstrafe.[278]

Hauptakteure der Oberländer-Kampagne waren Norden und der Ausschuss für Deutsche Einheit. Das MfS half wiederum bei der Beschaffung von Archivdokumenten und dann zusammen mit den sowjetischen Kollegen bei der »Suche, Vernehmung und Vorbereitung [!] von Zeugen auf die Hauptverhandlung.«[279] Schon wenige Tage nach Prozessende bat Norden den Minister Mielke:

»Nachdem die Suche nach den Oberländer-Akten so außerordentlich erfolgreich gewesen ist und wir jetzt uns anderen Persönlichkeiten der Bundesregierung zuwenden müssen, bitte ich Dich, zu veranlassen, dass eine systematische Nachforschung in der Richtung betrieben

273 Hexenjagd gegen Juden. Adenauer-Regierung fördert Antisemitismus, Dokumentation. Hg. v. Ausschuss für Deutsche Einheit. Berlin (Ost) 15.1.1959, S. 3.

274 Illichmann: Die DDR und die Juden, 1997, S. 142–147.

275 Dieter Skiba: Der Beitrag der Organe des MfS bei der konsequenten Verfolgung von Nazi- und Kriegsverbrechen und Verbrechen gegen die Menschlichkeit, Diplomarbeit, JHS des MfS, Potsdam, 13.11.1980; BStU, JHS MF VVS 384/80, Bl. 79.

276 Die Wahrheit über Oberländer – Braunbuch über die verbrecherische faschistische Vergangenheit des Bonner Ministers. Hg. v. Ausschuss für deutsche Einheit. 2., erw. Aufl., Berlin (Ost), o. D. (März 1960), S. 3.

277 Abt. Agitation: Überblick über die Agitationstätigkeit des MfS, Information an den Minister, 18.7.1969; BStU, MfS, SdM 1416, Bl. 91.

278 Der Oberländer-Prozess. Gekürztes Protokoll der Verhandlung vor dem Obersten Gericht der Deutschen Demokratischen Republik vom 20.–27. und 29.4.1960. Hg. v. Ausschuss für Deutsche Einheit. Berlin (Ost), o. D. (September 1960), S. 195.

279 Dieter Skiba: Der Beitrag der Organe des MfS bei der konsequenten Verfolgung von Nazi- und Kriegsverbrechen und Verbrechen gegen die Menschlichkeit, Diplomarbeit, JHS des MfS, Potsdam, 13.11.1980; BStU, JHS MF VVS 384/80, Bl. 80; vgl. auch Wachs: Der Fall Theodor Oberländer, 2000, S. 414.

wird, ob über die Minister Seebohm und Lemmer sowie den Staatssekretär im Lemmer-Ministerium, Thedieck, Aktenmaterial vorhanden ist. Ich bin überzeugt, dass eine systematische Suche in den verschiedenen Ministerien und Archiven uns mindestens Teilerfolge bringen wird.«[280]

Insgesamt verlagerte sich die Tätigkeit des MfS ab 1961 immer mehr zugunsten der Offensivmaßnahmen der SED-Führung. Parallel zum Oberländer-Prozess wurde durch das MfS unter »konzentriertem Einsatz« von »Agitationsmitteln« eine Reihe weiterer Kampagnen zur »Unterstützung der Argumentation der Partei« vorbereitet.[281] Mit den Aktionen »Nazikamarilla«, »Henker« und »Wilhelm« dehnte das MfS ab 1960 seine Recherchen systematisch aus. Die Aktion »Nazikamarilla« zielte als »aktive Maßnahme« darauf ab, so der Stellvertretende Minister und Chef der HV A Generalmajor Markus Wolf bei einer Besprechung im Sommer 1960, »die Volksmassen im Kampf gegen die Kriegspolitik zu stärken und den Differenzierungsprozess im Lager des Gegners [zu] beschleunigen«.[282] Im Zusammenhang mit dieser Aktion wies Mielke den Leiter der HA V an:

»In Weiterführung der Kampagne zur Entlarvung ehemaliger Nazis und Kriegsverbrecher, die heute in Westdeutschland leben, ist bis zum 31.8.1960 eine Aufstellung solcher Personen an mich zu reichen, bei denen aus politisch-operativen Gründen besonderes Interesse besteht, aus ihrem Vorleben belastendes Material zu erhalten.«[283]

Prompt gingen dann aus der angesprochenen Hauptabteilung Listen von Wissenschaftlern und von Vertretern aus dem Bildungsbereich sowie des Sports bei ihm ein.[284] Noch sieben Jahre später wurde diese Aktion zusammen mit dem KGB weitergeführt, nachdem man sich über die »Notwendigkeit der Diskreditierung der höheren Politiker und Regierungsbeamten der westdeutschen Bundesrepublik auf Grundlage ihrer Nazivergangenheit« verständigt hatte.[285]

Das Material wurde auch gegen den seit März 1962 amtierenden Generalbundesanwalt Wolfgang Fränkel eingesetzt, der schon im Juli wieder sein Amt niederlegen musste. Der Ausschuss für Deutsche Einheit hatte unter Mithilfe des MfS nachgewiesen, dass Fränkel während seiner Tätigkeit bei der Reichsanwaltschaft vielfach die Verschärfung des Strafmaßes bis hin zur Todesstrafe befürwortet oder sich gegen ein milderes Urteil ausgesprochen hatte. Darüber hinaus

280 Schreiben Albert Nordens an den Minister für Staatssicherheit, 9.5.1960; BStU, MfS, SdM 1121, Bl. 189.

281 Abt. Agitation: Anschreiben an den Minister, 13.1.1961; Anlage: Abt. Agitation: Jahresbericht 1960 über die Agitationstätigkeit des Ministeriums für Staatssicherheit, 9.1.1961; BStU, MfS, SdM 599, Bl. 81.

282 (SdM): Protokoll über die Dienstbesprechung mit den Leitern der Bezirksverwaltungen, 7.7.1960; BStU, MfS, ZAIG 4891, Bl. 1–18, hier Bl. 5–7.

283 Minister an Vertreter des Leiters der HA V Kienberg, 16.8.1960, BStU, MfS, HA XX 5754, Bl. 494.

284 HA V/6/III: Listen betreffs Nazikamarilla – ehem. Faschisten, die als Wissenschaftler in Westdeutschland eine Rolle spielen, 29.8.1960; BStU, MfS, HA XX 5754, Bl. 504–506.

285 (HVA/KGB): Protokoll über Verhandlungen zwischen Vertretern des MfS der DDR und des KfS beim Ministerrat der UdSSR über gemeinsame aktive Maßnahmen für das Jahr 1967, 14.4.1967; BStU, MfS, SdM 1465, Bl. 134–147, hier Bl. 145.

hatte er in einem Fall auf der Vollstreckung des Todesurteils beharrt, in welchem sogar der berüchtigte Roland Freisler für ein milderes Urteil plädiert hatte.[286]

Dergleichen galt wohl auch für das Personal verschiedener Sparten der Polizei, unter denen sich zahlreiche Beamte mit unschöner Vergangenheit tummelten. Dies hatte wiederum zur Folge, dass alte Seilschaften Ermittlungen gegen Verdächtige in den eigenen Reihen behinderten oder gar zu verhindern suchten. Zudem ist heute nachweisbar, dass die von der DDR erhobenen Vorwürfe nicht nur hinsichtlich der Quantität hinter der Realität zurück blieben, sondern auch bezüglich der Qualität der Verstrickung Einzelner.

Die Aktion »Henker« richtete sich gegen den »faschistischen Personalbestand der westzonalen Polizei«. Die Mitarbeiter der Abteilung I in der Hauptverwaltung Aufklärung (HV A) des MfS wollten, ausgehend vom Ausspruch Ulbrichts: »Rechtzeitig entlarvt ist halb verhindert«, damit einen »eigenen Beitrag zur Bekämpfung des westdeutschen Militarismus« leisten.[287] Dazu wurden circa tausend Archivakten aus der NS-Zeit hinsichtlich ihrer »Brauchbarkeit« durchgearbeitet. Auch hier folgte im Januar 1961 die obligatorische Pressekonferenz[288], auf der eine Broschüre mit dem Titel: »Gestapo- und SS-Führer kommandieren die westdeutsche Polizei« vorgestellt wurde.[289] Mit der Aktion »Wilhelm« sollte schließlich nach gleichem Muster das Auswärtige Amt in Bonn als »Sammelpunkt der faschistischen Diplomaten« und deren »maßgebliche Rolle und volle Mitverantwortlichkeit an den faschistischen Verbrechen entlarvt werden«.[290] Was die personellen Kontinuitäten betraf, hatte der Ausschuss für Deutsche Einheit keinerlei Schwierigkeiten, diese zu belegen.[291] Die Suche nach belastenden Dokumenten über Mitarbeiter des Auswärtigen Amtes wurde in

286 Von der Reichsanwaltschaft zur Bundesanwaltschaft. Wolfgang Fränkel Neuer Generalbundesanwalt. Eine Dokumentation. Hg. v. Ausschuss für Deutsche Einheit, Vereinigung Demokratischer Juristen Deutschlands. o. O. [Berlin (Ost)], o. D. (1962), S. 47 f.; vgl. auch Weinke: Die Verfolgung von NS-Tätern, 2002, S. 131.

287 (HVA), Abt. I: Bericht über die Durcharbeitung und Anwendung der programmatischen Erklärung des Vorsitzenden des Staatsrates der DDR, der Moskauer Erklärung und der Dokumente des 11. Plenums und die bereits vorliegenden Ergebnisse und Auswirkungen für die operative Arbeit, 17.1.1961; BStU, MfS, SdM 599, Bl. 144–150, hier 147.

288 Ebenda, Bl. 148.

289 Gestapo- und SS-Führer kommandieren die westdeutsche Polizei. Eine Dokumentation über 250 leitende Polizeioffiziere Westdeutschlands. Hg. v. Ausschuss für Deutsche Einheit. Berlin (Ost) o. D. (Januar 1961).

290 (HVA), Abt. I: Bericht über die Durcharbeitung und Anwendung der programmatischen Erklärung des Vorsitzenden des Staatsrates der DDR, der Moskauer Erklärung und der Dokumente des 11. Plenums und die bereits vorliegenden Ergebnisse und Auswirkungen für die operative Arbeit, 17.1.1961; BStU, MfS, SdM 599, Bl. 148.

291 Schwerbelastete Hitler-Diplomaten im Dienst der aggressiven Außenpolitik des deutschen Militarismus. Hg. v. Ausschuss für Deutsche Einheit. O. O. [Berlin (Ost)], o. D. (März 1959); Bonner Nazidiplomat deckt Rassenhetze in Indien. Hg. v. Ausschuss für Deutsche Einheit: Information. Berlin (Ost), 22.3.1961; Nazidiplomat Werkmeister. Gestern in antisemitische Aktionen verwickelt heute Bonner Botschafter in Stockholm. Hg. v. Ausschuss für Deutsche Einheit. Information. Berlin (Ost), 6.7.1961 usw.

Kooperation zwischen MfS und KGB ebenfalls bis mindestens 1967 fortgesetzt.[292]

Die Festnahme Adolf Eichmanns im Mai 1960 durch ein Kommando des israelischen Auslandsgeheimdienstes Mossad in Argentinien und der anschließende Prozess (11. April bis 15. Dezember 1961) in Jerusalem waren ein Markstein in der juristischen Aufarbeitung des Nationalsozialismus. Norden plädierte sofort dafür, »den Fall Eichmann, der international so großes Aufsehen erregt hat, maximal gegen das Bonner Regime zuzuspitzen«.[293] Vor allem, weil sich hier die Möglichkeit bot, diesen Fall und die seit geraumer Zeit geführte Kampagne gegen den Staatssekretär im Bundeskanzleramt und einstigen Kommentator der Nürnberger Rassengesetze, Hans Globke, miteinander zu verknüpfen.[294] Nach Auffassung der SED galt jener als »der geistige und praktische Initiator des Mordes an Millionen jüdischen Bürgern«.[295]

Zwei Monate nach Eichmanns Verhaftung befassten sich sogar die Außenminister der Warschauer-Pakt-Staaten mit der propagandistischen Nutzung des Eichmann-Prozesses. Die SED unterstrich in diesem Zusammenhang, dass der Nachweis erbracht werden müsse, dass die »Politik, der Eichmann gedient hat, heute in Westdeutschland fortgesetzt wird«[296] – und das sollte am Fall Hans Globkes, dem »Eichmann Bonns«,[297] gezeigt werden.[298] Die Abteilung Agitation des MfS lief zur Höchstform auf und begann unter Einsatz »aller Agitationsmittel einschließlich der Dokumentation, des Films und des Fernsehspiels« der »Weltöffentlichkeit am Beispiel dieses engsten Vertrauten Adenauers« zu zeigen, dass »Faschisten, Judenmörder, Kriegsverbrecher und Militaristen die Spitzen der Bonner Gesellschaft bilden und mit der Politik der Aggression nach innen und außen versuchen, die Politik des geschlagenen deutschen Militarismus und Faschismus fortzuführen«.[299] Hinzu kam im Juli 1960 eine weitere, auf NS-Aktenmaterial des MfS basierende Broschüre, der noch mindestens vier weitere in den nächsten Jahren folgten.[300]

Im April 1961 begann der Prozess gegen den Organisator des Massenmordes an sechs Millionen Juden in Jerusalem. Die SED war von Anfang an bemüht, eine direkte Zusammenarbeit zwischen Eichmann und Globke zu belegen und

292 (HVA/KGB): Protokoll über Verhandlungen zwischen Vertretern des MfS der DDR und des KfS beim Ministerrat der UdSSR über gemeinsame aktive Maßnahmen für das Jahr 1967, 14.4.1967; BStU, MfS, SdM 1465, Bl. 134–147, hier 147.

293 Weinke: Die Verfolgung von NS-Tätern, 2002, S. 152.

294 Vgl. Illichmann: Die DDR und die Juden, 1997, S. 154–176; Weinke: Die Verfolgung von NS-Tätern, 2002, S. 151–157.

295 Abt. Agitation: Anschreiben an den Minister, 13.1.1961; Anlage: Jahresbericht 1960 über die Agitationstätigkeit des MfS, 9.1.1961; BStU, MfS, SdM 599, Bl. 82.

296 Lemke: Kampagnen gegen Bonn, 1993, S. 164.

297 Kühnrich: Judenmörder Eichmann, 1961, S. 104.

298 Vgl. Krause: Eichmann und die Deutschen, 2005, S. 266–273.

299 Abt. Agitation: Anschreiben an den Minister, 13.1.1961; Anlage: Jahresbericht 1960 über die Agitationstätigkeit des MfS, 9.1.1961; BStU, MfS, SdM 599, Bl. 83.

300 Vgl. Illichmann: Die DDR und die Juden, 1997, S. 154 f.

erteilte Mielke entsprechende Aufträge.[301] Der als Prozessbeobachter und Verbindungsmann zur Kommunistischen Partei Israels fungierende DDR-Jurist Professor Friedrich Kaul[302] forderte von Ulbricht, dass die »verschiedenen Dienststellen in der DDR, die dazu Materialien vorbereiten, koordiniert würden«. Die Archive der DDR sollten sich nicht mit »abwegigen Fragen« beschäftigen, sondern in die »unmittelbare praktische politische Arbeit« einbezogen werden, beispielsweise in Form der Sichtung einschlägigen Materials.[303]

Das MfS begleitete den Jerusalemer Prozess mit einer »aktiven Maßnahme«, genannt Aktion »J« bzw. »Vergissmeinnicht«. Im Rahmen dieser Aktionen war geplant, einen fingierten Rundbrief der Deutschen Reichspartei an Alt- und Neonaziorganisationen in der Bundesrepublik zu schicken, um Geld für die Verteidigung Eichmanns zu sammeln und durch eine »antisemitische Welle die Notwendigkeit der Judenvernichtung propagandistisch zu rechtfertigen«.[304] Kettenbriefe, angeblich von »Kameraden der Waffen-SS, die es auf sich genommen haben, der Beschimpfung des deutschen Namens und der deutschen Ehre ein Ende zu setzen«, riefen auf zum »offenen Kampf gegen den jüdischen Bolschewismus«.[305] Schließlich verschickte das MfS scheinbar von bekannten westdeutschen Antisemiten stammende Hetzbriefe an Jüdische Gemeinden, Institutionen und Privatpersonen in der Bundesrepublik und Israel.[306] Auch die Resonanz auf diese Briefe überließ man nicht dem Zufall, sondern versandte fiktive Protestschreiben jüdischer Bürger gleich mit – angeblich aus Furcht vor weiteren Diffamierungen waren diese Proteste anonym.

Als Höhepunkt und gleichzeitig Abschluss der Globke/Eichmann-Kampagne klagte man im Mai 1963 auch Globke vor dem Obersten Gericht der DDR an. Ihm wurde vorgeworfen, »fortgesetzt handelnd Menschlichkeits- und Kriegsverbrechen begangen und dadurch an der Vernichtung ganzer Völkergruppen und Millionen von Menschen mitgewirkt zu haben«, unter anderem durch die »Ausarbeitung und Kommentierung von Gesetzen«, die wesentlich dazu beigetragen hätten, »die letzten Reste der bürgerlich-demokratischen Freiheiten zu beseitigen und eine Diktatur zu schaffen, die nach dem Führerprinzip organisiert war«.[307] Im

301 Lemke: Kampagnen gegen Bonn, 1993, S. 163.

302 Mit Rücksicht auf die Beziehungen zu den arabischen Staaten war eigentlich geplant, dass sich die DDR im Eichmann-Prozess nicht offiziell engagiert, sondern Kaul als Nebenkläger versuchen sollte, den Prozess politisch zu instrumentalisieren. Eine Nebenklagevertretung kam letztendlich aus rechtlichen Gründen und, weil hochrangige israelische Juristen diesen politischen Missbrauchsversuch verhinderten, nicht zustande. Vgl. Weinke: Die Verfolgung von NS-Tätern, 2002, S. 154 f.; Kaul: Der Fall Eichmann, 1967, S. 118–138.

303 Otto Gotsche (Sekretär des Staatsrats): Vermerk für Genossen Ulbricht, 3.6.1961; SAPMO-BA, NY 4182 Pos. 1121, Bl. 142.

304 (HA XX/4): Vorschlag, 3.5.1961; BStU, MfS, HA XX/4 513, Bl. 3–5, hier 3.

305 Ebenda, Bl. 3.

306 So heißt es in einem »Entwurf« für einen solchen Brief: »Habt Ihr noch nicht genug, Ihr Judenschweine? 5 Millionen reichen Euch wohl nicht? Dich hat man wohl vergessen zu vergasen? Deutschland erwache! (1 Deutscher)«; ebenda, Bl. 11.

307 Der Generalstaatsanwalt der DDR, Az. I-7/63: Anklageschrift an das Oberste Gericht der DDR gegen den Staatssekretär im Bundeskanzleramt Hans Josef Maria Globke, 25.5.1963, Archiv des Autors, S. II.

Juli 1963 verurteilte ihn das Oberste Gericht der DDR »wegen in Mittäterschaft begangenen fortgesetzten Kriegsverbrechens und Verbrechens gegen die Menschlichkeit in teilweiser Tateinheit mit Mord« zu lebenslangem Zuchthaus.[308] Für den amerikanischen Historiker Jeffrey Herf waren dies »absurde, aber wirkungsvolle Übertreibungen«.[309] Im Oktober 1963 ging Globke in den Ruhestand.

Der Prozess war aufgrund seiner ausschließlich politischen Zielsetzung, vorrangig das »Bonner Regime« zu diffamieren, nicht dazu geeignet, einen Beitrag zur Aufarbeitung bis dahin unbeachteter Aspekte des Völkermordes an den Juden zu leisten.[310] Dies ändert aber nichts an der Tatsache, dass Globke maßgebliche Beiträge zur Definition, Identifizierung und Ausgrenzung der Juden geleistet hatte, die Grundlagen für den späteren Vernichtungsprozess bildeten.[311]

Ins Visier der Staatssicherheit gerieten weitere westdeutsche Politiker, unter ihnen der Vertriebenenminister Hans Krüger, der Generalinspekteur der Bundeswehr Heinz Trettner und Bundespräsident Heinrich Lübke. Krüger trat 1964 zurück, nachdem der Ausschuss für Deutsche Einheit seine Vergangenheit als NSDAP-Ortsgruppenleiter und NS-Sonderrichter aufgedeckt hatte. Lübke gab sein Amt 1969 nach mehreren Jahren der Gegenwehr auf. Die DDR hatte ihn als »KZ-Baumeister« angeprangert, weil er als Bauleiter in einem Flugzeugwerk Baracken errichtet hatte, in denen später auch KZ-Häftlinge untergebracht wurden. Außerdem hatte er im Raketenversuchszentrum Peenemünde auch KZ-Häftlinge zur Errichtung von Arbeiterbaracken eingesetzt. Die von der DDR vorgebrachten Sachverhalte waren im Kern zutreffend, gleichwohl hatte das MfS das Material durch Manipulationen so »angespitzt«, dass es sich besser propagandistisch nutzen ließ. Trettner schließlich wurde »schwerer Kriegsverbrechen« beschuldigt,[312] konnte sich aber im Amt halten. Den Plan eines weiteren Schauprozesses gab man schließlich in Ermangelung ausreichenden Beweismaterials auf.

Wie zielstrebig die DDR mit ihren Kampagnen auch nach einer Verbesserung der eigenen internationalen Anerkennung strebte, lässt sich einer Konzeption entnehmen, die das Sekretariat des SED-Zentralkomitees im Dezember 1966 beschloss. Offenbar fürchtete die SED-Führung die neue politische Konstellation nach der Bildung der Großen Koalition in der Bundesrepublik. Um die sich abzeichnende Resonanz auf die Initiativen der neuen Bundesregierung zu konterkarieren, suchte die SED-Führung ihr Heil darin, den angeblich »neonazistischen« Charakter des westdeutschen Staatswesens international zu enthüllen. Geplant war hierzu auch eine »Weltkampagne über die DDR und zur Entlarvung

308 Im Namen der Völker – Im Namen der Opfer. Auszüge aus dem Protokoll des Prozesses gegen Dr. Hans Globke vor dem Obersten Gericht der DDR. Hg. v. Ausschuss für deutsche Einheit, Vereinigung Demokratischer Juristen Deutschlands. O. O. [Berlin (Ost)], o. D. (Dezember 1963), S. 192 u. 213.

309 Herf: Zweierlei Erinnerung, 1998, S. 220.

310 Illichmann: Die DDR und die Juden, 1997, S. 175 f.

311 Friedländer: Das Dritte Reich und die Juden, 2000, S. 169 u. 276.

312 Weißbuch über die Kriegsverbrechen des Generalinspekteurs der Bundeswehr, General Heinz Trettner. Hg. v. Nationalrat der Nationalen Front des Demokratischen Deutschland. O. O. [Berlin (Ost)], o. D. (Juni 1964), S. 3.

des Neonazismus in Westdeutschland«.[313] Im Rahmen dieser sollte die »antifaschistische, humanistische Friedenspolitik der DDR einerseits und die aggressive, neonazistische, friedensfeindliche Politik der Bonner Regierung andererseits überzeugend« dargestellt werden.[314] Die sozialistischen Bruderparteien und die internationalen Partnerverbände des Komitees der antifaschistischen Widerstandskämpfer sollten dafür ebenso eingespannt werden wie westdeutsche Sozialdemokraten, »fortschrittliche« westdeutsche und ausländische Persönlichkeiten und »Journalisten einflussreicher jüdischer Zeitungen und Zeitschriften«, die vom DDR-Außenministerium zu einer »Dokumentation zur Überwindung des Antisemitismus in der DDR und über den Antisemitismus in der Bundesrepublik« animiert werden sollten.[315] Man selbst wollte Filme, Radiosendungen Ausstellungen und Broschüren beisteuern, die »beschleunigt fertigzustellen bzw. verstärkt einzusetzen« seien.

Zur »Entlarvung des Neonazismus im Ausland« sah die Konzeption unter anderem vor, die sozialistischen Länder über das Außenministerium zu bitten, »Namenslisten der Naziverbrecher zu veröffentlichen, die in ihren Ländern wüteten und heute in Westdeutschland in Amt und Würden sind und unbehelligt leben«. Nach Möglichkeit sei die »Übergabe dieser Dokumente in den einzelnen Ländern auf Pressekonferenzen anzustreben«.[316]

Albert Norden als Koordinator der Kampagnen erhöhte im Januar 1967 noch den Druck. Er ließ die beteiligten Stellen in Partei und Staat wissen, dass der Erste Sekretär Walter Ulbricht erwarte, »jetzt unmittelbar einen großen Schlag gegen den westdeutschen Staat unter dem Aspekt der neonazistischen Entwicklung zu führen«, denn in den letzten Wochen habe »Bonn seine außenpolitische Aktivität intensiviert und eine neue expansive Phase in der Ost-Politik eingeleitet«. Offenbar entsprach es der Vorstellung in Ost-Berlin, man könne die sich ankündigende Politik des »Wandels durch Annäherung« allen Ernstes auf den »Geist des Neonazismus«, der »das gesamte Staatswesen in Westdeutschland« durchdringe, zurückführen. Norden verkündete: Bonn habe das Ziel, die »DDR zu umzingeln und einzudringen, um sie zu liquidieren«. Deshalb sei »von der Parteiführung beschlossen worden, eine weltweite Gegenoffensive durchzuführen«. Mit »massiven Aktionen« müsse man der »Bonner Expansionspolitik effektvoll entgegenwirken«.[317] Die (vom MfS vorbereitete) Dokumentation »Judenmörder in Westdeutschland« sollte wenige Tage später vom Nationalrat und dem Verband der Jüdischen Gemeinden in der DDR der »Weltöffentlichkeit« auf einer Pressekonferenz übergeben werden. Vorgesehen war eine Auflagenhöhe von 10 000 Exemplaren in Deutsch, 8 000 in Englisch und Französisch und 5 000

313 Protokoll Nr. 107 der Sitzung des Sekretariats des ZK, 7.12.1966; SAPMO-BA, DY 30/J IV 2/3 Nr. 1245, Bl. 1–10, hier 5.

314 Anlage Nr. 4 zum Protokoll Nr. 107, 7.12.1966; ebenda, Bl. 26–36, hier 26.

315 Ebenda, Bl. 31.

316 Ebenda, Bl. 33.

317 Abt. Agitation (Der Leiter): Information an den Minister General Beater, General Wolf über eine Besprechung betreffs der Kampagne gegen Neonazismus in Westdeutschland, 28.1.1967; BStU, MfS, HA IX/11, Karton 63, o. Pag., Bl. 1–5, hier 1 f.

in Spanisch. Verschickt werden sollte das Heft unter dem Absender der »Jüdischen Gemeinde der DDR« an »vorliegende ca. 7 000 Adressen jüdischer Bürger und Organisationen in aller Welt«.[318] Dass die DDR in dieser Weise agierte, war ihr offenbar selbst nicht ganz geheuer. Die Kampagnenplaner betonten ausdrücklich, dass der Versand »auf keinen Fall in die afrikanischen und arabischen Staaten« erfolgen dürfe, wo man seine »antizionistischen« Partner offenbar nicht irritieren wollte.[319]

Offenbar verkannte die SED-Führung zu diesem Zeitpunkt völlig die außen- und innenpolitische Dynamik des sich ankündigenden Politikwechsels in der Bundesrepublik und verharrte in der Erwartung, weiterhin ihre Propagandasalven gegen die Elitenkontinuität der »refaschisierten« Bundesrepublik feuern zu können. Dass sie selbst möglicherweise einen Beitrag dazu leistete, dass im Westen eine kritische Diskussion über das NS-Erbe in Gang kam, die sich zu einem fundamentalen Umbruch in der politischen Kultur auswachsen sollte, überstieg die Vorstellungskraft der in den starren Kategorien des Marxismus-Leninismus denkenden Propagandisten in Ost-Berlin.

Zur strategischen Immobilität trugen auch die augenscheinlichen Erfolge der Kampagnen bei. Als zusammenfassendes Nachschlagewerk, das die Anwürfe gegen mehrere hundert NS-belastete Bundesbürger bündelte, erschien ab 1965 in drei Auflagen ein »Braunbuch« über die »Kriegs- und Naziverbrecher in der Bundesrepublik und in Westberlin«.[320] Entstanden war das »Braunbuch« mit »wesentlicher Unterstützung« der Abteilung Agitation des MfS. Einige Kapitel (»SS-Mörder von A bis Z« und »Angehörige der Gestapo, des SD und der SS in der Westberliner Polizei«) beruhten fast ausschließlich auf MfS-Materialien.[321] Bis zur Herausgabe der dritten und letzten Auflage 1968 arbeitete das MfS immer neue Informationen zu, beispielsweise zum Bundespräsidenten Lübke, zu Angehörigen des Bundeskabinetts, hohen Offizieren, Justizangehörigen, Beamten des Auswärtigen Amtes und der Sicherheitsbehörden. Nach der internen Auswertung des MfS mussten in diesen drei Jahren bis 1968 »mehr als 300 Nazi- und Kriegsverbrecher in der BRD ihre Posten niederlegen«.[322]

318 Abt. Agitation: Aktennotiz über Besprechung am 4.2.1967 beim Nationalrat über den Versand der Dokumentation »Judenmörder in Westdeutschland«, 7.2.1967; BStU, MfS, HA IX/11, Karton 63, o. Pag., Bl. 1–3, hier 2.

319 Ebenda.

320 Braunbuch. Kriegs- und Naziverbrecher in der Bundesrepublik. Staat, Wirtschaft, Armee, Verwaltung, Justiz, Wissenschaft. Hg. v. Nationalrat der Nationalen Front des Demokratischen Deutschland, Dokumentationszentrum der Staatlichen Archivverwaltung der DDR. Berlin (Ost) 1965; Braunbuch. Kriegs- und Naziverbrecher in der Bundesrepublik und in Westberlin. Staat, Wirtschaft, Verwaltung, Armee, Justiz, Wissenschaft. Hg. v. Nationalrat der Nationalen Front des Demokratischen Deutschland, Dokumentationszentrum der Staatlichen Archivverwaltung der DDR. 3., überarb. u. erw. Aufl., Berlin (Ost) 1968.

321 Dieter Skiba: Der Beitrag der Organe des MfS bei der konsequenten Verfolgung von Nazi- und Kriegsverbrechen und Verbrechen gegen die Menschlichkeit, Diplomarbeit, JHS des MfS, Potsdam, 13.11.1980; BStU, JHS MF VVS 384/80, Bl. 107.

322 Ebenda, Bl. 108.

Die rückblickenden Berichte mancher Akteure und die Rekonstruktion einiger Fälle lassen erkennen, dass man im MfS auch vor der ergänzenden Fabrikation von belastenden Dokumenten nicht zurückschreckte, um den Kampagnen die gewünschte Durchschlagskraft zu verleihen. Doch das eigentliche Kapital der DDR war die Tatsache, dass die Eliten in der Bundesrepublik über viele Jahre gar nicht sehen wollten, welch ungeheure Hypothek sie mit sich trugen. Werkentin etwa gelangt zu der Auffassung:

»Gewiss: Es ging um Propaganda [...]. Doch am Wahrheitsgehalt der vorgelegten Dokumentationen war im Großen und Ganzen nicht zu rütteln. Die bundesdeutsche Gesellschaft und insbesondere ihre Justiz bekam ihre eklatanten Versäumnisse im Umgang mit der eigenen Vergangenheit schmerzhaft um die Ohren geschlagen. Die Unerträglichkeiten mussten von den Propagandisten der SED nicht erfunden, sondern nur aufgesammelt werden.«[323]

Ähnlich äußert sich auch Bästlein, der darauf verweist, dass es zwar Namensverwechslungen, Ungenauigkeiten und Fehlschlüsse gab, die aber korrigiert wurden.[324] Dennoch hatten die Dokumentationen nur einen beschränkten Wert. Ihrem originären Zweck entsprechend, verdeutlichten sie zwar das Ausmaß der personellen Kontinuitäten, lieferten jedoch mit der Auflistung der jeweiligen Dienststelle bzw. Dienststellung nur Indizien, aber keinen Nachweis individuell strafrechtlich relevanter Handlungen.[325]

Mit den Erfolgen der DDR-Kampagnenpolitik veränderte sich im Laufe der Jahre jedoch auch die Konstellation der Aufarbeitungslandschaft. Unter dem internationalen Druck des »latenten Schuld- und Kontinuitätsverdachts«[326] setzte auch in der Bundesrepublik ein neuerlicher Schub juristischer Aufarbeitung ein, der mit dem Ulmer Einsatzgruppenprozess 1958 begann und seinen symbolischen Höhepunkt mit den Frankfurter Auschwitzprozessen fand. Die großen Prozesse wegen Tötungsverbrechen in den Vernichtungslagern Auschwitz (I. 1963/1965, II. 1966, III. 1967/68, IV. 1973/76), Sobibor (1965/66) und Treblinka (1964/65) versuchte die DDR nach Kräften zu nutzen, unter anderem durch die Nebenklagevertretungen des SED-Anwalts Friedrich Kaul.

Mit der Errichtung der »Zentralen Stelle der Landesjustizverwaltungen zur Aufklärung nationalsozialistischer Verbrechen« in Ludwigsburg (ZStL) im Oktober 1958 erfolgte eine wesentliche Weichenstellung für die Intensivierung der strafrechtlichen Ermittlungen wegen NS-Verbrechen. Die Verfahren nahmen sprunghaft zu. Und damit setzten Nebeneffekte ein, die die Kampagnenmacher der SED offenbar überraschten. Zum Beispiel, wenn der Untersuchungs-

323 Werkentin: Politische Strafjustiz in der Ära Ulbricht, 1997, S. 200.

324 Bästlein: »Nazi-Blutrichter als Stützen des Adenauer-Regimes«, 1994, S. 414.

325 Anzumerken ist, dass das »Braunbuch« auf Beschluss des Landgerichts Lüneburg in der Bundesrepublik der Beschlagnahme unterlag. Vgl. Friedrich Karl Kaul: Mitteilung an den Staatsverlag der DDR, 27.10.1967; BStU, MfS, AS 8/73, Bd. 1, Bl. 141–143. Eine adäquate historische und juristische Überprüfung der in den Braunbüchern dargelegten Sachverhalte gibt es bis heute nicht.

326 Weinke: Die Verfolgung von NS-Tätern, 2002, S. 352.

ausschuss Freiheitlicher Juristen immer wieder DDR-Funktionäre entlarvte, die erst Parteigenossen, dann Genossen waren.

Angesichts der hohen personellen Kontinuität im öffentlichen Dienst, insbesondere in den Sicherheitsapparaten, und in herausgehobenen Positionen auf westlicher Seite hatte dieses »Haust du meinen Nazi, hau' ich deinen Nazi« durchaus unwürdige Züge einer Gegenaufrechnung.[327] Ungeachtet der völlig anderen Dimension und Art der Integrationspolitik in der DDR reagierte die SED empfindlich, sofern sie durch westliche Meldungen ihren Mythos eines von nationalsozialistischen Relikten gesäuberten antifaschistischen Staates gefährdet sah.

Bezeichnend ist, dass 1960 der Präsident des Obersten Gerichts der DDR, vormaliger Kriegsgerichtsrat und NSDAP-Mitglied Kurt Schumann aus dem Amt scheiden musste, das er in den fünfziger Jahren unangefochten bekleidet hatte, weil ein solcher Mann in dieser Funktion nunmehr die Propaganda gegen die »renazifizierte« Justiz in der Bundesrepublik unglaubwürdig machte. In späteren, nicht öffentlich bekannten Fällen wurden solche Juristen lautlos entfernt und von Gerichten der DDR verurteilt.

Zum Beispiel Gerhard Pchalek (Jg. 1910), bis 1950 Generalstaatsanwalt des Landes Thüringen, danach Besuch der SED-Landesparteischule und ab 1952 Lehrstuhlinhaber (Professur) für Strafrecht an der Universität Jena. Im Frühjahr 1959 wurde Pchalek verhaftet, nachdem sich im Zuge einer Ausstellung des Ausschusses für Deutsche Einheit über »Blutrichter« herausgestellt hatte, dass er als Staatsanwalt an den Sondergerichten Bielitz und Kattowitz mindestens 20 Todesurteile beantragt hatte, die auch vollstreckt wurden. Anfang April 1960 verurteilte ihn das Bezirksgericht Gera, unter Ausschluss der Öffentlichkeit, wegen Beihilfe zum Mord in 20 Fällen zu 4 Jahren Zuchthaus; 1962 wurde die Reststrafe zur Bewährung ausgesetzt.[328] Bezeichnenderweise arbeitete Pchalek von 1964 bis 1978 unter dem Decknamen »Heinz Straube« inoffiziell mit der MfS-Objektdienststelle Kombinat Karl-Zeiss Jena zusammen.

Bei ihren Recherchen zu einem anderen Verfahren stieß das MfS auf Edmund Langer (Jg. 1914), der Mitarbeiter der Gestapo-Außendienststelle des KdS Warschau, des Grenzpolizeikommissariats in Siedlce und zeitweise Leiter des Grenzpolizeipostens in Platerow gewesen war. Außerdem hatte er von Herbst 1944 bis Mai 1945 einem zur Partisanenbekämpfung in der Slowakei eingesetzten Einsatzkommando angehört. Nach dem Krieg wurde Langer 1946 Mitglied der SED und diente bis 1950 als Kommandeur der Grenzpolizei in Demmin. Anschließend absolvierte er die Akademie für Staats- und Rechtswissenschaften in Potsdam und fungierte zunächst als Staatsanwalt in der Bezirksstaatsanwalt-

327 Sowjetzone. NSDAP. Reue statt Treue. In: Der Spiegel 8/1963 v. 20.2.1963, S. 20 f.

328 Urteil des (1. Strafsenats des Bezirksgerichts Gera), Az. 1 BS 121/59 – I-147/59, in der Strafsache gegen den Juristen Gerhard Pchalek wegen Beihilfe zum Mord, o. D. (8.4.1960); Beschluss des (1. Strafsenats des Bezirksgerichts Gera), Az. 1 AS 79/62 – I-147/591 -BS 121/59, über bedingte Strafaussetzung, Stempelaufdruck: Der Beschluss ist rechtskräftig seit dem 15.6.1962; BStU, MfS, BV Gera, AU 38/59 (Hefter Haftsache), Bl. 50–65 u. 84 f.

schaft, ab 1961 als Kreisstaatsanwalt in Schwerin.[329] Im November 1970 wurde Langer vom MfS in Untersuchungshaft genommen und erst im Februar 1974 unter Ausschluss der Öffentlichkeit vom Potsdamer Bezirksgericht wegen Mordes an 118 polnischen Bürgern, der »Deportation einer unbestimmten Anzahl polnischer Bürger jüdischer Herkunft und der Misshandlung von Patrioten« zu einer lebenslänglichen Freiheitsstrafe verurteilt.[330]

Wie schon erwähnt, musste nach seiner Enttarnung auch der SS-Unterscharführer Ernst Großmann seinen Platz im ZK der SED räumen, blieb aber SED-Mitglied und Leiter der »ersten sowjetzonalen Produktionsgenossenschaft, der ersten Kolchose auf deutschem Boden«.[331] Ebenfalls in seiner Partei verbleiben konnte der stellvertretende Staatssekretär für Kirchenfragen, Max Hartwig (CDU), der als SS-Unterscharführer in den Lagern Oranienburg und Buchenwald seinen Dienst getan und dies verschwiegen hatte. Er erhielt als Parteistrafe eine »schwere Rüge« und wurde 1960 abgelöst.[332] Dergleichen geschah bei Professor Karl-Heinz Bartsch, der im Frühjahr 1963 von Ulbricht zum Vorsitzenden des neu gegründeten Landwirtschaftsrates beim Ministerrat der DDR ernannt worden war. Einen Tag nach dessen Ernennung veröffentlichte die Westberliner »BZ« die Dienstzeiten Bartschs in der Waffen-SS. Bartsch wurde tags darauf seines Postens enthoben und aus dem ZK der SED ausgeschlossen, in das man ihn erst drei Wochen zuvor gewählt hatte.[333]

Der letzte spektakuläre Rückzugsfall ereignete sich 1986. Damals wurde der DDR-Jurist und »Menschenrechtsexperte«[334] Hermann Klenner turnusmäßig zu einem der drei Vorsitzenden der UNO-Menschenrechtskommission in Genf ernannt. Klenner war 1944 als 18-Jähriger der NSDAP beigetreten, was auch einigen Amerikanern nicht entgangen war, die nun gegen seine Ernennung vor dem UN-Gebäude in New York protestierten. Als Klenner in der Kommission dann die obligatorische »antizionistische« Rede hielt, erhob sich der israelische Delegierte und verlas Klenners NSDAP-Mitgliedsnummer mit der Bemerkung, der DDR-Vertreter sei wohl besonders zu Stellungnahmen in jüdischen Angelegenheiten berufen. Trotz des Eklats zog die DDR ihren Vertreter erst nach Drohung eines Boykotts durch westliche Länder ab. Von der »New York Post« wurde die Affäre kommentiert: »Die Ostdeutschen haben es zu ihrer regulären Praxis gemacht, anderen vorzuwerfen, ehemalige Nazis unterzubringen. Dass sie selbst

329 HA IX/10: Bericht über Edmund Langer an den Minister sowie den Leiter der HA IX, 26.6.1968; BStU, MfS, SdM 1445, Bl. 40–42.

330 Der Generalstaatsanwalt der DDR, Abt. IA, Az. 210-622-3: Übersicht über die Verfolgung der Kriegsverbrechen und Verbrechen gegen die Menschlichkeit in der Deutschen Demokratischen Republik, VD, 6.12.1978, Anlage 2: Verurteilte, die sich im Strafvollzug befinden (31.12.1978); BStU, MfS HA IX, Nr. 9647, Bl. 39; Fricke: Das justitielle Unrecht der Waldheimer Prozesse, 1991.

331 Kleßmann; Wagner: Das gespaltene Land, 1993, S. 366.

332 Kappelt: Die Entnazifizierung in der SBZ, 1997, S. 96 f.

333 Sowjetzone. NSDAP. Reue statt Treue. In: Der Spiegel 8/1963 v. 20.2.1963, S. 20.

334 In einem Aufsatz, der sich mit Klenner beschäftigt, kommt der Autor zu dem Ergebnis: »Es ist ernsthaft die Frage zu stellen, ob und inwiefern das durch Jahre und Jahrzehnte hinweg geführte intellektuelle Wirken Klenners strafrechtlich relevant ist, als Beihilfe zum Totschlag und zu anderen Verbrechen.« Vgl. Adomeit: Rechtsphilosophie, Marxismus und Menschenrechte, 1998, S. 100–115, hier 110.

in den UN von einem Ex-Nazi repräsentiert werden, ist ein interessanter Kommentar über kommunistischen Zynismus.«[335]

Mit Blick auf die großen KZ-Prozesse der sechziger Jahre konnte der Eindruck aufkommen, die Bundesrepublik sei nun ihrerseits in der Vorderhand, während in der DDR vergleichbare Prozesse nicht stattfanden. Im Zuge der westdeutschen Ermittlungsverfahren rückten zudem immer wieder DDR-Bürger als Zeugen oder sogar als Tatbeteiligte in die Aufmerksamkeit der Strafverfolgungsbehörden und Gerichte, was auf DDR-Seite zu Irritationen und hektischen Aktivitäten führte. Die DDR-Justiz fühlte sich so veranlasst, in aller Eile einen Prozess gegen den im Frankfurter Auschwitz-Prozess zur Sprache gekommenen Lagerarzt Horst Fischer zu arrangieren, der sich bis dato unbehelligt in der DDR aufgehalten hatte. Nicht zuletzt auf Forderung Kauls wurde Fischer noch vor Abschluss des Frankfurter Prozesses zum Tode verurteilt.[336]

Mit dem holprig einsetzenden und immer wieder durch Statusfragen und taktische Geplänkel behinderten Rechtshilfeverkehr zwischen beiden deutschen Staaten zeigte sich jedoch bald, dass es sich bei Fischer keineswegs um einen Einzelfall handelte. Insgesamt kamen in den Jahren 1961 bis 1965 von 30 Verurteilungen 29 (3 Todesurteile, 10 lebenslängliche Haftstrafen, 16 hohe zeitliche Haftstrafen) unter Mitwirkung des MfS zustande.[337]

Wechselwirkungen: Westliche Rechtshilfeersuchen, das RSHA-Verfahren und die Verjährungsdebatte 1963 bis 1965

Durch die bundesdeutschen Ermittlungsverfahren und NS-Prozesse wurde der deutsch-deutsche Rechtshilfeverkehr schnell zu einer ernsten Herausforderung für die SED, respektive für ihre Geheimpolizei.[338] Es kostete das MfS erhebliche Anstrengungen, die Kontrolle über die Vielzahl entsprechender Anfragen zu behalten, die sich nicht nur an die DDR richteten, sondern auch an die befreundeten sozialistischen Staaten. Nach Abstimmung mit Mielke wies Generalstaatsanwalt Josef Streit Ende 1964 die Staatsanwaltschaften der DDR an, sämtliche Anfragen und Rechtshilfeersuchen aus Westdeutschland, Westberlin und dem »nichtsozialistischen Ausland« nicht wie bisher selbst zu bearbeiten, sondern unverzüglich an ihn weiterzuleiten.[339] Bei der Generalstaatsanwaltschaft seien

335 Staadt, Jochen: Das Erbe des »wahrhaft nationalen Sozialismus«. Was in der DDR unter der Lügenglocke der Propaganda verborgen lag, stinkt jetzt zum Himmel: Neonazis gab es im SED-Staat schon lange. In: FAZ v. 25.8.2000, S. 3.

336 Vgl. Dirks: Strafverfolgung zwischen Antifaschismus und SED-Kampagnenpolitik, 2002; Weinke: Die Verfolgung von NS-Tätern, 2002, S. 246.

337 Dieter Skiba: Der Beitrag der Organe des MfS bei der konsequenten Verfolgung von Nazi- und Kriegsverbrechen und Verbrechen gegen die Menschlichkeit, Diplomarbeit, JHS des MfS, Potsdam, 13.11.1980; BStU, JHS MF VVS 384/80, Bl. 113.

338 Weinke: Die Verfolgung von NS-Tätern, 2002, S. 174.

339 Der Generalstaatsanwalt der DDR: Schreiben an den Minister für Staatssicherheit, 15.12.1964; BStU, MfS, SdM 1219, Bl. 338 f.

eigens Mitarbeiter für die Koordination mit dem MfS instruiert worden, damit »den Fragen der Sicherheit, Absicherung und Wirksamkeit in verstärktem Maße Rechnung getragen wird.«[340] Oberst Heinitz, Leiter der HA IX, kommentierte dies intern:

»Die Anweisung des Generalstaatsanwaltes, dass alle Ersuchen und Anfragen [...] zentral von der Abteilung I [der GStA] bearbeitet werden, sichert in Zukunft, dass Auskünfte, insbesondere Rechtshilfeersuchen, erst nach Überprüfung durch das Ministerium für Staatssicherheit beantwortet werden.«[341]

Im Winter 1963 nahm die Staatsanwaltschaft beim Kammergericht in West-Berlin ein umfangreiches Ermittlungsverfahren gegen leitende Beamte und Angehörige des Reichssicherheitshauptamtes auf.[342] Die Voruntersuchungen erstreckten sich auf insgesamt 18 Verbrechenskomplexe, darunter die Beteiligung an der so genannten »Endlösung der Judenfrage«,[343] die Massenmorde der SS-Einsatzgruppen, die Verbrechen an sowjetischen und britischen Kriegsgefangenen sowie die Deportation von mehr als 42 000 jüdischen Einwohnern Berlins in die Vernichtungslager.[344] Mit zunächst mehreren hundert Verdächtigen und mehr als 2 000 Zeugen übertrafen die Ermittlungen das bis dahin Gekannte erheblich. 18 Verfahren gegen 300 Beschuldigte standen schließlich 1967 vor der Anklageerhebung.[345]

Im März 1964 informierte der Westberliner Generalstaatsanwalt Hans Günther die Generalsstaatsanwaltschaft der DDR offiziell, dass er »Vorermittlungen gegen alle noch nicht anderweitig verfolgten Angehörigen des ehem[aligen] Reichssicherheitshauptamtes (RSHA), die der Beteiligung an Morden verdächtig« waren, führe.[346] Zunächst war eine umfassende Rekonstruktion der Tätigkeiten des RSHA notwendig, und dafür – so Günther – sei es geboten, »alle Quellen auszuschöpfen«. Er bitte daher, ihm etwaige »Erkenntnisse über die so genannten Schreibtischtäter des ehem[aligen] Reichssicherheitshauptamtes und deren Taten« mitzuteilen. Neben eventuellen Strafvorgängen erbat er sich Zugang zu den Beständen des Deutschen Zentralarchivs in Potsdam, auf die er durch die einschlägigen DDR-Publikationen aufmerksam geworden sei.

340 Ebenda, Bl. 338.

341 HA IX: Stellungnahme an/für den Minister zum Brief des Generalstaatsanwaltes der DDR v. 15.12.1964, 30.12.1964; BStU, MfS, HA IX/11, Karton 63, o. Pag., Bl. 1–3 (Originalseitenzählung).

342 Weinke: Die Verfolgung von NS-Tätern, 2002, S. 170–179 u. 287–313; ferner Friedrich: Die kalte Amnestie, 1994, S. 434–438.

343 Zum Begriff vgl. Benz: »Endlösung«. Zur Geschichte eines Begriffs, 1997.

344 Der Generalstaatsanwalt bei dem Kammergericht Berlin (Charlottenburg), Gesch.-Nr. 1 AR 123.63: Anschreiben an den Generalstaatsanwalt der DDR, 22.12.1966, Anlage: Aufstellung über die bei der Arbeitsgruppe RSHA anhängigen Verfahren, in denen die Erfassung weiterer Unterlagen dringend geboten erscheint; BStU, MfS, HA IX/11, FV 123/69, Allgemeine Unterlagen, Bl. 16–27.

345 Friedrich: Die kalte Amnestie, 1994, S. 435.

346 Der Generalstaatsanwalt bei dem Kammergericht Berlin (Charlottenburg), Gesch.-Nr. 1 AR 123/63: Anschreiben an Staatsanwaltschaft Berlin, Scharnhorststraße (Der Generalstaatsanwalt der DDR) betreffs Vorermittlungen gegen Angehörige des ehemaligen Reichssicherheitshauptamtes (RSHA) wegen Mordes, 13.3.1964; BStU, MfS, HA IX/11, FV 123/69, Allgemeine Unterlagen, Bl. 4 f.

In Ost-Berlin interessierte man sich zunächst kaum für die angesprochenen Verbrechenskomplexe und ihre Ahndung. Vielmehr beschäftigte den zuständigen Abteilungsleiter V (Internationale Verbindungen) beim Generalstaatsanwalt der DDR, Carlos Foth, zunächst die politische Einordnung und die möglichen Rückwirkungen auf die Frage der DDR-Anerkennung. Seinem Chef Josef Streit schrieb er, dass mit dem Schreiben der Versuch unternommen werde, »sich abzuschirmen gegen den bereits einsetzenden Protest der Weltöffentlichkeit, nach dem 8. Mai nächsten Jahres selbst bei schwersten NS-Verbrechen keine neue Strafverfolgung mehr einzuleiten«. Das Angebot der DDR, alle hier befindlichen Originalunterlagen einsehen und auswerten zu lassen, würde auf eine Weise aufgegriffen, die »keinerlei Risiko einer Anerkennung der DDR durch die Bundesrepublik enthält, aber dennoch eine umfassende Kenntnisnahme hier lagernder Originalunterlagen bezwecke«. Die DDR könne die Westberliner Initiative aber nutzen. Sie entlaste die Bundesregierung nicht und sei geeignet, die »Bemühungen zur Herstellung von zwischenstaatlichen Beziehungen zwischen der DDR und dem Senat von Westberlin auf einer neuen Ebene fortzusetzen«. Ansatzpunkte sah er auch in der Fokussierung auf »Schreibtischtäter«. Man brauche sich ja nicht auf das RSHA zu beschränken, sondern könne den angeregten »Gedankenaustausch« nutzen, »diesen Personenkreis generell zu würdigen und dabei nicht nur Globke, sondern auch andere Schreibtischtäter der Hitlerschen Ministerialbürokratie einschließlich der Blutrichter zu behandeln«.[347]

Welche Motive auch immer den Ausschlag gaben, nach Abstimmung mit dem Außenministerium sagte Streit dem Westberliner Staatsanwalt die Kooperation zu. Beauftragte Staatsanwälte sollten alle Fragen gemeinsam erörtern und erforderliche Maßnahmen vorbereiten, da das Ersuchen den Rahmen normaler Rechtshilfe übersteige.[348]

DDR-Außenministerium und Generalstaatsanwaltschaft bereiteten die bevorstehenden Verhandlungen akribisch vor. Im Zentrum stand wiederum der Status West-Berlins. Foth schlug vor, bei der ersten Beratung mit den Westberliner Staatsanwälten zu klären, ob sie zugleich als Delegierte der Bundesjustizbehörden handelten, was die DDR ablehnte. Am besten sollten nach Foths Auffassung Bevollmächtigte des Bundes zu der Kooperation hinzugezogen werden. Falls die Westberliner dies ablehnten, sollte zumindest erreicht werden, dass »alle in der Bundesrepublik anhängigen Verfahren [vermutlich nur mit Bezug auf das RSHA] nach Westberlin« abgegeben werden.

Ferner wollte man von DDR-Seite gerne Materialien aus sozialistischen Bruderländern per Rechtshilfe oder »auf andere Weise ins Spiel« bringen. Außerdem

347 (Der Generalstaatsanwalt der DDR), (Abt. V), Az. V AR 26/64: Vermerk. Vorzulegen dem Gen. Generalstaatsanwalt, 2.4.1964; Handschriftlicher Vermerk: »Mit Gen. [Arne] Rehahn beraten, welcher Weg gegangen werden soll.« Unterschrift: Streit, 2.4.1964; BStU, MfS, HA IX/11, FV 123/69, Allgemeine Unterlagen, Bl. 6.

348 (Der Generalstaatsanwalt der DDR), (Az. V AR 26/64): Anschreiben an den Generalstaatsanwalt beim Kammergericht, 17.4.1964; BStU, MfS, HA IX/11, FV 123/69, Allgemeine Unterlagen, Bl. 11.

solle versucht werden, die Verhandlungen im Wechsel auch in West-Berlin stattfinden zu lassen. Ausgehend von einem Vorschlag des stellvertretenden Außenministers Otto Winzer sah die Konzeption für weitere Verhandlungen vor, dass die Kooperation über den anstehenden Verjährungstermin von Totschlag und Mord am 8. Mai 1965[349] hinaus andauern sollte – jedoch »keinesfalls auf Kosten des Eindrucks, dass die DDR die Klärung bzw. die Untersuchungen dieses Komplexes verzögert«.[350]

Nach weiteren Abstimmungen mit dem ZK-Abteilungsleiter und Westkommissionsmitglied Arne Rehahn tagten die Staatsanwälte mit den Experten des MfS, Oberstleutnant Stolze, damals noch Mitarbeiter der HA IX/3, und einem Vertreter der Abteilung Agitation. Das MfS sollte die »notwendige Absicherung der Verhandlungen« übernehmen und überprüfen, welche Akten man vorlegen könne. Die Generalstaatsanwaltschaft der DDR selbst hatte noch keinen Überblick, welche Akten mit welchem Inhalt im Zentralarchiv Potsdam vorlagen. Außerdem wurde die Staatssicherheit gebeten zu überprüfen, ob in deren Archiv geeignetes Material über das RSHA vorliege.

Nach dem ersten Treffen im Juni 1964 informierte Streit Mielke über den Stand und die weiteren Pläne. Die Westberliner Staatsanwälte waren offenbar um Konstruktivität bemüht. Sie berichteten, dass die bundesdeutschen Justizbehörden derzeit keinerlei Ermittlungen gegen Täter der zentralen Reichsbehörden wegen ihrer Beteiligung an der »Vernichtung dem Naziregime unerwünschter Personen und ganzer Völkergruppen« führten. Da das RSHA an allen großen Vernichtungsaktionen beteiligt gewesen sei, erstrecke sich ihr Interesse auf alle in der DDR vorliegenden Erkenntnisse über »Schreibtischtäter, Organisationsverbrechen usw.«. Allerdings ermittelten sie nur gegen ehemalige Mitarbeiter des RSHA. Damit sei, so Streit, eindeutig die örtliche und alleinige Zuständigkeit des Westberliner Generalstaatsanwalts gegeben, unabhängig vom derzeitigen Aufenthaltsort der Täter. Sogar das Angebot, ihnen bei ihrem nächsten Besuch das Plädoyer und Urteil des in der DDR geführten Globke-Verfahrens auszuhändigen, hätten sie angenommen.[351]

Die Generalstaatsanwaltschaft der DDR war vor allem an Namen und Anschriften der Verdächtigen interessiert, doch in West-Berlin hatte man gerade erst begonnen, ein Personenverzeichnis des RSHA, untergliedert nach Referaten, zu erstellen. Die aktuelle Liste versprachen die Westberliner Staatsanwälte innerhalb von 14 Tagen nach Ost-Berlin zu senden. Hinsichtlich DDR-Archivalien beschränkten sich die Gespräche auf die Potsdamer Bestände und ein von der

349 Vgl. Zur Verjährung nationalsozialistischer Verbrechen. Dokumentation der parlamentarischen Bewältigung des Problems 1960–1979. Hg. v. Deutschen Bundestag, Presse- und Informationszentrum. Teil I–III, Bonn 1980.

350 MfAA der DDR, Der Staatssekretär und Erster Stellvertreter des Ministers: Anschreiben an den Generalstaatsanwalt der DDR, 10.4.1964; (Der Generalstaatsanwalt der DDR), (Abt. V): Vermerk, 30.4.1964; BStU, MfS, HA IX/11, FV 123/69, Allgemeine Unterlagen, Bl. 10 u. 12.

351 Der Generalstaatsanwalt der DDR: Anschreiben an den Minister für Staatssicherheit, 11.6.1964; Anlage: Entwurf einer Konzeption für die Weiterführung der Verhandlungen mit den Beauftragten des Generalstaatsanwalts beim Kammergericht Westberlin; BStU, MfS, SdM 1219, Bl. 393–395, hier 394.

DDR-Seite angebotenes Namensverzeichnis des RSHA. Die zwölf Aktenmeter in Potsdam würden derzeit durchgearbeitet und könnten anschließend unbedenklich vorgelegt werden. Gemäß den vorherigen Absprachen habe man gegenüber den Westberliner Abgesandten weiterhin die Bereitschaft erklärt, »in den Archivbeständen anderer sozialistischer Staaten entsprechende Dokumente zu sichten und auszuwerten«. Zukünftige Verhandlungen mit der westlichen Seite sollten dem Ziel dienen, »die seit Jahren betriebene offensive Politik der DDR zur Entlarvung und Zurückdrängung des Einflusses der westdeutschen Ultras« zu unterstützen. In diesem Sinne hätten auch bereits westliche »Presseorgane« über das erste Treffen berichtet.[352]

Die von Mielke hierzu um Stellungnahme gebetene Rechtsstelle des MfS breitete sogleich eine Fülle von Verdächtigungen und Bedenken gegen die deutsch-deutschen Kontakte aus. Dort bezweifelte man rundweg, dass die Westberliner Staatsanwaltschaft noch über kein Personenverzeichnis des RSHA verfüge und vermutete unlautere Motive. Man müsse sich »davor hüten, dass wir bei diesen Verhandlungen ausgeforscht werden und dadurch unserer eigenen Agitation die Wirksamkeit nehmen«. Der anderen Seite ginge es in erster Linie darum, das »Ansehen der Westberliner und westdeutschen Justiz in der Weltöffentlichkeit und vor der eigenen Bevölkerung wenigstens etwas zu heben und möglicherweise prominente Täter aus der Schusslinie zu nehmen«. Begrüßenswert fanden die MfS-Rechtsexperten nur die Übergabe der Unterlagen aus dem Globke-Prozess. Bei den Potsdamer Materialien müsse unbedingt gewährleistet sein, dass »die Westberliner Staatsanwälte im Wesentlichen nur Material erhalten, was sich auf Ermittlungsverfahren bezieht, die bei ihnen geführt werden«. Schließlich bestand man darauf, dass auch DDR-Gerichte hinsichtlich des RSHA zuständig seien.[353]

Die Dokumentationsstelle der Staatlichen Archivverwaltung des Ministeriums des Innern sah in dem Vorstoß lediglich den Versuch, entsprechendes ostdeutsches Archivgut auszuforschen. In Vorbereitung der Verhandlungen übergab man den DDR-Verhandlungsführern lediglich eine Aufstellung von Akten- und Aktengruppen des RSHA, die sich in Archiven der USA, in Westdeutschland bzw. in Westberlin befanden. Gleichzeitig sei mit einer »sorgfältigen Durchsicht« der in der DDR verwahrten Akten des RSHA begonnen worden. Von den etwa 600 Akteneinheiten habe man bis zum Berichtstag circa 250 Akten durchgesehen. Rechtzeitig zum nächsten Termin mit den Westberliner Juristen würden die restlichen Aktenbestände durchgearbeitet sein.

Die angefragten Potsdamer Archivbestände befänden sich als »Dauerleihgabe« im Zentralen Parteiarchiv des Instituts für Marxismus-Leninismus und würden derzeit von Mitarbeitern der Generalstaatsanwaltschaft und der Dokumentationsstelle für eine »eventuelle Einsichtnahme« durchgesehen. Sollten dabei Akten gesperrt werden, gebe es aber Abhilfe, um weiterhin uneinge-

352 Ebenda, Bl. 395.

353 MfS, Rechtsstelle: Entwurf einer Konzeption für die Weiterführung der Verhandlungen mit Westberliner Staatsanwälten, 15.6.1964; BStU, MfS, SdM 1219, Bl. 406–408.

schränkte Kooperationsbereitschaft zu demonstrieren: Im Zentralen Parteiarchiv lagere ein zweiter Bestand des RSHA, welcher in der Öffentlichkeit nicht bekannt war, von rund 17 Aktenmetern. Damit wäre »die Möglichkeit gegeben, eine solche Aktenauswahl zu treffen, die insgesamt 16 lfd. M. beträgt und für eine Vorlage an die Westberliner Staatsanwälte geeignet« sei.

Der überwiegende Teil der Akten würde »Dokumente über Verfolgungs- und Terrormaßnahmen gegen die KPD aus den Jahren 1933–1939« enthalten, unter anderem »Vernehmungsprotokolle, Untersuchungsergebnisse und Urteile gegen einzelne bzw. Gruppen von Antifaschisten«, aber auch juristisch wertloses antifaschistisches Agitationsmaterial. Hinzu kämen noch »›Lageberichte‹ einzelner Gestapo-Leitstellen bzw. zusammenfassende Berichte der Gestapo (Geheimes Staatspolizeiamt)«.

Zur Vorlage geeignet seien »alle Akten mit Untersuchungen über die Verbreitung antifaschistischer Schriften bzw. allgemeine Einschätzungen der illegal kämpfenden KPD, sozialdemokratischer Gruppen und anderer Hitlergegner«. Allerdings gab es eine gewichtige Einschränkung: »Dabei wurden alle Akten ausgesondert, die parteiinternen Charakter oder Hinweise über Methoden der illegalen Arbeit bzw. Angaben über führende Genossen und Funktionäre der Partei enthalten.« Hinzu kamen »Berichte und Protokolle der Gestapo über die Anwendung verschärfter Vernehmungen und als Selbstmord getarnte Morde an Kommunisten und anderen Hitlergegnern; Festnahme- und Lageberichte der Gestapo, soweit sie einen allgemeinen Inhalt haben«.[354]

Diese Aktenauswahl sei aus SED-Sicht unbedenklich, gebe allerdings für die Strafverfolgung nur in Ausnahmefällen etwas her. Um guten Willen zu zeigen und nicht von westlicher Seite der Obstruktion beschuldigt zu werden, sollte zum Beispiel ergänzend ein »Verzeichnis der in den einzelnen Abteilungen und Ämtern des RSHA tätigen Mitarbeiter bzw. der Gestapo-Leitstelle Berlin« hinzugefügt werden. Auch hier wollte man sich jedoch nicht aufs Glatteis begeben: »Das erfordert eine vorherige Überprüfung aller darin enthaltenen Namen«. Als wirkungsvoll erwog man auch eine Führung durch das Deutsche Zentralarchiv in Potsdam: Dort seien die »nach zehntausenden Akten zählenden Akten über den barbarischen Terror der Hitlerfaschisten insgesamt zu sehen bzw. besonders krasse Fälle der Terrorjustiz im Einzelnen zu studieren«. Damit könne man die westdeutschen Stellen zur Übermittlung weiterer konkreter Anfragen animieren.[355]

Bei den nächsten Treffen übermittelten die Westberliner Staatsanwälte wie vereinbart die konkreten Namen und Verbrechenskomplexe. Danach sollten die Verhandlungen wieder aufgenommen werden, sobald die DDR Ergebnisse vorlegen konnte. Wie Streit gegenüber Mielke hervorhob, könne man nun »zu jedem von uns gewünschten Zeitpunkt« Beweismittel anbieten, »durch die solche ehe-

354 MdI, Dokumentationsstelle der Staatlichen Archivverwaltung: Zwischenbericht betreffs der Akten des RSHA, 13.6.1964; BStU, MfS, SdM 1219, Bl. 397–400.

355 Ebenda, Bl. 399 f.

maligen Angehörigen des RSHA betroffen werden, an deren Belastung die DDR Interesse hat«.[356]

Die Westberliner Ermittler bekamen einige Dokumente des Globke-Prozesses (z. B. Anklageschrift und Urteil) sofort ausgehändigt, im Falle der eingesehenen Aktenbestände baten sie um Kopien.

Mitte September 1964 stand die Übergabe der ausgewählten rund 300 Blatt Dokumentenkopien bevor. Streit ließ Mielke daraufhin am 9. September drei Entwürfe (»maximale«, »mittlere« und »minimale« Variante) eines Übergabeprotokolls sowie den »Entwurf einer Direktive« für diese Verhandlungen zukommen.[357] Die MfS-Rechtsstelle war in ihrer Einschätzung erneut in geradezu grotesker Weise um staatliche Anerkennung bemüht. Sehr viel Wert legte sie auf die ihrer Sicht entsprechende Bezeichnung der Verhandlungspartner als »Generalstaatsanwalt beim Kammergericht in Berlin (West)«, um die Selbstständigkeit West-Berlins zu betonen (während die reguläre Bezeichnung lautete: Der Generalstaatsanwalt beim Kammergericht Berlin). Entsprechend war für die eigene Seite vorgesehen: Deutsche Demokratische Republik – Der Generalstaatsanwalt.

Den Westberliner Staatsanwälten war das offensichtlich egal. Ihnen ging es hauptsächlich darum, Belastungsmaterial zu erhalten. Im Gegensatz dazu nahm vor allem das MfS vor dem Hintergrund der vergangenheitspolitischen Konkurrenzsituation und stetiger Sicherheitsbedenken sowie wegen der umfangreichen Personalermittlungen der Westberliner Fahnder eine »kompromisslose Verweigerungshaltung« ein. Dennoch benutzten die DDR-Behörden den RSHA-Rechtshilfeverkehr in den folgenden Jahren auch, »um einerseits konkrete statusmäßige Fortschritte zu erzielen und andererseits offizielle Kontakte zu möglichst vielen westdeutschen Landesbehörden anzuknüpfen«.[358]

Der RSHA-Verfahrenskomplex »stürzte ein wie ein Kartenhaus«, nachdem eine im Oktober 1968 in Kraft getretene Gesetzesnovellierung durch den Bundestag die Strafvorschriften für Beihilfe zum Mord und damit automatisch auch die Verjährungsfristen abgeändert hatte.[359] Fälle von Beihilfe zum Mord galten nunmehr als verjährt, sofern dem Mordgehilfen keine »niederen Beweggründe« nachzuweisen waren. Nur ein bereits eingeleitetes Strafverfahren konnte die Verjährung aufhalten. Wie der »Spiegel« unumwunden verkündete, handelte es sich um eine »Kalte Verjährung« für »diejenigen, die an den Schreibtischen des Reichssicherheitshauptamtes und anderer Reichsbehörden saßen und tausendfach Mord dekretierten«.[360] Auch dem MfS und der SED-Propaganda kam diese erneute Blamage des westlichen Konkurrenten nicht ungelegen, bot doch das »ar-

356 Der Generalstaatsanwalt der DDR: Anschreiben an den Minister für Staatssicherheit, 11.7.1964; Anlage: Bericht über die Verhandlungen mit den Beauftragten des Westberliner Generalstaatsanwalts, o. D.; BStU, MfS, SdM 1219, Bl. 376 f.

357 Der Generalstaatsanwalt der DDR: Anschreiben an den Minister für Staatssicherheit, 9.9.1964; Anlage: Entwurf eines Übergabeprotokolls (maximale, mittlere, minimale Variante); Entwurf einer Direktive, o. D.; BStU, MfS, SdM 1219, Bl. 367–371.

358 Weinke: Die Verfolgung von NS-Tätern, 2002, S. 287–301 u. 313.

359 Friedrich: Die kalte Amnestie, 1994, S. 437 f.

360 Zit. nach: Herbert: Best. Biographische Studien über Radikalismus, 1996, S. 508–510, hier 509.

beitsteilige Ausbremsen des RSHA-Komplexes einen optimalen Aufhänger, um weitere vergangenheitspolitische Attacken gegen die Bundesrepublik zu fahren«.[361]

Aktion Konzentration 1965

Mit dem Heranrücken der Verjährungsfrist für Mord zum 8. Mai 1965 konzentrierte das MfS seine Aktivitäten auf die Bereitstellung und Verbreitung von Materialien zur Beeinflussung und propagandistischen Nutzung der damit verbundenen Diskussion in der Bundesrepublik. Am 2. März 1965 wies Mielke alle Zweige seines Ministeriums an, sämtliche »vorhandenen Vorgänge sowie Hinweise über Nazi- und Kriegsverbrechen zentral zu erfassen, deren Bearbeitung zu beschleunigen und eine zielgerichtete Auswertung vorzunehmen«.[362] In der Praxis bedeutete diese Aktion »Konzentration« einen erheblichen Schub für die Systematisierung und Zentralisierung der operativen Arbeit in Sachen NS-Verbrecher, weg von den eher fallbezogenen Vorgehensweisen, die immer wieder zu Überraschungen führten, wenn man auf belastete DDR-Bürger stieß, für die sich die westdeutsche Justiz interessierte. Gefragt waren deshalb sowohl Hinweise auf Westdeutsche, die an Nazi- und Kriegsverbrechen beteiligt waren, vor allem Personen des öffentlichen Lebens des Bonner Staates, aber auch auf einschlägig belastete DDR-Bürger.

In der MfS-internen Historiografie wird darauf verwiesen, dass sich als Ergebnis der Aktion »Konzentration« größere Strukturveränderungen ergaben, über die im folgenden Kapitel zu berichten sein wird.[363] Allerdings wurde dort nicht erwähnt, worin der eigentliche kausale Zusammenhang bestand: Mit der Aktion »Konzentration« zeichnete sich ab, dass es auch in der DDR ein durchaus ernst zu nehmendes NS-Täterproblem gab. Bis zum 8. Juni gingen in der MfS-Zentrale Hinweise auf 124 »vermutliche Nazi- und Kriegsverbrecher, die in der DDR leben«, und 202 Westdeutsche ein. In 201 Fällen war der aktuelle Aufenthaltsort nicht feststellbar.[364]

Es zeigte sich, dass in einer Vielzahl von Diensteinheiten, von der Hauptverwaltung Aufklärung bis hinunter zu Kreisdienststellen, einschlägige Fälle bearbeitet wurden. Das Spektrum reichte von Ersthinweisen auf Materialfunde, aus denen sich weitere Ansatzpunkte für Ermittlungen ergeben könnten, über

361 Weinke: Die Verfolgung von NS-Tätern, 2002, S. 306–313.

362 Anweisung des Ministers an alle Leiter der BV, 2.3.1965; BStU, MfS, BdL-Dok. 4047.

363 Dieter Skiba: Der Beitrag der Organe des MfS bei der konsequenten Verfolgung von Nazi- und Kriegsverbrechen und Verbrechen gegen die Menschlichkeit, Diplomarbeit, JHS des MfS, Potsdam, 13.11.1980; BStU, JHS MF VVS 384/80, Bl. 157.

364 (MfS, HA XX/AG 1): Aufstellung über vermutliche Nazi- und Kriegsverbrecher, die in der DDR leben, Stand: 8.6.1965; BStU, MfS, HA XX, Bdl. 1138, o. Pag.

Meldungen zu gerade bearbeiteten Fällen von West- wie Ostdeutschen bis hin zu Sachstandsberichten über bereits abgeschlossene Strafverfahren.[365]

Schließlich erteilte der Minister Erich Mielke 1968 den Befehl Nr. 2/68 »zur Bekämpfung des Faschismus und der revanchistischen Umtriebe sowie neonazistischen Provokationen der westdeutschen ›National-Demokratischen Partei‹ (NPD)«, der aktuell auf die Wahlerfolge der NPD in der Bundesrepublik Bezug nahm, jedoch zugleich eine langfristige Arbeitsgrundlage für die begonnenen systematischen Recherchen werden sollte.[366] Neben einer Reihe von Vorkehrungen gegen westdeutsche Neonazis, darunter auch der Suche nach NS-Dokumenten, befahl der Minister:

»Analysierung und Auswertung aller Materialien über im Gebiet der Deutschen Demokratischen Republik wohnhafte ehemals aktive Faschisten und Militaristen und andere reaktionäre Elemente, die, als loyale Staatsbürger getarnt, noch mit der faschistischen und reaktionären Ideologie behaftet sind, sowie die operative Kontrolle und Absicherung dieser Personen zur Verhinderung der Schaffung neonazistischer Stützpunkte im Gebiet der Deutschen Demokratischen Republik«[367].

Bemerkenswert an diesem Wortlaut ist die Tatsache, dass das MfS in der Bevölkerung noch ein solches Potenzial offenbar in nennenswerter Größenordnung vermutete und auch unterstellte, dass es für neonazistische Untergrundaktivitäten ansprechbar sein könnte. Damit kam eine zweite aktuelle Zielsetzung hinzu, neben dem Bestreben, überraschenden Entdeckungen von NS-Tätern, etwa im Zuge westdeutscher Rechtshilfeersuchen, zuvorzukommen.

Ausbau der MfS-Diensteinheiten

Mit der intensivierten propagandistischen Nutzung von NS-Belastungen baute das MfS auch seinen Apparat aus, der diese Operationen unterstützte und umsetzte. Seit den Anfängen war die 1955 gebildete Abteilung Agitation des MfS auch für einschlägige NS-Kampagnen zuständig, bis 1957 unter der Leitung von Gustav Borrmann, dann von Günter Halle. Sie organisierte die gesamte, in dieser Zeit verstärkt betriebene direkte Öffentlichkeitsarbeit des MfS, aber auch die verdeckte Zuarbeit für Film, Radio und Printmedien, bis hin zu ganzen Spielfilmproduktionen.[368]

Im Frühjahr 1956 wurde das Aufgabenfeld der verdeckten Einflussnahmen auf die Bundesrepublik durch Desinformationsaktionen und Ähnliches in einem Sonderreferat »F« in der Abteilung VII (Auswertung) der HV A verankert und nach dem Vorbild der 1959 gebildeten Sektion Desinformation (Abteilung D) in

365 Vgl. BV Cottbus, Abt. IX: Sachstandsbericht über Untersuchungsverfahren gegen Bürger, die an Nazi- und Kriegsverbrechen teilnahmen, 12.3.1965; BStU, MfS, HA IX/11, Nr. 1114, Bl. 70–73.

366 Befehl Nr. 2/68 v. 3.1.1968; BStU, MfS, BdL-Dok. 1177.

367 Ebenda, Bl. 4.

368 Abt. Agitation: Anschreiben an den Minister, 13.1.1961; Anlage: Jahresbericht 1960 über die Agitationstätigkeit des MfS, 9.1.1961; BStU, MfS, SdM 599, Bl. 79–99.

der Ersten Hauptverwaltung des KGB im Herbst 1961 durch zusätzliche Mitarbeiter, darunter auch Journalisten und Historiker, erheblich verstärkt.[369] Das Sonderreferat wurde 1966 per Ministerbefehl zur eigenständigen Abteilung X der HV A (Aktive Maßnahmen/Desinformation) ausgebaut und stand von 1961 bis 1989 unter Leitung von Rolf Wagenbreth.[370]

Mitte der sechziger Jahre setzte, wie in vielen anderen Zweigen der MfS-Aktivitäten auch, eine erhebliche Verbreiterung der institutionellen Basis für die Operationen mit NS-Bezug ein. Im Sommer 1965 wurde mit direktem Verweis auf das im Jahr zuvor erlassene Gesetz über die Nichtverjährung von Nazi- und Kriegsverbrechen[371] in der Abteilung 2 der HA XX ein Referat III (HA XX/2/III) eigens für die »konzentrierte politisch-operative Bearbeitung von Nazi- und Kriegsverbrechen« gebildet. Es hatte die Aufgabe, alle Tatverdächtigen wegen »Verbrechen gegen den Frieden, die Menschlichkeit oder Kriegsverbrechen« durch eine »zielstrebige politisch-operative Bearbeitung« zu überführen, um sie so ihrer »gerechten Bestrafung« zuzuführen.[372] Gegen Tatverdächtige im Westen sollte Material »zur operativen, strafrechtlichen und agitatorischen Auswertung« gesammelt werden.[373] Außerdem sollte es die geheimdienstliche Bearbeitung der in der DDR ansässigen ehemaligen Angehörigen der Gestapo, des SD und anderer NS-Einheiten koordinieren und anleiten. Zu diesem Zweck sollte eine zentrale Übersicht erstellt werden.[374] Leiter des Referates wurde im Januar 1966 Arno Schulz.[375]

Generell wurde diesem Tätigkeitsfeld innerhalb des MfS aber nur eine geringe Priorität eingeräumt. Ein Indiz dafür ist die Personalstruktur, zeitweise bestand das Referat nur aus seinem Leiter, später aus insgesamt drei, kurzzeitig aus maximal fünf hauptamtlichen Mitarbeitern. Die im Zuge der Aktion »Konzentration« gesammelten Sachstandsberichte sowie diverse Unterlagen, über die die HA XX bereits verfügte, bildeten die erste Arbeitsgrundlage für das neue Referat.[376] Allein aus den Unterlagen der Aktion »Konzentration« baute sie eine Kartei von rund 5 000 Personen mit einschlägiger Vergangenheit auf.[377]

369 HV A, Abt. VII: Beurteilung für die HA Kader und Schulung des kommissarischen Referatsleiters Genossen Major [Richard] Stumpf, 19.12.1960; BStU, MfS, KS 211/72, Bl. 41 f.; Bohnsack: Hauptverwaltung Aufklärung: Die Legende stirbt, 1997, S. 29 f; Andrew; Mitrochin: Das Schwarzbuch des KGB, 1999, S. 570.

370 Befehl Nr. 14/66 v. 28.5.1966; BStU, MfS, BdL-Dok. 1071.

371 Gesetz über die Nichtverjährung von Nazi- und Kriegsverbrechen, in: GBl. der DDR, Teil I Nr. 10, 10.9.1964.

372 Vorlage zur Bildung eines Referates für die politisch-operative Bearbeitung von Nazi- und Kriegsverbrechen, 10.6.1965; BStU, MfS, HA XX 4356, S. 2.

373 Funktions- und Qualifikationsmerkmale für die Dienststellung des Referatsleiters der HA XX/2, 4.8.1970; BStU, MfS, HA XX 4206, S. 6.

374 Grundsätze über die Zusammenarbeit zwischen der HA IX/11 und der HA XX/2, 9.5.1973; BStU, MfS, HA XX 5112, S. 22–24.

375 Kaderkarteikarte Major Arno Schulz.

376 HA XX/AG 1: Übergabeprotokoll, 10.9.1965; BStU, MfS, HA XX/2/III, Bdl. 20, o. Pag., Bl. 1–15.

377 HA XX/2: Konzeption, 23.3.1973; BStU, MfS, AOP 13442/91, Bd. 1, Bl. 65–73, hier 73.

Bei den Kontrollen der untergeordneten Diensteinheiten drängte das Referat III der HA XX/2, angesichts der unterschiedlichen möglichen Zielrichtungen der geheimdienstlichen Bearbeitung von NS-Tätern für ein einheitliches Vorgehen zu sorgen. So kritisierte der Berliner Emissär die Arbeit der Bezirksverwaltung Rostock an einem der ersten großen Zentralen Operativvorgänge auf diesem Gebiet, dem ZOV »Hyäne«, der sich dem Frauenkonzentrationslager Ravensbrück widmete.[378] Obwohl die Zentralstelle Ludwigsburg bereits seit 1959 umfangreiche Ermittlungen zu Ravensbrück angestellt hatte, begründete die Rostocker Abteilung XX ihren ZOV mit der »bisher ungenügenden Verfolgung und Aufklärung der im KZ Ravensbrück begangenen Verbrechen gegen die Menschlichkeit in Westdeutschland«.[379] Der Kontrolleur lobte die »Intensität und Zielstrebigkeit« der Rostocker Arbeit, vermisste aber die »richtige politische Orientierung«.[380] Bei der geheimdienstlichen Bearbeitung der aufgespürten KZ-Aufseherinnen würde »in der Zielstellung« nicht hinreichend differenziert.[381] Vier ehemalige Aufseherinnen, die bereits von einem Sowjetischen Militärtribunal zu 25 Jahren Freiheitsentzug verurteilt worden waren und davon einen Teil (»ca. 7 Jahre«) abgesessen hatten, würden in gleicher Weise bearbeitet wie eine ehemalige Aufseherin, die jetzt in einer LPG arbeitete und sechs schulpflichtige Kinder habe, und eine ledige Telefonistin, bei der es sich um ein »asoziales Element« handle. Auch in anderer Hinsicht registrierte der Kontrolleur »eine gewisse Tendenz der Überbetonung der Bearbeitung der Verbrechen im KZ Ravensbrück«: Eine »Konzentration von mehreren Festnahmen ehem[aliger] KZ-Aufseherinnen in Rostock« würde »nicht unbedingt den politischen Erfordernissen entsprechen«.[382] »Werbungen und andere operative Aufgaben« würden die drei Rostocker Mitarbeiter hingegen hintanstellen.[383] Alles in allem entspreche die Arbeitsweise nicht den »politisch-operativen Erfordernissen«.[384] Zeitnah, aber unabhängig vom ZOV »Hyänen« wurden im Sommer 1966 drei ehemalige Ravensbrücker Aufseherinnen vom Bezirksgericht Rostock für teilweise gar nicht begangene Straftaten zu lebenslänglichen Haftstrafen verurteilt.[385] In der Folge des ZOV »Hyäne« und seiner drei Teilvorgänge selbst kam es zu keiner Verurteilung, weil den darin »bearbeiteten Personen [...] eine Beteiligung an Verbrechen gegen die Menschlichkeit nicht nachgewiesen« werden konnte.[386]

378 Eschebach: »Ermittlungskomplex Ravensbrück«, 1997, S. 217.

379 Ebenda.

380 HA XX/2/III: Bericht über Dienstreise nach der BV Rostock zur Absprache über den ZOV »Hyäne«, 13.10.1965; BStU, MfS, AOP 3847/74, Bd. 1, Bl. 21–23, hier 22.

381 Ebenda, Bl. 22.

382 Ebenda.

383 Ebenda, Bl. 23.

384 Ebenda.

385 Eschebach: »Ermittlungskomplex Ravensbrück«, 1997, S. 217; Wieland: Die Ahndung von NS-Verbrechen, 2002, S. 74.

386 HA XX/2: Beschluss zum Einstellen eines ZOV und 3 Teilvorgängen/Gründe für das Einstellen, 28.2.1974; BStU, MfS, AOP 3847/74, Bd. 1, Bl. 93 f. Noch im selben Jahr eröffnete die HA IX/11 einen weiteren Vorgang zum »Verbrechenskomplex Ravensbrück«, an dem bis in die achtziger Jahre hinein gearbeitet wurde. 1981 heißt es zusammenfassend, dass im Rahmen dieses Vorganges insgesamt

In den folgenden Jahren begann das Referat III der HA XX/2, systematisch die weiteren unterschiedlichen Verbrechenskomplexe abzuarbeiten. Der Arbeitsplan für 1969 legte den Schwerpunkt auf die SS-Einsatzgruppen, da diese die »Ermordung von ca. 2 Mio. Patrioten in der SU durchführten«.[387] Dieses Unternehmen sollte das Referat noch mehrere Jahre beschäftigen. Aus rund 3 000 Blatt Dokumenten wurden in einer Arbeitskartei Namen, Dienstgrade und andere Anhaltspunkte zu etwa 3 000 Personen festgehalten und versucht, deren Aufenthaltsort festzustellen, sofern sie nicht bereits als verurteilt bekannt waren. Anfang Januar 1969 hatte man auf diese Weise rund 30 in der Bundesrepublik und etwa zehn in der DDR lebende Einsatzgruppenangehörige ermittelt. Bis September kamen sechs weitere hinzu, die sich bis dato ebenfalls unerkannt in der DDR aufhielten.[388] Mithilfe der »befreundeten Dienststelle in der SU« sollten Beweise und Zeugen beschafft und Operative Vorgänge angelegt werden. Eine Durchsicht der Jahrgänge des Befehlsblattes des RSHA erweiterte schließlich die Basis der erfassten Personendaten auf rund 20 000 Einträge.[389]

Zur weiteren Auswertung sammelten die Mitarbeiter auch Sachdokumente, wie etwa die Berichte der Einsatzgruppen, und planten, durch Werbung von »Spezialisten-IM« und anderen »patriotischen Kräften« Kontakte zu anderen staatlichen und gesellschaftlichen Organisationen aufzunehmen.[390] Wie in der Planung vorgesehen, wurden auch weitere Bezirksverwaltungen und Kreisdienststellen aufgesucht, um die Übersicht über die dort laufenden/bearbeiteten Vorgänge zu vervollständigen, die dortigen Kollegen dabei zu unterstützen und »perspektivvolle Vorgänge festzustellen, an deren Abschluss aktiv mitgearbeitet« werden sollte.[391]

Absicherung des Rechtshilfeverkehrs

Zur Bearbeitung von Rechtshilfeersuchen übernahm das Referat III der HA XX/2 1966 zeitweise auch die bisher von der Arbeitsgruppe I der HA XX durchgeführten »konspirativen Ermittlungen« zu Vergangenheit und Gegenwart von potenziellen Zeugen in westdeutschen NS-Verfahren und archivierte bzw. registrierte auch eine Vielzahl derartiger Gutachten. Sowohl bei ehemaligen Häftlingen als auch bei potenziell Belasteten wollte man im Falle einer Zeugenaussage vor einem westdeutschen Gericht klären, ob es »Bedenken hinsichtlich ihrer persönlichen Sicherheit, der Diskriminierung ihrer Person bzw. der DDR oder anderer

»147 Personen einschließlich 5 männliche SS-Angehörige des KZ Ravensbrück« als »Bürger der DDR« ermittelt werden konnten. Zu einem Strafverfahren gegen diese 147 Personen ist es – DDR-offiziellen Angaben zufolge – in keinem Fall mehr gekommen. Vgl. Eschebach: »Ermittlungskomplex Ravensbrück«, 1997, S. 218.

387 HA XX/2/III: Arbeitsplan für das Jahr 1969, 6.1.1969; BStU, MfS, HA XX 5113, S. 65.

388 Ebenda, S. 66.

389 Ebenda, S. 67.

390 Einschätzung der operativen Tätigkeit des Referates III, 25.11.1966; ebenda, S. 7.

391 HA XX/2/III: Arbeitsplan II. Halbjahr 1966, 29.6.1966; ebenda, S. 1–6.

Art« gab.[392] Zugleich entstand zur Jahreswende 1964/65 als strafrechtliches Pendant im Untersuchungsorgan des MfS, der HA IX, eine zusätzliche Abteilung 10, die ab 1980 als HA IX/Arbeitsgruppe »Verbrechen gegen die Menschlichkeit« fortgeführt und von etwa 1985 bis 1989 der HA IX/2 zugeordnet war.

Die neue Abteilung stand anfangs unter der Leitung von Oberstleutnant Lothar Stolze, der als Abteilungsleiter bei der Militäroberstaatsanwaltschaft in Ost-Berlin gedient hatte, bevor ihn das MfS 1961 rekrutierte.[393] Stolze hatte sich unter anderem für den Posten empfohlen, weil »von ihm persönlich und unter seiner Leitung erarbeitete Materialien [...] eine wichtige Grundlage für die Einleitung wirksamer Maßnahmen zur Enthüllung der führenden Beteiligung westdeutscher Monopole an den Verbrechen des Naziregimes und zur Entlarvung von Kriegs- und Menschlichkeitsverbrechern in führenden Positionen des westdeutschen Staatsapparates sowie die Durchführung der dafür besonders bedeutsamen Prozesse gegen Oberländer, Globke und Dr. Fischer vor dem Obersten Gericht der DDR« bildeten.[394] Als sein Stellvertreter fungierte Major Rolf Schwabe, bis 1949 Sachbearbeiter bei der K 5 und anschließend Vernehmungsspezialist in der HA IX ohne spezifische juristische Ausbildung.[395] Drängendste Aufgabe der HA IX/10 war es, die NS-Ermittlungen in den Bezirksverwaltungen zu verbessern.[396] In einer Bestandsaufnahme zur Bezirksverwaltung Rostock war zum Beispiel die Rede von einer »Reihe schwerwiegender Fehler, die bis zu groben Verletzungen der sozialistischen Gesetzlichkeit führten« und nur durch Eingreifen der Hauptabteilung hätten behoben werden können.[397]

In der Praxis bedeutete dies, die Mitarbeiter unterstützten ihre Kollegen in den Bezirken, die Vorgänge wegen Kriegsverbrechen oder Verbrechen gegen die Menschlichkeit bearbeiteten mit »Vorschlägen und Hinweisen [z. B. auf noch fehlende Beweise, Beschaffung von Zeugenaussagen] sowie bei der Abfassung von Untersuchungsdokumenten, wodurch [...] eine einheitliche Anwendung der Rechtsnormen auf diesem Gebiet« garantiert werden sollte.[398] Darüber hinaus nahmen sie strafrechtliche Einschätzungen von NS-Vorgängen vor, um bei ausreichender Beweislast gegebenenfalls die Einleitung eines Ermittlungsverfahrens

392 HA IX/10: Anschreiben an die HA XX/2 betreffs Ermittlungen über Bürger der DDR, die im Rahmen eines Rechtshilfeersuchens einer westdeutschen Justizdienststelle an den Generalstaatsanwalt der DDR als Zeuge vernommen werden sollen, 2.8.1966; HA XX 5265, S. 40.

393 HA IX: Vorschlag zur Ernennung des Genossen Oberstleutnant Stolze zum Leiter der Abt. 10 der HA IX, 27.6.1965; (HA IX): Kurzbiographie Stolze, Lothar, 26.7.1971; BStU, MfS, HA KS 3371/90, Bl. 37–39 u. 51 f.

394 (HA IX, Der Leiter): Vorschlag zur Auszeichnung des Genossen Oberstleutnant Stolze, Lothar mit der Verdienstmedaille der DDR anlässlich des 17. Jahrestages der Gründung der DDR, 17.6.1966; BStU, MfS, HA KS 3371/90, Bl. 41–43, hier 42.

395 (HA IX): Kurzbiographie Schwabe, Rolf, 10.4.1969; BStU, MfS, HA KS 288/75, Bl. 57–60.

396 HA IX/10: Vorschlag zur Auszeichnung des Genossen Hauptmann Bauer anlässlich des 16. Jahrestages der Gründung der DDR, 19.7.1966; BStU, MfS, HA KS II 527/86, Bl. 65.

397 HA IX/4: Bericht über die Wahlversammlung der Abteilung IX der BV Rostock, 2.12.1966; BStU, MfS, AS 140/69, Bd. 5, Bl. 1–4, hier 2.

398 HA IX/10: Beurteilung des Genossen Oberstleutnant Bauer, Horst, 12.9.1974; BStU, MfS, KS DOS 8752/92, Bl. 71.

vorzuschlagen. Stolze verwies darauf, dass durch die HA IX/10 auch die »politisch-operative Absicherung und Auswertung« der an die DDR-Generalstaatsanwaltschaft gerichteten Rechtshilfeersuchen aus dem westlichen Ausland erfolge, »unter Berücksichtigung ihrer politisch-operativen Bedeutung und mit dem Ziel der größtmöglichen Unterstützung bei der Aufklärung von Kriegs- und Menschlichkeitsverbrechen«. Allerdings habe man nur solche Materialien übergeben, »durch die der Einfluss der DDR auf die Bearbeitung der Verfahren in Westdeutschland erreicht wurde«. Bei der Auswertung dieser Rechtshilfeersuchen seien im Jahr 1965 sieben in der DDR lebende Personen entdeckt worden, die »aufgrund ihrer früheren Funktion verdächtig sind, an Kriegs- und Menschlichkeitsverbrechen beteiligt gewesen zu sein«. Den zuständigen MfS-Fachabteilungen seien diese Informationen für weitere Veranlassungen zur Verfügung gestellt worden. Weiterhin habe man eine »große Anzahl von Bürgern der DDR, die von westdeutschen Organen als Zeugen aufgefordert wurden, überprüft«. Damit habe man sichergestellt, dass »nur solche Zeugen nach Westdeutschland fahren, bei denen die Interessen und das Ansehen der DDR gesichert sind«.[399]

Um die in Westdeutschland »im Staats-, Wirtschafts- und Militärapparat sowie in Parteien und Organisationen tätigen und durch ihre faschistische Vergangenheit belasteten Personen noch zielgerichteter zu entlarven«,[400] baute das MfS ab 1965 in seinem Untersuchungsorgan außerdem eine zentrale Materialsammel- und -aufbereitungsstelle auf, die nicht direkt mit Ermittlungsverfahren befasst war. Die formelle Gründung dieser neuen Einheit als Abteilung 11 der HA IX erfolgte zum 1. Februar 1968. Die HA IX/11 bekam den Auftrag, eine »einheitliche, systematische Erfassung, Archivierung, politisch-operative Auswertung und Nutzbarmachung aller im Bereich des MfS vorhandenen und noch zu beschaffenden Materialien des Faschismus aus der Zeit bis 1945« zu gewährleisten sowie durch ihre »politisch-operative Tätigkeit [...] Belastungsmaterial über Nazi- und Kriegsverbrechen sowie Verbrechen gegen die Menschlichkeit zur operativen Bearbeitung und Einleitung von Ermittlungsverfahren vorzubereiten«.[401] Anderen Diensteinheiten des MfS waren »zur operativen Nutzung geeignete Archivmaterialien zu übergeben«.[402] Ferner sollten sie den Rechtshilfeverkehr der DDR unterstützen und »spezielle Forschungsaufträge« erfüllen.[403] Auskünfte aus den im MfS vorhandenen Unterlagen aus der Zeit bis 1945 sollten ab jetzt nur noch durch die HA IX/11 erfolgen.

399 HA IX/10: Einschätzung der Untersuchungs- und Auswertungsarbeit zur Aufklärung von Verbrechen gegen die Menschlichkeit im Jahre 1965, 6.1.1966; BStU, MfS, ZAIG 5213, Bl. 85–87.

400 Befehl Nr. 39/67 des Ministers v. 23.12.1967; als Faksimile abgedruckt in: Unverhau: Das »NS-Archiv«, 1998, S. 182–184, hier 182.

401 Ebenda, S. 182.

402 Ebenda, S. 183.

403 HA IX: Durchführungsbestimmung Nr. 2 zum Befehl Nr. 39/67 betreffs die politisch-operative Tätigkeit der HA IX/11 zur Entlarvung und Verfolgung von Nazi- und Kriegsverbrechen, 1.2.1968, als Faksimile abgedruckt in: ebenda, S. 188–200, hier 189.

Mit der Leitung der HA IX/11 wurde vermutlich schon ab Frühjahr 1966 wiederum Oberstleutnant Lothar Stolze[404] betraut, der bereits im Sommer 1966 in dieser Funktion zur Auszeichnung mit der Verdienstmedaille der DDR vorgeschlagen wurde.[405] Unterstellt waren ihm während des rund zwanzigjährigen Bestehens der Abteilung ständig über 40 Sachbearbeiter und technisches Personal, darunter auch Zivilbeschäftigte. Die Abteilung 11 war damit stets die personalstärkste operative Abteilung in der HA IX.

Die einschlägigen Akten wurden nach und nach aus dem MfS-Zentralarchiv zur HA IX/11 verlagert. Sämtliches Z-Material, das von den Diensteinheiten des MfS bis Ende 1967 erarbeitet worden war, die Unterlagen aus den »Bestandsergänzungen« sowie die vom Zentralarchiv bis dahin erstellten Findbücher und Sachkarteien, aber auch sämtliche Nachschlagewerke und die einschlägige »belletristische Literatur« aus und über die NS-Zeit mussten nun der neu geschaffenen Abteilung übergeben werden. Alle Diensteinheiten waren angewiesen, die HA IX/11 zu informieren, wenn sie NS-Dokumente (d. h. Akten, Urkunden, Ausweise, Karteikarten, Bücher etc.) fanden oder Hinweise auf solches Material erhielten.[406] Die HA IX/11 übernahm alle bisher für die NS-Akten genutzten Arbeits- und Lagerräume in der Freienwalder Straße in Berlin-Hohenschönhausen. Mit dem Umzug der Abteilung XII in das neu errichtete Archivgebäude in der Normannenstraße in Berlin-Lichtenberg Mitte der achtziger Jahre wurden die Bestände auch räumlich getrennt.

Die Abteilung gliederte sich anfangs in fünf Referate. Ein Referatsleiter (bzw. später Offizier) für Sonderaufgaben koordinierte die Ermittlungen und Verfahren gegen NS-Täter mit anderen sozialistischen Staaten. Außerdem hatte er die Rechtshilfeersuchen aus diesen Ländern zu bearbeiten. Zudem oblag ihm auch die »politisch-operative Absicherung von Rechtshilfeersuchen und Anfragen« aus dem Westen.[407]

Das Referat 1 registrierte, sortierte und wertete neu eintreffende bzw. ältere, noch unbearbeitete Dokumente und Kopien aus. Auf Karteikarten erfasste es nach genau festgelegten Kriterien Personen und Objekte (Institutionen/Organisa-

404 In den Kaderunterlagen ist hierzu kein Befehl o. ä. vorhanden. Aus einem Vermerk geht jedoch hervor, dass Mielke ein Dokument zur Unterschrift vorgelegt werden sollte mit dem Inhalt »Bildung einer neuen Abteilung innerhalb der HA IX und Einsatz Oberstltn. Stolze als Leiter seit 2.12.1965«. Vgl. HA KuSch: Vermerk für Oberstleutnant Carlsohn, 19.1.1968; BStU, MfS, SdM 1404, Bl. 189. Allerdings war Stolze zu diesem Zeitpunkt nachweislich noch Leiter der HA IX/10, sodass davon ausgegangen werden kann, dass eine eventuell 1965 getroffene Entscheidung zur Bildung der HA IX/11 erst zeitversetzt wirksam wurde.

405 (HA IX, Der Leiter): Vorschlag zur Auszeichnung des Genossen Oberstleutnant Stolze, Lothar mit der Verdienstmedaille der DDR anlässlich des 17. Jahrestages der Gründung der DDR, 17.6.1966; BStU, MfS, HA KS 3371/90, Bl. 41–43.

406 HA IX: Durchführungsbestimmung Nr. 1 zum Befehl Nr. 39/67 betreffs Zusammenarbeit der HA IX/11 mit anderen Diensteinheiten des Ministeriums für Staatssicherheit zur Entlarvung und Verfolgung von Nazi- und Kriegsverbrechern, 1.2.1968; als Faksimile abgedruckt, in: Unverhau: Das »NS-Archiv«, 1998, S. 185–187.

407 Vgl. Durchführungsbestimmung Nr. 2 zum Befehl Nr. 39/67, in: ebenda, S. 190; HA IX/11: Beurteilung des Genossen Oberstleutnant Winkler, Hans-Jürgen, 26.3.1982; BStU, MfS, KS 13271/90, Bl. 109–112, hier 110.

tionen), aber zum Beispiel auch handschriftliche Paraphen, die in die entsprechenden Karteien eingingen.[408]

Das Referat 2 gliederte sich in vier Sachgebiete: Die Mitarbeiter des Sachgebietes »Zentralkartei« führten diese Karteien, darunter die Zentralkartei (Vorgangskartei der HA IX/11; Formular F 563; Erfassung aller Personen- und Decknamen), eine Objektkartei (Erfassung aller Dienststellen, Ämter, SS-, Polizei- und Wehrmachtseinheiten, Gerichte), eine Paraphenkartei (Erfassung von Unterschriften und Kurzzeichen) sowie eine beim Referatsleiter verwahrte »Sperrkartei«, unter anderem für verdächtigte DDR-Bürger.[409] Als solche waren zu erfassen:

»Personen, die aufgrund ihrer exponierten Stellung im Leben der DDR vom Gegner wegen angeblich belastender Details aus der Vergangenheit angegriffen werden können [...]; DDR-Bürger, zu denen bei der Hauptabteilung IX/11 konkrete Hinweise erarbeitet werden oder eingehen, dass diese der Mitwirkung an Verbrechen gegen die Menschlichkeit oder Kriegsverbrechen verdächtig sind oder mit dem Ziel des Einsatzes im Operationsgebiet oder der Einleitung eines Ermittlungsverfahrens wegen Staatsverbrechen operativ bearbeitet werden.«[410]

Die Archivare des Sachgebietes »Dokumentenaufbewahrung« (Archiv) betreuten das Magazin sowie die Ausleihe und gegebenenfalls Restauration der Archivalien. Hinzu kam als drittes Sachgebiet die Bibliothek. In den Literaturfundus sollten alle Bücher, Zeitschriften, Broschüren und Zeitungen aufgenommen werden, die Aufschluss geben konnten über die »Struktur des faschistischen Staats-, Partei-, Wirtschafts- und Militärapparates«. Die in den Publikationen enthaltenen Informationen über Personen und Dienststellen wurden ebenfalls auf Karteikarten übertragen und in die Zentralkartei eingeordnet.[411] Zuletzt hatte die Bibliothek der Abteilung etwa 7 000 Bücher, Druckschriften usw. katalogisiert.[412] Hinzu kam schließlich das vierte Sachgebiet für Kopien, Mikroverfilmungen und sonstige technische Aufgaben.[413]

Das Referat 3 beantwortete »unter Beachtung der Regeln der Konspiration« so genannte »Auskunftsersuchen« anderer operativer Diensteinheiten des MfS über »vorhandene belastende Materialien zu Personen, Objekten und Verbrechenskomplexen«.[414] Aufgrund des teilweise brisanten Inhalts stellte der Minister Aus-

408 Vgl. Durchführungsbestimmung Nr. 2 zum Befehl Nr. 39/67, in: Unverhau: Das »NS-Archiv«, 1998, S. 191.

409 Ebenda, S. 192–194.

410 HA IX/11: Arbeitsrichtlinie zur Überprüfung, Bearbeitung und Erfassung von Personen durch die HA IX/11, Dezember 1972; BStU, MfS, HA IX, Nr. 16380, Bl. 1–42, hier 6 f. (Originalseitenzählung).

411 Vgl. Durchführungsbestimmung Nr. 2 zum Befehl Nr. 39/67, in: Unverhau: Das »NS-Archiv«, 1998, S. 194 f.

412 HA IX/11: Positionen zur bisherigen Arbeitsweise und zukünftigen Tätigkeit der ehemaligen HA IX/11, 27.11.1989; BStU, MfS, HA IX Nr. 11416, Bl. 6–9.

413 Vgl. Durchführungsbestimmung Nr. 2 zum Befehl Nr. 39/67, in: Unverhau: Das »NS-Archiv«, S. 195.

414 Ebenda, S. 196.

künfte aus einem Teil der Unterlagen, wie den so genannten ZC-Materialien (z. B. Akten von Prozessen wegen Hochverrats vor dem VGH), unter seinen persönlichen Erlaubnisvorbehalt.[415]

Referat 4 schließlich ermittelte Belastungsmaterial zur »Entlarvung und Verfolgung« von Bundesdeutschen sowie für die »operative oder propagandistische Verwendung«. Außerdem wurde hier, zunächst in Kooperation, später unter Leitung des Referatsleiters für Sonderaufgaben, der Umgang mit Rechtshilfeersuchen aus dem westlichen Ausland abgesichert und bearbeitet.[416] Zudem stellte dieses Referat Dokumente für weitere Zwecke zur Verfügung, wie von anderen Abteilungen der MfS-Linie IX geführten Ermittlungsverfahren, aber auch für »spezielle Forschungsaufträge« und für Ermittlungen in Zusammenarbeit mit anderen sozialistischen Ländern.[417]

Zwar unterlag die Aufgabenverteilung der Abteilung 11 im Laufe der Jahre einem gewissen Wandel, doch die Grundstruktur blieb bestehen. Gleichwohl kamen neue Aufgaben hinzu, und teilweise wechselten auch Zuständigkeiten. So erweiterten sich die Ausgaben des Referats 4 erheblich. 1986 kamen zu den geheimdienstlichen auch parteihistorische Anfragen »zu spezif[ischen] Problemen der Geschichte der Arbeiterbewegung, des antifasch[istischen] Widerstandskampfes u[nd] zur Unterstützung der Traditions- u[nd] Öffentlichkeitsarbeit«.[418] Was die anderen Teilbereiche betraf, hatte Oberstleutnant Dieter Skiba, langjähriger Stellvertreter und ab Sommer 1989 Leiter der HA IX/11, sicherlich Recht, wenn er feststellte, die Abteilung und ihr Archiv hätten sich nach und nach zur »zentralen Auskunftsstelle innerhalb des MfS zu Personen und Sachverhalten, die die Zeit von 1933 bis 1945 betreffen«, entwickelt.[419]

Konstante Arbeitsbeziehungen ergaben sich zu vielen Diensteinheiten: bei der Beschaffung hauptsächlich zur Abteilung XII (Speicher), zur HA VII (Aufenthaltsermittlungen über Einwohnermeldekarteien des MdI, Archivwesen der DDR einschließlich Dokumentationszentrum, Beschaffung von Archivdokumenten durch deren IM), zur HA VI (Nutzung der »Altberliner Meldekartei«, Speicherführung der Karteien zum Transit- und Besucherreiseverkehr zur Feststellung der Adressen von Westdeutschen) sowie zur Abteilung XIV (Überprüfungen in den Karteien der Verwaltung Strafvollzug des MdI). Hinsichtlich der Nutzung der Bestände und Arbeitsergebnisse der HA IX/11 hatten die bereits vorgestellten einschlägigen Diensteinheiten wie die mit der Koordinierung und operativen

415 (Leiter Abt. XII bzw. Leiter der HA IX): Koordinierungsfestlegung über die Zusammenarbeit zwischen der HA IX/11 und der Abteilung XII des MfS, 18.12.1969; BStU, MfS, HA IX, Nr. 9971, Bl. 61–65.

416 Vgl. Durchführungsbestimmung Nr. 2 zum Befehl Nr. 39/67, in: Unverhau: Das »NS-Archiv«, 1998.

417 Ebenda, S. 197 f.

418 HA IX: Zuarbeit zur Erarbeitung der Planstellennormative für die HA IX, 30.1.1987; BStU, MfS, HA IX Nr. 518, Bl. 171–208, hier 195.

419 Vesper, Karlen; Becker, Holger: Erpresserzentrale, Aktenhort oder was? Die DDR-Staatssicherheit und ihr Archiv über die Nazizeit – Nachfragen zu einem geheimnisumwitterten Thema. Interview mit dem letzten Leiter der HA IX/11, Oberstleutnant Dieter Skiba. In: ND v. 18./19.5.1991, S. 13.

Bearbeitung von NS-Delikten befasste HA XX/2/III, die HA IX/10, die Abteilung X (Desinformation) der HV A sowie die Abteilung Agitation (1985 aufgelöst und als Bereich 6 der ZAIG eingegliedert) die größte Bedeutung.

Zum Kreis der Kooperationspartner außerhalb des MfS gehörten vor allem das Dokumentationszentrum des MdI, die Generalstaatsanwaltschaft der DDR, insbesondere deren Abteilung Internationale Verbindungen, das Zentrale Parteiarchiv und die Abteilung Geschichte des Instituts für Marxismus-Leninismus, die Staatliche Archivverwaltung und die Staatsarchive der DDR, insbesondere das Zentrale Staatsarchiv der DDR. Ferner gehörten auch die Deutsche Staatsbibliothek und das Standesamt Berlin I (Identitätsklärung durch Geburts- und Heiratsurkunden), das Stadtarchiv Berlin mit den Beständen der VVN und der Zentrale Suchdienst des DRK zu denjenigen Stellen, die häufiger mit der HA IX/11 zu tun hatten.

4 Ermittlungen und Strafverfolgungspolitik der siebziger und achtziger Jahre

Mit dem Befehl Nr. 2/68 und dem Ausbau des »NS-Komplexes«, vor allem repräsentiert durch das Referat III der HA XX/2 und die HA IX/11 sowie eine Vielzahl von kooperierenden Stellen im MfS, waren die Grundlagen für systematische Recherchen gelegt, die in den siebziger und achtziger Jahren diese Arbeitsbereiche prägten. Vor dem Hintergrund des eigenen propagierten Anspruchs mag es überraschen, dass erst so spät, mehr als zwanzig Jahre nach Ende des Dritten Reiches, ein adäquater Ermittlungsapparat im MfS geschaffen wurde. Im Zuge der Kampagnen gegen Westen entdeckte man, dass – nachdem es dort tatsächlich zu ernsthaften Ermittlungen gekommen war – auch auf dem eigenen Territorium mancher belasteter NS-Verbrecher entweder ganz unbehelligt geblieben war oder, selbst bei einer Verurteilung durch Sowjetische Militärtribunale und Ähnliches, eine genauere Prüfung möglicher Verbrechenstatbestände oft gar nicht stattgefunden hatte. Dies versuchte man jetzt nachzuholen, allerdings immer unter der Maßgabe, dass es keinen Imageverlust für die DDR geben durfte. Mit der schrittweisen Anerkennung der DDR durch die sozialliberale Koalition verlor die Kampagnenpolitik der SED zugleich ihre Bedeutung. Am Opportunitätskalkül des MfS im Umgang mit NS-Tätern ändert dies jedoch im Grundsatz nichts. Zur propagandistischen Begleitmusik gehörte der ehrgeizige Anspruch, die »von der BRD-Justiz aufgestellte These von einer angeblichen Beweisnot bei der Verfolgung von Nazi- und Kriegsverbrechen« zu widerlegen und zur »Entlarvung der in der BRD geübten Rechtsspruchpraxis« beizutragen.[420]

Mit der Umsetzung des Befehls 2/68 vollzog sich zugleich eine bemerkenswerte Akzentverschiebung in der Ausrichtung der Suche nach NS-Tätern. Wäh-

420 Auszüge aus dem Arbeitsplan der HA XX/2 für das Jahr 1980, 14.1.1980; BStU, MfS, HA XX 3558, S. 84.

rend in den ersten Planungen fast durchweg von leitenden NS-Funktionären und Führungskräften der SS-Einheiten die Rede war, erweiterte das Referat III der HA XX/2 im November 1969 seinen Fokus: Nun sollte rundweg nach allen Angehörigen der einschlägigen NS-Formationen gesucht werden, also auch nach jenen »ganz normalen Männern«, die in niederen Dienstgraden, zum Beispiel in Exekutionskommandos, den Mordfeldzug der SS-Einsatzgruppen und -Polizeieinheiten in die Tat umgesetzt hatten.[421] Dieser Schritt war fraglos dem Tatgeschehen angemessen und möglicherweise auch an die entsprechende Ausrichtung westdeutscher Gerichtsverfahren angelehnt. Zugleich enthielt er jedoch Sprengstoff, weil er die Grundthese der DDR unterlief, dass die DDR kein Täterproblem in ihrer Bevölkerung habe, da die höheren NS-Chargen praktisch alle den Weg in den Westen gesucht hätten. Wie sich bald zeigen sollte, ließ sich dies mindestens von den Mannschafts- und Unterführerdienstgraden keineswegs behaupten. Verbunden mit dieser Neuausrichtung der Arbeit war eine systematische Auflistung der einschlägigen NS-Formationen, von den Referaten des Reichssicherheitshauptamtes, den Gestapo- und SD-Dienststellen und SS-Einsatzgruppen bis hin zu den Angehörigen der Kommandanturstäbe der Konzentrationslager, den Verwaltungs- und Wachmannschaften der Haft-, Arbeits-, Erziehungs- und Umsiedlerlager sowie Ghettos und von 27 SS-Polizei-Regimentern.[422]

Durch die HA IX/11 konnten in der Regel nur allgemeine Hinweise auf nationalsozialistische Gewaltverbrechen einer entsprechenden Formation oder Dienststelle gegeben werden, nicht aber der persönliche Anteil einzelner Angehöriger daran nachgewiesen werden. Deren individuelle operative Bearbeitung geschah unter Federführung des Referats III der HA XX/2. Nachdem der Aufenthaltsort des Verdächtigen festgestellt war, übergab das Referat III der örtlich zuständigen Diensteinheit in den Kreis- bzw. Bezirksdienststellen des MfS die Verdachtshinweise zur weiteren Bearbeitung und führte die Aufsicht über den Vorgang. Damit sollten Unsicherheiten bei den Dienststellen vor Ort kompensiert werden, denen es am Fachwissen fehlte und die deshalb zuweilen summarisch jede SS-Zugehörigkeit bereits als zwingenden Beweis für die Verbrechen werteten oder aber konkrete Hinweise auf Straftatbestände nicht zu deuten wussten.[423]

Im Anschluss an die Weisungen des Ministers verfolgte das Referat III der HA XX/2 grundsätzlich mehrere Ziele. Eine Konzeption aus dem Jahr 1973 nannte die »Aufdeckung und Verfolgung faschistischer Gewaltverbrechen« als erstes Ziel. Zugleich sah man in versteckten NS-Tätern aber auch eine gegenwärtige Gefahr, weil sie als Potenzial eines »faschistisch-militaristischen Untergrundes sowie neofaschistischer Stützpunkte« in der DDR galten. Deshalb war es

421 Schreiben der HA XX/2/III zu Personen, die als Beschuldigte bzw. Verdächtige an Kriegsverbrechen und an Verbrechen gegen die Menschlichkeit beteiligt waren, 25.11.1969; BStU, MfS, HA XX 4206, S. 61–63.

422 Ebenda.

423 Vgl. Steffen Winne: Einige Erfahrungswerte bei der Nachweisführung des verbrecherischen Charakters von bestimmten Waffen-SS-Formationen, Fachschulabschlussarbeit, JHS Potsdam, 30.11.1976; BStU, MfS, JHS 705/76, Bl. 5.

geheimpolizeiliches Ziel, in eine solche etwaige »feindliche Konspiration« einzudringen. Praktisch sollten die persönlichen Tatbeiträge ermittelter Personen an »faschistischen Gewaltverbrechen« geklärt werden, für die weiteren Entscheidungen spielte jedoch das Verhalten nach 1945 eine große Rolle. Außerdem wurde immer auch nach Kandidaten für IM-Anwerbungen gesucht.[424]

An der strafrechtlichen Bedeutung der in der DDR aufgespürten Angehörigen der Gestapo, der SED, der Waffen-SS, der NS-Polizeiverbände und der Feldgendarmerie ließ die MfS-Konzeption keinen Zweifel. Sie standen prinzipiell unter dem Verdacht, als Mittäter oder durch Beihilfe »aktiv an faschistischen Systemverbrechen« teilgenommen zu haben. Damit galten sie sogleich auch als aktuelles Risiko: »Da dieser Personenkreis fast durchweg die faschistische Vergangenheit verschwieg bzw. tarnte und diese Kräfte z. T. als antidemokratisch einzuschätzen sind, müssen sie als eine Reserve für den Gegner betrachtet werden.«[425]

Aufgrund dieser Gemengelage vermied es das MfS, der Strafverfolgung absolute Priorität einzuräumen. In einem Musterschreiben an die Bezirksverwaltungen sprach der Leiter der HA XX, Paul Kienberg, zwar sogar rundweg von der »Täterpersönlichkeit« der Überprüften und verordnete eine erschöpfende Ausforschung von der Geburtsurkunde bis zu Handschriftenproben, stellte eine Strafverfolgung jedoch unter den Vorbehalt des »heutigen Persönlichkeitsbildes« sowie einer etwaigen Nutzung als Zeugen oder IM.[426]

Vage blieben auch die Maßgaben für eine mögliche IM-Anwerbung: Zwar sollten Kandidaten »hinsichtlich des Grades der Verbrechensbeteiligung, ihrer Funktion und Aktivität in der faschistischen Einheit« überprüft werden. Zum völligen Ausschluss einer IM-Werbung im Falle der Beteiligung an Verbrechen konnte man sich jedoch nicht entschließen.[427] Gründlich überprüft wurde auch die Entwicklung nach 1945: »Welcher echte Wandlungsprozess ist feststellbar, welche gesellschaftlichen Aktivitäten im Sinne unserer sozialistischen Entwicklung?« Interessant waren insbesondere Kontakte nach Westdeutschland und zu ehemaligen Angehörigen der gleichen Dienststelle oder Einheit. Für die passende Einstimmung legte das MfS Wert darauf, dass der Kandidat in einer »gründliche[n] Befragung […] schonungslos seine Vergangenheit offenbaren« und so auf seine »Ehrlichkeit« geprüft werden sollte.[428] Abschließend heißt es unverhohlen: »Für das MfS zu arbeiten ist eine Ehre, und wir entscheiden, wem diese Ehre zuteil wird und wem die Möglichkeit zur Wiedergutmachung gegeben wird.«[429]

424 HA XX/2: Konzeption, 23.3.1973; BStU, MfS, AOP 13442/91, Bd. 1, Bl. 65–73, hier 65 f. u. 70.

425 Ebenda, Bl. 67.

426 HA XX: Hinweise zur Aufklärung und Bearbeitung des […], der im Verdacht steht, faschistische Kriegsverbrechen begangen zu haben, 4.1.1974; BStU, MfS, AOP 13442/91, Bl. 79–82.

427 HA XX/2: Konzeption, 23.3.1973; BStU, MfS, AOP 13442/91, Bd. 1, Bl. 75 f.

428 Grundsätze für die operative Bearbeitung von verdächtigen Personen auf der Linie der HA XX/2/III, 24.4.1973; BStU, MfS, HA XX 5112, S. 18.

429 Ebenda, Bl. 19.

Das Referat III der HA XX/2 selbst überprüfte die mutmaßlichen persönlichen Tatbeiträge der Zielperson an den Einsatzorten in Osteuropa, auch in Zusammenarbeit mit den dortigen Sicherheitsorganen. Die Gesamtbearbeitung übernahm das Referat mit seinen meist nicht mehr als drei Mitarbeitern nur bei wenigen »hauptbelasteten Personen« und konzentrierte sich darüber hinaus auf die Aufarbeitung von Verbrechenskomplexen ganzer NS-Dienststellen, SS-Einsatzgruppen und Polizeibataillone.[430] Nahezu regelmäßig spürten sie dabei in der DDR lebende Angehörige dieser Formationen auf und gaben entsprechende Überprüfungsaufträge an die unmittelbar zuständigen Diensteinheiten. Diese systematischen Strukturrecherchen wurden begleitet durch Rechtshilfeersuchen aus der Sowjetunion und Polen, aber auch von in der Bundesrepublik und Österreich stattfindenden Prozessen gegen Angehörige von NS-Polizeiformationen.[431]

Im Zuge dieser Ermittlungen wurden bis in die achtziger Jahre hinein mehr als ein Dutzend vormaliger Angehöriger von Polizeieinheiten, aber auch Beschuldigte aus anderen Komplexen, wie verschiedenen Dienststellen der Gestapo, dem so genannten »Volksdeutschen Selbstschutz«, der Geheimen Feldpolizei sowie den SS-Einsatzgruppen, entdeckt und zumeist öffentlichkeitswirksam abgeurteilt.[432] Dahinter stand jedoch eine ungleich höhere Zahl von Tatverdächtigen, bei denen es nicht zu Anklage und Urteil kam.

Wie viele Angehörige von Gestapo, SD und SS-Einsatzgruppen das MfS insgesamt fand, ist aus den vorliegenden Daten nicht abschließend zu ermitteln. Allein im Zuge der Aktion Konzentration hatte das MfS rund 5 000 Personen mit einer einschlägigen Vergangenheit namentlich in einer Kartei erfasst. Bis 1970 war dieser Namenspool auf gut 9 000 Personen, bis 1973 auf rund 20 000 Personen angewachsen. Die Quellen für diese Kartei waren äußerst heterogen, sie reichten von Erwähnungen in Ereignismeldungen von Einsatzgruppen über Personalverzeichnisse lokaler Gestapo- und SD-Dienststellen bis hin zu eigenen Ermittlungsergebnissen des MfS.[433] In den folgenden Jahren wurde der Namensspeicher erweitert. Im Oktober 1989 hatte das Referat III der HA XX/2 allein 65 000 Personendaten von Angehörigen einschlägiger Einheiten zusammengetragen, die noch nicht auf einen eventuellen Aufenthalt in der DDR überprüft waren. In der HA IX/11 waren mehr als 1 000 000 Datensätze vorhanden, wobei sich die beiden Karteien vermutlich erheblich überschnitten.

Meist zusammengefasst nach einzelnen NS-Formationen ließ die HA XX/2/III prüfen, wer von diesen Personen in der DDR ansässig war. Vorgehensweise und Resultate lassen sich anhand einer Analyse aus dem Jahr 1970 nachvollziehen. Insgesamt hatte das Referat III in diesem Jahr bei 1 350 Personen nachrecherchiert, ob sie sich in der DDR aufhielten und war in 57 Fällen fündig

430 HA XX/2: Analyse, 28.12.1970; BStU, MfS, AOP 13442/91, Bd. 1, Bl. 44–61.

431 HA XX/2: Arbeitsplan 1973 für das Referat III, 16.1.1973; BStU, MfS, HA XX 5113, S. 145–162.

432 Vgl. GStA der DDR, Abt. IA: Verfolgung der Kriegsverbrechen und Verbrechen gegen die Menschlichkeit in der DDR, 6.12.1978; BStU, MfS, HA IX Nr. 9647, Bl. 14–62.

433 HA XX/2: Konzeption, 23.3.1973; BStU, MfS, AOP 13442/91, Bd. 1, Bl. 65–73, hier 73.

geworden. Rechnet man diese Quote hypothetisch auf die bis 1973 zusammengetragenen 20 000 Personen hoch, so ergäbe sich eine Größenordnung von rund 850 einschlägig belasteten Personen auf dem Gebiet der DDR. Diese Quote wird auch durch Listen bestätigt, in denen um 1973/74 exakt 815 DDR-Bürger erfasst waren, die den bis dahin durchgeprüften Einheiten angehört hatten oder per Einzelfund aufgefallen waren.[434] 1988/89 ermittelte man mithilfe der nun nutzbaren elektronischen Personendatenbank des MdI aus einem Datenbestand von 51 500 SS-Führern 138 DDR-Bürger. Diese erheblich geringere Quote ist wohl unter anderem auf die einzukalkulierende Rate von Verstorbenen zurückzuführen.[435]

Hinweise darauf, dass das MfS selbst statistisch abzuschätzen versucht hätte, welches Potenzial an NS-Belastungen in der DDR-Bevölkerung noch schlummerte, konnten bisher nicht aufgefunden werden. Verschiedene Unwägbarkeiten machen es nachträglich unmöglich, hierzu seriöse Berechnungen anzustellen. Aus den verschiedenen Daten lässt sich lediglich abschätzen, dass sich die Zahl von DDR-Bürgern, die in einer der einschlägigen NS-Formationen (RSHA, Gestapo, SS-Formationen) gedient hatten und deshalb unter dem begründeten Verdacht einer Beteiligung an NS-Verbrechen hätten stehen können, sich Anfang der siebziger Jahre etwa in einer Größenordnung im unteren vierstelligen Bereich bewegt haben dürfte.

Zurück ins Jahr 1970: Die Daten bieten einen aufschlussreichen Einblick in die gesellschaftliche Stellung der 57 in diesem Jahr ermittelten NS-Tatverdächtigen. Darunter befanden sich 15 Gestapo-Angehörige, 26 Angehörige von Polizeibataillonen und ähnlichen Einheiten, 6 Feldgendarmen und 22 SS-Leute. Vorwiegend (52 von 57) handelte es sich um Unterführerdienstgrade. Unter den fünf Führerdienstgraden befanden sich zwei SS-Hauptsturmführer und Dienststellenleiter, ein SS-Obersturmführer und ein SS-Untersturmführer. Bei den mutmaßlichen Verbrechen standen die Massaker unter dem Vorwand der »Partisanenbekämpfung« mit 30 Fällen an der Spitze, gefolgt von Verbrechen durch Gestapodienststellen. Die Tatorte befanden sich vorwiegend in der Sowjetunion (42 Fälle) und in keinem Fall in westlichen Ländern.[436]

Zu 32 der 57 mutmaßlichen Täter hatte das MfS bereits seine Erkundigungen über ihr späteres Leben abgeschlossen. 22 von ihnen hatten ihre Vergangenheit verschwiegen oder getarnt, die anderen hatten sich bereits offenbart. Die politischen und sozialen Daten zeichnen das Bild einer gleichsam perfekten Assimilation in der DDR-Gesellschaft. Ein einstiger Gestapobeamter und sechs ehemalige NS-Polizisten waren Mitglieder der SED, darunter ein Parteisekretär und ein Parteileitungsmitglied in einem Volkseigenen Betrieb. Herausgehobene Aufgaben nahmen ein Offizier der Volkspolizei und ein Poststellenleiter ein. Die

434 HA XX/2/III, o. D.: (Listen nach Bezirksverwaltungen und NS-Formationen), ca. 300 Bl.; BStU, MfS, HA XX/2/III, Bdl. 96, o. Pag.

435 HA XX/2: Konzeption zur Überprüfung von ehemaligen Angehörigen faschistischer Einrichtungen, 23.10.1989; BStU, MfS, HA XX/2/III Bdl. 96, Bl. 1–3.

436 HA XX/2: Analyse, 28.12.1970; BStU, MfS, AOP 13442/91, Bd. 1, Bl. 44–61.

anderen waren meist Angestellte (12 Fälle) oder Arbeiter (11 Fälle).[437] In der politischen Beurteilung stufte das MfS neun als »positiv«, 19 als »loyal« und vier als »negativ« ein. Acht hatten Westkontakte und zwei waren als IM eingesetzt gewesen. Weniger ergiebig war die Suche nach Mitarbeitern des Sicherheitsdienstes der SS (SD), die 1970 gar nicht aufgetaucht waren. In den Jahren 1973/74 wurden 32 ehemalige SD-Mitarbeiter auf dem Territorium der DDR festgestellt.[438]

Die Ermittlungen gegen nationalsozialistische Gewaltverbrecher wurden 1970 in dem Zentralen Operativen Vorgang (ZOV) »Bestien« konzentriert. An diesen zentral vom Referat III der HA XX/2 geführten ZOV gliederten sich zahlreiche Teilvorgänge (TV) bei den örtlich zuständigen MfS-Diensteinheiten an.[439] Bis 1973 registrierte das MfS 152 Tatverdächtige in diesem ZOV.

Daneben bildete das Referat zwei so genannte Sondervorgänge, in denen mutmaßliche Tatbeteiligte registriert wurden, zu denen noch weitere Ermittlungen erforderlich waren. Unterschieden wurde dabei zwischen DDR-Bürgern (Sondervorgang 1152/73) und Westdeutschen (Sondervorgang 1153/73). Faktisch handelte es sich um eine Art Sammelmappen zu ermittelten Angehörigen der verdächtigen Formationen.[440]

Die Ermittlungen zu den eigentlichen NS-Straftaten erfolgten auch in den örtlichen Diensteinheiten. Von der HA IX/11 und der HA XX/2/III wurden dazu unter anderem Zeugen (»Tatkomplizen«, »Tatzeugen«) ermittelt, hinsichtlich ihrer politischen Zuverlässigkeit und etwaigen Belastung überprüft und befragt. Das Referat III der HA XX/2 übernahm die Erkundigungen und organisierte die Zeugenbefragung, während die Abteilungen 10 und 11 der HA IX die konkreten Vernehmungen durchführten. Als Zeugen wurden Personen bevorzugt, die entweder schon selbst verurteilt waren oder aufgrund ihrer früheren Dienststellung keine besondere Belastung erwarten ließen. Nach ähnlichen Kriterien gingen auch die Werber bei der Arbeit mit »operativen Kontakten« (z. B. ehemalige Angehörige von Polizeibataillonen, die dem MfS als Kontaktpersonen Interna über die jeweilige Einheit, Kameraden usw. berichteten) sowie bei der eventuell daran anknüpfenden inoffiziellen Kooperation vor. Dabei war das MfS darauf bedacht, dass sich diese Kontaktpersonen nicht vor Gericht dekonspirierten. Dem Praxisbericht eines beteiligten Mitarbeiters der HA XX/2/III zufolge, sollte ein solcher Kontakt jedoch abgebrochen und Ermittlungen geführt werden, falls sich Hinweise auf eine persönliche Verstrickung fanden.[441]

437 Hinzu kommen 3 Selbstständige, 2 Rentner und 2 Sonstige.

438 Jahresarbeitsplan des Referats III für das Jahr 1975, o. D. (Januar 1975); BStU, MfS, HA XX 5113, S. 197.

439 HA XX/2: Beschluss zum Anlegen eines Zentralvorgangs-Oper(ativ)/Gründe für das Anlegen, 11.2.1970; BStU, MfS, AOP 13442/91, Bd. 1, Bl. 40 f.

440 HA XX/2: Konzeption, 23.3.1973; BStU, MfS, AOP 13442/91, Bd. 1, Bl. 69.

441 Gerhard Riedel: Arbeit mit operativen Kontakten und inoffiziellen Mitarbeitern in der Vorgangsbearbeitung zur strafrechtlichen Nachweisführung von Verbrechen gegen die Menschlichkeit und Kriegsverbrechen gemäß §§ 91 und 93 StGB und Artikel 6 IMT-Statut, Abschnitt B und C, unter beson-

Das weitere Vorgehen des MfS war von unterschiedlichen Faktoren bestimmt. Zum einen war klar, dass die Ermittlungen gegen eine so große Zahl von Tatverdächtigen unter strengster Konspiration zu erfolgen hatten, um keine Unruhe auszulösen. Aus demselben Grund waren zwar Kooperationen mit den osteuropäischen Geheimdiensten vorgesehen, nicht aber mit westlichen Ermittlungsbehörden.

Eine relativ hohe Hürde wurde auch für die Umwandlung in ein förmliches strafrechtliches Ermittlungsverfahren erhoben. Ohnehin führte ein Operativer Vorgang des MfS keineswegs unmittelbar zur Strafverfolgung. Die »Abschlussart« hatte sich vielmehr den Opportunitäten des »größten sicherheitspolitischen Nutzens« zu beugen und konnte auch in einer Anwerbung oder anderweitigen geheimdienstlichen Nutzung bestehen.[442] Bei den NS-Vorgängen galt prinzipiell die Maßgabe, dass bei einem möglichen Gerichtsverfahren vorab eine Art »Erfolgsgarantie« bestehen musste. Freisprüche mangels Beweisen oder öffentlich nachvollziehbare Verfahrenseinstellungen sollten unbedingt vermieden werden. Eine maximale »Tatschwere« sollte bereits bei Einleitung des Ermittlungsverfahrens gesichert sein, also weit im Vorfeld eines etwaigen Prozesses.[443] Die internen Begründungen offenbaren dabei ein bemerkenswertes Mitgefühl. In einer MfS-Diplomarbeit wird etwa erläutert, dass eine einfache Misshandlung durch einen Polizisten ohne gesundheitliche Folgeschäden kein Ermittlungsverfahren rechtfertigen würde:

»Bei fehlender Tatschwere und formeller Rechtsanwendung wäre dann die Folge, dass beispielsweise gegen Bürger der DDR, die einen festen Platz in unserem Staat gefunden haben, wegen einer geringfügigen Verhaltenswidrigkeit vorgegangen und gegen sie der schwerste staatliche Schuldvorwurf, nämlich die Teilnahme an Kriegsverbrechen und Verbrechen gegen die Menschlichkeit, erhoben werden würde«.[444]

Wert legte man auch auf eine absolut prozessfeste Beweislage, die zudem eine sofortige Inhaftierung bei Eröffnung des Ermittlungsverfahrens rechtfertigen musste. Auch hier klangen in den Erläuterungen eines MfS-Mitarbeiters Töne an, die man sonst eher von westlichen Fürsprechern der Verjährung kannte. Es stelle

derer Berücksichtigung der Bearbeitung von mehreren Angehörigen einer faschistischen Einheit, Fachschulabschlussarbeit, JHS Potsdam-Eiche 1979; BStU, MfS, JHS MF VVS 838/79, Bl. 9–15 u. 25–31.

442 Vgl. Richtlinie Nr. 1/76 zur Entwicklung und Bearbeitung Operativer Vorgänge (OV). In: Engelmann; Joestel: Grundsatzdokumente des MfS, 2004, S. 245–298.

443 Vgl. Bernd Heine, Frank Winkler: »Die Erfordernisse und Möglichkeiten der beweiskräftigen Überprüfung des Wahrheitsgehaltes von Aussagen Beschuldigter über extrem lange Zeit zurückliegender Kriegsverbrechen und Verbrechen gegen die Menschlichkeit unter besonderer Berücksichtigung der ersten Vernehmungen Beschuldigter sowie der Nutzung von Archivbeständen und dokumentarischen Veröffentlichungen zur Beweisführung in Ermittlungsverfahren, die wegen dieser Deliktarten von den Untersuchungsorganen des MfS bearbeitet werden, JHS Potsdam-Eiche, Diplomarbeit, 21.3.1983; BStU, MfS, JHS 268/83, Bl. 13–16.

444 Ebenda, Bl. 15.

schon »eine sehr schwer wiegende rechtspolitische Entscheidung« dar, »nach so langer Zeit eine Person solch schwerer Verbrechen zu beschuldigen«.[445]

Explizit wurde darauf hingewiesen, dass vorrangig die Verbrechen verfolgt würden, die in den besetzten Gebieten der Sowjetunion und Polens begangen worden waren. Diese Verbrechen hätten nicht nur dazu gedient, diese Völker auszurauben, zu versklaven und auszurotten, sondern sich in »erster Linie gegen Kommunisten und potenzielle Gegner des Faschismus sowie rassisch Verfolgte« gerichtet. Notwendig seien deshalb »exakte Ermittlungshandlungen [...] in gesetzlich vorgeschriebener Form«.[446] Da die DDR »auch bei der Aufklärung von Nazi- und Kriegsverbrechen ein hohes internationales Ansehen zu verteidigen« habe, ergebe sich daraus »die unbedingte Notwendigkeit, dass die Inhaftierung eines Unschuldigen mit dem höchstmöglichen Wahrscheinlichkeitsgrad ausgeschlossen werden muss«.[447] Verwechslungen etwa könnten »einen hohen politischen Schaden hervorrufen«.[448]

Das Ermittlungsverfahren selbst sollte nur noch dazu dienen, die vorliegenden Beweismittel und das Geständnis des Beschuldigten in eine juristisch verwertbare Form zu bringen.[449] Ferner sollte ein medizinisches Gutachten, meist aus der Hand von MfS-Ärzten, die Prozess- und Haftfähigkeit des Beschuldigten prüfen. Die eigentliche Entscheidung über die Einleitung eines Ermittlungsverfahrens – und damit die nahezu garantierte Verurteilung – behielt sich aufgrund der »Gesellschaftsgefährlichkeit und Schwere« der Verbrechen sowie der möglicherweise zu erwartenden Todesstrafe der Minister für Staatssicherheit, Erich Mielke, persönlich vor.[450] Er erwirkte dann gegebenenfalls über den Generalstaatsanwalt den Haftbefehl.[451]

445 Uwe Wille: Anforderungen und Erfahrungen im Zusammenhang mit der Anfertigung sowie Anwendung von Schallaufzeichnungen bei Zeugenvernehmungen bzw. Befragungen im strafprozessualen Prüfungsstadium zur Aufklärung von Kriegsverbrechen und Verbrechen gegen die Menschlichkeit, begangen während der Zeit des deutschen Faschismus, JHS Potsdam-Eiche, Fachschulabschlussarbeit, 14.6.1985; BStU, MfS, JHS MF VVS 702/85, Bl. 21.

446 Horst Münchberg: Die Bilderkennung als Methode der strafrechtlichen Nachweisführung in der operativen Vorgangsbearbeitung auf dem Gebiet der Verfolgung von Verbrechen gegen die Menschlichkeit, JHS Potsdam-Eiche, Fachschulabschlussarbeit, o. D. (1976); BStU, MfS, JHS MF GVS 157/76, Bl. 4.

447 Uwe Wille: Anforderungen und Erfahrungen im Zusammenhang mit der Anfertigung sowie Anwendung von Schallaufzeichnungen bei Zeugenvernehmungen bzw. Befragungen im strafprozessualen Prüfungsstadium zur Aufklärung von Kriegsverbrechen und Verbrechen gegen die Menschlichkeit, begangen während der Zeit des deutschen Faschismus, JHS Potsdam-Eiche, Fachschulabschlussarbeit, 14.6.1985; BStU, MfS, JHS MF VVS 702/85, Bl. 22.

448 Vgl. Johannes Eder: Zur Methodik der Beweisführung bei Ermittlungsverfahren wegen Verbrechen gegen die Menschlichkeit, begangen durch Personen, die der faschistischen Organisation Selbstschutz angehört haben, JHS Potsdam-Eiche, Diplomarbeit, 12.11.1973; BStU, MfS, JHS, VVS 282/73, Bl. 42.

449 Dietrich Muregger: Möglichkeiten, Mittel und Methoden zur Feststellung der objektiven Wahrheit bei der Untersuchung von Straftaten, die vor extrem langer Zeit begangen wurden, JHS Potsdam-Eiche, Diplomarbeit, 13.2.1980; BStU, MfS, JHS MF VVS 272/80, Bl. 48–50.

450 Axel Wagenknecht: Erfahrungen der HA IX/11 bei der Unterstützung der Entwicklung und Bearbeitung von Operativvorgängen operativer Diensteinheiten gegen DDR-Bürger wegen des Verdachtes

Dann übernahm die HA IX/10 bzw. unter deren Anleitung die Abteilung IX der jeweiligen Bezirksverwaltung alle weiteren Schritte. Ein Untersuchungsplan dokumentierte die Zielsetzung der Ermittlungen und die Vernehmungstaktik. Alle Ermittlungsergebnisse sollten »objektiv geeignet« sein,

»die offensive Politik von Partei- und Staatsführung zu unterstützen, das faschistische Hitlerregime und seine Verbrechen zu entlarven, der Begünstigung von Nazi- und Kriegsverbrechern in der BRD sowie der sich dort vollziehenden neonazistischen Entwicklung entgegenzuwirken, den antifaschistischen Widerstandskampf zu würdigen und zur patriotischen Erziehung insbesondere junger Kader des MfS beizutragen«.[452]

Folglich organisierte und koordinierte die HA IX/10 auch alle für die Durchführung der gerichtlichen Hauptverhandlung notwendigen Maßnahmen. Sie wählte Zeugen und Verhandlungsräume aus, stellte Quartiere für die Zeugen und deren Betreuer, legte die Anzahl der Pressevertreter fest und sicherte die geladenen Zeugen geheimdienstlich ab. Außerdem musste sie die geheimpolizeilich gewonnenen Ermittlungsergebnisse so manipulieren, dass keine Rückschlüsse auf die IM-Arbeit oder andere MfS-Methoden möglich waren.[453]

Formell übte ein Staatsanwalt die Aufsicht über alle Ermittlungen der Untersuchungsorgane aus. Er hatte auf die Einheitlichkeit der Rechtspraxis zu achten und eine zügige Abwicklung des Verfahrens zu garantieren. Die »enge und kameradschaftliche« Kooperation von MfS und Staatsanwalt schuf die Voraussetzungen »für einen reibungslosen und rationellen Prozessablauf, sodass die Hauptverhandlungen vor Gerichten der DDR im Gegensatz zur Bonner Rechtspraxis in keinem einzigen Fall über drei Wochen andauerten«.[454]

Aus tausenden von geheimen Vorermittlungen gegen Angehörige der einschlägigen NS-Formationen (Polizeieinheiten, KZ-Bewachungsmannschaften, SD, Gestapo, SS-Einsatzgruppen) resultierten von 1965 bis Ende Dezember 1979 Gerichtsverfahren gegen insgesamt 56 Personen wegen begangener Kriegsverbrechen oder Verbrechen gegen die Menschlichkeit.[455]

der Begehung von Verbrechen gegen die Menschlichkeit und Kriegsverbrechen, JHS Potsdam-Eiche, Fachschulabschlussarbeit, 15.12.1976; BStU, MfS, JHS 706/76, Bl. 30.

451 Ebenda, Bl. 30.

452 Dietrich Muregger: Möglichkeiten, Mittel und Methoden zur Feststellung der objektiven Wahrheit bei der Untersuchung von Straftaten, die vor extrem langer Zeit begangen wurden, JHS Potsdam-Eiche, Diplomarbeit, 13.2.1980; BStU, MfS, JHS MF VVS 272/80, Bl. 16.

453 Bereits 1952 war von Mielke festgelegt worden: »Alle jene Unterlagen, die Einsicht geben über die Arbeitsmethoden des Ministeriums für Staatssicherheit [...] und die operativen Maßnahmen gefährden könnten, dürfen in der Gerichtsakte nicht enthalten sein.« Vgl. Dienstanweisung zur Übergabe von Untersuchungsvorgängen an die Staatsanwaltschaft und die Gerichte, 20.3.1952. In: Engelmann; Joestel: Grundsatzdokumente des MfS, 2004, S. 46–48.

454 Dietrich Muregger: Möglichkeiten, Mittel und Methoden zur Feststellung der objektiven Wahrheit bei der Untersuchung von Straftaten, die vor extrem langer Zeit begangen wurden, JHS Potsdam-Eiche, Diplomarbeit, 13.2.1980; BStU, MfS, JHS MF VVS 272/80, Bl. 50.

455 Im Einzelnen: »8 Angehörige von Bewachungsmannschaften der KZ, 2 Angehörige der ›Allgemeinen SS‹, 3 Angehörige der Gendarmerie, 12 Angehörige der Gestapo, 5 Angehörige der Einsatzgruppen der Sicherheitspolizei und des Sicherheitsdienstes, 8 Angehörige der Schutz- und Ordnungspolizei, 4 Angehörige der Feldgendarmerie, 5 Angehörige der Geheimen Feldpolizei, 1 Angehöriger des

Im folgenden Jahrzehnt steigerte sich diese Zahl auf 74 Verurteilungen. Aufgrund der minutiösen Vorbereitung der Verfahren kam es durchweg zu schnellen und hohen Strafen, mit denen die DDR die Durchschlagskraft ihrer Justiz unter Beweis stellen konnte. Die letzte Verurteilung zu einer lebenslangen Haftstrafe wegen der Begehung von Kriegsverbrechen und Verbrechen gegen die Menschlichkeit erfolgte im September 1989 in Rostock.[456] Damit wurden insgesamt 165 Personen wegen NS-Verbrechen verurteilt, die zuvor durch die »Untersuchungsorgane« des MfS ermittelt worden waren.[457]

Die Verlagerung der gesamten Tataufklärung weit ins Vorfeld eines formellen Untersuchungsvorgangs erfüllte ihren Zweck. Schon bei den Ermittlungsverfahren – also noch im Stadium vor einer Prozesseröffnung – kam es nach Aussage des damaligen Leiters der Abteilung IX/10, Dietrich Muregger, in den 14 Jahren bis 1979 nur zu drei Einstellungen »wegen Geringfügigkeit« und einer Abschwächung des Tatvorwurfs auf Urkundenfälschung.[458] Zweifellos belegt diese Justizpraxis, dass auch viele Jahre nach der Tat Prozesse nicht zwangsläufig an Beweisnot scheitern mussten und erfüllten somit neben der Sühne auch ihren propagandistischen Zweck. Immer wieder platzierte die DDR ihre Verurteilungen auch zeitlich effektvoll, um die westdeutsche Justiz vorzuführen.[459] Alle diese NS-Verfahren seien, so auch das Resümee der MfS-internen Traditionsarbeit, »ein bedeutender Beitrag zur Stärkung des internationalen Ansehens der DDR«.[460]

Dem standen jedoch all jene Fälle gegenüber, die das MfS zwar als »Operativen Vorgang« anrecherchiert hatte, die aber niemals auch nur in das Stadium eines förmlichen Ermittlungsverfahrens rückten. Es bleibt noch im Einzelnen zu zeigen, woran die Vorermittlungen in so vielen Fällen konkret scheiterten. Zusammenfassend lässt sich jedoch schon hier festhalten, dass neben Faktoren wie mangelnder Prozessfähigkeit des Beschuldigten aus Gesundheitsgründen und

Sicherheitsdienstes und 8 Angehörige der von den Faschisten in den okkupierten Gebieten geschaffenen Selbstschutzformationen und ähnlicher paramilitärischer Verbände.« Vgl. ebenda, Bl. 11.

456 Grundlage für diese Verurteilung bildete ein am 20.11.1987 dem Generalstaatsanwalt der DDR, Abteilung Internationale Verbindungen, vom Oberstaatsanwalt beim Landgericht Hamburg übergebener Vorgang mit Ermittlungsvermerken und diversen Zeugenaussagen, in denen der später verurteilte Jakob Holz belastet wurde, in mehreren Fällen jüdische Zwangsarbeitskräfte eigenhändig erschossen zu haben. HA IX/2: Strafrechtliche Einschätzung und Vorschlag zum Abschluss des OV »Wächter« der BVfS Rostock, KD Greifswald, gegen Holz, Jakob, 18.4.1988; BStU, MfS, HA IX 2533, Bl. 108–115, hier 108.

457 Vgl. Coburger; Skiba: Die Untersuchungsorgane des MfS, 2002, Bd. 2, S. 426–494, hier 464.

458 Dietrich Muregger: Möglichkeiten, Mittel und Methoden zur Feststellung der objektiven Wahrheit bei der Untersuchung von Straftaten, die vor extrem langer Zeit begangen wurden, JHS Potsdam-Eiche, Diplomarbeit, 13.2.1980; BStU, MfS, JHS MF VVS 272/80, Bl. 7. Zum Fall der »Urkundenfälschung« vgl. die Fallstudie zu Harald Heyns in Teil 3.

459 So wurde exakt am 26.11.1968, als die UNO-Vollversammlung über die »Konvention über die Nichtanwendbarkeit von Verjährungsbestimmungen auf Kriegsverbrechen und auf Verbrechen gegen die Menschlichkeit« abstimmte, in Ost-Berlin der Prozess gegen den KZ-Schergen Kurt Wachholz eröffnet. Vgl. Geschichte des Ministeriums. Hg. v. Ministerium für Staatssicherheit, Juristische Hochschule Potsdam-Eiche. Potsdam 1979, Bd. 2, 1979, S. 591; vgl. Wentker: Die juristische Ahndung, 2002.

460 Geschichte des Ministeriums. Hg. v. Ministerium für Staatssicherheit, Juristische Hochschule Potsdam-Eiche. Potsdam 1979, Bd. 2, 1979, S. 594.

tatsächlichen unüberbrückbaren Lücken in der Beweislage die MfS-Praxis auch eigene Hindernisse erzeugte. Hierzu zählte das peinliche Bemühen, alle Imageverluste, zum Beispiel durch die Enttarnung von DDR-Funktionären als NS-Täter, zu vermeiden. So wurde förmliche Rechtshilfe aus westlichen Staaten bei der Beweiserhebung von seltenen Ausnahmen abgesehen prinzipiell nicht in Anspruch genommen, und im Einzelfall konnten auch unmittelbare geheimdienstliche Interessen einer strafrechtlichen Ahndung entgegenstehen. Wäre das MfS zudem tatsächlich willens und in der Lage gewesen, für die von ihm ermittelten hunderten von Angehörigen der einschlägigen Formationen mit DDR-Wohnsitz gerichtsfeste Beweise zu liefern, dann hätte sich eine neue Paradoxie aufgetan: Man hätte eingestehen müssen, dass die These von den wenigen versprengten, gut getarnten, aber früher oder später unerbittlich aufgespürten NS-Tätern in der DDR nicht aufrecht zu erhalten gewesen wäre. Wohl auch deshalb überschritten viele Fälle niemals die Hürde zu öffentlich wahrnehmbaren Nachforschungen.

Die HA IX/11 versorgte in der internen Arbeitsteilung als Dienstleister die anderen beteiligten Akteure. Zwischen 1967 und 1987 beantwortete sie 121 675 Anfragen anderer Diensteinheiten des MfS sowie indirekt der Generalstaatsanwaltschaft und ähnlicher Institutionen.[461] Hierin noch nicht enthalten waren die Überprüfungen von Personen, die im Rahmen von Ermittlungsverfahren bei der HA IX wegen Verbrechen gegen die Menschlichkeit anfielen. Die meisten Anfragen hatten allerdings mit der Verfolgung von NS-Tätern, Rechtshilfeersuchen usw. nichts zu tun, sondern resultierten aus der allgemeinen Überwachungstätigkeit des MfS, von IM-Werbungen über Sicherheitsüberprüfungen und der geheimpolizeilichen Ausforschung vermeintlicher Staatsfeinde jedweder Couleur bis hin zur Durchleuchtung von westlichen Gästen der Leipziger Messen auf mögliche Erpressungsansätze[462] – sofern sich nur ein Anhaltspunkt ergab, der auf die Zeit vor 1945 verwies.

Im Jahr 1980 beantwortete die HA IX/11 zum Beispiel 6 700 Anfragen zu circa 7 460 Personen und erteilte

»148 [Auskünfte] zu OV, OPK und anderen operativen Bearbeitungsverhältnissen, 592 zur Unterstützung von U[ntersuchungs]-Vorgängen, 1 416 zu Kaderentscheidungen des MfS, der NVA und der VP, 384 an Diensteinheiten der HV A, 512 zur Gewährleistung des Geheimnisschutzes, zur Personenaufklärung an spionagegefährdeten Objekten sowie zur Absicherung diplomatischer Vertretungen, 1 091 zu in der Volkswirtschaft, im Verkehrswesen und in staatlichen Dienststellen tätigen Personen, 1 667 an Kreisdienststellen, 189 zur

461 (HA IX/11): Entwicklung der Auskunftstätigkeit zu Personen und Sachverhalten aus der Zeit des Faschismus, o. D.; BStU, MfS, HA IX/11 1, Bl. 70–74, hier 74.

462 Diese Methode war sehr ergiebig. Zur Frühjahrsmesse 1968 fanden sich im Archiv der HA IX/11 Informationen zu 720 Messebesuchern, darunter 12 ehemaligen Mitarbeitern der Gestapo und des SD sowie 155 ehemaligen SS-Angehörigen, 51 Politischen Leitern der NSDAP, immerhin auch zu 10 V-Leuten bzw. Denunzianten sowie 27 ehemaligen Polizeiangehörigen. Koordinierungsstab Leipziger Messen, Leiter: Abschlussbericht Aktion »Wettbewerb«, 9.4.1968; BStU, MfS, BdL-Dok. 1175, Bl. 14.

Absicherung des Einreise- und Transitverkehrs von Bürgern der BRD und Berlin (West)«.[463]

Als Nebeneffekt entdeckte die HA IX/11 im »Schleppnetz« dieser Routineauskünfte wiederholt auch schwerere Fälle. So bekam sie 1983 eine Anfrage über einen Henry Schmidt, der sich als Kriminalkommissar im so genannten Judenreferat der Gestapoleitstelle Dresden und Angehöriger des SD im Rang eines SS-Obersturmführers entpuppte.[464] Es stellte sich heraus, dass Schmidt deshalb bereits im Dezember 1947 vom Polizeipräsidium Dresden nach Befehl 201 in die Gruppe »Hauptverbrecher« eingestuft worden war und die K 5 nach ihm gefahndet hatte.[465] Es war ihm jedoch gelungen, in der DDR unterzutauchen und sowohl seine Tätigkeit als auch seine Aufenthaltszeit in Dresden zu verschleiern. Wie die HA IX/11 in den folgenden drei Jahren ermittelte, war Schmidt die Verfolgung, Misshandlung und Deportation zahlreicher Juden nachzuweisen.[466] Nachdem das Referat III der HA XX/2 auch die weiteren Garantiekriterien für eine Verurteilung (kein früheres Urteil, Prozessfähigkeit, keine negativen öffentlichen Rückwirkungen einer Verhaftung) festgestellt hatte, gab es grünes Licht, den Operativen Vorgang »Sadist«, »zu Ehren des XI. Parteitages der SED«, in ein offizielles Ermittlungsverfahren zu überführen.[467] Ende September 1987 verurteilte ihn das Bezirksgericht Dresden wegen »mehrfach begangener Verbrechen gegen die Menschlichkeit« zu einer lebenslänglichen Freiheitsstrafe.

Neben ihrer Funktion für die Strafverfolgung entwickelte die HA IX/11 sich über die Jahre »zum maßgeblichen Zensor, insbesondere der neuralgischen Parteigeschichtsschreibung zum antifaschistischen Widerstand, der entsprechenden Literatur und des Archivwesens«.[468] Hier schlug sich die ungeheure Anhäufung (u. a. ca. 9 000 lfd. M. Originalakten und anderes Schriftgut) von historisch äußerst bedeutsamem Archivmaterial nieder.[469] Allein der 1966 begonnene Forschungsvorgang (FV) 98/66 zur Widerstands- und Spionageorganisation unter der Gestapo-Bezeichnung »Rote Kapelle« wuchs über die Jahre auf 598 Bände

463 Vgl. HA IX/11: Ergänzung zur Jahresanalyse 1980 aufgrund der im Zeitraum vom 1.10.1980–31.12.1980 erzielten Arbeitsergebnisse, 13.1.1981; BStU, MfS, HA IX 529, Bl. 40–43.

464 HA IX/11, HA XX/2: Sachstandsbericht zum OV »Sadist«, Reg. Nr. 1754/84, der HA XX/2 zur Person Schmidt, Henry, 19.3.1986; BStU, MfS, HA XX/2/III, Bdl. 109, Bl. 1–39.

465 Fahndungskarteikarte der K 5 zu Schmidt, ausgestellt vom Kommissariat K 5 am 18.8.1947; BStU, MfS, HA IX/11, Karton 4, Bl. 1; Landesregierung Sachsen, MdI, Polizeiabteilung, Polizeipräsidium Dresden, Kommando der Schutzpolizei, 20. Polizeirevier: Anschreiben an das Polizeipräsidium Dresden, Kommissariat K 5 per Formblatt: Betr. Feststellungsergebnis gemäß § 2 der Durchführungsbestimmungen des Chefs der Polizei im Land Sachsen zu den Ausführungsbestimmungen der DVdI zum Befehl 201 und als Anlage Hinweis zur evtl. Aufenthaltsermittlung und Bestrafung; 18.12.1947; BStU, MfS, HA IX/11, Karton 4, Bl. 1 f.

466 HA IX/2: Strafrechtliche Einschätzung des Operativ-Vorganges »Sadist«, Reg.-Nr. 1754/84 der HA XX/2, 31.3.1986; BStU, MfS, HA XX/2/III, Bdl. 15, o. Pag., Bl. 1–11.

467 HA XX: Vorschlag zum Abschluss des OV »Sadist«, Reg.-Nr. XV/1754/85, 3.4.1986; BStU, MfS, HA XX/2/III, Bdl. 15, o. Pag., Bl. 1–5, hier 2.

468 Sassning: Geschichte im Visier des MfS der DDR, 2000, S. 6.

469 HA IX/11: Positionen zur bisherigen Arbeitsweise und zukünftigen Tätigkeit der ehemaligen HA IX/11, 27.11.1989; BStU, MfS, HA IX, Nr. 11416, Bl. 6–9.

an, was etwa 38 laufenden Metern Archivgut entspricht.[470] Die Bearbeiter der HA IX/11 prüften unter anderem im KGB-Auftrag, welche der deutschen Spione für sowjetische Auszeichnungen vorgeschlagen werden sollten und lieferten auch gleich Entwürfe für mögliche Presseverlautbarungen und vorbeugende »Stellungnahme[n] zu einer eventuellen feindlichen Reaktion auf die Veröffentlichung der Auszeichnungen«. Wer seine Mitstreiter verraten hatte oder bei wem »menschliches Versagen« konstatiert wurde, der blieb von den Würdigungen naturgemäß ausgeschlossen.[471] Über 400 Blatt dieses Aktenmaterials wurden später Generaloberst Markus Wolf zur Verfügung gestellt, der dieses für ein von ihm geplantes Buchprojekt über die Lebenswege seiner Freunde und Familie verwenden wollte.[472] Er selbst revanchierte sich mit Dokumenten, die ihm das Parteiarchiv der KPdSU zur Verfügung gestellt hatte.[473]

Stellungnahmen als Geschichtsexperten für die Phase 1933–1945 gehörten in den späteren Jahren zum täglichen Geschäft. 1979 fertigte die Abteilung zum Beispiel »8 Einschätzungen von zur Veröffentlichung vorgesehenen Buchmanuskripten, Erinnerungen und Biographien« darunter den Biographien zu Ernst Thälmann und Hermann Matern.[474] Zuweilen steuerte sie auch selbst Dokumente für Projekte im In- und Ausland bei, im Bedarfsfall allerdings gut kaschiert als angebliche Archivalien aus dem Dokumentationszentrum der Staatlichen Archivverwaltung.[475] So wurde Peter Przybylski, Autor des Buches »Mordsache Thälmann« durch die »Übergabe von Ermittlungsunterlagen sowie bei der redaktionellen Überarbeitung des Manuskriptes« unterstützt. Das Buchmanuskript »Frühzug nach Toulouse« von Gerhard Leo wurde dagegen »durchgearbeitet und entsprechende Überprüfungen« wurden vorgenommen.[476]

Ausgiebig lobten und tadelten die Mitarbeiter der HA IX/11 auch diverse Texte hinsichtlich ihrer sachlichen Präzision oder parteilichen Wertungen. Wenig Zustimmung fand zum Beispiel ein Artikel von Erwin Nippert, zu dem die HA IX/11 anderthalb Seiten Richtigstellungen auflistete, sowie dessen Buchmanuskript »Gestapo-Zentrale Prinz-Albrecht-Straße«, mit acht Seiten Korrek-

470 Vgl. BStU, Abt. Archivbestände (AR), Referat AR 5: Vorläufige Übersicht zum Teilbestand HA IX/11 (Aufklärung von Nazi- und Kriegsverbrechen), Unterpunkt 5.2.2. B »Forschungsvorgang ›Rote Kapelle‹« (FV 98/66), Akzession Nr. 22/95, S. 1–69, hier 4.

471 Vgl. Tuchel: Das Ministerium für Staatssicherheit, 2004, S. 59.

472 (HA IX/11): Vermerk, 11.1.1984; BStU, MfS, HA IX/11, SV 1/84, Bd. 1a, Bl. 10–12. Dabei handelte es sich wohl um Vorarbeiten zum 1989 erschienenen Buch von Markus Wolf: Die Troika. Geschichte eines nicht gedrehten Films.

473 Vorzimmer Generaloberst Wolf: Anschreiben an den Leiter der HA IX/11, 5.3.1985; BStU, MfS, HA IX/11 SV 1/84, Bd. 1a, Bl. 69.

474 HA IX/11: Jahresanalyse 1979, 8.11.1979; BStU, MfS, HA IX/11 Nr. 593, Bl. 11–35, hier 14.

475 Zu »Antifaschistinnen« aus dem Konzentrationslager Ravensbrück HA IX/11: Anschreiben an den Leiter der Abteilung X der HVA betreffs Publikation »Kreuzweg Ravensbrück, Lebensbilder antifaschistischer Widerstandskämpferinnen« (Arbeitstitel), 9.5.1986; BStU, MfS, HA IX/11, SV 20/84, Bl. 185 f.

476 HA IX/11: Bericht über die Erfüllung der Plan- und Kampfaufgaben zu Ehren des XI. Parteitages durch die HA IX/11, 29.4.1986; BStU, MfS, HA IX, Nr. 13866, Bl. 94 f; HA IX/11: Stellungsnahme zum Buchmanuskript »Frühzug nach Toulouse« von Gerhard Leo, 27.10.1987; BStU, MfS, HA IX/11, SV 246/87, Bd. 3, Bl. 20 f.

turanmerkungen.[477] Dies war ein geradezu grotesker Vorgang, denn die HA IX/11 mahnte an: »Der Autor sollte jedoch veranlasst werden, bei der Verwendung der daraus gewonnenen Daten auf die exakte Quellenangabe analog seiner bisherigen Arbeitsweise zu verzichten. Es sollten zumindest keine Schlussfolgerungen darauf möglich sein, dass die Hinweise dem Autor durch MfS-Quellen bekannt wurden.«[478] Sogar Artikel des Zentralorgans der SED Neues Deutschland wurden im Auftrag Mielkes auf die Richtigkeit der wiedergegebenen Fakten hin geprüft. In anderen Fällen musste die HA IX/11 schließlich entscheiden, ob historische Akteure in Veröffentlichungen zu verschweigen seien.[479]

Zur klandestinen Forschungsauswertung im weiteren Sinne gehörten auch Arbeiten wie die später veröffentlichte Dissertation des HVA-Offiziers Alwin Ramme über den Sicherheitsdienst der SS, die noch heute als Standardwerk gilt.[480] Die HA IX/11 hatte wiederum verlangt, dass die Quellenangaben in Fußnoten und Anhang verfälscht wurden. Ramme hatte die Akten legendiert, aber nachvollziehbar als Bestände des MdI-Dokumentationszentrums mit der korrekten Signatur der HA IX/11 verzeichnet. Da dieser Schwindel bei Nachfragen von Nutzern des Dokumentationszentrums auffliegen musste, sollten nur die Dokumententitel, nicht aber deren Archivstandort und Signatur benannt werden.[481] Selbstverständlich hielt sich Ramme an diese Vorgabe.

»Strukturverfahren« der HA XX/2/III

Zu den charakteristischen Merkmalen der siebziger Jahre gehörte die systematische Aufarbeitung einer Reihe von Polizeibataillonen, SS-Einsatzkommandos und anderer Einheiten, die neben den Konzentrationslagern die zweite Säule der rassistischen NS-Vernichtungsmaschinerie in Osteuropa darstellten. Auf ihr Konto gingen unter anderem die Massenexekutionen unter der einheimischen Bevölkerung in Polen, der Sowjetunion und darüber hinaus. Typisch war hier der hohe Anteil von »ganz normalen Männern« unter den Massenmördern, wie sie später von Christopher Browning in seiner berühmten Studie untersucht

477 HA IX, Leiter: Schreiben an den Leiter der ZAIG/Bereich 6 mit Stellungnahme zu einem veröffentlichten Artikel von Dr. Erwin Nippert, 12.12.1985; HA IX/11: Schreiben an den Leiter der ZAIG/Bereich 6 betreffs Buchmanuskript von Dr. Erwin Nippert »Gestapo-Zentrale Prinz-Albrecht-Straße«, 28.8.1987; BStU, MfS, HA IX/11, AV 4/85, Bl. 42–44 u. 64–81.

478 HA IX/11: Schreiben an den Leiter der ZAIG/Bereich 6; BStU, MfS, HA IX/11 AV 4/85, Bl. 84.

479 HA IX/11: Abschlussbericht zur 2. Überprüfung zum Ehrenbuch für die im Zuchthaus Brandenburg-Görden ermordeten Antifaschisten (AV 4/83), 4.2.1987; BStU, MfS, HA IX/11, AV 4/83, Bd. 1, Bl. 32.

480 Ramme: Der Sicherheitsdienst der SS, 1970.

481 HA IX/11: Stellungnahme zur geplanten Veröffentlichung der Dissertation »Die Stellung des Sicherheitsdienstes der SS im System der faschistischen Diktatur unter besonderer Berücksichtigung seiner besatzungspolitischen Funktion im so genannten Generalgouvernement«, 28.10.1968; BStU, MfS, HA IX/11, AS 269/68, Bl. 9 f.

wurden.[482] Für die Ermittlungen des MfS war dieses Faktum von Bedeutung, denn die schwer belasteten Täter waren gerade nicht die vielbeschworenen aktiven, hochrangigen Nazi-Funktionäre. Die Wahrscheinlichkeit, dass sie in der Nachkriegsgesellschaft der DDR untergetaucht waren, war mithin viel größer als bei prominenten Vertretern der bürgerlichen Eliten des Dritten Reichs. An drei Ermittlungskomplexen, zu den Polizeibataillonen 311 und 310 sowie zum I. SS-Gendarmeriebataillon, soll daher die Vorgehensweise der MfS-Ermittler genauer beleuchtet werden.[483]

Im Fall des Polizeibataillons 311 begannen die Ermittlungen 1970. Die Einheit war 1940 aus dem Polizeiausbildungsbataillon Jena gebildet worden. Einem im Staatsarchiv Weimar aufgefundenen Aktenbestand der Landespolizeikassen aus den Jahren 1939 bis 1942 konnte man die vollständigen Personalien und Wohnanschriften von Angehörigen dieses Polizeibataillons, zum Teil auch die der Familienmitglieder, entnehmen.[484] Mithilfe der vervollständigten Personalien begannen nun weitere Recherchen in den Karteien der HA IX/11. In Jena fanden sich die Personalakten der Polizisten.[485] Auf dieser Grundlage recherchierten die Mitarbeiter der HA XX/2/III in den folgenden vier Jahren zu etwa 1 000 Personen. 1974 wurden 82 ehemalige Angehörige dieser Formation in der DDR ermittelt, davon 67 in den südlichen Bezirken (Erfurt, Gera, Suhl, Karl-Marx-Stadt) um den alten Heimatstandort Jena.[486]

Die HA XX/2/III gab Informationen zu über 30 Personen an die jeweiligen Bezirksverwaltungen zur eigenständigen Bearbeitung ab, die restlichen wurden im Sondervorgang 1152/73 erfasst.[487] Nun allerdings erlahmte der Fortgang der Recherchen. Schon für das Jahr 1975 war geplant, die im Sondervorgang »geparkten« Fälle des Polizeibataillons 311 ebenfalls an die zuständigen Bezirksverwaltungen zu übergeben und von diesen jeweils im Rahmen eines Zentralen Operativen Vorganges (ZOV) bearbeiten zu lassen.[488] Doch die Ermittlungen zogen sich hin und verblieben schließlich in Berlin. 1979 wurde entschieden, den Vorgang weiterzubearbeiten. Nach Erkenntnissen der HA IX/11 war ein Teil des Polizeibataillons bei Minsk in sowjetische Kriegsgefangenschaft geraten. Bereits »vor Jahren« habe man, so Referatsleiter Schulz, die sowjetischen Sicherheitsorgane vergeblich gebeten, Vernehmungsprotokolle von ehemaligen Angehörigen zu übersenden, insbesondere der späteren DDR-Bürger. Eingegangen seien

482 Browning: Ganz normale Männer, 1993.

483 Ferner gab es vergleichbare Verfahren unter anderem zu folgenden Einheiten: Selbstschutz, Polizei-Bataillon 304, Reserve-Pol.-Batl. 41, Gendarmerie-Zug mot. 15 und 16, Feldgendarmerie, Geheime Feldpolizei, Polizei-Regimenter 22, 23, 25, 26, Polizei-Reiter-Abteilung I und II, Polizei-Bataillon 45, Polizei-Schützen-Regiment 35, 2. SS-Gendarmerie-Bataillon mot. sowie Einsatzgruppen und KL-Mannschaften.

484 Sachstandsbericht der HA IX/11 zum Verbrechenskomplex des Polizei-Bataillons 311, dem späteren II. Bataillon des SS-Polizei-Regiments 6, 18.4.1979; BStU, MfS, HA XX, 5414, S. 119–122.

485 Ebenda, Bl. 120.

486 Jahresanalyse 1974, o. D. (1975); BStU, MfS, HA XX, 4351, S. 22.

487 Ebenda, S. 22 f.

488 Ebenda, S. 23.

zwischenzeitlich nur die Aussagen einiger Kommandeure der Einheit.[489] Bis Sommer 1979 besaß man noch immer keine einschlägigen Dokumente wie Kriegstagebuch, Einsatz- und Ereignisberichte – ein Umstand, der die Recherchen zu konkreten Verbrechenshandlungen erheblich erschwerte.[490]

Zwar ging man noch daran, unter den 82 ermittelten Angehörigen des Polizeibataillons zwischen Tatverdächtigen und Zeugen zu unterscheiden, doch letztendlich blieb das erklärte Ziel, den westdeutschen Konkurrenten gerichtsfeste Ermittlungserfolge vorzuführen, auf der Strecke.[491] So heißt es in einem Bericht 1984 über die 1. Kompanie des Polizei-Bataillons 311:

»Der dringende Tatverdacht, an Verbrechen gegen die Menschlichkeit auf den zeitweilig okkupierten Territorien Polens und der Sowjetunion mitgewirkt zu haben, konnte zu keinem in der DDR wohnhaften ehemaligen Angehörigen der 1. Komp. des Pol. Bat. 311 erarbeitet werden«.[492]

Das traf auch auf die anderen Kompanien zu. Ertragreicher waren die Ermittlungen gegen das Polizeibataillon 310 (später III. Bataillon des SS-Polizei-Regiments 15), das für die Morde an etwa 44 500 Sowjetbürgern von September bis November 1942 verantwortlich gemacht wurde. Bis 1976 hatte das MfS in diesem Fall 52 in der DDR lebende ehemalige Angehörige ermittelt. Außerdem sollten auch Westdeutsche ins Visier genommen werden, die zuvor freigesprochen oder gar nicht verfolgt worden waren. Der besondere Blick galt hier dem erneut anstehenden westdeutschen Verjährungstermin im Jahre 1979.[493] Lang und penibel war wiederum der Maßnahmeplan zur Ausforschung. Neben den üblichen geheimdienstlichen Informationen legte das MfS Wert darauf, die »gesellschaftliche Stellung« genau zu erkunden und für den Fall einer Festnahme etwaigen Irritationen und »Störungen« im Arbeitsprozess sowie im privaten Umfeld vorzubeugen.[494] Die Ermittlungen der HA IX/11 erwiesen sich als mühsam, weil es zwar eine Fülle von Belegen für die einzelnen Mordaktionen gab, jedoch die aufgespürten Angehörigen der Einheit in ihren Aussagen naturgemäß Geständnisse und gegenseitige Beschuldigungen vermieden. Genau diese

489 Sachstandsbericht der HA IX/11 zum Verbrechenskomplex des Polizei-Bataillons 311, dem späteren II. Bataillon des SS-Polizei-Regiments 6, 18.4.1979; BStU, MfS, HA XX, 5414, S. 121.

490 Bericht über eine Absprache der HA IX/11 mit der HA XX/2 über das weitere koordinierte Vorgehen bei der Bearbeitung des Verbrechenskomplexes Polizei-Bataillon 311, 18.6.1979; ebenda, S. 125–127.

491 Sachstandsbericht der HA IX/11 zum Verbrechenskomplex des Polizei-Bataillons 311, dem späteren II. Bataillon des SS-Polizei-Regiments 6, 18.4.1979; ebenda, S. 122.

492 HA IX/11: Ergänzender Bericht über den Bearbeitungsstand im Vorgang Polizei-Bataillon 311, 1. Kompanie; 21.6.1984; BStU, MfS, HA XX/2/III, Bdl. 34, Bl. 1–12, hier 1.

493 (HA XX/2): Konzeption zur Vorgangsabsprache zum ZOV »Bestien«, 9.4.1976; BStU, MfS, HA XX/2/III, Bdl. 78, Bl. 1–4.

494 Maßnahmeplan zur gemeinsamen Aufgabenstellung der HA XX und HA IX vom 29.3.1978 zum Komplex III. SS-Polizei-Regiment 15 (Pol.-Batl. 310) – 11. Kompanie, 17.4.1978; BStU, MfS, HA XX, 5414, S. 47.

Konstellation jedoch kreidete man der Westjustiz regelmäßig an.[495] Vor 1979 wurde ein Angehöriger des Polizei-Bataillons 310, Heinrich Frohn, vom Bezirksgericht Suhl verurteilt. Später wurden immerhin noch weitere 4 der 52 ermittelten DDR-Bürger vor Gericht gestellt und zu lebenslänglichen Haftstrafen verurteilt. Die HA IX/11 schloss den Vorgang 1986. Zu den anderen erkannten Angehörigen des SS-Polizei-Bataillons 310 konnten keine beweiskräftigen Tatbeiträge nachgewiesen werden.[496]

Auf einen weiteren Komplex wurde das MfS durch einen Anstoß aus dem Ausland aufmerksam. 1969 wandte sich das österreichische Innenministerium an die polnische Hauptkommission für die Untersuchung der Hitlerverbrechen in Warschau mit der Bitte um Zeugen und Dokumente für ein Mordverfahren vor dem Landgericht Linz gegen Ernst Degenberger und andere Angehörige des I. SS-Gendarmerie-Bataillons.[497] Die im so genannten Generalgouvernement eingesetzte Einheit war an der Deportation der einheimischen Bevölkerung, an der »Endlösung der Judenfrage« beteiligt sowie bei Aktionen der so genannten Partisanen- und Bandenbekämpfung eingesetzt und hatte »während besonderer Aktionen in vielen Fällen eine große Anzahl von Zivilpersonen – Männer, Frauen und Kinder – ermordet«.[498]

Offensichtlich wurde das MfS über diese Anfrage unterrichtet und stellte eigene Nachforschungen an. Dabei stieß man auf den Gendarmerie-Zugführer und SS-Obersturmführer Albert Schuster und verhaftete ihn am 7. Dezember 1970.[499] Kurz zuvor hatten Mitarbeiter der HA IX und der HA XX/2/III in Polen Zeugenaussagen und anderes Belastungsmaterial gefunden, darunter einen von ihm unterzeichneten Exekutionsbericht und ein Foto, auf dem er bei einer Exekution mit seinen Opfern abgebildet war.[500] Schuster hatte seit 1951 bis zu seiner Verhaftung als Geheimer Mitarbeiter »Wagner« mit dem MfS zusammengearbeitet. Seine Führungsoffiziere wussten von Anfang an, dass er mindestens von 1942 bis 1945 als Polizeioffizier in Polen eingesetzt war, zunächst angeblich als Führer einer Polizei-Verkehrsbereitschaft, dann wiederum als Zugführer einer moto-

495 HA IX/11: Sachstandsbericht zum Verbrechenskomplex der 3. Kompanie, Polizei-Bataillon 310 bzw. der späteren 11. Kompanie, III. Bataillon, SS-Polizei-Regiment 15, 11.10.1978; BStU, MfS, HA XX, 5414, Bl. 74–84.

496 HA IX/11: Stellungnahme zur Einstellung der Bearbeitung und ordnungsgemäßen Ablage des AV 6/79 (Pol.-Batl. 310), 25.6.1986; BStU, MfS, HA IX/11, AV 6/79, Ordner 1, o. Pag., 1. Bl.

497 Österreich, Ministerium des Innern: Schreiben an die Hauptkommission für die Untersuchung der Hitlerverbrechen in Polen betreffs der Strafsache vor dem Landgericht Linz gegen Ernst Degenberger und andere ehemalige Angehörige des I. SS-Gendarmerie-Bataillons (mot.), die des Verbrechens des Mordes verdächtig sind, 18.2.1969; BStU, MfS, HA XX, 4732, Bl. 44–63.

498 Republik Österreich, Ministerium des Innern, Generaldirektion für Öffentliche Sicherheit: Schreiben an die Hauptkommission für die Untersuchung der Hitlerverbrechen in Polen betreffs der Strafsache vor dem Landgericht Linz gegen Ernst Degenberger und andere ehemalige Angehörige des I. SS-Gendarmerie-Bataillons (mot.), die des Verbrechens des Mordes verdächtig sind, 18.2.1969; BStU, MfS, HA XX/2/III, Bdl. 71, Bl. 1.

499 BV Karl-Marx-Stadt: Einlieferungsanzeige UHA Karl-Marx-Stadt, 7.12.1970; BStU, MfS, HA IX/11, ZUV 8, Akte 32, Bl. 4.

500 Objektverwaltung »W« für Staatssicherheit Karl-Marx-Stadt, Abt. IX: Sachstandsbericht, 17.12.1972; BStU, MfS, HA IX/11, ZUV 8, Akte 31, Bl. 15–18.

risierten Einheit zum Begleitschutz eines Kommandeurs der Gendarmerie.[501] Misstrauen wegen der widersprüchlichen Angaben kam nicht auf, vermutlich auch deshalb, weil Schuster, mit Unterbrechung von September 1945 bis Februar 1958, als IM für die sowjetische Geheimpolizei in der DDR gearbeitet hatte.[502] Am 9. Februar 1973 verurteilte ihn das Bezirksgericht Karl-Marx-Stadt zum Tode.

Bis 1971 stieß das Referat III auf weitere 21 ehemalige Angehörige des I. SS-Polizei-Gendarmerie-Bataillons in der DDR. Sieben weitere kamen später hinzu. Drei dieser Personen verstarben bis 1975.[503] Unter den restlichen 25 Verdächtigen befanden sich der Bataillonsarzt (der allerdings nur sechs Monate bei dieser Einheit war), zwei stellvertretende Zugführer und fünf Gruppenführer. Bei den Restlichen handelte es sich um Schützen, Funker und Kraftfahrer. Anfang Januar 1974 begann die HA XX/2 in Verbindung mit den zuständigen Abteilungen XX in Bezirken und Kreisen mit der Bearbeitung von 25 tatverdächtigen DDR-Bürgern.[504] Beweise »für die Ermordung einer größeren Anzahl polnischer Bürger« trug man 1975 für zwei Zugführer, Kurt K. und Paul V., zusammen. Durch den Zug von Kurt K. seien in Chrzanow 90 Menschen, von dem anderen Zug in Potok eine unbekannte Zahl von Personen ermordet worden.[505] Mit zwei weiteren Verdächtigen, dem Bataillonsarzt und einem ehemaligen IM, nahm die Staatssicherheit konspirativ Kontakt auf. Der ehemalige IM soll dabei »wertvolle Hinweise auf den Personalbestand seines Zuges«, der Arzt »Detailangaben« gemacht haben. Beide hätten aber auch aufgrund ihrer Zugehörigkeit zu dieser Einheit und der begangenen Verbrechen »große Zurückhaltung über die durchgeführten Einsätze« an den Tag gelegt.[506]

Die Ermittlungen erbrachten zahlreiche Einzelheiten zu den weiteren Lebenswegen der 25 Verdächtigen: Darunter befanden sich acht Rentner; neun übten Hilfsarbeiten aus, sechs waren Facharbeiter. Alle wurden von ihrer »gesellschaftlichen und politisch-operativen Bedeutung« her nicht als »direkte Gefahrenquellen« eingeschätzt. Lediglich der Arzt und ein nunmehriger Zugführer der Deutschen Reichsbahn standen in Positionen von »politisch-operativem Interesse«. Bis auf vier lebten alle zurückgezogen, vermieden Kontakte und waren wortkarg. Keiner der Verdächtigen war nach 1945 »durch staatsfeindliche Hetze operativ angefallen«.[507]

501 OD »W« BV Karl-Marx-Stadt, KD »W« Johanngeorgenstadt: Vorschlag zum V-Mann, 16.5.1951; Einschätzung und Zusammenarbeit mit dem GI »Wagner«, Reg. Nr. 200/59, 10.12.1959; BStU, MfS, BV Chemnitz, AIM 728/69, Personalakte, Bl. 10 f. u. 81–85.

502 (KGB): Bericht, 10.5.1971, Übersetzung aus dem Russischen; BStU, MfS, BV Chemnitz, AIM 728/69, Personalakte, Bl. 273.

503 Sachstandsbericht zum Komplex des I. SS-Gendarmerie-Bataillons (mot.), 6.8.1975; BStU, MfS, HA XX, 4332, S. 1–15.

504 Vorschlag für die Abschlussphase der operativen Bearbeitung zur Aufklärung der Verbrechen ehemaliger Angehöriger des 1. SS-Gendarmerie-Bataillons (mot.); BStU, MfS, HA XX 4332, S. 42–46.

505 Sachstandsbericht zum Komplex des I. SS-Gendarmerie-Bataillons (mot.), 6.8.1975; BStU, MfS, HA XX 4332, S. 6.

506 Ebenda, S. 8.

507 Ebenda, S. 9 f.

Im Frühjahr 1976 sollte – als Selbstverpflichtung zum IX. SED-Parteitag – die operative Bearbeitung dieses Personenkreises abgeschlossen werden. Fehlende Beweise für die Einleitung eines Ermittlungsverfahrens sollten in Polen beschafft werden. Obwohl es schien, als stünden die Ermittlungen in einigen Fällen kurz vor dem Abschluss, kam es in keinem einzigen Fall außer dem ursprünglich ermittelten Schuster jemals zu einer Verurteilung. Offenbar gelang es der Staatssicherheit ebenso wenig wie der geschmähten Westjustiz, so lange nach der Tat hinlängliche Beweise zutage zu fördern.

Die Abläufe wiederholten sich bei einer Reihe weiterer NS-Polizeieinheiten. Jeweils fanden sich bis zu mehreren Dutzend DDR-Bürger als ehemalige Angehörige. Obwohl man jeweils davon ausging, dass sie als tatverdächtig gelten müssten, blieben die strafrechtlichen Erträge mager. Immer wieder stellten die MfS-Mitarbeiter auch fest, dass Verdächtige »heute in teils bedeutungsvollen gesellschaftl[ichen] Positionen tätig sind«. Bei der operativen Bearbeitung müsse angestrebt werden, »aus diesen Kreisen die geeigneten Personen herauszubrechen, um die Beweismittel der verbrech[erischen] Tätigkeit dieser Personen aus ihren eigenen Reihen zu erarbeiten u[nd] insgesamt mit der Problematik ›Wer ist Wer?‹ zu verbinden«.[508] Dies gelte etwa für das Polizei-Ausbildungs-Bataillon Weimar und die SS-Gendarmerie-Züge 9 bis 16.

Mit Stand vom 31. Dezember 1974 waren in dem Sondervorgang 1152/73 der HA XX/2/III insgesamt 192 DDR-Bürger als ehemalige Angehörige einschlägiger Formationen erfasst.[509] Darin waren das SS-Polizei-Bataillon 310 und die SS-Gendarmerie-Züge noch nicht enthalten. Darüber hinaus führte das Referat III zu 203 Personen Handakten für die »Operative Personenaufklärung«. Außerdem gab es 94 Kontrollakten über laufende Vorgänge in den Bezirksverwaltungen.[510]

Der Ertrag für den westdeutschen Teil der ermittelten Tatverdächtigen war geringer, vermutlich aufgrund der eingeschränkten Recherchemöglichkeiten. Im entsprechenden Sondervorgang 1153/73 waren 1974 zum selben Stichtag 61 Personen erfasst, vorwiegend höhere Führerdienstgrade aus Gestapo, SD und Polizei-Einheiten. Handakten wurden ferner zu 105 Personen geführt.[511]

In den folgenden Jahren kamen noch neue Rechercheergebnisse hinzu. Üblicherweise kam jedes Mal, wenn man sich eine Einheit vornahm, eine mindestens zweistellige Zahl von einstigen Angehörigen zutage, die in der DDR ansässig waren. Im Zusammenhang mit Ermittlungen gegen einen vormaligen Kompanieführer und Hauptmann der Schutzpolizei im Reserve-Polizeibataillon 82, Johannes Piehl,[512] wurden bis 1979 26 weitere ehemalige Angehörige dieser

508 Jahresanalyse 1974, o. D. (1975); BStU, MfS, HA XX, 4351, S. 25.

509 Ebenda, S. 27.

510 Ebenda, S. 28.

511 Ebenda, S. 29.

512 Piehl wurde am 26.6.1981 durch das Bezirksgericht Neubrandenburg zu einer lebenslänglichen Haftstrafe verurteilt.

Einheit in der DDR und 16 in der Bundesrepublik ermittelt.[513] Noch im Sommer 1988 wurden 134 SS-Führer auf dem Gebiet der DDR entdeckt. Durch Archivüberprüfungen konnten 81 der Waffen-SS, 15 der Polizei, 2 der Gestapo, 4 dem SD, 1 der Kripo, 3 den Totenkopfstandarten, 1 dem RSHA, 6 der allgemeinen SS zugeordnet werden.[514]

Mit dem systematischen Zugriff seit den siebziger Jahren hatte das MfS seine Ermittlungen fraglos in einer Weise fokussiert, die dem doppelten Massencharakter der Verbrechen dieser Einheiten angemessen war: hinsichtlich der unermesslichen Opferzahlen, aber auch hinsichtlich der Vielzahl der Täter. Führt man sich vor Augen, welche Personalstärken die hier untersuchten Verbände hatten und wie sie zusammengesetzt waren, dann konnte es niemanden überraschen, dass ein signifikanter Prozentsatz von ihnen noch lebte und bis dato unerkannt in der Masse der DDR-Bürger mitgeschwommen war. Wohlfeile theoretische Konstrukte über den Klassencharakter des Faschismus halfen hier nicht weiter – in der DDR gab es mutmaßliche Täter, und zwar weit mehr als öffentlich eingestanden werden konnte, ohne die Selbstlegitimation als Staat der Opfer und Widerstandskämpfer infrage zu stellen.

Im Ergebnis zeigen sich erstaunliche Parallelen zwischen der ostdeutschen und der westdeutschen Ermittlungs- und Strafpraxis. Zwar sind NS-Täter in der DDR härter bestraft worden als in der Bundesrepublik, doch vor dem Hintergrund der enorm hohen Zahlen von Vorermittlungen, die nicht zu einer strafrechtlichen Ahndung führten, war die Zahl der Verurteilungen erstaunlich gering. Da man nur »perfekte« Fälle präsentieren wollte, verzichtete man offenbar auf all jene Tatkonstellationen, die nicht zwangsläufig eine maximale Ausschöpfung des Strafrahmens (lebenslänglich oder Todesstrafe) garantierten. Fälle, die sich möglicherweise eher im unteren Bereich der vorgesehenen Strafmaße ansiedeln ließen – bei Verbrechen gegen die Menschlichkeit (§ 91 StGB) mindestens fünf Jahre, bei Kriegsverbrechen (§ 93 StGB) mindestens ein Jahr – wurden offenkundig gar nicht zur Anklage gebracht. Genau solche Belastungen wären aber vermutlich auch bei vielen der aufgespürten DDR-Bürger durchaus nachweisbar gewesen.

Behandlung von in Frankreich verurteilten Kriegsverbrechern

In den Kontext der systematischeren Recherchen der siebziger Jahre gehörte auch die Bearbeitung von Kriegsverbrechern, die in Frankreich in den ersten Nachkriegsjahren bereits in Abwesenheit verurteilt worden waren, sich bislang der Strafvollstreckung jedoch hatten entziehen können. Dahinter steckte eine lange Geschichte deutsch-deutscher Nichtverfolgung. Erst 1975 begann in diesem Zusammenhang eine neue Ära in den Beziehungen zwischen der Bundes-

513 HA IX/11 bzw. HA XX/2/III: Liste ehemaliger Angehöriger der 1. und 2. Kompanie des Res.-Pol.-Batl. 82, die als DDR-Bürger bekannt sind, o. D. (1979); BStU, MfS, HA XX/2/III, Bdl. 79, 3 Bl.

514 HA XX/2: Aktenvermerk, 26.7.1988; BStU, BF 50 (vorl. Nachweis).

republik Deutschland und Frankreich. Nach vielen Jahren erbitterten Widerstands von maßgeblichen Außenpolitikern, insbesondere des FDP-Abgeordneten Ernst Achenbach, der seit 1940 in der Deutschen Botschaft in Paris gewirkt und als Leiter der dortigen Politischen Abteilung bei der »Ingangsetzung der Deportation der französischen Juden« fungiert hatte,[515] trat im Februar 1975 der bereits 1971 geschlossene Zusatzvertrag zum deutsch-französischen »Überleitungsvertrag« von 1955 in Kraft, in dem auch die Verfolgung von in Frankreich aktiv gewesenen NS-Verbrechern auf eine neue Grundlage gestellt wurde. Achenbach hatte es als zuständiger Berichterstatter im Auswärtigen Ausschuss verstanden, die Ratifizierung über Jahre zu hintertreiben.[516]

Die Zentrale Stelle der Landesjustizverwaltungen in Ludwigsburg erhielt Anfang 1975 aus Frankreich eine Liste mit den Namen von 1 026 Deutschen, die wegen Tötungsdelikten nach Kriegsende in Abwesenheit verurteilt worden waren.[517] Staatsanwälte fuhren daraufhin nach Frankreich, um die Akten der französischen Militärgerichte für bereits anhängige Ermittlungsverfahren bzw. hinsichtlich der Einleitung neuer Strafverfahren zu sichten.[518] Im Ergebnis waren im Frühjahr 1978 bei der Zentralstelle in Ludwigsburg sowie bei den Staatsanwaltschaften in Dortmund und Köln insgesamt 92 Ermittlungsverfahren wegen NS-Verbrechen in Frankreich anhängig.[519] Hinzu kamen weitere Ermittlungsverfahren, zum Beispiel das von der Zentralstelle Dortmund gegen Herbert Hagen und andere Angehörige der SS- und SD-Dienststellen in Frankreich.[520] Auch dank dieser Bemühungen konnten Kurt Lischka, Herbert Hagen und Ernst Heinrichsohn, allesamt bereits in Abwesenheit in Frankreich verurteilt, im Juni 1978 in der Bundesrepublik wegen ihrer Beteiligung an der »Endlösung der Judenfrage« in Frankreich angeklagt werden.[521] Am 11. Februar 1980 wurden sie wegen Beihilfe zum Mord zu Freiheitsstrafen von zehn, zwölf bzw. sechs Jahren

515 Herbert: Best. Biographische Studien über Radikalismus, 1996, S. 453.

516 Ausführlich mit diesem Gesamtkomplex beschäftigen sich zwei neuere Studien. Vgl. Brunner: Der Frankreich-Komplex, 2004, sowie Moisel: Frankreich und die deutschen Kriegsverbrecher, 2004.

517 Vgl. Ratz: Die Justiz und die Nazis, 1979, S. 70. Adalbert Rückerl, seit 1966 Leiter der Zentralen Stelle in Ludwigsburg, berichtet, dass ähnliche Listen schon seit 1965 der Zentralen Stelle in Ludwigsburg vorlagen, jedoch erst nach Unterzeichnung des Überleitungsvertrages in Bearbeitung genommen werden konnten. Vgl. Rückerl: NS-Verbrechen vor Gericht, 1984, S. 198.

518 (Der Leiter der Zentralen Stelle der Landesjustizverwaltungen Ludwigsburg), Az. V 114 AR 578/74: Entwurf eines Schreibens an das Justizministerium Baden-Württemberg betreffs Auswertung französischer Militärgerichtsakten, 7.7.1976; ZStL, 114 AR Nr. 578/1974, Bd. IV, Bl. 655–665.

519 Vgl. (Zentrale Stelle der Landesjustizverwaltungen Ludwigsburg): Übersicht der Ermittlungsverfahren wegen NS-Verbrechen in Frankreich, Stand April 1978; ZStL, 114 AR 578/74, Bd. VI, o. Pag., Bl. 2–28.

520 Der Leiter der Zentralstelle im Lande Nordrhein-Westfalen für die Bearbeitung von nationalsozialistischen Massenverbrechen bei der Staatsanwaltschaft Dortmund, Az. 45 Js 29/75: Verfügung, 17.12.1981, beglaubigte Abschrift; ZStL 104, AR-Z 40/67, Sonderband 7, Bl. 1839; vgl. (Zentrale Stelle der Landesjustizverwaltungen Ludwigsburg): Übersicht der Ermittlungsverfahren wegen NS-Verbrechen in Frankreich, Stand April 1978; ZStL, 114 AR 578/74, Bd. VI, o. Pag., Bl. 2.

521 Vgl. Der Leiter der Zentralstelle im Lande Nordhein-Westfalen für die Bearbeitung von nationalsozialistischen Massenverbrechen in Konzentrationslagern bei der Staatsanwaltschaft Köln, Az. 130 Js 4/78 (Z): Anklageschrift gegen Lischka, Hagen und Heinrichsohn (»Endlösung der Judenfrage« in Frankreich) an das Landgericht, Schwurgerichtskammer, in Köln, 28.6.1978; ZStL, SA 568.

verurteilt.[522] Der »Lischka-Prozess« blieb allerdings das einzige größere Verfahren, in dem gegen an der »Endlösung« in Frankreich Beteiligte verhandelt wurde.[523]

Unter den Beschuldigten dieses Verfahrens befand sich auch jemand, von dem die westdeutschen Staatsanwälte wussten, dass er in Ost-Berlin lebte.[524] Die Ermittlungen gegen ihn wurden jedoch 1981 eingestellt, ohne die DDR zu informieren, vermutlich da ihm im Falle einer Verurteilung die Todesstrafe gedroht hätte[525] (siehe die Fallstudie zu Harald Heyns weiter unten).

Derartige Listen beschaffte die HVA-Abteilung X auf geheimdienstlichen Wegen im März 1976 auch für die DDR.[526] Diese französischen Dokumente enthielten die Angaben zu 929 Deutschen, die von Militärgerichten in Abwesenheit verurteilt worden waren.[527] Major Winkler von der HA IX/11 verfügte:

»Ziel der Bearbeitung ist die Absicherung von in der DDR lebenden und in Frankreich in Abwesenheit verurteilten DDR-Bürgern sowie die Aufspürung eventuell heute unbehelligt in der BRD lebender Personen, die in Frankreich Verbrechen gegen die Menschlichkeit begangen haben und in der vorliegenden französischen Liste aufgeführt sind. [...] Zu den Personen, zu denen aus Veröffentlichungen bekannt wird, dass sie in der BRD leben, werden die einschlägigen Überprüfungsmaßnahmen vorrangig durchgeführt. Bei Vorhandensein von Archivmaterialien werden der Leitung der HA IX/11 Vorschläge für deren Nutzung unterbreitet.«[528]

Damit waren die sehr unterschiedlichen Ziele der Recherchen bereits klar umrissen: Vertuschung hier, propagandistische Ausschlachtung da. Bei der Über-

522 Vgl. Urteil des Landgerichts Köln, Az. 59-44/78, in der Strafsache gegen Lischka, Hagen und Heinrichsohn, 11.2.1980; ZStL, SA 568.

523 Vgl. Lichtenstein: NS-Prozesse. Zum Ende eines Kapitels, 1997, S. 122; Meyer, Ahlrich: Die deutsche Besatzung in Frankreich, 2000, S. 169.

524 Der Leiter der Zentralstelle im Lande Nordrhein-Westfalen für die Bearbeitung von nationalsozialistischen Massenverbrechen bei der Staatsanwaltschaft Dortmund, Az. 45 Js 29/75: Verfügung, 17.12.1981, Beglaubigte Abschrift; ZStL 104 AR-Z 40/67, Sonderband 7, Bl. 1889; Sonderband 9, Bl. 2194, 2201, 2203 u. 2210 f.

525 (Der Leiter der Zentralstelle im Lande Nordrhein-Westfalen für die Bearbeitung von nationalsozialistischen Massenverbrechen bei der Staatsanwaltschaft Dortmund, Az. 45 Js 29/75: Verfügung, 17.12.1981, Beglaubigte Abschrift); ZStL 104 AR-Z 40/67, Sonderband 9, Bl. 2282. Die Aussage der Hamburger Oberstaatsanwältin Helge Grabitz, wonach das Dortmunder Verfahren gegen Heyns nicht zum Abschluss gebracht werden konnte, weil sein Aufenthaltsort nicht bekannt war, ist somit nicht richtig. Vgl. Grabitz: Die Verfolgung von NS-Verbrechen, 1998, S. 144–179, hier 176.

526 Vgl. HA IX/11: Sachstandsbericht, 15.2.1977; BStU, MfS, HA IX/11, RHE-West 710, Bd. 12, Bl. 4. Laut einem Aktenvermerk soll der französische Rechtsanwalt und engagierte NS-Verfolger Serge Klarsfeld diese Listen der DDR »zugespielt« haben. Vgl. BV Schwerin, Abt. XX/7: Aktenvermerk betreffs Absprache bei der HA IX/11 zu Schumann, Walter am 17.3.1978, 20.3.1978; BStU, MfS, BV Schwerin, AIM 801/87, Bd. I/1, Bl. 228–230.

527 Vgl. »Liste de criminels de guerre allemands condamnés par contumace par les Tribunaux militaires français« (Liste deutscher Kriegsverbrecher, verurteilt in Abwesenheit durch französische Militärgerichte) sowie entsprechende Listen der Militärtribunale Marseille, Metz, Bordeaux und Lyon; BStU, MfS, HA IX/11, RHE-West 710, Bd. 3, Bl. 2–107.

528 (HA IX/11): Maßnahmeplan für die Bearbeitung der französischen Listen über die durch Militärgerichte Frankreichs in Abwesenheit verurteilten deutschen Kriegsverbrecher, 17.3.1976; BStU, MfS, HA IX/11, RHE-West 710, Bd. 1, Bl. 3 f.

prüfung in den einschlägigen Karteien des MfS, des Dokumentationszentrums der Staatlichen Archivverwaltung sowie des staatlichen Melderegisters und anschließenden Recherchen stellte man 14 Personen fest, die in der DDR lebten.[529] Dazu zählte auch Ernst P., der im Zusammenhang mit einer Anfrage der VVN zunächst nicht hatte identifiziert werden können.[530] In mindestens zwei Fällen verzichtete man allerdings von vornherein auf die Nennung, weil man über ihre Belastungen schon im Bilde war.

Einen weiteren in der DDR lebenden Verurteilten, Erich Ullmann, der am 11. Mai 1951 vom Militärtribunal Lyon wegen Mordes zum Tode verurteilt worden war, übersah das MfS offenbar, weil er in der Liste mit leicht abweichendem Vornamen und Geburtsort aufgeführt war.[531] Laut Personenkarteikarte der HA IX/11 übernahm man diese Angaben, ohne sich die Mühe weiterer Nachforschungen zu machen.[532] Kurz darauf kam noch der später in der DDR verurteilte Heinz Barth hinzu, dessen Personalien in den Listen nicht vollständig waren.[533]

Nach diesem Kenntnisstand hielten sich also mindestens 18 der in Frankreich Verurteilten in der DDR auf. Der Älteste von ihnen war 1896 geboren, der Jüngste Jahrgang 1925. Den Listen zufolge waren elf von ihnen zum Tode, zwei zu lebenslänglicher Zwangsarbeit, drei zu je 20 Jahren Zwangsarbeit und zwei zu jeweils zehn Jahren Zuchthaus mit anschließendem Aufenthaltsverbot in Frankreich verurteilt worden. Mindestens vier dieser DDR-Bürger standen bereits seit 1948 in den Such- und Fahndungslisten des »Central Registry of War Criminals and Security Suspects« (CROWCASS).[534] Die HA IX/11 informierte die MfS-Dienststellen, bei denen ermittelte DDR-Bürger operativ erfasst waren, über die Aburteilung in Frankreich und forderte die Erfassungsgründe sowie eventuelle Erkenntnisse im Zusammenhang mit der Verurteilung an.[535]

In zwei Fällen meldeten die zuständigen MfS-Einheiten eine Verpflichtung als inoffizielle Mitarbeiter. Dazu zählte der IM »Kretschmann«, mit bürgerlichem

529 HA IX/11: Anfrage an die HA IX/8 nebst Anlage: 2-seitige Liste der Verdächtigen, 18.11.1976; BStU, MfS, HA IX/11, RHE-West 710, Bd. 13, Bl. 143–145. Ein weiterer Verurteilter war kurz zuvor verstorben. HA IX/11: Sachstandsbericht, 15.2.1977; BStU, MfS, HA IX/11, RHE-West 710, Bd. 12, Bl. 4.

530 Ebenda, Bl. 144; (HA IX/11): Auskunftsbericht zu P., Ernst, 15.2.1977; BStU, MfS, HA IX/11, RHE-West 710, Bd. 13, Bl. 4.

531 Vgl. »Liste des criminels de guerre allemands condamnés par contumace par le tribunal de Lyon. Dossiers détenus par ce tribunal«; BStU, MfS, HA IX/11, RHE-West 710, Bd. 3, Bl. 98.

532 Vgl. Personenkarteikarte der HA IX/11 zu Ullmann, Erick (eigentlich Erich).

533 Vgl. Rechercheblatt der HA IX/11, 20.4.1976; BStU, MfS, HA IX/11, RHE-West 710, Bd. 4, Bl. 61.

534 Es handelt sich um Erich Ullmann, Otto Oberreich, Walter Schumann und Alfred Hothorn. Vgl. The Central Registry of War Criminals ans Security Suspects, Final Consolidated Wanted List, Part 1, Juni 1948; ZStL, Büchervereichnis Nr. Ke-331; HA XI/11: Information an Oberst Stolze, Anhang: Liste der Personen, die in der DDR wohnhaft sind und von französischen Gerichten wegen Verbrechen gegen die Menschlichkeit und Kriegsverbrechen in Abwesenheit verurteilt wurden, 1.2.1982; BStU, MfS, HA IX/11, RHE-West 710, Bd. 13, Bl. 259–263.

535 HA IX/11: Information an die BV Karl-Marx-Stadt, KD Werdau, Leiter, 19.11.1976; BStU, MfS, HA IX/11, RHE-West 710, Bd. 12, Bl. 88.

Namen Walter Schumann (Jg. 1925). Seit 1958 arbeitete Schumann zunächst für die Kreisdienststelle Schönebeck, dann kurzzeitig für die Berliner Zentrale und ab Frühjahr 1970 für die Abteilung XX/7 (Kultur, Massenkommunikation) der Bezirksverwaltung Schwerin.[536] Die Nachricht, dass Schumann wegen Mordes 1949 zum Tode verurteilt worden war, beeindruckte seinen Führungsoffizier, Oberleutnant Eberhard Riccius, nur begrenzt.[537] Anderthalb Jahre danach notierte er:

»Eine Beschaffung der Gerichtsunterlagen oder von Beweismaterialien aus Frankreich ist zurzeit aus politischen Gründen nicht möglich (Frankreich würde dann ein Auslieferungsersuchen stellen). [...] Eine strafrechtliche Beweisführung ist daher nur dann möglich, wenn Sch. die Straftaten eingesteht und selbst mithilft, Zeugen dafür zu finden.«[538]

Aber selbst darauf verzichtete die Staatssicherheit in den folgenden neun Jahren. Erst im August 1987 beendete sie die Kooperation mit der kuriosen Begründung:

»Es liegen Verdachtshinweise vor, dass es sich bei dem Sch. um einen in Frankreich gesuchten und zum Tode verurteilten Nazi-Kriegsverbrecher handelt. Zur Klärung ist es erforderlich, seine Identität mit der im Urteil des Gerichts in Metz/Frankreich genannten Person nachzuweisen.«[539]

Doch auch dieser Schritt belebte den Verfolgungseifer nicht. Ein halbes Jahr später vermerkte die HA IX/11:

»Die in der Absprache vom 8.10.1987 [...] empfohlene umfassende Prüfung der Angaben des Schumann zu seiner Vergangenheit in der Zeit des Faschismus wurde durch die BV Schwerin, Abt. XX, bis zum heutigen Tag nicht veranlasst. Da auch seitens der HA IX/11 kein spezielles Interesse an der Person besteht, werden die Unterlagen ohne Veranlassung weiterer Maßnahmen [...] abgelegt.«[540]

Der zweite IM war Alfred Hothorn (Jg. 1903), einstmals SS-Unterscharführer.[541] Dieser hatte bis Ende 1942 der Gruppe Geheime Feldpolizei 701 (Militärverwaltungsbezirk A, Sitz Rouen) angehört und war anschließend von Sicherheits-

536 (BV Magdeburg), KD Schönebeck, Operativgruppe EWW: Schlussbericht der Werbung, 13.9.1958; BStU, MfS, BV Schwerin, AIM 801/87, Bd. I/1, Bl. 38; BV Schwerin, Abt. XX/7: Leistungseinschätzung des IMS »Kretschmann« (...), 6.1.1971; BStU, MfS, BV Schwerin, AIM 801/87, Bd. I/1, Bl. 176.

537 BV Schwerin, Abt. XX/7: Aktenvermerk, Betrifft: IMS »Kretschmann«, 26.10.1976; BStU, MfS, BV Schwerin, AIM 801/87, Bd. I/1, Bl. 201. Vgl. Liste de criminels de guerre allemands condamnés par contumace par le tribunal de Metz; BStU, MfS, HA IX/11, RHE-West 710, Bd. 3, Bl. 38.

538 BV Schwerin, Abt. XX/7: Aktenvermerk betreffs Absprache bei der HA IX/11 zu Schumann, Walter am 17.3.1978, 20.3.1978; BStU, MfS, BV Schwerin, AIM 801/87, Bd. I/1, Bl. 228–230.

539 BV Schwerin, Abt. XX: Vorschlag zur Einleitung einer OPK, 3.8.1987; BStU, MfS, BV Schwerin, AIM 801/87, Bd. I/1, Bl. 260 f.; vgl. BV Schwerin, Abt. XX: Beschluss über die Archivierung des IM-Vorganges, Abbruchsgrund operative Bearbeitung, 6.8.1987; BStU, MfS, BV Schwerin, AIM 801/87, Bd. I/1, Bl. 247.

540 HA IX/11: Aktenvermerk, 4.1.1988; BStU, MfS, HA IX/11, RHE-West 710, Bd. 13, Bl. 88.

541 Vgl. Der Befehlshaber der Sicherheitspolizei und des SD im Bereich des Militärbefehlshabers in Frankreich: Befehls- und Nachrichtenblatt Nr. 17, 23.8.1943, Anlage zum Befehls- und Nachrichtenblatt Nr. 17 – Ernennungen zum 1.9.1943; BStU, MfS, HA IX/11, AV 20/80, Bd. 3, Bl. 89–92.

polizei und SD übernommen worden.[542] Bis Ende Februar 1943 gehörte er dem Außenkommando Dieppe des Sicherheitspolizei-SD-Kommandos Rouen an.[543] Danach war er bis zum Rückzug im August 1944 direkt dem KdS Rouen als Dolmetscher in der Abteilung IV zugeteilt.[544]

Über Breslau und die sowjetische Gefangenschaft kehrte er nach Kriegsende in seine thüringische Heimat zurück. Ab 1957 leitete er eine Abteilung im Werk Gera des VEB Thüringer Teppichfabriken.[545] Seit 1958 arbeitete Hothorn unter dem Decknamen »Dr. Schwarz« zudem für die Kreisdienststelle Gera, obwohl schon damals zumindest seine Dolmetschertätigkeit in Frankreich bekannt war.[546]

Die Nachricht von seiner Verurteilung zu 20 Jahren Zuchthaus durch das Gericht Metz im Jahre 1952 blieb ohne Konsequenzen.[547] Hothorn wurde Ende 1979 anlässlich des 30. Jahrestages der Gründung des MfS sogar mit der »Treuemedaille der NVA« in Gold und einer Geldprämie ausgezeichnet.[548] Im Juni 1982 verlieh man ihm aufgrund seiner »hervorragenden Arbeitsergebnisse und der hohen persönlichen Einsatzbereitschaft« die »Verdienstmedaille der NVA« in Bronze.[549] Weitere Prämien und Präsente kamen noch hinzu, bevor im Sommer 1987 die Zusammenarbeit mit Alfred Hothorn aus Alters- bzw. Gesundheitsgründen eingestellt wurde.[550] In seinem Fall hat das MfS nicht einmal in Betracht gezogen, seine Vergangenheit näher zu untersuchen, geschweige denn ihn straf-

542 Vgl. Mitteilung der Deutschen Dienststelle für die Benachrichtigung der nächsten Angehörigen von Gefallenen der ehemaligen deutschen Wehrmacht (WASt) an den Verfasser, 7.9.2001; Gessner: Geheime Feldpolizei, 1986, S. 69.

543 (Der Befehlshaber der Sicherheitspolizei und des SD im Bereich des Militärbefehlshabers in Frankreich, Sicherheitspolizei-(SD)-Kommando Rouen): Auszahlungsliste für Notdienstverpflichtete für die Zeit vom 16.–28.2.1943; BStU, MfS, HA IX/11, RHE 24/82, BRD, Bd. 1, Bl. 201–203.

544 Der Befehlshaber der Sicherheitspolizei und des SD im Bereich des Militärbefehlshabers in Frankreich, Sicherheitspolizei-(SD)-Kommando Rouen: Zusammenstellung der lt. Sammelempfangsbestätigung am 16.3.1943 für die Zeit vom 16.–31.3.1943 gezahlten Beschäftigungsvergütungen an die Notdienstpflichtigen o. B.; BStU, MfS, HA IX/11, RHE 24/82, BRD, Bd. 1, Bl. 184–187; MfS, HA Untersuchung: Vernehmungsprotokoll des Zeugen Hothorn, Alfred, 1.11.1983, HA IX/11, RHE 24/82, BRD, Bd. 4, Bl. 163–173, hier 164.

545 Vgl. KD Gera: Ermittlungsbericht zur Person Hothorn, Alfred erfasst im IM-Vorgang 1975/60, 20.2.1968; BStU, MfS, BV Gera, AIM 925/87, Bd. I/I, Bl. 20–23.

546 KD Gera, Abt. III/5: Vorschlag zur Anwerbung, 10.4.1958; BStU, MfS, BV Gera, AIM 925/87, Bd. I/1, Bl. 30–37, hier 32.

547 HA IX, Stellvertreter des Leiters: Anschreiben an die BV Gera, Stellvertreter Operativ nebst Anlage mit Auskunftsbericht zu Hothorn, Alfred, 14.3.1977 bzw. 15.2.1977; BStU, MfS, BV Gera, AIM 925/87, Bd. I/I, Bl. 67 f. Diese Aussage war nicht ganz korrekt, denn laut Urteil ist Hothorn zu 20 Jahren Zwangsarbeit verurteilt worden. Vgl. Französische Republik, Urteils-Ausfertigung Nr. 2984C der allgemeinen Nomenklatur, Jahresordnungsnummer 805, allgemeine Serien Nr. 8095: Kontumaz-Urteil, 14.3.1952, Übersetzung aus dem Französischen; ZStL, 104 AR-Z 40/67, Sonderband I, Bl. 138–161, hier 159.

548 KD Gera, Leiter: Vorschlag zur Auszeichnung, bestätigt durch den Leiter der BV, Generalmajor Lehmann, 19.11.1979; BStU, MfS, BV Gera, AIM 925/87, Bd. I/1, Bl. 77.

549 KD Gera: Vorschlag zur Auszeichnung des IMS »Dr. Schwarz«, Reg.-Nr. X/1975/60, bestätigt durch den Leiter der BV, Generalmajor Lehmann, 18.6.1982; BStU, MfS, BV Gera, AIM 925/87, Bd. I/I, Bl. 91.

550 Vgl. BV Gera, KD Gera: Beschluss über die Archivierung des IM-Vorganges, Abbruchsgrund Alter, Gesundheitszustand, 18.8.1987; BStU, MfS, BV Gera, AIM 925/87, Bd. I/I, Bl. 116.

rechtlich zu belangen. Hothorn starb im Juni 1988, ohne sich je für die ihm zur Last gelegten Taten verantworten zu müssen.

Auch in Fällen ohne IM-Verpflichtung hielt das MfS die Strafverfolgung nicht für zweckmäßig, mit Ausnahme des unter lautstarker publizistischer Begleitung betriebenen Verfahrens gegen Heinz Barth. Um keine Aufmerksamkeit in Frankreich zu erregen, versuchte man zunächst, über die HV A Kopien der Gerichtsakten aus Frankreich zu beschaffen.[551] Nachdem dies nicht gelang, schlug Stolze im Frühjahr 1978 vor, »auf gesellschaftlichem Wege«, das heißt über das Komitee der antifaschistischen Widerstandskämpfer »abgedeckt, solches Material zu beschaffen«.[552] Oberst Coburger warnte ausdrücklich: »Es muss jedoch gewährleistet sein, dass keinerlei Rückschlüsse auf uns oder die Generalstaatsanwaltschaft gezogen werden können.«[553] Dem Vertreter des Komitees wurden daraufhin die Personalien von sechs Verurteilten DDR-Bürgern mitgeteilt. Er versprach so vorzugehen, »dass keine Diskriminierung der DDR erfolgen« könne.[554]

Doch auch dieser Versuch, an die Gerichtsakten heranzukommen, schlug fehl. Im April 1979 blies das MfS die Beschaffungsaktion ab. Letztendlich befand es sich in der Zwickmühle, denn eine Veröffentlichung der Namen hätte die DDR in erhebliche Erklärungsnot gebracht.

Nur in einem weiteren Fall neben Barth entwickelte das MfS überhaupt nennenswerte Ermittlungsaktivitäten. Gegen den Verdächtigen Otto Oberreich (Jg. 1912) eröffnete die Kreisdienststelle Cottbus eine »Operative Personenkontrolle« (OPK).[555] Oberreich stand in den Suchlisten von CROWCASS und war am 7. Februar 1950 vom Militärgericht Paris zu lebenslanger Zwangsarbeit verurteilt worden.[556] Allerdings gelang es nicht einmal, seine Wehrmachtsdienstverhältnisse zu klären. Ende 1983 schloss die Kreisdienststelle die Akte wieder.[557] Als Begründung gab man fälschlicherweise an, trotz »wiederholter Aufforderung« von den französischen Behörden keine Beweisdokumente erhalten zu haben.[558]

Offenkundig setzte das MfS vorrangig, anders kann man es kaum formulieren, auf die biologische Lösung des Problems. Die HA IX/11 vergewisserte sich lediglich 1980 und Ende 1981 nochmals bei den jeweiligen örtlichen Dienststellen, ob die Verdächtigen noch dort wohnten, verzogen oder verstorben waren. Mittlerweile waren nur noch acht von ihnen am Leben: »Das Alter von 3 Ver-

551 (HA IX/11): Aktenvermerk, 12.12.1977; BStU, MfS, HA IX/11, RHE-West 710, Bd. 12, Bl. 5.

552 HA IX/11: Aktenvermerk, 30.3.1978; ebenda, Bl. 6.

553 HA IX/11: Aktenvermerk, 31.3.1978; ebenda, Bl. 6.

554 (HA IX/11): Vermerk, 31.5.1978; ebenda, Bl. 7.

555 KD Cottbus: Eröffnungsbericht, 2.2.1978; BStU, MfS, BV Frankfurt/O., AOPK 1757/83, Bl. 7–9.

556 Vgl. »Liste de criminels de guerre allemands condamnés par contumace par les Tribunaux militaires français. Les dossiers sont détenus au Dépôt central d'archives à Meaux.«; BStU, MfS, HA IX/11, RHE-West 710, Bd. 3, Bl. 9.

557 KD Cottbus: Abschlussbericht zur OPK »Rentner«; BStU, MfS, BV Frankfurt/O., AOPK 1757/83, Bl. 256 f.

558 BV Cottbus, KD Cottbus: Übersichtsbogen zur Operativen Personenkontrolle, 25.11.1981; ebenda, Bl. 6.

dächtigen beträgt 75, 78 und 81 Jahre. Die übrigen sind über 50 und 60 Jahre alt.«[559]

1982 regte Oberstleutnant Winkler noch einmal an, ein formelles Rechtshilfeersuchen an Frankreich zu richten, um die Gerichtsakten zu bekommen. Er sah dies auch als Gelegenheit, für die DDR einen Überleitungsvertrag nach westdeutschem Vorbild oder ein Rechtshilfeabkommen zu erreichen und die Anerkennung der DDR-Staatsbürgerschaft voranzutreiben.[560] Doch sein Vorgesetzter, Oberst Coburger, leitete den Vorstoß erst an Staatsanwalt Karl-Heinz Borchert weiter, nachdem im Barth-Verfahren aus Frankreich Beweisdokumente eingetroffen waren.[561] Zunächst sollten Beweismittel zu drei der in der DDR lebenden Verurteilten angefordert werden.[562] Eine Anfrage zu den restlichen Personen sollte später »in Abhängigkeit vom Ergebnis [...] des Ersuchens« erfolgen.[563] Dazu kam es aber nie, denn nun lehnte Borchert es ab, dieses Rechtshilfeersuchen abzuschicken, weil er Presseveröffentlichungen in Frankreich zum Fall des SS-Führers Harald Heyns befürchtete,[564] der die DDR schwer zu kompromittieren drohte (siehe die Fallstudie weiter unten).

Der Fall Heinz Barth

Der einzige DDR-Bürger, der für seine in Frankreich begangenen Verbrechen strafrechtlich zur Verantwortung gezogen wurde, war der ehemalige SS-Obersturmführer Heinz Barth (Jg. 1920). Er war 1953 vom Militärtribunal Bordeaux im Oradour-Prozess zum Tode verurteilt worden.[565] In den französischen Listen war Barth lediglich mit seinem Nachnamen ohne nähere Angaben aufgeführt und deshalb zunächst nicht identifiziert worden. Erst bei einer Routineüberprüfung der Verwandten von Einberufungskandidaten für die DDR-Grenztruppen war

559 HA IX/11: Information (an Oberst Coburger), 1.2.1982; BStU, MfS, HA IX/11, RHE-West 710, Bd. 13, Bl. 259 u. 261.

560 Ebenda, Bl. 268 u. 270.

561 Zettel mit handschriftlichen Vermerken und Paraphe Coburgers (eine Paraphe nicht lesbar), 8. und 9.2.1982; BStU, MfS, HA IX/11, RHE-West 710, Bd. 13, Bl. 269; MfS, HA Untersuchung, Stellvertreter des Leiters: Schreiben an den Stellvertreter des Generalstaatsanwalts der DDR betreffs Einleitung eines Ergänzungs-Rechtshilfeersuchens an die Justizorgane der Republik Frankreich im Ermittlungsverfahren gegen Barth, Heinz wegen Kriegsverbrechen und Verbrechen gegen die Menschlichkeit sowie zur Identifizierung bzw. Beweismittelsicherung zu drei Personen, die von französischen Gerichten wegen derartiger völkerrechtswidriger Tätigkeit in Abwesenheit verurteilt worden sind, 11.11.1982; BStU, MfS, HA IX/11, RHE-West 710, Bd. 13, Bl. 277 f.

562 Ebenda.

563 HA IX/11: Anschreiben an Oberst Coburger mit handschriftlicher Notiz: 21.2.83: Lt. Mitteilung des Gen. OSL Bauer hat Stellv. GStA Gen. Borchert die Absendung des RHE abgelehnt. Paraphe: Winkler, 11.11.1982; BStU, MfS, HA IX/11, RHE-West 710, Bd. 13, Bl. 276.

564 Ebenda. Handschriftliche Notiz mit der Unterschrift von Hauptmann Woite, 17.2.1983; BStU, MfS, HA IX/11, RHE 24/82, BRD, Bd. 1, Bl. 40.

565 »Liste de criminels de guerre allemands condamnés par contumace par le tribunal de Bordeaux. Dossiers détenus par ce tribunal«; BStU, MfS, HA IX/11, RHE-West 710, Bd. 3, Bl. 69. Rechercheblatt der HA IX/11, 20.4.1976; BStU, MfS, HA IX/11, RHE-West 710, Bd. 4, Bl. 61.

man Ende 1976 auf die Personalakte Barths aus seiner Zeit ab 1940 bei der Ordnungspolizei und ab 1943 bei der Waffen-SS gestoßen.[566] Sie hatte seit 1954 in den Beständen des MfS gelegen.[567]

Nach ersten Überprüfungen in anderen DDR-Archiven, richtete die HA IX/11 ein »operatives Ersuchen« an die Sicherheitsorgane der ČSSR, da Barth von 1940 bis 1942 als Schutzpolizist im so genannten Reichsprotektorat Böhmen und Mähren eingesetzt war.[568] Außerdem hatte man festgestellt, dass Barth im Juni 1944 als SS-Untersturmführer der 3. Kompanie des I. Bataillons des SS-Panzer-Grenadier-Regiments 4 »Der Führer« der 2. SS-Panzer-Grenadier-Division »Das Reich« angehörte, die für das Massaker in dem französischen Dorf Oradour-sur-Glane verantwortlich war. Zwar glichen die Ermittler die Erkenntnisse noch immer nicht mit den vorliegenden Listen der in Abwesenheit Verurteilten ab, doch da sie aus der Fachliteratur von Verurteilungen von Angehörigen dieser Formation wussten, beantragten sie am 22. Januar 1979 bei Staatsanwalt Borchert die Einleitung eines Rechtshilfeersuchens an Frankreich, um eventuelle Informationen aus den Prozessakten zu erhalten.[569]

Im Unterschied zu den anderen Fällen nahm die DDR-Staatsanwaltschaft die Initiative auf. Sie sah offenbar eine Gelegenheit gekommen, Frankreich und weiteren westlichen Staaten wie Belgien, den Niederlanden, Luxemburg, Dänemark, Norwegen und Italien die Zusammenarbeit bei der Verfolgung von NS-Tätern anzubieten und dadurch das Renommee der DDR zu steigern. In einer Art Musterschreiben bot Günter Wieland dem französischen Justizminister über den Fall Barth hinaus an, nach Bereitstellung entsprechender Dokumente gegen in Abwesenheit verurteilte Personen zu ermitteln. Besonders strich er den demonstrativen Ermittlungswillen der DDR heraus:

»In diesem Zusammenhang möchte ich die durch Note des Ministers für Auswärtige Angelegenheiten der DDR am 31. August 1967 dem Generalsekretär der UNO in einem Memorandum übermittelte Erklärung bekräftigen, dass es die Strafverfolgungsorgane der DDR als ein Gebot des Rechts, der Moral und Menschlichkeit betrachten, die erforderlichen Ermittlungen und Maßnahmen der Fahndung auch hinsichtlich derjenigen Personen zu veran-

566 HA IX/11: Übersicht über die Entwicklung des Vorganges zu Barth, Heinz, geb. am 15.10.1920, 15.6.1983; BStU, MfS, HA IX/11, ZUV 66, AK 5776/76, Teil 1, Bl. 6–8.

567 Vgl. (HA IX/11): Analyse über die Entstehung des operativen Ausgangsmaterials zu Barth, o. D.; ebenda, Bl. 9–13.

568 HA IX/11: Übersicht über die Entwicklung des Vorganges zu Barth, Heinz geb. am 15.10.1920, 15.6.1983; ebenda, Bl. 6. HA IX/11: Übersicht über die Entwicklung des Vorganges zu Barth, Heinz, geb. am 15.10.1920, 15.6.1983; ebenda, Bl. 7; HA IX/11: Sachstandsbericht zum Vorgang AK 5776/76 (Barth, Heinz), 17.12.1979; ebenda, Bl. 83.

569 HA Untersuchung, Leiter: Schreiben an den Stellvertreter des Generalstaatsanwalts der DDR betreffs Rechtshilfeersuchen an das Justizministerium der Republik Frankreich zur Aufklärung der Person und Teilnahme des ehemaligen SS-Offiziers und Zugführers Barth an dem Massaker gegen die Einwohner von Oradour-sur-Glane am 10.6.1944, 22.1.1979; BA Berlin, DO 3/243-11-1979, Bl. 1 f.

lassen bzw. verstärkt fortzusetzen, die sich bisher der strafrechtlichen Verantwortlichkeit entziehen konnten.«[570]

Nach einer Absprache zwischen Borchert und Coburger im April 1979 wurden die Initiativen zu den Vorgängen »Oradour« und »Frankreichverurteilte« dann jedoch auf Eis gelegt.[571] Es griff erneut die alte Doktrin, dass öffentlich wahrnehmbare Aktivitäten nur dann infrage kamen, wenn man gezielt und mit Erfolgsgarantie zu einer Verurteilung kommen würde. Intern hieß es, dass »aus rechtspolitischen Gesichtspunkten« davon Abstand genommen wurde, »weil zu diesem Zeitpunkt die Beweislage nicht ausreichte, um als Voraussetzung für das Rechtshilfeersuchen ein Ermittlungsverfahren gegen Barth einzuleiten«.[572]

In einer Fachschularbeit erläuterte später eine Mitarbeiterin der HA IX/11, dass man befürchtet habe, mangels Rechtshilfevertrages in Frankreich erfolglos zu bleiben, zugleich aber Barth durch eventuelle westliche Medienberichte zu warnen. Deshalb sei erneut der geheime Weg über die MfS-Auslandsspionage beschritten worden, um einschlägige Dokumente zu beschaffen.[573] In der Tat hatte Generalmajor Fister mit dieser Begründung dem Minister vorgeschlagen, über die HV A »die Verbindung des Genossen Ernst Scholz (des ehemaligen Botschafters der DDR in Frankreich) zu Widerstandskämpfern in Frankreich zu nutzen, um die erforderlichen Unterlagen zu Barth aus dem Verfahren vor dem Militärgericht Bordeaux zu beschaffen«.[574] Wahrscheinlicher ist allerdings, dass man 1979 während der Kampagnen gegen die in der Bundesrepublik erneut anstehende Verjährungsfrist für Mord nicht Gefahr laufen wollte, mit eigenen Versäumnissen konfrontiert zu werden.[575]

Scholz gelang es tatsächlich, den Urteilstext zu besorgen. Barth war zweifelsfrei der Gesuchte. Eine »eigenhändige Tatbeteiligung« konnte Barth bis zu diesem Zeitpunkt noch nicht bewiesen werden. Dennoch sah die HA IX/11 seine strafrechtliche Verantwortlichkeit nach Artikel 6 des IMT-Statuts als begründet

570 (Der Generalstaatsanwalt der DDR), Abteilung Internationale Verbindungen: Vermerk und Entwurf eines Schreibens an den Justizminister der Französischen Republik, 21.3.1979; BA Berlin, DO 3/243-11-1979, Bl. 12 f.

571 (HA IX/11, Der Leiter): Mitteilung an Genossen Staatsanwalt Wieland, 20.4.1979; BA Berlin, DO 3/243-11-1979, Bl. 15.

572 (HA IX/11): Analyse über die Entstehung des operativen Ausgangsmaterials zu Barth, o. D.; BStU, MfS, HA IX/11 ZUV 66, AK 5776/ 76, Teil 1, Bl. 12.

573 Unterleutnant Angela Juch (HA IX/11): »Anforderungen und Erfahrungen der politisch-operativen Arbeit zur Realisierung und Absicherung des Rechtshilfeverkehrs zwischen der Generalstaatsanwaltschaft der DDR und den Justizorganen der BRD und Berlin-West bei der Aufklärung und Verfolgung von faschistischen Verbrechen gegen die Menschlichkeit und Kriegsverbrechen«, JHS Fachschularbeit, 15.2.1983; BStU, MfS, VVS-o001, MfS JHS Nr. 720/83, Bl. 47.

574 HA IX, Leiter: Vorschlag an den Genossen Minister zur Beschaffung von Prozessunterlagen zum Massaker gegen die Einwohner von Oradour-sur-Glane aus der Republik Frankreich, 22.3.1979, mit handschriftlichem Zusatz: »einverstanden« und der Unterschrift Mielkes; BStU, MfS, HA IX/11 ZUV 66, AK 5776/ 76, Teil 1, Bl. 58.

575 Tatsächlich wurde die Verjährung 1979 endgültig aufgehoben. Vgl. Rückerl: NS-Verbrechen vor Gericht, 1984, S. 205.

an, wonach »Anführer strafrechtlich für alle […] Handlungen verantwortlich sind, die in Ausführung ihrer Befehlsgebung begangen worden sind«.[576]

Dem üblichen Prozedere gemäß wollten die MfS-Ermittler nun zunächst konspirativ die Haftfähigkeit Barths prüfen und dann gegebenenfalls das Ermittlungsverfahren mit Haft einleiten.[577] Erneut schlug der stellvertretende Hauptabteilungsleiter Coburger nun ein förmliches Rechtshilfeersuchen vor, doch wiederum wehrte sich Staatsanwalt Borchert unter Hinweis auf »grundsätzliche Probleme«.[578] Wie der zuständige MfS-Mitarbeiter Winkler bei einem weiteren vergeblichen Anlauf im Mai 1980 notierte, befürchtete man eine Beeinträchtigung der »gegenwärtigen politischen und ökonomischen Beziehungen der DDR zu Frankreich«. Die würde dann eintreten, wenn die zahlreichen anderen Fälle ruchbar würden, zu denen bisher aus MfS-Sicht keine Beweismittel »auf operativem Wege« beschafft werden konnten und die »auch offiziell nicht angefordert« wurden.[579]

In der Zwischenzeit waren durch die Sicherheitsorgane der ČSSR belastende Unterlagen zu Barth übersandt worden. Zusätzlich hatte das MfS die mehr als tausend Angehörigen der am Massaker beteiligten Kompanien auf der Suche nach Zeugen überprüft und tatsächlich elf von ihnen in der DDR gefunden. Von März bis November 1980 wurden sie intensiv, zum Teil über mehrere Tage, befragt. Zwei von ihnen bestätigten, von Barth während des Massakers in Oradour konkrete Befehle erhalten und ausgeführt zu haben (womit sie sich selbst belasteten, wovon noch zu sprechen sein wird).[580] Damit war zweifelsfrei bewiesen, dass Barth »in seiner Eigenschaft als Zugführer […] die Feststellung, Ergreifung und Erschießung der Opfer befohlen hat«.[581] Mittlerweile stand auch seine Haftfähigkeit fest und Mielke genehmigte die Verhaftung Barths.[582]

576 HA IX/11: Sachstandsbericht zum Vorgang AK 5776/76 (Barth, Heinz), 11.12.1979; BStU, MfS, HA IX/11 ZUV 66, AK 5776/ 76, Teil 1, Bl. 83–91, hier 90.

577 Ebenda, Bl. 91.

578 HA IX/11, Stellvertreter des Leiters: Schreiben an den Stellvertreter des Generalstaatsanwaltes der DDR betreffs Rechtshilfeersuchen zur Sicherung von Beweismitteln in der Republik Frankreich zum Zwecke der Aufklärung der Person und des Teilnahmegrades des ehemaligen SS-Angehörigen Barth am Massaker gegen die Einwohner von Oradour-sur-Glane am 10.6.1944, 29.2.1980; BStU, MfS, HA IX/11, ZUV 66, AK 5776/ 76, Teil 1, Bl. 104 f. Der Generalstaatsanwalt der DDR, Der Stellvertreter: Mitteilung an HA Untersuchung, Genossen Oberst Dr. Coburger, betreffs SS-Obersturmführer Heinz Barth, 20.3.1980; BStU, MfS, HA IX/11, ZUV 66, AK 5776/ 76, Teil 1, Bl. 106; HA IX/11: Anschreiben des Leiters der HA IX/11 an Genossen Oberst Coburger zum Sachstandsbericht der HA IX/11 vom 7.1.1981 zum Vorgang »Oradour« gegen Barth, Heinz, 10.2.1981; BStU, MfS, HA IX/11, ZUV 66, AK 5776/ 76, Teil 1, Bl. 115 f.

579 HA IX/11: Vorschlag für ein Rechtshilfeersuchen an die Republik Frankreich auf der Grundlage der UNO-Resolution Nr. 3074 zwecks Beweismittelsicherung zu dem 1953 wegen Nazi- und Kriegsverbrechen in Bordeaux in Abwesenheit zum Tode verurteilten DDR-Bürger Barth, 14.5.1980; BStU, MfS, HA IX/11, ZUV 66, AK 5776/ 76, Teil 1, Bl. 107–109.

580 (HA IX/11): Analyse über die Entstehung des operativen Ausgangsmaterials zu Barth, o. D.; BStU, MfS, HA IX/11, ZUV 66, AK 5776/76, Teil 1, Bl. 12 f.

581 HA IX/11: Vorschlag zur Inhaftierung des DDR-Bürgers Barth, Heinz, 15.6.1981, mit handschriftlichem Zusatz: »einverstanden« und der Unterschrift Mielkes; ebenda, Bl. 153–157, hier 155 f.

582 Vgl. HA IX, AG VgM: Vermerk über die Absprache zum Vorgang »Oradour« der HA IX/11, 15.5.1981; BStU, MfS, HA IX/11, ZUV 66, Ermittlungsverfahren, Bd. 1, Bl. 83–85. HA IX/11: Vor-

Noch am selben Tag, dem 14. Juli 1981, wurde Barth festgenommen. Oberleutnant Bernd Heine von der Arbeitsgruppe »Verbrechen gegen die Menschlichkeit« der HA IX übernahm die Bearbeitung des Untersuchungsvorganges.[583] In der Erstvernehmung gestand Barth sofort, seiner Gruppe den Befehl gegeben zu haben, auf etwa 20 bis 25 männliche Bewohner Oradours, die in einer Scheune oder Garage zusammengetrieben worden waren, zu schießen. Er selbst habe mit seiner Maschinenpistole einen längeren Feuerstoß auf die Opfer abgegeben und dann, ohne sich von deren Tot überzeugt zu haben, das Gebäude anzünden lassen.[584]

Nach diesem Geständnis bat Coburger den Generalstaatsanwalt nun nochmals um die Einleitung eines Rechtshilfeersuchens.[585] Wieland notierte hierzu jetzt, dass dem »Entwurf eines RHE in der Sache Barth [...] prinzipiell zugestimmt« würde, erwog jedoch die Vergabe eines neuen Aktenzeichens. Letztlich erschien ihm die aus dem alten Aktenzeichen ablesbare Dauer der Ermittlungen jedoch sogar von Vorteil, da »die Zielstrebigkeit der DDR-Ermittlungen durch das 1979er Aktenzeichen besonders deutlich gemacht« würde.[586] Am 15. September 1981 informierte Generalstaatsanwalt Josef Streit seinen französischen Amtskollegen über die Inhaftierung Barths sowie dessen Aussagen und bat darum, »die hiesigen Ermittlungen auf dem Wege der Rechtshilfe« durch Zeugenaussagen, Gerichtsunterlagen und andere Beweismittel zu unterstützen.[587] Um die Konformität seines Anliegens mit internationalen Abmachungen zu unterstreichen, verwies Streit jetzt auch auf die von der UNO-Vollversammlung in der Resolution Nr. 3074 beschlossenen »Prinzipien der internationalen Zusammenarbeit bei der Aufdeckung, Inhaftierung, Auslieferung und Bestrafung von Personen, die der Begehung von Kriegsverbrechen und Verbrechen gegen die Menschlichkeit schuldig sind«.[588] Als erklärungsbedürftig empfand Streit offenbar den späten Zeitpunkt der Anfrage. Er behauptete daher: »Der Verdächtige hat gegen Ende des Zweiten Weltkrieges seine Personaldokumente vernichtet und sich durch falsche Angaben und Ausnutzung einer schweren Kriegsverletzung neue

schlag zur Inhaftierung des DDR-Bürgers Barth, Heinz, 15.6.1981, mit handschriftlichem Zusatz: »einverstanden« und der Unterschrift Mielkes; BStU, MfS, HA IX/11, ZUV 66, AK 5776/ 76, Teil 1, Bl. 153–157; Ministerrat der DDR, MfS, HA IX/11: Haftbeschluss, 14.7.1981; BStU, MfS, HA IX/11, ZUV 66, Ermittlungsverfahren, Bd. 1, Bl. 13.

583 Ministerrat der DDR, MfS (HA IX): Verfügung gemäß § 98 der Strafprozessordnung, 14.7.1981; ebenda, Bl. 22 f.

584 Vgl. HA IX, AG VgM: Bericht zum Ermittlungsverfahren gegen den DDR-Bürger Barth, Heinz, 16.7.1981; ebenda, Bl. 98–100.

585 Vgl. (MfS, HA IX), Stellvertreter des Leiters: Schreiben an den Generalstaatsanwalt der DDR betreffs Einleitung eines Rechtshilfeersuchens an die Justizorgane der Republik Frankreich im Ermittlungsverfahren gegen Barth, Heinz, wegen Kriegsverbrechen und Verbrechen gegen die Menschlichkeit, 26.8.1981; BStU, MfS, HA IX/11, ZUV 66, Ermittlungsverfahren, Bd. 5, Bl. 3 f.

586 (Der Generalstaatsanwalt, Abt. Internationale Verbindungen), Az. 243-11-1979: Verfügung vom 9.9.1981 an Abt. IA, Genossen Busse, über (Abteilungsleiter) Genossen [Carlos] Foth; BA Berlin, DO 3/243-11-1979, Bl. 25.

587 (Der Generalstaatsanwalt der DDR), Az. 243-11-1979: Ersuchen um Rechtshilfe an den Generalstaatsanwalt der Französischen Republik, 15.9.1981; BA Berlin, DO 3/243-11-1979, Bl. 32–34.

588 Ebenda, Bl. 32.

Personaldokumente verschafft.«[589] Nach seiner Rückkehr aus der Kriegsgefangenschaft 1946 war Barth wieder in seine Heimatstadt Gransee (nördlich von Oranienburg) zurückgekehrt und hatte seitdem in verschiedenen Leitungsfunktionen für die dortige Konsumgenossenschaft gearbeitet.[590] Tatsächlich hatte er lediglich seine »Zugehörigkeit zur Waffen-SS« verschwiegen.[591]

Wie in der bereits zitierten MfS-Diplomarbeit erläutert wurde, galt das Ersuchen intern als Probefall für die politischen und justiziellen Beziehungen zu Frankreich:

»Des Weiteren wurde mit diesem Rechtshilfeersuchen auch das Ziel verfolgt, politische Kontakte mit Frankreich zu knüpfen sowie Klarheit darüber zu erlangen, ob Frankreich um die Auslieferung des B[arth] ersuchen würde. In Kenntnis der Tatsache, dass weitere in Frankreich in Abwesenheit [....] verurteilte Täter in der DDR leben, sollte ›getestet‹ werden, wie dort auf solches offizielles Ersuchen reagiert wird.«[592]

Die Initiative war erfolgreich. Die französischen Behörden übersandten im Februar 1982 »ohne jede Vorbedingung wertvolles Beweismaterial«,[593] darunter Vernehmungsprotokolle von Überlebenden des Massakers, sowie die Kopie von Anklageschrift und Urteil des Militärtribunals Bordeaux.[594] Den Dokumenten war folgende Erklärung beigefügt:

»Der Verwaltungsrat der Nationalen Vereinigung der Familien der Märtyrer von Oradour-sur-Glane, [...] hat beschlossen und mit ihm die Überlebenden, in die Justiz der DDR das Vertrauen zu setzen, den Verlauf der Ermittlungen und des Prozesses verantwortungsbewusst durchzuführen.«[595]

Damit verzichtete Frankreich auf einen Auslieferungsantrag und eine Nebenklage – ein wichtiger Etappensieg für die Partei- und Staatsführung der DDR, die nun ungehindert und unbeaufsichtigt den Prozess vorbereiten konnte. Die DDR ließ sich diese Gelegenheit nicht entgehen, ihre justizielle Glaubwürdigkeit herauszustellen.[596] Doch obwohl die französischen Justizbehörden aus DDR-Sicht optimal reagiert hatten, folgte kein »Ergänzungs-Rechtshilfeersuchen« wie

589 Ebenda.

590 HA IX/11: Sachstandsbericht zum Vorgang AK 5776/76 (Barth, Heinz), 17.12.1979; BStU, MfS, HA IX/11, ZUV 66, AK 5776/ 76, Teil 1, Bl. 83–91.

591 Ebenda, Bl. 65–73, hier 66.

592 Unterleutnant Angela Juch (HA IX/11): »Anforderungen und Erfahrungen der politisch-operativen Arbeit zur Realisierung und Absicherung des Rechtshilfeverkehrs zwischen der Generalstaatsanwaltschaft der DDR und den Justizorganen der BRD und Berlin-West, bei der Aufklärung und Verfolgung von faschistischen Verbrechen gegen die Menschlichkeit und Kriegsverbrechen«, JHS Fachschularbeit, 15.2.1983; BStU, MfS, VVS-o001, MfS JHS Nr. 720/83, Bl. 49.

593 Ebenda.

594 Vgl. Französische Republik, Ministerium für Justiz, Abteilung für Strafsachen und Begnadigungen, Referenz: Büro E 4 Gegenseitige internationale Unterstützung bei Strafverfolgung Nr. 6069 B CR 81: Der Siegelbewahrer, Minister für Justiz an den Herrn Generalstaatsanwalt der DDR, Anschreiben, Abschrift, 11.2.1982; BStU, MfS, HA IX/11, ZUV 66, Ermittlungsverfahren, Bd. 5, Bl. 14 f.

595 Vgl. Erklärung des Vorsitzenden der Nationalen Vereinigung der Familien der Märtyrer von Oradour-sur-Glane, 8.12.1981, Übersetzung aus dem Französischen; BStU, MfS, HA IX/11, ZUV 66, Ermittlungsverfahren, Bd. 5, Bl. 18 f.

596 Vgl. Przybylski; Busse: Mörder von Oradour, 1984, S. 17.

Coburger vorgeschlagen hatte. Die offizielle Version der Umstände für die späte Entdeckung im Fall Barth war der französischen Öffentlichkeit noch vermittelbar gewesen. Doch angesichts der außerordentlich starken Aufmerksamkeit in den französischen Medien, befürchtete man offenbar kritische Nachfragen bei zusätzlichen Fällen.[597]

Im Fall Barth folgte hingegen ein Rechtshilfeersuchen an die USA, mit der Bitte, in den Archiven nach Dokumenten zur Person und zum Tatkomplex Oradour zu recherchieren. Auch die Behörden der Bundesrepublik wurden dahingehend ersucht, allerdings nicht nur um Beweismittel zu erlangen. Denn man glaubte, die »BRD-Justiz« damit an ihre »völkerrechtliche Verpflichtung« erinnern zu müssen. Darüber hinaus wollte man möglichen Versuchen der SS-Kameradschaft HIAG vorbeugen, die DDR mit der Behauptung zu verunglimpfen, es sei nicht alles unternommen worden, »um die Geschehnisse wahrheitsgemäß aufzuklären«.[598] Für das MfS war diese Instrumentalisierung, wodurch Rechtshilfeersuchen ihrer eigentlichen Funktion beraubt wurden, eine Selbstverständlichkeit. Angela Juch, Unterleutnant in der HA IX/11, schrieb dazu in ihrer Facharbeit:

»Hier kommt ganz deutlich zum Ausdruck, dass Rechtshilfe nicht nur die Sicherung von Beweismitteln zum Ziel hat, sondern auch die Politik von Partei und Regierung wirksam unterstützt. Deshalb muss Bestandteil der politisch-operativen Absicherung immer sein, dass man sich vor Übersendung eines Rechtshilfeersuchens an ein nichtsozialistisches Land Klarheit darüber verschafft, wie die Gegenseite möglicherweise reagiert. Erst nach Abwägung aller für und aller gegen das Ersuchen um Rechtshilfe sprechenden Gründe darf eine Entscheidung, mit der jederzeit die sicherheitspolitischen Interessen der DDR gewahrt bleiben müssen, getroffen werden«.[599]

Zur Erläuterung fügte sie in einer Fußnote hinzu:

»Bei unüberlegtem Handeln kann der Politik von Partei und Regierung [...] Schaden zugefügt werden. In solchen Fällen, bei denen durch in der DDR geführte Ermittlungen gegen verdächtige DDR-Bürger auch in der BRD lebende belastete Personen bekannt werden, muss eingeschätzt werden, welche politische und gesellschaftliche Stellung diese Personen in der BRD einnehmen und inwieweit eine Entlarvung auf bestimmte politische Konstella-

597 (Der Generalstaatsanwalt der DDR), Abt. IA: Vermerk zum wesentlichen Inhalt der Veröffentlichungen zum Ermittlungsverfahren gegen Heinz Barth wegen Kriegsverbrechen und Verbrechen gegen die Menschlichkeit, o.D.; BStU, MfS, HA IX/11, ZUV 66, Ermittlungsverfahren, Bd. 9, Bl. 102 f.; HA Untersuchung, Stellvertreter des Leiters: Schreiben an den Stellvertreter des Generalstaatsanwalts der DDR betreffs Einleitung eines Ergänzungs-Rechtshilfeersuchens an die Justizorgane der Republik Frankreich im Ermittlungsverfahren gegen Barth, Heinz wegen Kriegsverbrechen und Verbrechen gegen die Menschlichkeit sowie zur Identifizierung bzw. Beweismittelsicherung zu drei Personen, die von französischen Gerichten wegen derartiger völkerrechtswidriger Tätigkeit in Abwesenheit verurteilt worden sind, 11.11.1982; BStU, MfS, HA IX/11, RHE-West 710, Bd. 13, Bl. 277 f.

598 Unterleutnant Angela Juch (HA IX/11): »Anforderungen und Erfahrungen der politisch – operativen Arbeit zur Realisierung und Absicherung des Rechtshilfeverkehrs zwischen der Generalstaatsanwaltschaft der DDR und den Justizorganen der BRD und Berlin-West, bei der Aufklärung und Verfolgung von faschistischen Verbrechen gegen die Menschlichkeit und Kriegsverbrechen«, JHS Fachschularbeit, 15.2.1983; BStU, MfS, VVS-o001, MfS JHS Nr. 720/83, Bl. 51.

599 Ebenda, Bl. 52.

tionen Einfluss haben könnte. Grundlage für derartige Entscheidungen müssen stets die Beschlüsse der Partei unter besonderer Beachtung der außenpolitischen Linie bilden.«[600]

USA und Bundesrepublik bekundeten ihren guten Willen, indem sie entsprechende Dokumente schickten. Im Laufe des Jahres 1982 waren damit die Beweismittel zusammengetragen, um das beabsichtigte Verfahren politisch und juristisch planen zu können. Auf Grundlage des MfS-Schlussberichts entwarf Barths späterer Ankläger, der Staatsanwalt beim Generalstaatsanwalt der DDR, Horst Busse, in Abstimmung mit dem Leiter der AG »Verbrechen gegen die Menschlichkeit« im Untersuchungsorgan, Dietrich Muregger, eine Konzeption für das geplante Verfahren.[601] Busse notierte drei Ziele: »Sühne für die schweren Verbrechen«, »Festigung der Beziehungen der DDR zu fortschrittlichen Kräften der Republik Frankreich, zumal die BRD die dort lebenden Schuldigen an dem Massaker [...] nicht zur Verantwortung gezogen hat« und »Stärkung des internationalen Ansehens der DDR«.[602]

Doch bevor der Prozess beginnen konnte, musste noch ein Problem gelöst werden. Das MfS hatte auch zwei Untergebene von Barth in der DDR ermittelt, deren Zeugenaussagen Barth wesentlich belasteten, zugleich jedoch nicht minder sie selbst.[603] Oberleutnant Heine konstatierte, dass beide »dringend verdächtig« seien, »arbeitsteilig an der Vernichtung des Dorfes Oradour-sur-Glane mitgewirkt zu haben«.[604] Da Barth von den Aussagen der beiden wusste, konnte nicht ausgeschlossen werden, dass die Zeugen und ihre eigenen Taten in der medienwirksam inszenierten Hauptverhandlung zur Sprache kommen würden. Man befürchtete Negativschlagzeilen in der Westpresse.[605]

Heine wollte die beiden deshalb kurzerhand mit Barth gemeinsam vor Gericht stellen, doch offenbar fand man einen anderen Weg und hielt die Zeugen ganz aus dem Verfahren und damit aus der Öffentlichkeit heraus.[606] Selbst die Mitarbeiter der zuständigen MfS-Diensteinheit sollten auf Weisung des stellvertretenden Hauptabteilungsleiters Coburger erst kurz vor Prozessbeginn von dieser Entscheidung informiert werden.[607]

Die Namen und Aussagen der beiden tatbeteiligten Zeugen wurden kurzerhand aus dem Verfahren getilgt. Im MfS-Schlussbericht waren sie noch enthalten – in der Anklageschrift hingegen wird weder direkt Bezug auf ihre Aussagen genommen, noch sind sie als Zeugen zu den Verbrechen in Oradour-sur-Glane

600 Ebenda, Bl. 91.

601 (HA IX): Schlussbericht, 16.11.1982; BStU, MfS, HA IX/11, ZUV 66, Gerichtsakte, Bd. 21a, Bl. 1–69.

602 (Der Generalstaatsanwalt der DDR), Abt. IA: Konzeption für den Abschluss der Strafsache gegen Heinz Barth wegen Kriegsverbrechen und Verbrechen gegen die Menschlichkeit, 29.11.1983; BStU, MfS, HA IX/11, ZUV 66, Ermittlungsverfahren, Bd. 9, Bl. 110–113, hier 111.

603 HA IX/AG VgM: Entwurf. Strafrechtliche Einschätzung zum Verbrechenskomplex »Oradour-sur-Glane«, o. D.; BStU, MfS, HA IX/11, ZUV 66, Ermittlungsverfahren, Bd. 1, Bl. 14–21, hier 20.

604 Ebenda, Bl. 20.

605 Ebenda, Bl. 21.

606 Ebenda.

607 Ebenda, Bl. 14.

aufgelistet.[608] Die Maßnahme erwies sich als erfolgreich, in Hauptverhandlung und Urteil tauchen sie nicht mehr auf.[609] Genau einen Tag nach der Verurteilung schloss die HA IX/11 die Akte der beiden Zeugen und mutmaßlichen Mittäter mit der Begründung:

»Diese auf eigenen Aussagen beruhenden Belastungen konnten weder durch weitere Zeugenaussagen noch im Verlauf des Ermittlungsverfahrens gegen Barth verdichtet werden. Ein Vorschlag der HA IX/AG VgM, gegen diese sich selbst belastenden 2 DDR-Bürger ein Ermittlungsverfahren einzuleiten, wurde abschlägig entschieden.«[610]

Neben umfangreichen organisatorischen Vorbereitungen wurde im Frühjahr 1983 auch die propagandistische Verwertung des Prozesses detailliert geplant und mit Honecker abgestimmt. Am 25. Mai 1983 begann die Hauptverhandlung gegen Barth vor dem Stadtgericht Berlin. Nach der Beweisaufnahme, der Anhörung mehrerer Zeugen aus Frankreich und der ČSSR verurteilte ihn das Gericht am 7. Juni 1983 »wegen mehrfach begangener Kriegsverbrechen und Verbrechen gegen die Menschlichkeit« zu einer lebenslänglichen Freiheitsstrafe.[611] Das Gericht sah es als erwiesen an, dass Barth »vorsätzlich handelnd Kriegsverbrechen und Verbrechen gegen die Menschlichkeit [...] begangen« hatte, »indem er sich [...] als Mordschütze sowie [...] als Sicherungsposten an der Ermordung von 92 namentlich bekannten Zivilpersonen tschechischer Staatszugehörigkeit sowie als Offizier der Waffen-SS am 10.6.1944 an der Vernichtung von Oradour-sur-Glane mit seinen 642 ermordeten Bürgern [...] beteiligte«. Die Überlebenden und die Familien der Ermordeten werden das Urteil mit Genugtuung aufgenommen haben.

Einen Tag später erstattete Muregger seinem Minister Bericht über den Verlauf des Prozesses und konnte nur Positives vermelden:

»Die eingeleiteten politisch-operativen Maßnahmen erwiesen sich als wirkungsvoll, sodass während der Prozessdurchführung keine Vorkommnisse auftraten. [...] Im Verlauf der Beweisaufnahme durch das Gericht wurden die in der Untersuchung erzielten Ergebnisse im Detail bestätigt, was sich nachdrücklich in den Plädoyers sowohl des Staatsanwaltes als auch der Verteidigung widerspiegelte. Die am 7.6.1983 durch das Gericht ausgesprochene lebenslange Freiheitsstrafe entsprach dem Antrag des Anklagevertreters.«[612]

608 Vgl. (HA IX): Schlussbericht, 16.11.1982; BStU, MfS, HA IX/11, ZUV 66, Gerichtsakte, Bd. 21a, Bl. 23, 60. Der Generalstaatsanwalt der DDR, Az. 211-24/82: Stadtgericht Berlin, 1. Strafsenat-Anklageschrift gegen den ehemaligen SS-Obersturmführer Heinz Barth, 17.2.1983; BStU, MfS, HA IX/11, ZUV 66, Ermittlungsverfahren, Bd. I, Bl. 338–351.

609 Urteil des Stadtgerichts Berlin des Strafsenats 1a: In der Strafsache gegen Heinz Barth wegen Kriegsverbrechen und Verbrechen gegen die Menschlichkeit, Ausfertigung, (7.6.1983); ebenda, Bl. 353–383, hier 374.

610 HA IX/11, Leitung: Vorschlag zur Ablage des AK 5776/76, 8.6.1983; BStU, MfS, HA IX/11, ZUV 66, AK 5776/ 76, Teil 1, Bl. 4.

611 Urteil des Stadtgerichts Berlin des Strafsenats 1a: In der Strafsache gegen Heinz Barth wegen Kriegsverbrechen und Verbrechen gegen die Menschlichkeit, Ausfertigung (7.6.1983); BStU, MfS, HA IX/11, ZUV 66, Ermittlungsverfahren, Bd. I, Bl. 354.

612 HA IX, AG VgM: Bericht über den Verlauf der Hauptverhandlung gegen Barth, 9.6.1983; BStU, MfS, HA IX/11, ZUV 66, Ermittlungsverfahren, Bd. 9, Bl. 225 f.

Außerdem hätten sowohl die Verhandlungsführung des Gerichts als auch das »Auftreten der zur Prozessabsicherung eingesetzten politisch-operativen Mitarbeiter« den westlichen Massenmedien keinen »Anlass für verleumderische Angriffe auf die Justiz- und Sicherheitsorgane der DDR« geboten. Auch habe der Prozess erneut dokumentiert, »dass die DDR konsequent Kriegsverbrechen und Verbrechen gegen die Menschlichkeit aufklärt und Täter wegen dieser Delikte bestraft«. Mielkes Zustimmung fand Mureggers Anregung, eine Dokumentation aus Anklageschrift, Urteil und Prozessfotos herzustellen und diese den tschechoslowakischen Sicherheitsorganen sowie Vertretern der Französischen Republik zu übergeben.[613]

Der Prozess war vor allem in außenpolitischer Hinsicht ein voller Erfolg für die Partei- und Staatsführung der DDR und deren Helfer. Das SED-Regime konnte auf dem äußerst sensiblen Terrain der Vergangenheitsbewältigung als Normenstaat brillieren, damit sein Image aufpolieren und gleichzeitig die Bundesrepublik als Heimstatt für »Spitzenverbrecher des Nazireiches«[614] – unwillig und unfähig zur Ahndung derartiger Verbrechen – vorführen. Dieser Erfolg schlug sich auch im MfS, dem öffentlich nicht in Erscheinung getretenen Spiritus Rector des Verfahrens nieder. »In Anerkennung und Würdigung ihrer hervorragenden tschekistischen Leistungen bei der Aufspürung des Kriegsverbrechers Barth, der Aufdeckung und Aufklärung der von ihm durchgeführten Verbrechen sowie bei der Vorbereitung und Durchführung der gerichtlichen Hauptverhandlung und der dabei bewiesenen vorbildlichen Einsatzbereitschaft« wurden der Untersuchungsführer der AG VgM, Bernd Heine, mit dem Kampforden »Für Verdienste um Volk und Vaterland« in Bronze und sein Chef Dietrich Muregger mit der »Medaille für Waffenbrüderschaft« ausgezeichnet.[615] Der Leiter der HA IX/11 Lothar Stolze und sein Stellvertreter Horst Bauer erhielten je eine Prämie von 1 000 Mark bzw. 750 Mark. Zehn weiteren Mitarbeitern der HA IX wurde mit einer »Kollektivprämie« in Höhe von 5 000 Mark gedankt.

Entsprechend der Planung wurden die positive Berichterstattung und die daraus resultierende außenpolitische Aufwertung der DDR auch weidlich von der Propaganda ausgenutzt. Die Abteilung Agitation erstellte zum Beispiel eine Prozessdokumentation, welche ausschließlich MfS-intern sowohl für die Motivation als auch für die politische und moralische Legitimation der Mitarbeiterschaft genutzt wurde.[616] 1984 erschien eine Broschüre, in welcher die Staatsanwälte

613 Ebenda.

614 Przybylski; Busse: Mörder von Oradour, 1984, S. 159–166. Diese Bezeichnung bezieht sich hier auf den Divisionskommandeur, SS-Oberführer und General der Waffen-SS, Heinz-Bernhard Lammerding, der in Bordeaux ebenfalls zum Tode verurteilt wurde. Ein 1962 vom Landgericht Dortmund angestrengtes Ermittlungsverfahren wegen Mordes im Zusammenhang mit den Verbrechen der SS-Division »Das Reich« in Oradour und anderen französischen Ortschaften war zwei Jahre später »weil zureichende tatsächliche Anhaltspunkte für eine [...] strafbare Handlung nicht festzustellen sind« eingestellt worden.

615 Befehl des Ministers Nr. K 3199/83 v. 27.6.1983; BStU, MfS, HA KuSch Nr. 96, Bl. 458 f.

616 Abt. Agitation: Information über die Verfolgung und Bestrafung von Kriegsverbrechen und Verbrechen gegen die Menschlichkeit durch die DDR, Informationsmaterial für die Öffentlichkeitsarbeit,

Busse und Przybylski, Letzterer war während des Prozesses Sprecher des Pressebüros, ihre Version der Entdeckung Barths und der darauf folgenden Ereignisse schildern.[617] Jenseits des üblichen Propagandatons dieser Schrift ist sie vor dem Hintergrund der nicht verfolgten Fälle von verurteilten DDR-Bürgern unter einem Aspekt durchaus von Interesse. Busse und Przybylski betonen ausdrücklich, dass trotz der früheren Urteile der DDR-Prozess nicht gegen das Prinzip des Verbotes der doppelten Bestrafung verstoßen hätte:

»Nein, sagt der Ankläger, es verstößt nicht gegen die Strafprozessordnung, wenn ein Täter durch ein Gericht der DDR für eine Handlung verurteilt wird, für die er bereits früher durch ein ausländisches Gericht mit Strafe belegt wurde. Es müsste lediglich die aufgrund des ausländischen Urteils verbüßte Strafe angerechnet werden. Aber dies treffe auf den vorliegenden Fall nicht zu.«[618]

In der Tat, einen rechtlichen Hinderungsgrund gegen erneute Verfahren auch gegen die anderen schon im Ausland verurteilten DDR-Bürger hätte es nicht gegeben. Das Schlussplädoyer von Busse im Barth-Prozess mutet vor diesem Hintergrund wie Hohn an:

»Wir verneigen uns in Ehrfurcht vor den Toten. Den Familien dieser Märtyrer bekunden wir unser tiefes Beileid. Wir versichern ihnen und allen anderen Opfern des Faschismus, dass in unserem Staat die universelle und unbefristete Verfolgung und Bestrafung von Schuldigen an Naziverbrechen nicht nur erfolgt, weil es das Gesetz so gebietet. Die Rechtspflicht dazu besteht auch andernorts. Im Gegensatz zu Staaten, in denen überführte Naziverbrecher Unterschlupf fanden, betrachtet die DDR die Haltung eines Staates zu den Opfern des Faschismus einerseits und den Verantwortlichen anderseits als wesentlichen Gradmesser der Verwirklichung der Menschenrechte und der Demokratie.«[619]

Zweifelsohne wurde Barth angesichts der von ihm persönlich begangenen Verbrechen zu Recht und angemessen verurteilt. Doch niemand, mit Ausnahme einer kleinen Gruppe von Partei-, Justiz- und MfS-Funktionären, konnte wissen, dass man an ihm eigentlich nur ein Exempel statuierte und ihn als Alibi benutzte. Nur in diesem eng begrenzten Sinne war es tatsächlich ein »Schauprozess«.[620]

Zahlreiche Journalisten aus der DDR und anderen Ländern des Ostblocks, aber auch Medienvertreter neun westlicher Staaten, berichteten über die verschiedenen Phasen des Prozesses, an dem es nach außen hin in der Tat auch nach

4/5 1983, Prozess gegen den Kriegsverbrecher Barth, Stadtgericht Berlin, 25.5.–7.6.1983, Nicht zur Verteilung an die Öffentlichkeit bestimmt – nur zur Information der Referenten benutzen, S. 1–3; Archiv des Verfassers.

617 Vgl. Przybylski; Busse: Mörder von Oradour, 1984.

618 Ebenda, S. 117 f.

619 Ebenda, S. 118 f.

620 Die in der Bundesrepublik erscheinende »Nationalzeitung« hatte den Barth-Prozess in Anlehnung an die Stalinschen Prozesse in der UdSSR in den dreißiger Jahren kurzerhand als »Schauprozess« und kommunistische Propaganda abgetan. Dies war so nicht zutreffend und diente letztendlich der Geschichtsverfälschung sowie zur Rechtfertigung der Verbrechen und der Rehabilitierung der Täter. Vgl. Rosh; Schwarberg: Der letzte Tag von Oradour, 1988, S. 136 f.

rechtsstaatlichen Kriterien nichts auszusetzen gab.[621] Diese Berichterstattung erleichterte es der SED, den Fall Barth propagandistisch zu vermarkten. Immer wieder wurde er herangezogen, um den Mythos von der konsequenten Strafverfolgung von NS-Straftaten durch die DDR bzw. deren Justiz einerseits und einer, in dieser Hinsicht untätigen Bundesrepublik andererseits, zu veranschaulichen. Darüber hinaus war der Prozess außerordentlich hilfreich dabei, die Rolle der Justiz in der DDR, als Exekutivorgan einer Diktatur, zu verschleiern. Die Autoren eines 1988 in der Bundesrepublik erschienenen Buches charakterisierten ihn beispielsweise, als »vorbildhaft in Vorbereitung, Gründlichkeit, Rechtsstaatlichkeit«.[622] Und sie übernahmen unkritisch auch die Aussage Busses, wonach die Wahrheit über Oradour schon 1962 hätte geklärt werden können, wenn die Aussagen eines Tatbeteiligten »nicht zwanzig Jahre lang in den Archiven der westdeutschen Staatsanwaltschaft gelegen hätten«, sondern gleich der DDR zur Verfügung gestellt worden wären.[623] Warum oder auf welche Veranlassung hin dies hätte geschehen sollen, fragten die beiden Journalisten nicht. Zumal man in der DDR, trotz der vom MfS seit 1954 verwahrten Personalakte, auch erst 1976 auf Barth aufmerksam geworden war.

621 Z. B. sprach Die Neue Zürcher Zeitung am 9.6.1983 von einem »fairen Prozess«. Vgl. Meyer, Ahlrich: Die deutsche Besatzung in Frankreich, 2000, S. 266.

622 Rosh; Schwarberg: Der letzte Tag von Oradour, 1988, S. 137.

623 Ebenda, S. 135.

II Das MfS als Aktensammler

1 Anfänge ab 1945

Die zentrale Position des Ministeriums für Staatssicherheit im Institutionengeflecht der SED-Vergangenheitspolitik beruhte zu einem erheblichen Teil auf einer systematischen Politik der Aktensammlung, teils in Form von Originalen, teils durch Verfilmungen. Den Grundstock bildeten Funde aus der unmittelbaren Nachkriegszeit, als die KPD/SED gezielt nach Unterlagen aus dem Dritten Reich fahndete, um Nazis verfolgen zu können, aber auch um das Verhalten von Kommunisten unter dem Verfolgungsdruck des Hitler-Regimes zu beurteilen und etwaige Verräter in den eigenen Reihen zu erkennen. Beteiligt waren daran erprobte Untergrundkader, die zu diesem Zweck bei Polizeidienststellen und den geheimen Strukturen der Parteiabwehr und auch bei der K 5 und ihren Vorläufern platziert waren. Außerdem legten auch die sowjetischen Besatzungsbehörden selbst Materialsammlungen an und verbrachten sie später in die UdSSR.

Die Pressestelle II im Polizeipräsidium Berlin

Bereits im Sommer 1945 begannen alt gediente, zuverlässige KPD-Mitglieder, zumeist aus dem so genannten militärpolitischen Apparat (»M-Apparat«) damit, im Parteiauftrag gezielt nach Akten der Gestapo, der NSDAP und anderer wichtiger Institutionen des Hitler-Staates zu fahnden. Sie waren getarnt als Mitarbeiter der »Pressestelle II« des im Wiederaufbau begriffenen Berliner Polizeipräsidiums.[1] Zu ihnen zählten neben anderen Huldreich Stroh, Paul Laufer, Hermann Dünow und Hugo Gefroi. Im November 1945 barg die Gruppe in zum Teil abenteuerlichen Aktionen Reste der Gestapoakten aus den Ruinen des Reichssicherheitshauptamtes in der Prinz-Albrecht-Straße und verfrachtete Verfahrensakten des Volksgerichtshofes aus dem amerikanischen bzw. britischen Sektor in den sowjetischen Teil Berlins. Bei diesen Aktionen handelte es sich teilweise um schlichten Diebstahl. Die Akten des im Februar 1945 zerbombten Volksgerichtshofes waren beispielsweise zuerst von britischen Militäreinheiten aus den Trümmern geborgen worden. Kurz entschlossen organisierten die KPD-Genossen, die ohne schweres Gerät nicht an die Akten gelangt wären, daraufhin einen Lastwagen mit Hänger und transportierten »über Sonntag« die freigelegten Akten ab.[2]

1 Vgl. Kubina: Der Aufbau des zentralen Parteiapparates, 1998, S. 49–117, hier 89–91.

2 Vgl. Deckname Stabil. Stationen aus dem Leben und Wirken des Kommunisten und Tschekisten Paul Laufer. Hg. v. Ministerium für Staatssicherheit. Leipzig 1988, S. 58 f.

Mit diesen und ähnlichen Methoden habe, wie es in einer vom MfS herausgegebenen Biografie Paul Laufers heißt, die Gruppe es geschafft, dass »tausende Akten vor der Vernichtung bewahrt und dem Zugriff der Westmächte entzogen« wurden.[3] Einige Akten, die in der Strafanstalt Plötzensee lagerten, hätten durch die »Einschleusung eines Genossen in die dortige Polizei« beschafft werden können.[4]

Damit war offenbar Dr. Werner Gentz, KPD/SED-Mitglied und Leiter der Abteilung IV (Kontrolle der Staatsanwaltschaft) in der Deutschen Justizverwaltung (DJV) gemeint.[5] Als Leiter einer Arbeitsgruppe »zur Sichtung und Auswertung des belastenden Materials gegen das NS-Gefängnis- und Lagerpersonal« beschaffte er Akten des Volksgerichtshofes, die auf dem Gerichtsgelände in der Berliner Bellevue-Straße aufgefunden worden waren und seit November 1946 vom Hauptausschuss »Opfer des Faschismus« (OdF) beim Berliner Magistrat in der Strafanstalt Plötzensee gesichtet wurden. Aufgrund einer Vereinbarung mit dem Generalstaatsanwalt beim Berliner Kammergericht habe Gentz Akten des Volksgerichtshofs, die »Material zur Verfolgung von Menschlichkeitsverbrechen enthielten, insbesondere gegen Denunzianten«, der für die Verfolgung zuständigen Staatsanwaltschaft zuleiten dürfen.[6] Insgesamt seien, laut einem Vermerk von Gentz im Juni 1947, auf diesem Weg »bislang 30 bis 40 Akten des Volksgerichtshofes in die Hände der DJV gelangt«.[7]

Unter anderem übergab Gentz im Februar 1947 Listen politischer Gefangener aus Polen, die im Jahr 1941 vor dem Volksgerichtshof angeklagt worden waren, sowie Akten eines Strafverfahrens vor dem Volksgerichtshof gegen zwei französische Studenten der Rechtsabteilung der SMAD. Hierzu ist anzumerken, dass sie zusammen mit rund 1 000 weiteren Prozessakten gegen Angehörige gaullistischer Organisationen, Kommunisten, französische Geheimdienstagenten alliierter Dienste und andere französische Bürger auf heute kaum noch rekonstruierbarem Weg zu einem unbekannten Zeitpunkt in den Bestand des MfS-Zentralarchivs bzw. der HA IX/11 gelangten.[8] Weitere Übergaben untersagten die westlichen Alliierten. Nach dem Auszug der sowjetischen Vertreter aus der alliierten Kommandantur im Juni 1948 verlor die DJV endgültig die Möglichkeit, auf die im britischen Sektor Berlins liegenden Akten zuzugreifen.

Zudem beschaffte sich die Pressestelle II »mit Unterstützung der sowjetischen Freunde«, wie eine MfS-interne Publikation vermerkt, auch die alte Berliner Meldekartei mit rund 3 Millionen Einträgen.[9] Bestandteil dieser Kartei war auch

3 Vgl. ebenda, S. 59.

4 Vgl. ebenda.

5 Vgl. Meyer-Seitz: Die Verfolgung von NS-Straftaten, 1998, S. 62–66.

6 Vgl. ebenda, S. 64.

7 Vgl. ebenda, S. 65.

8 (Abt. XII): Information zum Archivmaterial über die faschistischen Verbrechen in Frankreich (1939–1945), 9.5.1966; HA IX/11: Aktenvermerk, 5.10.1983; BStU, MfS, HA IX/11, AV 20/80, Bd. 4, Bl. 30 f. u. 33–42.

9 Vgl. Im Kampf bewährt. Erinnerungen an Richard Großkopf. Hg. v. Ministerium für Staatssicherheit. Leipzig 1984, S. 74.

eine Übersicht über alle von den Nazis in Berlin eingeleiteten Strafverfahren. Durch die Auswertung dieser Kartei hätten »zahlreiche Nazi- und Kriegsverbrecher ermittelt und dingfest gemacht« werden können.[10]

Die Kartei bildete einen Grundstock der Abteilung Pass- und Meldewesen im Polizeipräsidium, die ab 1949 von Richard Großkopf geleitet wurde, der der »Systematisierung und Auswertung« dieser Kartei mit »großer Aufmerksamkeit« nachgegangen sei.[11] Großkopf war einer der erfahrensten Untergrundkader der KPD. Im M-Apparat der Weimarer Zeit hatte er die Passfälscherabteilung geleitet. Im Konzentrationslager Buchenwald leitete er später den Abwehrapparat der illegalen Parteiorganisation, überprüfte Neuzugänge, entlarvte Spitzel und Verräter und veranlasste entsprechende »Maßnahmen«, das heißt deren Exekution.[12] Nach der Befreiung des Lagers fahndete er zunächst nach »aktiven Faschisten« und avancierte dann 1946 zum Personalchef der Kriminalpolizei im Berliner Polizeipräsidium. 1951 wechselte er dann zum gerade gegründeten Außenpolitischen Nachrichtendienst (später Hauptverwaltung A des MfS), wo er später erneut seiner Profession als Pass- und Dokumentenfälscher nachging.[13]

In Magdeburg entdeckte ein Suchkommando, das ebenfalls als Pressestelle der Polizei firmierte, das Archivgut der dortigen Gestapo im Keller einer zerstörten Schule.[14] Verwendung fanden diese Akten bei der KPD/SED und vor allem auch bei sowjetischen Behörden, die ebenso wie die westlichen Siegermächte nach 1945 bemüht waren, NS-Belasteter habhaft zu werden, sei es, um sie mit den gefundenen Dokumenten zur Zusammenarbeit zu erpressen, sei es, um sie strafrechtlich zu verfolgen.

Man begann, die geborgenen Akten auszuwerten, und die Berliner Pressestelle II entwickelte bald auch aktive geheime Operationen im Stile des alten M-Apparates, bis hin zur Anwerbung von belasteten NS-Kadern.[15] Dabei stieß sie allerdings auf Widerspruch im KPD-Zentralkomitee. Bruno Haid, Mitarbeiter der ZK-Kaderabteilung, notierte nach einer Besprechung im Januar 1946 aufmerksam die Arbeitsschwerpunkte und Pläne der Pressestelle II.[16] Wie Hugo Gefroi dargelegt hatte, wurden in drei Unterabteilungen Akten gesichtet und registriert.[17] Unterabteilung a bearbeitete »circa 20 000 Hochverratsakten« und wandte sich anschließend den Landesverratsfällen zu, darunter nicht nur Spionagefälle, son-

10 Vgl. ebenda.

11 Vgl. ebenda, S. 73 f.

12 Niethammer: Der »gesäuberte« Antifaschismus, 1994, S. 308.

13 Vgl. Im Kampf bewährt. Erinnerungen an Richard Großkopf. Hg. v. Ministerium für Staatssicherheit. Leipzig 1984, S. 76.

14 Rudolf Körner: Aufgaben und Beitrag der sich herausbildenden deutschen Sicherheitsorgane der antifaschistisch-demokratischen Ordnung in der sowjetischen Besatzungszone bei der konsequenten Verfolgung von Nazi- und Kriegsverbrechen von 1945 bis zur Gründung der DDR, Jahresarbeit, JHS Potsdam-Eiche, 1970; BStU, MfS, JHS 2241, Bl. 33.

15 Vgl. Bruno Haid: Stellungnahme zur Pressestelle des Pol(izei)-Präsidiums, 25.1.1946; BStU, MfS, AS 491/67, Bl. 4.

16 Bruno Haid: Protokoll der Besprechung der Mitarbeiter der Pressestelle des Pol(izei)-Präs(idiums), 20.1.1946; ebenda, Bl. 6–8.

17 Ebenda, Bl. 6.

dern auch viele Prozesse gegen Kommunisten.[18] Hier befanden sich auch die Verfahrensakten zur Widerstandsgruppe »Europäische Union« um Robert Havemann, nach deren Lektüre Haid vermerkte: »Dr. Havemann hat sich bei all seinen Aussagen vorbildlich verhalten und niemanden von sich aus belastet.«[19] Bei der Sichtung und Auswertung dieser Akten ging es nicht nur darum, NS-Täter festzustellen. Die Ermittler arbeiteten auch heraus, »wo ein Genosse den faschistischen Foltermethoden nicht standgehalten hatte« und lieferten »so manchen Hinweis auf Spitzel und Verräter.«[20] Solche Auswertungen und die Prozessakten selbst waren sowohl beim KPD-Zentralkomitee als auch bei den sowjetischen Sicherheitsorganen sehr begehrt und landeten schließlich im Fundus des MfS.

In einer zweiten Unterabteilung – »b. Aufrollung der Gestapo« – waren im Januar 1946 schon »4 300 Gestapo-, Justizbeamte oder Staatsanwälte« in Karteien aufgelistet worden.[21] Auch hier ging es darum, »die V-Männer der Gestapo aufzudecken«, um so »die Sicherheit und Sauberkeit der Partei« gewährleisten zu können.[22] Daran hatten die Mitarbeiter der Pressestelle wie Paul Laufer und Hermann Dünow, die selbst von Spitzeln verraten worden waren, auch ein persönliches Interesse.[23] Die dritte Unterabteilung hatte bis dato rund »85 000 Nazis [...] karteimäßig« erfasst und ergänzte die Daten fortlaufend.[24] Lediglich die »Frage der Industriekapitäne« – so der Bericht von Haid –, »die oft nicht bei den Nazi organisiert waren«, müsse noch in Angriff genommen werden.

Hermann Dünow vertrat für die Pressestelle II recht ambitionierte Pläne, die faktisch auf eine Vorreiterrolle beim Aufbau einer kommunistischen politischen Polizei hinausliefen. Er regte eine »Zusammenarbeit mit dem übrigen Reich« an und verlangte von der KPD Hinweise auf »zuverlässige Genossen in Polizeifunktionen«, um eine »Kontrakarierung [!] durch reaktionäre Elemente zu vermeiden«. Generell wolle man nun »die Gegenwart und die Zukunft in den Aktions-

18 Ebenda.

19 Bruno Haid: Mitteilung an Ulbricht zum Prozess gegen Dr. Robert Havemann vor dem Volksgerichtshof in Berlin, 15./16.12.1943, 15.2.1946; SAPMO-BA, IV/2/11/4920 (ZK-Kaderakte Robert Havemann), Bl. 5. Den Hinweis auf dieses Dokument bekam ich freundlicherweise von Werner Theuer, Robert-Havemann-Gesellschaft, Berlin. Ulbricht teilte damals offensichtlich diese positive Sicht, zumal er in späteren Publikationen auch eigens auf die Gruppe um Havemann hinwies. Vgl. Ulbricht: Zur Geschichte der Neuesten Zeit, 1955, Bd. 1, 1. Halbband, S. 23. Nachdem Havemann zum Regime-Kritiker geworden war, kehrte sich diese Anerkennung um. SED und MfS versuchten jetzt, seine Widerstandstätigkeit zu verleugnen und ihn der Kollaboration mit dem NS-Regime zu überführen. Vgl. die Fallstudie in Teil 3.

20 Deckname Stabil. Stationen aus dem Leben und Wirken des Kommunisten und Tschekisten Paul Laufer. Hg. v. Ministerium für Staatssicherheit. Leipzig 1988, S. 59 f.

21 Bruno Haid: Protokoll der Besprechung der Mitarbeiter der Pressestelle des Pol(izei)-Präs(idiums), 20.1.1946; BStU, MfS, AS 491/67, Bl. 6.

22 Ebenda.

23 Vgl. Deckname Stabil. Stationen aus dem Leben und Wirken des Kommunisten und Tschekisten Paul Laufer. Hg. v. Ministerium für Staatssicherheit. Leipzig 1988, S. 60; Kaufmann u. a.: Der Nachrichtendienst, 1993, S. 286; Sassning: Thälmann, 2000; Ders.: Geschichte im Visier, 2000.

24 Bruno Haid: Protokoll der Besprechung der Mitarbeiter der Pressestelle des Pol(izei)-Präs(idiums), 20.1.1946; BStU, MfS, AS 491/67, Bl. 7.

radius« einbeziehen. Er wollte »aktive Nazitätigkeit« aufdecken, »schriftliche wie die Mundpropaganda« kontrollieren und sogar »Vertrauensleute [...] bei den Nazis [...] (evtl. über festgenommene Leute)« werben. Auch »Stimmungsberichte der Berliner Bevölkerung [...] in regelmäßigen Abständen« schwebten ihm vor, um zu erfahren, welche »Losungen finden Anklang und welche nicht«. Die Partei müsse ihnen jedoch helfen, damit sie zur politischen Polizei werden könnten. Ausdrücklich notierte Haid in seinem Protokoll die Auffassung der Pressestelle II: »Der Beschluss der Alliierten, keine politische Partei zu schaffen, müsse umgangen werden.« Sogar an Auslandspropaganda dachte man schon, um dort darüber aufzuklären, »dass deutsche Antifaschisten genau so gelitten haben wie Polen, Russen, Franzosen usw.«.[25]

Der ZK-Vertreter Haid war offenkundig über die Alleingänge der Genossen in der Pressestelle II konsterniert. Am 25. Januar 1946 monierte er bei der Leitung des ZK: »Was neu sein dürfte, ist die Tatsache, dass hier nicht nur Material gesichtet, sondern operativ gearbeitet wird, d. h. es werden Verhaftungen, Haussuchungen, Verhöre usw. vorgenommen.«[26] Man wolle »jetzt sogar dazu übergehen [...], ein Vertrauensmännersystem bei Nazigruppen aufzubauen«. Auch könne er sich »nicht des Eindrucks erwehren, dass hier eine Polizei in der Polizei aufgebaut« werde. Hier gehe es nicht um »die Zusammenarbeit mit den übrigen Polizeistellen«, sondern das »An-sich-Reißen aller möglichen Aufgaben«. Da außerdem noch mit einer »ziemlichen Arroganz nach Anerkennung, Unterstützung und Förderung durch die Partei« geschrien werde, sei »mit Übergriffen mancher Art im Stile des alten Apparates zu rechnen«. Gemeint war hier offenbar der M-Apparat vergangener Zeiten.

Diese Aktivitäten als »Ersatzorgan für eine politische Polizei« würden letztlich die Sammel- und Registrierarbeiten gefährden, wenn die Westalliierten auf den »Wasserkopf« mit nunmehr 34 Mitarbeitern aufmerksam würden. Alles andere, »Enqueten, Recherchen, Haussuchungen, Verhaftungen und Verhöre aber sollten von den zuständigen Polizeistellen« durchgeführt werden. Unter »straffer Kompetenzbegrenzung und Kontrolle« solle sich die Pressestelle II auf die »Aufspürung von Archiven« als »Bindeglied zwischen Archiv und Kriminalpolizei« beschränken.

Die Personalpolitische Abteilung beim SED-Parteivorstand

Die alarmierte Leiterin der Abteilung Kader, Grete Keilson, reichte Protokoll und Stellungnahme Haids umgehend an Ulbricht, Dahlem und den für Polizeifragen zuständigen ZK-Mitarbeiter Erich Mielke weiter.[27] Die Pressestelle II stand

25 Ebenda, Bl. 8.

26 Bruno Haid: Stellungnahme zur Pressestelle des Pol(izei)-Präsidiums, 25.1.1946; BStU, MfS, AS 491/67, Bl. 4 f.

27 Grete (Margarete) Keilson: Anschreiben an Ulbricht, Dahlem und Mielke; BStU, MfS, AS 491/67, Bl. 3.

offenkundig in Konkurrenz zum parteiinternen Abwehrapparat, der ebenfalls bereits begonnen hatte, Material (darunter auch Gestapo-Akten) gegen wirkliche und vermeintliche Verräter und Abweichler aller Couleur aus den eigenen Reihen zu sammeln und auszuwerten.[28] Nach Gründung der SED im April 1946 musste die Pressestelle II ihre Akten an die so genannte Personalpolitische Abteilung (PPA) beim Parteivorstand der SED übergeben, wo auch der verdeckte interne Sicherheitsdienst angesiedelt war. Man hatte dort für sie eigens »große Kellerräume« bereitgestellt.[29] Für »Vorgänge von zentraler Bedeutung«, zum Beispiel über das Widerstandsnetz der so genannten Roten Kapelle, wurde im obersten Stockwerk der Parteizentrale ein »gesondertes Archiv« eingerichtet, das später ans MfS überging.[30]

Die meisten Mitarbeiter der Pressestelle wurden nun ebenfalls in den SED-Abwehr- und Säuberungsapparat der PPA integriert. Huldreich Stroh wurde dort Referent und Dünow Chef der »Abteilung für Aktenverwaltung« innerhalb eines neu gebildeten »Außendienstes der Personalabteilung«. Er setzte hier faktisch seine alten Auswertungs- und Registrierarbeiten fort.[31] Weitere Mitarbeiter dieser Abteilung rekrutierten sich ebenfalls aus dem Umfeld des ehemaligen AM-Apparates bzw. der »sowjetischen Dienste«.[32] Im September 1946 übernahm Dünow die Leitung der Pressestelle in der Deutschen Verwaltung des Innern (DVdI).[33]

Zu den Aufgaben Bruno Haids, mittlerweile Leiter des Abwehrreferates in der PPA, gehörte unter anderem die Suche nach den Gestapo-Beamten und möglichen Verrätern, die zur Enttarnung der »Roten Kapelle« beigetragen hatten, wobei hausgemachte Ursachen auf sowjetischer Seite allerdings nicht thematisiert wurden. Haid arbeitete unter anderem mit dem später berühmten Fotoalbum über die Widerstandsgruppe, das der KPD-Bürgermeister von Berlin-Kreuzberg Georg Welke in den ersten Nachkriegstagen an die Parteizentrale gegeben hatte.[34] Wie Haid 1967 dem mittlerweile auch mit der »Roten Kapelle« befassten MfS berichtete, seien die Recherchen schließlich an die sowjetischen Sicherheitsorgane abgegeben worden.[35] Etliche, die das NS-Regime überlebt hatten, wurden nach Kriegsende von ihren ehemaligen Auftraggebern für Jahre ins Gefängnis oder in Arbeitslager in der Sowjetunion geschickt. Erst Mitte der sechziger Jahre begannen SED, MfS sowie sowjetische Stellen, sich der »Kund-

28 Vgl. Klein: SED-Parteikontrolltätigkeit, 1997.

29 Vgl. Kubina: »In einer solchen Form, die nicht erkennen läßt, worum es sich handelt…«, 1996, S. 347.

30 Schirdewan: Aufstand gegen Ulbricht, 1994, S. 31.

31 Kubina: »In einer solchen Form, die nicht erkennen läßt, worum es sich handelt…«, 1996, S. 347.

32 Ebenda, Bl. 348.

33 Vgl. Hermann Dünow: Lebenslauf, 4.8.1954 (unleserlich); BStU, MfS, HA IX/11, SV 1/81, Bd. 245, Bl. 243–245.

34 Vgl. Coburger, Marlies: Camera obscura, 1992.

35 HA XX/1: Bericht über ein Gespräch mit Bruno Haid zur »Roten Kapelle«, 6.4.1967; BStU, MfS, HA XX, AP 40637/92, Bl. 73 u. 75 f. (Fehlpaginierung).

schafter« zu erinnern und stilisierten sie nun zu Helden und Widerstandskämpfern hoch.[36] Die zweite Hauptaufgabe der Parteiabwehr richtete sich gegen Sozialdemokraten, die sich dem Druck zur Vereinigung der beiden Arbeiterparteien nicht beugen wollten und dabei Rückhalt beim Ostbüro der SPD fanden.[37]

Parallel zur Arbeit des Abwehrreferates wurde Anfang 1947 die von Hans Seigewasser und Karl Schirdewan im Sektor »Studium der illegalen Parteigeschichte« beim SED-Parteivorstand begonnene Sammlung von Informationen über die Haltung von Genossen in der Illegalität forciert weitergeführt. In seinen Erinnerungen schreibt Schirdewan, dass es dabei lediglich »um die Aufarbeitung von Gestapo-Akten über die illegale Arbeit der KPD, der SPD und auch anderer antifaschistischer Kräfte« ging, keineswegs aber »um die Prüfung des Verhaltens von Genossen«. Es galt, einen »thematisch festgelegten Beitrag zur Darstellung von illegalen Aktivitäten der Partei gegen die Nazidiktatur zu leisten«.[38] Kubina vertritt hingegen die Meinung, dass es sich dabei nur um die »Sammlung belastenden Materials« gehandelt habe.[39]

Wie auch immer, die gesammelten Informationen bildeten eine Grundlage für die Anfang 1949 erfolgte erste Säuberungswelle unter den SED-Mitgliedern. Im Januar 1949 betrug der Mitgliederstand der SED noch 1 773 000. Innerhalb von drei Monaten wurde sie dann von 23 000 »klassenfremden Elementen, von Schädlingen, Saboteuren, Karrieristen, Bürokraten, Fraktionisten, Versöhnlern und Doppelzünglern« befreit.[40] Informationen, die nicht für sofortige Maßnahmen verwertbar waren, fanden Verwendung bei der späteren Parteiüberprüfung von 1950/51, in deren Folge auch ehemalige Wehrmachtsangehörige sowie NSDAP-Mitglieder aus der SED ausgeschlossen wurden.[41]

Im Februar 1949 wurde beim neu gebildeten Politbüro eine Westkommission geschaffen und das Abwehrreferat der PPA unter Haid und Laufer aufgelöst. Laufer wurde als Abwehrreferent in die Zentrale Parteikontrollkommission (ZPKK) übernommen, wobei die entsprechenden Kompetenzen von der PPA dorthin übergingen.[42] In der ZPKK war Laufer hauptsächlich für die innerparteiliche Abwehrarbeit und insbesondere für die Absicherung des Parteiapparates zuständig. Als Sektorenleiter schied Laufer 1954 aus der ZPKK aus und wurde ein Jahr später in der HA XV des MfS, der späteren HV A, für die »Bearbeitung der Diversionsorgane der SPD und des DGB« verantwortlich.

Die bis dahin von Haid wahrgenommenen innerzonalen und außerparteilichen Abwehraufgaben wurden 1949 von der K 5 übernommen, die wiederum selbst im Begriff stand, in das in Gründung befindliche Ministerium für Staatssicherheit überführt zu werden.

36 Tuchel: Das Ministerium für Staatssicherheit, 2004.
37 Vgl. Erler: Zur Sicherheitspolitik, 1997, S. 84 f.
38 Schirdewan: Aufstand gegen Ulbricht, 1994, S. 30.
39 Kubina: »In einer solchen Form, die nicht erkennen läßt, worum es sich handelt…«, 1996, S. 345.
40 Rößler: Entnazifizierungspolitik, 1994, S. 55.
41 Vgl. Mählert: »Die Partei hat immer recht!«, 1998, S. 351–457, hier 416.
42 Vgl. Kubina: »Was in dem einen Teil …«, 1998, S. 484.

Bruno Haid wurde einer von vier Leitern der Westkommission und dort Referent für »Information« und »bürgerliche Parteien«. Auch Huldreich Stroh und nach einem kurzen Zwischenspiel bei der ZPKK auch Georg Thiele wurden in die Westkommission übernommen.

Die Materialsammlung, zu der auch die illegale Beschaffung von NS-Schriftgut aus dem Westen gehörte, wurde kontinuierlich fortgesetzt. Noch Anfang der fünfziger Jahre gelangte Schriftgut der SS in die DDR, das von KPD-Genossen in den westlichen Besatzungszonen »sichergestellt« worden war.[43] Da »der Feind« dieses Material gesucht habe, sei damals beschlossen worden, es in die DDR zu bringen, um es dort zu »veröffentlichen«.[44] Den Schmuggel in den Osten übernahm der zum Geheimapparat der Partei gehörende und unter Leitung von Richard Stahlmann (alias Artur Illner) operierende technische Bereich des »Grenzapparates«.[45] Große Teile dieses Aktenmaterials wurden über den Ratzeburger See geschleust.[46]

Die Aktensammlung der K 5

Auch die K 5 selbst bemühte sich intensiv um die Beschaffung von NS-Archivmaterial, was aufgrund ihrer Rolle als Untersuchungsorgan gemäß Entnazifizierungsbefehl 201 nahe lag. Als ein findiger Experte erwies sich dabei einer der erfahrensten militärpolitischen Kader, Heinrich Fomferra, später Büroleiter des ersten Ministers für Staatssicherheit Wilhelm Zaisser. In der Deutschen Verwaltung des Innern leitete er die Arbeitsgruppe B 2 (Umsetzung des Kontrollratsgesetzes Nr. 10) der K 5. In einer Beurteilung hieß es über ihn 1947: »Besonders in der Herbeischaffung von Aktenmaterialien aus ehemaligen Nazi-Ministerien zeigte Herr Fomferra eine sehr gute Umsicht.«[47]

Fomferra gab seiner Einheit den treffenden Namen »Ausgrabungsabteilung«. Die Mitarbeiter hatten sich darauf spezialisiert, Lager von Altwarenhändlern in den Westsektoren Berlins zu durchkämmen, in denen sich immer wieder wertvolle Aktenbestände fanden. Die Aktionen habe man natürlich illegal durchführen müssen. Zu den Funden zählten NS-Materialien wie eine »Handakte Saefkow«, eine großformatige Kladde, in welcher Todesurteile der Jahre 1942 und 1943 verzeichnet waren, aber auch Prozessakten gegen katholische Pfarrer wegen angeblicher sexueller Verfehlungen.[48] In einer Papierverwertungsanstalt stellte Fomferra Akten aus dem Reichsministerium für Volksaufklärung und Propa-

43 Aus dem Leben eines Berufsrevolutionärs. Erinnerungen an Richard Stahlmann. Hg. v. Ministerium für Staatssicherheit. Leipzig 1986, S. 90.

44 Ebenda, S. 91.

45 Vgl. dazu auch das Kapitel über »Stahlmanns Grenzapparat« bei Kubina: »In einer solchen Form, die nicht erkennen läßt, worum es sich handelt…«, 1996, S. 350–355.

46 Ministerium für Staatssicherheit: Aus dem Leben eines Berufsrevolutionärs, (Fußnote 123), 1986, S. 91.

47 Abt. K, Ref. K/5: Beurteilung Heinrich Fomferras, 24.4.1947; BStU, MfS, AS 1358/67, Bl. 5.

48 Heinrich Fomferra: Erinnerungsbericht, o. D.; SAPMO-BA, SgY 30 1275/1, Bl. 151.

ganda sowie dem Büro des Ministers Goebbels sicher.[49] Hinzu kamen Unterlagen über den Antikominternpakt und »Beweise über die Ausrottung von Kommissaren der Sowjetarmee durch die Feldgendarmerie und SS«.[50]

Selbst handgeschriebene Akten aus dem 19. Jahrhundert über den Weberaufstand, Akten über den Karl-Marx-Prozess von 1849 und andere historisch wertvolle Dokumente fanden die Dokumentenfahnder. Auch in der Sowjetischen Besatzungszone sammelten sie Materialien. In Jüterbog stießen sie auf rund 10 000 Personalakten von Polizeioffizieren, die allerdings die örtliche Sowjetische Kommandantur beschlagnahmte.[51]

Parallel begann die Arbeitsgruppe 1947, Akten des Reichsjustizministeriums und des Volksgerichtshofes sowie von Sondergerichten durchzusehen und die Fragebögen von anerkannten Opfern des Faschismus auszuwerten. Das vierköpfige Team stieß allerdings schnell an seine Grenzen angesichts von etwa 25 000 bis 30 000 Fällen, allein 12 000 Fragebögen und noch mal so vielen Akten. Die Auswertung nach Beschuldigten und Opfern sowie die anschließenden Ermittlungen wurden im April 1948 an die jeweiligen Landeskriminalämter weitergereicht, da in Berlin eine »erschöpfende Ausarbeitung« nicht in Aussicht stand. Die bisher von der DVdI geführte Kartei wurde der Vereinigung der Verfolgten des Naziregimes zum weiteren Ausbau übergeben.[52]

Als Nebeneffekt riefen aufgefundene Dokumente der Gestapo und anderer Polizeidienststellen offenbar auch professionelle Anerkennung bei den frischgebackenen Polizisten in der SBZ hervor. Ein politischer Instrukteur der Landespolizei Brandenburg etwa lobte die »gute Abwehrarbeit« der Gestapo, »jedoch mit Methoden, die wir als Volkspolizei ablehnen müssen«.[53] Der Polizeichef von Rügen vertrat die Auffassung, »man könne durch das Studium der Archive des früheren Systems eine Menge über Polizeiarbeit lernen«.[54] Ein Vertreter der Schweriner Polizei bestätigte den Gestapoleuten gar »sie hätten gewusst, wie man ohne zu zögern zuschlägt«.[55]

49 (DVdI), (K5): Aktennotiz, 24.3.1947; BStU, MfS, AS 219/66, Bl. 13.

50 Geschichte des Ministeriums für Staatssicherheit. Hg. v. Ministerium für Staatssicherheit, Juristische Hochschule Potsdam-Eiche. Potsdam 1979, Bd. 1, S. 130.

51 Heinrich Fomferra: Erinnerungsbericht, o. D.; SAPMO-BA, SgY 30 1275/1, Bl. 153.

52 (Abt. K, Ref. K5/B2): Protokoll einer Besprechung von Vertretern der Deutschen Justizverwaltung und der DVdI am 6.4.1948, o. D. (9.4.1948); BStU, MfS, AS 609/66, Bl. 32–34.

53 LKA Brandenburg, Dezernat K 5: Monatsbericht des Dezernates K 5 des Landes Brandenburg, 5.1.1949; BStU, MfS, AS 237/66, Bl. 8.

54 Vgl. Naimark: Die Russen in Deutschland, 1997, S. 454.

55 Ebenda.

2 Die Rolle der Sowjetunion

Die Beschlagnahme deutschen Archivguts durch die Rote Armee

Das Gros des später vom MfS verwalteten NS-Schriftgutes war noch während des Krieges oder kurze Zeit nach der bedingungslosen Kapitulation des Deutschen Reiches am 8. Mai 1945 im sowjetischen Besatzungsgebiet beschlagnahmt und in die Sowjetunion verbracht worden.[56] In den folgenden Jahrzehnten wurden immer wieder Teile dieser »Beuteakten« von der Sowjetunion an die DDR zurückgegeben.

Nach Berichten aus der unmittelbaren Nachkriegszeit trafen in der Sowjetunion Waggonladungen mit Akten aus dem gesamten Besatzungsgebiet der Roten Armee ein. Es handelte sich um Unterlagen der gerade besetzten Feindstaaten, aber auch Materialien, die bereits Deutschland und die anderen Achsenmächte während ihrer Feldzüge beschlagnahmt hatten. In einem zusammenfassenden Bericht vom Dezember 1945 war von 165 Waggons die Rede, die zum größten Teil bereits in Moskau eingetroffen waren.[57] Ein weiterer Rapport an das sowjetische Innenministerium spricht von 2 120 000 Akteneinheiten. Davon seien »53 138 Einheiten französischen, deutschen, englischen und polnischen Ursprungs, darunter auch 10 000 Druckschriften und 12 000 museale Kunstgegenstände« gewesen.[58]

Am 22. März 1946 wurde auf Anordnung des sowjetischen Innenministeriums ein Geheimarchiv (»Zentrales Staatliches Sonderarchiv der UdSSR«) errichtet, welches die beschlagnahmten deutschen Dokumente aufnahm. In gewisser Weise bildete dieses Archiv das Modell für die spätere Aktensammlung der MfS-Abteilung IX/11. Es galt zwar formell als Sonderarchiv der sowjetischen Hauptarchivverwaltung, war jedoch faktisch der Geheimpolizei unterstellt und blieb bis 1990 unzugänglich und geheim.[59] Erkundungen westlicher Historiker in den neunziger Jahren offenbarten eine ungeheure Fülle »verschollen geglaubten Schriftguts«.[60] Es fanden sich Akten deutscher und österreichischer Behörden, vor allem des Reichsministeriums des Innern, des Reichsjustizministeriums, des Reichsgerichts und der Reichsanwaltschaft sowie des Reichssicherheitshauptamtes. Hinzu kamen historisch wertvolle Nachlässe wie die von Joseph Goebbels, aber auch des 1922 ermordeten Außenministers der Weimarer Republik, Walter Rathenau.

Unter den Archivalien aus dritten Ländern war der französische der »umfangreichste und möglicherweise heute noch besonders brisante Bestand« mit angeb-

56 Vgl. Boberach: Das Schriftgut, 1969, Spalte 137–152; Henke: Das Schicksal, 1982.
57 Vgl. Kolasa: Sag mir wo die Bücher sind ..., 1995, S. 354.
58 Vgl. Ebenda, S. 354 f.
59 Vgl. Wegner: Deutsche Aktenbestände, 1992.
60 Vgl. Aly; Heim: Das Zentrale Staatsarchiv, 1992.

lich rund 1,3 Millionen Akten der französischen Sicherheitspolizei.[61] Auch Akten aus Belgien, Holland und weiteren ehemals von Hitlerdeutschland besetzten Ländern gerieten in sowjetischem Besitz.

Ferner befindet sich in diesem Sonderarchiv unter anderem eine umfangreiche Sammlung von Feldpostbriefen, Berichten deutscher Kriegsgefangener aus dem Umkreis der Antifa-Komitees sowie Unterlagen des Nationalkomitees »Freies Deutschland« (NKFD) und des »Bundes Deutscher Offiziere« (BDO).[62] Auch die Unterlagen der NKWD-Hauptverwaltung für Angelegenheiten von Kriegsgefangenen und Internierten (GUPVI) wanderten nach deren Auflösung 1958 mit rund 3,5 Millionen Personenakten komplett in das Sonderarchiv.[63]

»Unausgewertet weggeschlossen« waren im Sonderarchiv 45 Jahre lang auch mehrere hundert Aktenordner aus der Verwaltung des Konzentrationslagers Auschwitz, die unter anderem detailliert die Baugeschichte des Lagers dokumentierten (Baupläne der Gaskammern und Krematorien, Kostenvoranschläge, Protokolle der Bauleitungen usw.). Von dem ursprünglich beschlagnahmten Material war nur etwa ein Drittel an Polen zurückgegeben worden.[64]

Nach Auskunft des Direktors sollen sich 1992 im Sonderarchiv noch 194 000 Akteneinheiten deutscher Provenienz befunden haben.[65] Andere Wissenschaftler sprechen von 174 000 Einheiten mit einem Umfang von mehr als drei laufenden Kilometern.[66] Darüber hinaus waren Archivalien an andere Institutionen, wie das Zentrale Parteiarchiv der KPdSU, den KGB oder – im Falle der Personalakte von Hans Globke – an das Archiv des sowjetischen Außenministeriums übergeben worden.[67] Die Gerichtsakten des Reichstagsbrandprozesses hatte sich zunächst das KPdSU-Parteiarchiv angeeignet und diese 50 000 Blatt 1982 dann an das Partnerarchiv der SED weitergereicht.[68]

Rückgabe der Archivalien durch die UdSSR an die DDR

In den ersten Nachkriegsjahren kam es immer wieder zu Teilrückgaben von deutschen Akten an die DDR. Das galt auch für Archivgut, welches auf dem Gebiet der SBZ/DDR unter Sequester der SMAD bzw. SKK stand, wobei erkennbar weiterhin Aussonderungen vorgenommen wurden.[69] Im April 1952

61 Vgl. unter Bezug auf russische Archivare ebenda, S. 9. Bernd Wegner nennt unter Bezug auf einen Artikel in der FAZ v. 22.11.1991, nur »ca. 300 000 Akteneinheiten der Sureté Générale sowie etwa 20 000 Bände des Deuxiéme Bureau«.

62 Vgl. Wegner: Deutsche Aktenbestände, 1992, S. 314.

63 Ebenda.

64 Vgl. Zwikirsch, Jochen: Die Baupläne der Gaskammern von Auschwitz entdeckt. In: Berliner Morgenpost v. 14.7.1992; Pressac: Die Krematorien, 1995, S. 1.

65 Vgl. Aly; Heim: Das Zentrale Staatsarchiv, 1992, S. 12.

66 Vgl. Jena; Lenz: Die deutschen Bestände, 1992, S. 459.

67 Vgl. Aly; Heim: Das Zentrale Staatsarchiv, 1992, S. 12.

68 Vgl. Naimark: Die Russen in Deutschland, 1997, S. 225; Bahar, Alexander; Kugel, Wielfried: Ein Historikerstreit ist wieder offen. In: taz v. 21.2.1998, S. 2–4.

69 Vgl. Lehmann: Von Staßfurt und Schönebeck nach Merseburg, 1996.

erhielt das MfS beispielsweise offiziell rund 25 000 Akten und Dokumente von der SKK, obwohl dieses Archivgut sich bereits seit Sommer 1949 im Deutschen Zentralarchiv, Zweigstelle Merseburg, befunden hatte.[70] Zwei Jahre später übergab ein Vertreter des Hohen Kommissars der UdSSR im Bezirk Erfurt der Staatssicherheit 20 Tonnen »altes Archivmaterial aus der Nazizeit«, darunter etwa 300 000 Karten einer statistischen Kartei und circa 400 000 Karten einer Personalkartei über Kriegsgefangene sowie rund 15 000 Karteikarten zu ausländischen Internierten und fünf Tonnen »Personalakten von ausländischen Kriegsgefangenen, die für Arbeiten im zivilen Sektor verwendet wurden«.[71]

Insgesamt erhielt die DDR bis 1960/61 offiziell rund drei Millionen Akten zurück.[72] Bei den zwischen 1953 und 1955 erfolgten Rückführungen kamen erstmals Akten von Reichsbehörden zurück, die vorher nicht schon im Reichsarchiv gewesen waren. Viele dieser Akten übernahm das Deutsche Zentralarchiv Potsdam in Verwahrung.

Die Grundlage für mehr als sporadische Lieferungen legte eine gemeinsame Erklärung der DDR und der UdSSR über die gegenseitige Rückgabe von Kulturgütern (Kunstwerken, Archivmaterialien usw.) im Jahr 1957.[73] Am 4. April 1957 wurden 57 Eisenbahnbehälter mit 214 924 Akteneinheiten an eine Delegation aus der DDR übergeben.[74] Man lagerte die Akten provisorisch im Tresorraum des Ministeriums des Innern (MdI) und sichtete mithilfe einer Kommission aus Vertretern von Partei- und Sicherheitsapparat die disparaten Bestände, wobei das MfS ein vorrangiges Verfügungsrecht beanspruchen konnte.[75] Arbeitsgruppen der beteiligten Institutionen sahen dann die sie interessierenden Materialien durch und bereiteten diese zur Übernahme vor.[76] Ans SED-Parteiarchiv gingen vermutlich vor allem Unterlagen zur KPD-Geschichte und zum Widerstand gegen das

70 Protokoll der »Übergabe-Verhandlung« zwischen dem Vertreter der Sowjetischen Kontrollkommission und dem MfS bezüglich der Übergabe des deutschen Beutearchivs im Zentralarchiv der Deutschen Demokratischen Republik, Zweigstelle Merseburg, 2.4.1952; BStU, MfS, AS 2/54, Bd. 1, Bl. 11–15.

71 (SfS, Abt. XII): Protokoll, 27.5.1954; (SfS, Abt. XII): Liste des Archivmaterials, welches am 26.5.1954 vom Vertreter des Hohen Kommissars der USSR im Bezirk Erfurt an das SfS übergeben wurde; BStU, MfS, AS 280/71, Bd. 2, Bl. 364 f.

72 Vgl. Henke: Das Schicksal, 1982, hier 581.

73 Vgl. Volkskammer der DDR: Gemeinsame Erklärung der Regierungsdelegationen der DDR und der UdSSR, 7.1.1957; Politisches Archiv der Dienststelle Berlin des Auswärtigen Amtes, Bestand MfAA, A 459, Bd. 1, Bl. 117–124, hier 122.

74 Vgl. MdI: Protokoll über die Übernahme, Sichtung und Weiterleitung der von der Sowjetunion übernommenen Materialien, 1957; Politisches Archiv der Dienststelle Berlin des Auswärtigen Amtes, Bestand MfAA, I/1 110 f., Bl. 1–4, hier 2.

75 Ebenda, Bl. 1. Der Kommission gehörten je ein Vertreter des Instituts für Marxismus-Leninismus beim ZK der SED, des Instituts für Gesellschaftswissenschaften beim ZK der SED, des staatlichen Rundfunkkomitees, der Abteilung Sicherheit beim ZK, des MdI sowie des MfS an. Für das MfS war der Leiter der Abteilung XII (Zentrale Auskunft/Speicher), Paul Karoos, entsandt.

76 MdI: Protokoll über die Übernahme, Sichtung und Weiterleitung der von der Sowjetunion übernommenen Materialien, 1957; Politisches Archiv der Dienststelle Berlin des Auswärtigen Amtes, Bestand MfAA, I/1 110 f., Bl. 3.

Dritte Reich, etwa Verfahrensunterlagen aus dem justiziellen Bereich und dem Reichssicherheitshauptamt.[77]

Materialien, die die »Sicherheitsorgane der UdSSR besessen und durchgearbeitet hatten«,[78] galten als für die »Abwehr- und Aufklärungsarbeit des MfS bedeutsames und personenintensives Archivgut« und gingen deshalb direkt an dieses Ministerium.[79] So kamen zum Beispiel aus der Lieferung des Reichsinnenministeriums von 37 670 Akten 14 000 zum MfS, während das MdI lediglich 765, das Zentrale Parteiarchiv 321 und der Ausschuss für Deutsche Einheit 21 Akten erhielt. Den Rest des Bestandes, insgesamt 22 563 Akten, erhielt das Deutsche Zentralarchiv in Potsdam. Die Rückgaben aus dem Reichspropagandaministerium (814 Akten) und der NSDAP (2 822 Akten), der SA (134 Akten) vereinnahmte das MfS komplett. Die Bestände nichtstaatlicher Einrichtungen erschienen dem MfS hingegen nur mäßig interessant, lediglich 14 Bände des Verbandes der katholischen Studentenverbindung Wien wurden mit übernommen.[80] Selbst MfS-Mitarbeiter schätzten dieses Verfahren im Nachhinein als problematisch ein. Da zu viele Akten zu beurteilen waren und es den Beauftragten an Qualifikation fehlte, sei die Auswahl zuweilen willkürlich gewesen und hätte zur Zersplitterung zusammengehöriger Bestände geführt. Selbst die Akten zu einzelnen Gerichtsverfahren seien teilweise auf drei verschiedene Institutionen verteilt worden.[81]

Im März 1959 kamen weitere 29 958 Akten[82] sowie von Juni 1959 bis Mai 1960, der bis dahin größten Rückgabeaktion, 1 588 521 Akteneinheiten aus der UdSSR zurück, wiederum mit einem breiten Spektrum von Provenienzen.[83] Von der ersten Lieferung, vier Eisenbahnwaggons, die von Strafgefangenen in der Freienwalder Straße entladen wurden, gingen rund drei Viertel an das Deutsche Zentralarchiv, während das MfS 2 736 Akteneinheiten zur NSDAP, 33 Militärakten und 10 Akten der Provenienz »Bevollmächtigter des DRK in der UdSSR« (1937–1941) einbehielt.[84]

Mit der zweiten Lieferung ab Juni 1959 kamen 60 Eisenbahnbehälter (rund 100 Tonnen) und etwa 1 000 Kisten (rund 200 Tonnen) aus der Sowjetunion.

77 Vgl. Muregger; Winkler: Quellen zur Geschichte, 1994, S. 89.

78 Vesper, Karlen; Becker, Holger: Erpresserzentrale, Aktenhort oder was? Die DDR-Staatssicherheit und ihr Archiv über die Nazizeit – Nachfragen zu einem geheimnisumwitterten Thema. In: ND v. 18./19.5.1991, S. 13.

79 Vgl. Muregger; Winkler: Quellen zur Geschichte, 1994, S. 89.

80 Vgl. MdI, Zentrales Verwaltungsarchiv: Abgabeliste, 1.8.1957; BStU, MfS, AS 280/71, Bd. 2, Bl. 320.

81 Vgl. Muregger; Winkler: Quellen zur Geschichte, 1994, S. 89.

82 (MfAA): Verzeichnis deutscher Archivfonds, die der Regierung der DDR übergeben wurden, o. D. (1959); BStU, MfS, AS 280/71, Bd. 2, Bl. 379.

83 MfAA: Übergabe-Übernahme-Akt (Abschrift), 7.5.1959; Anlage: Verzeichnis der Institutionen (Archivfonds), deren dokumentarische Materialien an die DDR übergeben werden; Politisches Archiv der Dienststelle Berlin des Auswärtigen Amtes, Bestand MfAA, A 939, Bl. 195–200.

84 Abt. XII: Bericht (betreffs Übernahme des Aktentransports aus der UdSSR), 20.3.1959; (Abt. XII): Übergabeprotokoll (der Archivalien, die am 16.3.1959 aus der Sowjetunion übernommen wurden und vom MfS an das Zentralarchiv in Potsdam zum ständigen Verbleib übergeben werden), 17.3.1959; BStU, MfS, AS 280/71, Bd. 2, Bl. 375–378 u. 380.

Neben Lieferungen an das Parteiarchiv, das Amt für Erfindung und Patentwesen, verschiedene Landeshauptarchive und Stadtarchive, das Archiv der Deutschen Akademie der Naturforscher Leopoldina in Halle/Saale sowie die Universitätsarchive Rostock (Thünen-Archiv) und Leipzig verblieb der Großteil im Deutschen Zentralarchiv. Zu den Provenienzen gehörten das Auswärtige Amt, das Reichssicherheitshauptamt (ca. 12 lfd. M.), das Reichsjustizministerium (ca. 42 000 Akteneinheiten), der Oberreichsanwalt beim Reichsgericht (ca. 17 000 AE), der Volksgerichtshof und Oberreichsanwalt beim Staatsgerichtshof (365 AE). Hinzu kamen Schriftgut verschiedener Wirtschaftsunternehmen, wie der IG-Farbenindustrie AG im Umfang von 560 laufenden Metern, sowie Nachlässe und weitere kleinere Bestände.[85]

Mit großer Erleichterung bilanzierten die DDR-Archivare, »dass jetzt lediglich noch einige kleinere Teilbestände jedoch von zum Teil erheblicher historischer Bedeutung fehlen, die gleichfalls nach 1945 von sowjetischen Organen sichergestellt« worden seien. Da aber die Rückgaben noch nicht abgeschlossen seien, sei damit zu rechnen, »dass sich die gesamten kriegsbedingten Verluste an Archivgut bei der Endabrechnung auf ein über alle Erwartungen geringes Ausmaß reduziert haben werden«.[86]

Tatsächlich folgten später immer wieder Aktenlieferungen. Noch 1988 sandte die UdSSR rund 40 Tonnen militärisches Archivgut deutscher Provenienz ans Militärarchiv der DDR nach Potsdam und stellte weitere Lieferungen in Aussicht.[87] Spuren kleinerer Transaktionen finden sich auch in einzelnen Vorgängen des MfS. In diesen Fällen gelangten die Dokumente entweder direkt über das sowjetische Bruderorgan KGB oder über die sowjetische Botschaft in Ost-Berlin zur Staatssicherheit.

3 Systematischer Ausbau der Bestände seit den sechziger Jahren

Aufbau des Sonderspeichers der HA IX/11

Bereits vor den sowjetischen Lieferungen hatte die Abteilung Erfassung und Statistik, später Abteilung XII (Zentrale Auskunft/Speicher), im Zuge der geheimdienstlichen Arbeit des MfS NS-Bestände zusammengetragen. Zunächst waren sie in die allgemeinen Daten- und Archivspeicher eingegangen. In den ersten Erfassungsrichtlinien vom Oktober 1950 waren als Feindkategorien ausdrücklich »aktive Anhänger des ehemaligen Hitlerstaates«[88] wie »führende Funk-

85 Bericht des Deutschen Zentralarchivs an das MdI, Staatliche Archivverwaltung über die Übernahme von Archivgut aus der UdSSR 1959/60, 10.6.1960; BA Berlin, DO 1/22.0./86, Bl. 1–29.

86 Ebenda, Bl. 28.

87 Wegner: Deutsche Aktenbestände, 1992, S. 311.

88 Richtlinie des MfS über die Erfassung von Personen, die eine feindliche Tätigkeit durchführen und die von den Organen des Ministeriums für Staatssicherheit der DDR festgestellt wurden, 20.9.1950, Dokument 4, 2004, S. 37–41, hier 37.

tionäre der NSDAP und des Hitlerstaates«, »frühere führende Angehörige der Gestapo«, des SD sowie »früheres Kommandopersonal von Konzentrationslagern« genannt.[89] Der erste Leiter dieser Abteilung war jener Heinrich Fomferra, der sich zu Zeiten der K 5 bereits als NS-Aktensammler bewährt hatte. Fomferra selbst hatte dafür gesorgt, dass die beiden Hinrichtungskladden, eine Reihe Akten des Volksgerichtshofes, Gestapo-Karteikarten und etwa 150 bis 200 »Fragebögen von Prominenten des tausendjährigen Reiches und ihrer Helfer« mit in die neue Dienststelle übergingen.[90] Auch die von der Pressestelle und anderen Parteigruppierungen zusammengetragenen NS-Akten wurden über die K 5 an das MfS übergeben, insgesamt rund 1 000 laufende Meter.[91]

Direkt aus dem SED-Parteiapparat erhielt das MfS das von Schirdewan verwaltete »Gestapo-Archiv«.[92] Ende Februar 1953 übernahm das MfS in diesem Zusammenhang von der Zentralen Kaderregistratur der SED 369 Ordner der Gestapo, 695 Ordner des Reichsministeriums des Innern und 27 Aktenpakete mit Lageberichten der Gestapo.[93] Hierbei handelte es sich um ungeordnetes Material aus dem Keller des Zentralkomitees.[94] Ferner gehörten zur Lieferung 132 Personalakten von Strafgefangenen, 47 Ordner über erfasste Agenten, ein Ordner mit Unterschriften und Paraphen von Gestapo-Mitarbeitern sowie einer, der Material über »Rückkehrer aus der SU« beinhaltete.[95] Zudem waren darunter ein Ordner des Reichssicherheitshauptamtes (»Überwachung von Kommunisten«), eine Beschuldigten-Kartei der Gestapo, diverse Pakete einer VVN-Kartei aus Westdeutschland und zehn »Pakete nicht registrierte Volksgerichtsakten betreffend Ausländer«.[96] Ein weiterer Komplex waren 4 148 »Volksgerichtsakten [!]«, 7 733 »Prozessakten des Volksgerichts [!]« und die dazugehörige Aktenkartei.[97]

Gemäß der ersten Richtlinie zur IM-Werbung, die die Notwendigkeit betonte, sowohl über potenzielle IM-Werbekandidaten als auch über beobachtete und verfolgte Personen Detailinformationen aus der Zeit vor 1945 zu gewinnen, baute

89 Ebenda, S. 37.

90 Heinrich Fomferra: Erinnerungsbericht, o. D.; SAPMO-BA, SgY 30 1275/1, Bl. 155.

91 HA XX/1: Bericht über die Aussprache mit Bruno Haid zum Komplex »Rote Kapelle«, 6.4.1967; BStU, MfS, HA XX, AP 40637/92, Bl. 76; Jörg Rudolph: Überlieferung des Reichssicherheitshauptamtes Amt VII »Weltanschauliche Forschung und Auswertung«. Anmerkungen zur Bestands- und Institutionsgeschichte eines nachrichtendienstlichen Archivs, Diplomarbeit, Humboldt-Universität. Berlin 1996, S. 98.

92 (ZK der SED, Abt. Zentrale Kaderregistratur), Karl Schirdewan: Vorlage an das Sekretariat des ZK betreffs Ordnung der Übergabe des Gestapo-Archivs bzw. unserer Prozessakten und anderes an das MfS, 23.1.1953; SAPMO-BA, DY 30 IV/2/52, o. Pag.

93 (ZK der SED, Abt. Zentrale Kaderregistratur), Karl Schirdewan: Übergabe-Protokoll, 28.2.1953; BStU, MfS, HA IX, Nr. 9973, Bl. 1.

94 Ebenda.

95 Ebenda, Bl. 2. Vermutlich waren damit jene deutschen und österreichischen Kommunisten gemeint, die aus den stalinistischen Straflagern 1939 an das Deutsche Reich ausgeliefert wurden.

96 Ebenda.

97 Ebenda, Bl. 3.

das MfS die Fahndung nach Originalunterlagen aus der NS-Zeit aus.[98] Bis dahin war die Suche in den archivalisch unerschlossenen Beständen zeit- und arbeitsaufwändig, Ergebnisse allenfalls eine Frucht des Zufalls und des Finderglücks.

Dem Streben nach Systematisierung diente auch die Aneignung der VVN-Bestände nach dessen Auflösung. Das Komitee der Widerstandskämpfer als VVN-Nachfolgerin bemühte sich im Juli 1953 um eine Rückgabe der so genannten Buchenwaldkartei, doch die zuständige Referatsleiterin in der Abteilung XII, Hauptmann Liselotte Behrendt, beschied lapidar, dass die »Buchenwaldkartei zweckmäßigerweise bei uns zu behalten« sei. Der operativ zuständige Abteilungsleiter in der HA V, Oberst Erich Jamin, ließ den Verantwortlichen beim Komitee der Antifaschistischen Widerstandskämpfer, Heinz Schumann, wissen, dass man beim MfS jederzeit bereit sei, Karteiauskünfte zu geben. Auch eine Intervention bei Innenminister Willi Stoph konterte Behrendt mit dem Hinweis, dass von August bis Dezember 1953 lediglich zwei Anfragen vom Komitee eingegangen seien. Dagegen würde die Kartei von den Abteilungen der Staatssicherheit laufend in Anspruch genommen.[99]

Einen Monat später beklagte die Referatsleiterin nach einer Besichtigung des Deutschen Zentralarchivs in Potsdam, »dass dort noch eine Anzahl für uns sehr wertvolle Akten vorhanden« seien, die »zur Staatssicherheit zur Auswertung für die operative Arbeit« gehörten. Dabei handelte es sich um Aktenbestände der »Reichsstelle Rosenberg«[100] der Reichstagsfraktion der NSDAP, des Reichsjustizministeriums und des Volksgerichtshofs sowie Akten der »NSDAP, SA, SS, Gestapo, Wehrmacht« und des »ehem[aligen] Kirchenministeriums«. Sie verwies zur Begründung auf Sicherheitsmängel: Die im Zentralarchiv beschäftigten Mitarbeiter seien »zum größten Teil nicht politisch zuverlässig« und die Räume seien ebenfalls nicht sicher.[101]

Die hektische Suche nach den angeblichen faschistischen Drahtziehern des 17. Juni 1953 verstärkte noch das Verlangen nach NS-Unterlagen, wobei auch Anhänger völlig anderer politischer Strömungen in den gleichen Topf geworfen wurden. Eine neu gefasste Erfassungsrichtlinie vom Dezember 1953 sollte die »mangelhafte Registrierung der früheren aktiven Nazis, Sozialdemokraten, Trotzkisten, der früheren faschistischen Offiziere und anderer faschistischer

98 Dieter Skiba: Der Beitrag der Organe des MfS bei der konsequenten Verfolgung von Nazi- und Kriegsverbrechen und Verbrechen gegen die Menschlichkeit, Diplomarbeit, JHS des MfS, Potsdam, 13.11.1980; BStU, JHS MF VVS 384/80, Bl. 44.

99 Abt. XII, Unterabteilung Archiv: Information an Staatssekretär Wollweber, 7.12.1953; BStU, MfS, AS 280/71, Bd. 1, Bl. 252.

100 Gemeint ist damit entweder das Reichsministerium für die besetzten Ostgebiete unter der Leitung von Alfred Rosenberg oder der »Einsatzstab Reichsleiter Rosenberg für die besetzten Gebiete« des Außenpolitischen Amtes der NSDAP, der damit beauftragt war, in den besetzten Gebieten Kulturgut zu beschlagnahmen.

101 Vgl. Anschreiben von Generalmajor Joseph Gutsche (Leiter des Informationsbüros des MfS bzw. der Abteilung für besondere Verwendung) an den Staatssekretär für Staatssicherheit, Ernst Wollweber, mit Hinweis auf Befürwortung des in der Anlage beigefügten Berichts der Leiterin des Archivs, 30.9.1953; Vermerk der Leiterin der Abteilung Archiv über ihren Besuch des Staatsarchivs, 25.9.1953; BStU, MfS, SdM 1909, Bl. 258 f.

Elemente« beheben.[102] Unter anderem sollten nun Mappen geführt werden, in denen das »eingegangene Material über die im Bereich des Organs wohnhaften offiziellen Mitarbeiter von Spionage- und Abwehrorganen des faschistischen Deutschlands, über das Kommando- und leitende Personal der SS, SA, das leitende Personal der NSDAP vom Blockleiter aufwärts, leitende Staatsbeamte von Kreis- und Stadtorganisationen aufwärts, Großagrarier und Kapitalisten, Redakteure und Korrespondenten faschistischer Verlage und andere bedeutende faschistische Funktionäre« zu sammeln war.[103] Daraufhin begann man Anfang 1954, die zeitgenössischen Dokumente »nach Sachkomplexen zu systematisieren und zu signieren, inhaltlich von der Sache und den genannten Personen her auszuwerten und die Objekte und Personen karteimäßig zu erfassen.«[104] Unter anderem gab das MfS offensichtlich einen Großteil der Akten des Volksgerichtshofes (VGH) später an das Zentrale Parteiarchiv der SED (ZPA) ab, das alle Akten über die Geschichte der Arbeiterbewegung sammelte.[105] Im Dezember 1956 gingen 574 Pakete mit 17 720 Prozessakten und 1961 weitere 8 789 Prozessakten ins Parteiarchiv.[106] 1963 und 1964 wurden 1 069 Akten über Prozesse gegen KPD-Mitglieder sowie Unterlagen des preußischen Innenministeriums, Akten der Gestapo über das Exekutivkomitee der Kommunistischen Internationale (EKKI), den Abwehrapparat der KPD, die Tätigkeit der sowjetischen Geheimdienste in Deutschland vor 1933 aus dem Archiv des MfS an das ZPA transferiert.[107] Insgesamt wechselten zwischen 1956 und 1964 rund 65 500 Akten den Besitzer.[108]

Das Hin und Her der Akten muss zu einiger Unordnung geführt haben. MfS-Abteilungsleiter Karoos reagierte gereizt auf eine Nachfrage über den Verbleib einer Akte. Bei der Abgabe von Prozessakten aus der Nazizeit vom MfS-Zentralarchiv an das IML würden »entweder bei Unwichtigkeit für das MfS alle zu dem Prozess gehörenden Akten oder, wenn für das MfS operativ wichtig, gar keine Akten dorthin abgegeben«.[109] Außerdem gab es Überlegungen, die zwischen 1956 und 1964 an das IML übergebenen Akten zurückzufordern,

102 Dienstanweisung Nr. 3/54 über die Einführung einer einheitlichen Richtlinie für die Organisierung der operativen Erfassung in den Organen des SfS des MdI der DDR. In: Engelmann; Joestel: Grundsatzdokumente des MfS, 2004, S. 67–86.

103 Richtlinie für die operative Erfassung und Statistik in den Organen des SfS des MdI der DDR, 12.12.1953, als Dokument 13 abgedruckt in: Engelmann; Joestel: Grundsatzdokumente, 2004, S. 67–86, hier 73.

104 Dieter, Skiba: Der Beitrag der Organe des MfS bei der konsequenten Verfolgung von Nazi- und Kriegsverbrechen und Verbrechen gegen die Menschlichkeit, Diplomarbeit, JHS des MfS, Potsdam, 13.11.1980; BStU, JHS MF VVS 384/80, Bl. 45.

105 Wegner-Korfes: Weimar, Stalingrad, Berlin, 1994, S. 220.

106 (HA IX/10, Der Leiter): Information, 30.4.1965; BStU, MfS, HA IX/11, Karton 44, o. Pag., 1 Bl.

107 Ebenda.

108 (HA IX/11): Information über die Anzahl der dem IML übergebenen Akten des Volksgerichtshofes, 5.5.1966; BStU, MfS, HA IX/11, Karton 44, o. Pag., 2 Bl.

109 Abt. XII Zentralarchiv: Mitteilung (an Mielke – stellv. Minister), 6.6.1957; BStU, MfS, AS 189/58, Bd. 2, Bl. 87.

einschließlich der mittlerweile gefertigten Karteien.[110] Doch es blieb bei der Planung; noch Ende der achtziger Jahre verfügte das Parteiarchiv über die meisten in der DDR befindlichen VGH-Akten.

Alternativ erhielt das MfS die Möglichkeit, sich Akten aus dem Parteiarchiv auszuleihen, zum Beispiel zur »publizistischen Auswertung« wie im Fall Fritz Erler (siehe das Fallkapitel weiter unten).[111] Aktenaustausche und eine enge Zusammenarbeit zwischen MfS und ZPA lassen sich bis zum Ende der DDR verfolgen.[112]

Zurück in die Anfänge der fünfziger Jahre: Auch im eigenen Apparat entwickelte sich ein Prozess der Zentralisierung von NS-Beständen. 1954 sollten zunächst einschlägige Materialien von den Kreisdienststellen in die Bezirksverwaltungen verlagert und dort ausgewertet werden.[113] Im Jahr darauf wies der zuständige Stellvertreter des Staatssicherheitschefs Wollweber, Generalmajor Martin Weikert, die Leiter der BV an, alle in deren Obhut befindliche »Archivunterlagen aus der Zeit vor dem Bestehen der Staatssicherheitsorgane« in das Zentralarchiv nach Berlin zu überführen.[114] Mielke vermerkte darauf handschriftlich: »Ungültig. Unterlagen wurden übernommen.« Wie sich zeigte war dies aber allzu optimistisch. Denn noch sechs Jahre später wurden in diversen Kreisdienststellen entsprechende Dokumente verwahrt, in Apolda zum Beispiel eine NSDAP-Mitgliederkartei, in Weimar Dienstalterslisten der SS und Ähnliches.[115]

Im Frühjahr 1955 wurden die Aufgabenzuordnungen in der Abteilung XII geändert. Die Archivierung aller Unterlagen aus der Zeit vor Gründung des MfS oblag nun dem Referat 3. Die den Akten entnommenen Grunddaten – wie Name, Geburtsdatum, Geburtsort, Dienststelle – wurden in die zentrale Personenkartei des MfS eingespeist. Bis 1963 waren auf diese Weise bereits 102 767 Personen mit entsprechender Vergangenheit erfasst.[116] Die Kartei wuchs auf über eine Million Karten an und wurde bis Mitte der achtziger Jahre weiter von der Abteilung XII betreut, als damit begonnen wurde, sie aus dem Zentralspeicher auszusortieren und in die HA IX/11 in der Freienwalder Straße zu transferieren.[117] Dort war parallel mit Gründung der Abteilung 11 mit dem Aufbau einer Personen-

110 (Abt. IX): Vorschläge für die Absprache mit Prof. Berthold (Direktor des IML), 5.12.1966; BStU, MfS, HA IX/11, Karton 44, o. Pag., Bl. 1 f.

111 (HA IX/11), AG Spezifische Forschungen: Vermerk über Besprechung mit dem Direktor des IML, 15.11.1974; BStU, MfS, HA IX/11, Karton 44, o. Pag., 1 Bl.

112 Vgl. Nachweisbuch der HA IX/11 über die im IML/ZPA und der dortigen Bibliothek geführten Personenrecherchen; BStU, MfS, HA IX/11, Karton 47.

113 Dienstanweisung Nr. 37/54, 2.6.1954; BStU, MfS, BdL-Dok. 3083; Richtlinie für die Auswertung der in den Bezirksverwaltungen des SfS vorhandenen alten Archiv-Unterlagen aus der Nazizeit, 5.5.1954; BStU, MfS, Abt. XII 3884, S. 1–6.

114 Dienstanweisung Nr. 35/55, 6.10.1955; BStU, MfS, BdL-Dok. 2112.

115 Abt. XII: Anschreiben an die Bezirksverwaltungen für Staatssicherheit, selbstständige Referate XII; Anlage: Aufstellung über Unterlagen, welche noch in den einzelnen BV liegen, 30.7.1964; BStU, MfS, AS 280/71, Bd. 1, Bl. 7–12.

116 Unverhau: Das »NS-Archiv«, 1998, S. 23.

117 Muregger; Winkler: Quellen zur Geschichte, 1994, S. 90.

kartei und einer Vorgangskartei begonnen worden, die dem spezifischen Charakter der HA IX/11 Rechnung trugen.[118]

Bereits 1968 übernahm die HA IX/11 alle bisher für die NS-Akten genutzten Arbeits- und Lagerräume in der Freienwalder Straße in Hohenschönhausen mitsamt dem vorhandenen Inventar von der Abteilung XII. Mit dem Umzug der Abteilung XII in das neu errichtete Archivgebäude in der Normannenstraße in Berlin-Lichtenberg Mitte der achtziger Jahre wurden die Bestände auch räumlich getrennt. Nach Auskunft des zuletzt amtierenden Leiters der Abteilung, Oberstleutnant Dieter Skiba, sammelten sich »im Verlaufe der mehr als 20-jährigen Tätigkeit [...] in der HA IX/11 circa 9000 laufende Meter Archivmaterial [...] sowie ein Personen- und Sachdatenspeicher mit circa 1,8 Millionen Karteikarten« an.[119]

Die Behandlung der Unterlagen erfolgte unter geheimdienstlichen, nicht unter archivwissenschaftlichen Gesichtspunkten. Einzeldokumente wie Teilbestände wurden für die »politisch-operative Auskunftstätigkeit hintereinander archiviert, zusammengehörige Bestände teilweise getrennt und willkürlich signiert«.[120] Das Provenienzprinzip spielte bei der Erschließung keine Rolle. Demzufolge waren Recherchen in diesen Beständen, auch mithilfe der Registrierbücher als Findhilfsmittel, nach archivwissenschaftlichen Gesichtspunkten nicht möglich. Der Zugang zu den archivierten Materialien lief nur über die daraus erfassten Personen.[121] Das Fehlen einer üblichen archivischen Erschließung konnte zur Folge haben, dass beispielsweise bei Ermittlungen gegen einen ehemaligen Gestapo-Beamten über 20000 Akteneinheiten zu sichten waren, um daraus die Dokumente herauszufiltern, die den Wirkungsbereich des Beschuldigten betrafen. In diesem Fall fanden sich dann allerdings nur ganze sieben konkrete Informationen zu dessen früherer Tätigkeit.[122]

118 HA IX/11: Arbeitsrichtlinie zur Überprüfung, Bearbeitung und Erfassung von Personen durch die HA IX/11, Dezember 1972; BStU, MfS, HA IX, Nr. 16380, Bl. 1–42.

119 HA IX/11: Positionen zur bisherigen Arbeitsweise und zukünftigen Tätigkeit der ehemaligen HA IX/11, 27.11.1989; BStU, MfS, HA IX/11, Nr. 3, Bl. 89–92, hier 89.

120 Claus-Jürgen Zimmermann: Die Erfassung sowie Nutzbarmachung von Archivmaterialien und dokumentarischen Veröffentlichungen über die Tätigkeit ehemaliger faschistischer Sondergerichte (1933–1945) zur Unterstützung der politisch-operativen Arbeit des MfS, für die revolutionär-tschekistische Traditionspflege sowie die Öffentlichkeitsarbeit und damit verbundene Erfordernisse zur Verwirklichung des Beschlusses des Sekretariats des ZK der SED vom 25.7.1983 zur zentralen Erfassung von schriftlichen Materialien zu Personen und Sachverhalten sowie gegenständlichen Zeugnissen des antifaschistischen Widerstandskampfes, JHS, Potsdam-Eiche, Fachschulabschlussarbeit, 1985; BStU, MfS, JHS, VVS 704/85, Bl. 23.

121 Ebenda, Bl. 23. Im Einzelfall sei es, wie Zimmermann berichtet, nicht nachvollziehbar gewesen, unter welchen Gesichtspunkten die Erfassungen dieser Personen »vollständig oder nur teilweise« vorgenommen worden waren.

122 Claus-Jürgen Zimmermann: Die Erfassung sowie Nutzbarmachung von Archivmaterialien und dokumentarischen Veröffentlichungen über die Tätigkeit ehemaliger faschistischer Sondergerichte (1933–1945) zur Unterstützung der politisch-operativen Arbeit des MfS, für die revolutionär-tschekistische Traditionspflege sowie die Öffentlichkeitsarbeit und damit verbundene Erfordernisse zur Verwirklichung des Beschlusses des Sekretariats des ZK der SED vom 25.7.1983 zur zentralen Erfassung von schriftlichen Materialien zu Personen und Sachverhalten sowie gegenständlichen Zeugnissen des

Alle für das MfS interessanten Materialien zum Themenkomplex Nationalsozialismus erhielten meist eine »Z-Signatur«. Andere NS-Archivalien wurden dagegen als vermeintlich »wertlos« aussortiert. So wurden 1955 15 610 Akten aus NS-Prozessen gegen Polen und Tschechen aussortiert, die nach Meinung der Referatsleiterin III für das MfS »keinen Wert« besessen hätten.[123] Minister Wollweber bot die Dokumente im folgenden Jahr den Sicherheitsorganen der Volksrepublik Polen und der ČSSR an.[124]

Munitionslieferant für die geheime SED-Kirchenpolitik: Das Referat Familienforschung im Deutschen Zentralarchiv Potsdam

Mit der Rückgabe von beschlagnahmten Unterlagen aus der Sowjetunion gelangten in zwei Transporten 1957 und 1959 auch rund 3 000 Akten aus dem Bereich der Kirchen zurück in die DDR. Es handelte sich um Dokumente des »Reichsministeriums für die kirchlichen Angelegenheiten« sowie von der Gestapo beschlagnahmte Unterlagen verschiedener kirchlicher Stellen. Zur Verwahrung und exklusiven Nutzung dieser Akten durch das MfS gründete das Deutsche Zentralarchiv Potsdam 1958 ein so genanntes Referat für Familienforschung.[125] De facto handelte es sich um eine Außenstelle der kirchenpolitischen Abteilung 4 der HA V des MfS (ab 1964 HA XX/4). Leiter dieses Referates war Paul Beckmann (Jg. 1890), ein ehemaliger Gemeindepfarrer, der seit 1951 dem MfS unter dem Decknamen »Roland« zuarbeitete.[126] Ihm zur Seite stand die Geheime Informatorin »Herta« sowie eine Schreibkraft. Die im Referat für Familienforschung deponierten Akten sowie eine umfangreiche, von Beckmann im Laufe von zwei Jahrzehnten aufgebaute Materialsammlung blieben externen Nutzern verschlossen. Entgegen grundlegenden Prinzipien wertete die IM-Gruppe das Material nicht nur aus, sondern entnahm bei Bedarf, das heißt auf Anforderung der MfS-Führungsoffiziere, auch Unterlagen aus dem Bestand. Bemängelt wurde hingegen, dass »die Durcharbeitung des vorhandenen Archivmaterials« anfangs »völlig planlos« geschehen sei.[127]

Die Munitionssammlung des Referats richtete sich sowohl gegen westliche Politiker mit Verbindungen zu den christlichen Kirchen als auch gegen Kirchenvertreter in der DDR. Die Rechercheergebnisse gingen teils in »Braunbücher«

antifaschistischen Widerstandskampfes, JHS, Potsdam-Eiche, Fachschulabschlussarbeit, 1985; BStU, MfS, JHS, VVS 704/85, Bl. 16.

123 Vorlage, 7.12.1955; BStU, MfS, AS 189/58, Bd. 2, Bl. 239.

124 Der Minister: Anschreiben an das Komitee für Öffentliche Sicherheit der Volksrepublik Polen; an das Ministerium des Innern der Tschechoslowakischen Republik, 23.2.1956; BStU, MfS, AS 189/58, Bd. 2, Bl. 240 f.

125 (MfS, HA V/4): Bericht über die Tätigkeit des Referates »Familienforschung« im DZA, 21.4.1960; BStU, MfS, HA XX/4, Nr. 811, Bl. 2–15.

126 Vollnhals: Die kirchenpolitische Abteilung, 1997, S. 7 u. 13.

127 (MfS, HA V/4): Bericht über die Tätigkeit des Referates »Familienforschung« im DZA, 21.4.1960; BStU, MfS, HA XX/4, Nr. 811, Bl. 5.

und Broschüren ein[128] und wurden auch zur »Anwerbung NS-belasteter Personen benutzt«.[129] In den Akten ist zum Beispiel der Fall des IM »Bruno« dokumentiert, eines Mitarbeiters des evangelischen Hilfswerkes, der im Juli 1959 von Mitarbeitern der MfS-Kirchenabteilung mit einem solchen Dokument der Fragebogenfälschung überführt – er hatte seine Zugehörigkeit zur SA verschwiegen – und anschließend unter Druck geworben wurde.[130]

Gegen belastete Amtsträger in den Kirchen der DDR ergaben sich mannigfaltige Pressionspotenziale. So war beispielsweise Walter Grundmann, vor 1945 wissenschaftlicher Leiter des »Instituts zur Erforschung des jüdischen Einflusses auf das deutsche kirchliche Leben«, eine Einrichtung der gleichgeschalteten »Deutschen Christen«, bereits 1945 Rektor des Katechetischen Seminars in Eisenach geworden.[131] Das MfS wusste gut über die braune Vergangenheit manch eines Theologen Bescheid.[132] Schon bis 1961 sollen 600 bis 700 kirchliche Amtsträger in der DDR ermittelt worden sein, »die aktiv in der Deutschen Wehrmacht als Offizier gedient bzw. einer faschistischen Organisation (NSDAP, SS, SA) angehört« hatten. Zehn Jahre später habe sich diese Zahl immerhin noch auf etwa 300 Personen belaufen.[133]

»Roland« arbeitete die Archivalien durch und suchte im Auftrag des MfS oder aus eigener Initiative nach Belastungsmaterial, etwa gegen Otto Dibelius, Eugen Gerstenmaier »und andere, während der Nazizeit straffällig gewordene Geistliche«.[134] Zusätzlich fertigte er Ausarbeitungen zu speziellen Kirchenproblemen oder entwarf Briefe, die vom MfS in Kirchenkreisen zur »Zersetzung« verwandt werden konnten.[135]

Noch 1985 galten die kirchenpolitischen Archivalien als geheimdienstlich nutzbar. Gegen eine Freigabe für andere Nutzer spreche – so eine interne Festlegung des MfS –, dass »zahlreiche diese[r] Materialien [...] in der Vergangenheit für operative Zersetzungsmaßnahmen und Aktionen von hoher politischer Wer-

128 Ein Beispiel dafür ist die Broschüre in Buchformat mit Auszügen aus Veröffentlichungen, Predigten, Zeitungsartikeln usw. von Bischof Otto Dibelius, welche belegen sollten, dass er »die Machtergreifung des Nationalsozialismus und die Terrorisierung der demokratischen Kräfte« förderte, ein »aggressiver Antisemit« gewesen sei und »mitschuldig an der Misshandlung und Ermordung jüdischer Menschen« war. Vgl. Hier spricht Dibelius. Eine Dokumentation. Berlin (Ost) 1960, S. 100 u. 130.

129 Vollnhals: Die kirchenpolitische Abteilung, 1997, S. 13.

130 MfS, HA V/4: Bericht über die Kontaktaufnahme mit dem Angestellten des Evangelischen Hilfswerks, 15.7.1959; BStU, MfS, AIM 6036/79, Bd. 1, Bl. 10–12.

131 Wolf, Stephan: Die »Bearbeitung« der Kirchen, 1992, S. 171.

132 Vgl. MfS, HA XX/4: Mitteilung (im Rahmen der Aktion »Konzentration«) an die HA XX über Personen, die aufgrund ihrer früheren Zugehörigkeit zur SS, Gestapo und zum SD Kenntnis von Nazi- und Kriegsverbrechen haben könnten; BStU, MfS, HA XX/2/III, Bdl. 12, Bl. 1–5.

133 Klaus Roßberg u. a.: Grundorientierung für die politisch-operative Arbeit des MfS zur Aufdeckung, vorbeugenden Verhinderung und Bekämpfung der Versuche des Feindes zum Missbrauch der Kirchen für die Inspirierung und Organisierung politischer Untergrundtätigkeit und die Schaffung einer antisozialistischen »inneren Opposition« in der DDR, April 1983, JHS, Potsdam-Eiche; BStU, MfS, JHS 241/83, Bl. 357.

134 (MfS, HA V/4): Bericht über die Tätigkeit des Referates »Familienforschung« im DZA, 21.4.1960; BStU, MfS, HA XX/4, Nr. 811, Bl. 6.

135 HA XX/4: Treffbericht GI »Roland«, 24.6.1966; BStU, MfS, AIM 4841/59, Bd. II/9, Bl. 86 f.

tigkeit [...] (wie z. B. die Entlarvung des damaligen Bundestagspräsidenten Gerstenmaier als Gestapo-Agenten [!] und die Unterstützung in der Beweisführung im Globke-Prozess)« genutzt worden seien. »Politisch-klerikale kirchenleitende Personen«, zum Beispiel Bischof Dibelius und Bischof Scharf, hätten durch diese Akten »in ihren Ämtern kompromittiert bzw. aus diesen verdrängt werden« können.[136] Ferner seien auch Unterlagen »für öffentlichkeitswirksame Aktionen gegen klerikale Organisationen« an die sowjetischen, tschechoslowakischen und polnischen Sicherheitsorgane gegeben worden. Schließlich bestünde »kein politisches Interesse an einer Auswertung« solcher Akten, »die teilweise entlastenden Charakter hinsichtlich des Verhaltens der Kirchen und feindlichen Personen in der Zeit des Faschismus tragen«.[137] Die Unterlagen blieben weiterhin gesperrt. Im Frühjahr 1990 bilanzierte der mit der Auflösung beauftragte ehemalige Chef der HA XX/4: »Insgesamt wurden kirchenpolitische Bestände des Reichskirchenministeriums (Sperrbestände) gesichert, durchgearbeitet und gegen den Missbrauch zum Schaden des Staates und der Kirche in der DDR geschützt.«[138]

Erste Auswertungen und Übernahmen aus anderen Archiven

Seit Ende der fünfziger Jahre begann das MfS eine systematische Nutzung und Auswertung der von staatlichen Archiven der DDR, beispielsweise aus dem National Archives and Records Service in Washington oder dem Bundesarchiv in Koblenz, angekauften Aktenverfilmungen, oder nutzte aus dem Mikrofilmaustausch mit anderen Ostblockstaaten (zur »gegenseitigen Bestandsergänzung«) erlangte Dokumente. Hinzu kam der Austausch von Originalakten, beispielsweise mit dem Zentralen Staatsarchiv der DDR.

Zudem war man bemüht, weitere Bestände innerhalb der DDR aufzuspüren und diese gegebenenfalls dem eigenen Archiv einzuverleiben. Mit Datum vom 24. August 1959 ließ der stellvertretende Minister Bruno Beater von sämtlichen Bezirksverwaltungen überprüfen, ob es in den jeweiligen Bezirken noch Archivmaterial gebe, das weder in der staatlichen Archivverwaltung noch in den Archiven der örtlichen Organe und Betriebe erfasst war. Vor allem seien Materialien »der faschistischen Partei, ihrer Gliederungen, Polizei, Wehrmacht, Gerichte, Justiz, Staatsapparat, Kirche, Konzerne, Statistiken und Unterlagen über ausgebrochene Seuchen und Epidemien, sowie Unterlagen, die durch die nazistischen Geheimdienstorganisationen ausgenutzt oder angelegt wurden« von

136 Vereinbarung des Leiters der HA VII und des Leiters der HA XX des Ministeriums für Staatssicherheit über die politisch-operative Zusammenarbeit zur weiteren Erhöhung von Ordnung und Sicherheit im Staatlichen Archivwesen auf kirchenpolitischem Gebiet, 5.8.1985; BStU, MfS, HA XX/4, Nr. 447, Bl. 53–59, hier 56.

137 Ebenda, Bl. 56.

138 Ehem. HA XX: Expertise zu Archivunterlagen der ehem. HA XX, die außerhalb lagern, 8.2.1990; Matthias-Domaschk-Archiv, Depositum David Gill, Bl. 1–5, hier 2.

Interesse. Dergleichen galt auch für Archivalien »über Stahlhelm, Kriegerverbände, reaktionäre sowie unter Beobachtung stehende fortschrittliche Vereinigungen der Zeit vor 1933 usw.«.[139] Fast alle Bezirksverwaltungen meldeten in den folgenden Monaten große Mengen neu aufgefundener Archivalien vielfältigster Art.

Zum Beispiel teilte die Verwaltung Groß-Berlin mit, dass im Zentralarchiv des VEB Elektroapparatewerk Berlin, das früher zum AEG-Konzern gehörte, noch 6000 Personalakten mit Angaben über NSDAP-Mitgliedschaften lagerten. Dazu kamen die Personalakten einiger hundert Fremdarbeiter. Im Zentralarchiv der Reichsbahn waren Akten von Angehörigen der NSDAP listenmäßig und alphabetisch erfasst. Hinzu kam wiederum eine unbekannte Anzahl von Akten über Fremdarbeiter und ehemalige »Umsiedler«. Neben weiteren eher kleinen Funden verwies man auf rund 15 Zentner unverzeichneten Archivmaterials bei der Bezirksbehörde der Volkspolizei, darunter Schriftverkehr der NSDAP und ihrer Gliederungen, Entnazifizierungsakten und anderes.[140] Ähnliche Funde, vor allem aus Betriebsarchiven, meldete auch die Bezirksverwaltung Cottbus. Die Bezirksverwaltung Erfurt stieß unter anderem auf einen größeren Bestand an Krankenakten, die offenkundig im Zusammenhang mit Euthanasiemorden standen.[141] Sämtliche Meldungen aus den Bezirksverwaltungen wurden in eine Sachgliederung zusammengefasst, die von 1. »Unterlagen über die NSDAP sowie von anderen nazistischen Organisationen, Entnazifizierungsunterlagen« bis 13. »Unterlagen über faschistische Konzentrationslager« reichte.[142] Sichtungen und Übernahmen ins Archiv des MfS schlossen sich an. So übergab die Abt. XII der Bezirksverwaltung Dresden im Dezember 1961 eine »Nachlieferung« von 16 Ordnern (Fragebögen der NSDAP, diversen Karteikarten zu NSDAP, SA, Stahlhelm, Gestapo) sowie 6 Paketen Material der regionalen K 5 an das Zentralarchiv.[143] Weitere 51 Ordner mit Unterlagen der K 5, diverse Karteien über ehemalige Fremdarbeiter sowie vier Registrierbücher des Sondergerichtes Freiberg folgten im Mai 1962.[144] Schließlich lieferte eine Einsatzgruppe der MfS-Bezirksverwaltung im September 1962 aus dem Bestand der Bezirksstaatsanwaltschaft 2 518 Gefangenakten, drei sonstige Akten, 29 Registrierbücher und eine Kartei.[145] Kurz darauf folgten noch diverse Akten und Kopien aus den Landesarchiven Bautzen, Riesa und Dresden sowie einer Reihe von Kreisen, bis

139 Stellvertreter des Ministers: Anweisung an alle Bezirksverwaltungen, sowie Groß-Berlin und Karl-Marx-Stadt »W« betreffs Feststellung von noch nicht erfassten Archiv-Materialien, 24.8.1959; BStU, MfS, AS 280/71, Bd. 1, Bl. 52.

140 Verwaltung Groß-Berlin, Stellvertreter: Mitteilung an den Stellvertreter des Ministers betreffs Feststellung von noch nicht erfassten Archiv-Materialien, 18 9.1959; ebenda, Bl. 53 f.

141 BV Erfurt, Abt. VII: Mitteilung an den Stellvertreter des Ministers betreffs Feststellung von noch nicht erfassten Archiv-Materialien, 24.9.1959; ebenda, Bl. 107–112. Näheres siehe Fallstudien.

142 Vgl. (MfS): Inhaltsverzeichnis über nicht registrierte Archivunterlagen, o. D. (1959/60); ebenda, Bl.23–51.

143 BV Dresden, Abt. XII: Übergabeprotokoll, 19.12.1961; ebenda, Bl. 84.

144 BV Dresden, Abt. XII: Übergabeprotokoll, 3.5.1962; ebenda, Bl. 83.

145 BV Dresden, Einsatzgruppe: Übergabeprotokoll, 17.9.1962; ebenda, Bl. 82.

hin zu einem Film über einen Besuch des NSDAP-Gauleiters Martin Mutschmann zur Tausendjahrfeier der Stadt Bautzen[146].

Das Spektrum der anderen Lieferungen reichte von zwei Tonnen aus der Bezirksverwaltung Erfurt bis zu lediglich drei Sack aus Gera. Weiterhin konnte die Staatssicherheit im April 1961 rund fünf Tonnen Aktenmaterial aus dem Präsidium der Volkspolizei in Berlin übernehmen, auf das man aus Raummangel bisher hatte verzichten müssen. Bei einer Besichtigung fanden Archivchef Karoos und Hauptmann Müller bereits 1955 etwa 150 000 Aktenbände sowie circa 500 000 Karteikarten auf. Damals hatte er dem stellvertretenden Minister Weikert den Vorschlag gemacht, »Mitarbeiter, die den operativen Aufgaben nicht mehr gewachsen sind, für solche Auswertungsarbeiten zu verwenden«.[147] Weitere bisher nicht registrierte Akten und Karteikarten, hauptsächlich wohl über Zwangsarbeiter, wurden Ende 1961 im Zuge einer Aktion »Brandschutzkontrolle« in verschiedenen Betrieben aufgefunden.[148] Auch sie wurden vom Zentralarchiv übernommen.[149]

Parallel zur Weisung Beaters von 1959 muss es noch weitere Initiativen zur Aktensichtung und -beschaffung gegeben haben. Jedenfalls weist ein anderer Vorgang darauf hin. So teilte die Bezirksverwaltung für Staatssicherheit Gera im Sommer 1960 der Kreisdienststelle Eisenberg gemäß Anweisung des Ministers mit: »Um den Deutschlandplan des Volkes politisch-operativ zu unterstützen, macht es sich erforderlich, die Archivmaterialien, insbesondere aus der Zeit 1933–45, auszuwerten.« Die KD sollte daher im Einvernehmen mit dem 1. Sekretär der SED-Kreisleitung die in Stadt- und Kreisarchiven lagernden Archivalien erfassen und prüfen, ob diese propagandistisch auswertbar wären. Dies galt insbesondere für »alle Materialien, welche Auskunft geben über die Lösung der Judenfrage im Faschismus; Materialien über ehemalige Angehörige des faschistischen Staates, welche heute noch in Westdeutschland politisch tätig sind; alle Originalschreiben und Duplikate mit Unterschriften von Faschisten, die in Westdeutschland tätig und wohnhaft sind, aus welchen faschistische Maßnahmen ersichtlich sind«.[150] In Eisenberg fand sich jedoch nichts.[151]

146 BV Dresden, Einsatzgruppe: Übergabeprotokoll, 4.10.1962; ebenda, Bl. 78.

147 MfS, Abt. XII: Anschreiben an Generalmajor Weikert betreffs Naziunterlagen im Präsidium der VP Berlin, 3.12.1955; ebenda, Bl. 212 f.

148 Z. B. BV Magdeburg, Leiter: Information an den Minister betreffs der im Rahmen der Aktion »Brandschutzkontrolle« aufgefundenen Materialien, 23.11.1961; ebenda, Bl. 173 f.

149 BV Magdeburg, Abt. VII: Meldung an den Stellvertreter Operativ der BV Magdeburg über das Auffinden einer Ausländerkartei im Zuge der Brandschutzüberprüfung, 4.12.1961; BV Magdeburg: Anschreiben an den Leiter des Zentralarchivs betreffs der Übersendung der Ausländerkartei, 23.12.1961; ebenda, Bl. 169, 171 f.

150 BV Gera, Stellvertreter Operativ: Schreiben an die KD Eisenberg, 18.7.1960; ebenda, Bl. 5.

151 BV Gera, KD Eisenberg: Mitteilung an den Stellvertreter Operativ der BV Gera, 2.8.1960; ebenda, Bl. 1.

Die Aktion »Licht«

Aufmerksamkeit verdient eine konzertierte Maßnahme der Staatssicherheit Anfang der sechziger Jahre: die Aktion »Licht«.[152] Eine erste Etappe der DDR-weit angelegten Aktion hatte offenkundig zunächst vorrangig der Identifizierung von bisher dem MfS noch nicht bekannten NS-Dokumenten sowie »anderweitigen für die weitere Entlarvung von Nazi- und Kriegsverbrechern geeigneten Materialien« gedient.[153] Dafür hatte man zur Jahreswende 1961/62 vor allem im Bereich staatlicher Dienststellen, aber auch in Archiven von verstaatlichten Banken und Konzernen recherchiert, und war in erheblichem Umfang fündig geworden.[154] Das Hauptinteresse verlagerte sich nun aber auf die »Vielzahl von Wertgegenständen«, die man entdeckt hatte.[155]

Im Januar 1962 wies Mielke die MfS-Bezirksverwaltungen an, unter »Einhaltung der Konspiration zu überprüfen, in welchen Objekten der Volkswirtschaft sich noch ungeöffnete Tresore, Safes, Panzerschränke und ähnliche Anlagen befinden«. Einzubeziehen waren auch »Anlagen [...], bei denen noch keine Klarheit über die Eigentumsverhältnisse« bestand. In Betracht dafür kämen »insbesondere auch ehemalige kapitalistische Warenhäuser, ehemalige kapitalistische Konzern- und Großbetriebe, ehemalige Gutshöfe, alte Schlösser, Burgen, Museen, Wohnsitze ehemaliger Konzernherren, Gutsbesitzer, Faschisten und Kriegsverbrecher«.[156]

Die zunächst ausgenommenen Kirchen, Klöster und »ähnliche Kultstätten« bezog Mielke einen Tag später ebenfalls ein.[157] Die Operation erwies sich, trotz ähnlicher Aktionen der sowjetischen Besatzer im Jahre 1945, als äußerst einträglich. Tresore, Safes und Schließfächer ohne Schlüssel wurden kurzerhand aufgebrochen.[158] Zur Ausbeute, die später der Tresorverwaltung des Ministeriums für Finanzen (MdF) zur Weiterverwertung übergeben wurde, gehörten Schmuck, Briefmarkensammlungen, Aktien und andere Wertpapiere, Münzen, Handschriften (u. a. von Heinrich Heine, Charles Darwin, Alexander von Humboldt), Bilder

152 Vgl. zum Folgenden auch die journalistische Verarbeitung der Aktion bei Förster: Schatzräuber, 2000.

153 Vgl. Dieter Skiba: Der Beitrag der Organe des MfS bei der konsequenten Verfolgung von Nazi- und Kriegsverbrechen und Verbrechen gegen die Menschlichkeit, JHS Potsdam-Eiche, Diplomarbeit, 13.11.1980; BStU, JHS MF VVS 384/80, Bl. 151.

154 BV Magdeburg, Einsatzstab: Abschlussbericht zur Aktion »Licht« der BV Magdeburg, 9.1.1962; BV Magdeburg, Einsatzstab: Übersicht über die gefundenen Wertgegenstände in der Aktion »Licht« in der Zeit vom 6.1.1962 [...] bis 8.1.1962, 8.1.1962; BStU, MfS, BV Magdeburg, Abt. XII, AS Nr. 6, Bl. 58–75.

155 Schreiben vom 9.1.1962, Durchführung der 2. Etappe der Aktion »Licht«, 9.1.1962; BStU, MfS, BdL-Dok. 3958, Bl. 1–4, hier 1.

156 Ebenda, Bl. 2.

157 Anweisung des Ministers an den Leiter HA V betreffs Fortführung der Aktion »Licht«, 10.1.1962; BStU, MfS, SdM 1942, Bl. 203.

158 Vgl. MfS: Bericht an Stoph, Ulbricht, Rumpf u. a. über die Ergebnisse einer Überprüfung von Tresoren, Safes und Blockschließfächern in den Einrichtungen des sozialistischen Finanzwesens, den Gebäuden und Einrichtungen ehemaliger kapitalistischer Bankunternehmen und anderen Objekten der Volkswirtschaft, 11.7.1962; BStU, MfS, HA XVIII 13326, Bl. 8–13.

(darunter Stiche und Radierungen von Canaletto und Albrecht Dürer)[159] und andere Kunstgegenstände mit einem Gesamtwert von rund 4,1 Millionen Mark der DDR.[160] Mit der nahe liegenden Frage nach den Eigentümern hielt sich das MfS nicht lange auf. Es handele sich um das Eigentum von geflohenen DDR-Bürgern oder »längst verstorbener bzw. durch Kriegsereignisse verschollener Personen«, hieß es lapidar.[161] Die Pretiosen und andere Werte wurden vom Ministerium für Finanzen offenbar dem damaligen Ministerium für Außenhandel und Innerdeutschen Handel (MAI) für den Export zur Verfügung gestellt. Unter anderem versprach man sich, aus dem Verkauf von Briefmarken sowie Orden aus dem Dritten Reich »hohe Westmark-Beträge« zu erzielen. Dieser Devisenerwerbszweig erwies sich als Dauerbrenner.[162]

Trotz des vorwiegend finanziellen Interesses stießen die Suchtrupps bei der Räumung von Tresoren und Bankschließfächern wiederum auf eine Fülle von NS-Dokumenten. Auf dem Dachboden des Rates der Stadt Magdeburg, einem ehemaligen Bankgebäude, wurden zum Beispiel rund 12 000 Akten aus der NS-Zeit gefunden, darunter 750 Bände zu Personen, die »faschistischen Organisationen« angehört hatten.[163] Einschlägige Personalunterlagen und andere Dokumente mit Hinweisen auf Werkschutzleute, Spitzel und Gestapo-Beauftragte aus zahlreichen Betriebsarchiven wurden ebenfalls im Zuge der Aktion »Licht« eingezogen.[164]

Die Bildung der Dokumentationsstelle des Ministeriums des Innern 1964

Die starke Resonanz der ersten Agitationskampagnen ließen es SED und MfS Anfang der sechziger Jahre geboten erscheinen, die Materialbeschaffung aus den Archiven und die Möglichkeiten des effizienten Einsatzes in der westdeutschen und internationalen Öffentlichkeit zu verbessern. Es ging darum, aktuelle Schwä-

159 (MfS): Zusammenstellung der vom MfS an die Tresorverwaltung des MdF übergebenen Stücke, 13.10.1962; MdF, Tresorverwaltung: Übernahme-Protokoll; BStU, MfS, HA XVIII 13327, Bl. 2 f. u. 19–106.

160 MfS: Bericht an Stoph, Ulbricht, Rumpf u. a. über die Ergebnisse einer Überprüfung von Tresoren, Safes und Blockschließfächern in den Einrichtungen des sozialistischen Finanzwesens, den Gebäuden und Einrichtungen ehemaliger kapitalistischer Bankunternehmen und anderen Objekten der Volkswirtschaft, 11.7.1962; BStU, MfS, HA XVIII 13326, Bl. 8.

161 Ebenda, Bl. 9.

162 Ebenda, Bl. 13. Noch 1982 waren, »ausgehend von den Forderungen nach Erschließung von Materialreserven [...] aus den Beständen der Hauptabteilung IX/11 zur möglichen Gewinnung von Valutamitteln, umfangreiche Briefmarkensammlungen (Postgebiet Deutsches Reich) mit einem Katalogrichtwert von ca. 16 000 DM und 447 Stück Orden und Ehrenzeichen aus der Zeit vor 1945 mit einem Katalogrichtwert von ca. 23 000 DM für eine vom Genossen Minister genehmigte Übergabe an die Abteilung Finanzen des MfS zur Verwertung aufbereitet« worden. Vgl. HA IX/11: Politisch-operative Lageeinschätzung zur Entwicklung der Arbeit gemäß Befehl Nr. 39/67 des Ministers im Jahr 1982; BStU, MfS, HA IX 568, Bl. 24–51, hier 34.

163 (BV Magdeburg, KD Magdeburg): Bericht über Teil 2 der Durchführung der II. Etappe der Aktion »Licht«; o. D. (Februar 1962); BStU, MfS, BV Magdeburg, Abt. XII, AS Nr. 10, Bl. 2–5, hier 3.

164 Ebenda, Bl. 4.

chen in der Archivsituation zu beseitigen und zugleich eine Schnittstelle zu schaffen, von der aus Zugriff und Verbreitung zentral gelenkt werden konnten, ohne etwaigen Nutzern tiefere Einblicke in die eigentlichen Archive oder gar in die geheimen Materialdepots der Staatssicherheit zu gewähren.

Schon im Dezember 1963 fasste eine vom MfS erstellte »Einzelinformation«, die unter anderem dem Minister des Innern zugeleitet wurde, die Schwierigkeiten zusammen, die sich aus den Materialzusammenstellungen in den Archiven der DDR für die Kampagnen und Prozesse in der Praxis ergeben hatten.[165] Gleichzeitig zeigt dieser Bericht, wie im MfS ein effizienter Plan entwickelt wurde, das Archivwesen der DDR weiter im Sinne der SED zu dominieren und zu effektivieren. Der Bericht stellt fest, dass man es in der DDR noch nicht verstanden habe, »alle Möglichkeiten zu nutzen, die sich aus einer wissenschaftlichen, systematischen und vor allem politischen Auswertung der Dokumente ergeben«.[166] Die »zielstrebige Weiterführung der Aktionen zur Entlarvung ehem[aliger] Kriegsverbrecher, militaristischer und faschistischer Kräfte, die im Bonner Staat ihre alten Machtpositionen wieder einnehmen«, verlange eine »höhere Qualität und eine planmäßige Auswertung« der vorhandenen NS-Bestände.[167] Auch lagerten in den Archiven der früheren Konzernbetriebe umfangreiche Materialien aus der NS-Zeit, die bisher nur in ganz begrenztem Umfang erfasst und ausgewertet worden seien. Die »zersplitterte Aufbewahrung derartiger Unterlagen in der DDR« verhindere eine systematische Auswertung, da im Unterschied zu anderen Ländern keine zentrale staatliche Dokumentationsstelle existiere. In Westdeutschland erfolge beispielsweise eine systematische Erfassung von NS-Beständen durch das Institut für Zeitgeschichte in München. Andere Akten, etwa die Prozessunterlagen des Internationalen Militärgerichtshofes und der Nachfolgeprozesse, seien geschlossen in das Nürnberger Stadtarchiv gelangt. Mit dieser Zentralisierung sei eine rege Publikationstätigkeit verbunden, namentlich des Instituts für Zeitgeschichte. Von einigen »kritischen« Untersuchungen abgesehen, sei es jedoch das Ziel dieser westlichen Veröffentlichungen, die »tatsächlichen Verbrechen des Hitlerfaschismus zu leugnen, seine enge Verflechtung mit dem deutschen Finanzkapital zu verschleiern oder durch eine tendenziöse Dokumentenauswahl über Teilprobleme die aggressive Politik des deutschen Imperialismus zu rechtfertigen«.[168]

Eine weitere Notwendigkeit für die Einrichtung eines eigenen Dokumentationszentrums ergebe sich aus der Tatsache, dass nach den »erfolgreichen Entlarvungsaktionen der DDR an die Stelle nicht mehr länger zu haltender faschistischer Generäle, Diplomaten, Juristen u. a. jetzt relativ unbekannte jüngere Kräfte treten, die sich aber in vielen Fällen ebenfalls Verbrechen schuldig gemacht«

165 (ZAIG): Einzelinformation über einige Probleme der staatlichen Verwaltung der Archive in der DDR, 9.12.1963; BStU, MfS, ZAIG 826, Bl. 1–7.

166 Ebenda, Bl. 1.

167 Ebenda.

168 Ebenda, Bl. 2.

hätten.[169] Die bisher in der DDR geleistete Arbeit sei »in der Regel vom Zufall« bestimmt; nicht einmal die in Westdeutschland und anderen kapitalistischen Ländern in beschränktem Umfange erschienenen Dokumente seien bis dato ausgewertet worden.[170]

Nach Einschätzung des MfS boten die Arbeitsweise, der Kaderbestand und die politisch-ideologische Situation in den regulären DDR-Archiven ein jammervolles Bild. Hier seien noch immer bürgerliche Anschauungen verbreitet. Die von der Staatlichen Archivverwaltung in den letzten Jahren eingeleiteten Maßnahmen zur Verbesserung der Zusammensetzung des Kaderbestandes seien nicht ausreichend, um eine grundsätzliche Wende herbeizuführen.[171] Da die Direktoren und leitenden Archivmitarbeiter nur in wenigen Fällen der SED angehörten, sei der Parteieinfluss auf die fachliche und wissenschaftliche Arbeit nicht gewährleistet. Selbst leitende Mitarbeiter – sogar Mitglieder der SED – würden die »Prinzipien der friedlichen Koexistenz auch auf das Gebiet der Ideologie« anwenden.[172]

Mit den Nachwuchsarchivaren stehe es ebenfalls nicht zum Besten. Viele junge Absolventen würden das Institut für Archivwissenschaft oder die Universität mit der Einstellung verlassen, nun endlich eine »neutrale Stellung« einnehmen zu können. Ideologische Erziehung und gezielte Kaderpolitik im Archivwesen würden jedoch nicht ausreichen. Um »bessere Möglichkeiten zur Erfüllung der [...] politischen Aufgaben des Archivwesens – vor allem bei der Auseinandersetzung mit dem westdeutschen Imperialismus – zu schaffen«, sei vielmehr eine »Dokumentationsstelle 1933–45« bei der Staatlichen Archivverwaltung einzurichten.[173] In einer solchen Dokumentationsstelle würden sich durch eine Konzentration der wesentlichen Dokumente auch »günstigere Bedingungen für eine wirksame politische Argumentation« schaffen lassen. Die gezielte Personenrecherche könnte dann effizient und schnell durch »politisch bewusste«, »zuverlässige« Mitarbeiter erfolgen. Außerdem sei eine derartige Konzentration aus Sicherheitsgründen vorteilhaft. Ein Ende hätte damit auch der »nicht länger tragbare Zustand der Zersplitterung und teilweise sorglosen Behandlung der erwähnten Dokumente und Materialien«. Die in der »Vergangenheit erfolgreichen Aktionen zur Entlarvung westdeutscher Faschisten und Militaristen« könnten bei Umsetzung des MfS-Vorschlages »wirksamer und zielstrebiger« weitergeführt werden.[174]

Am 6. Februar 1964 beriet in Ost-Berlin der Leiter der Westabteilung des ZK, Arne Rehahn, mit Vertretern des Ministeriums des Innern, des Ministeriums der Justiz und der Staatlichen Archivverwaltung tatsächlich über die »Sichtung aller

169 Ebenda.

170 (ZAIG): Einzelinformation über einige Probleme der staatlichen Verwaltung der Archive in der DDR, 9.12.1963; BStU, MfS, ZAIG 826, Bl. 3.

171 Ebenda, Bl. 4.

172 Ebenda.

173 Ebenda, Bl. 6.

174 (ZAIG): Einzelinformation über einige Probleme der staatlichen Verwaltung der Archive in der DDR, 9.12.1963; BStU, MfS, ZAIG 826, Bl. 7.

Archive der DDR nach Material über ehem[alige] Nazis, die heute in Westdeutschland Funktionen ausüben«.[175] Eine Kommission sollte feststellen, in welchen Archiven sich »welches Material über welche Personen« befand, sowie eine »zentrale listen- und karteimäßige Erfassung der belasteten Personen und des dazugehörigen Materials« durchführen.[176] Eine zentrale Lagerung aller in der DDR befindlichen Archivbestände zu diesem thematischen Komplex war jedoch nicht geplant.[177]

Erstaunlicherweise war die Staatssicherheit trotz ihrer eigenen Vorschläge in der Sache und ihrer zentralen Stellung im vergangenheitspolitischen Kontext zu diesem Treffen nicht geladen worden. Nach Rücksprache mit Mielke fertigte der Leiter der Abteilung Agitation, Halle, daher eine Konzeption, die Rehahn aufzeigen sollte, dass »das MfS bei der Gesamtfrage notwendigerweise eine Rolle spielen muss«, und klarstellte, dass das MfS-Archiv ausschließlich unter dessen eigener Regie stehe.[178] Auch die Nachforschungen in anderen Archiven müssten, da das »MfS ja für die strafrechtliche Belangung von Nazi- und Kriegsverbrechern kompetent« sei, unter dessen Mitarbeit geschehen.[179]

Kurz vor dem Beschluss von Partei und Regierung zur Bildung einer entsprechenden Dokumentationsstelle bei der Staatlichen Archivverwaltung (StAV) waren zur ersten Arbeitsberatung Anfang April als Vertreter des MfS auch der Leiter der für die Überwachung der Staatlichen Archivverwaltung zuständigen Hauptabteilung VII, Oberst Erich Jamin, und der Leiter der Abteilung Agitation, Oberstleutnant Günter Halle, geladen.[180] Zur Beratung der Dokumentationsstelle berief das Politbüro eine »Ständige Arbeitsgruppe 1933–1945« aus Vertretern von ZK und Nationalrat, des Institutes für Marxismus-Leninismus des ZK der SED, der Generalstaatsanwaltschaft und des MfS.[181] Die Dokumentationsstelle habe, so der stellvertretende Innenminister Wenzel, »– unter den bekannten politischen Voraussetzungen – circa 750 000 registrierte Aktenvorgänge und mutmaßlich 250 000 weitere Aktenvorgänge, die noch nicht archiviert sind, zu registrieren und politisch auszuwerten«.[182] Bis Mitte Mai 1964 sollten die Archivbestände bei staatlichen und gesellschaftlichen Einrichtungen der DDR erfasst werden und eine Reihe verstreuter Aktenkomplexe sollte unmittelbar

175 Abt. Agitation: Aktennotiz. Schaffung einer Übersicht über alle in Archiven der DDR vorhandenen Unterlagen über ehemalige Nazis, die heute in Westdeutschland leitende Funktionen ausüben, 11.3.1964; BStU, MfS, ZAIG 10865, Bl. 218.

176 Abt. Agitation: Aktennotiz. Erschließung von Archivmaterial über ehemalige Nazis, die heute in Westdeutschland leben und z. T. leitende Funktionen ausüben; ebenda, Bl. 220 f.

177 Ebenda, Bl. 221.

178 (Abt. Agitation, Der Leiter): Vermerk für den stellvertretenden Leiter der Abt. Agitation, 14.2.1964; BStU, MfS, ZAIG 10865, Bl. 219.

179 Ebenda, Bl. 219.

180 (Abt. Agitation, Der Leiter): Bericht über die erste Arbeitsberatung im Zusammenhang mit der Schaffung der Dokumentationsstelle bei der Staatlichen Archivverwaltung de MdI, 15.4.1964; BStU, MfS, ZAIG 10865, Bl. 183–185.

181 Ebenda, Bl. 183.

182 Ebenda mit einer handschriftlichen Notiz (OSL Halle) versehen: »op. Kontrolle durch MfS, Mat(erial) einziehen«.

unter der Kontrolle der Dokumentationsstelle zentralisiert werden. Darüber hinaus sollten Verbindungen zu staatlichen Archiven sozialistischer und westlicher Länder zur Erschließung und Sichtung dort lagernder Akten hergestellt werden.

Mielke, vom Verlauf und Ergebnis dieser Arbeitsbesprechung unterrichtet, machte insbesondere darauf aufmerksam, dass »operativ Sorge dafür getragen werden muss, dass die im Protokoll erwähnten, noch nicht erfassten Aktenbestände unbedingt durch unsere Kontrolle gehen bzw. für unser Archiv eingezogen werden müssen«.[183] Offensichtlich nahm man im MfS an, dass die eigenen Archivbestände in irgendeiner Art einbezogen werden könnten. Den Leiter der Dokumentationsstelle wollte man daher zwar wissen lassen, was im Archiv des MfS liegt, jedoch sollte unbedingt gewährleistet sein, dass »operatives Material absolut« in der Hand des MfS und »damit für niemanden zugänglich bleibt«.[184]

Ende Mai 1964 gab der Ministerrat der DDR den offiziellen Startschuss für die Dokumentationsstelle mit Sitz in der Ostberliner Magazinstraße.[185] Die Arbeit der Dokumentationsstelle solle nicht nur den »Klassencharakter des Hitlerfaschismus, sein Terrorregime, seine Kriegs- und Menschlichkeitsverbrechen als Bestandteil und Ergebnis der aggressiven und revanchistischen Politik des deutschen Imperialismus und Militarismus« beweisen,[186] sondern auch – wie es intern hieß – die »Politik der Partei und Regierung im Kampf gegen den Militarismus und Revanchismus in Westdeutschland wirksam [...] unterstützen«.[187]

Derselbe Ministerratsbeschluss wies den Minister der Justiz (MdJ) an, in Zusammenarbeit mit dem Generalstaatsanwalt der DDR eine Übersicht über die nach 1945 auf dem Gebiet der DDR abgeurteilten »Nazi- und Kriegsverbrecher« zu erstellen.[188] Das Ergebnis wurde der Öffentlichkeit im Januar 1965 in Form einer Broschüre vorgestellt.[189] Sie hatte das Ziel, die »internationale Öffentlich-

183 Abt. Agitation, Der Leiter: Information an den Leiter der HA VII, 16.4.1964; BStU, MfS, ZAIG 10865, Bl. 182.

184 Ebenda.

185 Vgl. Büro des Ministerrates: Beschluss über die Erfassung und Auswertung der in der DDR befindlichen Dokumente über die Zeit der Hitlerdiktatur, 28.5.1964, Verteiler: Mitglieder des Ministerrates, Generalstaatsanwalt, Präsident des Nationalrates; BA Berlin, DC 20 Ministerrat I/4-951, Bl. 152–155.

186 Ebenda, Bl. 153.

187 Dokumentationszentrum: Arbeitsrichtlinien für die Forschungsgruppen, o. D. (1964); BStU, MfS, ZAIG 10865, Bl. 190–194, hier 190.

188 Büro des Ministerrates: Beschluss über die Erfassung und Auswertung der in der DDR befindlichen Dokumente über die Zeit der Hitlerdiktatur, 28.5.1964, Verteiler: Mitglieder des Ministerrates, Generalstaatsanwalt, Präsident des Nationalrates; BA Berlin, DC 20 Ministerrat I/4-951, Bl. 154.

189 Die Haltung der beiden deutschen Staaten zu den Nazi- und Kriegsverbrechen. Eine Dokumentation. Hg. v. Generalstaatsanwalt der DDR, Ministerium der Justiz der DDR. Berlin (Ost) 1965. Selbstverständlich wird darin nicht erwähnt, dass die mit der Erstellung dieser Broschüre beauftragte Arbeitsgruppe zu dem Ergebnis gekommen war, dass »eine aussagekräftige Darlegung darüber, dass sich der größte Teil der Hauptverantwortlichen aus zentralen Nazidienststellen, die im jetzigen Gebiet der DDR wohnhaft waren, seiner strafrechtlichen Verantwortung vor unseren Gerichten durch Flucht entzogen hat, [...] bisher [trotz] Einschaltung des Ministeriums für Auswärtige Angelegenheiten und der zentralen Dokumentationsstelle des Ministeriums des Innern nicht gegeben werden kann.« Vgl. Ministerium der Justiz, HA II: Bericht über das Ergebnis der weiteren Untersuchungen zur Erfassung der nach 1945 im Gebiet der DDR verurteilten Nazi- und Kriegsverbrecher; BStU, MfS, SdM 1229, Bl. 67 f.

keit« darüber aufzuklären, dass die »DDR alles in ihren Kräften stehende« getan habe, um »Nazi- und Kriegsverbrecher systematisch zu verfolgen, entsprechend dem Grad ihrer Schuld zu bestrafen und nicht wieder zu staatlichen oder anderen gesellschaftlich bedeutsamen Ämtern zuzulassen«. Hingegen habe der »Bonner Staat von Anbeginn seiner Existenz« an nichts unterlassen, um »faschistischen Verbrechern milde Behandlung, Rehabilitierung und Wiederaufstieg« zu sichern.[190] Als Schwerpunkte für die »politische Forschung« im Rahmen der Dokumentationsstelle wurden bereits in der Vorbereitungsphase explizit »alle führenden Personen der Bonner Regierung (Minister und leitende Beamte, insbesondere Außenministerium), [das] Bonner Innenministerium und Polizeiangehörige, Generale und Offiziere der Bundeswehr, Blutrichter, Bundes- und Länderministerien für Vertriebene und revanchistische Organisationen und Ostforschungsinstitute« genannt.[191]

In rund 3 000 Archiven (Staats-, Kreis-, Stadt- und Betriebsarchive, Archive wissenschaftlicher Institute und Einrichtungen, von Gerichten und dem Zentralen Parteiarchiv der SED) wurden zunächst alle infrage kommenden Archivalien (ursprünglich rund 1,5 Millionen Akteneinheiten) ermittelt und in einem »zentralen Bestandsnachweis« registriert.[192] Die Bestände weiterer Archive in Ost und West kamen hinzu. Zum Beispiel begann man bereits im Mai 1964 mit der Registrierung und Auswertung von umfangreichen Beständen ehemaliger NS-Dienststellen und Organisationen in polnischen Staatsarchiven.[193] Unter Beachtung von Geheimhaltungs- und Sicherheitsgrundsätzen sichteten Arbeits- und so genannte Forschungsgruppen mit etwa der Hälfte aller in den Staatsarchiven tätigen Mitarbeiter sowie ehrenamtlichen Kräften wie Parteiveteranen, Schüler und Studenten die 1 087 925 Akteneinheiten, die nach einer ersten Relevanzprüfung übrig blieben.[194] Vorrangig waren solche Bestände durchzuarbeiten, die »reichhaltiges dokumentarisches Material für die karteimäßige Erfassung leitender Mitarbeiter des faschistischen Staatsapparates, der Wehrmacht, der NSDAP und ihrer Gliederungen enthalten«.[195] Namen von Personen, deren Dienststellen, Dienststellungen bzw. Dienstgrade und andere wichtige Hinweise wurden mit

190 Die Haltung der beiden deutschen Staaten zu den Nazi- und Kriegsverbrechen. Eine Dokumentation. Hg. v. Generalstaatsanwalt der DDR, Ministerium der Justiz der DDR. Berlin (Ost) 1965, S. 6.

191 (Abt. Agitation, Der Leiter): Bericht über die erste Arbeitsberatung im Zusammenhang mit der Schaffung der Dokumentationsstelle bei der Staatlichen Archivverwaltung des MdI, 15.4.1964; BStU, MfS, ZAIG 10865, Bl. 184.

192 MdI, Staatliche Archivverwaltung, Dokumentationsstelle: Bericht betreffs Umsetzung des Beschluss des Ministerrates vom 28.5.1964, 18.6.1965; BStU, MfS, HA IX/11, Karton 62, o. Pag., Bl. 1–6, hier 2.

193 MdI, Staatliche Archivverwaltung, Dokumentationsstelle: Arbeitsbericht der Dokumentationsstelle über die zentrale Erfassung und einheitliche Auswertung des in der DDR befindlichen dokumentarischen Materials aus der Zeit des Hitlerfaschismus (1.4.1964–10.7.1964), 11.7.1964; BStU, MfS, HA IX/11, Karton 62, o. Pag., Bl. 1–13, hier 4.

194 MdI, Staatliche Archivverwaltung, Der Leiter: Information über die bisherige Tätigkeit zur Erfüllung des Ministerratsbeschlusses vom 28.5.1964, 12.1.1965; BStU, MfS, HA IX/11, Karton 62, o. Pag., Bl. 1–3, hier 2.

195 Dokumentationszentrum: Arbeitsrichtlinien für die Forschungsgruppen, o. D. (1964); BStU, MfS, ZAIG 10865, Bl. 191.

Vermerk der Fundstelle auf Karteikarten übertragen. In gleicher Weise wurden die im Laufe der Zeit aus dem Ausland beschafften verfilmten Archivalien (rund 24 500 Filme) verarbeitet.[196] Nach Fertigung des Zentralen Bestandsnachweises sollte so eine systematische namentliche Erfassung von NS-belasteten Personen erfolgen, die in den entsprechenden Aktenkonvoluten der DDR-Archive (bzw. des Auslandes) vorkamen. Zusätzlich wurden Nachschlagewerke, Quellenveröffentlichungen und Presseartikel ausgewertet.

Die Karteikarten bildeten die Zentralkartei der Dokumentationsstelle, welche in drei Teile strukturiert wurde: eine NS-Kartei, in der alle »vor 1945 im faschistischen Staatsapparat, in der Wehrmacht, in der NSDAP und ihren Gliederungen tätigen leitenden Personen« zu erfassen waren, eine Westdeutschen-Kartei (W-Kartei), in die alle nach »1945 im Staatsapparat der Bundesrepublik, in den bürgerlichen Parteien, in den revanchistischen und militaristischen Organisationen leitend tätigen Personen« aufgenommen wurden, und eine Sachkartei (S-Kartei), die wiederum nach Sachgebieten vor 1945 (RSHA, NSDAP) und Sachgebieten in der Bundesrepublik (Ministerien, Bundeswehr etc.) geordnet war.[197]

Ende Mai 1964 waren in der »W-Kartei« bereits 5 000 Personen aus dem westdeutschen Staatsapparat bis hinunter zu den örtlichen Verwaltungen erfasst. 4 000 Personen, über die Hinweise aus der NS-Zeit vorlagen, waren zu diesem Zeitpunkt registriert, weitere 25 000 dafür vorbereitet.[198] Bis zum Jahresende 1964 waren bereits 475 853 Akteneinheiten durchgearbeitet und 493 287 Karteikarten für die Zentralkartei gefertigt.[199]

Auf diese Weise war außerhalb des MfS ein weiterer, bis 1989 auf rund 4 bis 5 Millionen Karteikarten angewachsener Informationspool entstanden. Ergänzt wurde dieser Fundus unter anderem durch die Übernahme von rund 26 Regalmetern Schriftgut aus Konzentrationslagern und Haftanstalten, zum Beispiel Transportlisten, Krankenmeldungen, Totenbücher und etliches mehr aus dem Archivdepot Dornburg.[200] Darüber hinaus befanden sich weitere Karteien im Bestand der Dokumentationsstelle, darunter vermutlich Teile einer Originalkartei des Wirtschafts- und Verwaltungshauptamtes der SS und die Original-Häftlingskartei des Konzentrationslagers Buchenwald.[201]

196 Gliech, Oliver C.: Was geschieht mit den Akten? Das NS-Dokumentationszentrum soll stillschweigend aufgelöst werden. In: Wochenpost (1991)4, S. 34.

197 Dokumentationsstelle: Richtlinien für den Aufbau der zentralen Kartei (Z-Kartei), o. D. (1964); BStU, MfS, ZAIG 10865, Bl. 195–197.

198 Abt. Agitation: Aktennotiz über eine Besprechung mit Mitgliedern der Dokumentationsstelle beim MdI, 28.5.1964; BStU, MfS, ZAIG 10865, Bl. 179 f.

199 MdI, Staatliche Archivverwaltung, Der Leiter: Information über die bisherige Tätigkeit zur Erfüllung des Ministerratsbeschlusses vom 28.5.1964, 12.1.1965; BStU, MfS, HA IX/11, Karton 62, o. Pag., Bl. 2.

200 MdI, Staatliche Archivverwaltung, Dokumentationszentrum: Prognostische Überlegungen zur Entwicklung des Dokumentationszentrums der Staatlichen Archivverwaltung in den achtziger Jahren, 14.6.1978, Anhang: Bestand KL und Haftanstalten im Dokumentationszentrum; BStU, MfS, HA XX/2/III, Bdl. 52, o. Pag., Bl. 1–5.

201 Ebenda, Bl. 2.

Die Dokumentationsstelle eröffnete auch dem MfS zusätzliche Möglichkeiten. Sie beschaffte für Propagandamaterialien der Abteilung Agitation die entsprechenden Dokumente oder schlug neue Projekte vor.[202] Dafür wurde eigens eine »Operativgruppe für die zielgerichtete Auswertung« gebildet, die beweiskräftige Dokumente für Kampagnen zusammenstellte.[203] So begann die Dokumentationsstelle bereits 1964 mit der Sammlung von Material für das ein Jahr später publizierte »Braunbuch«, welches die NS-Belastung der westdeutschen Eliten belegen sollte. Für die Bearbeitung von »Forschungsschwerpunkten« wurden Fachgebiete aufgebaut und Mitarbeiter spezialisiert.[204] Bei der Arbeit der Dokumentationsstelle fielen immer wieder Hinweise für die Geheimdienstarbeit des MfS gegen die Bundesrepublik und für Ermittlungen und Operationen mit NS-Bezug an.[205] Umgekehrt konnte das MfS bei Bedarf über die Dokumentationsstelle geheimdienstliche Erkenntnisse und Materialien gezielt in die (westdeutsche) Öffentlichkeit lancieren – eine Praxis, die das MfS in den folgenden Jahren gegenüber Journalisten und Wissenschaftlern zielstrebig und routiniert verfolgte.[206] So konnten zum Beispiel, in enger Zusammenarbeit mit der Desinformationsabteilung der Hauptverwaltung A, Akten und Informationen über Bundeskanzler Kurt Georg Kiesinger oder den Verfassungsschutzpräsidenten Hubert Schrübbers an westliche Journalisten weitergereicht werden, ohne dass diese erkannten, wer in Wirklichkeit hinter dem »Dokumentationszentrum« stand.[207]

Außer in diesen Fällen, die eher Ausnahmecharakter hatten, blieben die Informationsflüsse jedoch einseitig. Während das MfS über die Dokumentationsstelle Zugriff auf alle erfassten Bestände hatte, blieben die MfS-Bestände für die Dokumentationsstelle prinzipiell ein Buch mit sieben Siegeln.[208] Das »kameradschaftliche« Zusammenwirken, das sich in der Folgezeit entwickelte, war nicht zuletzt dem Wirken so genannter Offiziere im besonderen Einsatz (OibE) des

202 Dokumentationszentrum, Unterabteilung Forschung und Auswertung: Erste Bearbeitungsvorschläge aus Anlass des 20. Jahrestages der Nürnberger Gesetze, 29.10.1965; BStU, MfS, HA IX/11, Karton 62, o. Pag., Bl. 1–7; Dokumentationszentrum, Abteilung Forschung und Auswertung: Entwurf betreffs erste Vorschläge zur Konzeption der Dokumentation »Judenmörder in Amt und Würden«, 30.8.1966; BStU, MfS, HA IX/11, Karton 62, o. Pag., Bl. 1–5.

203 MdI, Staatliche Archivverwaltung, Dokumentationsstelle: Arbeitsbericht der Dokumentationsstelle über die zentrale Erfassung und einheitliche Auswertung des in der DDR befindlichen dokumentarischen Materials aus der Zeit des Hitlerfaschismus (1.4.1964–10.7.1964), 11.7.1964; BStU, MfS, HA IX/11, Karton 62, o. Pag., Bl. 7.

204 Dokumentationsstelle: Kurzprotokoll über die Beratung der Arbeitsgruppe 33–45 am 8.7.1964, 10.7.1964; BStU, MfS, ZAIG 10865, Bl. 151 f.

205 Dieter Skiba: Der Beitrag der Organe des MfS bei der konsequenten Verfolgung von Nazi- und Kriegsverbrechen und Verbrechen gegen die Menschlichkeit, Diplomarbeit, Juristische Hochschule (JHS) des MfS, Potsdam 13.11.1980; BStU, JHS MF VVS 384/80, Bl. 105.

206 Ebenda, Bl. 105.

207 Dazu auch: »Einmal in der Stalinallee«. In: Der Spiegel 29/1991 v. 15.7.1991, S.32–38, sowie Teil II: Häufig zum Tee. In: Der Spiegel 30/1991 v. 22.7.1991, S. 57–63, hier 58; vgl. Bohnsack; Brehmer: Auftrag: Irreführung, 1992, S. 58.

208 Dieter Skiba: Der Beitrag der Organe des MfS bei der konsequenten Verfolgung von Nazi- und Kriegsverbrechen und Verbrechen gegen die Menschlichkeit, Diplomarbeit, JHS des MfS, Potsdam 13.11.1980; BStU, JHS MF VVS 384/80, Bl. 105.

MfS sowie ehemaliger hauptamtlicher Mitarbeiter des MfS, die aus gesundheitlichen oder »kaderpolitischen« Gründen ausgeschieden waren und im Dokumentationszentrum in Leitungsfunktionen tätig waren, zu verdanken. Mit Ludwig Nestler, ehemaliger Mitarbeiter der HV A und seit Frühjahr 1964 hauptamtlicher IM der Abteilung Agitation, hatte das MfS von Anfang an eine Schlüsselfigur in der Dokumentationsstelle platziert.[209] Der stellvertretende Leiter des Dokumentationszentrums, Major Richard Stumpf, kam aus der für Agitation und Desinformation zuständigen Abteilung VII/F der HV A (Vorläuferin der HVA-Abteilung X) und war als OibE im Dokumentationszentrum seit 1964 darum bemüht, in »vorbildlicher Weise die operativen Interessen des MfS« wahrzunehmen.[210] 1986 arbeiteten acht von insgesamt neun in der Staatlichen Archivverwaltung eingesetzten OibE im Dokumentationszentrum,[211] darunter der vormalige Abteilungsleiter des MfS-Zentralarchivs (Abt. XII), Oberst Roland Leipold, der im Januar 1983 Leiter der Staatlichen Archivverwaltung wurde.[212]

Das MfS hatte mithin die anfänglichen Probleme bei der Wahrung der eigenen Interessen im Zusammenhang mit der Konzeption des Dokumentationszentrums schnell und nachhaltig überwunden. Diese intensive geheimdienstliche Kontrolle und Steuerung war es vermutlich, die Mielke einem sowjetischen Kollegen gegenüber einmal zu der Bemerkung veranlasste:

> »Wir haben alle Archive unter Kontrolle genommen. Leider kommen wir in anderen Ländern nicht weiter. Aber in der DDR haben wir dies in den Griff bekommen. Die Ergebnisse der Auswertung werden der Parteiführung zur Entscheidung vorgelegt. [...] Wenn das so ist, dass Ihr die Archive nicht in Euren Händen habt, dann habt Ihr einen großen Fehler gemacht.«[213]

Fortgesetzte Bestandsergänzungen

Auch nach der Einrichtung des Dokumentationszentrums ergänzte die Staatssicherheit ihre eigenen Bestände. Im Zuge ihrer Recherchen beschlagnahmte sie mitunter ganze Verwaltungsarchive, wie im Falle der thüringischen Nervenklinik Stadtroda, wo 1964/65 in Patientenakten Hinweise auf Euthanasieverbrechen

209 Abt. Agitation: Mitteilung an den Leiter der HA VII, 20.4.1964; BStU, MfS, ZAIG 10865, Bl. 181.

210 HA VII: Vorschlag zur Entlassung des Major Stumpf, Richard, 3.2.1972; BStU, MfS, KS 211/72, Bl. 3–7, hier 5.

211 HA VII, Abt. 7: Einschätzung des Bestandes, der Effektivität und Wirksamkeit der im Verantwortungsbereich der Abteilung 7 eingesetzten Offiziere im besonderen Einsatz (OibE), 30.10.1986; BStU, MfS, HA VII 19, Bl. 22–25.

212 MfS, HA VII/7: Veränderungsmeldung Leipold, Roland, 10.1.1983; BStU, MfS, KS 27218/90, Bl. 223; MdI: Änderungsvertrag zwischen dem MdI und Roland Leipold, 1.1.1983; BStU, MfS, KS 27218/90, Bl. 226 f.

213 Süß: Erich Mielke und KGB-Vize Leonid Schebarschin, 1993, S. 31.

auftauchten.[214] Drei Jahre später übernahm das MfS weitere 106 Patientenakten dieser Klinik.[215] Der Gesamtumfang der Euthanasieakten im Besitz des MfS betrug 1990 etwa 250 laufende Meter Krankenakten aus 104 Heil- und Pflegeanstalten und Heimen[216], insgesamt etwa 25 000 bis 26 000 einzelne Krankengeschichten und Dokumente aus zentralen Euthanasie-Dienststellen.[217]

Vermutlich auf einem Hinweis von westdeutschen Kommunisten aus der DKP oder SEW basierte 1968 eine Aktenbergung im Ostberliner Deutschen Wirtschaftsinstitut (DWI). Die für die geheimdienstliche Absicherung der Westparteien zuständige MfS-Diensteinheit hatte erfahren, dass dort circa 18 000 Akten der Dresdner Bank, etwa 12 000 Akten der Deutschen Bank sowie rund 5 000 Akten anderer Banken aus den Jahren 1920 bis 1945 lagerten und sogar schon von westlichen Forschern benutzt worden seien.[218] Die eingesetzte Arbeitsgruppe empfahl, rund 35 000 Akten in das DZA Potsdam zu überführen und für unbefugte Personen zu sperren. Das MfS selbst übernahm nur 573 Akten, darunter 430 Personalakten der ehemaligen Vorstandsmitglieder der Deutschen Bank sowie 142 Akten aus dessen Sekretariat, darunter 41 Bände persönlichen Schriftverkehr des Bankiers Hermann Josef Abs.[219] Etwaige Nutzer sollten an das Dokumentationszentrum verwiesen werden.[220]

Etliche NS-Akten gerieten durch Zufallsfunde der Volkspolizei, von IM oder bei Hausdurchsuchungen sowie bei Post- und Zollkontrollen des MfS in das MfS-Archiv. Die Berichte darüber füllen mehrere Ordner.[221] Das Spektrum reichte von 20 Mitgliedskarteikarten der Nationalsozialistischen Kriegsopferversorgung, die man bei Dacharbeiten im Bezirk Halle entdeckte, über eine Lieferwagenladung »mehrerer großer Kisten« mit Büchern und Dokumenten, welche im Bezirk Gera bei Abbrucharbeiten gefunden wurden, und Unterlagen der Geheimen Staatspolizei, die bei Abrissarbeiten in einer Druckerei in Karl-Marx-Stadt auftauchten, bis zu 26 Säcken »mit altem Gerichtsmaterial«, die der Sicherheitsbeauftragte der Friedrich-Schiller-Universität Jena in einem Abstellraum entdeckte.[222]

214 BV Gera, KD Stadtroda: Niederschrift über die Besprechung des Operativ-Vorganges »Ausmerzer« am 21.4.1965 in der KD Stadtroda, 23.4.1965; BStU, MfS, BV Gera, AOP 613/66, Bd. I, Bl. 119–122.

215 BV Gera, KD Stadtroda: Anschreiben an MfS, Abt XII, 19.4.1968, Anlage: Aufstellung über Krankenakten der ehemaligen Thüringischen Landesheilanstalt Stadtroda, 11.4.1968; BStU, MfS, HA IX/11 Karton 29, o. Pag., Bl. 1–7.

216 Hohendorf; Roelcke: Akten der »Euthanasie«, 1993, S. 480.

217 Sandner: Die »Euthanasie«-Akten, 1999, S. 386.

218 (MfS, BdL II): Bericht über die Aktenbestände der »Deutschen Bank« und der »Dresdner Bank«, 22.4.1968; BStU, MfS, SdM 2603, Bl. 170–172.

219 (HA IX/11): Aktenvermerk, 3.12.1968; BStU, MfS, HA IX/11, FV 87/70, Bd. 1, Bl. 21 f.

220 Ebenda, Bl. 22.

221 Daher an dieser Stelle nur eine summarische Quellenangabe; BStU, MfS, HA IX/11, Karton 35 u. 29.

222 Sicherheitsbeauftragter der Friedrich-Schiller-Universität: Übergabeprotokoll, 14.12.1978; BStU; MfS, HA IX/11, Karton 29, o. Pag., 4 Bl.; vgl. ferner HA IX/11 vom 23.2.1970, Übernahmevermerk von der KD Berlin-Mitte; BStU, MfS, HA IX/11, Karton 29, o. Pag., 1 Bl.

Höherer nachrichtendienstlicher Aufwand steckte hinter Beschaffungen aus dem »Operationsgebiet«, also der Bundesrepublik Deutschland. Den Nachlass des Wehrmachtsgenerals Walter Melzer mit Angaben über »führende Militärs der fasch[istischen] Wehrmacht«, die zum Teil noch in der Bundesrepublik lebten, fand ein IM-Ehepaar aus Bremen per Zufall im Keller einer Villa.[223] Mit größerem Aufwand verbunden war 1977 ein Coup der Abteilung XIX (Verkehrswesen) der Bezirksverwaltung Berlin, die auch für die Dienststellen der DDR-Reichsbahn in West-Berlin zuständig war. Aus dem Gebäude der ehemaligen Reichsbahndirektion am Schöneberger Ufer, in dem nun die Poliklinik-West des Medizinischen Dienstes des Verkehrswesens der DDR untergebracht war, schleuste sie Personalakten von rund 10 000 ausländischen Zwangsarbeitern der Deutschen Reichsbahn sowie umfangreiches ungeordnetes Material aus der Zeit vor und nach 1945.[224] Der Abtransport war durchaus nicht einfach, weil die Westberliner Polizei die DDR-Reichsbahn-Mitarbeiter und ihre Fahrzeuge regelmäßig kontrollierte. Es gelang schließlich mithilfe »inoffizieller und zuverlässiger offizieller Kräfte«, die Genehmigung für einen »Altpapiertransport« bei den westlichen Alliierten einzuholen und die 36 Sack Unterlagen in einem Güterwaggon unter Altpapier versteckt in die DDR zu schleusen.[225] In der Nacht vom 19. zum 20. September 1977 traf der Waggon im Kontrollbahnhof Wustermark ein.

Da sich unter dem Schmuggelgut fast 6 000 Akten sowjetischer Staatsangehöriger befanden, entschied sich das MfS, diese Unterlagen dem KGB anlässlich des 60. Gründungstages der Tscheka als »Informationsgeschenk« zum »ständigen Verbleib und zur operativen Auswertung« zukommen zu lassen.[226] Von »besonderem politisch-operativen Interesse für das Komitee für Staatssicherheit der UdSSR«, so heißt es im Begleitbericht, könnten die Unterlagen sein, aus denen hervorging, dass »einige der Zwangsverpflichteten als Dolmetscher oder auf andere Weise faschistische Behörden, zum Beispiel die Fahndungsorgane der Deutschen Reichsbahn, unterstützten beziehungsweise sich als Gegner der Sowjetunion darstellten, um für sich persönliche Vorteile zu erreichen«.[227]

1988 übernahm das MfS Teilbestände der »Wehrmachtsauskunftsstelle für Kriegsverluste und Kriegsgefangene« (WAST) des Oberkommandos der Wehr-

223 (MfS, AGM), Abt. IV: Auskunftsbericht IM-Ehepaar »Columbus«, Reg.-Nr. XV 4083/74 (Übernachtungsstützpunkt), Stand Juni 1978; BStU, MfS, AIM 1228/80, Bd. I/1, Bl. 115–122, hier 117; HA IX, Stellvertreter des Leiters: Information an Abteilung IV zur Auswertung des Nachlasses des ehemaligen Generals der faschistischen Wehrmacht Walter Melzer durch die HA IX/11; BStU, MfS, AIM 1228/80, Bd. I/1, Bl. 113; Auerbach: Einsatzkommandos an der unsichtbaren Front, 1999.

224 HA IX/11: Information an den Minister und den Leiter der HA IX, 24.10.1977; BStU, MfS, HA IX/11, AV 14/77, Bl. 18 f.

225 BV Berlin, Abt. XIX: Bericht an die HA IX/11 über die Beschaffung von Dokumenten aus Westberlin, 10.10.1977; BStU, MfS, HA IX/11, AV 14/77, Bl. 11 f.

226 HA IX, Leiter: Vorschlag an den Minister betreffs Übergabe von Originaldokumenten der ehemaligen Reichsbahndirektion Berlin zu sowjetischen Bürgern, die in den Jahren 1941 bis 1945 in Dienststellen der Deutschen Reichsbahn zwangsverpflichtet waren, an das Komitee für Staatssicherheit der UdSSR, 7.12.1977, Anlage: Bericht über Art und Inhalt der zur Übergabe vorbereiteten Akten, o. D.; BStU, MfS, HA IX/11 AV 14/77, Bl. 30–32.

227 Ebenda, Bl. 32.

macht, die im Archivdepot Schloss Dornburg der Staatlichen Archivverwaltung gelagert waren. Die rund 650 lfd. M. Archivgut enthielten nach Schätzungen 3 bis 4 Millionen Karteikarten (u. a. eine »Totenkartei« gefallener Wehrmachtssoldaten, eine Verwundeten- und Lazarettkartei) sowie 349 Pakete mit Akten über ausländische Kriegsgefangene.[228] Das MfS hatte viele Jahre lang eine Nebenstelle im Schloss unterhalten, um auch diese Karteien und Akten zu nutzen.[229] Im Februar 1988 übernahm die HA IX/11 von der Abteilung XII einen Teil der bis 1985 in Dornburg verwahrten Akten, darunter 6 Transportcontainer mit Karteiblättern und 525 Archivkartons mit Krankenblättern des ehemaligen Staatskrankenhaus der Polizei in Berlin und 437 Archivkartons mit Gefangenenakten aus den Zuchthäusern Bautzen, Torgau, Brandenburg und Waldheim von ehemals durch das SMT verurteilten Personen.[230] Die Gefangenenakten waren 1983 in einer »gemeinsamen Aktion« von HA IX/11 und Abteilung XII zunächst »gesichtet und selektiert«, dann vom MdI übernommen worden. Für die Angehörigen von Verschollenen, die Kirchen und den Internationalen Suchdienst des Roten Kreuzes wurden diese Akten über Millionen Kriegsschicksale erst mit der Übernahme durch das Bundesarchiv nach dem Zusammenbruch der DDR zugänglich.[231]

Im Falle des 1964 im Geschäftsbereich des DDR-Verteidigungsministeriums gegründeten Deutschen Militärarchivs (DMA) fertigte das MfS zwar umfangreiche Kopien, scheiterte jedoch bei dem Versuch, Bestände selbst zu übernehmen. Aufgrund eines Berichtes der für den NVA-Bereich zuständigen MfS-Hauptabteilung I vom Dezember 1969 über eine »große Anzahl von nicht ausgewerteten Aktenbeständen bzw. Mikrofilmen aus der Zeit des 2. Weltkrieges« hatte Mielke die Weisung gegeben, diese durchzuarbeiten und gegebenenfalls zu »übernehmen«.[232] Die MfS-Leute kopierten unter anderem eine Kartei des DMA über 1 800 Personalakten von Kriegsrichtern und fertigten 4 800 Meter Mikrofilm an. Die Übernahme einiger vom MfS als »politisch-operativ wertvoll« eingeschätzten Originalakten scheiterte jedoch am Widerstand der Militärs.[233] Archivleiter Oberst Rudolf Studanski wandte ein, dass es nicht richtig sei, wenn

228 MfS, Abt. XII, Zentralarchiv: Information über die Archivbestände der ehemaligen faschistischen Wehrmacht im Archivdepot Dornburg der Staatlichen Archivverwaltung, 18.3.1974; BStU, MfS, Abt. XII 0008, Bl. 39 f.

229 Janko, Silke: Menschenschicksale über Jahrzehnte verschwiegen. Weiteres unrühmliches Kapitel DDR-Geschichte. In: Mitteldeutsche Zeitung v. 4.12.1990, S. 6.

230 MfS, Abt. XII/Archiv: Übergabeprotokoll der an die HA IX/11 übergebenen Akten, 25.2.1988; BStU, MfS, HA IX 9971, Bl. 255.

231 Siehe auch Tragnitz, Herbert: Die Spur der Akten. In: NBI 1(1991), S. 60 f.

232 HA I: Information an den Minister über Unausgewertete Aktenbestände im Deutschen Militärarchiv, 1.12.1969, Handschriftliche Anweisung von Mielke: »L(eiter) H(aupt) Abt. IX in Verbindung des zuständigen Gen. der H. Abt. I beim Leiter oder dessen Stellvertreter, auf Anweisung des Gen. Admirals W. Verner Akten durcharbeiten und soweit M.f.S. zuständig, übernehmen«, Paraphe (Mi.), 16.12.1969; BStU, MfS, SdM 1942, Bl. 532 f, hier 532.

233 HA IX/11: Bericht an den Minister, den Leiter der HA IX über die Sichtung und Auswertung von Archivmaterialien und Mikrofilmen aus den Beständen des Deutschen Militärarchivs in Potsdam, 10.4.1970; BStU, MfS, HA IX/11 Karton 36, o. Pag., Bl. 1–3.

»wertvolle Akten durch das MfS blockiert werden und dadurch der Geschichtsforschung nicht zur Verfügung stehen, da dort die Hauptarbeit zur Entlarvung des Militarismus geleistet werde«.[234] Im Sinne »provenienzreiner Archive« verlangte er sogar die Herausgabe des beim MfS verwahrten Archivgutes militärischer Einrichtungen, darunter auch der SS, an sein Archiv. Nur die Archivbestände des RSHA sollten bei der Staatssicherheit verbleiben. Sein Gesprächspartner aus der MfS-Abteilung XII vermerkte indigniert, dass Oberst Studanski »vorrangig als Historiker und Archivar an die Bearbeitung der Archivbestände herangeht und weniger an ihre Bedeutung für die Lösung der aktuellen politischen Aufgaben« denke.[235]

Weniger mächtige Institutionen mussten hingegen hinnehmen, dass ihre Akten im Geheimspeicher der HA IX/11 verschwanden. Betroffen waren Archive aus allen Bereichen, etwa das des Kreiskrankenhauses Genthin (vormals Evangelisches Johanniterkrankenhaus)[236] oder des Zentralen Suchdienstes des Deutschen Roten Kreuzes (DRK). Noch im März 1989 gelangten von dort 17 Ordner mit Schriftgut über Personen, die nach 1945 von sowjetischen Gerichten verurteilt worden waren, und im Juni 206 Nachschlagewerke (z. B. Vermisstenbildlisten) zum MfS. Im März 1990 bzw. Juli 1991 wurden diese »Beutestücke« dem rechtmäßigen Besitzer zurückgegeben.[237] Nachweisbar ist ein solches Vorgehen auch bei Akten des Zentralen Staatsarchivs (bis 1970 Deutsches Zentralarchiv), zum Beispiel hinsichtlich des Bestandes »Reichsvereinigung der Juden in Deutschland«.[238] Im Januar 1981 begründete das MfS die »Dauerleihe« dieser Akten folgendermaßen:

»Es wird für erforderlich gehalten, dass dieses Material aufgrund der darin enthaltenen operativ bedeutsamen Informationen zu einer bestimmten Person und Sache auch weiterhin hier verbleibt und in absehbarer Zeit nicht an das Zentrale Staatsarchiv Potsdam zurückgegeben werden kann. Es sollte Dauerleihgabe verfügt werden.«[239]

234 MfS, Abt. XII: Zentralarchiv: Information an den Leiter der Abt. XII über Gen. Oberst Studanski, Direktor des Militärarchivs der DDR, 18.7.1974; BStU, MfS, Abt. XII 0008, Bl. 44.

235 Ebenda.

236 HA IX/11: Information an die HA XX/2; BStU, MfS, HA XX/2/III, Bdl. 50, o. Pag., Bl. 1.

237 Vermerk auf dem Übergabeprotokoll vom 7.6.1988, das am 28.3.1990 die 206 Nachschlagewerke an den Zentralen Suchdienst des DRK zurückgegeben wurden; BA Berlin: Übergabeprotokoll an DRK, Suchdienst, ASt. Berlin, 1.7.1991 betreffs Rückgabe der 17 Aktenordner, 1.7.1991; BStU, MfS, HA IX/11, Karton 36, o. Pag..

238 (MfS, HA IX/11): Übergabeprotokoll für Rückgabe des Aktenbestandes 75 C Re 1 Reichsvereinigung der Juden an die StAV, 28.10.1986; BStU, MfS, HA IX Nr. 9967, Bl. 31.

239 HA IX, Stellvertreter des Leiters: Auskunft an den Leiter der HA VII betreffs Archivmaterial aus dem Zentralen Staatsarchiv Potsdam, 2.1.1981; BStU, MfS, HA IX Nr. 9967, Bl. 2 f. Wie das in der Praxis aussah, verdeutlicht ein Vorgang zur »Dauerleihe« der Akte 7 aus dem Bestand RSHA des ZStA Potsdam. Laut Leihschein war die Akte seit 26.4.1976 an das MfS ausgeliehen. Dann wurde entschieden, dass die Akte von der HA IX/11 in Dauerleihe genommen, also dem DZA Potsdam nicht zurückgegeben werden soll. Vgl. Stellvertreter HA VII an HA IX, Stellvertreter des Leiters, Oberst Coburger, 15.12.1982: »Übergabe von Archivakten zur Dauerausleihe«; BStU, MfS, HA IX 9967, Bl. 70 f.

Als das MfS die Akten der Reichsvereinigung im Herbst 1986 schließlich doch zurückgab, verfügte es für einzelne Akten einen Nutzungsvorbehalt.[240]

Ein weiterer wesentlicher Aktenbestand des MfS entstand aus der Strafverfolgung von nationalsozialistischen Gewalttaten selbst. Aufgrund einer Sonderregelung der Generalstaatsanwaltschaft der DDR mussten ausnahmslos alle »Akten und Unterlagen aus den Jahren nach 1945, die Nazi- und Kriegsverbrechen« betrafen, der Staatssicherheit übergeben werden.[241] Übergabelisten an das MfS, z. B. der Generalstaatsanwaltschaft, zeigen, dass das MfS faktisch als »Endarchiv« für derartige Unterlagen diente.[242]

4 Aktenbeschaffung und Verfilmungsaktionen in sozialistischen Bruderländern

Parallel zur Ausschöpfung der landeseigenen Materialressourcen begann die Staatssicherheit seit Ende der fünfziger Jahre, in den anderen Ostblockstaaten nach Unterlagen zu fahnden – zum Teil in einer nachgerade absurd anmutenden Konkurrenz zu westlichen Stellen, die ungeachtet aller politischen Hürden bestrebt waren, in eine konstruktive Zusammenarbeit etwa mit den polnischen und tschechoslowakischen Justizorganen und Archiven zu treten. Im Vordergrund stand dabei offenkundig das Bestreben, den Informationsfluss nach Westen abzuschneiden oder wenigstens zu kontrollieren und kompromittierendes Material zur propagandistischen Nutzung zusammenzutragen. Immer wieder suchten MfS-Angehörige direkt vor Ort nach beweiserheblichen Dokumenten und holten per Rechtshilfe Informationen ein.

Ab den sechziger Jahren bis 1989 betrieb das MfS zusätzlich die systematische Nutzung und Auswertung der von staatlichen Archiven der DDR angekauften oder im Austausch erworbenen Aktenverfilmungen aus dem National Archive in Washington, dem Bundesarchiv oder Archiven der anderen Ostblockstaaten.

240 (MfS, HA IX/11): Übergabeprotokoll, 5.11.1986; BStU, MfS, HA IX, Nr. 9967, Bl. 32.

241 Vgl. Sonderregelung des Generalstaatsanwalts zum Organisationshandbuch Teil I (Aktenordnung) und Teil II (Archivordnung) insbesondere für die von den Untersuchungsorganen des Ministeriums für Staatssicherheit ermittelten Verfahren, 16.4.1979; BStU, MfS, BV Leipzig, Abt. IX 00071, Bl. 3–8, hier 7. Freundlicherweise wies mich mein Kollege, Tobias Hollitzer, auf diese entsprechende Anweisung hin, die er im Aktenbestand der BV Leipzig gefunden hat.

242 Z. B. Oberstes Gericht der DDR: Übergabeprotokoll für Unterlagen aus erstinstanzlichen Prozessen, welche dem MfS zur Archivierung übergeben werden, 6.4.1981; BStU, MfS, Abt. XII, Nr. 219, Bl. 103–106; MfS, Abt. XII/Archiv: Anschreiben an HA IX/11 zwecks Übernahme von Akten der Generalstaatsanwaltschaft, 17.6.1988; BStU, MfS, HA IX, Nr. 1, Bl. 189–192 u. 267–271.

Polen

Annette Weinke hat Zielrichtung, politische Hintergründe und historische Rahmenbedingungen derartiger Aktenbeschaffungsaktionen in Polen bis Mitte der sechziger Jahre detailliert nachgezeichnet.[243] Schon im April 1956 traf das MfS erstmalig Absprachen mit dem polnischen Komitee für Öffentliche Sicherheitsangelegenheiten, um das dort verwahrte Archivgut zur »Überprüfung ›operativ‹ interessanter« Bundesbürger einsetzen zu können. Wenige Wochen später schickte Mielke eine erste Liste mit westdeutschen Vertriebenenvertretern wie Theodor Oberländer, Hans-Adolf Asbach, Waldemar Kraft, Alfred Gille und Werner Ventski zur Recherche. Insbesondere auf »kompromittierende Umstände« sollten die polnischen Genossen achten.[244]

Am 3. Dezember 1956 erhielt der Leiter der Auslandsspionage und Stellvertreter des Ministers für Staatssicherheit, Generalmajor Markus Wolf, eine allerdings enttäuschende polnische Antwort. Lediglich allgemeine Informationen wie in einigen Fällen die Zugehörigkeit zu NS-Organisationen und biografische Daten (Wohnort und Arbeitsstellen) wurden geboten. Oberländer etwa war gar nicht in der Kartei der polnischen Staatssicherheit erfasst. Im Fall des Industriellen Berthold Beitz, seinerzeit ein wichtiger Protagonist des westdeutsch-polnischen Dialogs, waren keine Informationen aufzufinden gewesen.[245] Immerhin zeigten sich die polnischen Verantwortlichen grundsätzlich kooperativ hinsichtlich der Mitwirkung an »vergangenheitspolitischen Aktionen gegen die Bundesrepublik«.[246]

Jedoch erst 1960 kam die Zusammenarbeit richtig in Gang. Eine fünfköpfige Delegation des MfS unter der Leitung des stellvertretenden Leiters der Hauptabteilung VII, Oberstleutnant Erich Bär, erhielt Gelegenheit, in polnischen Archiven zu arbeiten. Der stellvertretende Innenminister Alster und der Direktor des Zentralarchivs des Ministeriums des Innern der Volksrepublik Polen, Oberstleutnant Wacław Poteranski, hatten ursprünglich damit gerechnet, wie gewöhnlich lediglich Namenslisten zu erhalten. Doch die MfS-Vertreter wollten potenziell kompromittierende Akten selbst in Augenschein nehmen. Am liebsten hätten sie wichtige Akten gleich im Original mit nach Hause genommen, doch das lehnten die Polen ab und gestatteten den MfS-Leuten nur, Kopien wichtiger Unterlagen zu fertigen.[247] Die Delegation teilte sich in drei Gruppen auf, um die Staats- und Wojewodschaftsarchive in Warschau, Gdansk, Bydgoszcz, Poznan, Krakow, Kattowice und Opole zu sichten.

Bärs Bericht war beeindruckend. In den polnischen Archiven fanden sich Sach-, Justiz- und Personalakten aus einer Fülle von Gestapoleitstellen, Sonder-

243 Vgl. Weinke: Der Kampf um die Akten, 1999.

244 Ebenda, S. 569.

245 MfS, Abt. X: Mitteilung an den Stellvertreter des Ministers über die bisher vorliegenden Ermittlungsergebnisse, 3.12.1956; BStU, MfS, AP 6545/76, Bd. 1, Bl. 69–75.

246 Weinke: Der Kampf um die Akten, 1999, S. 569.

247 (MfS, Abt. VII): Bericht über die vom 22.6.–7.7.1960 durchgeführte Dienstreise nach Warszawa, 12.7.1960; BStU, MfS, AP 6545/76, Bd. 2, Bl. 2–21.

gerichten und Erschießungskommandos, Ämtern des Generalgouvernements, SS-, SA- und NSDAP-Formationen, aber auch Prozessakten und Kriegsverbrecherkarteien aus der Nachkriegszeit. Die Hinterlassenschaft des deutschen Besatzungsterrors ließ sich hier nach Zentnern und Zehntausenden von Karteieinträgen messen – mit zahlreichen Personenangaben, die die DDR-Staatssicherheit für »operativ« nutzbar hielt.

Das Sichtungsteam Warschau entdeckte etwa im Zentralarchiv des MdI Materialien des SS-Oberabschnitts Südost »ca. 6–8 Zentner [Originalunterlagen], und zwar ausführliche Personalakten über SS-Angehörige, [...] Ärzte, hauptamtliche Verwaltungsführer« sowie einige tausend Stammkarten der SS.[248] Im Archiv des Jüdischen Historischen Instituts fand man eine 10 000 bis 12 000 Karten umfassende Kartei über Kriegsverbrecher (Mitglieder von SD, Gestapo, Lagerpersonal etc.). Im Institut für Neuzeitliche Dokumente waren es »Originalunterlagen über Beamte und Angestellte der einzelnen Zentral- und Hauptabteilungen – zum Teil ausgesprochene Personalakten«, darunter »gute Unterlagen über Angestellte, Dolmetscher, hohe Justizbeamte, Rechts- und Staatsanwälte, Akademiker, hohe Reichsbahnangestellte, Forstangestellte usw.« Bär schlug vor, die gesichteten Materialien schnell nach Berlin zu überführen.[249]

Eine ähnliche Bilanz zogen auch die anderen Gruppen. Im Gdansker Archiv maß die Gruppe Akten über so genannte »Ostbewerber« (Deutsche, die sich um Ansiedlung in diesem Bezirk beworben hatten) »teilweise einen bestimmten operativen Wert« zu. Außerdem lagen in größerem Umfang Stammrollen der SA, Personalakten des Polizeipräsidiums Danzig und Schriftgut der SS vor. Auch die im Archiv Poznan befindlichen ähnlichen Archivalien, unter anderem des SS-Ansiedlungsstabes und von Sondergerichten, werden durchgängig mit dem Vermerk: »Vorschlag: Übergabe an uns« aufgelistet.[250]

In Bydgoszcz (dt. Bromberg) befanden sich Akten der Sondergerichte Bromberg und Hohensalza (poln. Inowroclaw). Diese stellten »eine einzige Anklage gegen das faschistische Regime« während der Okkupation dar, zumal sie »Todesurteile in Massen gegen polnische Staatsangehörige« beinhalteten. Mitarbeiter der Ostberliner Staatsanwaltschaft hätten daher bereits im Mai und Juni 1960 über mehrere Tage hinweg Einsicht in diese Akten »zwecks Auswertung und Entlarvung der Blutrichter« genommen und Filme angefertigt.[251] Polnischsprachige Gerichtsakten aus der Nachkriegszeit sollten der Arbeitsgruppe zufolge von der polnischen Staatssicherheit selbst für das MfS ausgewertet werden.

Nach diesen Anstößen entspann sich in den folgenden Jahren und Jahrzehnten eine rege Kooperation. Übergaben von Originalakten blieben aber offensichtlich die Ausnahme, beschränkt etwa auf Doppelexemplare von Befehlen, Strukturplänen usw. Dessen ungeachtet konnte das MfS aber relativ unkompliziert umfangreiche Aktenbestände im Archiv des polnischen MdI, der »Hauptkommis-

248 Ebenda, Bl. 1 u. 6.
249 Ebenda, Bl. 10 f.
250 Ebenda, Bl. 12 f.
251 Ebenda, Bl. 12.

sion zur Untersuchung der Hitlerverbrechen in Polen«, und in anderen Staatsarchiven sichten und teilweise verfilmen. So fertigte eine Arbeitsgruppe im Zentralarchiv des Innenministeriums im Dezember 1964 nach Durchsicht von rund 300 Akten des ehemaligen Reichssicherheitshauptamtes, insbesondere des Amtes VII (Weltanschauliche Forschung und Auswertung), der Gestapoleitstellen Litzmannstadt (Lodz), Posen (Poznan), Kattowitz (Kattowice) sowie des Chefs der Sicherheitspolizei und des SD beim Militärbefehlshaber in Frankreich etwa 12 000 Fotoaufnahmen an.[252] Im Staatsarchiv Gdansk wurden im September 1986 »Inventare zu geschlossenen Beständen« verfilmt, so etwa des »Höheren SS-Polizeiführers Danzig-Westpreußen«, der Regierung und des Polizeipräsidenten von Danzig, der NSDAP Pommern und weitere ausgewählte Dokumente aus Beständen von Behörden und Verwaltungen.[253] Unmittelbar zuvor waren im Staatsarchiv Bydgoszcz 25 Aktenbestände mit circa 30 000 Akteneinheiten gesichtet und insgesamt circa 10 000 Mikrofilmaufnahmen gefertigt worden.[254] Die Verfilmungseinsätze des MfS in polnischen Archiven hatten einen solchen Umfang, dass dortige Kollegen bereits spöttisch von einer »Tour de Polonia« sprachen.[255] Beim vermutlich letzten Einsatz (5. bis 16. Juni 1989) verfilmte eine Arbeitsgruppe unter Leitung von Oberstleutnant Skiba im Archiv der Hauptkommission zur Untersuchung der Naziverbrechen in Polen 60 Originalakten, unter anderem aus dem Bestand des Kommandeurs der Sicherheitspolizei und des SD Bromberg (KdS) sowie 209 Prozess- und Beweismittelakten aus Verfahren des Obersten Volkstribunals Polens gegen Rudolf Höß und andere KZ-Schergen sowie 14 Inventarverzeichnisse »für Vergleichsarbeiten mit bereits vor Jahren verfilmten Materialien und zur Aktenvorauswahl für [...] nächste Einsätze.«[256]

UdSSR

Auch in Archiven der UdSSR konnte das MfS, meist im Zusammenhang mit Kampagnen gegen westdeutsche Politiker oder anderen operativen Maßnahmen,

252 HA IX: Bericht an den Minister über die Dienstreise in die Volksrepublik Polen zur Beschaffung von belastenden Materialien gegen Mitarbeiter des ehemaligen Reichssicherheitshauptamtes, 14.12.1964; BStU, MfS, HA IX/11, AV 22/89, Bd. 1, Bl. 12–21, hier 13.

253 HA IX/11: Bericht an die Leiter der Abt. X, der HA IX, der HA IX/11 über die Dienstreise einer Arbeitsgruppe des MfS in die Volksrepublik Polen zur Sichtung von Archivmaterialien in der Zeit vom 8.9. bis 19.9.1986, 23.9.1986; BStU, MfS, HA IX/11, AV 22/89, Bd. 2, Bl. 99–101, hier 100.

254 HA IX/11: Bericht an die Leiter der Abt. X, HA IX und HA IX/11 über die Dienstreise einer Arbeitsgruppe des MfS in die Volksrepublik Polen zur Sichtung von Archivmaterialien in der Zeit vom 10.3. bis 22.3.1986, 24.3.1986; BStU, MfS, HA IX/11, AV 22/89, Bd. 2, Bl. 56–58, hier 57.

255 HA IX/11: Bericht an die Leiter der Abt. X, IX und IX/11 über die Dienstreise einer Arbeitsgruppe des MfS in der Volksrepublik Polen zur Sichtung von Archivmaterialien in der Zeit vom 9.6. bis 27.6.1986, 3.7.1986; BStU, MfS, HA IX/11, AV 22/89, Bd. 1, Bl. 99–102, hier 101.

256 HA IX/11: Bericht über die Dienstreise in die Volksrepublik Polen zur Auswertung von Archivaktenbeständen aus der Zeit vor 1945, 17.6.1989; BStU, MfS, HA IX/11, AV 24/89, Bd. 1, Bl. 23–25, hier 24.

eigenständig Akten sichten und verfilmen oder erhielten Kopien und Originale übersandt. Unter anderem prüften mehrere Mitarbeiter der HA IX 1968 in Moskau die vom KGB und der Generalstaatsanwaltschaft der UdSSR bereitgestellten Dokumente über »Kriegs- und Naziverbrecher«, welche den westdeutschen Staatsanwälten der Zentralstelle Ludwigsburg vorgelegt werden sollten.[257] Die 216 Aktenbände (rund 31 500 Blatt) beinhalteten unter anderem Befehle, Erlasse, Rundschreiben unterschiedlichster Dienststellen, Dokumente mit Angaben zu »Verbrechen der Einsatzgruppen und ihnen zeitweilig unterstellten Einheiten«, aber auch Zeugenaussagen und Vernehmungsprotokolle über die unter deutscher Besatzung verübten Verbrechen sowie diverse Unterlagen von Polizeiregimentern, zum Beispiel Kriegstagebücher.[258]

Nach der Durchsicht verständigte man sich auf insgesamt 106 Akteneinheiten, die die Ermittler aus Westdeutschland bekommen sollten, sobald das MfS die darin genannten 1 100 Personen überprüft habe.[259] Andere Akten hielt man für irrelevant oder zu brisant, weil sie eine »große Anzahl konkreter Personalien von Angehörigen faschistischer Polizeieinheiten« enthielten, deren »politisch-operative Absicherung« bis zum Eintreffen der Vertreter aus Ludwigsburg nicht erfolgen könne. Offenbar fürchtete man, dass auch DDR-Bürger darunter sein könnten.[260] Zusätzlich zu diesen Vorkehrungen sollte das MfS von allen Dokumenten, die man den Vertretern der Zentralen Stelle Ludwigsburg in Moskau zur Einsicht vorlegte, eine Mikrofilmkopie erhalten.[261]

Im Jahr 1974 sichtete eine Arbeitsgruppe der HA IX/11 in den Archiven des KGB und im Zentralen Staatsarchiv der UdSSR im Zusammenhang mit unterschiedlichen »Forschungsvorgängen« (so beispielsweise zum Unternehmen »Zeppelin« des Amtes VI des RSHA) unter anderem 158 Bände mit etwa 25 250 Blatt »Beutedokumenten« sowie etliche nach 1945 entstandene Untersuchungsvorgänge mit Protokollen von Vernehmungen von Kriegsgefangenen, die der KGB (bzw. dessen Vorgänger) und andere sowjetische Institutionen durchgeführt hatten. Aus diesen Konvoluten wählten die MfS-Angehörigen 9 420 Blatt Aktenmaterial und rund 1 200 Blatt der in Russisch verfassten Aussagen und Berichte aus, die mikroverfilmt in den Bestand des MfS eingingen.[262]

257 Vgl. HA IX: Bericht an den Minister über die Dienstreise einer Arbeitsgruppe der Hauptabteilung IX zum Untersuchungsorgan des KGB Moskau, 4.6.1968; BStU, MfS, SdM 1432, Bl. 125–139, hier 125.

258 HA IX: Bericht an den Minister über die Dienstreise einer Arbeitsgruppe der Hauptabteilung IX zum Untersuchungsorgan des KGB Moskau, 4.6.1968; Anlage: Bericht über die Ergebnisse der Auswertung sowjetischer Archivmaterialien in Moskau durch eine Arbeitsgruppe der Hauptabteilung IX; BStU, MfS, SdM 1432, Bl. 140–142, hier 140.

259 Ebenda.

260 Ebenda, Bl. 141.

261 Ebenda.

262 (HA IX/11): Bericht über die Durcharbeitung der bereitgestellten Archivmaterialien aus den Archiven des KfS und dem Zentralen Staatsarchiv »Oktoberrevolution«, o. D. (1974); BStU, MfS, HA IX/11, Karton 39, o. Pag., Bl. 1–4.

ČSSR

Aus der ČSSR bekam die Staatssicherheit eine Reihe von Unterlagen im Original sowie als Kopien geliefert. Bereits im April 1957 wurden aus tschechoslowakischen Archiven insgesamt 63 Kisten mit Teilaktenbeständen des ehemaligen Reichskriegsgerichtes übergeben.[263] Im November 1966 erhielt die für »aktive Maßnahmen« und »Desinformation« zuständige Abteilung X der HVA im Rahmen einer Kampagne gegen die Bundesrepublik sieben Filme mit Dokumenten des Amtes VI (Auslandsnachrichtendienst) des RSHA über die »Spionagetätigkeit Hitler-Deutschlands im Zusammenhang mit der Südtirol-Frage in Italien«. Hinzu kamen 250 fotokopierte Karteikarten von ehemaligen V-Leuten des SD, die zum Teil in Westdeutschland lebten. Da sie bis dahin »in keiner Weise verwendet« worden seien, schlugen die Geheimdienstler von der 8. Abteilung der Aufklärung des MdI der ČSSR ihren ostdeutschen Partnern eine »Ausnutzung des Materials für Maßnahmen« sowie eine »vorwiegend operative Auswertung« vor.[264]

Zwei Jahre später erhielt wiederum die Abteilung X der HV A vom Ministerium des Innern der ČSSR zwei Mappen mit Originalakten des »Stabes Abetz im Auswärtigen Amt aus den Jahren 1939/40«. Diese Unterlagen gingen noch im selben Jahr zur Archivierung an die HA IX/11.[265]

Auch in der ČSSR gehörten Verfilmungen in verschiedenen Archiven fortan zur ständigen Sammelpraxis der HA IX/11. Beispielhaft dafür ist die MfS-Aktion »ČSSR Film 77«, die auf Unterlagen von Gestapo, Sicherheitsdienst, Sicherheits- und Kriminalpolizei sowie von Justizbehörden in verschiedenen Ortschaften des Reichsgaus Sudetenland, des Reichsprotektorats Böhmen und Mähren und des Satellitenstaats Slowakei zielte.[266] Wie die tschechoslowakischen Rechercheure jedoch feststellten, waren viele der gesuchten Materialien offenkundig vernichtet oder verloren. In den Staatsarchiven hätten sich vorwiegend verstreute Bestände von Justizstellen (Amtsgerichte etc.) befunden.[267] Beigefügt war ein 125 Positionen umfassendes Verzeichnis über die Bestände im Archiv der Abteilung

263 Abt. Agitation: Berichterstattung an den Minister über die Tagung sozialistischer Staaten zur Frage der Verfolgung von Nazi- und Kriegsverbrechen in Westdeutschland, 5.10.1965; BStU, MfS, HA IX/11, Karton 63, o. Pag., Bl. 1–9, hier 8.

264 HV A, Abt. X/1: Mitteilung an die HA IX/11 zur Zusammenarbeit mit dem MdI der ČSSR, 9.12.1966; BStU, MfS, HA IX/11, RHE 22a–66 ČSSR, Bl. 40 f.

265 HV A, Abt. X/1: Mitteilung an den Leiter der HA IX/11, 1. 8.1968; BStU, MfS, HA IX/11, Karton 63, o. Pag., 1 Bl.

266 (HA IX/11): Vorschlag zur Realisierung der vom Genossen Minister getroffenen Vereinbarung der Möglichkeit der weiteren Verfilmung von in Archiven der ČSSR vorhandenen Dokumentenmaterialien, o. D. (Frühjahr 1977); BStU, MfS, HA IX/11, AV 21/79, Bl. 36–38; (HA IX/11): Aufstellung überschrieben: Zu nachfolgend aufgeführten ehemaligen faschistischen Dienststellen auf dem jetzigen Gebiet der ČSSR interessieren Dokumentenmaterialien zu ihrer Struktur, personellen Besetzung, Arbeitsvorgänge, Berichte sowie Unterlagen, die politisch-operative oder strafrechtlich relevante Tatsachen und Fakten enthalten, o. D.; BStU, MfS, HA IX/11, AV 21/79, Bl. 41–70.

267 MfS, Abt. X, Leiter: Anschreiben an den Leiter der HA IX betreffs Dienstreise des Leiters der HA IX/11 vom 25.–27.4.1977 nach Prag im Rahmen der Aktion »ČSSR Film 77«, 2.9.1977; BStU, MfS, HA IX/11, AV 21/79, Bl. 84.

Statistische Erfassung des Föderalen Ministeriums des Innern der ČSSR (FMdI) sowie eine Übersicht der in den Staatsarchiven vorhandenen Archivalien.[268] Allerdings stellte sich heraus, dass einige Bestände bereits verfilmt bei der HA IX/11 vorlagen.[269]

Die beiden sich anschließenden Verfilmungsreisen einer Arbeitsgruppe der HA IX/11 und des Operativ-technischen Sektors nach Prag und Pilsen waren gleichwohl ertragreich.[270] Dokumente zur Behörde des Reichsprotektors und des ihm angegliederten Stabes des Wehrmachtsbevollmächtigten sowie Erlasse, Befehle und Weisungen des Reichsführers SS, der Sicherheitspolizei und des Sicherheitsdienstes, Delegierungsunterlagen zur Sicherheitspolizeischule Fürstenberg/Mecklenburg, Todesurteile gegen Tschechen sowie Grundsatzmaterialien über die Behandlung von Kriegsgefangenen, Zwangsarbeitern und Juden bereicherten die Ostberliner Bestände. Insgesamt wurden 23 Mikrofilme mit 14 400 Aufnahmen gefertigt und sogleich auf Karteikarten nach Personen und Sachkomplexen für die Auswertung aufbereitet.[271] Insgesamt führte die Staatssicherheit zwischen 1977 und 1979 acht Verfilmungseinsätze in der ČSSR durch. Dabei wurden rund 261 300 Dokumente kopiert[272] und damit die Verfilmung der »wesentlichsten deutschsprachigen Dokumentenmaterialien aus der Zeit vor 1945« in den verschiedenen staatlichen Archiven der ČSSR abgeschlossen.[273]

Ausgenommen waren nur die umfangreichen Bestände des Militärhistorischen Archivs in Prag, darunter das so genannte »Kriegsarchiv der Waffen-SS«. Das Militärarchiv der DDR hatte sich seit 1979, auch im Interesse des MfS, zunächst vergeblich um Verfilmungen bzw. die zeitweilige Überlassung bemüht.[274] Der Chef der Hauptabteilung IX, Rolf Fister, brachte dann die Lieferungen mit dem Hinweis, dass die Akten »dringend für die politisch-operative Auswertungs- und Forschungstätigkeit sowie für die Bearbeitung von Komplexvorgängen« benötigt

268 MfS, Abt. X, Leiter: Anschreiben an den Leiter der HA IX betreffs Dienstreise des Leiters der HA IX/11 vom 25.–27.4.1977 nach Prag im Rahmen der Aktion »ČSSR Film 77«, 2.9.1977; Anlage: Verzeichnis der Archivmaterialien aus dem Archiv der Abteilung Statistische Erfassung des FMdI, die für die Freunde aus der DDR zum Studium vorbereitet sind, Übersetzung aus dem Tschechischen, Geheim; ebenda, Bl. 85–93.

269 HA IX/11: Aktenvermerk, 13.9.1977; ebenda, Bl. 94 f.

270 HA IX/11: Bericht über den ersten Einsatz der Aktion »ČSSR Film 77« im Archiv des FMdI Prag, 10.11.1977; HA IX/11: Aktenvermerk für die Leiter der HA, Abt. X zum zweiten Einsatz in der Aktion »ČSSR Film 77« vom 11.1.–27.1.1978 in Prag und Pilsen, 7.2.1978; ebenda, Bl. 133–139 u. 175 f.

271 HA IX/11: Bericht an den Minister, die Leiter der HA IX, der Abt. X über die Ergebnisse der vom 24.10.–11.11.1977 im Archiv des Föderalen Ministeriums des Innern und im Zentralen Staatsarchiv Prag Aktensichtungen, 16.11.1977; HA IX/11: Aktenvermerk für die Leiter der HA, Abt. X zum zweiten Einsatz in der Aktion »ČSSR Film 77« vom 11.1.–27.1.1978 in Prag und Pilsen, 7.2.1978; ebenda, Bl. 141–143 u. 174.

272 (HA IX/11): Handschriftliche Notiz zum Abschlussbericht der Aktion »Film ČSSR 77« auf dem Gebiet der Tschechischen Sozialistischen Republik, 11.9.1979; ebenda, Bl. 110–122, hier 110.

273 HA IX, Leiter: Vorschlag an den Minister, die Leiter der HA I, HA IX, HA IX/11 zur Verfilmung von Archivmaterial in der ČSSR; BStU, MfS, HA IX/11, AV 23/89, Bl. 45.

274 HA IX/11: Aktenvermerk; 30.6.1980; ebenda, Bl. 9.

würden, aufgrund guter Beziehungen zum tschechoslowakischen Innenministerium in Gang.[275]

Im November 1980 trafen im Militärarchiv der DDR in Potsdam die ersten 21 Filmrollen mit etwa 17 000 Aufnahmen ein und konnten dort umgehend von der HA IX/11 ausgewertet und kopiert werden. Es handelte sich hauptsächlich um Dokumente über Einsätze von SS-Polizeieinheiten in den besetzten Teilen der Sowjetunion und Material über die so genannte Bandenbekämpfung in Jugoslawien. Jährlich sollten dem 10 000 bis 12 000 Aufnahmen folgen. Im Austausch war vorgesehen, den tschechoslowakischen Archivaren dafür Kopien von kommerziell gehandelten Filmen aus US-Archiven zu übergeben.[276] Bis 1983 trafen jedoch lediglich acht Filme mit insgesamt 4 800 Aufnahmen (Kriegstagebücher des Kommandostabs Reichsführer SS im SS-Führungshauptamt und sonstige SS-Kriegstagebücher) ein.[277] Erst auf weiteres Drängen des Leiters des DDR-Militärarchivs sicherte der Direktor des Militärhistorischen Instituts in Prag die Freigabe der Verfilmung durch die DDR-Militärarchivare zu, verlangte aber erneut ein offizielles Ersuchen des Hauptstabes der NVA an den Generalstab der tschechoslowakischen Volksarmee.[278]

Hierfür erbat sich das DDR-Militärarchiv die Unterstützung des MfS – eine Gelegenheit, die Minister Mielke sofort beim Schopfe ergriff, um sich in der Konkurrenz zum Militär zu profilieren. Er erwirkte die offizielle Genehmigung nun kurzerhand über das tschechoslowakische Innenministerium.[279] Schon wenige Tage nach der entsprechenden Anfrage ließ dieses mitteilen, dass das Prager Verteidigungsministerium die lange erstrebte Genehmigung erteilt habe.[280] Mielke vermied ausdrücklich die Einschaltung des DDR-Verteidigungsministers Kessler – er kam, wie sich zeigte, auch ohne Zutun seines Rivalen ans Ziel. Freilich nutzte Mielke seinen Erfolg in erster Linie für das MfS. Er entsandte einen Verfilmungstrupp, der ausschließlich aus MfS-Mitarbeitern bestand und die Filme gleich bei der HA IX/11 ablieferte. Gönnerisch erklärte er intern, gegen eine spätere Übergabe von Materialien an das Militärarchiv bestünden keine Bedenken.[281]

275 HA IX, Leiter: Mitteilung an den Leiter der Abt. X betreffs Verfilmung von Archivmaterialien im Armeearchiv der ČSSR Sasmuky (ehemaliges Kriegsarchiv der Waffen-SS), 9.9.1980; ebenda, Bl. 10.

276 Ebenda, Bl. 13 f.

277 (HA IX/11): Aktenvermerk über eine Absprache mit dem stellvertretenden Leiter des Militärarchivs, 23.9.1983; BStU, MfS, HA IX/11, Karton 36, o. Pag., 1 Bl.

278 HA IX, Stellvertreter des Leiters: Information an den Leiter der Abt. X betreffs Verfilmung von Archivmaterialien im Militärhistorischen Institut der ČSSR (ehemaliges Kriegsarchiv der Waffen-SS), 11.9.1985; BStU, MfS, HA IX/11, AV 23/89, Bl. 27 f.

279 Faksimile eines Telegramms des Leiters der Abt. X des MfS an das FMdI Prag, 17.9.1986; BStU, MfS, Abt. X 17, Bl. 12.

280 Faksimile des Antworttelegramms aus Prag (FMdI) an den Leiter der Abt. X des MfS, 8.10.1986; BStU, MfS, Abt. X 17, Bl. 14; MfS, Abt. X, Leiter: Information über den Eingang der Genehmigung aus Prag an den Leiter der HA IX, 9.10.1986; BStU, MfS, AV 23/89, Bl. 56.

281 HA IX/11: Aktenvermerk über eine telefonische Mitteilung des Genossen Generalmajor Fister, 10.9.1986; ebenda, Bl. 55.

Drei Mitarbeiter der HA IX/11 und ein Foto-Techniker vom OTS führten daraufhin vom 17. November bis 18. Dezember 1986 eine erste Erfassung und Verfilmung der Archivaktenbestände durch und stellten fest, dass diese weitaus umfangreicher waren als angenommen. Hinzu kam noch ein größerer Bestand »Reichskriegsgericht« sowie umfangreiche, für die »politisch-operative Arbeit des MfS bedeutsame Unterlagen« der Wehrmacht.[282] Ausweislich einer von dieser Arbeitsgruppe gefertigten dreiteiligen Aufstellung über die Bestände im Militärhistorischen Archiv Prag aus der NS-Zeit befanden sich dort 966 Kartons (mit jeweils rund 500 Blatt Inhalt) von 41 Provenienzbildnern aus der Waffen-SS und anderen SS-Dienststellen sowie umfangreiche Bestände anderer Provenienzen.[283] Die MfS-Leute sichteten 436 Kartons des SS-Bestands sowie vier Bücher mit Strafprozesslisten des Reichskriegsgerichts und verfilmten sie zum überwiegenden Teil; zusammen ergab das rund 92 800 Aufnahmen. Gleichzeitig erfassten sie Personendaten zu 2 860 vornehmlich jüngeren SS-Angehörigen (Jahrgänge 1920 bis 1928) auf Karteikarten.[284]

Eine zweite Gruppe von sieben MfS-Leuten verfilmte im April und Mai 1987 vornehmlich den Bestand des Reichskriegsgerichts, darunter eine Abschrift des Urteils gegen die Geschwister Hans und Sophie Scholl (Widerstandsgruppe »Weiße Rose«) sowie Unterlagen zur Widerstandsgruppe »Rote Kapelle«.[285] Insgesamt fertigte man bei diesem Einsatz 115 Filme mit 83 520 Aufnahmen.[286] Bei einem dritten Einsatz im Februar und März 1988 schloss die HA IX/11 die Auswertung und Verfilmung des Kriegsarchivs der Waffen-SS ab. Insgesamt sahen die aus Mitarbeitern der HA IX/11, des OTS und anderer Abteilungen des MfS gebildeten Teams bei diesen Verfilmungseinsätzen 1 483 Kartons Archiv-

282 HA IX/11: Bericht über die Dienstreise einer Arbeitsgruppe nach Prag zum Militärhistorischen Institut der Volksarmee der ČSSR zwecks Verfilmung von Archivmaterialien vom 17.11.–18.12.1986; BStU, MfS, Abt. X 17, Bl. 34–36, hier 35.

283 HA IX/11: Bericht über die Dienstreise einer Arbeitsgruppe nach Prag zum Militärhistorischen Institut der Volksarmee der ČSSR zwecks Verfilmung von Archivmaterialien vom 17.11.–18.12.1986; Anlage 1: Aufstellung über die im Militärhistorischen Archiv Prag vorhandenen Bestände aus der Zeit 1933 bis 1945; ebenda, Bl. 37–39. Aufgeführt waren u. a. die 2 SS-Division »Das Reich« (206 Kartons), die SS-Division »Totenkopf« (48 Kartons), SS-Personalakten (285 Kartons), Strafprozesslisten und Strafakten des Reichskriegsgerichts (44 Bücher, 10 Kartons) sowie 990 Kartons mit Dokumenten von Wehrmachtseinheiten – und Dienststellen.

284 HA IX/11: Bericht über die Dienstreise einer Arbeitsgruppe nach Prag zum Militärhistorischen Institut der Volksarmee der ČSSR zwecks Verfilmung von Archivmaterialien vom 17.11.–18.12.1986; Anlage 2: Aufstellung der im Militärhistorischen Archiv Prag vom 17.11.–18.12.1986 gesichteten und verfilmten Aktenbestände; ebenda, Bl. 35 u. 40 f.

285 HA IX/11: Bericht über die Dienstreise einer Arbeitsgruppe zum Militärhistorischen Archiv der Volksarmee der ČSSR, Prag, zwecks Verfilmung von Archivmaterialien vom 21.4.–15.5.1987, 20.5.1987; Anlage 1: Aufstellung über die wesentlichsten im Militärhistorischen Archiv Prag im April/Mai 1987 verfilmten Bestände; ebenda, Bl. 56–60.

286 HA IX/11: Bericht über die Dienstreise einer Arbeitsgruppe zum Militärhistorischen Archiv der Volksarmee der ČSSR, Prag, zwecks Verfilmung von Archivmaterialien vom 21.4.–15.5.1987, 20.5.1987; ebenda, Bl. 57.

material durch.[287] Auf 537 Mikrodokumentenfilmen wurde circa 374 000 Aufnahmen gemacht.[288] Etwa 14 500 Angehörige der SS, der Wehrmacht, aber auch Widerstandskämpfer und Opfer der NS-Justiz erfasste man »karteimäßig«. Laut Skiba verwahrte die HA IX/11 zuletzt »über rund 11 000 laufende Meter Akten« sowie »tausende von Mikrofilmdokumentenfilmen« mit mehreren Millionen Aufnahmen.[289]

Die Sammelpraxis des MfS war von einem schier schrankenlosen Aktenhunger geprägt, dem allerdings kein gleichrangiges Verfolgungspotenzial gegenüberstand. Die Aneignungen von Archivalien innerhalb der DDR und die systematischen Komplettverfilmungen ausländischer Bestände stillten zwar das Bedürfnis nach Kontrolle und nach Vorsorge gegen alle denkbaren Entdeckungen in Fragen des nationalsozialistischen Terrors, doch das damit erwachsende Potenzial zur stets reklamierten konsequenten Verfolgung von NS-Verbrechern wurde in einem geradezu grotesk geringen Maß genutzt. Keine dieser Akten oder Mikrofilme stand der Öffentlichkeit, anderen staatlichen Institutionen oder der Forschung frei zur Verfügung.

287 HA IX/11: Bericht über die Dienstreise einer Arbeitsgruppe zur Verfilmung von Archivmaterialien im Militärhistorischen Archiv der Tschechoslowakischen Volksarmee in Prag vom 29.2.1988–22.3.1988, 28.3.1988; ebenda, Bl. 94–96, hier 95.

288 Ebenda, Bl. 96.

289 Coburger; Skiba: Die Untersuchungsorgane des MfS, Bd. 2, 2002, S. 426–494, hier 472 u. 477.

III Fallstudien

1 Zum Umgang mit NS-Belastungen im hauptamtlichen Personal des MfS

Nach den »Richtlinien für die Kader- und Schulungsarbeit« sollte sich die hauptamtliche Mitarbeiterschaft des Staatssekretariates bzw. des Ministeriums für Staatssicherheit aus »überprüften und politisch einwandfreien Mitgliedern der SED und FDJ« rekrutieren.[1] Vorrangig sollten Genossen, die »aktiv gegen den Faschismus« gekämpft, »wegen kommunistischer Tätigkeit in den faschistischen Konzentrationslagern und Strafanstalten gesessen und sich bewährt« sowie jene, »die in der Sowjetunion als Emigranten oder Kriegsgefangene gewesen sind und sich dort gut bewährt haben«, eingestellt werden.[2] Ausgeschlossen waren dagegen zum Beispiel Mitglieder der NSDAP oder deren Gliederungen, »ehemalige Mitarbeiter der Vollzugsorgane aus der Zeit bis zum Zusammenbruch des faschistischen Deutschlands«, »ehemalige aktive Funktionäre der HJ oder des BDM« oder »Personen, die in den von faschistischen Truppen besetzten Ländern zur Unterdrückung der Bevölkerung oder Partisanenbekämpfung eingesetzt waren«.[3] Überwiegend wurde danach verfahren. Schon allein aus Sicherheitsgründen griff man beim Aufbau des MfS nicht auf »Fachleute« aus den Reihen der Gestapo oder des SD zurück, sodass der hauptamtliche Apparat der Staatssicherheit im Vergleich zu anderen Institutionen und der SED selbst »ein Feld relativ avantgardistischer Reinheit« war.[4]

Dennoch ist es in einigen Fällen nachzuweisen, dass auch Personen mit NS-Belastungen beim MfS Anstellung gefunden hatten – zumeist, weil sie eine entsprechende Mitgliedschaft verschwiegen hatten. Kam dies heraus, mussten die Betroffenen mit unterschiedlichen Konsequenzen rechnen. Manch einer wurde aus disziplinarischen Gründen entlassen, aus der Partei ausgeschlossen, zuweilen auch strafrechtlich belangt.[5] Der Unteroffizier Paul Vick zum Beispiel, Wachmann in der Kreisdienststelle Bützow, hatte in seinem Personalfragebogen unwahre Angaben hinsichtlich »seiner faschistischen Militärzeit« gemacht. Er wurde zunächst mit 20 Tagen Arrest bestraft.[6] Wenig später leitete man gegen ihn ein Ermittlungsverfahren ein, in dessen Ergebnis Vick wegen der Misshand-

1 Dienstanweisung Nr. 43/53: Richtlinien für die Kader- und Schulungsarbeit, 6.11.1953; BStU, MfS, BdL-Dok. 3021, Bl. 5–22.

2 Ebenda, Bl. 5.

3 Ebenda, Bl. 6.

4 Gieseke: Erst braun, dann rot?, 1997, S. 148.

5 Ebenda, S. 145.

6 SfS, BV Schwerin: Straftenor, 16.6.1954; BStU, MfS, GH 16/56, Bd. 1, Bl. 5.

lung sowjetischer Kriegsgefangener im Lager Langhagen bei Teterow zu einer fünfjährigen Zuchthausstrafe verurteilt wurde.[7]

In den meisten der bis heute bekannt gewordenen Fälle sah man das Verschweigen von NS-Belastungen vorrangig jedoch als Vertrauensmissbrauch gegenüber der Partei und dem MfS an. So wurde 1955 ein vormaliger SA-Mann unter Aberkennung seines Dienstgrades aus dem MfS entlassen.[8] Ein anderer, der ebenfalls seine Mitgliedschaft in der SA und dem Nationalsozialistischen Kraftfahrkorps (NSKK) verschwiegen hatte, wurde im selben Jahr dagegen lediglich seiner Funktion als stellvertretender Leiter der Abteilung II einer Bezirksverwaltung enthoben, im Dienstgrad heruntergestuft und zur Grenzpolizei versetzt.[9] Ähnliches gilt auch für Siegfried Endesfelder, Abteilungsleiter im Untersuchungsorgan, Parteisekretär und Mitglied der SED-Kreisleitung im MfS, der nicht gemeldet hatte, von der Wehrmacht in die Waffen-SS übernommen worden zu sein. Er wurde degradiert und zur Transportpolizei abgeschoben. Wie Staatssekretär Wollweber handschriftlich vermerkte, sei in diesem Fall von einer härteren Bestrafung nur abgesehen worden, weil der Delinquent »in einigen Fällen eine gute Untersuchungsarbeit geleistet« hatte.[10]

Ähnlich glimpflich kam Heinz Mekelburg, Hauptmann und Referatsleiter in der HA III (Wirtschaft), davon. Er war im August 1944 ebenfalls zur Waffen-SS eingezogen worden, hatte dieses Faktum aber der Partei und seinem Dienstherrn verschwiegen. Im Ergebnis eines Parteiverfahrens wurde er mit einer strengen Rüge sowie mit einem Jahr Entzug aller Parteifunktionen bestraft und in eine Kreisdienststelle versetzt.[11] Auch ein Oberleutnant der Abteilung VI (Verteidigungsindustrie) der BV Dresden hatte seine für die Gestapo geleisteten Spitzeldienste sowie seine Zugehörigkeit zum HJ-Streifendienst unterschlagen und sich erst offenbart, nachdem er erfahren hatte, dass seine Dienststelle in den Besitz von Gestapokarteien gekommen war. In Absprache mit der MfS-Führung wurde vom Leiter der Bezirksverwaltung Dresden, Rolf Markert, zunächst aber beschlossen, ihn nicht zu entlassen. Man hielt ihm sein damals jugendliches Alter sowie sein Bemühen, gute Arbeit für das MfS zu leisten, zugute. Später aber wurde ein Parteiverfahren gegen ihn eingeleitet, in welchem er sich nach Auffassung von Markert »kapitulanten- und spießerhaft« verhielt. Er verlangte von sich aus seine Entpflichtung, obwohl man ihm erklärt hatte, »dass er nur durch aktive Mitarbeit gegen unsere Feinde in unserem Organ begangene Fehler wieder

7 Urteil des 1. Strafsenats des Bezirksgerichts Schwerin, 26.8.1954; BStU, MfS, GH 16/56, Bd. 2, Bl. 32–37.

8 Befehl Nr. 375/55 über die Entlassung von Unterleutnant Erich Fleischhauer, 19.12.1955; BStU, MfS, KuSch 1068, Bl. 329.

9 Befehl Nr. 357/55 über die Funktionsenthebung von Hauptmann Erich Trunte, 23.12.1955; ebenda, Bl. 306.

10 Befehl Nr. 232/55 über Versetzung von Major Siegfried Endesfelder, 9.8.1955; ebenda, Bl. 74. Diesen Fall schildert auch Gieseke: Erst braun, dann rot?, 1997, S. 144.

11 SED-KL VII c/1, KPKK: Beschluss betreffs Gen. Mekelburg, Heinz, 2.3.1962; BStU, MfS, SED-KL 6621, Bl. 105 f., hier 105.

gutmachen« könne.[12] Letztendlich wurde er unter Aberkennung seines Dienstgrades im Juni 1958 aus dem MfS ausgestoßen.[13] Dies bedeutete aber nicht, dass die Staatssicherheit nichts mehr mit ihm zu tun haben wollte. Ab Sommer 1960 stand er als Geheimer Informator, dann als Geheimer Hauptinformator wieder in deren Diensten.[14]

Ein anderer Offizier, der Leiter der HA IX und »Ehrentschekist« der sowjetischen Staatssicherheit, Oberst Walter Heinitz, hatte zwar keine NS-Belastung verschwiegen, dafür aber in Personalunterlagen und Fragebögen fälschlicherweise seine Biographie um einige antifaschistische Meriten bereichert und unter anderem angegeben, 1944 von einem Kriegsgericht verurteilt und zum Strafbataillon 999 versetzt worden zu sein.[15] Wegen dieser und anderer Verfehlungen wurde er 1972 von seiner Funktion enthoben, nach Dresden versetzt und im Frühjahr 1973 als Invalidenrentner aus dem MfS entlassen.[16]

Tolerant verhielt man sich gegenüber ehemaligen Mitgliedern der Hitlerjugend. Dies war notwendig gewesen, wollte man beim Aufbau des MfS nicht gänzlich auf eine Generation junger Nachwuchskader verzichten. Denn kaum ein Jugendlicher hatte sich im Deutschland unter Hitler der Mitgliedschaft in einer NS-Formation entziehen können, zumal ab dem 25. März 1939 die Dienstpflicht in der HJ eingeführt worden war.[17] Nach Feststellung Giesekes war 1953 mindestens ein Viertel aller MfS-Mitarbeiter Mitglied der Hitlerjugend gewesen.[18] So auch der Leiter der Abteilung Agitation, Günter Halle (Jg. 1927). Der hatte im Frühjahr 1963 seinem obersten Dienstherren »gebeichtet«, was er zuvor immer verschwiegen hatte, nämlich als 17-Jähriger Angehöriger der Hitlerjugend bei einer Veranstaltung ein Aufnahmeformular für die NSDAP unterschrieben und das Parteiabzeichen in Empfang genommen zu haben.[19] Bestätigt wird dies durch seine NSDAP-Mitgliedskarte. Danach hatte Halle am 21. Februar 1944 die Mitgliedschaft beantragt und war an Hitlers Geburtstag, dem 20. April, faktisch automatisch übernommen worden.[20] Auswirkungen hatte diese »Jugendsünde« auf seine weitere Karriere beim MfS nicht. Er erhielt keine Parteistrafe und

12 BV Dresden, Leitung: Information an den Leiter der HA KuSch, 14.5.1958; BStU, MfS, Diszi 7610/92, Bl. 609 f.

13 BV Dresden: Information betreffs ehemaligen Mitarbeiter des MfS, Hartmann, Gerhard, 30.9.1960; ebenda, Bl. 611.

14 BV Dresden, KD Dresden-Land: Ermittlungsbericht betreffs Hartmann, Gerhard, 12.3.1962; ebenda, Bl. 612 f.

15 Auskunftsbericht zu dem vorliegenden Material über den Genossen Oberst Walter Heinitz, 7.3.1972; BStU, MfS, SdM 110, Bl. 1–32.

16 Aktennotiz, 18.4.1972; BStU, MfS, SdM 112, Bl. 61–67; Kaderkarteikarte Heinitz, Walter; BStU, MfS, HA KuSch.

17 Stichwort »Hitlerjugend«, in: Zentner; Bedürftig: Das große Lexikon des Dritten Reiches, 1985, S. 264.

18 Vgl. Gieseke: Erst braun, dann rot?, 1997, S. 139.

19 Handschriftlicher Bericht von Günter Halle: »Mitteilung über meine Vergangenheit«, 15.4.1963; BStU, MfS, SdM 1404, Bl. 15–18.

20 Vgl. NSDAP-Mitgliedskarte Günter Halle; BA Berlin, BDC.

wurde drei Jahre später zum Oberst befördert.[21] Erst 1975 entließ ihn das MfS wegen gesundheitlicher Probleme in allen Ehren aus dem aktiven Dienst.[22]

Gemäß den Richtlinien für die Kader- und Schulungsarbeit mussten auch die nächsten Verwandten eines zur Einstellung in das MfS vorgesehenen Kandidaten einer eingehenden und gewissenhaften Überprüfung, besonders hinsichtlich ihres politischen Verhaltens vor und nach 1945, unterzogen werden.[23] Eventuell dabei zutage tretende Belastungen in der NS-Zeit wurden »äußerst aufmerksam registriert« und als »negativer Faktor« gewertet, der unter Umständen zu einer Nichteinstellung des Kandidaten führte.[24] Diese Vorschriften wurden auch in den Novellierungen der Kaderordnung 1964 und 1969 fortgeschrieben.[25] Beispielsweise wurde 1969 ein Kader nicht beim MfS angestellt, weil dessen Vater nach seiner Verhaftung durch die Gestapo im Jahr 1936 ein »umfassendes Geständnis« abgelegt hatte.[26]

21 Vgl. HA KuSch: Auskunftsbericht über den Genossen Oberst Halle, Günter, 5.8.1971; BStU, MfS, HA KuSch/Diszi 7834/92, Bl. 3–14.

22 Vgl. HA KuSch: Vorschlag zur Entlassung, 15.10.1974; BStU, MfS, HA KuSch 28622/90, Bl. 407–409.

23 Dienstanweisung Nr. 43/53: Richtlinien für die Kader- und Schulungsarbeit, 6.11.1953; BStU, MfS, BdL-Dok. 3021, Bl. 9.

24 Gieseke: Erst braun, dann rot?, 1997, S. 135.

25 Ebenda.

26 BV Potsdam, Abt. XX/5: Bericht zu H., Rolf, 7.7.1969; BStU, MfS, BV Potsdam, AP 1881/75, Bl. 134–138.

2 Anwerbungen und Anwerbungsversuche als inoffizielle Mitarbeiter

Die Anwerbung von ehemaligen Nationalsozialisten gehörte seit den Anfängen des MfS zu einer der wesentlichen Strategien beim Ausbau des Informantennetzes innerhalb der DDR, wie auch im Rahmen der Spionage und Spionageabwehr gegen die Bundesrepublik. Schon vor den einschlägigen Formulierungen der IM-Richtlinie Nr. 21[1] waren damit Praktiken der sowjetischen Geheimpolizei übernommen worden. Die folgenden Fälle dokumentieren diese Praxis, die ihren Höhepunkt in den späten fünfziger und den sechziger Jahren fand, sich aber bis weit in die siebziger Jahre erstreckte. Die hier verfolgten Fälle behandeln keine einfachen NSDAP-Mitglieder oder anderweitig vergleichsweise geringfügig belasteten Personen, sondern konzentrieren sich auf einen Kreis von direkt und persönlich schwerer Verbrechen verdächtigter oder überführter NS-Täter, von SS-Führern bis zu einfachen Einsatzgruppen- und KZ-Wachleuten, außerdem von Denunzianten und V-Leuten der Gestapo. Unter dem Gesichtspunkt der strafrechtlichen Ahndung bzw. Ahndungswürdigkeit nach 1945 umfasst das Spektrum

- durch alliierte Gerichte (z. T. in Abwesenheit) verurteilte Täter;
- SS-Leute, deren persönliche Tatbeteiligung an Massenmorden offenkundig und unstrittig war, die aber nie strafrechtlich belangt wurden;
- Angehörige von verbrecherischen Organisationen gemäß den Definitionen des Nürnberger Militärgerichtshofs, die zum Teil aufgrund ihrer Stellung, Funktion oder ihres Dienstgrades als dringend tatverdächtig anzusehen waren;
- Personen, bei denen der Verdacht einer Beteiligung an Verbrechen Ermittlungen ausgelöst hatte, die dann aufgegeben wurden.

Die folgenden Falluntersuchungen sind untergliedert nach dem Aufenthaltsort bzw. Einsatzgebiet der IM in der DDR einerseits und der Bundesrepublik andererseits. Die weitere Reihenfolge orientiert sich am Zeitpunkt der Anwerbung bzw. des Anwerbungsversuchs. Daran lassen sich die verschiedenen Phasen der MfS-Anwerbepolitik ablesen. Dabei ist grundsätzlich nach der Stichhaltigkeit der offiziellen Begründung für die Anwerbepraxis zu fragen, die ja speziell darauf ausgerichtet sein sollte, in Kreise von der DDR feindlich gesonnenen Altnazis einzudringen, um diese effektiver bekämpfen zu können.

1 Vgl. Richtlinie Nr. 21: Suche, Anwerbung und Arbeit mit Informatoren, geheimen Mitarbeitern und Personen, die konspirative Wohnungen unterhalten, 20.11.1952, in: Müller-Enbergs: IM-Richtlinien, 1996, S. 164–191, hier 166 f.

V-Mann in neuen Diensten – Paul Reckzeh

Ein Nutznießer der besonderen DDR-Politik gegenüber »bürgerlichen« Ärzten war der Internist Dr. Paul Reckzeh (Jg. 1913). Als das Ministerium für Staatssicherheit 1956 begann, sich für ihn als potenziellen Informanten zu interessieren, hatte er bereits eine deutsch-deutsche Odyssee hinter sich.

Reckzeh hatte 1943 Angehörige eines bürgerlichen Widerstandskreises um Johanna Solf (»Solf-Kreis«) als V-Mann (Deckname »Robby«) an die Gestapo verraten.[2] Elisabeth von Thadden, Otto Kiep, Johanna Solf, Albert Hilger van Scherpenberg, Fanny Kurowsky, Irmgard Zarden und weitere Angehörige des Kreises waren daraufhin festgenommen worden.[3] In der weiteren Folge kam es zu insgesamt 76 Verhaftungen. Am 1. Juli 1944 wurden Elisabeth von Thadden und Otto Kiep vom 1. Senat des Volksgerichtshofes unter Vorsitz des Präsidenten Roland Freisler wegen »Wehrkraftzersetzung und Vorbereitung eines hochverräterischen Unternehmens« zum Tode verurteilt und kurze Zeit später hingerichtet.[4] Ein weiterer Mitangeklagter, Albert Hilger van Scherpenberg, wurde zu zwei Jahren Gefängnis verurteilt.[5] Reckzeh war vor Gericht auch als Belastungszeuge aufgetreten.

Ende Mai 1945 war Reckzeh von der Hauptverwaltung für Gegenspionage des Volkskommissariates für Verteidigung der UdSSR (»Smersch«; dt. »Tod den Spionen«) festgenommen worden. Er gab seine Gestapo-Dienste zu und wurde zunächst im Speziallager Frankfurt/Oder, später in den Lagern Jamlitz, Mühlberg und Buchenwald interniert.[6]

Die K 5 hatte während dieser Zeit Ermittlungen aufgenommen, eine Anklage vor einem deutschen Gericht jedoch zunächst abgelehnt, da der Fall geeignet gewesen wäre, »die Gemüter der antisowjetischen Front zu unseren Ungunsten zu erregen«.[7] So blieb Reckzeh bis 1950 interniert und wurde dann an das DDR-Innenministerium zur Aburteilung übergeben.[8] Im Zuge der Waldheimer Prozes-

2 Aussage einer Zeugin, 27.9.1945; BStU, MfS, HA IX/11, AS 190/67, Bd. 1, Bl. 12 f. Zu den Hintergründen und zur Geschichte des »Solf-Kreises« siehe detaillierter Weisenborn: Der lautlose Aufstand, 1953, S. 113–116; Wheeler-Bennett: Die Nemesis der Macht, 1987, S. 613–621; Reitlinger: Die SS, 1957, S. 295–301; Hoffmann, Peter: Widerstand, Staatsstreich, Attentat, 1970, S. 50 f., 299 u. 448; Benz; Pehle: Lexikon des deutschen Widerstandes, 1994, S. 298–300.

3 Anklageschrift des Oberreichsanwalts beim Volksgerichtshof, 22.6.1944; BStU, MfS, AP 12062/76, Bl. 301–313.

4 Vollstreckungskarteikarte 1944; BStU, MfS, HA IX/11, AS 190/67, Bd. 1, Bl. 49.

5 Urteil des Oberreichsanwalts beim Volksgerichtshof, 1.7.1944; ebenda, Bl. 31–42.

6 Militäreinheit 44320 (Operativgruppe SMERSCH Potsdam), Unterleutnant Burzew: Vernehmungsprotokoll, 29.5.1945; BStU, MfS, AP 12062/76, Bl. 6–9; Handschriftlicher Lebenslauf von Paul Reckzeh, o. D. (1951), o. O. (StVE Waldheim); BA, ZWA Dahlwitz-Hoppegarten, StVE K 161, Akte 17, Bl. 259–261.

7 HA IX/10: Einschätzung des unregistrierten politisch-operativen Materials der HA IX/11 gegen Dr. Reckzeh, 6.2.1969; BStU, MfS, HA IX/11, AS 190/67, Bd. 1, Bl. 176–184, hier 178; Mitteilung, 1.4.1948; ebenda, Bl. 15.

8 Information, o. D.; BStU, MfS, AP 12062/76, Bl. 11; Handschriftlicher Lebenslauf von Paul Reckzeh, o. D. (1951), o. O. (StVE Waldheim); BA, ZWA Dahlwitz-Hoppegarten, StVE K 161, Akte 17, Bl. 259 f.

se wurde Reckzeh »als Spitzel und Denunziant«, der die »Einleitung von Verfahren zum Schaden anderer wegen ihrer politischen Gegnerschaft herbeigeführt«[9] habe, am 3. Juni 1950 zu 15 Jahren Zuchthaus verurteilt.[10] Die Mühe einer genaueren Beweisaufnahme machte das Gericht sich in diesem Schnellverfahren nicht. Zur Begründung der Strafe hieß es pauschal: »Abfällige Äußerungen von Nichtfaschisten meldete er [Reckzeh] weiter, insbesondere das Abhören feindlicher Sender. Wiederholt musste der Angeklagte durch seine Angaben als Zeuge in politischen Prozessen auftreten. Aufgrund seiner Angaben wurden dann sehr oft hohe Strafen verhängt.«[11]

Wie viele Waldheim-Verurteilte kam Reckzeh jedoch bereits 1952 auf Empfehlung der Kommission zur vorzeitigen Entlassung wieder frei. Er sollte »als Arzt in einer Poliklinik« tätig werden.[12] Doch Reckzeh setzte sich unverzüglich nach West-Berlin ab und strebte dort die Eröffnung einer Praxis an. Kurz darauf erwirkten hier Angehörige der Opfer und Überlebende einen Haftbefehl, der jedoch aufgrund der Frage, wie die vorhergehende Verurteilung rechtlich zu bewerten sei, zunächst durch einen Haftverschonungsbeschluss vom Oktober 1952 ausgesetzt blieb.[13] Die Westberliner Ermittler vernahmen etliche Zeugen und verhinderten eine Zulassung als Kassen- oder Amtsarzt, doch erst 1954 war mit dem Grundsatzurteil des Westberliner Kammergerichts zur Nichtigkeit der Waldheimer Urteile der Weg für einen Prozess offen.[14] Bevor ihm die Anklageschrift zugestellt und er verhaftet werden konnte, setzte sich Reckzeh am 24. März 1955 nach Ost-Berlin ab. Dort bat er um Asyl, welches ihm gewährt wurde, denn schließlich konnte man sich dort schlecht dem Urteil des Westberliner Gerichtes anschließen.

Durch das Ministerium für Gesundheitswesen (MfG) der DDR wurde er zum 1. Mai 1955 als Oberarzt an das Kreiskrankenhaus Perleberg vermittelt. Einen Hinweis des Westberliner Senators für Gesundheit auf das schwebende Verfahren und ein vorläufiges Ausübungsverbot des Arztberufes vom Juni 1955 hatte die Staatssekretärin im Gesundheitsministerium, Jenny Matern, für ungültig erklärt und ihm die Approbation erteilt.[15] Trotz späterer Initiativen, beispiels-

9 Anklageschrift der HV DVP, HA HS, Untersuchungsorgan Waldheim an die Kleine Strafkammer (201) beim Landgericht Chemnitz, 21.5.1950; BStU, MfS, AP 12062/76, Bl. 16 f.

10 Urteil der 2. Kleinen Strafkammer des Landgerichts Chemnitz in Waldheim nach Befehl 201; BA, ZWA Dahlwitz-Hoppegarten, StVE K 161, Akte 17, Bl. 261 f.

11 Öffentliche Sitzung der 2. Kleinen Strafkammer des Landgerichts Chemnitz nach Befehl 201, Strafsache gegen Dr. med. Paul Reckzeh, 3.6.1950; BStU, MfS, AP 12062/76, Bl. 19 f.

12 (Liste namentliche Aufstellung der zur völligen Befreiung vorgeschlagenen verurteilten Personen), Fall 725; BStU; MfS, AS 140/55, Bd. IV, Bl. 17.

13 Die Flucht des Dr. Reckzeh. In: Der Tagesspiegel v. 26.3.1955; Langer Dienstweg mit Folgen: Dr. Reckzeh vor der Verhaftung geflüchtet. In: Der Kurier v. 27.3.1955.

14 Vgl. HA IX/10: Einschätzung des unregistrierten politisch-operativen Materials der HA IX/11 gegen Dr. Reckzeh, 6.2.1969; BStU, MfS, HA IX/11, AS 190/67, Bd. 1, Bl. 171; Beschluss des Kammergerichts Berlin (West), 15.3.1954, in: NJW (1954)50, S. 1901 f.; zur Nichtigkeitserklärung vgl. Werkentin: Politische Strafjustiz, 1997, S. 174 f.

15 Vgl. HA XX/1: Auskunftsbericht über Dr. med. Reckzeh, Paul, 13.8.1965; BStU, MfS, AP 12062/76, Bl. 111–116, hier 113.

weise des »Komitees der Antifaschistischen Widerstandskämpfer«, blieb das MfG bei dieser Haltung und informierte lediglich den zuständigen Kreisarzt darüber, dass Reckzeh »keine weiteren Aufstiegsmöglichkeiten in seiner ärztlichen Tätigkeit« erhalten möge.[16]

Nun begann auch die Staatssicherheit, sich für Reckzeh zu interessieren. Am 17. November 1956 versuchte ihn erstmals ein Mitarbeiter der Kreisdienststelle Perleberg anzuwerben. Im Verlauf dieses Gesprächs berichtete Reckzeh über Vorgesetzte und Kollegen und gab zu, mit der Gestapo zusammengearbeitet zu haben. Er bezeichnete sich selbst als einen »sehr aktiven Nazi«. Sein Gesprächspartner ließ sich davon nicht abschrecken und bat Reckzeh um weitere »Aussprachen«, wozu dieser sich auch bereit erklärte. Allerdings verweigerte Reckzeh eine formelle Anwerbung als Informant mit dem Hinweis, »dass er sich aber nie wieder derartigen schmutzigen Dingen hingeben wird, wie er es vor 1945 getan hat«.[17] Im Verlauf eines weiteren Gespräches machte Reckzeh dann aber Konzessionen und bemerkte, »dass er die Ohren schon immer gut aufhält, damit er auch alles mitbekommt«. Er nannte unter anderem den Namen einer Kollegin, die »Westverbindungen« unterhielt: »Diese Art Menschen, die laufend für den Westen gut sprechen, müsste man sich unter die Lupe nehmen.«[18]

1958 wechselte Reckzeh in die Poliklinik des VEB Schwermaschinenbau in Wildau. Die MfS-Kreisdienststelle Königs Wusterhausen unternahm nun erneut einen Anwerbungsversuch. Die Offiziere kalkulierten nüchtern, dass aufgrund des in West-Berlin anhängigen Strafverfahrens eine Republikflucht nicht zu befürchten sei und entdeckten bei dem geübten Denunzianten sogar eine ausbaufähige Grundhaltung:

»Im Prinzip hat er ohne weiteres gesunde Auffassungen, die unserer Sache dienen. Bei Gesprächen mit ihm findet man einen politischen Inhalt, wie er selten bei Unterredungen mit Ärzten zu finden ist. Sein Auftreten in Wildau ist nicht arrogant, sondern sehr impulsiv und allseitig beherrschend und bestimmend. Er vertritt insofern die Interessen unseres Staates, indem er nicht bei jeder Kleinigkeit einen Patienten krankschreibt, sondern durch Aufklärung ihn davon überzeugt, was richtig ist.«[19]

Reckzeh verweigerte jedoch weiterhin eine formelle IM-Tätigkeit und beschränkte sich auf offizielle Kontakte. Dennoch konnte er seine Stellung festigen, sogar mit Genehmigung des zuständigen Ministeriums einen Pkw Marke »Mercedes Benz« in die DDR einführen. Weiterhin von der Staatssicherheit beobachtet, wechselte Reckzeh 1967 in das Krankenhaus Luckenwalde. Laut einer Einschätzung der zuständigen MfS-Dienststelle wurde er dort recht schnell akzeptiert, was wohl nicht zuletzt daran lag, dass der dortige Chefarzt ebenfalls

16 HA XX/1: Vermerk, 21.3.1966; ebenda, Bl. 132.

17 (KD Perleberg): Bericht über durchgeführtes Werbungsgespräch, 17.11.1956; BStU, MfS, HA IX/11, AS 190/67, Bd. 3, Bl. 18 f.

18 (KD Perleberg): Bericht über durchgeführtes Werbungsgespräch, 6.12.1957; ebenda, Bl. 34–36, hier 35.

19 KD Königs Wusterhausen: Vorschlag zur Kontaktaufnahme mit einem Intelligenzler, 20.7.1959; ebenda, Bl. 50–53.

eine Nazivergangenheit hatte.[20] MfS-interne Überlegungen, gegen Reckzeh ein erneutes Verfahren einzuleiten, scheiterten vermutlich nicht nur am Umstand seiner Verurteilung in Waldheim.

Fortan beschränkte man sich auf Beobachtung des mittlerweile verdienten Arztes. Selbst eine weitere Zeugenaussage mit Hinweisen auf weitere Personen, die Reckzeh verraten haben sollte, führte nicht zur Aufnahme neuer Ermittlungen.[21] Als sich der amerikanische Historiker Peter Hoffmann im Zuge seiner Forschungen zum NS-Widerstand 1966 mit der Bitte um Feststellung der Personalien und des Aufenthaltsortes Reckzehs an DDR-Stellen wandte, entschied das MfS: »Von einer Beantwortung wurde aus politisch-operativen Gründen Abstand genommen.«[22] Erst nach dem Fall der Mauer nahm die Berliner Staatsanwaltschaft 1991 die Ermittlungen gegen den mittlerweile 77-Jährigen wieder auf, stellte das Verfahren aber 1993 mangels ausreichenden Anlasses für eine Anklage ein.[23]

Sächsische Gestapobeamte als »Kundschafter für den Frieden«? Anwerbungsversuche bei Otto Boden, Hellmut Grafe und Franz Bienert

Ende Dezember 1954 erhielt die für die örtliche Grenzpolizeibrigade zuständige Dienststelle der Staatssicherheit in Karl-Marx-Stadt von einem Grenzoffizier die Information, dass sich sein Onkel, Otto Boden, unter dem Aliasnamen Otto Bachmann in einem kleinen Ort im Erzgebirge aufhalten würde. Boden sei bis 1945 bei der Gestapo gewesen. Unter seiner falschen Identität sei er mittlerweile SED-Mitglied und arbeite in einem Sägewerk.[24] Der Vater des Grenzoffiziers bestätigte kurz darauf die Angaben des Sohnes und erstattete umfassend Bericht über das bis dato wohl gehütete »Familiengeheimnis«, versuchte aber, die Belastungen herunterzuspielen.[25] Boden habe nur den niederen Rang eines Kriminalobersekretärs erreicht, da er angeblich »keine arische Linie« aufzuweisen gehabt habe, und sei 1938 erst auf Aufforderung der NSDAP beigetreten.[26] Gegenüber seinen Verwandten, die von seiner neuen Identität seit 1949 gewusst hätten, habe er es abgelehnt sich zu stellen, da er nur ein kleiner Gestapobeamter ohne persön-

20 (BV Potsdam), Abt. XX/1: Information, 5.8.1967; BStU, MfS, AP 12062/76, Bl. 153.

21 HA IX/10: Einschätzung des unregistrierten politisch-operativen Materials der HA IX/11 gegen Dr. Reckzeh, 6.2.1969; BStU, MfS, HA IX/11, AS 190/67, Bd. 1, Bl. 176–184, hier 181.

22 Ebenda, Bl. 181.

23 Schmuck, M.: Ermittlungen gegen Chefarzt. Berliner Justiz verfolgt Denunzianten. In: Berliner Zeitung v. 3.3.1991; Mitteilung der Zentralen Stelle der Landesjustizverwaltungen Ludwigsburg vom 5.10.2004 an den Autor, 5.10.2004.

24 Operativgruppe Karl-Marx-Stadt: Bericht, 30.12.1954; BStU, MfS, BV Chemnitz, AIM 1192/56, Bd. I, Bl. 11.

25 »Bericht über das Leben meines Schwagers Otto Boden (alias Otto Bachmann)«, 10.1.1955; ebenda, Bl. 18 f.

26 Tatsächlich ist Boden bereits am 1.5.1937 in die NSDAP aufgenommen worden; NA, RG 242, BDC Mikrofilm A 3340, MKFL C034.

liche Schuld gewesen sei. Der DDR stehe er durchaus aufgeschlossen gegenüber.[27]

Schnell hatte die Staatssicherheit seine Adresse herausgefunden. Am 16. Februar 1955 informierte der Leiter der Operativgruppe Pirna, Hauptmann Bürgemeister, seine vorgesetzte Dienststelle in Berlin (HA I/6 – Abwehr Grenzpolizei) über die Fakten und empfahl, »dass man diese Person, welche Angehörige der Gestapo war, sich bis zum heutigen [Tag] unter falschem Namen bei uns in der DDR aufgehalten hat und nicht negativ in Erscheinung getreten ist, nach einer Überprüfung evtl. in Westberlin in eine Zentrale einführen könnte«.[28]

In Berlin fand dieser Vorschlag Zustimmung. Anfang März suchten zwei Mitarbeiter der HA II (Spionageabwehr) Boden (Jg. 1902) alias Bachmann auf und befragten ihn zunächst unter dem Vorwand, als SED-Mitarbeiter nach einem Bürgermeisterkandidaten zu suchen. Als sie ihn dann mit »Gen[osse] Otto Boden« angesprochen und weitere Details seiner wirklichen Existenz hinzugefügt hatten, reagierte Boden schockiert, ergab sich jedoch seiner Enttarnung. Wie die MfS-Mitarbeiter schnell klären konnten, war tatsächlich nur der engere Familienkreis über seine Doppelexistenz informiert, was ihren weiteren Plänen entgegenkam.

Der durch seine Lebenssituation stark angeschlagene Boden war offenbar fest davon überzeugt, nun verhaftet zu werden und versuchte sich mit dem Angebot zu retten, »ihm Aufträge zu erteilen, damit er noch mehr beweisen könne, dass er gewillt ist, am Aufbau aktiv mitzuhelfen«. Genau darauf zielte das MfS. Ihm wurde beschieden, »dass er die Gelegenheit hat, sich daran zu beteiligen, u[nd] dass er auf bestimmtem Gebiet Erfahrungen besitzt, die ihm u[nd] der DDR dienlich sein können«.[29]

Die Perspektive, einen ehemaligen Gestapo-Beamten nach Westdeutschland zu schleusen, beflügelte die MfS-Leute offenbar. Sie verzichteten auf eine strafrechtliche Verfolgung der bereits nachgewiesenen Straftaten im Zusammenhang mit seinem Identitätswechsel, glaubten offenbar auch, bereits mit dem vorhandenen Wissen ein hinreichendes Faustpfand zu besitzen und unterließen weitere Nachforschungen. Lediglich Boden selbst war aufgefordert, seine Vita und seine Dienstzeit bei der Dresdener Gestapo zu Papier zu bringen. Seiner Darstellung zufolge war er 1925 zur Bereitschaftspolizei gegangen und hatte sich nach der üblichen zwölfjährigen Dienstzeit bei der Kriminalpolizei beworben. 1937 war er dann von der Staatspolizeileitstelle Dresden übernommen worden. Dort sei er in den Referaten Wirtschaft, Landwirtschaft, Bekämpfung des Marxismus, Spionageabwehr und Feindpropaganda tätig gewesen. Kurz vor Ende des Krieges hätten er und die anderen Angehörigen der Dresdener Gestapo die Anweisung erhalten,

27 »Bericht über das Leben meines Schwagers Otto Boden (alias Otto Bachmann)«, 10.1.1955; BStU, MfS, BV Chemnitz, AIM 1192/56, Bd. I, Bl. 19.

28 HA I/6 Berlin, Operativgruppe Pirna: Bericht über Otto Boden an die HA I/6, 16.2.1955; ebenda, Bl. 16.

29 (HA II): Bericht über die Aussprache mit Otto Boden am 3.3.1955 in Nassau, 5.3.1955; ebenda, Bl. 12 f.

sich mit falschen Personaldokumenten abzusetzen. Zusammen mit einem Kollegen habe er dann am 20. April 1945 Dresden verlassen und wenig später im Erzgebirge seine neue Existenz begründet.[30] Routineanfragen in den Karteien der Abteilung XII in Berlin und Dresden bestätigten die Angaben. Einem Hinweis, dass Boden 1943 das »Kriegsverdienstkreuz II. Klasse ohne Schwerter« verliehen worden war, ging man nicht weiter nach.[31]

Das MfS begann zugleich damit, das Wissen seiner neuen Kontaktperson Boden umfassend abzuschöpfen. Er präsentierte unter anderem die Namen von vier V-Leuten, darunter Kurt Sindermann, bis 1933 Landtagsabgeordneter der KPD und Bruder des hochrangigen SED-Funktionärs Horst Sindermann,[32] sowie Herbert G., ebenfalls ein ehemaliger KPD-Funktionär und zu diesem Zeitpunkt Dozent an der Berliner Humboldt-Universität.[33] Später belastete er die V-Leute schwer. Auch zu Aufbau, Gliederung und personeller Besetzung der Staatspolizeileitstelle Dresden konnte Boden breite Informationen liefern. Unter anderem nannte er die Namen von 32 ehemaligen Kollegen.[34]

Doch weitere Ermittlungen zu ihnen oder zur Tätigkeit der Gestapoleitstelle Dresden insgesamt unterblieben wiederum. Festgestellt wurde lediglich, dass einige der ehemaligen Gestapoleute in der Bundesrepublik wohnten – immerhin ein Ansatzpunkt für die weiteren Verwendungsziele. Der zuständige Offizier der Spionageabwehr, Leutnant Schwabe, beauftragte Boden zunächst den Aufenthaltsort eines ehemaligen Gestapokollegen zu ermitteln. Wie er herausfand, war dieser verstorben. Ende September 1955 schlug Schwabe dann vor, Boden formell anzuwerben und auf den ehemaligen Leiter der Abteilung II/N (später IV/N) in der Dresdener Gestapoleitstelle, Arno Weser, anzusetzen.[35] Diese Gestapoabteilung war als Führungsstelle für V-Leute in KPD-Kreisen für das MfS von besonderem Interesse. Boden sollte dann in die Bundesrepublik geschleust werden, um dort die Kreise ehemaliger Gestapoleute auszuspionieren. Wohl auch mit Blick auf seine Erfahrung als Geheimpolizist vermerkte der Werbungsvorschlag ausdrücklich, dass Boden »sich aufgrund seiner Intelligenz und Erfahrung zu einem guten inoffiziellen Mitarbeiter entwickeln« würde.[36]

Beim Verpflichtungstreff betonte Schwabe dem IM-Kandidaten gegenüber nachdrücklich, dass er und seine Angehörigen bei Missverhalten mit Sanktionen zu rechnen hätten:

30 Handschriftlicher Lebenslauf, 3.3.1955; ebenda, Bl. 20–22.

31 Suchzettel (Form 10) der Operativgruppe Pirna an die BV Dresden, Abt. Erfassung und Statistik: Feststellungsergebnis, 2.1.1956; ebenda, Bl. 74 f.

32 Über die Zusammenarbeit von Sindermann und Gestapo siehe Mallmann: Brüderlein & Co., 2000; Ders.: Die V-Leute der Gestapo, 1995.

33 HA II, SR 1: Zwischenbericht betreffs Otto Boden, alias Bachmann, 14.3.1956; BStU, MfS, BV Chemnitz, AIM 1192/56, Bd. I, Bl. 61–63.

34 HA II, SR 1: Auskunftsbericht über den GI »Bachmann«, 10.4.1956; ebenda, Bl. 64–68.

35 HA II, SR 1: Vorschlag zur Werbung des Boden, Otto alias Bachmann, Otto, 27.9.1955; ebenda, Bl. 31 f.

36 Ebenda, Bl. 32.

»In dieser Art wurde mit Bachmann verfahren, weil es sich bei ihm um einen ehemaligen Angehörigen der Gestapo handelt und er seit 1945 unter falschem Namen in der DDR lebt, außerdem unter diesem Namen noch Mitglied der SED wurde und später sogar Leitungsmitglied. Es soll damit bezweckt werden, dass Bachmann jederzeit weiß und fühlt, dass er nur durch uns zu einem freien Leben unter seinem richtigen Namen kommen kann, was sein Ziel ist.«[37]

Boden schrieb die verlangte Verpflichtungserklärung bereitwillig und versprach, Agenten und Saboteure »sofort zur Anzeige [zu] bringen, damit sie ihrer gerechten Strafe zugeführt werden können«.[38] Da er bereits einen falschen Namen führte, schlug man ganz pragmatisch vor, diesen auch als Decknamen in der Zusammenarbeit mit der Staatssicherheit zu verwenden.

Unterdessen waren die Ermittlungen zu Weser vorangekommen. Seine Frau wohnte noch in der DDR und bekam alle 14 Tage Post aus Mannheim, angeblich von ihrem Schwager. Da sie dort auch jährlich ihren Urlaub verbrachte, schlussfolgerte man, dass Weser in Mannheim unter falschem Namen lebte. Nach Schwabes Vorstellung sollte Boden Weser nach West-Berlin locken, um dort »seine Festnahme oder eine Anwerbung zu organisieren«.[39]

Mit Arno Weser hatte das MfS einen Gestapomann im Visier, der sich bereits 1935/36 in Leipzig einen Namen bei der Bekämpfung sozialdemokratischer und kommunistischer Gruppen gemacht hatte und dafür mehrfach ausgezeichnet worden war. Mehrere Gruppen von Sozialdemokraten hatte er aufgerollt.[40] Selbst Feuergefechte mit KPD-Leuten gehörten in den frühen Jahren der NS-Herrschaft zu seinem Repertoire.[41] In Dresden gehörte er zu einem Trio, das unter den verfolgten Juden als »der Spucker, der Schläger und der Schreier« bekannt war.[42] Diese waren maßgeblich an Vernehmungen, Verhaftungen und Deportationen der jüdischen Bevölkerung Dresdens beteiligt. Eine Verbindung zu Weser kam jedoch nicht zustande.[43]

Daher übergab man den GI »Bachmann« im Herbst 1956 aufgrund seines Wohnortes an die Spionageabwehr der Bezirksverwaltung Karl-Marx-Stadt.[44] Boden sollte sich nun in West-Berlin den Behörden offenbaren. Das MfS erwartete, dass Boden von westlichen Geheimdiensten dann als Agent in die DDR zurückgeschickt werden würde – eine ideale Gelegenheit, bereits vorhandene

37 (HA II, SR 1): Bericht über die durchgeführte Anwerbung, 4.11.1955; ebenda, Bl. 34.

38 Verpflichtungserklärung, 29.10.1955; ebenda, Bl. 33.

39 HA II, SR 1: Zwischenbericht betreffs Otto Boden, alias Bachmann, 14.3.1956; ebenda, Bl. 61–63; HA II: Zwischenbericht, 14.3.1956; ebenda, Bl. 63.

40 Vgl. Schmidt, Hans-Dieter: Gestapo Leipzig, 1997, S. 30; HA IX/11, AG Spezifische Forschungen: Auswertung von NJ-Signaturen (NS-Justizakten) zu Weser, Arno, 27.5.1974; BStU, MfS, HA IX/11, SV 1/74, Bd. 17, Bl. 11–35.

41 Polizeipräsidium Dresden, Kriminalpolizei: Aussage eines Zeugen, 1.8.1947; ebenda, Bl. 136–143.

42 Zu dem Trio gehörten außer Weser der spätere KGB-Agent Johannes Clemens sowie Kommissar Henry Schmidt. Vgl. Haase; Gryglewski: Die Erinnerung, 1998, S. 104.

43 HA II: Zwischenbericht, 14.3.1956; BStU, MfS, BV Chemnitz, AIM 1192/56, Bd. I, Bl. 63.

44 HA II, SR 1: Schlussbericht betreffs Übergabe des GI »Bachmann« an die BV Karl-Marx-Stadt, Abt. II, 16.10.1956; ebenda, Bl. 72.

westliche Kontaktleute durch den Doppelagenten in spe zu enttarnen.[45] Doch dazu sollte es nicht mehr kommen, denn während der Vorbereitungen hatte Boden sich entschlossen, ohne MfS-Auftrag tatsächlich in den Westen zu flüchten. Offenbar eingeleitete Versuche, ihn dort noch umzustimmen, blieben erfolglos. Die Akte endet im Mai 1958 mit dem Vermerk: »Der GI setzte sich ohne unser Wissen nach Westdeutschland ab, da er sich angeblich nicht so stark fühlte, feige war und ungenügendes Vertrauen hatte, um die bevorstehenden Aufgaben durchzuführen. Eingeleitete Maßnahmen, um die Rückkehr zu veranlassen, blieben ohne Erfolg.«[46] Inzwischen waren ihm Ehefrau und Sohn gefolgt.

Die geheimdienstliche Indienstnahme des Gestapomanns Boden war damit beendet, bevor sie richtig begonnen hatte. Auf eine weitere Verfolgung des Falls verzichtete man. So kam erst sehr viel später ans Licht, wofür sich die MfS-Offiziere bei ihren Plänen für weit reichende Agenteneinsätze nicht interessiert hatten. Eine vertiefte Recherche hätte ihnen offenbart, dass Staatsanwaltschaft und K5 bereits 1947/48 erfolglos nach Boden wegen »schwerer Gefangenenmisshandlung« hatten fahnden lassen.[47] Erst bei Recherchen zur antifaschistischen Familiengeschichte Horst Sindermanns, die die Abteilung IX/11 in den Jahren 1974 bis 1986 als »Speziellen Vorgang« (SV) führte, stieß man erneut auf den Namen Otto Boden.[48] Die Abteilung IX/11 hatte mittlerweile weiteres Material zu Arno Weser ermittelt[49] und außerdem Unterlagen eines der frühesten Vorläufer des MfS aufgefunden, einer Gruppe von aus Zuchthäusern und Konzentrationslagern befreiten Kommunisten, die unter Leitung von Max Opitz unmittelbar nach der sowjetischen Besetzung als Teil der Dresdener Kriminalpolizei nach NS-Tätern gefahndet hatte.[50] Schon im Juni 1945 hatten diese einen ehemaligen Mitarbeiter der Abteilung IV/N dingfest gemacht, der umfangreiche Aussagen über sämtliche Aspekte der Staatspolizeileitstelle Dresden lieferte. Danach hatte der Kriminalsekretär Boden gemeinsam mit einem zweiten Beamten die Verfolgung von Kommunisten und Sozialdemokraten zur Aufgabe gehabt und sich seinerzeit eines von ihnen herbeigeführten Todesurteils des Volksgerichtshofs gegen den Dresdener Kommunisten Karl Stein aus dem Jahre 1942 gerühmt.[51]

45 BV Karl-Marx-Stadt, Abt. II/4: Bericht über Sachstand und weitere Aufgaben für den GI »Bachmann«, 9.12.1956; ebenda, Bl. 113 f.

46 Beschluss über das Abbrechen der Verbindung mit dem GI »Bachmann«, 8.5.1958; ebenda, Bl. 125.

47 Vgl. Fahndungskartei der K 5; BA, ZWA Dahlwitz-Hoppegarten, VgM 10183, A. 18, Bl. 5.

48 BStU, MfS, HA IX/11, SV 1/74, 22 Bde.

49 (HA IX/11), AG Spezifische Forschungen: Vermerk über Auswertung von NJ-Signaturen (NS-Justizakten) zu Weser, Arno, 27.5.1974; ebenda, Bd. 17, Bl. 11–35.

50 Geschichte der Deutschen Volkspolizei 1945–1961. Hg. v. Ministerium des Innern, Kommission zur Erforschung und Ausarbeitung der Geschichte der Deutschen Volkspolizei. Berlin (Ost) 1979, Bd. 1, 1979, S. 22.

51 Vgl. Biographische Angaben zu Karl Stein, in: Deutsche Widerstandskämpfer 1933–1945. Biographien und Briefe. Hg. v. Institut für Marxismus-Leninismus beim Zentralkomitee der Sozialistischen Einheitspartei Deutschlands. Berlin (Ost) 1970, Bd. 2, S. 560; Pikarski; Warning: Gestapo-Berichte, Bd. 2 (1939–1943), S. 40, 48, 61 f., 114, 131, 150 u. 159; Deutsche Widerstandskämpfer 1933–1945. Biographien und Briefe. Hg. v. Institut für Marxismus-Leninismus beim Zentralkomitee der Sozialistischen Einheitspartei Deutschlands (Luise Kraushaar u. a.). Bd. 1, Berlin (Ost) 1970, S. 560.

Wegen Vorbereitung zum Hochverrat war jener zusammen mit seinen Genossen Herbert Bochow, Albert Hensel und Fritz Schulze Ende März 1942 vom Volksgerichtshof verurteilt und am Morgen des 5. Juni 1942 im Zuchthaus Berlin-Plötzensee per Fallbeil hingerichtet worden.[52] In einer SED-Publikation werden sie als »Helden der deutschen antifaschistischen Widerstandsbewegung in den Jahren 1933 bis 1945« gewürdigt. In Anbetracht des Falles Boden ist es geradezu zynisch, wenn ausgerechnet ihr Schicksal für die Legitimation der DDR herhalten musste: »Wie sie gelebt hatten, starben sie: aufrecht und mutig, Herz und Gedanken auf die Zukunft, unsere Gegenwart in der Deutschen Demokratischen Republik, gerichtet«[53].

Boden und sein Kollege hätten – so die frühen Recherchen der Opitzgruppe – ferner eine Liste über ergangene Todesurteile und schwere Zuchthausstrafen geführt, »um dadurch auch nach oben hin ihre ›Tüchtigkeit‹ zu dokumentieren«. Wegen ihrer überdurchschnittlichen »Verdienste« seien sie als zwei der ersten Beamten der unteren Laufbahn mit dem Kriegsverdienstkreuz ausgezeichnet worden, das üblicherweise nur an Beamte mindestens im Rang von Kriminalkommissaren vergeben worden sei.[54]

In einem anderen Fall hatte der V-Mann Kurt Sindermann Angaben über die Dresdener Restorganisation der KPD um Herbert Blochwitz gemacht.[55] Laut den »Vollstreckungsunterlagen«, die ebenfalls im Archiv der MfS-HA IX/11 verwahrt wurden, hatte Weser am 16. November 1943 den Fall ebenfalls Boden und seinem Kollegen übertragen.[56] Nach und nach wurden die Verdächtigen im Dezember 1943 verhaftet. Einer von ihnen, Arno Matzke, verübte noch am Tag seiner Einlieferung in das Polizeigefängnis Selbstmord.[57] Die beiden Gestapobeamten verhörten die anderen sechs kommunistischen Widerstandskämpfer[58] und übergaben den Fall anschließend an den Oberreichsanwalt beim Volksgerichtshof zur Anklage. Blochwitz beschwerte sich später in seiner Erwiderung auf die Anklageschrift ausdrücklich, dass die Gestapomänner Aussagen entweder

52 Vgl. Deutsche Widerstandskämpfer 1933–1945. Biographien und Briefe. Hg. v. Institut für Marxismus-Leninismus beim Zentralkomitee der SED. Bd. 1, Berlin (Ost) 1970, S. 136–139 (Herbert Bochow), Bd. 2, S. 219–223 (Fritz Fischer), S. 560 (Karl Stein). Albert Hensel wird nur in anderen Fällen mit erwähnt. Siehe dazu auch Gostomski; Loch: Der Tod, 1993, S. 211 f. u. 300.

53 Deutsche Widerstandskämpfer 1933–1945. Biographien und Briefe. Hg. v. Institut für Marxismus-Leninismus beim Zentralkomitee der SED. Bd. 1, Berlin (Ost) 1970, S. 7.

54 Polizeipräsidium Dresden, Kriminalpolizei: Ergänzungsbericht eines Zeugen, 1.8.1945; BStU, MfS, HA IX/11, SV 1/74, Bd. 17, Bl. 136 f.

55 Vgl. HA IX/11: Information über die Ergebnisse der Auswertung der die Familie Sindermann betreffenden Dokumente, 1.4.1986; BStU, MfS, HA IX/11, SV 1/74, Bd. 2, Bl. 43–56, hier 47; Mallmann: Brüderlein & Co., 2000, S. 277.

56 Vgl. Geheime Staatspolizei, Staatspolizeileitstelle Dresden: Bericht betreffs illegal tätiger Kommunisten in Dresden, 16.11.1943; BStU, MfS, HA IX/11, SV 1/74, Bd. 15, Bl. 36 f.

57 Vgl. (Geheime Staatspolizei, Staatspolizeileitstelle Dresden): Schlussbericht in der Sache Blochwitz u. a., o. D., o. O. (Dresden); ebenda, Bl. 34.

58 Z. B. Geheime Staatspolizei, Staatspolizeileitstelle Dresden: Protokoll der Vernehmung des Beschuldigten Blochwitz, Herbert, 7.12.1943; ebenda, Bl. 15–21; (Geheime Staatspolizei, Staatspolizeileitstelle Dresden, II A 963/43): Protokoll der Vernehmung des Beschuldigten Blochwitz, Herbert, 9.12.1943; ebenda, Bl. 22–31.

falsch oder ihn und die anderen entlastende Aussagen gar nicht protokolliert hätten.[59] Ende Juni 1944 wurden Herbert Blochwitz, Otto Galle, Kurt Schlosser und Arthur Weineck wegen »Vorbereitung zum Hochverrat und Feindbegünstigung« zum Tode verurteilt und im August 1944 hingerichtet. Die Mitangeklagten Walter Haak und Frieda Landgraf erhielten acht bzw. fünf Jahre Zuchthaus.[60] Von diesen neuen Erkenntnissen blieb Boden im Westen jedoch vollkommen unbehelligt.

Er sollte nicht der einzige Gestapomann bleiben, bei dem die Karl-Marx-Städter MfS-Bezirksverwaltung das Erpressungspotenzial gegenüber NS-Tätern zu nutzen versuchte, ohne einen ernsthaften Ermittlungs- und Strafverfolgungswillen an den Tag zu legen. In zwei weiteren Fällen nahm sie Anwerbungen von ehemaligen Beamten der Staatspolizeistelle Chemnitz vor.

Mitarbeiter der Spionageabwehr (Abteilung II) in Karl-Marx-Stadt hatten Anfang 1954 den ehemaligen Mitarbeiter der Staatspolizeistelle Chemnitz, Hellmut Grafe (Jg. 1907), angesprochen und über dessen ehemalige Wirkungsstätte befragt. Da Grafe ohne Hemmungen sofort berichtete, Fotos zur Verfügung stellte und sich bereit erklärte, die Staatssicherheit zu unterstützen, betrachtete man den Kontakt als vielversprechend und sah ihn quasi als angeworben an.[61] Grafes Auskunftswillen erwies sich jedoch bald als äußerst begrenzt. Er berichtete unter dem Decknamen »Romeo« über den Kriminalkommissar Edwald Wackerow, dass dieser fünf oder sechs SPD- und KPD-Mitglieder im Wald von Neukirchen/Erzgebirge umbringen lassen habe, und über den Beamten Arno Assmann, dass er sich nach der Machtübernahme 1933 »ganz besonders bei Festnahmen durch Schlagen« der betreffenden Personen hervorgetan habe.[62] Obwohl die sächsische Landeskriminalpolizei bereits 1947 ein Verfahren gegen jenen Arno Assmann (Jg. 1898) wegen Verbrechen gegen die Menschlichkeit eingeleitet hatte, versuchte das MfS ihn 1963 anzuwerben.[63] In der weiteren Zusammenarbeit stellte sich dann aber heraus, dass Grafe nicht die in ihn gesetzten Erwartungen erfüllte. Sein MfS-Kontaktmann setzte ihn schließlich mit dem Hinweis unter Druck, »dass wir [das MfS] an einer solchen Zusammenarbeit stark interessiert sind und er allen Grund hat, durch seine Tätigkeit wieder gut-

59 Vgl. Brief von Herbert Blochwitz aus der Untersuchungshaftanstalt Dresden an die Geschäftsstelle des 2. Senats des Volksgerichtshofs, 12.5.1944; ebenda, Bl. 77 f.

60 Urteil (des Volksgerichtshofs, 2. Senat) in der Strafsache gegen Herbert Blochwitz u. a., 30.6.1944; BStU, MfS, HA IX/11, SV 1/74, Bd. 2, Bl. 122–136; Der Oberstaatsanwalt: Mitteilung an den Reichsminister der Justiz über den Oberreichsanwalt beim Volksgerichtshof über den Vollzug der Urteile, 17.8.1944; ebenda, Bl. 137 f.

61 BV Karl-Marx-Stadt, Abt. II/2: Bericht über die Anwerbung des Grafe, Hellmut, 29.1.1954; BStU, MfS, BV Chemnitz, AIM 308/60, Bd. I, Bl. 8 f.; Handschriftliche Verpflichtung von Hellmut Grafe, 19.1.1954; ebenda, Bl. 10.

62 GI »Romeo«: 1. Bericht, 25.1.1954; BStU, MfS, BV Chemnitz, AIM 308/60, Bd. II, Bl. 5–7. Weitergehende Informationen über dieses Massaker finden sich in Diamant: Gestapo, 1999, S. 539 f.

63 BV Karl-Marx-Stadt, (Objektverwaltung »W«, selbstständiges Referat VII): Zusammenfassender Bericht über den Vorlauf, IM XVII 659/62, 17.2.1964; BStU, MfS, BV Chemnitz, AIM 81/64, Bd. I/1, Bl. 76–79.

zumachen, was er bei der Gestapo für Fehler machte«.[64] Doch all dies fruchtete nicht. Im September 1960 wurde die Verbindung zu ihm abgebrochen. Im Abschlussbericht hieß es übertreibend: »Grund der Werbung war seine Zugehörigkeit zur Gestapo. Der GI weigerte sich von vornherein mit dem MfS zusammenzuarbeiten, lehnte jede schriftliche Verpflichtung oder Berichterstattung ab. Eine wirkliche Zusammenarbeit hat nie stattgefunden.«[65]

Erst im Frühjahr 1975 begann sich die Abteilung XX der Bezirksverwaltung Karl-Marx-Stadt näher mit der Vergangenheit Grafes zu beschäftigen. Dazu wurde eine so genannte Operative Personenkontrolle eingeleitet, mit dem Ziel der »lückenlose[n] Aufklärung der Persönlichkeit des Grafe und seiner eventl. begangenen Verbrechen, welche die Grundlage für das Anlegen eines Operativvorganges oder einer eventl. Anwerbung auf der Basis der Wiedergutmachung rechtfertigen«.[66] Mittels nunmehr vorliegender NS-Akten konnte unter anderem festgestellt werden, dass Grafe seit 1926 Angehöriger der sächsischen Schutzpolizei gewesen und 1933 der NSDAP beigetreten war. Am 1. August 1941 nahm er seinen Dienst in der Chemnitzer Gestapostelle auf. Als SS-Bewerber wurde er dann Ende August 1942 zur Dienststelle des Kommandeurs der Sicherheitspolizei und des SD für den Distrikt Krakau abgeordnet.[67] Nach Kriegsende gelang es Grafe, im Fahndungsdienst des Kriminalamtes Chemnitz Anstellung zu finden. Dies nutzte er, um seine Vergangenheit zu vertuschen, indem er sich bestätigten ließ, aktiv an der »Aufspürung von Kriegsverbrechen« beteiligt gewesen zu sein. Erst im November 1946 bei der »Bereinigung der Polizei« wurde er wieder entlassen.[68]

Näheres über seine Tätigkeiten vor und nach 1945 ermittelte das MfS nicht. Mangels Beweisen für einen individuellen Tatbeitrag an Verbrechen gegen die Menschlichkeit im besetzten Polen sowie aufgrund seines Alters wurde die Akte im Jahr darauf wieder geschlossen.[69]

Der zweite Fall eines vom MfS geworbenen Chemnitzer Gestapomanns betraf den Kriminalkommissar und SS-Hauptsturmführer Franz Bienert (Jg. 1889), einen lang gedienten Polizisten, der seit 1938 bei der Gestapo tätig war. Wie die Forschungsergebnisse Adolf Diamants später zeigten, war er an der Ermordung von Widerstandskämpfern im Wald von Neukirchen beteiligt.[70] Nach Kriegsende floh Bienert zunächst in die Westzone, versuchte aber im Februar 1949 wieder in

64 BV Karl-Marx-Stadt, Abt. II/2: Aktennotiz betreffs GI »Romeo«, 22.2.1955; BStU, MfS, BV Chemnitz, AIM 308/60, Bd. II, Bl. 23.

65 BV Karl-Marx-Stadt, Abt. II/2: Beschluss über das Abbrechen der Verbindung mit dem Geheimen Informator »Romeo«, 20.9.1960; BStU, MfS, BV Chemnitz, AIM 308/60, Bd. I, Bl. 27.

66 (BV Karl-Marx-Stadt, Abt. XX): Übersichtsbogen zur Operativen Personenkontrolle, 18.4.1975; BStU, MfS, BV Chemnitz, AOPK 1372/79, Bl. 4.

67 (Der Befehlshaber der Sicherheitspolizei und des SD im Generalgouvernement): Personalbogen Hellmut Grafe, o. D., o. O.; ebenda, Bl. 227 u. 229; Der Kommandeur der Sicherheitspolizei und des SD im Distrikt Krakau: Aktennotiz über den Dienstantritt Grafes, 28.8.1942; ebenda, Bl. 225.

68 (BV Karl-Marx-Stadt, Abt. XX/2): (Information zu) OPK »Schlinge«, o. D.; ebenda, Bl. 181 f.

69 BV Karl-Marx-Stadt, Abt. XX/2: Abverfügung zur Archivierung, 4.5.1979; ebenda, Bl. 231.

70 Vgl. Diamant: Gestapo, 1999, S. 539–541.

die SBZ zu gelangen. An der Grenze wurde er festgenommen und der sowjetischen Besatzungsmacht übergeben, die ihn an die K 5 weiterreichte. Weil ihm keine Verbrechen nachgewiesen werden konnten, kam er wenige Wochen später wieder frei.[71] In der Folgezeit trat Bienert »mehrfach im Auftrag der sowjetischen Freunde« als Zeuge in westdeutschen Gerichtsverfahren wegen nationalsozialistischer Gewaltverbrechen auf.[72]

1957 erinnerte sich ein Offizier der MfS-Bezirksverwaltung Karl-Marx-Stadt, der zuvor als Mitarbeiter der K5 mit Nachforschungen über die Staatspolizeistelle Chemnitz befasst gewesen war, an ihn. Er sprach ihn wieder an, um weitere Informationen zu erhalten. Nach weiteren Treffen wurde festgelegt, Bienert nach Rücksprache mit den sowjetischen Stellen anzuwerben.[73] Im obligatorischen Werbevorschlag beschrieben die MfS-Offiziere Bienerts angepasste Haltung im DDR-Alltag: »Erwähnt muss noch werden, dass sich der Kandidat bei Veranstaltungen im Betrieb sowie auch bei Hausversammlungen beteiligt, obwohl er sich dort sehr ruhig verhält. Neuerdings konnte festgestellt werden, dass der Kandidat bei Staatsfeierlichkeiten seine Wohnung mit der roten Fahne flaggt.« Hinsichtlich seiner »Perspektive« als Agent der Staatssicherheit setzten sie zuversichtlich auf die erwiesenen professionellen Qualitäten als Geheimpolizist:

> »Aufgrund seiner langjährigen Zugehörigkeit zur Polizei und späterhin zur Gestapo besitzt der Kandidat auf diesem Gebiet große Erfahrungen, sodass wir ihn jederzeit, trotz des Alters, als Ermittlungs-GI und Beobachtungs-GI verwenden können.«[74]

Tatsächlich verpflichte sich der einstige Gestapobeamte Bienert am historisch denkwürdigen Datum des 9. November 1957 zur Zusammenarbeit mit dem MfS.[75] Erst 1972 entließ es den über achtzigjährigen Bienert alias IM »Schmidt« aus der verdeckten Informantentätigkeit.[76]

Ein SD-Außenstellenleiter im Dienst des MfS – Erwin Rogalsky-Wedekind

Der Fall des SS-Obersturmführers Erwin Rogalsky-Wedekind (Jg. 1909) gehört wohl zu den gravierendsten Fällen der Nichtverfolgung von NS-Verbrechen bei gleichzeitiger langjähriger Indienstnahme als inoffiziellen Mitarbeiter des MfS. Wie in vielen anderen Fällen lagen hier schon aus der unmittelbaren Nachkriegs-

71 BV Karl-Marx-Stadt, Abt. V/5: Ermittlungsbericht betreffs Bienert, Franz, 26.9.1957; BStU, MfS, BV Chemnitz, AIM 1573/72, Bd. I/1, Bl. 11 f.

72 (HA IX): Aktenvermerk, 10.3.1966; BStU, MfS, HA IX/11, RHE-West 12, Bl. 74 f.

73 BV Karl-Marx-Stadt, Abt. V/5: Aussprachebericht, 8.10.1957; BStU, MfS, BV Chemnitz, AIM 1573/72, Bd. I/1, Bl. 20.

74 BV Karl-Marx-Stadt, Abt. V/5: Vorschlag zur Anwerbung eines GI, 4.11.1957; ebenda, Bl. 23–25.

75 Vgl. »Verpflichtung«, 9.11.1957; ebenda, Bl. 26.

76 BV Karl-Marx-Stadt, Abt. XX: Beschluss zum Einstellen eines IM-Vorgangs, 9.9.1972; ebenda, Bl. 38 f.

zeit erste Anschuldigungen und, wenn auch bruchstückhaft, Ermittlungsergebnisse vor, die jedoch trotz der stetig wachsenden Dokumentenüberlieferung über Jahrzehnte unzureichend oder gar nicht zu strafrechtlichen Untersuchungen genutzt wurden.

Schon im Dezember 1947 hatte ein in einer brandenburgischen Kleinstadt lebender Umsiedler beim dortigen Polizeirevier zwei ehemalige Naziaktivisten aus seiner ostpreußischen Heimat angezeigt, die nun in der Sowjetischen Besatzungszone leben würden.[77] Wie die Ermittlungen der K5 ergaben, handelte es sich dabei um jenen Rogalsky, der aufgrund einer generellen Weisung Heydrichs seinen slawisch klingenden Familiennamen zugunsten des deutschen »Wedekind« aufgegeben hatte.[78] Rogalsky-Wedekind bestritt bei der folgenden Vernehmung alle gegen ihn erhobenen Vorwürfe, leugnete jemals Naziaktivist gewesen zu sein und stellte die ganze Angelegenheit als Racheakt eines angeblichen Trunkenbolds dar.[79] Da keine weiteren Zeugen oder anderen Beweise beigebracht werden konnten, wurde kein Verfahren eingeleitet und der Vorgang im November 1949 zu den Akten gelegt.[80]

1954 rückte Rogalsky-Wedekind wieder in das Blickfeld der staatlichen Organe. Eine Mitarbeiterin der damaligen SED-Kreisleitung Gardelegen fand damals in ihrem Heimatdorf in einem alten Bunker Original-Urkunden und Briefe aus der Zeit vor 1945, die Rogalsky als SS-Untersturmführer beim SD-Abschnitt Thorn (poln.: Torun) auswiesen.[81] Die eingeschaltete Volkspolizei übergab die Dokumente der SfS-Kreisdienststelle Gardelegen und empfahl »eine gründliche Prüfung dieser Angelegenheit, [...] warum W[edekind] seinen Namen ändern ließ, um vielleicht irgendwelche Taten, die er in der Volksdemokratie Polen begangen hat während seiner Dienstzeit, zu verschleiern«.[82]

Am 25. Mai 1954 ließ die Staatssicherheit die Kollegen von der Kriminalpolizei Gardelegen Rogalsky-Wedekind im Rahmen einer Vernehmung zu einer Prügelei in der von ihm mittlerweile betriebenen Gastwirtschaft einen ausführlichen Lebenslauf schreiben.[83] Da er darin weder seine Namensänderung noch

77 Vgl. Mitteilung an den Landrat des Kreises Osthavelland, 16.12.1947; BStU, MfS, HA XX 4567, S. 70.

78 Anweisung der Landespolizeibehörde, Dez. K 5, 14.6.194; ebenda, S. 67, und Rundschreiben des Chefs der Sicherheitspolizei und des SD an die Befehlshaber der Sicherheitspolizei und des SD in Prag und Krakau u.v.a. betreffs Änderung polnischer Familiennamen, 18.3.1940; BA Berlin, R 58, Bd. 261, Bl. 70.

79 Vgl. Vernehmungsprotokoll des Beschuldigten Wedekind, Erwin, 24.6.1948; BStU, MfS, HA XX 4567, S. 58–60.

80 Vgl. Schlussbericht, 2.11.1949; ebenda, S. 65.

81 Zu diesen Dokumenten gehörte beispielsweise dessen Staatsangehörigkeitsausweis, ausgestellt am 10.9.1941, sowie seine Geburtsurkunde u. Ä.; BStU, MfS, BV Magdeburg, AIM 1208/77, Bd. I/1, Bl. 12–24.

82 VPKA Gardelegen, Abschnitt V, Jävenitz: Anschreiben an das SfS über den Leiter des VPKA, 14.5.1954; ebenda, Bl. 11.

83 (KD Gardelegen): Zwischenbericht über die Angelegenheit Wedekind, 31.5.1954; ebenda, Bl. 63–65.

seine Mitgliedschaft in SS und SD[84] erwähnte, überführte man ihn anschließend in die eigene Dienststelle, wo ihn der Leiter mit den aufgefundenen Unterlagen konfrontierte. Nach kurzem Zögern gab Rogalsky-Wedekind zu, seine SD-Zugehörigkeit aus Angst verschwiegen zu haben und sehe deshalb »seiner gerechten Strafe entgegen«.[85]

Zunächst verlangte ihm die Staatssicherheit jedoch einen umfassenden Bericht über seine SD-Tätigkeit ab. Er gab an, im SD-Abschnitt Elbing (SD-Oberabschnitt Nordost Königsberg) anfänglich im Referat »Abwehr« zur Bekämpfung des gegnerischen Nachrichtendienstes tätig gewesen zu sein. Nach etwa einem halben Jahr habe man ihn dann der Abteilung Wirtschaft (III D) zugewiesen, wo er bis 1942 das Spezialgebiet »Ernährungswirtschaft« (III D 1) betreut habe. Seine Aufgabe habe darin bestanden, mithilfe von Vertrauensmännern und Kontaktpersonen über »praktische und stimmungsmäßige Auswirkungen von Verordnungen und Erlassen der Regierung« an den SD-Leitabschnitt Danzig zu berichten. Nach der Kapitulation Polens sei seine Dienststelle von Elbing nach Thorn (jetzt Reichsgau Danzig-Westpreußen) verlegt worden. Er selbst sei erst in den letzten Oktobertagen des Jahres 1939 nach Thorn gekommen. Dort hätten die Dienststellen der Gestapo, der Kripo und des SD nur »friedensmäßige Arbeit« zu leisten gehabt, das heißt, sie hätten im Unterschied zu den Einsatzkommandos nur für kurze Zeit Exekutionen »in kleinerem Maße« durchgeführt. Lediglich »3 oder 10 Polen« seien in seiner Zeit »standrechtlich erschossen worden«. Die Exekutionen selbst habe die Gestapo vorgenommen, vom SD-Abschnitt Thorn haben wohl nur der Dienststellenleiter und sein Stellvertreter teilgenommen. Er selbst sei nicht mit dabei gewesen.[86] Trotz Rogalsky-Wedekinds offenkundigen Bemühens, seine Rolle in Thorn herunterzuspielen, verzichtete das MfS auf eine nähere Prüfung seiner Aussagen und eröffnete ihm gleich im Anschluss, dass er nicht bestraft werden solle, sondern »auf andere Art und Weise sein damaliges Verbrechen wieder gutmachen« könne.[87] Er sollte als Informant angeworben werden.

Rogalsky-Wedekind selbst war von dieser Wendung offensichtlich völlig überrascht. Laut »Schlussbericht« über seine Anwerbung bedurfte es erst einer längeren Diskussion, um ihn davon zu überzeugen, dass »es noch eine andere Bewährung« für ihn gab. Der Aufforderung, »in ehrlicher und aufrechter Form« für das MfS zu arbeiten, habe er »schon allein aus Dank« zugestimmt.[88] Anschließend verpflichtete er sich handschriftlich, »freiwillig dem Staatssekretariat für Staatssicherheit im Kampfe gegen Verbrechertum und alle Feinde des

84 Darüber hinaus war Rogalsky-Wedekind bereits am 1.11.1930 Mitglied der NSDAP geworden und hatte bis zu seinem Eintritt in die SS am 1.12.1932 auch der SA angehört. Vgl. Stammkarte Erwin Rogalsky-Wedekind; BA Berlin, BDC, SSO.

85 (KD Gardelegen): Schlussbericht zur Werbung des Wedekind, Erwin, 25.5.1954; BStU, MfS, BV Magdeburg, AIM 1208/77, Bd. I/1, Bl. 38.

86 Bericht von Rogalsky-Wedekind über seine Tätigkeit beim SD, 25.5.1954; ebenda, Bl. 32–35.

87 (KD Gardelegen): Schlussbericht zur Werbung des Wedekind, Erwin, 25.5.1954; ebenda, Bl. 38.

88 Ebenda, Bl. 38.

deutschen Volkes und der fortschrittlichen Demokratie zu helfen«.[89] In einem Zwischenbericht bilanzierte das MfS die Operation zwei Wochen später: »Da dem Wedekind keine Verbrechen nachgewiesen werden konnten«, sei dieser als GI (Deckname Rolf) der Kreisdienststelle Gardelegen verpflichtet worden.[90] Zutreffend und entgegen dem Wortlaut der Verpflichtungserklärung war später von einer Anwerbung »unter Druck« die Rede.[91]

Wie in ähnlich gelagerten Fällen ging es dem MfS zunächst darum, den offenkundig erfahrenen SD-Mann aus seiner »Arbeit mit inoffiziellen Mitarbeitern [sic!] des SD« berichten zu lassen und ihn für eine Schleusung in den Westen vorzubereiten.[92] Im Frühjahr 1955 erhielt er den Auftrag, den Untersuchungsausschuss Freiheitlicher Juristen (UFJ) in West-Berlin aufzusuchen und dort unter Hinweis auf seine angeblich prekäre Lage als ehemaliger SD-Mann in der DDR, in Kontakt mit dieser »Feindorganisation« zu kommen.[93] Dazu war Rogalsky-Wedekind jedoch offenbar nicht bereit. Das MfS gab das Unternehmen auf.

Später wurde »Rolf« ferner auf einen vermeintlichen SS-Mann aus dem Konzentrationslager Auschwitz angesetzt.[94] Das MfS arrangierte einen gemeinsamen Kuraufenthalt, um den Verdächtigen aushorchen zu lassen.[95] Auch hierbei erwies sich Rogalsky-Wedekinds Kooperationsbereitschaft als begrenzt. Zudem sollte sich später erweisen, dass es sich vermutlich um eine Verwechslung handelte.[96]

In der Folgezeit wurde »Rolf« zur geheimpolizeilichen Absicherung der LPG, in welcher er jetzt als Hauptbuchhalter tätig war, sowie eines in der Nähe seines Wohnortes befindlichen Übungsgebietes der Gruppe der Sowjetischen Streitkräfte in Deutschland (GSSD) eingesetzt. Auch erhielt »Rolf« von seinen Auftraggebern »spezielle Aufträge zur Aufklärung einzelner Personen«, welche er »gewissenhaft erfüllte«. In die »Bearbeitung von Vorgängen oder besonderen operativen Materialien« bezog man ihn jedoch nicht ein.[97] Gleichwohl hielt das MfS über viele Jahre an seinem Informanten fest.

Erst 1969 erregte die Vergangenheit Rogalsky-Wedekinds wieder das Interesse des MfS. Die HA XX/2 stieß im Zuge ihrer Recherchen zu Sonderein-

89 »Freiwillige Verpflichtung«, o. D. (25.5.1954), o. O. (Gardelegen); ebenda, Bl. 40.

90 KD Gardelegen: Zwischenbericht über die Angelegenheit Wedekind, 31.5.1954; ebenda, Bl. 63–65.

91 KD Gardelegen: Sachstandsbericht über die Zusammenarbeit mit dem GI »Rolf«, 11.10.1960; ebenda, Bl. 90 f.

92 Bericht über die »Arbeit mit den inoffiziellen Mitarbeitern des SD«, 23.7.1954; ebenda, Bl. 72 f.

93 KD Gardelegen: Auftrag, o. D. (1955), 4.2.1974; ebenda, Bl. 78–80.

94 (BV Magdeburg): Aktenvermerk über die Instruierung des GI »Rolf«, 26.10.1964, 5.2.1974; ebenda, Bl. 110 f.

95 Vgl. (BV Magdeburg), Abt. XX/1: Einschätzung der Tätigkeit des GI »Rolf«, 1.4.1965; ebenda, Bl. 114.

96 Vgl. (BV Magdeburg): Abschlussbericht über die operative Vorlaufakte No. 169/64, 1.4.1965; BStU, MfS, BV Magdeburg, AOP 512/65, Bl. 206–210.

97 BV Magdeburg, KD Gardelegen: Einschätzung des IMS »Rolf« an die BV Magedeburg mit der Bitte um Weiterleitung an die HA XX Berlin; BStU, MfS, BV Magdeburg, AIM 1208/77, Bd. I/1, Bl. 162 f.

heiten, die in der Sowjetunion Massaker an der Zivilbevölkerung begangen hatten, erneut auf den Namen des SS-Manns. Er fand sich in einem vom KdS Weißruthenien (Weißrussland) erlassenen Einsatzbefehl im Rahmen des Unternehmens »Cottbus«, bei dem unter dem Vorwand der »Bandenbekämpfung« Massenmord an der weißrussischen Zivilbevölkerung verübt wurde.[98] Nach Beendigung des gemeinsamen Unternehmens »Cottbus« der SS, der Polizei und der Wehrmacht waren »mindestens 20 Dörfer niedergebrannt; in mehreren Ortschaften hatte man die gesamte Bevölkerung erschossen«, und über 6 000 Zivilisten waren zur Zwangsarbeit nach Deutschland verschleppt worden.[99] Insgesamt wurden in Weißrussland im Zuge dieser Einsätze 628 Dörfer dem Erdboden gleichgemacht;[100] sowjetischen Angaben zufolge fielen ihnen 2,23 Millionen Menschen zum Opfer.[101]

Da der genannte Befehl außer Namen und Dienstgrad keine Angaben zur Person enthielt, sollte nun bei den sowjetischen Kollegen angefragt werden, ob dort eventuell weitere Dokumente der Dienststelle des KdS Minsk vorlagen, doch dazu ist es den Akten zufolge nie gekommen. Im Archiv der HA IX/11 fand sich jedoch ein Jahr später eine »Vorschlagsliste [...] für die Verleihung des Kriegsverdienstkreuzes II. Klasse mit Schwertern«, in der Rogalsky erwähnt war. Ausgezeichnet werden sollte Rogalsky-Wedekind, weil er schon vor der von ihm eingestandenen Tätigkeit in Thorn Anfang September 1939 im Rahmen eines »sicherheitspolizeilichen Einsatzkommandos gegen Polen eingesetzt« gewesen war. Er habe »sich besonders bei der Bekämpfung der polnischen Widerstandsbewegung durch mutiges und entschlossenes Verhalten ausgezeichnet und zu der erfolgreichen Durchführung des Einsatzes erheblich beigetragen«. Rogalsky habe sich »als einsatzbereiter und unerschrockener SS-Mann erwiesen«.[102]

Recherchen in Polen ergaben, dass das fragliche Einsatzkommando nach dem Einmarsch deutscher Truppen am 7. September 1939 in Thorn zahlreiche Polen festgenommen hatte. Nähere Angaben über dessen personelle Zusammensetzung konnte man jedoch nicht machen.[103] Vermutlich handelte es sich hierbei um eine Abteilung des aus Angehörigen der Staatspolizei Danzig aufgestellten »selbstständigen Einsatzkommandos 16«, das offiziell die »sicherheitspolitischen Auf-

98 Der Kommandeur der Sicherheitspolizei und des SD Weißruthenien, Einsatzstab: Einsatzbefehl, 17.5.1943; BStU, MfS, HA XX 5114, S. 116–119; vgl. Hamburger Institut für Sozialforschung: Verbrechen, 2001, S. 492–497; Hesse: Partisanenkrieg, 1993, S. 232–234; Heer: Die Logik des Vernichtungskampfes, 1999.

99 Vgl. Hamburger Institut für Sozialforschung: Verbrechen, 2001, S. 492.

100 Vgl. Kohl: Der Krieg, 1995, S. 13.

101 Vgl. Benz; Kwiet; Matthäus: Einsatz, 1998, S. 221.

102 Der RFSS und Chef der Deutschen Polizei im Reichsministerium des Innern. Der Chef der Sicherheitspolizei und des SD: Vorschlagsliste Nr. 4a für die Verleihung des Kriegsverdienstkreuzes II. Klasse mit Schwertern, 20.1.1942; BA, ZWA Dahlwitz-Hoppegarten, ZR 759, Akte 14, Bl. 59 f.

103 Vgl. (Ministerium für Innere Angelegenheiten der Volksrepublik Polen): »Notiz« über die durchgeführten Ermittlungen in Torun, 16.3.1971; BStU, MfS, Abt. X, AP 8118/80, Bl. 11–13.

gaben« im eroberten Gebiet wahrnehmen sollte, in Wirklichkeit aber ein reines Exekutionskommando war.[104]

Zudem hatten die polnischen Kollegen herausgefunden, dass zunächst etwa 1 000 bis 1 200 Personen, die von den Deutschen als politisch unzuverlässig angesehen oder der polnischen Führungsschicht zugerechnet wurden, im Fort VII, einer alten Wehranlage der Stadtbefestigung, festgehalten worden waren. Eine unbekannte Anzahl Häftlinge wurde hier erschossen oder kam durch Misshandlungen um. Die anderen wurden in Konzentrationslager verbracht oder freigelassen. Etwa 1 000 weitere Gefangene wurden in den Wald von Baberka vor den Toren Thorns gebracht und ermordet.[105] Zwar hatte ein Augenzeuge Rogalsky anhand von Fotos identifiziert und sich an dessen Namensänderung erinnert, doch Dokumente, welche eine direkte Teilnahme der SD-Dienststelle Thorn an diesen Verbrechen hätten belegen können, fanden sich nicht.

Drei weitere Jahre gingen ohne neue Erkenntnisse ins Land, bis schließlich der Leiter der Kreisdienststelle Gardelegen sowie der Leiter der Abteilung XX der Bezirksverwaltung Magdeburg beabsichtigten, ihren langjährigen IM in Kooperation mit der HA XX/2 einer »konspirativen Befragung« zu unterziehen. Ausdrücklich bilanzierten die Offiziere vorab ihre geheimdienstlichen Prioritäten:

»Lückenlose Klärung der faschistischen Vergangenheit des W[edekind]. Hierbei ist bei einer eventuellen Entscheidungsfindung zu strafrechtlichen Maßnahmen zu beachten, dass der W[edekind] 20 Jahre lang inoffiziell mit dem MfS zusammengearbeitet hat, gleichzeitig konkrete Fakten über die faschistische Vergangenheit des W[edekind] dem MfS bekannt sind und in diesem Zeitraum keine operative Klärung der Vergangenheit angestrebt wurde.
Prüfung, inwieweit der W[edekind] für eine inoffizielle Bearbeitung weiterer in der DDR existierender SD-Mitarbeiter eingesetzt werden kann«.[106]

Rogalsky-Wedekind wurde am 4. und 5. Juli 1974 unter der Legende eines Lehrgangsbesuchs in einem getarnten Gebäude des MfS einem erneuten Verhör unterzogen. Der Leiter der Abteilung XX/2 aus dem MfS-Hauptquartier, Major Hans Buhl, führte persönlich die Befragung. Rogalsky-Wedekind blieb bei seiner Linie, vor Kriegsbeginn in der Abteilung Abwehr des SD-Abschnittes Elbing im Wesentlichen lediglich mit der »karteimäßige[n] Erfassung der Gegner des ›3. Reiches‹« befasst gewesen zu sein.[107] Die MfS-Vernehmer ergänzten, dies habe er »auf der Grundlage von Berichten der V-Leute in den verschiedenen Bereichen und territorialen Gebieten« getan, forschten jedoch nicht weiter nach,

104 Vgl. Schenk: Hitlers Mann, 2000, S. 162 f. Nach Feststellung von Helmut Krausnick gab es noch ein weiteres, in Allenstein aufgestelltes und ebenfalls selbstständiges »SD-Einsatzkommando Bromberg« bzw. »SD-Einsatzkommando 16«, welches auch im Raum Bromberg-Graudenz-Thorn aktiv war. Vgl. Krausnick: Hitlers Einsatzgruppen, 1985, S. 28.

105 Vgl. Stätten des Kampfes und des Märtyrertums 1939–1945. Jahre des Krieges in Polen. Hg. v. Schutzrat für Kampf- und Märtyrerdenkmäler. Warschau 1965, S. 77.

106 (BV Magdeburg), Abt. XX: Vorschlag zum Abschluss des operativen Materials »Rolf« der KD Gardelegen, 31.1.1974; BStU, MfS, BV Magdeburg, AIM 1208/77, Bd. I/1, Bl. 235–240, hier 240.

107 Bericht von Erwin Wedekind, Deckname Rolf, über seinen Werdegang von 1932 bis 1954, 5.6.1974; ebenda, Bl. 254–257, hier 254.

was mit den Erfassten später geschah.[108] Wedekind bestritt weiterhin, nach Kriegsausbruch bei einem Einsatzkommando gewesen zu sein. Daran hätten sich nur vier (von ihm namentlich benannte) Kollegen beteiligt – eine Aussage, die die MfS-Offiziere trotz des Widerspruchs zur vorliegenden Auszeichnungsliste und der polnischen Zeugenaussage hinnahmen. Auch im SD-Abschnitt Thorn ab Ende September 1939, so Rogalsky-Wedekind weiter, habe seine Arbeit zuerst im »Aussortieren und Neuaufstellen der Kartei« bestanden.[109] Diese Karteiarbeiten dienten der Vorbereitung und Durchführung der völkischen »Germanisierungspolitik«[110], bei der unter anderem »polnische Führungselemente«, zum größten Teil Lehrer, durch den »Volksdeutschen Selbstschutz« systematisch ermordet wurden und generell die »nichtarische« Bevölkerung »ausgesondert« wurde.[111] Wie Rogalsky-Wedekind auf Druck der Befrager zugab, war er auch an einer Erschießungsaktion gegen Polen beteiligt, die von »Volksdeutschen« denunziert worden waren. Er versuchte jedoch den Eindruck zu erwecken, er selbst habe absichtlich nicht tödlich getroffen:

»Ich selbst habe an einer Erschießung teilgenommen. Wir fuhren mit mehreren Pkw in die nördlich von Thorn gelegenen Wälder. Hier war ein flacher Graben, an dem sich 5 oder 6 Polen stellen mussten und dann mit Genickschuss erschossen wurden und in den Graben fielen. Ich hatte nicht richtig geschossen, der Schuss war nicht tödlich gewesen. Beim Zuschaufeln des Grabens bemerkte dies einer von den Schützen, er hieß Sch., und gab dem Polen noch einen Kopfschuss.«[112]

Ab Oktober 1939, gab Wedekind zu Protokoll, sei er damit beauftragt gewesen, in den einzelnen Dörfern im Gebiet um Kulmsee (poln. Cholanza; nördlich von Thorn) die einzelnen Familien auf ihre Deutschstämmigkeit zu überprüfen.[113] Die Prüfung diente der geplanten »Eindeutschung« Westpolens und der Aussiedlung der jüdischen und polnischen Bevölkerung in das »Generalgouvernement«. Diese »Fremdvölkischen« galten fortan als Angehörige einer »beliebig disponiblen, aller existentiellen Rechte beraubten Bevölkerungsgruppe«.[114] Insgesamt wurden 124 000 Personen aus dem Gau Danzig-Westpreußen unter Zurücklassung eines Großteils ihres Besitzes vertrieben.[115]

108 BV Magdeburg, Abt. XX/2: Bericht über die Aussprache mit dem IMS »Rolf«, 9.7.1974; ebenda, Bl. 258–265, hier 260.

109 Bericht von Erwin Wedekind, Deckname Rolf, über seinen Werdegang von 1932 bis 1954, 5.6.1974; ebenda, Bl. 254.

110 Vgl. Madajczyk: Die Okkupationspolitik, 1987, S. 389–539.

111 BV Magdeburg, Abt. XX/2: Bericht über die Aussprache mit dem IMS »Rolf«, 9.7.1974; BStU, MfS, BV Magdeburg, AIM 1208/77, Bd. I/1, Bl. 260. Zu den »Aktionen« des auf Veranlassung des SD gebildeten »Selbstschutzes« siehe auch Krausnick: Hitlers Einsatzgruppen, 1985, S. 72–74; Schenk: Hitlers Mann, 2000, S. 156–162; Wildt: Generation des Unbedingten, 2002, S. 473–480. Zur so genannten »Aussonderung« der Bevölkerung siehe Madajczyk: Die Okkupationspolitik, 1987, S. 454–478.

112 Bericht von Erwin Wedekind, Deckname Rolf, über seinen Werdegang von 1932 bis 1954, 5.6.1974; BStU, MfS, BV Magdeburg, AIM 1208/77, Bd. I/1, Bl. 254.

113 Ebenda.

114 Aly; Heim: Vordenker der Vernichtung, 1993, S. 129 f. Siehe dazu die Dokumente 3, 4 und 7, in Seeber: Die Okkupation 1939 bis 1945, 1959, S. 139–143 u. 155–157.

115 Madajczyk: Die Okkupationspolitik, 1987, S. 430.

Für eine besondere Zurückhaltung Rogalsky-Wedekinds bei diesen Aktionen spricht wenig. Als er sich im Sommer 1940 um Verwendung in den Kolonien bewarb, bescheinigte ihm der Führer des SD-Abschnittes Thorn, SS-Sturmbannführer Werner Böhm:

»Rogalsky ist alter Nationalsozialist und SS-Mann; er hat seine weltanschauliche Festigung in den Kampfjahren wie auch während seiner Tätigkeit im SD vielfältig bewiesen. Er ist ein unbestechlicher und lauterer Charakter, bescheiden und vorbildlich sowohl als Kamerad wie im Familienleben. Er ist zäh, ausdauernd und widerstandsfähig, die Willensanlagen sind gut ausgeprägt.«[116]

Er wurde zu einem mehrwöchigen Lehrgang an die Führerschule des Sicherheitsdienstes in Bernau (bei Berlin) delegiert und im September 1940 zum SS-Untersturmführer befördert.[117] Am 1. September 1942 rückte er zum SS-Obersturmführer auf[118] und wurde wenig später zur SD-Außenstelle Elbing, zuständig für die Landkreise Elbing, Marienburg, Marienwerder, Rosenberg und Stuhm, abkommandiert.[119] Die SD-Außenstelle Elbing unterstand dem SD-Leitabschnitt Danzig, der seit Februar 1942 von SS-Obersturmbannführer Dr. Karl Steinbacher befehligt wurde.[120]

Nach seinen Angaben übernahm Rogalsky-Wedekind die Leitung dieser vierköpfigen Außenstelle, die sich seinen Behauptungen zufolge wiederum vor allem »friedensmäßig« auf die »Erfassung der Stimmung in der Bevölkerung, Auswirkungen von Maßnahmen der Regierung in der Praxis auf allen Wirtschaftszweigen, aber auch auf Feststellung und Erfassung politischer Gegner«, vor allem durch Berichte von V-Leuten, erstreckt habe.[121] Doch bekanntlich war der SD kein harmloses »Meinungsforschungsinstitut der Diktatur«,[122] vielmehr charakterisierte der »Konzepteur der Vernichtungspolitik« (Ulrich Herbert) Werner Best ihn seinerzeit folgendermaßen:

»In Unterstützung der Aufgabe der Sicherheitspolizei, die deutsche Volksordnung gegen Störung und Zerstörung jeder Art zu sichern, hat der Sicherheitsdienst alle Lebensgebiete des deutschen Volkes auf das Wirken gegnerischer Kräfte und auf die Auswirkung staatlicher und politischer Maßnahmen zu überwachen und die zuständigen Staatsbehörden und Parteidienststellen über die getroffenen Feststellungen laufend zu unterrichten. Er hat schließlich das Wirken und die Zusammenhänge der großen weltanschaulichen Todfeinde

116 Der Führer des SD-Abschnitts Thorn: Beurteilung des SS-Hauptscharführers Rogalsky, 9.7.1940, Anlage zur Bewerbung um Verwendung in der Sicherheitspolizei und im SD. Für die Kolonien; BA, ZWA Dahlwitz-Hoppegarten, ZR 681, Akte 4, Bl. 96.

117 Stammkarte Erwin Rogalsky-Wedekind; BA Berlin, BDC, SSO.

118 Ebenda.

119 Befehlsblatt des Chefs der Sicherheitspolizei und des SD. Hg. v. Reichssicherheitshauptamt Berlin 3(1942)53, S. 352.

120 Dieser hatte den SS-Sturmbannführer und vormaligen Führer des SD-Einsatzkommandos 16, Dr. Rudolf Oebsger-Röder, abgelöst. Vgl. Schenk: Hitlers Mann, 2000, S. 229; Wildt: Generation des Unbedingten, 2002, S. 478.

121 Bericht von Erwin Wedekind, Deckname Rolf, 5.6.1974; BStU, MfS, BV Magdeburg, AIM 1208/77, Bd. I/1, Bl. 255 f.

122 Boberach: Meldungen, Bd. 1, 1984, S. 11.

politisch zu erkunden und grundsätzlich zu erforschen, um hierdurch eine zielbewusste und wirkungsvolle Bekämpfung derselben zu ermöglichen.«[123]

Auch Rogalsky-Wedekind gab zu, der Gestapo »entsprechend seiner Gesinnung und nationalsozialistischen Ergebenheit [...] allgemeine und personelle Hinweise« gegeben zu haben, wenn er der Meinung war, es handele sich um »Volksfeinde«.[124] Diese Personen seien dann, wenn die Beweise ausreichten, gerichtlich abgeurteilt worden.[125]

Kurz nach seiner Einstufung in eine Hauptsturmführer-Planstelle im November 1944[126] musste er auf dem Rückzug vor der vorrückenden Roten Armee seinen Posten in Elbing räumen und setzte sich im Frühjahr 1945 über die Ostsee zunächst nach Dänemark ab.[127] Von dort kehrte er alsbald nach Deutschland zurück und geriet im Mai erst in amerikanische, dann in englische Kriegsgefangenschaft. Nach Aufenthalt in verschiedenen Kriegsgefangenen- und Flüchtlingslagern begab er sich im Mai 1947 zu seiner Familie in die Sowjetische Besatzungszone.

Die erneute Vernehmung im Jahr 1974 erbrachte eine Fülle von schwer belastenden Anhaltspunkten, wenngleich »durch die Aussprache keinesfalls alle bedeutsamen Momente zur Person des IM geklärt wurden«. Rogalsky-Wedekind bekannte nun auch freimütig, er habe die Zusammenarbeit mit dem MfS immer als »notwendiges Übel« angesehen. Auch habe er »nie die richtige innere Einstellung« gehabt und sei wenig daran interessiert gewesen, »an der Liquidierung ihm gleich gesinnter, ebenfalls der faschistischen Vergangenheit belasteter Personen und Personenkreise« mitzuwirken. Selbstkritisch schätzte sein Vernehmer ein, es sei in der IM-Arbeit nur zu einer »ungenügenden Einflussnahme zur bewusstseinsmäßigen Umbildung« gekommen. Folglich sei die »personifizierte Auftragserteilung, Instruierung, Abschöpfung und Überprüfung des IM« schlecht gewesen.[128]

Obwohl sich also selbst nach Einschätzung des MfS eine umfassende Beteiligung an schweren NS-Verbrechen abzeichnete, für deren Ahndung es zwar spät, aber keinesfalls zu spät gewesen wäre, und sich die Erpressung Rogalsky-Wedekinds für die Verfolgung anderer NS-Täter als keineswegs erfolgreich erwiesen hatte, schützten die beteiligten Offiziere ihn weiterhin vor Strafverfolgung. Sie waren der Ansicht, dass er durch seine Aussagen »nunmehr noch fester an das MfS gebunden« sei. Eine

123 Best: Deutsche Polizei, 1941, S. 46.

124 BV Magdeburg, Abt. XX/2: Bericht über die Aussprache mit dem IMS »Rolf«, 9.7.1974; BStU, MfS, BV Magdeburg, AIM 1208/77, Bd. I/1, Bl. 261.

125 Bericht von Erwin Wedekind, Deckname Rolf, 5.6.1974; ebenda, Bl. 256.

126 Der Chef der Sicherheitspolizei und des SD: Mitteilung an SS-Obersturmführer Erwin Wedekind, Inspekteur der Sicherheitspolizei und des SD Danzig, über Einstufung in eine Hauptsturmführer-Planstelle, 7.11.1944; BA Berlin, BDC, SSO.

127 Bericht von Erwin Wedekind, Deckname Rolf, 5.6.1974; BStU, MfS, BV Magdeburg, AIM 1208/77, Bd. I/1, Bl. 256.

128 BV Magdeburg, Abt. XX/2: Bericht über die Aussprache mit dem IMS »Rolf«, 9.7.1974; ebenda, Bl. 262.

»Überbewertung von zeitlichen Angaben zu Personen und Sachverhalten, die im scheinbaren Widerspruch zu früheren Angaben oder Ermittlungsergebnissen des MfS stehen, sollten nicht die Grundlage für Zweifel an der Ehrlichkeit des IM in der künftigen Zusammenarbeit darstellen. [...] Seine Bereitschaft zur Aufspürung und Bearbeitung von operativ interessanten Personenkreisen mit faschistischer Vergangenheit liegt vor. Vorraussetzungen wie Intellekt und Gesundheitszustand [...] sind gegeben.«[129]

Nach Rücksprache mit dem stellvertretenden Leiter der MfS-HA XX, Oberstleutnant Ludwig, entschied der stellvertretende Leiter (und spätere Leiter) der Bezirksverwaltung Magdeburg, Oberstleutnant Wilfried Müller, »dass aufgrund von fehlenden Beweisen zur Untermauerung des Geständnisses, der langjährigen Zusammenarbeit des IM mit dem MfS sowie der Stellung des Sohnes« – dieser war Mitglied der SED-Kreisleitung[130] – und »seiner bestätigten künftigen Entwicklung von strafprozessualen Maßnahmen Abstand zu nehmen« sei.[131]

Im Juli 1974 übernahm die Bezirksverwaltung Magdeburg den IM »Rolf« von der Kreisdienststelle Magdeburg, wiederum mit dem Ziel, »Verbrechen gegen die Menschlichkeit« aufzuklären und Informationen über die SD-Dienststelle Thorn zu erhalten.[132] Mitte 1976 hatte man ihn »völlig abgeschöpft« und stellte die inoffizielle Zusammenarbeit im Sommer 1977 ein. Sein Vorgang wurde im Archiv der BV Magdeburg archiviert, blieb aber für andere Diensteinheiten des MfS gesperrt.[133]

Zur gleichen Zeit und bei ähnlichem Wissensstand konnten NS-Ermittlungen des MfS auch zu ganz anderen Ergebnissen führen. Aufgrund des Hinweises eines IM wurde 1972 der Fachschuldozent Franz Timm (Jg. 1909) alias Franz Neumann verhaftet.[134] Ähnlich wie Rogalsky-Wedekind war Timm SS-Hauptsturmführer und Mitarbeiter des SD gewesen. Er hatte 1935 eine untergeordnete Anstellung im Reichssicherheitshauptamt in Berlin gefunden und war 1936 zum SD-Oberabschnitt Königsberg versetzt worden. Es folgten während des Krieges Positionen im SD-Abschnitt Hohensalza (Reichsgau Wartheland) und im SD-Leitabschnitt (der späteren SD-Hauptaußenstelle) in Posen. In den Wirtschaftsreferaten dieser Dienststellen war er für die Ernährungs- bzw. Landwirtschaft zuständig. Sein Netzwerk von über 100 V-Leuten bzw. Gewährsleuten hatte er unter anderem »zielgerichtet [...] zur Ermittlung so genannter unzuverlässiger Personen« eingesetzt und Schwarzschlachtungen als Kriegswirtschaftsverbrechen verfolgt. Mindestens neun Polen habe er an Gestapo bzw. Kriminalpolizei aus-

129 Ebenda, Bl. 264 f.

130 Außerdem war er für einen Hochschulbesuch in der UdSSR vorgesehen.

131 BV Magdeburg, Abt. XX/2: Bericht über die Aussprache mit dem IMS »Rolf«, 9.7.1974; BStU, MfS, BV Magdeburg, AIM 1208/77, Bd. I/1, Bl. 265.

132 (BV Magdeburg), Abt. XX/7: Bericht zum Abbrechen der Verbindung zum IMV »Rolf«, 20.7.1977; ebenda, Bl. 279 f.

133 BV Magdeburg, Abt. XX/2: Bericht über die Aussprache mit dem IMS »Rolf, 9.7.1974; ebenda, Bl. 280.

134 BV Rostock, Abt. XX/5: Abschlussbericht zum Operativ-Vorgang »Fälscher«, 27.5.1975; BStU, MfS, BV Rostock, AOP 1731/75, Bd. I, Bl. 275–280.

geliefert, was mindestens zwei von ihnen das Leben kostete.[135] Nach 1945 hatte er sich mithilfe gefälschter Personalpapiere eine neue Existenz aufgebaut.[136]

Das MfS verzichtete auch hier nicht auf eine verdeckte Indienstnahme, in diesem Fall als »Zelleninformator« in der Rostocker Untersuchungshaftanstalt, für die er angesichts »bestimmter nachrichtendienstlicher Erfahrungen aus seiner Tätigkeit im fasch[istischen] SD« besonders geeignet schien.[137] Sogar ein Bekenntnis zur DDR wurde ihm dabei noch abgerungen: »Mir sind die Aufgaben der Dienststellen des Ministeriums für Staatssicherheit in etwa bekannt. Es geht um die Bekämpfung und Unschädlichmachung der Gegner und Feinde jeglicher Art gegen unseren sozialistischen Staat. Ich sehe in jedem Feind unseres Staates auch meinen ganz persönlichen Feind.«[138] Die Werber ließen Timm selbst dann noch gewähren, als er einen von ihm bespitzelten Mitgefangenen hatte »stramm stehen lassen«.[139]

Am 9. Dezember 1974 wurde Timm vom Bezirksgericht Rostock »wegen mehrfacher, gemeinschaftlicher Kriegsverbrechen und Verbrechen gegen die Menschlichkeit [...] sowie wegen des Vergehens der Falschbeurkundung« zu einer Freiheitsstrafe von zehn Jahren verurteilt.[140] Das Gericht qualifizierte seine Tätigkeit als »schwere Verbrechen gegen die polnische Zivilbevölkerung«, mit der er »faschistisches Herrentum« verkörpert habe und zu einem »Vollstrecker der faschistischen Gewaltpolitik« geworden sei.[141] Stellt man die beiden Fälle gegenüber, so wird klar, dass ein Prozess gegen Rogalsky-Wedekind wohl kaum zu einem anderen Ergebnis geführt hätte. Hätte zudem das MfS ernsthaft recherchiert, so wären möglicherweise noch mehr Untaten zutage gekommen.

Eine Polizeikarriere in zwei Diktaturen – Heinrich Groth

Heinrich Groth (Jg. 1908) war einer dieser »ganz normalen Männer«, wie sie Browning in seiner Studie über das Reserve-Polizei-Bataillon 101 beschreibt.[142] Er war 1927 in den Dienst der Preußischen Schutzpolizei getreten und hatte nach einigen Jahren als Streifenpolizist 1932 zum Innendienst gewechselt, wo er Aufgaben der Personal- und Materialverwaltung erfüllte. Wie viele Polizisten der Weimarer Zeit stammte er keineswegs aus dem rechtsradikalen Milieu. Er war

135 Urteil des 1. Strafsenats des Bezirksgerichts Rostock in der Strafsache Franz Timm, 11.12.1974; BStU, MfS, BV Rostock, Film Nr. 22/72, Bd. 1, Bl. 13.

136 Vgl. ZAIG: Information über die Inhaftierung eines DDR-Bürgers wegen Falschbeurkundung zum Zwecke des Verschweigens seiner faschistischen Vergangenheit, 5.1.1973; BStU, MfS, ZAIG 2115, Bl. 1–3.

137 (BV Rostock), Abt. IX: (Kurzauskunft bzw. Übersichtsbogen für ZI), o. D. (15.1.1974); BStU, MfS, BV Rostock, AP 449/85, Bd. 1, Bl. 4–7.

138 Franz Timm: Erklärung, 15.1.1974; ebenda, Bl. 8.

139 Franz Timm: Ergänzungen in Sachen C., 19.2.1974; ebenda, Bl. 46–51, hier 46.

140 Urteil des 1. Strafsenats des Bezirksgerichts Rostock in der Strafsache Franz Timm, 11.12.1974; BStU, MfS, BV Rostock, Film Nr. 22/72, Bd. 1, Bl. 1 f. (Originalseitenzählung).

141 Ebenda, Bl. 21.

142 Vgl. Browning: Ganz normale Männer, 1993.

eher unpolitisch, dafür aber karriereorientiert. Tatsächlich hatte er aber nach seinen Worten bereits 1933 an »Judeneinsätzen« teilgenommen. Nach Lehrgängen für den gehobenen Polizeidienst wurde er 1935 zunächst Zugführer einer Schutzpolizeihauptmannschaft, dann geschäftsführender Hauptwachtmeister des Einstellungsbüros beim Kommando der Schutzpolizei.[143] Wie auch später nahm er gelegentlich an Einsätzen teil, wie etwa im November 1938 in der »Reichskristallnacht«.[144] Seine weitere Karriere folgte den Stationen der nationalsozialistischen Eroberungspolitik.

Ab 1938 beschaffte er in Österreich in der Organisationsabteilung der Polizei Verpflegung, Unterkünfte und Ähnliches. Nach dem Abrücken der anderen Polizeiformationen verblieb er in Wien, um die Einstellungsbüros der Schutzpolizei in der »Ostmark« einzurichten. Anschließend kehrte Groth im Herbst 1938 nach Berlin auf sein altes Kommando zurück. Am 1. Juni 1939 übernahm ihn die Geheime Staatspolizei für eine erneute Verwendung in der Leitstelle Wien. Wenige Monate später bewarb sich Groth um Verwendung in den Kolonien. Dafür bescheinigte ihm sein Vorgesetzter, »im nationalsozialistischen Geist weltanschaulich gefestigt« zu sein.[145] Im Zuge der Dienstgradangleichung erhielt er zunächst den Rang eines SS-Hauptscharführers, konnte sodann aber den Lehrgang zur Beförderung zum Untersturmführer absolvieren.

Im Januar 1942 wurde Groth als Leiter der Abteilung I/II (Verwaltung, Personalangelegenheiten, Wirtschaft und Organisation) beim KdS in Kauen (Kaunas) in das besetzte Litauen abkommandiert.[146] Zu seinen Aufgaben gehörten die Beschaffung von Unterkünften, Ausrüstungen, von Bewaffnung und Verpflegung sowie die Auszahlung der Besoldung und die Aufsicht über die Verwaltungstätigkeit der litauischen Kriminalbehörden. Außerdem übertrug man ihm die Aufsicht über die Verwaltung der Außenstellen des KdS in Wilna (Vilnius) und Schaulen (Siauliai) sowie der »Arbeitserziehungslager« in Pravenischkis (Pravieniskes/Praveniskiai) und in Wilna.[147] Das Lager in Pravenischkis, rund 30 km nördlich von Kaunas, war noch von der litauischen Regierung eingerichtet und später auch von den sowjetischen Behörden für ihre Zwecke genutzt worden.[148] Im Dezember 1942 konnte das Zwangsarbeitslager rund 380 Häftlinge aufnehmen, an einer Erweiterung wurde gearbeitet. Eingesetzt wurden die Gefangenen

143 Lebensläufe, 10.7.1940 (Anlage zur Bewerbung um Verwendung in der Sicherheitspolizei und im SD. Für die Kolonien) und 5.7.1960, für das MfS; BStU, MfS, AIM 1373/65, Bd. 1, Bl. 35 f. bzw. 80–91.

144 Zu den Hintergründen siehe Friedländer: Das Dritte Reich und die Juden, 2000, S. 21–86.

145 Vgl. Geheime Staatspolizei, Staatspolizeileitstelle Wien, Referat I/1: Dienstleistungszeugnis für den Polizei-Inspektoranwärter Heinrich Groth, 18.7.1940, (Anlage zur Bewerbung um Verwendung in der Sicherheitspolizei und im SD. Für die Kolonien); BStU, MfS, AIM 1373/65, Bd. 1, Bl. 41.

146 Lebenslauf für die Staatssicherheit, 5.7.1960; ebenda, Bl. 85.

147 Ebenda, Bl. 86.

148 Vgl. Kibelka: Die Morde von Rainiai, 1999.

zum Abbau von Torf, bei Waldarbeiten, und sie mussten einen angeschlossenen Gutshof bewirtschaften.[149]

Groth unterstand außerdem die Verwaltung des umfangreichen Beuteguts aus den Raubzügen gegen die einheimische Bevölkerung und die deportierten Juden, wovon das meiste den ermordeten Juden gehört hatte. Darüber hinaus plünderte man die in das Ghetto gepferchten »Arbeitsjuden« und ihre Familien aus.[150] Noch während sich die SS und die Administration von Reichskommissar Hinrich Lohse über die Zuständigkeiten bei Beschlagnahmung und Verwertung des vormals jüdischen Eigentums stritten,[151] registrierte Groth diese Gegenstände. Er bereitete, so seine eigenen Worte, den »Verschiebungen« ein Ende. Die Wertsachen lieferten Kuriere im RSHA ein, Gebrauchsgegenstände wurden der Zivilverwaltung übergeben.[152]

Doch seine Tätigkeit beschränkte sich keineswegs auf diese Rolle als Schatzmeister der nationalsozialistischen Ausplünderung. Im März 1942 wurde Groth zum Polizei-Inspektor (SS-Obersturmführer) ernannt.[153] Wie überall in den besetzten Gebieten, veranstalteten die deutschen Sicherheitskräfte und einheimischen Kollaborateure auch in Litauen häufig regelrechte »Treibjagden« auf Partisanen, entflohene sowjetische Kriegsgefangene und Juden oder – in ihrem Sprachgebrauch – auf »Banden und Bandenhelfer«.[154] Groth berichtete, dass er kurz nach seiner Ankunft in Kauen zusammen mit der gesamten Dienststelle im »Exekutivdienst« eingesetzt gewesen sei. Bei jenem nächtlichen Einsatz sollten in einem Dorf in der Nähe Kauens Partisanen und Bauern, die sie beherbergten, ausfindig gemacht werden.[155] Die Suche war ergebnislos geblieben. Dennoch hatte der KdS Karl Jäger, der die Razzia leitete, befohlen, sieben Männer und zwei Frauen, die lediglich verdächtigt wurden, Partisanen versteckt zu haben, zu erschießen, was dann auch im Beisein der übrigen Dorfbewohner geschah.[156] Dies war nicht der letzte derartige Einsatz, an dem Groth beteiligt war. Denn als er im Juli 1943 zur Verleihung des Kriegsverdienstkreuzes vorgeschlagen wurde, gab man als Begründung an: »Die von ihm auf dem Gebiet der inneren Verwaltung dieser Dienststelle geleistete Arbeit ist als vorbildlich zu bezeichnen. Daneben

149 Vgl. Der Befehlshaber der Sicherheitspolizei und des SD, Ostland: Bericht an das Reichssicherheitshauptamt, Amt II, zur Errichtung eines erweiterten Polizeigefängnisses für den Generalbezirk Litauen, 14.12.1942; BStU, MfS, HA XX 4057, S. 40.

150 Vgl. Dieckmann: Das Ghetto, Bd. 1, 1998; vgl. auch Benz; Kwiet; Matthäus: Einsatz, 1998, S. 172–219.

151 Vgl. Hilberg: Die Vernichtung, Bd. 2, 1993, S. 380 f.

152 Lebenslauf für die Staatssicherheit, 5.7.1960; BStU, MfS, AIM 1373/65, Bd. 1, Bl. 87.

153 Vgl. Befehlsblatt des Chefs der Sicherheitspolizei und des SD. Hg. v. Reichssicherheitshauptamt Berlin 3(1942)11, S. 82.

154 Vgl. Kwiet: »Juden und Banditen«. SS-Ereignismeldungen aus Litauen, 1993. Im Hinblick auf die Wehrmacht Heer: Die Logik des Vernichtungskampfes, 1999, S. 104–138; Hesse: Partisanenkrieg, 1993.

155 Lebenslauf für die Staatssicherheit, 5.7.1960; BStU, MfS, AIM 1373/65, Bd. 1, Bl. 88.

156 Aktennotiz über die Ergebnisse der von der Untersuchungsabteilung des Komitees für Staatssicherheit beim Ministerrat der UdSSR durchgeführten Überprüfung bezüglich Groth, o. D. (1970); BStU, MfS, HA XX 4733, S. 171.

hat er an mehreren Aktionen gegen Terroristen und Banden mit der Waffe in der Hand teilgenommen.«[157] Er selbst gab später zu Protokoll:

»Zu meiner Schande muss ich berichten, dass auch [ich] in mindestens 3 Fällen an Erschießungen beteiligt war und selbst mit der Maschinenpistole geschossen habe. Es ist möglich, dass ich selbst erschossen worden wäre, wenn ich mich geweigert hätte, selbst zu schießen. Aber ich will meine Schuld nicht zerkleinern. Ich führte die mir gegebenen Befehle gewissenlos aus. Die Zahl der von mir getöteten Menschen kann ich nicht angeben, aber wenn es auch nur einer war, ich habe verbrecherisch gehandelt. Ich habe zwar nie das Kommando zu Erschießungen gegeben, aber ich habe aus Gleichgültigkeit oder Feigheit unmenschlich gehandelt und nichts dazu getan, dem Schrecken ein Ende zu machen«.[158]

Nach dem Rückzug und der Auflösung seiner Dienststelle wurde Groth einer Einheit der Wehrmacht zugeteilt. Nach zweimaliger Verwundung und einer Odyssee durch Deutschland kam er Ende Oktober 1945 wieder in Berlin an. Hier fand er für die nächsten drei Jahre Arbeit in einem Krankenhaus, anfangs als Krankenpfleger, dann in dessen Verwaltung. Zugleich passte er sich, zunächst erfolgreich, an die neuen politischen Verhältnisse an. Bereits im Januar 1946 trat er der KPD bei und wurde im Mai 1948 erneut Polizist. Im Polizeipräsidium des sowjetischen Sektors Berlins rückte er als erfahrener Verwaltungsexperte alsbald in die Präsidialabteilung auf und erwarb den Rang eines Oberpolizeirats. Ein knappes Jahr später war er bereits Dezernatsleiter mit dem Dienstgrad Kommandeur der Volkspolizei.[159] Seine SS-Laufbahn verschwieg er gegenüber der Partei und den Polizeidienststellen und behauptete, im Krieg lediglich Oberfeldwebel in einem Infanterieregiment der Wehrmacht gewesen zu sein.[160] Zugleich ging er seit März 1949 eine Liaison (Deckname Karl) mit der sowjetischen Geheimpolizei ein und bekam unter anderem den Auftrag, den vormaligen Leiter des Rechtsdezernats der Präsidialabteilung zu bespitzeln, der im Juli 1949 entlassen worden war.[161] Dabei kam er allerdings das erste Mal in Schwierigkeiten mit seinem getarnten Vorleben. Als der geschasste Dezernatsleiter als vermeintlicher britischer Spion verhaftet werden sollte, ermöglichte er ihm, bei einem Treffen rechtzeitig zu verschwinden, weil er befürchtete, »von der Westpresse in diesem Falle sensationell geschildert zu werden«. Hauptgrund dürfte seine Angst gewe-

157 Der Befehlshaber der Sicherheitspolizei und des SD, Ostland, Vorschlagsliste Nr. 1 für die Verleihung des Kriegsverdienstkreuzes 2. Klasse mit Schwertern an Reichssicherheitshauptamt Berlin, Abt. I A 1b, 1.7.1943; BStU, MfS, HA IX/11, RHE 43–45/69, Bl. 87.

158 Lebenslauf für die Staatssicherheit, 5.7.1960; BStU, MfS, AIM 1373/65, Bd. 1, Bl. 87.

159 HA VII/2: Auszug aus der Personalakte Heinrich Groth der HVDVP/U, 4.7.1961; ebenda, Bl. 138 f. Anlass für diesen Umzug waren die damaligen Ereignisse, die Währungsumstellung, die Blockade und darauffolgende Spaltung Berlins. Lilge: Deutschland, 1980, S. 46–53.

160 Vgl. MfS, HA VII/2: Auszug aus der Personalakte Heinrich Groth der HVDVP/U, 4.7.1961; BStU, MfS, AIM 1373/65, Bd. I/1, Bl. 138 f.

161 Aktennotiz über die Ergebnisse der von der Untersuchungsabteilung des Komitees für Staatssicherheit beim Ministerrat der UdSSR durchgeführten Überprüfung bezüglich Groth, o. D. (1970); BStU, MfS, HA XX 4733, S. 170; Lebenslauf von Heinrich Groth, 19.4.1956; BStU, MfS, AIM 1373/65, Bd. I/1, Bl. 24–30, hier 28.

sen sein, von Überlebenden oder anderen Zeitzeugen aus seiner Zeit im »Reichskommissariat Ostland« erkannt zu werden.[162]

Dann jedoch kam Groths Tarnung ins Wanken. Vermutlich im Zuge der generellen Überprüfung des Polizeipersonals durch das sowjetische MGB, die seit Anfang 1949 lief, verhaftete das MGB den Karrierepolizisten im Mai 1950.[163] Im Zuge der allgemeinen Agentenhysterie galt auch er zunächst als britischer Spion. Am 9. Dezember 1950 wurde er durch ein Sonderkollegium der sowjetischen Geheimpolizei (NKWD/MWD) in Moskau, einen so genannten OSO-Dreierausschuss, nach sowjetischem Strafrecht wegen Spionage und gegenrevolutionärer Sabotage sowie unter Hinzuziehung des Alliierten Kontrollratsgesetzes Nr. 10 zu 25 Jahren Arbeitslager verurteilt.[164]

In den Verhören hatte Groth zugegeben, in Kaunas 1942 und 1943 an zehn bis zwölf Massenerschießungen sowjetischer Staatsbürger teilgenommen zu haben. Dabei seien ungefähr 1 000 Personen erschossen worden. Er selbst habe 50 Personen erschossen. Wie in den sowjetischen Sonderverfahren üblich, verzichtete man auf nähere Nachforschungen und folgte allein den in der Regel erfolterten Geständnissen. In der zentralen Untersuchungshaftanstalt der sowjetischen Geheimpolizei in Berlin-Hohenschönhausen hatte Groth sich auch gegenüber seinem Zellengenossen, dem Rätekommunisten Alfred Weiland, zu seinen Taten bekannt und ihm gegenüber sogar von 31 000 Exekutierten gesprochen.[165]

Groth selbst erfuhr von seinem Fernurteil im April 1951. Erst im Mai 1954 brachte man ihn per Bahn in die Sowjetunion. Von dort kam er allerdings nach einigen Monaten Arbeitslager schon im Dezember 1955 in die DDR zurück und wurde als »nicht amnestierter« Kriegsverbrecher im Zuchthaus Bautzen I inhaftiert.[166] Da die Sowjetunion zwar die Häftlinge, nicht aber deren Verfahrensakten überstellte, ließen sich die DDR-Stellen über die Haftgründe von den Überstellten selbst in Fragebögen informieren.

Groth berief sich darin formell zutreffend darauf, wegen Spionage und Sabotage verurteilt worden zu sein – ein Allerweltstatbestand der stalinistischen Willkürjustiz, der keinen Hinweis auf die tatsächlichen NS-Verbrechen gab. Ledig-

162 (Polizei-Präsidium), Dezernat A. K. 4: Bericht betreffs Festnahme des ehemaligen Polizeiangehörigen Assessor Horst S., 20.9.1949; BStU, MfS, AP 10015/60, Bl. 2.

163 Lebenslauf von Heinrich Groth 19.4.1956; BStU, MfS, AIM 1373/65, Bd. I/1, Bl. 28.

164 Aktennotiz über die Ergebnisse der von der Untersuchungsabteilung des Komitees für Staatssicherheit beim Ministerrat der UdSSR durchgeführten Überprüfung bezüglich Groth, o. D. (1970); BStU, MfS, HA XX 4733, S. 170. Die Angaben zu Zeitpunkt und Gründen der Verurteilung verdanke ich Dr. Günther Wagenlehner, dem Direktor des Instituts für Archivauswertung in Bonn. Vgl. auch Lang: Stalins Strafjustiz, 1981, S. 69, 94–96; Fricke: Politik und Justiz, 1979, S. 129–132.

165 Vgl. Kubina: Von Utopie, 2001. Vgl. Schreiben von Alfred Weiland an die Zentrale Stelle der Landesjustizverwaltungen in Ludwigsburg, 15.8.1966; ZStL 420 AR 153/67, Bl. 3–5, hier 5. Vermutlich irrtümlich ordnete er allerdings Groth dem Tatort Riga bzw. Lettland zu. Den Hinweis auf die Existenz dieses Briefwechsels erhielt ich von Dr. Christoph Dieckmann (Frankfurt/M.), dem ich dafür danke.

166 Vgl. Aufstellung der deutschen Bürger, die am 17.12.1955 als Kriegsverbrecher der Regierung der Deutschen Demokratischen Republik übergeben wurden; BA, ZWA Dahlwitz-Hoppegarten, ZJ 190, Akte 121, Bl. 73–87. (Groth ist an 60. Stelle aufgeführt, S. 76); vgl. Schmidt, Ute: Spätheimkehrer oder »Schwerstkriegsverbrecher«?, Bd. 1, 2001.

lich das Verschweigen seiner SS- und Gestapo-Zugehörigkeit in den Nachkriegsfragebögen gestand er ein.[167] Aufgrund des summarischen Politbürobeschlusses vom April 1956, demzufolge die »Nichtamnestierten« »ohne Behandlung in der Presse« freizulassen seien,[168] konnte Groth am 28. April 1956 das Zuchthaus Bautzen verlassen.[169] Mielke persönlich hatte die Entlassungsliste mit dem Namen Groths abgezeichnet.[170] Er galt fortan als »nicht vorbestraft«.[171] Im Gegensatz zu manch anderem blieb Groth in der DDR und wurde wegen seiner Verbrechen in Litauen nie wieder juristisch behelligt.[172]

Schon in Bautzen hatte ihn jedoch die MfS-Abteilung VII (zuständig unter anderem für die DDR-Strafvollzugsanstalten) als »Kontaktperson« angesprochen.[173] Er musste zunächst einen weiteren Lebenslauf schreiben sowie über ihm bekannte Gestapobeamte berichten.[174] Nach seiner Entlassung aus dem Zuchthaus wurde Groth im Juli 1956 formell als Geheimer Informator »Willer« verpflichtet.[175] Auch ein ausdrücklicher Hinweis aus dem MfS-Archiv vom November 1956, dass Groth »von einem SMT wegen Kriegsverbrechen oder damit in Zusammenhang stehender Verbrechen verurteilt« worden war, stand der weiteren Kooperation nicht im Wege.[176]

Zunächst erhielt Groth den Auftrag, in Ost-Berlin »die Stimmung zu erforschen« sowie Verbindung zu in der Bundesrepublik oder anderswo lebenden ehemaligen Gestapo-Kollegen aufzunehmen.[177] Während er Diskussionen in der

167 (StVE Bautzen I): Fragebogen und Lebenslauf, 19.12.1955; BA, ZWA Dahlwitz-Hoppegarten, STVE Bautzen I, K. 23, Bl. 1–3; vgl. Hilger: Faustpfand im Kalten Krieg, 2001, S. 269. Erst 1959 erhielt die DDR Aktenauszüge aus der Sowjetunion. Vgl. Schmidt, Ute: Spätheimkehrer oder »Schwerstkriegsverbrecher«?, Bd. 1, 2001, S. 305; (Kurzauskunft) über Biographie und Gründe der Verurteilung von Heinrich Groth, o. D., o. O.; BStU, MfS, AS 13/59, Bd. 1, Bl. 273.

168 Schmidt, Ute: Spätheimkehrer oder »Schwerstkriegsverbrecher«?, Bd. 1, 2001, S. 300.

169 (StVE Bautzen I): Liste mit 7 Personen, deren Geburtsdaten, Entlassungstag und Entlassungsort; BStU, MfS, AS 6/54, Bd. 20, Bl. 65. Im September 1956 wurde die Verurteilung Groths vom Militärkollegium des Obersten Gerichts der UdSSR überprüft. Es erfolgte jedoch keine Strafminderung, lediglich der Anklagepunkt nach Artikel 58-14 wurde wegen fehlenden Tatbestandes fallen gelassen.

170 Vgl. Liste mit Namen und Geburtsdaten von 27 Personen, überschrieben: »Personen aus der Gruppe, die von der Regierung der UdSSR den Behörden zur weiteren Haftverbüßung übergeben wurden und die jetzt zu entlassen sind«, Unterschrift Mielkes auf beiden Seiten der Liste; BStU, MfS, AS 13/59, Bd. 1, Bl. 266 f.

171 Vgl. Strafregister der Obersten Staatsanwaltschaft der DDR: Mitteilung an Heinrich Groth, 6.11.1956; BStU, MfS, HA XX 4733, S. 96.

172 Vgl. Schmidt, Ute: Spätheimkehrer oder »Schwerstkriegsverbrecher«?, Bd. 1, 2001, S. 345.

173 Abt. VII/5: Vorschlag zur Anwerbung als Geheimer Informator, 23.7.1956; BStU, MfS, AIM 1373/65, Bd. I/1, Bl. 9–14, hier 14.

174 Vgl. Handschriftlichen Lebenslauf von Heinrich Groth, 19.4.1956; ebenda, Bl. 24–31; Heinrich Groth: Bericht über Angehörige der Geheimen Staatspolizei, 19.4.1956; BStU, MfS, AIM 1373/65, Bd. II/1, Bl. 8.

175 Abt. VII/5: Vorschlag zur Anwerbung als Geheimer Informator, 23.7.1956; BStU, MfS, AIM 1373/65, Bd. I/1, Bl. 9–14; Abt. VII/5: Werbungsbericht, 28.7.1956; ebenda, Bl. 15 f.; Handschriftliche Verpflichtungserklärung von Heinrich Groth, 27.7.1956; ebenda, Bl. 17.

176 Vgl. »Suchzettel« zur Anfrage in der Zentralkartei (Formular »Form 10«), 6.11.1956; ebenda, Bl. 50.

177 HA VII/2: Bericht über Treff mit GI »Willer«, 23.8.1959; BStU, MfS, AIM 1373/65, Bd. II/1, Bl. 238.

Bevölkerung und Einschätzungen über Arbeitskollegen fortan regelmäßig rapportierte,[178] blieben die erwünschten Verbindungen zu einstigen Mittätern aus.[179] Wie viele IM mit NS-Vergangenheit vermied er offenbar Kontakte oder gar substanzielle Ermittlungshinweise zu seinen früheren Gesinnungsgenossen.

Im Sommer 1960 versuchte das MfS die Gründe für diese Zurückhaltung zu erkunden.[180] In einem neuerlichen Lebenslauf gestand er nun seine Beteiligung an Erschießungen erneut ein, ohne dass das MfS hierauf erkennbar reagierte. Resigniert schrieb sein Führungsoffizier, Hauptmann Höpfner, vielmehr:

»Zur Einschätzung des GI [Willer] muss gesagt werden, dass er nicht den Nutzen bringt, den wir uns bei der Werbung aufgrund seiner faschistischen Vergangenheit versprochen hatten.
Trotz der durchgeführten Aussprache in Bezug auf seine Mitarbeit und Ehrlichkeit, hat er sich nicht wesentlich geändert.
Da seine Verbindungen zu den faschistischen Kreisen schon lange unterbrochen sind, ist es schwer einzuschätzen, ob der GI nur Angst vor einer erneuten Verbindungsaufnahme hat, oder ob tatsächlich keine Möglichkeiten dazu bestehen.«[181]

Obwohl damit der spezifische Grund für seine Anwerbung offenkundig ins Leere lief, setzte das MfS die Kooperation fort. Nach dem Bau der Berliner Mauer wurde Groth von einer anderen Abteilung des MfS aufgrund seiner Tätigkeit als Versicherungsvertreter im Außendienst genutzt und sammelte Informationen über das »Stimmungsbild der Grenzbevölkerung«.[182] Fleißig berichtete er weiterhin über »negative Personen, die evtl. durch andere Linien des MfS zur weiteren operativen Bearbeitung stehen und zum anderen über positive Personen, welche für eine inoffizielle Zusammenarbeit zur Absicherung des Grenzgebietes geeignet sind«.[183] Erst im Dezember 1964 brach das MfS die Verbindung ab. Der GI »Willer« war (bzw. hatte sich) dekonspiriert, das heißt, seine Spitzelei war publik geworden.[184] Heinrich Groth verstarb 73-jährig im Winter 1981.

178 Vgl. Bericht von »Willer« mit der Überschrift: »Über einige Diskussionen in der Bevölkerung«, 5.11.1956; ebenda, Bl. 78–80; Bericht von »Willer«, 28.12.1956; ebenda, Bl. 109; Bericht von »Willer«, 6.5.1957; ebenda, Bl. 132 f.; Bericht von »Willer« mit der Überschrift: »Stimmungsbericht/chronologisch zusammengestellt«, 18.6.1960; BStU, MfS, AIM 1373/65, Bd. II/2, Bl. 3–5.

179 HA I, Abt. Aufklärung B, 1. Unterabteilung: Einschätzung der Zusammenarbeit mit dem GI »Willer« 1963/1964, 4.4.1964; BStU, MfS, AIM 1373/65, Bd. I/1, Bl. 153–155.

180 HA VII/2: Bericht über Treff mit GI »Willer«, 8.7.1960; BStU, MfS, AIM 1373/65, Bd. II/2, Bl. 9 f.

181 HA VII/2: Einschätzung des GI »Willer«, 4.1.1961; BStU, MfS, AIM 1373/65, Bd. I/1, Bl. 79.

182 HA I, Abt. Aufklärung B, 1. Unterabteilung: Einschätzung der Zusammenarbeit mit dem GI »Willer« 1963/64, 4.4.1964; ebenda, Bl. 153.

183 HA I, Abt. Aufklärung B, 1. Unterabteilung: Treffbericht, 12.7.1963; BStU, MfS, AIM 1373/65, Bd. II/2, Bl. 296–298.

184 HA I, Abt. Aufklärung B, 1. Unterabteilung: Beschluss zum Einstellen eines GI-Vorgangs, 14.12.1964; BStU, MfS, AIM 1373/65, Bd. I/1, Bl. 157 f.

SS-Bürokrat aus dem Reichssicherheitshauptamt – Kurt Harder

Kurt Harder (Jg. 1914) gehörte zu den jüngsten Anhängern der Nazi-Bewegung. Schon 1929 war er der Hitlerjugend beigetreten und hatte es nach einer Ausbildung durch die SA im HJ-Streifendienst 1934 bis zum HJ-Unterbannführer in Berlin-Neukölln gebracht.[185] Ende 1935 war er in die NSDAP und im Jahr darauf in die SS aufgenommen worden. Trotz seines jugendlichen Alters durfte er den Ehrenwinkel der »Alten Kämpfer« tragen.[186] 1935 begann er seine Karriere in der Polizeiverwaltung. Anfänglich vom Reichs- und Preußischen Ministerium des Innern der Geheimen Staatspolizei zugeteilt, wurde er 1936 vom Hauptamt Sicherheitspolizei übernommen und schließlich als Verwaltungsbeamter im RSHA beschäftigt.[187] Dort war er spätestens ab Mai 1942 im Referat IV C 1 (Hauptkartei, Personalaktenverwaltung, Auskunftsstelle, Ausländerüberwachung) eingesetzt.[188] Ab 1943 diente er in Theresienstadt und Prag, wohin sein Referat evakuiert worden war.[189] Sein letzter Dienstgrad war SS-Obersturmführer.[190] Am Tag der Kapitulation Deutschlands wurde Harder in Berlin von sowjetischen Truppen gefangen genommen und in ein Kriegsgefangenenlager in der Sowjetunion verbracht. Dort wurde er Ende Dezember 1949, wie viele andere Kriegsgefangene auch, aufgrund des Artikels 58-4 des Strafgesetzbuches der RSFSR (Unterstützung der internationalen Bourgeoisie) zu zehn Jahren Freiheitsentzug verurteilt, wenig später jedoch in die DDR ausgewiesen.[191] In Berlin arbeitete er in der Verwaltung eines Glühlampenwerks.

Bei der Sichtung von Archivdokumenten über SS- und Gestapoangehörige stieß das MfS 1957 zufällig auch auf Kurt Harder.[192] Es stellte Erkundungen in Wohngebiet und Betrieb an und erhielt über die SED-Bezirksleitung einen anonymen Brief, in welchem Harder als Angehöriger der »Gestapoleitung« von Theresienstadt bezeichnet wurde, der nun mit »gleicher Gesinnung« in seinem Berliner Betrieb tätig sei.[193]

185 Vgl. (BV Berlin), KD Friedrichshain: Vermerk betreffs Harder, Kurt, 1.12.1966; BStU, MfS, AIM 9661/62, Bd. I/1, Bl. 153 f.; Quelle (Ali Lange): Bericht »Meine militärische Entwicklung«, o. D. (1967); ebenda, Bl. 159–161; HA II/4: Bericht über die berufliche, politische und militärische Entwicklung des GM »Ali Lange«, 28.8.1967; ebenda, Bl. 162–164.

186 Vgl. Stammkarte Kurt Harder, National Archives and Records Administration (NA), Washington D. C., Record Group (RG) 242, Foreign Record Seized, BDC Mikrofilm A 3343, SSO 063A.

187 HA II/4: Auskunftsbericht zum GM »Ali Lange«, 22.1.1966; BStU, MfS, AIM 9661/62, Bd. I/1, Bl. 141–146.

188 Der Chef der Sicherheitspolizei und des SD: Fernsprechverzeichnis des RSHA, Stand Mai 1942; IfZ München, MA 432, Bl. 10; HA II/4: Bericht über die berufliche, politische und militärische Entwicklung des GM »Ali Lange«, 28.8.1967; BStU, MfS, AIM 9661/62, Bd. I/1, Bl. 163. Zum Amt IV siehe Paul: »Kämpfende Verwaltung«, 2000.

189 Vgl. HA II/4: Bericht über die berufliche, politische und militärische Entwicklung des GM »Ali Lange«, 28.8.1967; BStU, MfS, AIM 9661/62, Bd. I/1, Bl. 163.

190 HA II/4: Auskunftsbericht zum GM »Ali Lange«, 22.1.1966; ebenda, Bl. 142.

191 (KGB): Mitteilung Nr. 915/67 über Harder, Kurt, o. D. (1967); ebenda, Bl. 171 f.

192 HA II/4-b: 1. Meldung, 23.2.1957; ebenda, Bl. 37.

193 Vgl. Anschreiben der SED-Bezirksleitung Groß-Berlin an die SED-KL Friedrichshain, 17.12.1956; Anlage: anonymer Brief an die Kreisleitung der SED-KL, o. D. (Dezember 1956); ebenda,

Die Abteilung II/4 nahm umgehend die Fährte auf. Wie in vielen anderen Fällen verzichtete sie auf genauere Ermittlungen zu etwaigen Verbrechen, obwohl Harders Tätigkeit für das Reichssicherheitshauptamt bereits bekannt war. Stattdessen wurde Harder sogleich »zur Anwerbung als GI vorgesehen«.[194] Als Begründung führte man an: »Die [...] Vergangenheit des H. lässt darauf schließen, dass er Verbindungen haben wird, die wir für unsere operative Arbeit ausnutzen könnten.« Wegen seiner angeblich positiven Haltung zur DDR wollten ihm seine Werber daher vorschlagen, »mit uns gegen die Feinde der DDR zusammenzuarbeiten«.[195]

Bei ersten Kontaktgesprächen zeigte sich Harder äußerst kooperativ und soll sogar gegenüber seiner Frau angedeutet haben, »dass er evtl. seine frühere Tätigkeit im Sinne der DDR auszuüben« gedenke.[196] Die MfS-Mitarbeiter ließen ihm diese Dekonspiration durchgehen. In der folgenden Erprobungsphase zeigte sich sein Führungsoffizier angetan von seinem Tatendrang: »Aus seinem Benehmen beim Treff und überhaupt aus seiner Haltung in der Berichterstattung geht hervor, dass H. mit Interesse bei der Sache ist. Es hat den Anschein, als wenn ihm diese Tätigkeit irgendwie gefehlt hätte.«[197]

In der Ablehnung der vermeintlichen westlichen Dekadenz stellte sich offenbar alsbald eine tragfähige Gemeinsamkeit ein. Harder berichtete beispielsweise, dass viele Lehrlinge seines Betriebes in den Westsektor führen, um dort »moralisch deprimierenden Vergnügungen« nachzugehen. Doch jenseits solcher Stimmungsbilder aus dem DDR-Alltag ging es dem MfS darum, »den H. an Personenkreise heranzuführen, die die gleiche Vergangenheit haben wie er selbst«. [198]

Die formelle Anwerbung einschließlich eigenhändiger Verpflichtung erfolgte am 23. April 1957.[199] Als Decknamen wählte Harder sich »Ali Lange« aus, den Namen eines verstorbenen HJ-Kameraden. Fortan berichtete er regelmäßig und ausführlich, gleich im April etwa über eine Kindergärtnerin in Berlin-Hohenschönhausen, die sich geweigert hatte, den Kindern ihres Kindergartens Militärspielzeug in die Hand zu geben, einen jungen Volkspolizisten, der erwog, sich in den Westen abzusetzen, oder einen Lehrausbilder, der in einem Ferienlager seiner Betriebsberufsschule geäußert hatte, die Lebensmittelversorgung dort sei viel schlechter als in den Lagern der Hitlerjugend, wo es sogar Schinken aufs Brot gegeben habe.[200] Insgesamt elf Bände mit jeweils rund 300 Seiten füllte der

Bl. 55–59, hier 59. Gemeint war offensichtlich die Kommandantur des ghettoähnlichen Lagers Theresienstadt im Nordwesten der Tschechoslowakei. Vgl. Stichwort »Theresienstadt«, in: Jäckel; Longerich; Schoeps: Enzyklopädie des Holocaust, Bd. III, 1993, S. 1403–1407.

194 HA II/4-b: Vorschlag zur Anwerbung als GI, 23.4.1957; BStU, MfS, AIM 9661/62, Bd. I/1, Bl. 73–77, hier 73.

195 HA II/4-b: Vorschlag zur Kontaktaufnahme, 23.2.1957; ebenda, Bl. 61 f.

196 HA II/4-b: Bericht über die Anwerbung des Harder, Kurt als GI, 24.4.1957; ebenda, Bl. 78 f.

197 HA II/4-b: Treffbericht, 18.4.1957; BStU, MfS, AIM 9661/62, Bd. II/1, Bl. 28 f.

198 HA II/4-b: Treffbericht, 5.4.1957; ebenda, Bl. 23–26.

199 Vgl. Kurt Harder: »Verpflichtung«, 23.4.1957; BStU, MfS, AIM 9661/62, Bd. I/1, Bl. 34.

200 Vgl. »Ali Lange«: Bericht über die Einwohnerversammlung am 22.4.1957; »Ali Lange«: Bericht, 17.5.1957; »Ali Lange«: Bericht, o. D. (1957); BStU, MfS, AIM 9661/62, Bd. II/1, Bl. 33, 51 u. 128.

eifrige Zuträger in den folgenden Jahren. Parallel dazu fertigte er Niederschriften über den Organisationsaufbau des Reichssicherheitshauptamtes sowie dessen Datenspeicher mit rund 10 Millionen Karteikarten und 2 bis 3 Millionen Personenakten an.[201] Besonders die Abteilung XII (Archiv/Speicher) des MfS war über diese Informationen hoch erfreut. Seine Aussagen hätten es ermöglicht, »alte Karteien von Gestapo-Agenten« auszuwerten und insgesamt »wesentliche Erkenntnisse für die Analysierung der Tätigkeit des ehemaligen faschistischen Geheimdienstes« geliefert.[202]

In den obligatorischen Einschätzungen seiner Qualitäten als IM kreidete ihm sein Führungsoffizier zwar zuweilen sein Interesse an finanziellen Vorteilen an, doch schätzte er ein, dass Harder dankbar sei für die humane Behandlung in der Kriegsgefangenschaft und die offene Aufnahme in die DDR-Gesellschaft und seine Karrieremöglichkeiten. Auch habe dessen »Intelligenz und Gewandtheit« geholfen, dass »er sich schnell auf das Neue orientierte und mitarbeitete«.[203] Wie tief die ideologische Basis seiner Dienstbarkeit reichte, war im MfS umstritten. Ein anderer MfS-Offizier fand es verdächtig, dass Harder in Gesprächen immer nur über negative Dinge zu berichten wusste. Auch wenn dies nicht absichtlich geschehe, »dürfte hier noch eine Art von Schlacke seiner faschist[ischen] Ausbildung durchsickern«.[204] Insgesamt erschien ihm der GM suspekt: »Müssten eines Tages die Errungenschaften der DDR mit der Waffe in der Hand verteidigt werden, würde ich kein allzu großes Vertrauen auf A[li]L[ange] setzen.«[205]

Zu einer solchen Nagelprobe kam es jedoch nicht. Das MfS begann vielmehr, neben den Alltagsdenunziationen sein besonderes Potenzial als einstigen NS-Aktivisten auch unmittelbar geheimdienstlich zu nutzen. Noch im Sommer 1957 war Harder auf den Residenten eines westlichen Nachrichtendienstes in West-Berlin angesetzt worden, den das MfS dann erfolgreich »überwarb«.[206] Kurz darauf setzte man Harder dazu ein, in West-Berlin die Anwerbung einer ehemaligen Mitarbeiterin des RSHA sowie eines ihrer Kollegen vorzubereiten.

Danach sollte Harder nach West-Berlin oder in die Bundesrepublik »abgesetzt« werden, da er nach Einschätzung der Staatssicherheit schon allein »aufgrund seiner beruflichen Vergangenheit und ehemaligen politischen Einstellung [...] für uns im Westen bessere Möglichkeiten des Einsatzes« hatte.[207] Unter anderem war geplant, Harder auf den ehemaligen SS-Untersturmführer Johannes Strübing anzusetzen. Dieser hatte einst dem Referat VI A2 (zuständig für Sabota-

201 »Ali Lange«: Bericht über die Systematik der Ablage der Personenkartei und Personalakten bei IV C 1, handschriftlich, o. D. (1957); »Ali Lange«: Bericht über die Struktur des Amtes IV des RSHA, o. D. (1957); ebenda, Bl. 57–63 u. 67–69; »Ali Lange«: Bericht betrifft Erklärung zu vorliegenden Karteikarten über ehemalige V-Männer des SD, 14.1.1958; BStU, MfS, AIM 9661/62, Bd. II/2, Bl. 28–30.

202 HA II/4: Auskunftsbericht zum GM »Ali Lange«, 22.1.1966; BStU, MfS, AIM 9661/62, Bd. I/1, Bl. 142 f.

203 HA II/4a: Beurteilung, 4.6.1958; ebenda, Bl. 82 f.

204 (HA II/4): Beurteilung betreffs »A[li] Lange«, 4.7.1958; ebenda, Bl. 84.

205 Ebenda.

206 HA II/4a: Beurteilung, 4.6.1958; ebenda, Bl. 82 f.

207 HA II/4a: Perspektivplan für den GM »Ali Lange«, 26.8.1958; ebenda, Bl. 85 f.

geabwehr, Sabotagebekämpfung, politisch-polizeiliche Abwehrbeauftragte und politisches Fälschungswesen) des RSHA angehört, zu dem unter anderem die »Sonderkommission Rote Kapelle« gehörte, und sollte nach MfS-Ermittlungen mittlerweile beim westdeutschen Bundesamt für Verfassungsschutz tätig sein.[208] Diese Operation unterblieb jedoch.

Dennoch beantragte Harder, wohl in Absprache mit dem MfS, Anfang Dezember 1959 vorsorglich, allerdings erfolglos, im Westen seine Anerkennung nach Grundgesetzartikel 131 als wieder einzustellender Beamter, der im Zuge der Entnazifizierung aus dem Staatsdienst entfernt worden war.[209] Außerdem meldete er sich im MfS-Auftrag als national gesinnter Antikommunist beim Westberliner Landesamt für Verfassungsschutz, in der Hoffnung, dort ebenfalls angeworben zu werden.[210] Nach einem weiteren Besuch vereitelte jedoch der Mauerbau im August 1961 zunächst alle weiteren Westoperationen. (Der Begriff »Antifaschistischer Schutzwall« bekommt in diesem Zusammenhang eine ganz neue Bedeutung.)

Neue Ansatzpunkte ergaben sich, als sich bei Harder eine in der Bundesrepublik lebende Bekannte, Marianne Müller, vormals Sekretärin Adolf Eichmanns und Kanzleivorsteherin des Referates IV B 4 (Judenangelegenheiten, Räumungsangelegenheiten) im RSHA, zu Besuch ankündigte. Aufgrund ihrer Position war sämtlicher Schriftverkehr des Referates wie Anweisungen zu Vergasungen oder Einlieferungsbefehle in Konzentrationslager über ihren Tisch gegangen. Sie war deshalb für das MfS »eine operativ äußerst interessante Person«. Daher lotete man sogleich die Chancen aus, die Sekretärin zu werben, was aber letztendlich nie gelang.[211]

Außerdem unterhielt Harder im MfS-Auftrag Briefkontakt mit einem Journalisten in Hannover, der persönlich mit Herbert Wehner, Fritz Erler, Willy Brandt und Carlo Schmidt verkehrte. Bei Treffen mit seinem Briefpartner auf der Leipziger Messe sollte Harder diese Verbindung »abschöpfen«, um die »Meinungen zu verschiedenen Fragen der politischen Entwicklung in Westdeutschland aus der Führungsspitze der SPD in Erfahrung zu bringen«.[212] Auch diese Operation verlief offenbar im Sande.

208 Ebenda. Detaillierter zur Tätigkeit der Gestapo-Sonderkommission siehe Tuchel: Zwischen kriminalistischer Recherche und brutaler Folter, 1995, S. 373–387; Höhne: Der Krieg im Dunkeln, 1998.

209 Antwortschreiben des Präsidenten der Bundesstelle für Verwaltungsangelegenheiten des Bundesministers des Innern an Kurt Harder betreffs Versorgung nach dem Gesetz zu Art. 131 des Grundgesetzes, 15.12.1959; BStU, MfS, AIM 9661/62, Bd. I/1, Bl. 91–94; vgl. Rückerl: NS-Verbrechen, 1984, S. 130; Frei: Vergangenheitspolitik, 1997, S. 19 u. 69–100; Friedrich: Die kalte Amnestie, 1994, S. 282–291; Noethen: Alte Kameraden, 2002, S. 365–414.

210 HA II/4-a/A: Vorschlag zum Ansetzen des GM »Ali Lange« an das LfV Berlin, 21.2.1961; BStU, MfS, AIM 9661/62, Bd. I/1, Bl. 118 f.; HA II/4-a/A: Bericht »Ali Lange« über Besuch der Dienststelle des Innensenators, 6.3.1961; ebenda, Bl. 108–111; HA II/4-a/A: Bericht der Quelle »Ali Lange«, 5.3.1961; ebenda, Bl. 112–114.

211 HA II/4-a: Treffbericht, 27.1.1964; BStU, MfS, AIM 9661/62, Bd. II/8, Bl. 3–6.

212 HA II/4: Auskunftsbericht zum GM »Ali Lange«, 22.1.1966; BStU, MfS, AIM 9661/62, Bd. I/1, Bl. 145.

Zu den Tiefpunkten realsozialistischer Geschichtsvergessenheit gehörte eine Reise Harders mit einer Delegation des VEB Berliner Glühlampenwerkes nach Katowice (Kattowitz) im Jahre 1967. Im hohen Ton des spätberufenen Antifaschisten, gemischt mit antipolnischen Ressentiments, empörte sich Harder über die unzulängliche Betreuung durch die polnische Reiseleiterin. Die Reisegruppe habe mangels ausreichender Vorbereitung eine Stunde vor dem ehemaligen Konzentrationslager Auschwitz warten müssen, um dann im »Eiltempo« durch das Lager geführt zu werden. Es habe keine Möglichkeit gegeben, Blumen zu kaufen, um sie in der Gedenkstätte niederzulegen. Während die ostdeutsche Reisegruppe dem Anlass entsprechend in einem »guten Anzug« bzw. »guter Kleidung« angetreten sei, sei die Reiseleiterin in »Niethosen, Gummistiefeln und Rollkragenpullover« erschienen. Überhaupt habe die Reiseleiterin nur Interesse am Tanzen und »auf deutsch an Schiebergeschäften« gehabt. Ansonsten habe man ganz im Sinne der »Völkerfreundschaft« schnell Kontakt gefunden. Sogar mit ehemaligen KZ-Häftlingen und mit Menschen, deren komplette Familien in solchen Lagern eingesperrt waren, habe man »Brüderschaft getrunken und Freundschaft geschlossen«.[213]

Seine Ostberliner Auftraggeber hatten kurz vor der Reise, möglicherweise zur Vermeidung peinlicher Offenbarungen, in der Sowjetunion und der ČSSR erneut Nachforschungen zu Harders Vergangenheit angestellt, woraufhin man die bereits erwähnte Auskunft des KGB über dessen Verurteilung in der Sowjetunion erhalten hatte, während die tschechoslowakischen Kollegen mit keinerlei Erkenntnissen dienen konnten.[214]

Man setzte ihn weiterhin zur »aufklärungsmäßigen Bearbeitung« einer in Ost-Berlin wohnenden ehemaligen Bekannten aus dem RSHA ein sowie zum »Tippen und zur Aufklärung von operativ interessanten Personen mit der Perspektive der späteren Werbung«.[215] Zur Durchführung seiner Aufträge erhielt Harder zahlreiche Operativgelder und wurde mehrfach für seine »Leistungen und bewiesene Einsatzbereitschaft« mit Prämien bedacht.[216] Der letzte Treffbericht datiert vom 19. Oktober 1981, einen Tag bevor er in ein Sanatorium eingewiesen wurde, wo er wenige Wochen später verstarb.[217]

213 HA II/4: Bericht des GI »Ali Lange« über die Reise mit Auslandstouristik vom 5.8.–14.8.1967 nach Katowice, 4.10.1967; BStU, MfS, AIM 9661/62, Bd. II/8, Bl. 242–245.

214 Vgl. HA II/4: Zusammenfassung durchgeführter Überprüfungen bezüglich GM »Ali Lange«, 2.2.1968; BStU, MfS, AIM 9661/62, Bd. I/1, Bl. 169 f.; Abt. X: Mitteilung an HA II, betreffs der Antwort der Sicherheitsorgane der ČSSR, 5.1.1968; BStU, MfS, Abt. X AP 7214/72, Bl. 6.

215 (HA II): Kurzauskunft, 31.10.1974; BStU, MfS, AIM 9661/62, Bd. I/1, Bl. 195 f.

216 Z. B. Dankschreiben des Ministeriums für Staatssicherheit anlässlich des 30. Jahrestages der Bildung des MfS, 8.2.1980; BStU, MfS, AIM 9661/62, Bd. III/1, Bl. 119.

217 Vgl. HA II/4: Treffbericht, 19.10.1981; BStU, MfS, AIM 9661/62, Bd. II/10, Bl. 188 f.; HA II/4: Abschlussbericht IM »Ali Lange«, 22.2.1982; BStU, MfS, AIM 9661/62, Bd. I/1, Bl. 208. Obwohl Harder bis zu diesem Zeitpunkt aktiv war, hat sein IM-Vorgang die Archivsignatur aus dem Jahr 1962, weil zu diesem Zeitpunkt seine Arbeitsakten 1 bis 4 (IM-Berichte, Treffberichte etc.) im MfS-Archiv abgelegt wurden. Alle weiteren Akten, die im Laufe der Jahre dazu kamen, wurden daher dieser Archivsignatur zugeordnet.

Gestapo- und SD-Leute im Bezirk Leipzig – der Vorgang »Geheimnis«

Auf den Verlauf der Rekrutierungskampagne der Leipziger MfS-Bezirksverwaltung unter ehemaligen Gestapo- und SD-Leuten in ihrem Bezirk wurde bereits im Teil I verwiesen. Zu den NS-Kadern, welche die Leipziger Staatssicherheit im Rahmen der systematischen Erfassung einschlägig belasteter Bürger für Informantendienste anwarb, gehörte Otto M. (Jg. 1895), NSDAP-Mitglied seit 1932, Funktionär verschiedener NS-Organisationen (Blockwart, Propagandawart und Nachrichtendienstleiter seiner Ortsgruppe, DAF-Ortswart, SA-Mann) und Vertrauensmann der Leipziger SD-Außenstelle.[218] In dieser Funktion hatte er wohl vor allem Beurteilungen über andere Parteigenossen anzufertigen, zum Beispiel über einen Kriminalsekretär der Leipziger Kriminalpolizei, der sich zum Einsatz im so genannten Protektorat Böhmen und Mähren befand.[219]

Im August 1945 war M., der in seinem Wohnviertel als »fanatischer Nazi« bekannt war, von der sowjetischen Besatzungsmacht verhaftet und für drei Jahre im Speziallager Mühlberg interniert worden. Nach seiner Entlassung hatte er in einem Leipziger Betrieb als Transportarbeiter angefangen, war dann längere Zeit in der Produktion tätig und arbeitete seit 1952 in der dortigen Buchhaltung.

Im Rahmen des Vorganges »Geheimnis« begann die Abteilung VIII der Bezirksverwaltung Leipzig Anfang 1958 Befragungen unter M.s Nachbarn, die ihn erneut als aktiven Nazi darstellten, ohne dass sie ihm konkrete Verbrechen nachsagten.[220] Da man auch keine Hinweise auf Verbindungen zu westlichen Dienststellen oder SD-Mitarbeitern fand, bereitete das MfS 1958 die Werbung vor.[221] Zuvor war M. von einem Geheimen Mitarbeiter »Cuno« aufgesucht und ausgefragt worden. Während dieses Gesprächs hatte M. unter anderem Bilder aus seiner »Glanzzeit« hervorgeholt und sich und seine Frau als »sehr alte Nationalsozialisten« bezeichnet.[222] In einer von mehreren darauf folgenden Aussprachen mit der Staatssicherheit, in denen seine »Brauchbarkeit« getestet wurde, gab M. zu, als Ortsgruppenleiter der NSDAP verpflichtet gewesen zu sein, dem SD »Stimmungsberichte« zur Verfügung zu stellen.[223]

Trotz dieser Erkenntnisse bemühte sich das MfS um ein positives Bild vom Kandidaten. Es hieß, M. sei »weich veranlagt« und besitze »fast keine eigene

218 Vgl. NSDAP-Mitgliedskarte M., Otto; BA Berlin, BDC; Otto M.: Schreiben an die NSDAP-Ortsgruppe Leipzig-Ost, 13.8.1934; BA, ZWA Dahlwitz-Hoppegarten, ZR 868, Akte 14, o. Pag.; Kriminalamt Leipzig, Fachabteilung VI: Vermerk über eine im Nachlass des SD Leipzig vorgefundene Liste über vom SD Leipzig verwendete Vertrauensmänner, 25.2.1947; ebenda.

219 (SD-Außenstelle Leipzig): Formblatt mit der Bitte um Beurteilung des Anton W., o. D. (1941), 14.8.1941; ebenda.

220 BV Leipzig, Abt. VIII/2: Ermittlungsbericht, 10.1.1958; BStU, MfS, BV Leipzig, AIM 685/62, Bd. I, Bl. 22–25.

221 BV Leipzig, Abt. II/4: Vorschlag zur Anwerbung eines GI, 24.5.1958; ebenda, Bl. 11–18.

222 (GM »Cuno«): Bericht über Besuch bei M., Otto, 3.3.1958, Abschrift; ebenda, Bl. 29 f.

223 BV Leipzig, Abt. II/SR: Bericht über eine Aussprache mit M., Otto, 22.5.1958; ebenda, Bl. 31 f. Hinsichtlich der Überwachungsfunktion der NSDAP siehe Gellately: Die Gestapo, 1993, S. 90–93.

Meinung«. Schon aufgrund seiner geringen Körpergröße (1,55 m) könne er nicht SS- oder hauptamtlicher SD-Mann gewesen sein.[224] Er habe »gewisse Schlussfolgerungen aus der Vergangenheit« gezogen und leiste eine »gute gesellschaftliche Mitarbeit« durch seine jahrelange Mitgliedschaft im »Chor der Stahlbauer«. Er würde sich nicht von der Hausgemeinschaft »abkapseln« und sich »jedes Mal, wenn Sammlungen durchgeführt werden, beteiligen«. Als IM sollte er nun nachforschen, »wo feindliche Propaganda« im Kollegenkreis getrieben würde und in seinem Betrieb »bewusste Materialverzögerungen [auftreten], die auf Schädlingstätigkeit« schließen ließen. Außerdem sei er in der Lage, über Gespräche zu berichten, die im Geschäft seiner Frau hauptsächlich von Hausfrauen geführt würden. Neben dieser Alltagsspitzelei sollte er »auftragsmäßig für [die] Abteilung II/4 BND arbeiten«, also an Operationen der MfS-Spionageabwehr gegen den westdeutschen Nachrichtendienst beteiligt werden.[225] M. gab am 16. Juni 1958 eine handschriftliche Verpflichtung gegenüber dem MfS ab (Deckname »Gärtner«), doch hielt sich seine Kooperationsbereitschaft in Grenzen.[226] Gleich am Tag seiner Anwerbung erhielt er den Auftrag, über die »Stimmung« unter seinen Kollegen zu berichten.[227] Dies umging M. elegant, indem er behauptete, infolge einer neuen Arbeitsorganisation sei keine Zeit für Diskussionen unter den Mitarbeitern gewesen. Dafür kolportierte er, welche Probleme Hausfrauen beim Einkaufen im Laden seiner Ehefrau angesprochen hätten.[228] Anfang 1962 wurde die Zusammenarbeit mit ihm eingestellt:

»Der GI hat in seiner gesamten bisherigen Zusammenarbeit gezeigt, dass er nicht gewillt ist, negative Personen zu belasten. [...] Des Weiteren kommt in seinen Berichten zum Ausdruck, dass alle Menschen in der DDR mit der Entwicklung unzufrieden sind und nur Funktionäre positive Meinungen zum Ausdruck bringen. Bei der Berichterstattung bringt er in der Hauptsache seine eigene Meinung zum Ausdruck und berichtet dann, dass er diese Dinge gehört habe, ohne dass er diese Personen benennen kann. Wenn er über Personen berichtet, so führt er nur positive Momente an. Als ehemaliger Nazi hat der GI keine Schlussfolgerung gezogen und arbeitet als GI, wie er auch für andere berichten würde.«[229]

Ähnliche Muster zeigten sich im Zuge der Leipziger Operation »Geheimnis« bei einer Reihe weiterer Versuche, einstige Vertrauensleute des SD und der Gestapo erneut als Informanten in Dienst zu nehmen. Immer wieder ließen sich die Kandidaten schnell und scheinbar auf der Grundlage innerer Überzeugung zu einer Verpflichtungserklärung bewegen und lieferten auch einige mehr oder minder substanzielle Stimmungsberichte. Alsbald zeigte sich jedoch, dass ihre Zusage

224 BV Leipzig, Abt. II/SR: Bericht über eine Aussprache mit M., Otto, 22.5.1958; BStU, MfS, BV Leipzig, AIM 685/62, Bd. I, Bl. 32.

225 BV Leipzig, Abt. II/4: Vorschlag zur Anwerbung eines GI, 24.5.1958; ebenda, Bl. 16–18.

226 Otto M.: Handschriftliche Erklärung, 16.6.1958; BStU, MfS, BV Leipzig, AIM 685/62, Bd. I, Bl. 21.

227 BV Leipzig, Abt. II/4: Anwerbungsbericht, 17.6.1958; ebenda, Bl. 34 f.

228 GI »Gärtner«: Handschriftlicher Bericht, 26.6.1958; BStU, MfS, BV Leipzig, AIM 685/62, Bd. II/1, Bl. 16.

229 KD Leipzig-Stadt: Abschlussbericht betreffs GI »Gärtner«, 30.1.1962; ebenda, Bl. 130.

nur unter dem Druck von Nachteilen wegen ihrer NS-Vergangenheit erfolgt war und hinter ihrer äußeren Anpassungsbereitschaft eine negative Grundeinstellung zu den Verhältnissen in der DDR verborgen war, die sich unter anderem in ausführlichen Schilderungen der alltäglichen Mangelsituationen in der DDR niederschlug. Besondere Potenziale ob möglicher Kontakte zu alten Kameraden ergaben sich in aller Regel ebenso wenig wie die vom MfS mit großer Gewissheit erwartete Ansprache durch einen westlichen Nachrichtendienst.

Der einstige V-Mann des SD, Otto S. (Jg. 1896), war bereits 1953 zunächst als Kontaktperson angesprochen und 1956 formell als Geheimer Informator (GI »Walter«) verpflichtet worden und hatte auch einige Berichte geliefert.[230] Er galt als politisch »verschlossen und zurückhaltend«, befolgte jedoch getreulich die Rituale der äußerlichen Systemloyalität wie Spendensammlungen und Fensterschmuck zu den üblichen Feiertagen. Sogar der SED wollte er beitreten, was aber »selbstverständlich abgelehnt« worden sei.[231] 1960 gab das MfS den IM auf, weil er »einer konkreten Zusammenarbeit« auswich.[232] Ernüchtert notierte sein Führungsoffizier, die mangelnde Unterstützung des MfS durch »Walter« könne auch daran liegen, »dass er trotz Aufklärungsarbeit in vielen politischen Fragen noch negativ zu unserer Entwicklung eingestellt« sei. So habe sich dieser nicht von ihm überzeugen lassen, »dass die Oder-Neiße-Friedensgrenze vollkommen zu Recht« bestehe, weil er die Ansicht vertrat, dass Ostpreußen und Schlesien zu Deutschland gehören würden.[233]

Bei dem ehemaligen V-Mann des SD, Erich M. (Jg. 1909), hielten die Führungsoffiziere nach fünf Jahren in MfS-Diensten 1962 fest: »Der IM [Deckname: »Egon Kurze«] hat ein gutes Wissen, aber zeigt offen, dass ihm die Zusammenarbeit nicht gefällt. Nur nach heftigen Aussprachen hat er mangelhaft seine Aufträge erfüllt. Der IM hat Angst, über Personen zu berichten. Er zeigt mangelnde Eigeninitiative und ist nicht zuverlässig.«[234]

Als wenig ergiebig erwies sich auch die Kooperation mit dem V-Mann des SD, Werner F. (Jg. 1905), NSDAP-Mitglied seit 1927, SA-Scharführer und Träger des goldenen Parteiabzeichens.[235] Im April 1957 war er von einem Mitarbeiter der Objektdienststelle Espenhain angeworben worden, gab jedoch nur wider-

230 KD Leipzig, Arbeitsgruppe II: Bericht über Verbindungsaufnahme mit der KP Walter, 27.11.1956; BStU, MfS, BV Leipzig, AIM 83/60, Bd. I, Bl. 17 f.

231 BV Leipzig, Abt. VIII: Ermittlungsbericht über S., Otto, 20.8.1953; BStU, MfS, BV Leipzig, AIM 83/60, Bd. I, Bl. 15 f.

232 KD Leipzig-Land: Beschluss über das Abbrechen der Verbindung, 16.2.1960; ebenda, Bl. 45.

233 KD Leipzig-Land, Arbeitsgruppe II: Abschlussbericht, 16.2.1960; ebenda, Bl. 43 f.

234 BV Leipzig, Objektdienststelle Böhlen: Abschlussbericht, 23.10.1962; BStU, MfS, BV Leipzig, AIM 3311/62, Bd. I, Bl. 52.

235 Vgl. NSDAP-Mitgliedskarte F., Werner; BA Berlin, BDC; Kriminalamt Leipzig, Fachabteilung VI: Vermerk über eine im Nachlass des SD Leipzig vorgefundene Liste über vom SD Leipzig verwendete Vertrauensmänner, 25.2.1947; BA, ZWA Dahlwitz-Hoppegarten, ZR 865, Akte 18, o. Pag.; NSDAP-Ortsgruppe Leipzig-Osten: Einschätzung des Pg. F., Werner an die Kreisleitung, Personalamt, Hauptstelle politische Beurteilung, o. D. (1935); BA, ZWA Dahlwitz-Hoppegarten, ZR 865, Akte 18, o. Pag.; (NSDAP): Fragebogen für Mitglieder der Alten Garde im Kreis Leipzig, 15.5.1935; ebenda.

willig schriftliche Berichte über andere Personen und dekonspirierte sich, sodass das MfS den Kontakt zu ihrem GI »Märtens« im September 1960 abbrach.[236]

Pech hatte man auch mit dem 1958 angeworbenen Walter V. (Jg. 1897), einst niederer NSDAP-Funktionär, V-Mann des SD, der in seiner Nachbarschaft als »gehässig und brutal« eingeschätzt wurde und »verschiedentlich [...] auch Anzeigen erstattet« haben soll.[237] V. alias GI »Heinz« nutzte seinen MfS-Kontakt, um einen Kollegen, dem er offenbar eine Beförderung in eine Leitungsposition neidete, auf das Heftigste als Saboteur, Westgänger und potenziellen Feindagenten zu denunzieren.[238] Bevor er sein Denunziationspotenzial voll entfalten konnte, verstarb er 1961.[239]

Nur mit einer Minderheit verlief die inoffizielle Zusammenarbeit erfolgreicher. Einer von ihnen war der freiberufliche Pressefotograf Walter R. (Jg. 1906), den das MfS als ehemaligen V-Mann der Leipziger Gestapo ermittelt hatte.[240] R. war bis 1933 ein aktiver KPD- und RFB-Mann gewesen und nach der Machtübernahme durch die Nationalsozialisten für drei Monate in das Konzentrationslager Colditz gesperrt worden. Nach seinen späteren Aussagen war er 1934 emigriert und hatte eine wahre Odyssee durch mehrere Länder mitgemacht. 1943 habe ihn dann die französische Polizei verhaftet und an die Deutschen übergeben, die ihn nach Leipzig brachten. Dort habe man ihn unter Androhung erneuter KZ-Haft als V-Mann verpflichtet. Als Arbeiter in einem Rüstungsbetrieb sollte er Stimmungsberichte erstellen sowie die dort beschäftigten belgischen und ukrainischen Zwangsarbeiter im Blick behalten. Etwa sechs Stimmungsberichte, in denen er die Meinungen der Arbeiter über den Krieg und ihre Arbeit dargelegt haben will, habe er an die Gestapo gegeben. Wie er hinzufügte, sei im Verlauf seiner Tätigkeit in diesem Betrieb aber niemand verhaftet worden, vielmehr habe er unter den Zwangsarbeitern sogar britische Rundfunkmeldungen verbreitet und einem von der Polizei gesuchten Belgier zur Flucht verholfen. Nach 1945 stellte er, seinen Angaben zufolge, offenbar inoffiziell für die sowjetische Besatzungsmacht Nachforschungen zu Gestapo-Mitarbeitern an und erledigte in den Jahren 1946 bis 1948 sogar in Westdeutschland Aufträge.[241]

236 (KD Borna), Objektdienststelle Espenhain: Abschlussbericht, 8.9.1960; BStU, MfS, BV Leipzig, AIM 392/60, Bd. I, Bl. 44.

237 BV Leipzig, Abt. II/4: Information über V., Walter an die KD Borna, 14.2.1958; BStU, MfS, BV Leipzig, AIM 316/61, Bd. I, Bl. 28.

238 (KD Borna), Objektdienststelle Böhlen: Bericht über Treffen mit dem GI »Heinz«, 24.2.1961; MfS, BV Leipzig, AIM 316/61, Bd. II/1, Bl. 52 f.

239 BV Leipzig, (KD Borna), OD Böhlen: Beschluss für das Einstellen eines IM-Vorganges, 23.5.1961; BStU, MfS, BV Leipzig, AIM 316/61, Bd. I, Bl. 33 f.

240 BV Leipzig, Abt. II/4: Vorschlag zur Anwerbung eines GI, 17.2.1959; BStU, MfS, BV Leipzig, AIM 831/75, Bd. I, Bl. 61–67. Darin ist vermerkt, dass R. bei der »Durchsicht der alten Unterlagen ehemaliger V-Leute der Gestapo« bekannt geworden sei. Dabei handelte es sich um Dokumente, welche bereits kurz nach Kriegsende die Kriminalpolizei über R. gesammelt hatte. Vgl. Kriminalamt (Leipzig), 7. KfS: Protokoll der Aussage der Gestapoangestellten J., 27.11.1945; ebenda, Bl. 14.

241 (VPKA Leipzig): Vernehmungsprotokoll des Zeugen R., Walter; ebenda, Bl. 45–57, hier 49–51 u. 55–57.

Die Leipziger Staatssicherheit testete R. zunächst mit einer »operativen Kombination«.[242] Ein als Westagent getarnter Geheimer Mitarbeiter suchte ihn auf, um ihn zur Mithilfe bei der Beschaffung von Fotos von Industrieanlagen zu bitten und drohte ihm mit seiner Enttarnung als V-Mann der Gestapo. R. ging darauf nicht ein, sondern meldete die versuchte Anwerbung der Leipziger MfS-Kreisdienststelle. Doch auch diese Reaktion nutzte die Staatssicherheit. Sie ließ ihn zur Volkspolizei vorladen und veranlasste ihn zur umfassenden Schilderung seiner Vita und seiner Informantentätigkeit für die Gestapo.[243]

Die Staatssicherheit verzichtete jedoch auf genauere Nachforschungen und warb ihn am 1. Dezember 1958 an.[244] Unter dem Decknamen »Heinrich Lorenz« war er von nun an der Staatssicherheit in vielfältiger Weise behilflich. Im Herbst 1971 wurde er sogar mit der »Medaille für treue Dienste« der NVA in Bronze ausgezeichnet.[245] Erst als R. 1975 aus Altersgründen keine Aufträge erfüllen konnte, trennte man sich von ihm.[246]

Bei der Beurteilung dieses Falles wird man fraglos die Zwangslage R.s in der Gestapohaft in Rechnung zu stellen haben. Angesichts der Rigidität, mit der SED und MfS jeden Verdacht von Verrat unter Genossen vor 1945 ahndeten, ist es jedoch frappierend, dass die Leipziger MfS-Leute gar nicht den Versuch unternahmen, zu einer klaren Einschätzung seiner Belastung zu kommen, sondern das Streben R.s nach Wiedergutmachung ungesehen für die inoffizielle Indienstnahme ausnutzten.

Einen Sonderfall unter den Leipziger IM-Werbungen stellte Helmut W. (Jg. 1908) dar, denn dieser hatte wegen seiner NS-Vergangenheit bereits in der unmittelbaren Nachkriegszeit vor Gericht gestanden. Er war 1947 von seiner in Scheidung lebenden Ehefrau beim Landeskriminalamt Sachsen denunziert worden, nachdem er in ihre Wohnung eingebrochen war und zahlreiche Haushaltsgegenstände mitgenommen hatte. Sie hatte auch die Polizeilaufbahn ihres Mannes zu Protokoll gegeben, der seit 1929 Schutzpolizist war und 1939 zur Kriminalpolizei wechselte. Ab August 1942 war er als Angehöriger der Geheimen Feldpolizei in Italien gegen »Banden« eingesetzt. Zudem war er seit 1937 NSDAP-Mitglied und in die SS mit dem Angleichungsdienstgrad eines SS-Hauptscharführers aufgenommen worden.[247]

242 BV Leipzig, Abt. II/4: Plan zur Durchführung einer operativen Kombination, 5.8.1958; BStU, MfS, BV Leipzig, AIM 831/71, Bd. I, Bl. 42 f.

243 (VPKA Leipzig): Vernehmungsprotokoll des Zeugen R., Walter; ebenda, Bl. 45–57.

244 BV Leipzig, Abt. II/4: Bericht über eine durchgeführte Anwerbung des R., Walter (...), 19.3.1959; ebenda, Bl. 68.

245 (BV Leipzig), Abt. II, Leiter: Vorschlag zur Auszeichnung mit der »Medaille für treue Dienste« der NVA in Bronze, 29.6.1971, handschriftlicher Vermerk: Der IM wurde am 25.10.1971 ausgezeichnet; ebenda, Bl. 208.

246 BV Leipzig, Abt. II/4: Abschlussbericht zum IM-Vorgang »Heinrich Lorenz«, 18.6.1975; ebenda, Bl. 398.

247 Vgl. Abschrift des Briefes von G. W. an das LKA Sachsen, Dezernat 5, Dresden, o. D. (November 1947); BStU, MfS, BV Leipzig, AIM 1129/71, Bd. I/1, Bl. 31 f.

Aufgrund dieser »vertraulichen Mitteilung« war am 20. November 1947 von der K5 ein Strafverfahren eingeleitet und Haftbefehl gegen den mutmaßlichen »Hauptverbrecher« erlassen worden.[248] W. bestätigte im Verhör die meisten Angaben seiner Frau.[249] Er gab zu, im August 1942 zu einem Infanterie-Ersatzbataillon in Altenburg[250] versetzt worden und hier der Geheimen Feldpolizei im Rang eines Feldpolizeisekretärs zugeteilt gewesen zu sein.

Nach einer erneuten Ausbildung an verschiedenen Waffen habe man ihn dann zur GFP-Gruppe 741 mit Sitz in Neapel in Marsch gesetzt. Dort habe er lediglich Diebstähle, Überfälle und Plünderungen von Wehrmachtsgut durch deutsche Soldaten oder italienische Zivilisten untersucht. Überführte Täter seien entweder an deutsche oder italienische Kriegsgerichte übergeben worden. W. bestritt, jemals Beschuldigte geschlagen oder anderweitig misshandelt zu haben. Im Januar 1943 sei er mit gleichen Aufgaben nach Tunis, in damals französisches Schutzgebiet, versetzt worden. Kurz vor der Kapitulation der deutsch-italienischen Heeresgruppe in Nordafrika (Mai 1943) sei er dann wieder nach Italien evakuiert worden. Auch »auf besonderen Vorhalt« blieb W. dabei, »keine Vorgänge, die im Verfolgen des italienischen Aufstandes gegen die deutschen Truppen in Italien im Herbst 1943 anfielen, bearbeitet« zu haben.[251] Mit dieser Nachfrage bezog sich die K5 auf die deutsche Besetzung Italiens nach dem italienischen Kriegsaustritt und der Absetzung Mussolinis. Wehrmacht und Waffen-SS besetzten daraufhin binnen zwei Tagen fast ganz Italien. Dabei kam es zu einer ganzen Reihe von Mordaktionen an gefangen genommenen Offizieren und Mannschaften der italienischen Armee.[252] Zudem wurden italienische Kriegsgefangene zur Zwangsarbeit in Rüstungsbetriebe bzw. Konzentrationslager gepresst.[253] Schließlich brach in Neapel, wenige Tage vor dem Abzug der Deutschen, ein bewaffneter Aufstand von Partisanen unterschiedlicher politischer Richtungen aus.[254]

Den Hinweisen der Ehefrau auf Einsätze im Rahmen der »Partisanenbekämpfung« ging die K5 jedoch nicht weiter nach. Die Vernehmer hielten seine Aus-

248 Landesregierung Sachsen, MdI, Polizeiabteilung: Beschluss über die Einleitung eines Strafverfahrens nach Abschn. II, Ziffer A2 des Anhanges »A« zur Direktive Nr. 38 des Alliierten Kontrollrates, 20.11.1957; Landesregierung Sachsen, MdI, Polizeiabteilung: Haftbefehl, 20.11.1947; BStU, MfS, BV Leipzig, AIM 1129/71, Bd. I/1, Bl. 38 u. 40.

249 Kriminalamt Leipzig, Kommissariat 5: Protokoll der Vernehmung des aus der Haft vorgeführten W., Helmut, 28.11.1947;ebenda, Bl. 43–45.

250 Die Mobilmachungsaufstellung der GFP-Gruppen erfolgte über die Wehrkreiskommandos durch die zuständigen Wehrbezirkskommandos. Ersatzformation war die GFP-Gruppe 161 beim Infanterie-Ersatz-Bataillon Altenburg, ab 1943 beim Ersatz-Bataillon 600 in Lissa an der Elbe im damaligen Protektorat Böhmen-Mähren (heute Lysà nad Labem). Die Feldpolizeibeamten rekrutierten sich aus Angehörigen der Sicherheitspolizei. Vgl. Geßner: Geheime Feldpolizei – Die Gestapo der Wehrmacht, 1999.

251 Kriminalamt Leipzig, Kommissariat 5: Protokoll der Vernehmung des aus der Haft vorgeführten W., Helmut, 28.11.1947; BStU, MfS, BV Leipzig, AIM 1129/71, Bd. I/1, Bl. 44.

252 Vgl. Schreiber, Gerhard: Deutsche Kriegsverbrechen in Italien, 1996; Ders.: Die italienischen Militärinternierten, 1999; Shelah: Die Ermordung italienischer Kriegsgefangener, 1999.

253 Mußmann: Italienische Häftlinge im KZ, 1998.

254 Vgl. Kühnrich: Der Partisanenkrieg, 1967, S. 304–320.

sagen zwar für dubios, da W. versucht habe, »jeder präzisen Frage« auszuweichen, doch sie sahen sich außerstande, seine Angaben zu widerlegen. Zeugenaussagen hatten sie nicht, und Nachforschungen bei Westalliierten oder direkt in Italien stellten sie nicht an.[255] Sie überprüften auch nicht die Gründe für seine Auszeichnung mit dem Kriegsverdienstkreuz II. Klasse mit Schwertern, das »für besondere Verdienste bei Einsatz unter feindlicher Waffenwirkung oder für besondere Verdienste in der militärischen Kriegsführung« verliehen wurde – bei Polizisten und SS-Leuten nicht selten ein Hinweis auf Besatzungsverbrechen.[256] Schließlich erwähnten die K5-Vernehmer eine nicht genauer dokumentierte bzw. protokollierte Tätigkeit »im SD«, für die W. s Aussagen glaubhaft seien.[257] Wie sich aus anderen Unterlagen ergibt, war W. tatsächlich spätestens seit August 1940 »ehrenamtlich im SD«, also als V-Mann, tätig.[258]

Nach eigenen Angaben befand sich W. von Mai 1945 bis April 1947 zunächst in amerikanischer, dann in britischer Gefangenschaft. Nach seiner Entlassung kehrte er dann zu seiner Familie nach Dresden zurück. Im Januar 1948 fertigte das Kriminalamt Leipzig die Anklageschrift, die W. vorwarf, »in der Zeit von Mitte August 1942 bis Ende März 1945 in Italien als Sekretär der Geheimen Feldpolizei für die nationalsozialistische Gewaltherrschaft aktiv tätig gewesen zu sein«. Nach Darlegung der wesentlichen »Ermittlungsergebnisse« kam der Sachbearbeiter zu dem Schluss, dass W. gemäß Gesetz Nr. 10 sowie Direktive Nr. 38 des Alliierten Kontrollrats als »Hauptverbrecher« überführt und zu bestrafen sei. Als einziges Beweismittel konnte die K5 auf die zwei Blatt umfassenden Einlassungen des Beschuldigten verweisen.[259]

Am 11. März kam es dann zur Verhandlung vor dem Landgericht Leipzig, doch die dürre Beweislage reichte weder der Staatsanwaltschaft noch dem Gericht. W. betonte, stets dem Amt V (Reichskriminalpolizeiamt) des Reichssicherheitshauptamtes angehört zu haben, nicht aber dem Amt IV (Gestapo), und entlastete sich nach Kräften.[260] Diese Aussagen waren nach Auffassung des Gerichts »ihm nicht zu widerlegen«.[261] Zudem wurde die K5 vom Gericht gerügt:

»Im vorliegenden Falle hat die Anklagebehörde einen solchen Antrag [auf Verurteilung] nicht stellen können, da die Beweisaufnahme dazu keine Handhabe bot. Damit ist erwiesen,

255 Kriminalamt Leipzig, Kommissariat 5: Protokoll der Vernehmung des aus der Haft vorgeführten W., Helmut, 28.11.1947; BStU, MfS, BV Leipzig, AIM 1129/71, Bd. I/1, Bl. 45.

256 Stichwort »Kriegsverdienstkreuz«, in: Klietmann: Auszeichnungen, 1999, S. 37–46, hier 38.

257 Kriminalamt Leipzig, Kommissariat 5: Protokoll der Vernehmung des aus der Haft vorgeführten W., Helmut, 28.11.1947; BStU, MfS, BV Leipzig, AIM 1129/71, Bd. I/1, Bl. 45.

258 Fragebogen und handschriftlicher Lebenslauf für das Rasse- und Siedlungshauptamt (»R.u.S.-Fragebogen«), 7.8.1940; BA Berlin, BDC, SSO.

259 Anklageschrift der Landesregierung Sachsen, MdI, Polizeiabteilung, Kriminalamt Leipzig, Untersuchungsorgan gegen W., Helmut aufgrund des Befehls Nr. 201 der SMAD vom 16.8.1947 in Verbindung mit den Ausführungsbestimmungen Nr. 3 vom 21.8.1947 und der Direktive Nr. 38 des Alliierten Kontrollrates vom 12.10.1946, 6.1.1948; BStU, MfS, BV Leipzig, AIM 1129/71, Bd. I/1, Bl. 46–48.

260 Urteil der (Großen Strafkammer nach Befehl Nr. 201 des Landgerichts Leipzig) in der Strafsache gegen Helmut W., o. D. (11.3.1948); ebenda, Bl. 92–94.

261 Ebenda, Bl. 94.

dass ein Verfahren hätte nicht eröffnet werden können, wenn diese Voraussetzungen bereits in der Voruntersuchung beachtet worden wären.«[262]

Die Staatsanwaltschaft folgte damit der (nach heutigem Wissen fragwürdigen) Auffassung des Nürnberger Internationalen Militärtribunals, die Geheime Feldpolizei nicht als »verbrecherische Organisation« zu behandeln.[263] Staatsanwaltschaft und Gericht widersetzten sich damit der von der SED vertretenen Position, wonach nach Befehl 201 nicht nur bestimmte nationalsozialistische Gewaltverbrechen verfolgt, sondern die »gesamte aktivistische Tätigkeit eines Angeklagten« bestraft werden sollte.[264]

Verfahrensausgang und Argumentation der Juristen riefen den Unmut der Leipziger Kriminalpolizei hervor, welche nun ihrerseits das Landeskriminalamt (Dezernat K5) aufforderte, beim Generalstaatsanwalt eine Berufung gegen das Urteil zu erwirken. Die K5 versuchte sogar, W. weiterhin in Haft zu behalten, musste ihn aber am 6. April 1948 freilassen.[265] Das Oberlandesgericht Dresden kassierte das erstinstanzliche Urteil, doch im September 1949 bestätigte das Landgericht Leipzig seine ursprüngliche Entscheidung. Neue Beweise oder Zeugen hatte die K5 nicht beigebracht, und der Beschuldigte selbst machte auf das Gericht den »denkbar besten Eindruck«. Er sei freiwillig vor Gericht erschienen und hätte sich »frei von Schuld« gefühlt, da er »gezwungenermaßen zur GFP gekommen und für die nationalsozialistische Gewaltherrschaft nicht mehr tätig gewesen« sei als jeder andere Soldat.[266] In der Urteilsbegründung legte das Gericht dar:

»Der Freispruch erfolgte trotz des [...] dargelegten Tatbestandes aus Mangel an Beweisen, da, obwohl im vorliegenden Fall eine Schuld nicht festgestellt worden ist, jeder ehemalige Angehörige der Geheimen Feldpolizei, der im Ausland tätig war, verdächtig ist, an Verbrechen, die erwiesenermaßen von dieser Formation begangen worden sind, mitgewirkt zu haben.«[267]

Im Unterschied zu vielen anderen NS-Aktivisten, die bei ähnlich dürrer Beweislage oder ganz ohne Ermittlungen in sowjetischen Lagern verschwanden, hatte W. damit von den Rudimenten einer geordneten Justiz profitiert, die sich nicht mit pauschalen Vorwürfen zufrieden gab. Ob er tatsächlich Verbrechen begangen hat, wurde nie geklärt. W. konnte fortan strafrechtlich unbehelligt in der DDR leben, wurde SED-Mitglied und trat sogar in die Leitung seiner Betriebspartei-

262 Ebenda.

263 Das Urteil von Nürnberg. Grundlage eines neuen Völkerrechts. München 1946, S. 105.

264 Vgl. Meyer-Seitz: Die Verfolgung, 1998, S. 178.

265 Kriminalamt Leipzig, Untersuchungsorgan: Mitteilung an das Landeskriminalamt Sachsen, Dezernat K 5, über den Ausgang des Verfahrens, 13.3.1948; BStU, MfS, BV Leipzig, AIM 1129/71, Bd. I/1, Bl. 82 f.; (Kriminalamt Leipzig), Untersuchungsorgan: Information an das Landeskriminalamt Sachsen, Dezernat K 5, betreffs Entlassung des Helmut W. aus der Haft, 9.4.1948; ebenda, Bl. 90.

266 Urteil der (Großen Strafkammer nach Befehl Nr. 201 des Landgerichts Leipzig) in der Strafsache gegen Helmut W., 19.9.1949; ebenda, Bl. 108–111, hier 109.

267 Ebenda, Bl. 111.

organisation ein.[268] Im Februar 1958 nahm das MfS dann seinen Fall auf, um ihn zu werben. Ähnlich wie in anderen Fällen griff die Leipziger Staatssicherheit auf die schon bewährte Taktik einer »operativen Kombination« zurück und schickte den Geheimen Informator »Koralle« unter der Tarnung eines westdeutschen Besuchers zu ihm.[269] W. fiel darauf herein und bekundete sein Interesse, mit ehemaligen »Kameraden« in Verbindung zu kommen. Leider, so plauderte er, habe er es versäumt, nach Westdeutschland zu gehen.[270]

Das MfS griff sofort zu und ließ ihn ins Volkspolizeikreisamt bringen. Dort warf man ihm vor, Verbindung mit einem mutmaßlichen Agenten gehabt zu haben, dies aber nicht der Partei oder den zuständigen Sicherheitsorganen gemeldet zu haben. W. gestand daraufhin seine vermeintliche Schuld ein. Er musste einen Lebenslauf und einen Bericht über den vermeintlichen Agentenbesuch schreiben, um seine Glaubwürdigkeit zu testen. W. gab sich devot:

»Ich bin jetzt, nach der Belehrung und Verhandlung von der Staatssicherheitspolizei, mir schrecklich bewusst geworden, dass ich durch mein lasches und lahmes Verhalten eine strafbare Handlung begangen habe. Wieder ein Beispiel mehr, wie wenig wachsam man doch ist. Ich bitte, meine Tat nicht zu streng zu beurteilen und werde versuchen, durch Wachsamkeit und rege Aufbautätigkeit sowie Schulung mich der Gesellschaft nützlich zu erweisen.«[271]

Zur Wiedergutmachung warb ihn das MfS zunächst als Kontaktperson (als so genanntes »Rotlicht«) und ließ ihn eine Verpflichtungserklärung schreiben.[272]

Erst zwei Jahre später wurde er regulär als GI mit dem Decknamen »Weiß« eingestuft.[273] Als Begründung führte man an:

»In der Reparaturwerkstatt des VEB Starkstromanlagenbau Leipzig zeigte sich ein organisiertes Vorgehen bei den Gewerkschaftswahlen, gegen die Kandidatenaufstellung von Genossen der SED. Aufgestellte Genossen wurden bei der Wahl herausgewählt. Der Kandidat ist in der Lage, über alle Vorkommnisse Bericht zu erstatten, wie er es auch schon teilweise als K[ontakt]P[erson] getan hat.«[274]

Trotz seiner Dienstbarkeit meldete ihn das MfS dem Ersten Sekretär der SED-Bezirksleitung als Sicherheitsrisiko. Aufgrund seiner Festnahme und Vernehmung im Zusammenhang mit der Nichtanzeige des GI »Koralle« wurde ein Parteiverfahren gegen ihn eingeleitet, in dessen Ergebnis W. aus der Parteileitung

268 Vgl. Handschriftlichen Lebenslauf von Helmut W., 13.6.1958; ebenda, Bl. 218–220.

269 BV Leipzig, Abt. II/4: Anweisung an die KD Leipzig zur Einleitung von Überprüfungsmaßnahmen, 14.2.1958; BV Leipzig, KD Leipzig: Auftrag an den (GI »Koralle«), 24.4.1958; ebenda, Bl. 184 f. u. 205.

270 (BV Leipzig, KD Leipzig): Bericht des GI »Koralle«, 24.5.1958; ebenda, Bl. 207–209.

271 Helmut W.: Handschriftlicher Bericht, 13.6.1958; ebenda, Bl. 224 f.

272 Helmut W.: Handschriftliche Verpflichtung, 13.6.1958; BV Leipzig, KD Leipzig, Abt. III: Bericht über die Anwerbung des W. als »Rotlicht«, 25 6.1958; ebenda, Bl. 230 u. 234.

273 MfS, Bezirk Leipzig, KD (Leipzig-)Stadt: Beschluss für das Anlegen eines GI-Vorganges, 8.11.1960; BStU, MfS, BV Leipzig, AIM 1129/71, Bd. II/1, Bl. 6.

274 Ebenda, Bl. 7.

entfernt wurde.[275] 1962 wurde er als »Unsicherheitsfaktor« aus der Kampfgruppe ausgeschlossen.[276] Darüber »sehr verärgert« beantragte W. seine Streichung als SED-Mitglied, »was auch bewilligt wurde«.[277] Obwohl der GI »Weiß« später nochmals in Verdacht geriet, mit ehemaligen Kameraden Verbindung zu halten, brach die Kooperation mit der Staatssicherheit erst 1971 ab. W. lehnte die weitere Zusammenarbeit mit der Begründung ab, dass seine Führungsoffiziere zu häufig wechselten und zu jung seien.[278]

Nach der Anwerbewelle Ende der fünfziger Jahre hat die Leipziger Spionageabwehrabteilung später mindestens noch einen ehemaligen NS-Veteranen angeworben. Erich R. (Jg. 1904) war Blockleiter der NSDAP, Betriebsobmann der DAF und V-Mann des SD gewesen.[279] In seinem Wohngebiet war er deshalb als aktiver Nationalsozialist bekannt. Wie man sich dort erinnerte, habe er »alle Sammlungen und Maßnahmen« der NSDAP unterstützt, sei aber »niemals aggressiv« aufgetreten.[280] 1940 wurde R. zur Wehrmacht eingezogen und unter anderem in einem Landesschützenbataillon in Dünaburg zur Bewachung sowjetischer Kriegsgefangener, dann zur Ausbildung von Kollaborateuren aus deren Reihen eingesetzt. Anfang 1944 wurde er zum »Partisanenkampf« in die Gegend um Minsk abkommandiert.[281] Laut R. habe dieser Einsatz wenige Tage gedauert, in dieser Zeit sei der »Wald durchgekämmt, alle männlichen Personen festgenommen und zur Zentral-Leitstelle [...] abgeführt« worden. Von Erschießungen habe er weder etwas bemerkt, noch sei darüber etwas bekannt geworden.[282] Entsprechend den Angaben R.s über Zeitraum und Einsatzort handelte es sich dabei um eines der berüchtigten »Säuberungsunternehmen« von SS, einheimischen Polizeikräften (»Volkswehren«), Geheimer Feldpolizei und Wehrmacht unter der Tarnbezeichnung »Regenschauer«, dem sich die Aktion »Frühlingsfest« im April und Mai 1944 anschloss.[283] 7011 Partisanen wurden während dieser Kämpfe getötet, hinzu kam fast dieselbe Anzahl an »Gefangenen«, über 11000 Zivilisten

275 BV Leipzig, KD Leipzig-Stadt: Maßnahmeplan zum Material »Verräter«, 16.5.1963; BStU, MfS, BV Leipzig, AIM 1129/71, Bd.I/2, Bl. 25–29, hier 27.

276 Vgl. Lebenslauf vom 13.6.1958; BStU, MfS, BV Leipzig, Vorlauf-AIM 1129/71, Bd. I/1, Bl. 218–220.

277 BV Leipzig, KD Leipzig-Stadt: Maßnahmeplan zum Material »Verräter«, 16.5.1963; BStU, MfS, BV Leipzig, AIM 1129/71, Bd. I/2, Bl. 27.

278 BV Leipzig, KD Leipzig-Stadt: Beschluss zum Einstellen eines GI-Vorganges, 20.8.1971; BStU, MfS, BV Leipzig, AIM 1129/71, Bd. I/1, Bl. 376 f.

279 Vgl. Ministerium für Maschinenbau, VEB Metallgusswerk Leipzig: Personalbogen R., Erich, 19.4.1951; ebenda, Bl. 49–52, hier 50; Kriminalamt Leipzig, Fachabteilung VI: Vermerk über eine im Nachlass des SD Leipzig vorgefundene Liste über vom SD Leipzig verwendete Vertrauensmänner, 25.2.1947; ebenda, Bl. 44. R. stritt nicht ab, VM gewesen zu sein, behauptete gegenüber dem MfS, lediglich eine Personeneinschätzung für den SD gefertigt zu haben. Vgl. Bericht des IM »Schneider«, 29.9.1969; BStU, MfS, BV Leipzig, AIM 1129/71, Bd. II/1, Bl. 8–14.

280 BV Leipzig, Abt. VIII/II: Ermittlungsbericht über R., Erich, 14.1.1958; BStU, MfS, BV Leipzig, Bd. I/1, AIM 1129/71, Bl. 28–31, hier 29.

281 IM »Schneider«: Bericht, 29.9.1969; BStU, MfS, BV Leipzig, AIM 1129/71, Bd. II/1, Bl. 8–14, hier 10 f.

282 IM »Schneider«: Bericht , 13.3.1970; ebenda, Bl. 34–36, hier 36.

283 Vgl. Hesse: Partisanenkrieg, 1993, S. 263–268.

wurden als Arbeitskräfte deportiert.[284] R. berichtete, auch später nochmals als Angehöriger eines Sicherungsbataillons zur »Partisanenbekämpfung« eingesetzt worden zu sein. Allerdings habe er nur »Wach- und Sicherungsdienst« in Stützpunkten im Wald und auf Eisenbahnstrecken versehen. Nachts habe es zwar Schießereien gegeben, aber nicht in seinem Abschnitt, von Exekutionen sei ihm »auch hier nichts bekannt« geworden.[285] Ausgezeichnet mit dem Eisernen Kreuz 2. Klasse, dem Infanterie-Sturmabzeichen, der Nahkampfspange, dem Ärmelband »Metz 1944« sowie dem Verwundeten-Abzeichen in Schwarz geriet Leutnant R. im Mai 1945 in sowjetische Gefangenschaft.[286] Einen Anlass für weitere Ermittlungen vermochte das MfS in diesen Angaben nicht zu erkennen.

Nach seiner Entlassung 1946 arbeitete R. sich im VEB Metallgusswerk Leipzig vom Hilfsarbeiter bis zur Funktion eines Meisters hoch. Den Lehrgangsbesuch zum formellen Erwerb des Meistertitels wie auch weitere Bewerbungen in höhere Positionen lehnten Betriebsgewerkschaftsleitung (BGL) und Werkdirektion jedoch wegen seiner »politischen und militärischen Vergangenheit« ab.[287] Das MfS stieß schon 1958 bei den Recherchen zum Vorgang »Geheimnis« auf R., holte aber nur Erkundigungen über Leumund, Arbeitsmoral, Einstellung zur DDR, Westkontakte und Ähnliches ein.[288] Als R.s Verrentung näher rückte, verfiel man bei der Leipziger Spionageabwehr auf den Gedanken, ihn für unauffällige Reisen in die Bundesrepublik anzuwerben. Die Erkundigungen unter Nachbarn ergaben das Bild eines unauffälligen und pflichtbewussten Mitbürgers, der allerdings – wie man kolportierte – zuweilen vor dem Spiegel stolz mit Wehrmachtsmütze posiert habe.[289] Mit dieser Biographie und offenbar noch vorhandenen nostalgischen Gefühlen entsprach R. durchaus den Interessen des MfS:

»Der Kandidat war Mitglied der NSDAP und bekleidete Funktionen eines Polit- und Blockleiters. Darüber hinaus diente er aktiv in der fasch[istischen] Wehrmacht. Sein höchster Dienstgrad war Leutnant. Der Kandidat war V-Mann des SD in Leipzig. Daraus ergibt sich, dass für die Herstellung einer Feindverbindung gute Grundvoraussetzungen bei ihm vorhanden sind. Durch operative Maßnahmen muss erreicht werden, dass er in das Blickfeld des Gegners gebracht wird.«[290]

284 Vgl. Verbrechen der Wehrmacht. Dimension des Vernichtungskrieges 1941–1944. Hg. v. Hamburger Institut für Sozialforschung. Hamburg 2001, S. 455.

285 Bericht des IM »Schneider«, 13.3.1970, Abschrift vom Tonband; BStU, MfS, BV Leipzig, AIM 1129/71, Bd. II/1, Bl. 34–36, hier 36.

286 Vgl. BV Leipzig, Abt. II/5: Vorschlag zur Anwerbung eines inoffiziellen Mitarbeiters mit der Perspektive der Herstellung einer Feindverbindung, 18.6.1969; BStU, MfS, BV Leipzig, AIM 338/71, Bd. I/1, Bl. 71–77, hier 73.

287 Ebenda.

288 BV Leipzig, Abt. II/4: Anfrage an die Abt. III betreffs R., Erich, 14.2.1958; ebenda, Bl. 34.

289 (IM »Charlotte«): Ermittlungsbericht über R., Erich, 15.11.1968; ebenda, Bl. 25–27; (IM »Gerhart): Informationsbericht, 14.5.1969; ebenda, Bl. 94a–95.

290 BV Leipzig, Abt. II/5: Vorschlag zur Anwerbung eines inoffiziellen Mitarbeiters mit der Perspektive der Herstellung einer Feindverbindung, 18.6.1969; BStU, MfS, BV Leipzig, AIM 338/71, Bd. I/1, Bl. 75.

Ohne Nachforschungen über seine Militärlaufbahn kontaktierte das MfS R. am 9. Juni 1969. Unter Hinweis auf die Anwerbungsversuche westlicher Nachrichtendienste hatte man für den Kandidaten einen besonderen Köder parat: Die Werber wiesen auf die »Aggression Israels« im Sechs-Tage-Krieg 1967 hin, die durch imperialistische Spionage vorbereitet worden sei.[291] Auf dieser gemeinsamen »antizionistischen« Basis gelang es dem MfS, R. aus »politischer Überzeugung«[292] zur inoffiziellen Mitarbeit zu verpflichten.[293] Die folgende politische und geheimdienstliche Schulung meisterte R. weiterhin mit dem ihm eigenen Akzent: Im gängigen Vokabular sprach er vom »Imperialismus [...] gegenüber den arabischen Staaten«, dessen »Stoßkeil« Israel sei, und dass der »Vormarsch des Sozialismus und die Einheit der arabischen Staaten durch diese Aggression Israels aufgehalten, das Bündnis der arabischen Staaten aufgeweicht werden« sollte.[294] Doch wie in den meisten vorangegangenen Fällen wurde schon nach wenigen Treffen der Kontakt zu ihm abgebrochen, da sich der Rentner einem Einsatz als »Kundschafter« in der Bundesrepublik nicht gewachsen sah.[295]

Der Kommunistenjäger – Willy Läritz

In kaum einer Arbeit der parteilichen Geschichtsschreibung fehlt der Hinweis, dass die KPD die »größten Opfer im antifaschistischen Kampf« gebracht habe.[296] Die größten Verluste an Parteikadern habe die Partei bis zu Kriegsbeginn gehabt; allein durch Gerichtsverfahren in Deutschland seien bis zu diesem Zeitpunkt 225 000 Männer und Frauen zu rund 600 000 Jahren Freiheitsentzug verurteilt worden.[297] Doch dies hinderte das »Schild und Schwert der Partei« nicht daran, auch jene für sich einzuspannen, die persönlich dafür verantwortlich waren.

Im Rahmen des Vorganges »Geheimnis« wurde so auch der Leipziger Gestapobeamte Willy Läritz (Jg. 1905) angeworben. Läritz trat 1923 in den Dienst der sächsischen Schutzpolizei. 1932 wechselte er zur Kriminalpolizei und wurde

291 Ebenda, Bl. 76; vgl. Meining: Kommunistische Judenpolitik, 2002, S. 283–318. Getreu dieser Auslegung sprach die interne MfS-Historiographie später auch vom Vorbild der »faschistischen Blitzkriegsstrategie« für den israelischen Angriff; Geschichte des Ministeriums für Staatssicherheit. Hg. v. Ministerium für Staatssicherheit, Juristischen Hochschule, Potsdam-Eiche 1979, Bd. 2, S. 579.

292 BV Leipzig, Abt. II/5: Vorschlag zur Anwerbung eines inoffiziellen Mitarbeiters mit der Perspektive der Herstellung einer Feindverbindung, 18.6.1969; BStU, MfS, BV Leipzig, AIM 338/71, Bd. I/1, Bl. 76.

293 Erich R.: Handschriftliche Verpflichtung, 9.6.1969; ebenda, Bl. 17.

294 (BV Leipzig, Abt. II): Treffbericht, 12.12.1969; BStU, MfS, BV Leipzig, AIM 338/71, Bd. II/1, Bl. 41 f.; BV Leipzig, Abt. II: Schulungsplan für das Jahr 1970 für den IM »Schneider«, o. D.; BStU, MfS, BV Leipzig, AIM 338/71, Bd. I/1, Bl. 82–85.

295 BV Leipzig, Abt. II/5: Beschluss zum Einstellen eines IM-Vorganges, 15.3.1971; ebenda, Bl. 108 f.

296 Vgl. Geschichte der Deutschen Arbeiterbewegung. Hg. v. Institut für Marxismus-Leninismus beim Zentralkomitee der SED. Berlin (Ost) 1968, Kapitel XI, S. 206.

297 Geschichte der Deutschen Arbeiterbewegung. Hg. v. Institut für Marxismus-Leninismus beim Zentralkomitee der SED. Berlin (Ost) 1968, Kapitel X, S. 235; Przybylski: Täter neben Hitler, 1990, S. 138.

nach der Machtübernahme der Nationalsozialisten zur Politischen Abteilung beim Polizeipräsidium Leipzig (Abteilung IV, später Staatspolizeistelle Leipzig) versetzt.[298] Das Referat II 1 A, in dem Läritz tätig war, zuständig für die Bekämpfung der KPD und ihrer Gliederungen, erwarb sich den Ruf einer »Schlägertruppe«. Ein Betroffener erinnerte sich später an den Ton des Empfangs nach seiner Verhaftung dort: »Bild dir nur nicht ein, dass es heute noch so geht wie zur Severingpolizei, du elende Rothaut, du verdammte, jetzt bekommst du erst ein paar Richtige in die Fresse, und schon hatte ich ein paar sitzen.«[299] Wie Ermittlungen des MfS später ergaben, hatte Läritz »in mindestens 194 Fällen Antifaschisten, zum großen Teil unter Anwendung von Brachialgewalt und Misshandlungen, vernommen und Geständnisse erpresst«. Gegen die Betroffenen seien durch Sondergerichte Strafen in einer Gesamthöhe von 375 Jahren Zuchthaus und 67 Jahren Gefängnis verhängt worden.[300]

Nach der Zerschlagung der kommunistischen Organisationen wurde Läritz ab 1936 vornehmlich zur Erarbeitung von Leumundszeugnissen für Systemträger eingesetzt, nahm aber immer wieder »im Außendienst« zum Beispiel an der »Festnahme von Juden« teil.[301] In Leipzig wurden nach dem Judenpogrom in der Nacht vom 9. zum 10. November 1938 von der Gestapo im Rahmen einer »Sonderaktion« über 500 Juden in das Polizeigefängnis eingeliefert, von denen etliche später in das KL Buchenwald überstellt wurden. Darüber hinaus gab es zahlreiche Einzelverhaftungen jüdischer Bürger, oft aus nichtigen Gründen, seit den Nürnberger Gesetzen vor allem wegen so genannter »Rassenschande«.[302]

Laut MfS-Ermittlungen war der mittlerweile zum SS-Hauptscharführer beförderte Läritz von Anfang 1940 bis Dezember 1942 im Sachgebiet II 3 B (Kirchen und Sekten) tätig, wo er mehrere V-Männer zur »Überwachung der Tätigkeit der Geistlichen aller Konfessionen sowie« zur »Unterdrückung der aufgelösten Sekten, die noch illegal arbeiteten«, führte. Anfang 1943 wurde Läritz zur Staatspolizeileitstelle nach Königsberg, dann zur Staatspolizeistelle Zichenau-Schröttersburg abgeordnet. Einzelheiten aus dieser Zeit wurden nicht ermittelt.[303]

Mit dem Rückzug der deutschen Truppen kehrte Läritz nach Leipzig zurück und wurde dort Ende August 1945 von sowjetischen Behörden verhaftet, kam aber Ende November zunächst wieder frei. Den MfS-Erkundungen zufolge ließ er sich als Informant der sowjetischen Sicherheitsorgane anwerben und lieferte mehrere NS-Verbrecher ans Messer.[304] Daneben war er hauptberuflich in seinem

298 Vgl. BV Leipzig, Abt. II/4: Vorschlag zur Anwerbung eines GI, 8.4.1958; BStU, MfS, BV Leipzig, AIM 738/74, Bd. I/1, Bl. 19–23.

299 Schmidt, Hans-Dieter: Gestapo Leipzig, 1997, S. 32 f.

300 BV Leipzig, Abt. II/4: Vorschlag zur Anwerbung eines GI, 8.4.1958; BStU, MfS, BV Leipzig, AIM 738/74, Bd. I/1, Bl. 21.

301 Ebenda, Bl. 20.

302 Vgl. Diamant: Chronik der Juden, 1993, S. 581–609 u. 530.

303 BV Leipzig, Abt. II/4: Vorschlag zur Anwerbung eines GI, 8.4.1958; BStU, MfS, BV Leipzig, AIM 738/74, Bd. I/1, Bl. 20 f.

304 BV Leipzig, KD Leipzig-Stadt: Auskunftsbericht über GM »Riedel«, 25.1.1969; ebenda, Bl. 195 f.

erlernten Beruf als Elektriker tätig.[305] Am 16. Januar 1948 wurde er erneut verhaftet. Nachdem er im Prozess gegen seinen einstigen Referatsleiter Herbert Wilcke als Belastungszeuge aufgetreten war,[306] verurteilte ihn das Landgericht Leipzig am 3. August 1948 wegen Verbrechen gegen die Menschlichkeit zu zwölf Jahren Zuchthaus.[307] Im Zuge der geschilderten Amnestien konnte Läritz (wie wenig später auch der zu lebenslänglicher Haft verurteilte Wilcke)[308] im Januar 1956 das Zuchthaus Brandenburg verlassen.[309] Dort hatte er weiterhin als Informant der sowjetischen Staatssicherheit gedient.[310]

Angesichts der vorliegenden schwerwiegenden strafrechtlichen Belastung wiesen die Leipziger MfS-Offiziere im Zuge ihrer Operation »Geheimnis« nicht die sofortige Anwerbung an, sondern forschten Läritz zunächst über seine »tatsächliche Meinung [...] zur Entwicklung in der DDR« und seine Verbindungen aus.[311] Die schon bewährte Technik der »operativen Kombination« ließ nach den Planungen der Offiziere auch weiterhin die Option einer geheimpolizeilichen Bearbeitung offen, falls eine Feindtätigkeit gegen die DDR festgestellt werden würde. Sonst allerdings war wiederum die Anwerbung vorgesehen.[312] Daraufhin wurde der bewährte GM »Cuno« losgeschickt, um sich nach bekanntem Schema als westlicher Agent anzudienen.[313] Allerdings warf Läritz »Cuno« sofort zur Tür hinaus.[314] In der anschließenden Befragung Mitte März 1958 behauptete Läritz, keinerlei Kontakte mit ehemaligen Gestapo- und SD-Leuten zu pflegen. Da er nach MfS-Einschätzung »in nachrichtendienstlicher Hinsicht einige Kenntnisse« hatte, sich aufgeschlossen zeigte und auch den Besuch des vermeintlichen Westagenten zutreffend geschildert hatte, warb ihn das MfS als Kontaktperson »Körner« an.[315] Damit verband die Leipziger Staatssicherheit große Pläne. Einem Mann seines Kalibers traute sie zu, beim Bundesamt für Verfassungsschutz eine

305 BV Leipzig, Abt. II/4: Vorschlag zur Anwerbung eines GI, 8.4.1958; ebenda, Bl. 21.

306 (1. Große Strafkammer nach Befehl 201 bei dem Landgericht Leipzig): Protokoll der Verhandlung gegen Herbert Wilcke, 20.4.1948; BStU, MfS, HA IX/11, SV 1/74, Bd. 18, Bl. 109–114.

307 Vgl. Strafnachricht (Karteikarte) Läritz, Willy; BStU, MfS, GSKS 20283.

308 Vgl. Urteil der 1. Großen Strafkammer nach Befehl 201 bei dem Landgericht Leipzig in der Strafsache gegen Herbert Wilcke, 21.4.1948; BStU, MfS, HA IX/11, SV 1/74, Bd. 18, Bl. 115. Wilke wurde am 28.4.1956 aus der Haft entlassen; (Bezirksgericht Leipzig), Bezirksstaatsanwalt, Abt. I: Anfrage an die Oberste Staatsanwaltschaft der DDR, Abt. I, betreffs der vorfristigen Haftentlassung von Herbert Wilcke, 13.12.1962; ebenda, Bl. 125 f.

309 Vgl. BV Leipzig, Abt. II/4: Maßnahmeplan betreffs Läritz, Willy, 20.2.1958; BStU, MfS, BV Leipzig, AIM 738/74, Bd. I/1, Bl. 39 f.

310 BV Leipzig, KD Leipzig-Stadt: Auskunftsbericht über GM »Riedel« und Einschätzung, 25.1.1969; ebenda, Bl. 195 f.

311 BV Leipzig, Abt. II/4: Maßnahmeplan zu Läritz, Willy, 20.2.1958; ebenda, Bl. 39 f.

312 Vgl. BV Leipzig, Abt. II/4: Plan zur Durchführung einer operativen Kombination, 3.3.1958; ebenda, Bl.43 f.

313 BV Leipzig, Abt. II: Bericht über durchgeführte Kombination, 21.4.1958; ebenda, Bl. 47–49.

314 BV Leipzig, Abt. II/4: Bericht des GM »Cuno« betreffs Aufklärung ehemaliger SD und Gestapo-Agenten, 11.3.1958; ebenda, Bl. 45.

315 BV Leipzig, Abt. II/4: Vorschlag zur Anwerbung eines GI, 8.4.1958; ebenda, Bl. 23; BV Leipzig, Abt. II: Bericht über durchgeführte Kombination, 21.4.1958; ebenda, Bl. 49; Willy Läritz: Verpflichtung, 19.3.1958; ebenda, Bl. 25.

Anstellung zu finden.[316] Daher stand zunächst im Vordergrund, »den Kandidaten durch eine Zusammenarbeit politisch von unserer sozialistischen Entwicklung zu überzeugen und zu schulen, um ihn für eine Absetzung nach Westdeutschland vorzubereiten«.[317] Doch auch aus seiner Einschleusung in die Bundesrepublik wurde nichts. Es war allerdings nicht das MfS, sondern Läritz, der die Pläne begrub. Nach wenigen Treffen ließ er seine Führungsoffiziere wissen, nicht mehr die Nerven für eine derartige Tätigkeit zu besitzen. Man solle ihn in Ruhe seiner normalen Arbeit nachgehen lassen.[318]

Die Staatssicherheit behielt ihn weiter im Auge. Nun sollte er in der DDR in Kreisen ehemaliger Gestapo-Angehöriger eingesetzt werden.[319] Man hatte sich nicht getäuscht. Läritz verpflichtete sich im Sommer 1961, das MfS »im Kampf für Frieden und Sozialismus gegen alle Feinde, die als Spione, Saboteure oder sonstige Schädlinge wirken bzw. mir bekannt werden«, zu unterstützen.[320] Aus der Sicht des MfS war die gut dreijährige Testphase, in welcher man Läritz überwiegend politisch geschult hatte, unter anderem deshalb notwendig gewesen, weil es sich bei Läritz alias »Körner« alias »Riedel« um einen verurteilten »Kriegsverbrecher« handelte.[321]

Seine »Einsatzbereitschaft und Mitarbeit« führten dazu, dass »mehrere Vorgänge durch Inhaftierung« abgeschlossen werden konnten.[322] Im Februar 1965 erhielt »Riedel« sogar eine Prämie von 100 Mark, weil er »in der Vergangenheit durch treue und gewissenhafte Hilfe das Ministerium für Staatssicherheit bei der Lösung seiner wichtigen Aufgaben im Kampf gegen die Feinde unserer Republik unterstützt« habe.[323] Außerdem berichtete er aus seinem beruflichen Umfeld über Diskussionen und Stimmungen zu politischen Ereignissen, gespickt mit Hinweisen auf kleinere Verfehlungen seiner Kollegen.[324] In der letzten Einschätzung seiner Dienste für die Staatssicherheit hieß es im Zusammenhang mit dem Hinweis auf seine Kooperation mit sowjetischen Stellen: »Auch während der bisherigen Zusammenarbeit mit unserem Organ arbeitete der GM mit großem Einsatz und zuverlässig an Vorgängen und Materialien zur Entlarvung von ehemaligen Gestapo- und SD-Offizieren.«[325]

316 BV Leipzig, Abt. II: Bericht über durchgeführte Kombination, 21.4.1958; ebenda, Bl. 49.

317 BV Leipzig, Abt. II/4: Vorschlag zur Anwerbung eines GI, 8.4.1958; ebenda, Bl. 22.

318 Vgl. Handschriftlicher Brief von Willy Läritz an seinen Führungsoffizier, 10.5.1958; ebenda, Bl. 56 f.

319 BV Leipzig, KD Leipzig-Stadt: Beschluss zum Anlegen eines IM-Vorlaufs, Gründe für das Anlegen, 5.12.1960; ebenda, Bl. 32 f.

320 Willy Läritz: Eidesstattliche Versicherung, 30.6.1961; ebenda, Bl. 26; BV Leipzig, KD Leipzig-Stadt: Bericht über die Werbung des GI »Riedel«, 30.6.1961; ebenda, Bl. 27.

321 BV Leipzig, KD Leipzig-Stadt: Bericht über die Werbung des GI »Riedel«, 30.8.1961; ebenda, Bl. 27.

322 BV Leipzig, KD Leipzig-Stadt: Beschluss über die Umgruppierung des GI »Riedel« zum GM (Formblatt 26), 6.4.1967; ebenda, Bl. 136.

323 BV Leipzig, KD Leipzig (Der Leiter): Mitteilung an »Riedel« über die Auszeichnung mit einer Prämie anlässlich des 15. Jahrestages der Bildung des MfS, 8.2.1965; ebenda, Bl. 91.

324 Vgl. z. B. GI »Riedel«: Bericht, 5.2.1966; BStU, MfS, BV Leipzig, AIM 738/74, Bd. II, Bl. 13 f.

325 BV Leipzig, KD Leipzig-Stadt: Auskunftsbericht über GM »Riedel« und Einschätzung, 25.1.1969; BStU, MfS, BV Leipzig, AIM 738/74, Bd. I/1, Bl. 195 f.

Dies bezog sich wohl auch auf Aussagen von Läritz im Kontext eines Rechtshilfeersuchens aus der Bundesrepublik.[326] 1960 wurde Läritz von der Volkspolizei im Zusammenhang mit einem Verfahren des Landgerichts Darmstadt gegen dessen einstigen Kollegen, den Kriminalkommissar und SS-Obersturmführer, Heino Uhlenhaut,[327] wegen Beihilfe zur Erschießung von 52 Gestapo-Häftlingen am 12. April 1945 in Leipzig-Lindenthal befragt.[328] Er machte aber nur zur Personal- und Leitungsstruktur der Staatspolizeistelle Leipzig sowie zur Person der Beschuldigten Aussagen und keine Angaben über das Massaker.[329] Die DDR-Staatsanwälte ließen ihre Darmstädter Kollegen wissen, dass eventuell noch weitere Informationen über die Ereignisse aufzufinden wären.[330] Doch wenig später wurden die Nachforschungen abrupt abgebrochen. Die MfS-Bezirksverwaltung hatte der Leipziger Bezirksstaatsanwaltschaft mitgeteilt, dass im Landgericht Darmstadt eine »Sammlung von Faschisten« erfolge. Deshalb würden sie keine Informationen mehr herausgeben.[331] Vermutlich bezog sich diese kryptische Formulierung auf den Umstand, dass laut Ausschuss für Deutsche Einheit am Landgericht Darmstadt zu diesem Zeitpunkt mindestens sechs Juristen tätig waren, die dem NS-Regime, zum Teil bei Sondergerichten, gedient hatten.[332] Ende November 1960 stellte das Landgericht Darmstadt das Verfahren gegen Uhlenhaut ein, unter anderem mit dem Hinweis auf die ergebnislosen Ermittlungen der »sowjetzonalen Justiz«.[333] Läritz traf sich im Mai 1969 letztmalig mit seinem Führungsoffizier und berichtete unter anderem über die »labile politische Haltung« einer Bekannten.[334] Im Frühjahr 1971 verstarb Läritz.

326 Vgl. Rechtshilfeersuchen des Untersuchungsrichters beim Landgericht in Darmstadt an den Generalstaatsanwalt der DDR betreffs Ermittlungssache gegen Rudolf Ehrlich und andere, 30.12.1959; BStU, MfS, HA IX/11, RHE-West 16, Bl. 3.

327 Ausführlichere Informationen über Uhlenhaut enthalten die Arbeiten von Schmidt, Hans-Dieter: Gestapo Leipzig, 1997, S. 42–48 u. 55–59; Diamant: Gestapo Leipzig. Zur Geschichte, 1990, S. 9, 197 u. 203.

328 VPKA Leipzig, Kommissariat U(ntersuchung): Ermittlungsbericht, 10.5.1960; BStU, MfS, HA IX/11, RHE-West 16, Bl. 12.

329 Ebenda.

330 (Oberste Staatsanwaltschaft der DDR, Abt. I): Mitteilung an den Untersuchungsrichter beim Landgericht Darmstadt, 4.6.1960; BStU, MfS, HA IX/11, RHE-West 16, Bl. 13 f.

331 Der Staatsanwalt des Bezirks Leipzig, Abt. I: Mitteilung an die Oberste Staatsanwaltschaft der DDR, Abt. I, 29.7.1960; ebenda, Bl. 16.

332 Vgl. Wir klagen an! 800 Nazi-Blutrichter – Stützen des Adenauer-Regimes. Hg. v. Ausschuss für Deutsche Einheit. Berlin (Ost) 1959, S. 17 u. 36; Ausschuss für Deutsche Einheit: 1 000 Sonder- und Kriegsrichter im Dienste der deutschen Militaristen. Bonner Regierung deckt Hitlers Massenmörder, (Pressemappe) überreicht auf der Internationalen Pressekonferenz des Ausschusses für Deutsche Einheit, 3.11.1959, S. 8.

333 Schmidt, Hans-Dieter: Gestapo Leipzig, 1997, S. 81.

334 BV Leipzig, KD Leipzig-Stadt: Anhang zum Treffbericht, 13.5.1969; BStU, MfS, BV Leipzig, AIM 738/74, Bd. II, Bl. 171 f.

Der »volksdeutsche« Dolmetscher Franz Schilling

Bei einer Routineüberprüfung von Mitarbeitern der Geophysikalischen Abteilung in der SDAG Wismut stießen die Mitarbeiter der zuständigen MfS-Objektverwaltung 1958 auf Franz Schilling (Jg. 1920).[335] Im Archiv fand sich sein Name auf einer Liste »ortsflüchtiger Nationalsozialisten« aus Chemnitz von 1945, allerdings mit abweichender Berufsangabe und einem anderen Geburtsort.[336] Wie sich bald, nicht zuletzt wegen seines starken russischen Akzents, herausstellte, hatte Schilling sein Elternhaus von Kiew nach Kiel »verlegt«.[337] Da Schilling seit Dezember 1958 nicht mehr für die Wismut arbeitete, unterblieben jedoch weitere Ermittlungen.[338] Erst Ende 1962 begann man sich wieder für ihn zu interessieren, als im MfS-Zentralarchiv eine Akte auftauchte, die ihn als Dolmetscher der Gestapostelle Chemnitz auswies.[339]

Das MfS plante seine Anwerbung und lud Schilling Ende September 1963 vor.[340] Er gab seine gefälschten Personendaten umgehend zu und erwartete, dass für ihn jetzt »die Freiheit zu Ende wäre«.[341] Sogleich lieferte er eine erste Schilderung seines Lebensweges. Sein Vater sei nach dem deutschen Überfall auf die Sowjetunion vom NKWD verhaftet worden; ihn selbst hätte man als Komsomolzen zur Roten Armee eingezogen. Kurz darauf sei er in deutsche Kriegsgefangenschaft geraten, doch als »Volksdeutscher« bald entlassen und unter anderem als Dolmetscher des SD eingesetzt worden. Befriedigt quittierten die MfS-Befrager den Erfolg ihrer Überrumpelungstaktik:

»Der [Schilling][342] zeigte in der Aussprache, dass er bereits seit längerer Zeit erkannt hat, dass er aufgrund seiner Vergangenheit sowie der Urkundenfälschung zur Verantwortung gezogen werden kann. Er lebt bereits 18 Jahre ständig in der Furcht, entdeckt zu werden und evtl. sogar an die sowjetischen Sicherheitsorgane ausgeliefert zu werden. Nachdem ihm in der Aussprache mehrere Male erklärt wurde, dass ihm aus dieser Aussprache keinerlei

335 Vgl. (Objektverwaltung »W« Karl-Marx-Stadt, Objektdienststelle »W« Aue): Maßnahmeplan zur operativen Bearbeitung des Schilling, Franz, 18.2.1958; BStU, MfS, BV Chemnitz, AIM 280/69, Bd. I/1, Bl. 28 f.

336 Vgl. Landesverwaltung Sachsen, Landeskriminalamt: Liste mit der Überschrift »Ortsflüchtige Nationalsozialisten«, 6.10.1945; BA, ZWA Dahlwitz-Hoppegarten, ZB 7125, A. 2, Bl. 1–3.

337 Vgl. (Objektverwaltung »W« Karl-Marx-Stadt, Objektdienststelle »W« Aue): Maßnahmeplan zur operativen Bearbeitung des Schilling, Franz, 18.2.1958; BStU, MfS, BV Chemnitz, AIM 280/69, Bd. I/1, Bl. 28 f.; (Objektverwaltung »W« Karl-Marx-Stadt), selbstständiges Referat VII: Mitteilung über Feststellungsergebnis im Fall Schilling bei der BDVP Karl-Marx-Stadt, 21.3.1958; ebenda, Bl. 48 f.

338 Vgl. (Objektverwaltung »W« Karl-Marx-Stadt, Objektdienststelle »W« Aue): Abverfügung des vorhandenen Materials gegen Schilling in das Archiv, 11.5.1960; ebenda, Bl. 122.

339 (Objektverwaltung »W« Karl-Marx-Stadt, selbstständiges Referat VII): Bericht über Bekanntwerden, 27.11.1962; ebenda, Bl. 6.

340 Vgl. (Objektverwaltung »W« Karl-Marx-Stadt, selbstständiges Referat VII): Beschluss für das Anlegen eines IM-Vorlaufs, 27.11.1962; ebenda, Bl. 13 f.; (Objektverwaltung »W« Karl-Marx-Stadt, selbstständiges Referat VII): Aussprache-Bericht, 1.10.1963; ebenda, Bl. 153–159.

341 (Objektverwaltung »W« Karl-Marx-Stadt, selbstständiges Referat VII): Aussprache-Bericht, 1.10.1963; ebenda, Bl. 153.

342 Die handschriftliche Eintragung des Namens fehlt in der dafür aus Gründen der internen Konspiration vorgesehenen Lücke des maschinegeschriebenen Berichts.

persönliche Nachteile erwachsen sollen, zeigte sich in seinem Wesen eine merkliche Erleichterung. Er bedankte sich vielmals, dass ihn die Sicherheitsorgane der DDR nicht zur Verantwortung ziehen werden. Er erklärte sich bereit, in jeder Beziehung für seine Vergangenheit geradezustehen und die Staatssicherheit der DDR in ihrer Arbeit zu unterstützen. Obwohl eingeschätzt werden muss, dass verschiedene Punkte der Vergangenheit des [Schilling] noch nicht restlos geklärt wurden, wird der [Schilling] für unser Organ alles tun, was von ihm verlangt wird.«[343]

Die Anwerbung des nun dem Wohlwollen des MfS Ausgelieferten sollte »sofort in der weiteren Zusammenarbeit ausgenutzt werden, damit das Gefühl der Abhängigkeit von unserem Organ weiter von ihm beibehalten wird«.[344] Zugleich sollten ihm weitere Auskünfte über seine Zeit als Dolmetscher abverlangt werden, um über seine »Weiterverwendung« zu entscheiden.[345] Schilling berichtete, nach seiner Entlassung aus der Kriegsgefangenschaft im November 1941 nach Kiew zurückgekehrt zu sein und hier zunächst für den von der deutschen Militärverwaltung eingesetzten Bürgermeister gedolmetscht zu haben.[346] Wohl im Wissen um die Massenmorde in Babi Jar und andere Verbrechen[347] sagte er aus, lediglich »Bekanntmachungen« und Ähnliches übersetzt zu haben und behauptete, dass die Zwangsdeportationen der jüdischen Bevölkerung sowie der Kommunisten zu diesem Zeitpunkt schon abgeschlossen gewesen seien.[348]

Bei einer Einheit der Geheimen Feldpolizei,[349] zu der er sich im Januar 1942 freiwillig meldete, sei er am Kampf gegen »versprengte Truppenteile der sowjetischen Armee und Partisanen« beteiligt gewesen. Diese »Partisanenbekämpfung« stand als Synonym für Mordaktionen gegen die einheimische Zivilbevölkerung. (Allein durch die Geheime Feldpolizei wurden von Juli 1942 bis März 1943 in der besetzten Sowjetunion wegen »Bandenbetätigung und -begünstigung«, Spionage und Sabotage rund 21 000 Personen, teils im Kampf und teils nach Vernehmung, erschossen.[350]) Bei Verhören von Bürgermeistern und Ein-

343 (Objektverwaltung »W« Karl-Marx-Stadt, selbstständiges Referat VII): Aussprache-Bericht, 1.10.1963; BStU, MfS, BV Chemnitz, AIM 280/69, Bd. I/1, Bl. 159.

344 Vgl. (Objektverwaltung »W« Karl-Marx-Stadt, selbstständiges Referat VII): Vorschlag zur Werbung eines Geheimen Informators, 2.10.1963; ebenda, Bl. 145.

345 Ebenda, Bl. 142–145.

346 (Objektverwaltung »W« Karl-Marx-Stadt, selbstständiges Referat VII): Bericht über durchgeführten Treff mit dem GI »Ulli«, 14.10.1963; ebenda, Bl. 169–178, hier 172. Über welche Macht Dolmetscher in jener Zeit verfügten, wird deutlich am Beispiel der volksdeutschen Elena (Helene) Boss. Die Chefdolmetscherin des Sonderkommandos 11b ließ beispielsweise bei einer Selektion einen ihr verhassten Gerichtsvollzieher aussondern und anschließend von einem Wachposten erschießen. Vgl. Angrick: Die Einsatzgruppe D, 2002, S. 80.

347 Vgl. Stichwort »Babi Jar«, in: Jäckel; Longerich; Schoeps: Enzyklopädie des Holocaust, Bd. I, 1993, S. 144–146.

348 (Objektverwaltung »W« Karl-Marx-Stadt, selbstständiges Referat VII): Bericht über durchgeführten Treff mit dem GI »Ulli«, 14.10.1963; BStU, MfS, BV Chemnitz, AIM 280/69, Bd. I/1, Bl. 169–178, hier 172.

349 Nach Auskunft der »Deutschen Dienststelle für die Benachrichtigung der nächsten Angehörigen von Gefallenen der ehemaligen deutschen Wehrmacht (WASt)« vom 10.12.2002 an den Verfasser, war Schilling, laut Meldung vom 27.12.1942, Angehöriger der Gruppe Geheime Feldpolizei 708.

350 Geßner: Geheime Feldpolizei, 1986, S. 98.

wohnern in verdächtigen Gebieten habe er übersetzt.[351] Auch von Misshandlungen und Exekutionen wusste er zu berichten, bestritt aber für diese Zeit jede eigene Beteiligung.[352] Erst nach Verlegung der Einheit in eine andere Ortschaft im Spätsommer 1942 habe er »selbst einen Gefangenen auf das Schwerste, mittels eines Knüppels oder Stockes« misshandelt, angeblich um nicht weiterhin von seinen Vorgesetzten wegen seines »weichen Verhaltens« kritisiert zu werden.[353] Auch an nicht näher definierten »Kampfhandlungen« gegen Partisanen sei er beteiligt gewesen.

Im Winter 1942/43, mittlerweile wieder in Kiew stationiert, sei er dann als Dolmetscher aus der GFP-Einheit entlassen worden, da diese nach Frankreich verlegt wurde. Etwa im März 1943 hätten ihn dann zwei »Offiziere des SD«[354] für die dortige SD-Dienststelle angeworben.[355] Nach einer kurzen Grundausbildung wies man ihn der Abteilung IV (Gestapo) zu, wo er bei Treffen mit V-Männern sowie deren Berichte zu übersetzen hatte, darunter zahlreiche Denunziationen von Juden, Kommunisten, NKWD-Mitarbeitern und feindlich eingestellten Zivilisten. Auch bei einer Großrazzia mit anschließender Massenexekution kurz vor dem deutschen Rückzug im Herbst 1943 sei er als Dolmetscher eingesetzt worden, bestritt hier jedoch wiederum eine darüber hinausreichende Tatbeteiligung. Das Gleiche behauptete er auch von einer Gefängnisräumung in Berditschew im November 1943, bei der er lediglich Spalier gestanden haben will, als die Gefangenen zur Exekution getrieben wurden. Anschließend mussten sich die Häftlinge entkleiden und wurden von SS-Männern durch Genickschüsse getötet. Ihre Leichen wurden aufgestapelt, mit Petroleum übergossen und angezündet.[356]

Während der Rückzugsgefechte mit sowjetischen Panzereinheiten setzte man Schilling mit anderen Angehörigen der Kiewer Dienststelle zur Bewachung der Eisenbahnlinie Kiew-Schitomir ein. Als Folge des »Schienenkrieges« wurden diese und weitere Nachschublinien fast täglich von Partisanen angegriffen und zerstört.[357] Schilling behauptete jedoch, dass es »kaum zu bewaffneten Zusammenstößen« zwischen Bewachungseinheiten und Partisanen gekommen sei und äußerte durchaus doppeldeutig: »Gefangene wurden in diesem Abschnitt von

351 (Objektverwaltung »W« Karl-Marx-Stadt, selbstständiges Referat VII): Bericht über durchgeführten Treff mit dem GI »Ulli«, 14.10.1963; BStU, MfS, BV Chemnitz, AIM 280/69, Bd. I/1, Bl. 169–178, hier 174.

352 Vgl. (Objektverwaltung »W« Karl-Marx-Stadt, selbstständiges Referat VII): Werbungs-Bericht, 4.10.1963; ebenda, Bl. 160–168 u. 179 f., hier 161; (Objektverwaltung »W« Karl-Marx-Stadt, selbstständiges Referat VII): Bericht über durchgeführten Treff mit dem GI »Ulli«, 14.10.1963; ebenda, Bl. 169–178, hier 175.

353 (Objektverwaltung »W« Karl-Marx-Stadt, selbstständiges Referat VII): Bericht über durchgeführten Treff mit dem GI »Ulli«, 14.10.1963; ebenda, Bl. 175.

354 Bei den beiden »Werbern« handelte es sich um SS-Führer der Sicherheitspolizei und des SD, vermutlich der in Kiew ansässigen Dienststelle des BdS oder des KdS.

355 Vgl. (Objektverwaltung »W« Karl-Marx-Stadt, selbstständiges Referat VII): Werbungs-Bericht, 4.10.1963; BStU, MfS, BV Chemnitz, AIM 280/69, Bd. I/1, Bl. 162 f.

356 Ebenda, Bl. 163–168.

357 Vgl. Kühnrich: Der Partisanenkrieg, 1967, S. 344–365.

dieser Einheit nicht gemacht.«[358] Nach einem Urlaub wurde Schilling in Kämpfen mit der Roten Armee schwer verwundet und nach seiner Genesung zur Staatspolizeistelle Chemnitz kommandiert.[359] Dort habe er vorrangig Briefe von sowjetischen Zwangsarbeitern in die Heimat übersetzt. Wahrscheinlich war dies wie viele andere Angaben nur die halbe Wahrheit, zumal die Kriminalpolizei Chemnitz bereits 1946 nach ihm, dem Dolmetscher, fahnden sollte.[360]

Die Dolmetscherrolle Schillings erschien dem MfS aber offenbar besonders ertragreich, da er die Verbrechen der Geheimen Feldpolizei und die jeweiligen Akteure hautnah miterlebt hatte. Seine eingestandene eigene Tatbeteiligung sowie den Verdacht möglicher weiterer, bislang verschwiegener Verbrechen (die bei »volksdeutschen« Dolmetschern keineswegs die Ausnahme waren) ließen die Offiziere unbeachtet. Dass ihnen nicht klar war, dass ein Dolmetscher und zudem in diesem Zeitraum ein Angehöriger dieser speziellen Formationen faktisch über Leben oder Tod eines Festgenommenen entschied, erscheint nahezu ausgeschlossen. Man rühmte vielmehr seine Kenntnisse im geheimpolizeilichen Metier:

»Seine Tätigkeit im faschistischen SD während der Zeit des 2. Weltkrieges verbunden mit den Erfahrungen, die er sich in der Zeit dieser Tätigkeit erworben hat, insbesondere in der konspirativen Tätigkeit, und andere operativ auswertbare Kenntnisse, lassen ihn geeignet erscheinen, Verbindungen zu negativ und feindlich eingestellten Personen zu erhalten bzw. für diesen Personenkreis interessant zu sein.«[361]

In einem Anflug von Empathie notierte der zuständige Abteilungsleiter: »Beachtet dabei muss werden, dass er höchstwahrscheinlich durch die Verhaftung seines Vaters und die damit verbundenen Umstände Kollaborateur der Hitlerfaschisten wurde.«[362]

Schilling wurde am 10. Oktober 1963 angeworben und wählte den Decknamen »Ulli«. Fortan sollte er »sich Gedanken über solche Personen [...] machen, von denen ihm bekannt ist, dass sie gegen die Verhältnisse in der DDR eingestellt sind«.[363] Wie in vielen anderen Fällen erwies sich Schilling trotz seiner Willfährigkeit als wenig ergiebiger Informant, geschweige denn als Möglichkeit zum Eindringen in Kreise ehemaliger Nazis. Nach einigen schütteren Berichten brach das MfS die Zusammenarbeit 1969 ab.[364]

358 (Objektverwaltung »W« Karl-Marx-Stadt, selbstständiges Referat VII): Werbungs-Bericht, 4.10.1963; BStU, MfS, BV Chemnitz, AIM 280/69, Bd. I/1, Bl. 168.

359 Vgl. (Objektverwaltung »W« Karl-Marx-Stadt, selbstständiges Referat VII): Aussprache-Bericht, 1.10.1963; ebenda, Bl. 157.

360 Vgl. Kriminalamt Chemnitz, Sonderstelle 6. F/Ia.: Notiz betreffs flüchtiger Gestapoangehöriger; BA, ZWA Dahlwitz-Hoppegarten, ZR 750, Akte 7, Bl. 43.

361 (Objektverwaltung »W« Karl-Marx-Stadt, selbstständiges Referat VII): Vorschlag zur Werbung eines Geheimen Informators, 2.10.1963; BStU, MfS, BV Chemnitz, AIM 280/69, Bd. I/1, Bl. 143.

362 (Objektverwaltung »W« Karl-Marx-Stadt, selbstständiges Referat VII): Bericht über durchgeführten Treff mit dem GI »Ulli«, 14.10.1963; ebenda, Bl. 178.

363 Ebenda.

364 [Objektverwaltung »W« Karl-Marx-Stadt, Hauptsachgebiet (HSG) RT], Abschlussbericht, 20.3.1969; BStU, MfS, BV Chemnitz, AIM 280/69, Bd. II/1, Bl. 234.

Das Verhalten gegenüber Schilling war, darauf sei abschließend hingewiesen, keineswegs die zwangsläufige Reaktion auf die NS-Verbrechen von »volksdeutschen« Dolmetschern. 1975 verurteilte das Bezirksgericht Neubrandenburg den Übersetzer einer anderen GFP-Gruppe, Arnold Kostrowski, bei ähnlicher Sachlage wegen mehrfach begangener Kriegsverbrechen und Verbrechen gegen die Menschlichkeit zu lebenslänglicher Haft.[365] Im Falle von Schilling waren offenkundig geheimdienstliche Opportunitätsüberlegungen ausschlaggebend für die Vertuschung der NS-Verbrechen.

SS-Einsatzgruppe D – MfS-Informant – Todesurteil: Johannes Kinder

Der Fall Johannes Kinder (Jg. 1912) belegt, dass eine langjährige IM-Tätigkeit nicht automatisch vor Verurteilung und Hinrichtung schützte. Kinder war Anfang 1939 als Kraftfahrer bei der Staatspolizeistelle Chemnitz angestellt worden. Es folgten Einsätze bei den Stapoleitstellen in Reichenberg (Liberec) und Prag und schließlich in der Außendienststelle Jitschin (Jicìn). Im Frühjahr 1941 erfolgte seine Kommandierung zum Einsatz- bzw. Sonderkommando 10a der Einsatzgruppe D, der er bis März 1943 angehörte.[366] Dann wechselte er zur Staatspolizeiaußendienststelle in Jungbunzlau (Mladà Boleslav). Nach dem Krieg leistete Kinder von 1945 bis 1948 zunächst für die sowjetische Geheimpolizei[367] und von 1962 bis 1972 für die DDR-Staatssicherheit Informantendienste.[368] Der Gestapobeamte Kinder alias »Ernst« galt als »einer der besten IM«.[369] Die Staatssicherheit erreichte sogar seine vorzeitige Haftentlassung nach einer Verurteilung wegen eines kriminellen Delikts und versorgte ihn mit einem Pkw.[370]

Das Blatt wendete sich, als das MfS 1973 erneut, diesmal von der Bezirksstaatsanwaltschaft, Hinweise auf seine NS-Vergangenheit erhielt, unter anderem dass er an Erschießungen von Juden beteiligt war.[371] Weitere Ermittlungen bestätigten den Verdacht; Kinder wurde im Oktober 1974 in Untersuchungshaft

365 Vgl. Geßner: Geheime Feldpolizei, 1986, S. 145–159.

366 (BV Karl-Marx-Stadt, Abt. IX): Vernehmungsprotokoll des Beschuldigten Kinder, Johannes, 11./12.10.1974; BStU, MfS, HA IX/11, ZUV 43, Akte 1, Bl. 74–90.

367 (KGB): Mitteilung des Verbindungsoffiziers Taschzew, 28.8.1974; BStU, MfS, BV Chemnitz, AOP 1385/76, Bd. II, Bl. 189.

368 (Objektverwaltung »W« Karl-Marx-Stadt, selbstständiges Referat VII): Bericht über geführte Aussprache und Werbung, 13.7.1962; Objektverwaltung »W« Karl-Marx-Stadt, selbstständiges Referat VII: Beschluss zum Einstellen eines IM-Vorganges, 14.7.1972; BStU, MfS, BV Chemnitz, AOP 1385/76, Bd. VI, Bl. 170–172 u. 526 f.

369 (Objektverwaltung »W« Karl-Marx-Stadt), selbstständiges Referat VII: Einschätzung der Ergebnisse der Zusammenarbeit mit dem IM »Ernst«, 14.7.1972; ebenda, Bl. 522–525, hier 522.

370 Ebenda, Bl. 523; (Objektverwaltung »W« Karl-Marx-Stadt, selbstständiges Referat VII): Aktenvermerk, 22.4.1963; 23.4 1963; ebenda, Bl. 206 f.

371 Vgl. Information des Staatsanwalts des Bezirkes Karl-Marx-Stadt, Abt. 21/22 an die Untersuchungsabteilung der BV Karl-Marx-Stadt, 19.10.1973; BStU, MfS, BV Chemnitz, AOP 1385/76, Bd. I, Bl. 7–10.

genommen. Er gestand von ihm persönlich begangene Verbrechen und gab umfassend und detailliert Auskunft über das Einsatzkommando, etwa zu Mannschaftsstärke, Marschwegen und der Arbeit mit V-Männern.[372] Aufgrund dieser Aussagen sowie zahlreicher Zeugen und Beweisdokumente aus der Sowjetunion verurteilte ihn das Bezirksgericht Karl-Marx-Stadt am 11. Juni 1976 wegen der Begehung von Kriegsverbrechen und Verbrechen gegen die Menschlichkeit zum Tode.[373]

Das Gericht sah es als erwiesen an, dass Kinder »an der Ermordung von mindestens 7 802 wehrlosen sowjetischen Bürgern mitgewirkt« hatte, darunter 214 psychisch kranken und zum Teil körperbehinderten Kindern und Jugendlichen eines Kinderheims, die in einen der berüchtigten »Gaswagen« gesperrt worden waren.[374] Darüber hinaus soll er mindestens 260 sowjetische Juden, darunter Mütter mit ihren Kindern, sowie kommunistische Funktionäre eigenhändig erschossen haben.[375] Kinder wurde am 21. Oktober 1978 in Leipzig mittels Kopfschuss hingerichtet.[376] Wie in solchen Fällen üblich, wurden die Todesursache und der Hinrichtungsort gegenüber der Öffentlichkeit geheim gehalten.[377]

Die ebenso späte wie für den langjährigen inoffiziellen Mitarbeiter sicher unerwartete Wendung hing offenbar mit Ermittlungsverfahren und Prozessen in der Bundesrepublik zusammen. Aufgrund von Ermittlungen der Zentralstelle Ludwigsburg sowie der Staatsanwaltschaft München I war es mittlerweile zu einigen Verfahren gegen mittleres Führerpersonal der Einsatzgruppe D gekommen.[378] Die in diesen Prozessen verhängten Strafen, durchweg wegen Beihilfe zum Mord, boten der DDR eine günstige Gelegenheit, sich erneut als konsequentere NS-Aufarbeiterin darzustellen. Im Westen wurden selbst Teilkommandoführer lediglich zu Freiheitsstrafen von drei bis fünf Jahren verurteilt.[379] Mit Todesurteilen und lebenslangen Haftstrafen präsentierte sich die DDR in dieser innerdeutschen Konkurrenz als Musterland der juristischen Aufarbeitung.[380] Zu

372 Vgl. (BV Karl-Marx-Stadt, Abt. IX): Vernehmungsprotokoll des Beschuldigten Kinder, Johannes, 28.10.1974, 31.10.1974, 19.11.1974, 20.11.1974, 3.1.1975, 21.10.1975; BStU, MfS, HA IX/11, ZUV 43, Akte 3, Bl. 55–62, 70–76, 112–119, 124–126 u. 129–134.

373 Urteil (des 1. Strafsenats des Bezirksgerichts Karl-Marx-Stadt) in der Strafsache gegen den Verkaufsstellenleiter Johannes Kinder, o. D. (11.6.1976); BStU, MfS, HA IX/11, ZUV 43, Akte 13, Bl. 201–233.

374 Ebenda, Bl. 230.

375 Ebenda, Bl. 212–225.

376 Die geheime Todesliste des Henkers. In: Super Illu v. 30.10.1991, S. 9 f.

377 Die Eintragung auf der Strafregisterkartei der Abt. Pass- und Meldewesen des MdI, wonach Kinder in Magdeburg verstorben sei, ist deshalb falsch und wird von den dort zuständigen Ämtern auch nicht bestätigt; (MdI), Pass- und Meldewesen, Strafregisterkartei Kinder, Johannes; BStU, MfS, Strafnachrichten.

378 Vgl. Angrick: Besatzungspolitik, 2003, S. 716–730.

379 Vgl. ebenda, S. 727 f.; AP-Meldung: Urteile im Münchner Judenmordprozess. In: Der Tagesspiegel v. 25.3.1973; Späte Sühne für Morde an Juden. In: Süddeutsche Zeitung v. 19.11.1974.

380 Vgl. auch den Fall Herbert Drabant, der 1975 zu lebenslanger Haft verurteilt wurde. Vgl. HA XX/2: Bericht über den Abschluss des OV »Mörder« […], 30.1.1975; BStU, MfS, AOP 16060/79, Bd. 9, Bl. 180–182; Generalstaatsanwalt der DDR, Abt. IA: Information zur Verfolgung der Kriegs-

den Nebeneffekten der Hinrichtung zählte, dass Kinder das Wissen aus seinen langjährigen verdeckten Diensten für die sowjetische und die ostdeutsche Geheimpolizei mit ins Grab nahm.

Politische Abteilung des Konzentrationslagers Auschwitz – Josef Settnik

Vonseiten der DDR wurde immer wieder die Behauptung aufgestellt, es sei hier deshalb niemals zu Großverfahren nach dem Muster des Auschwitz- oder des Majdanek-Prozesses in der Bundesrepublik gekommen, weil die Angehörigen der KZ-Wachmannschaften aus Furcht vor der Roten Armee alle in den Westen geflohen seien. So argumentierte zum Beispiel der als vorbildlicher Nazijäger auftretende und als »Chefermittler der DDR in Sachen NS-Verbrechen« titulierte Günther Wieland im Oktober 1986 auf einer Tagung zum Thema »Die Ahndung von NS-Verbrechen in der Bundesrepublik und in der Deutschen Demokratischen Republik – ein Vergleich« im Gustav-Stresemann-Institut in Heidkamp bei Bergisch-Gladbach.[381]

Fraglos mögen sich viele SS-Leute in den Westen abgesetzt haben, doch einige sind sehr wohl in der SBZ/DDR geblieben. In den nun zu schildernden Fällen wahrte die DDR den schönen Schein: Sie hielt die einstigen KZ-Aufseher geheim, erschwerte damit die westdeutschen Ermittlungen und nutzte deren Abhängigkeit, um sie als Informanten zu werben.

Der größte Prozess vor einem bundesdeutschen Gericht wegen nationalsozialistischer Gewaltverbrechen, das »Strafverfahren gegen Robert Mulka und andere«, in der Öffentlichkeit kurz »Der Auschwitz-Prozess« genannt, begann im Dezember 1963 vor dem Landgericht Frankfurt/Main.[382] Angeklagt wegen Mordes waren 22 SS-Angehörige und zwei Kapos. Zu den Angeklagten gehörten unter anderem der Adjutant des Lagerkommandanten Rudolf Höß, Robert Mulka, der Block- und Rapportführer Oswald Kaduk, Angehörige der politischen Abteilung des KZ Auschwitz, darunter Wilhelm Boger, Pery Broad, Klaus Dylewski, der Blockführer des Arrestblocks (Block 11), Lagerärzte und weiteres SS-Personal. Der Prozess endete am 20. August 1965 mit sechs lebenslänglichen Haftstrafen, elf Freiheitsstrafen zwischen drei und 14 Jahren sowie drei Frei-

verbrechen und Verbrechen gegen die Menschlichkeit in der DDR, Mai 1981, Anlage 1: Liste der seit 1965 wegen Kriegsverbrechen und Verbrechen gegen die Menschlichkeit verurteilten Personen; BStU, MfS, HA IX 9647, Bl. 23–30.

381 Müller-Münch, Ingrid: Mal fehlten die nötigen Akten, mal der Verfolgungswille. Juristen und Historiker verglichen NS-Prozesse in der Bundesrepublik und der DDR. In: Frankfurter Rundschau v. 15.10.1986.

382 Vgl. Werle; Wandres: Auschwitz vor Gericht, 1995, S. 41; Langbein: Der Auschwitz-Prozess, 1995, S. 21–34; Naumann, Bernd: Auschwitz, 1968, S. 12–15; Renz: Der I. Frankfurter Auschwitz-Prozess. Zwei Vorgeschichten, 2002; Ders.: Der erste Frankfurter Auschwitz-Prozess. Völkermord als Strafsache, 2000.

sprüchen.[383] Im Auftrag der Partei- und Staatsführung der DDR war Friedrich Kaul in diesem wie auch im folgenden Prozess als Vertreter der in der DDR, Polen und der ČSSR lebenden Nebenkläger aufgetreten. Im Vordergrund stand auch hier das Interesse, die Strafverfahren für vergangenheitspolitische Propagandazwecke zu nutzen.[384]

Der so genannte zweite Auschwitzprozess fand vom Dezember 1964 bis September 1966 ebenfalls vor dem Schwurgericht Frankfurt/Main statt. Angeklagt waren drei SS-Männer. Der einstige Leiter der SS-Standortverwaltung Auschwitz, Wilhelm Burger, wurde zu acht Jahren Gefängnis, der SS-Sanitätsdienstgrad Gerhard Neubert zu dreieinhalb Jahren und der Chef der Nebenstelle der Politischen Abteilung in Birkenau, Josef Houstek-Erber, zu einer lebenslänglichen Haftstrafe verurteilt. Ein dritter Prozess fand von August 1967 bis Juni 1968 ebenfalls in Frankfurt/Main statt. Beide Angeklagte (ehemalige Kapos) wurden zu lebenslänglichem Freiheitsentzug verurteilt. Der vierte Prozess vom Dezember 1973 bis Februar 1976 endete mit einem Freispruch mangels Beweisen und einer Verfahrenseinstellung. Zusätzlich zu diesen Verfahren wurden Prozesse gegen Einzelpersonen geführt.[385]

Im Vorfeld des ersten Auschwitz-Prozesses beschuldigte der ehemalige Häftling Adolf Rögner bereits 1958 mehrere SS-Leute namentlich, Verbrechen an Häftlingen begangen zu haben, ohne jedoch detaillierte Aussagen im Einzelnen zu treffen. Zu diesen zählte ein »Settnik, Vorname unbekannt, ehem[aliger] Rottenführer, ca. 35 Jahre alt, 1,75 m groß, trug Schnurrbart. S[ettnik] war Volksdeutscher aus Polen; Näh[eres] nicht bekannt.«[386] Weitere Recherchen ergaben, dass Settnik der Politischen Abteilung der Lagerkommandantur angehörte.[387] Diese Abteilung fungierte als Vertretung der Geheimen Staatspolizei und der Kriminalpolizei im Konzentrationslager. Sie vernahm die Häftlinge und infiltrierte das Lager mit Informanten, führte die Haftakten, verwaltete die Krematorien und unterband einen unerwünschten Informationsfluss in das Lager hinein und aus dem Lager heraus. Zudem waren die Angehörigen der Politischen Abteilung beteiligt an Einzelexekutionen und am Massenmord selbst.[388]

Die Frankfurter Staatsanwaltschaft stellte das Ermittlungsverfahren gegen Settnik sowie 56 weitere Beschuldigte jedoch noch vor der Eröffnung des ersten

383 Vgl. Balzer; Renz: Das Urteil, 2004, S. 33–37.

384 Vgl. Weinke: Die Verfolgung, 2002, S. 236–257.

385 Vgl. Rat für den Schutz der Denkmäler des Kampfes und des Martyriums (Hg.): Auschwitz faschistisches Vernichtungslager. 2., erw. u. verb. Aufl., Warszawa 1981, S. 203–212.

386 Landeskriminalamt Baden-Württemberg, II/1-221/58: Bericht an die Staatsanwaltschaft Stuttgart über die Aussagen von Adolf Rögner, 20.8.1958; ZStL, IV 402 AR – Z 37/58, Sonderband 1, Bl. 48–51, hier 50.

387 Vgl. Comité International d'Auschwitz (Hermann Langbein): Mitteilung an die Oberstaatsanwaltschaft in Frankfurt/M. zum Ermittlungsverfahren 4 Js 444/59 (KZ Auschwitz), 20.9.1959; Staatsanwaltschaft bei dem Landgericht Frankfurt/M. 61/50/4 Js 1173/62 (ex 61/50/4 Js 444/59), Bd. 14, Bl. 2137.

388 Vgl. Lasik: Die Organisationsstruktur des KL Auschwitz, Bd. I, 1999, S. 165–320; Tuchel: Registrierung, Mißhandlung und Exekution, 2000.

Auschwitz-Prozesses wieder ein.[389] Dies geschah im Fall Settnik hauptsächlich deshalb, weil sich »keine konkreten Anhaltspunkte für eine Beteiligung an strafbaren Handlungen ergeben« hatten und zudem sein Aufenthaltsort nicht ermittelt werden konnte.[390] Ein Rechtshilfeersuchen an die DDR hatten die bundesdeutschen Ermittler nicht gestellt.

Tatsächlich lebte der in Königshütte (Chorzow/Oberschlesien) geborene Josef Settnik (Jg. 1903) im sächsischen Glashütte. Er war dort als Lagerverwalter und Versandmeister tätig. Die Staatssicherheit wurde im Frühjahr 1959, ohne von den Vorgängen in der Bundesrepublik zu wissen, auf ihn aufmerksam. Ein Verwandter Settniks hatte das MfS auf ein Foto hingewiesen, das diesen in der Uniform der Waffen-SS zeigte. Nachfragen in der Nachbarschaft ließen den Verdacht aufkommen, dass er in Auschwitz gewesen sein könnte.[391] Gewissheit brachte 1960 die polnische Staatssicherheit, die bestätigte, dass Settnik im Vernichtungslager Auschwitz der Politischen Abteilung angehörte: »Settnik liegt in der Verbrecherliste ehemaliger Funktionäre der Konzentrationslager Auschwitz, Dachau und anderer als aktives Mitglied der SS in Auschwitz sowie Fanatiker und Denunziant von Gefangenen ein.«[392] Die Aussagen zweier ehemaliger Häftlinge bestätigten wenig später diese Angaben. Der nunmehrige Direktor des Staatlichen Museums in Oswiecim, Kazimierz Smolen, erinnerte sich an Settnik, jedoch nicht an Einzelheiten oder von ihm begangene Straftaten.[393] Der andere Haftkamerad war in der Politischen Abteilung unter anderem als Schreiber tätig gewesen und gab zu Protokoll, nicht persönlich von Settnik misshandelt worden zu sein. Settnik habe jedoch auch anderen, nicht näher bekannten Kommandos angehört und sei zur »Aufnahme« eintreffender Transporte von Juden zugeteilt gewesen.[394]

Besondere Brisanz gewann der Fall, als das MfS feststellte, dass einer der Söhne Settniks gerade die Militärakademie der Sowjetischen Streitkräfte in Leningrad besuchte und die Vergangenheit seines Vaters in seinen Personalunterlagen nicht erwähnt hatte. Die MfS-Militärabwehr (HA I) übernahm daraufhin

389 Vgl. (Der Oberstaatsanwalt bei dem Landgericht Frankfurt/M.): Verfügung der Einstellung des Ermittlungsverfahrens wegen des Verdachts der Beteiligung an Tötungsverbrechen im Bereich des Konzentrationslagers Auschwitz, 4.9.1963; Staatsanwaltschaft bei dem Landgericht Frankfurt/M. 61/50/4 Js 1173/62 (ex 61/50/4 Js 444/59), Bd. 86, Bl. 16388–16394.

390 (Der Oberstaatsanwalt bei dem Landgericht Frankfurt/M.): Mitteilung an den Leiter der Zentralstelle im Lande Nordrhein-Westfalen bei dem Leitenden Oberstaatsanwalt in Köln betreffs Ermittlungsverfahren 4 Js 1173/62 wegen im KZ Auschwitz begangener Tötungsverbrechen, 15.2.1965; Staatsanwaltschaft bei dem Landgericht Frankfurt/M. 61/50/4 Js 1173/62 (ex 61/50/4 Js 444/59), Bd. 86, o. Pag. Wie die Aussage einer Zeugin belegt, gab es durchaus konkrete Aussagen und Hinweise auf strafbare Handlungen von Settnik, die aber entweder übersehen oder als nicht strafrelevant eingeschätzt wurden.

391 Vgl. HA I/S z.b.V.: Sachstandsbericht zum Anlegen eines Operativ-Vorganges, 22.8.1960; BStU, MfS, BV Dresden, AOP 739/64, Bd. I, Bl. 10 f.

392 (MdI der Volksrepublik Polen, Berliner Gruppe A): Mitteilung an die Abt. X des MfS, betreffs Josef Settnik, 6.8.1960; ebenda, Bl. 75.

393 Staatliches Museum in Oswiecim: Mitteilung an die Bezirkskommandantur der Volksmiliz in Krakòw, 17.11.1960; ebenda, Bl. 16.

394 Vgl. (MdI der VR Polen, Bezirkskommandantur Gliwice): Vernehmungsprotokoll eines Zeugen, 4.10.1960; ebenda, Bl. 17.

den Fall Settnik, um »Beweise seiner verbrecherischen Tätigkeit zu erbringen und ihn zu inhaftieren, um danach auch über die weitere Verwendung des Sohnes entscheiden zu können«.[395]

Doch die Recherchen des damit beauftragten Hauptmanns Heinz Busch beschränkten sich zunächst auf weitere Anfragen bei den polnischen Kollegen. Im Sommer 1962 hatte Busch, der dienstlich zwischen Moskau und Ost-Berlin pendelte, mittels entsprechender Literatur herausgefunden, welche Funktion die Politische Abteilung in Auschwitz hatte.[396] Hauptabteilungsleiter Karl Kleinjung ließ daraufhin über die HA V beim Komitee der Antifaschistischen Widerstandskämpfer Ausschau nach Augenzeugen halten, allerdings erfolglos.[397]

Die Idee eines Mitglieds des Komitees, doch den in Wien lebenden Hermann Langbein nach Settnik zu befragen, verwarf das MfS.[398] Wegen seines Eintretens für die Aufständischen in Ungarn 1956 war Langbein aus der Kommunistischen Partei Österreichs ausgeschlossen worden und galt seitdem auch in den Bruderparteien als »Feind« und »Unperson«. Im Sommer 1961 hatte man ihn in Warschau, nach einer »Verleumdungskampagne«, bei welcher sich die Vertreter der DDR besonders hervorgetan hatten, als Generalsekretär des Internationalen Auschwitz-Komitees abgewählt und schließlich aus der Organisation gedrängt.[399]

Eine vertrauliche Nachfrage erschien dem MfS daher wohl zu risikoreich – vermutlich mit Recht, denn Langbein hatte bereits der westdeutschen Staatsanwaltschaft nach Kräften bei ihren Ermittlungen geholfen. Einen Hinweis auf den Aufenthaltsort Settniks hätte er sicher nicht aus Parteiräson für sich behalten.[400]

Hauptmann Busch, dessen Vater ebenfalls in Auschwitz ermordet worden war, vermerkte mit spürbarer Verbitterung über die Auswahl des Sohnes für die Militärakademie:

»Settnik, Josef war Angehöriger der Lager-Gestapo in Auschwitz und hat aufgrund seiner Dienststellung erfahrungsgemäß nach aller Wahrscheinlichkeit teilgenommen an Verbrechen gegen die Menschlichkeit. Konkrete Handlungen seinerseits in dieser Richtung sind jedoch nicht belegt. Somit wurde der Sohn eines SS-Verbrechers, der auf der polnischen

395 HA I/S z.b.V.: Sachstandsbericht zum Anlegen eines Operativ-Vorganges, 22.8.1960; ebenda, Bl. 11.

396 Vgl. Hauptmann Busch: Aktenvermerk, 27.6.1962; ebenda, Bl. 86.

397 HA I/ z.b.V.: Anfrage an die HA V/1, betreffs Deutsche Häftlinge des ehemaligen KZ Oswiecim (Auschwitz), 27.6.1962; BStU, MfS, BV Dresden, AOP 739/64, Bd. I, Bl. 87.

398 HA I/ z.b.V.: Aktenvermerk, 31.1.1963; ebenda, Bl. 101; HA V/3: Mitteilung an die HA I betreffs Hermann Langbein, 20.2.1963; ebenda, Bl. 103. Langbein war zu diesem Zeitpunkt Sekretär des Comité International des Camps, mit Sitz in Wien.

399 Vgl. Weit: Ostblock, 1970, S. 67–79; Langbein: Entschädigung für KZ-Häftlinge?, 1989; Renz: Hermann Langbein, 1996, S. 20–23.

400 Vgl. Renz: Der I. Frankfurter Auschwitz-Prozess. Zwei Vorgeschichten. In: Zeitschrift für Geschichtswissenschaft, 50(2002)7, S. 622–641; Ders.: Der erste Frankfurter Auschwitz-Prozess. Völkermord als Strafsache. In: Zeitschrift für Sozialgeschichte 15(2000)2, S. 11–48.

Kriegsverbrecherliste geführt wird, an einer sowjetischen Militärakademie zu einem hochqualifizierten Spezialisten herangebildet.«[401]

Im August 1963 ging die Akte Settnik an die Kreisdienststelle Dippoldiswalde. Ein gutes halbes Jahr später lud die Kreisdienststelle Settnik in das Wehrbezirkskommando in Dresden vor. Der ahnte offenbar, worum es ging und erklärte sofort, ein volles Geständnis über seine Handlungen in der NS-Zeit ablegen zu wollen. Er wusste bereits, dass er auf der polnischen Kriegsverbrecherliste stand und wollte sich offenbar seinem Schicksal ergeben. Von seiner Ehefrau habe er bereits Abschied genommen und sein »Amen« gebetet.[402]

Er gab die Stationen seiner SS-Laufbahn zu Protokoll: im November 1939 als »Volksdeutscher« im besetzten Polen SS-Freiwilliger, März 1940 Einberufung zu einem SS-Infanterie-Regiment, Einsätze bei der Besetzung Norwegens und dem Angriff auf die Sowjetunion, anschließend Freiwilligenmeldung in das Konzentrationslager Auschwitz.[403] Nach eigenen Angaben diente er dort ab Januar 1942, anfangs als Sturmmann einer der SS-Wachkompanien des SS-Totenkopf-Wachsturmbanns.[404]

Seine Hauptaufgaben waren der Postendienst auf Wachtürmen rund um das Lager sowie die Bewachung von Arbeitskommandos außerhalb des Lagers. Er selbst habe dabei niemals auf Häftlinge, etwa bei Fluchtversuchen, geschossen.[405] Am 1. September 1942 wurde Settnik zum SS-Rottenführer befördert.[406] Er will sich aufgrund seiner Polnischkenntnisse erst im Februar 1944 als Dolmetscher für die Politische Abteilung gemeldet haben; außerdem gab er an, hier zunächst Häftlinge im Registratur- und Karteireferat[407] beaufsichtigt zu haben.[408]

401 HA I/z.b.V.: Schlussbericht zur operativen Vorlaufakte Registriernummer I/3543/60 über die DDR-Bürger Settnik, Josef und Sohn, 13.5.1963; BStU, MfS, BV Dresden, AOP 739/64, Bd. 1, Bl. 104–106, hier 105.

402 KD Dippoldiswalde: Bericht über die Kontaktaufnahme des in der Fa. Berger, Glashütte, beschäftigten Settnik, Josef, 9.3.1964; BStU, MfS, BV Dresden, AIM 463/71, Bd. I/1, Bl. 30–32, hier 30.

403 Vgl. (KD Dippoldiswalde): Befragungsprotokoll von Settnik, Josef, (2.3.1964); ebenda, Bl. 14–23, hier 15. Laut »Gebührniskarte« war Dienstantritt am 7.3.1940; BA Berlin, BDC, SM B 345 Settnik, Josef; zum Einsatz von Angehörigen der Waffen-SS in Konzentrationslagern Klietmann: Die Waffen-SS, 1965, S. 348; Stein: Geschichte der Waffen-SS, o. D., S. XVII–XIX, 93–95; Wegner: Hitlers politische Soldaten, 1990, S. 122 f.; siehe Kàrny: Waffen-SS und Konzentrationslager, Bd. II, 1998.

404 Vgl. (KD Dippoldiswalde): Befragungsprotokoll von Settnik, Josef, (2.3.1964); BStU, MfS, BV Dresden, AIM 463/71, Bd. I/1, Bl. 15 f. Settnik nennt hier die 5. Kompanie. Laut einer Meldung vom 22.7.1942 gehörte er zu diesem Zeitpunkt jedoch der 3. Kompanie des SS-Totenkopf-Sturmbanns KL Auschwitz an und wurde erst am 20.1.1944 zur 5./6. Kompanie kommandiert. Vgl. Auskunft der Deutschen Dienststelle für die Benachrichtigung der nächsten Angehörigen von Gefallenen der ehemaligen deutschen Wehrmacht (WASt.) an den Autor, 15.10.2002, Stammrollenauszug, Truppenstammrolle Nr. 321; BA, ZWA Dahlwitz-Hoppegarten, ZM 2, Akte 3, Bl. 121.

405 Vgl. (KD Dippoldiswalde): Befragungsprotokoll von Settnik, Josef, (2.3.1964); BStU, MfS, BV Dresden, AIM 463/71, Bd. I/1, Bl. 16.

406 Vgl. »Gebührniskarte«; BA Berlin, BDC, SM B 345 Settnik, Josef.

407 Vgl. (KD Dippoldiswalde): Befragungsprotokoll von Settnik, Josef, (2.3.1964); BStU, MfS, BV Dresden, AIM 463/71, Bd. I/1, Bl. 16. Im gleichen Monat wurde Settnik zum SS-Unterscharführer befördert; vgl. »Gebührniskarte«; BA Berlin, BDC, SM B 345 Settnik, Josef.

408 Über Aufgaben und Funktion des Referates siehe Lasik: Die Organisationsstruktur des KL Auschwitz, Bd. I, 1999, S. 204 f.

Ab März sei er dann hauptsächlich bei Vernehmungen polnischer Häftlinge eingesetzt worden. Nachdem er zunächst behauptet hatte, zwar Zeuge von Gewaltakten gegen Häftlinge geworden zu sein, aber nicht selbst misshandelt zu haben, gestand er wenig später ein:

»Ich selbst habe mir einige Male aus Neugier angesehen, wie Häftlinge misshandelt wurden. Bei den Vernehmungen habe ich auch teilweise selbst auf Häftlinge mit der flachen Hand in das Gesicht, mit angezogenem Knie in den Magen u[nd] mit den Füßen in das Gesäß eingeschlagen. Ich selbst habe nur auf männl[iche] Häftlinge eingeschlagen.«[409]

In Vorbereitung des Frankfurter Auschwitzprozesses hatte eine Zeugin, die 1943 von Belgien aus nach Auschwitz deportiert worden war, ihn als »relativ harmlos« und »dumm« beschrieben. Auch konnte sie sich erinnern, dass Settnik, »wenn er als Schläger zu Vernehmungen hinzugezogen wurde, nachher mit weißem Gesicht herauskam«.[410] Allerdings hatte er, den Aussagen einer anderen inhaftierten Jüdin zufolge, die als Schreiberin und Dolmetscherin die Politische Abteilung genau kannte, wie alle SS-Männer dieser Abteilung an Selektionen und Vergasungsaktionen teilgenommen.[411]

Außerdem hatte der ehemalige KZ-Häftling Rögner ihn im Zusammenhang mit den Erschießungen der Juden von Bensburg (poln. Bedzin) genannt.[412] An der Räumung der Ghettos von Bedzin und Sosnowiec (dt. Sosnowitz) und Deportation von mehr als 30 000 Juden nach Auschwitz am 1. August 1943 waren auch Angehörige der Politischen Abteilung des KL Auschwitz beteiligt, welcher Settnik zu diesem Zeitpunkt noch nicht angehört haben will.[413] Diese Aussagen waren den MfS-Offizieren nicht bekannt, und Settnik hatte darüber von sich aus keine Aussagen gemacht. Ausführlicher berichtete er noch von der Räumung des Lagers und den anschließenden Todesmärschen in Richtung Westen.[414]

Im Januar 1945 habe er Akten ins Konzentrationslager Dora-Mittelbau bei Nordhausen/Harz überführt und sei dort wieder als Posten eingesetzt worden.[415]

409 (KD Dippoldiswalde): Befragungsprotokoll von Settnik, Josef, (2.3.1964); BStU, MfS, BV Dresden, AIM 463/71, Bd. I/1, Bl. 19.

410 Zeugenaussage, Wien, 9.6.1961; Staatsanwaltschaft bei dem Landgericht Frankfurt/M. 61/50/4 Js 1173/62 (ex 61/50/4 Js 444/59), Bd. 51, Bl. 9235–9237, hier 9237.

411 Vgl. Zeugenaussage, Thessaloniki, 24.5.1961; Staatsanwaltschaft bei dem Landgericht Frankfurt/M. 61/50/4 Js 1173/62 (ex 61/50/4 Js 444/59), Bd. 50, Bl. 9055.

412 Vgl. Personenkarteikarte Settnik, Josef, Karte 2; ZStL (Registratur/Kartei). Die Aussage selbst, auf welchem der Eintrag beruht, konnte leider nicht aufgefunden werden.

413 Vgl. Stichwort »Ostoberschlesien«, in: Jäckel; Longerich; Schoeps: Enzyklopädie des Holocaust, Bd. II, 1993, S. 1081–1085; Langbein: Der Auschwitz-Prozess, Bd. 1, 1995, S. 333 f.

414 Zur Problematik der Räumung der Konzentrationslager (Auschwitz u. a.), der »Todesmärsche« und zum Verhalten der Wachmannschaften siehe u. a. Wrobel: Die Liquidation des Konzentrationslagers, 1962; Strezelecki: Endphase, 1995; Orth: Das System, 1999, S. 270–336; Blatman: Die Todesmärsche; Strezelecki: Der Todesmarsch der Häftlinge; Sprenger: Das KZ Groß-Rosen, Bd. II, 1998; Strezelecki: Die Liquidation des KL Auschwitz, Bd. I, 1999.

415 Vgl. (KD Dippoldiswalde): Befragungsprotokoll von Settnik, Josef, (2.3.1964); BStU, MfS, BV Dresden, AIM 463/71, Bd. I/1, Bl. 16. Tatsächlich gab es einen solchen Lkw-Transport, wie Pery Broad und andere später bestätigten. Vgl. Kaul; Noack: Angeklagter Nr. 6, 1966, S. 17; vgl. Verbindungsstelle KL Auschwitz Zittau: Namensliste der an KL Mittelbau abgestellten SS-Leute, 15.2.1945; Panstwowe

Hier gingen die katastrophalen Verhältnisse in den überfüllten Lagern einher mit zahlreichen Exekutionen.[416] Ein Häftling erinnerte sich 1946: »In dieser Hinsicht erwarben sich besonders traurigen Ruhm die SS-Leute aus Oswiecim, die Dora in ein Vernichtungslager nach ihren Methoden in ihrem eigenen Lager verwandelten. Diese übertrumpften alle unsere SS-Leute in jeder Hinsicht.«[417]

Anfang April musste auch dieser Konzentrationslagerkomplex geräumt werden. In der Nacht vom 4. zum 5. April 1945 ließ Franz Hössler, der bereits in Auschwitz Schutzhaftlagerführer war, die Häftlinge in Marsch setzen – insbesondere in Richtung der Konzentrationslager Sachsenhausen, Ravensbrück und Mauthausen sowie in das »Sterbelager« Bergen-Belsen.[418] In aller Eile und mit großer Brutalität trieben die Wachmannschaften die Lagerinsassen in Güter- und Viehwaggons. Häftlinge, deren Außenlager nicht an Bahnstrecken lagen, trieb die SS zu Fuß durch den Harz in Richtung Nordosten. Eine Vielzahl von ihnen wurde auf dem Weg ermordet; nahe der Stadt Gardelegen wurden mehr als 1 000 Gefangene in eine Feldscheune gesperrt. Anschließend schossen die Wachposten auf die Häftlinge im Innern der Scheune und warfen durch Dachluken Handgranaten hinein. Etliche verbrannten im mit Stroh ausgelegten Gebäude.[419]

Settnik gehörte zum Begleitkommando eines Transportes in das Lager Ravensbrück, der dort am 14. April 1945 eintraf.[420] Von dort ging es am 27. und 28. April weiter Richtung Nordwesten. Über 20 000 Häftlinge wurden über Malchow, Neustadt-Glewe nahe Ludwigslust sowie Dömitz an der Elbe in Richtung Schleswig-Holstein getrieben.[421] Settnik versuchte den Eindruck zu erwecken, als habe es auf diesen Märschen, die für viele Häftlinge noch das Ende in letzter Minute bedeuteten, ein Einvernehmen mit den SS-Bewachern gegeben: »Ich kam dann wieder zur Häftlingsbewachung u[nd] wir marschierten mit den Häftlingen bis Parchim (Meckl[enburg]). Dort erfolgte die Auflösung, u[nd] ich bekam von einem Häftling, nachdem ich ihn gefragt habe, wie es weitergehen soll in Bezug auf meine Person, eine Häftlingsbekleidung [!].«[422]

Muzeum Auschwitz-Birkenau w Oswiecimiu, Dzial Dokumentach Archiwalnej, D-RF-3/117/2-108277, S. 126.

416 Vgl. Bornemann: Geheimprojekt, 2. Aufl., 1994, S. 145 f.; Wagner: Produktion des Todes, 2001, S. 267–273.

417 Landes-Nationalausschuss, Landesamt für Staatssicherheit in Böhmen: Protokoll der Vernehmung eines Zeugen zur Klärung der Verhältnisse im Konzentrationslager Mittelbau/Dora – Nordhausen, 4.10.1946; BStU, MfS, AOP 12617/66, Bd. 8, Bl. 6–98, hier 16 u. 18.

418 Vgl. Orth: Das System, 1999, S. 307.

419 Vgl. SS im Einsatz. Eine Dokumentation über die Verbrechen der SS. Hg. v. Komitee der Antifaschistischen Widerstandskämpfer in der DDR. 5. Aufl., Berlin (Ost) 1960, S. 198; Goldhagen: Hitlers willige Vollstrecker, 1996, S. 432–435; Neander: Gardelegen 1945, 1998; Gring: … immer zwischen zwei Feuern«, 1998; Veigel: Gardelegen, 22.3.2001, unveröffentlichtes Manuskript.

420 Vgl. (KD Dippoldiswalde): Befragungsprotokoll von Settnik, Josef, o. D. (2.3.1964); BStU, MfS, BV Dresden, AIM 463/71, Bd. I/1, Bl. 16. Hinsichtlich der Ankunft des Transportes in Ravensbrück siehe Wagner, Jens-Christian: Das KZ Mittelbau-Dora, 2001, S. 47.

421 Vgl. Orth: Das System, 1999, S. 324.

422 (KD Dippoldiswalde): Befragungsprotokoll von Settnik, Josef, o. D. (2.3.1964); BStU, MfS, BV Dresden, AIM 463/71, Bd. I/1, Bl. 16 f.

Anfang Mai 1945 habe er dann in der Nähe von Parchim zwei Häftlinge getroffen, die ihn mit nach Berlin genommen hätten. Angeblich auf Rat eines der ehemaligen Häftlinge habe er die Identität eines aus Berlin stammenden und in Auschwitz ermordeten Häftlings angenommen. Unter dessen Namen hätte er sich bei der VVN gemeldet und bis Sommer 1948 sogar für die sowjetische Besatzungsverwaltung als Leiter eines Warenlagers gearbeitet. Anschließend waren er und seine Ehefrau nach Sachsen gezogen. Dort habe er sich wieder unter seinem richtigen Namen angemeldet. Schließlich gab Settnik zu Protokoll, in der DDR keine weiteren ehemaligen SS-Leute zu kennen. Nur einige der Angeklagten des laufenden Frankfurter Prozesses kannte er.

Die Dippoldiswalder MfS-Leute waren mit den Auskünften Settniks offenbar im Wesentlichen zufrieden. Auf eine Meldung des wichtigen Zeugen und mutmaßlichen Mittäters an die bundesdeutsche Justiz verzichteten sie ebenso wie auf eine genauere Überprüfung seiner teilweise nachgerade märchenhaft anmutenden und absichtsvoll unpräzisen Angaben. Selbst die Ermittlung der Gründe, die zur Aufnahme Settniks in die polnische Verbrecherliste geführt hatten, erschien ihnen unnötig. Sie taten einfach so, als habe Settnik mit all den gerade in Frankfurt ausgebreiteten Verbrechenskomplexen nichts zu tun gehabt. Ziel der Vernehmung war vielmehr von vornherein, neben der Bestätigung der vorliegenden Informationen, die ja im Wesentlichen auf Settnik selbst zurückgingen, den »Verdächtigen als IMV« zu werben. Letzteres wurde als eine Art Notlösung hingestellt, »da keine gesetzliche Grundlage für die Inhaftierung des Verdächtigen vorhanden« gewesen sei.[423] Wie seine Anwerbung erreicht wurde, hielt der vernehmende Unterleutnant etwas ungelenk, aber genau fest:

»Der S[ettnik] brachte in der Befragung mehrmals zum Ausdruck, ob für ihn noch die Möglichkeit besteht, für seine beiden Söhne etwas zu tun. [...] Als ihm mitgeteilt wurde, dass seine Schuld durch eine Zusammenarbeit mit dem MfS von ihm wieder gutgemacht werden kann, fing der S. an zu weinen und brachte zum Ausdruck, dass er dies nicht glauben könne, dass man ihm die Möglichkeit der Wiedergutmachung gibt.«[424]

Gleich im Anschluss diktierte man Settnik seine Verpflichtungserklärung und ermahnte ihn, »auch weiterhin seine Zugehörigkeit zur Waffen-SS, seinen Dienst in Auschwitz und das Tragen eines falschen Namens« zu verschweigen.[425] Besondere Möglichkeiten rechnete sich das MfS für den gläubigen Christen aus, Berichte über die »Rolle der Katholischen Kirche und die unter dem Deckmantel der Katholischen Kirche gegen unsere Republik geplanten oder durchgeführten Gesetzesverletzungen« zu liefern. Er wählte sich den Decknamen »Erwin Mohr«. Über die Zusammenarbeit mit dem MfS sollte er gegenüber Verwandten, Pfarrern und den anderen Glaubensbrüdern »strengstes Stillschweigen« wahren.[426]

423 KD Dippoldiswalde: Abschlussbericht betreffs VAO, Reg.-Nr. 3543/60, 9.3.1964; ebenda, Bl. 35 f.

424 KD Dippoldiswalde: Bericht über die Kontaktaufnahme des in der Fa. Berger, Glashütte, beschäftigten Settnik, Josef, 9.3.1964; ebenda, Bl. 31.

425 Ebenda, Bl. 32.

426 Josef Settnik: Handschriftliche Verpflichtung, 3.3.1964; ebenda, Bl. 33 f.

In der Testphase entwickelte sich der IM-Kandidat aus MfS-Sicht erfolgreich. Settnik berichtete operativ nutzbar über seinen Pfarrer, aber auch über Gespräche unter Kollegen seines Betriebes.[427] Während einige seiner ehemaligen SS-Kameraden in Frankfurt auf der Anklagebank saßen, wurde Josef Settnik im Oktober 1964 vollends in den Kreis der inoffiziellen Mitarbeiter des MfS aufgenommen. Die MfS-Offiziere gaben dem Informanten mit auf den Weg, dass er aufgrund seiner Vergangenheit »viel gutzumachen hat und dass er das nur durch eine ständige und gute Auftragserfüllung tun« könne. Woraufhin Settnik, wiederum unter Tränen versprach, »dass er alles tun wolle, was von ihm verlangt wird«.[428]

Erst rund zwei Jahre später hielt es der Leiter der Kreisdienststelle Dippoldiswalde für erforderlich, die Aussagen Settniks zu dessen Vita überprüfen zu lassen. Die Frankfurter Verfahren sowie der soeben zu Ende gegangene Prozess gegen den stellvertretenden SS-Standortarzt des KL Auschwitz, Dr. Horst Fischer, vor dem Obersten Gericht der DDR[429] zogen ihre Kreise (auch in Form einer lautstarken Berichterstattung in der DDR): »Der GI erscheint bei entsprechenden Prozessen stets sehr unruhig und nervös, was darauf schließen lassen könnte, dass er damals bei der Befragung noch nicht alles gesagt hat und evtl. doch direkte bzw. größere Verbrechen begangen hat.«[430]

Parallel dazu hatte Hauptmann Adolf Schilling, ein ehemaliger Auschwitzhäftling und nunmehriger Mitarbeiter der MfS-Bezirksverwaltung Dresden, nach der Anfrage an das DDR-Komitee der Widerstandskämpfer auf eigene Faust weiterrecherchiert und tatsächlich einen Leidensgefährten gefunden, der Settnik aus eigenem Erleben kannte.[431] Dieser Zeuge identifizierte im Mai 1966 Settnik eindeutig anhand eines Fotos und schilderte seine Rolle in Vernehmungen:

»In der zweiten Hälfte des Jahres 1943 holte u. a. diese Person mich vom Arbeitskommando DAW[432] [...] zur Vernehmung in die Polit[ische] Abteil[un]g im Lager Auschwitz ab. [...] Als ich bei der Vernehmung, die sich ca. 14 Tage zu Nacht- bzw. verschiedensten Tagzeiten abspielte, keine Aussage machte, veranlasste der mir auf dem Bild Gezeigte das Aufhängen in der Schaukel u[nd] führte es selbst aus. Hierzu wurde der Häftling mit Händen und Füßen miteinander zusammengeschnallt und an einer durchgesteckten Stange aufgehängt, geschaukelt und dabei geschlagen, was er ebenfalls persönlich durchführte.«[433]

427 Vgl. »Erwin Mohr«: Handschriftlicher Bericht zu Pfarrer W., Glashütte, 2.4.1964; »Erwin Mohr«: Handschriftliche Information, 13.5.1964; ebenda, Bl. 39 u. 46.

428 KD Dippoldiswalde: Bericht über durchgeführte Werbung, 19.10.1964; BStU, MfS, BV Dresden, AIM 463/71, Bd. I/1, Bl. 63.

429 Vgl. Dirks: Strafverfolgung zwischen Antifaschismus und SED-Kampagnenpolitik, 2002, S. 158–172.

430 KD Dippoldiswalde: Anschreiben an die BV Dresden, Abt. IX betreffs Überprüfung des Settnik, Josef, mit der Bitte um Kenntnisnahme und Weiterleitung an die HA IX, 14.4.1966; BStU, MfS, BV Dresden, AIM 463/71, Bd. I/1, Bl. 74 f.

431 Vgl. KD Dippoldiswalde: Aktennotiz, 12.5.1966; ebenda, Bl. 81–83.

432 Deutsche Ausrüstungswerke.

433 (BV Dresden): Befragungsprotokoll, 16.5.1966; BStU, MfS, BV Dresden, AIM 463/71, Bd. I/1, Bl. 117–121, hier 119. Bei diesem Marterinstrument handelte es sich um die nach ihrem »Erfinder« benannte »Boger-Schaukel«. Vgl. Kaul; Noack: Angeklagter Nr. 6, 1966, S. 136 (Fußnote 14).

Etwa vier Wochen später sei er nochmals auf Veranlassung Settniks aus dem »Bunker«[434] zu einer Vernehmung gebracht worden: »Da ich während der Vernehmung wiederum keine Angaben machte, wurde ich von der wiedererkannten Person bzw. nach dessen Weisung auf den Bock geschnallt und mit 25 Schlägen auf das Gesäß bestraft.«[435]

Einige Wochen später trafen sich Vertreter der HA XX/2, der HA IX/10 sowie der Abteilungen XX und IX der Bezirksverwaltung Dresden, um angesichts der neuen Beschuldigungen über das weitere Vorgehen zu entscheiden. Die Aussagen des Zeugen hielten die Offiziere für zu allgemein. So sei zum Beispiel der »tatsächliche Anteil« Settniks an den Misshandlungen nicht eindeutig angegeben. Außerdem sei die Identifizierung anhand des Fotos angeblich unqualifiziert erfolgt. Der Vertreter der HA XX/2 meinte sogar, »dass aufgrund der undurchsichtigen Vergangenheit des [Zeugen] dessen Angaben anzuzweifeln« seien.[436]

Andererseits habe Settnik ohnehin »keine Perspektive in der operativen Arbeit« und sein Verhalten in Auschwitz müsse »dringend« überprüft werden.[437] Es wäre nun am einfachsten gewesen, eine Gegenüberstellung vorzunehmen oder die beiden, Opfer wie Täter, detailliert zu befragen, auch um die Widersprüche über den tatsächlichen Dienstantritt Settniks in der Politischen Abteilung zu klären, denn der Zeuge war nachweislich am 8. November 1943 in den »Bunker« von Block 11 eingesperrt und am 23. wieder entlassen worden.[438] Doch in einer Liste von Auschwitz-Häftlingen, die als Zeugen infrage kamen und vom Referat XX/2/III auf ihre Eignung überprüft worden waren, tauchte dieser Zeuge nicht mehr auf.[439]

Wenig Vertrauen erweckend war auch die Qualifikation des für die weitere Bearbeitung in Dresden vorgesehenen Personals:

»Der zuständige Mitarbeiter der Abteilung IX verschafft sich in Vorbereitung auf die Ausarbeitung der Befragungspläne und in Durchführung der Befragungen auf der Grundlage der ihm während der Absprache zur Kenntnis gebrachten Dokumentationen den notwendigen Überblick über den Tatort (siehe Tatortskizze).«[440]

434 In der Häftlings- und Lagersprache wurden die im Keller des Blocks 11 (Stammlager) befindlichen Arrestzellen (darunter vier Stehzellen) als »Bunker« bezeichnet. Vgl. Lasik: Die Organisationsstruktur des KL Auschwitz, Bd. I, 1999, S. 242–245.

435 (BV Dresden): Befragungsprotokoll, 16.5.1966; BStU, MfS, BV Dresden, AIM 463/71, Bd. I/1, Bl. 120. Für diese häufig angewandte »Körperliche Züchtigung« wurden Knüppel oder Ochsenziehmer benutzt, nicht selten endete diese Tortur tödlich. Vgl. Strzelecka: Strafen und Folter, Bd. II, 1999.

436 HA IX/10: Vermerk über eine Absprache zum VO, Archiv-Nr. 739/64 der BV Dresden, 1.7.1966; BStU, MfS, BV Dresden, AIM 463/71, Beiakte, Bl. 3–7, hier 5.

437 Ebenda, Bl. 5.

438 (BV Dresden): Befragungsprotokoll, 16.5.1966; BStU, MfS, BV Dresden, AIM 463/71, Bd. I/1, Bl. 117–121; Czech: Kalendarium der Ereignisse, 1989, S. 647.

439 Vgl. HA XX/2: Liste der ehemaligen Häftlinge des KZ Auschwitz, 5.7.1966; BStU, MfS, BV Dresden, AIM 463/71, Beiakte, Bl. 12–16.

440 HA IX/10: Vermerk über eine Absprache zum VO, Archiv-Nr. 739/64 der BV Dresden, 1.7.1966; BStU, MfS, BV Dresden, AIM 463/71, Beiakte, Bl. 6.

Nach heutigem Kenntnisstand blieben diese Aktivitäten ergebnislos. Auch ein Hinweis Schillings, der im Auftrag des MfS im Archiv der Gedenkstätte Auschwitz inoffizielle Recherchen angestrengt hatte, auf die Denunziantenrolle Settniks wurde nicht weiter verfolgt.[441] Später heißt es nur noch lapidar: »Der IM steht aufgrund seiner Vergangenheit unter op[erativer] Kontrolle, da vermutet werden kann, dass er in gewissen Situationen feindliche Handlungen duldet bzw. unterstützt.«[442]

Settnik alias IMS »Erwin Mohr« verfasste jedenfalls seine Spitzelberichte für die Kreisdienststelle Dippoldiswalde bis Sommer 1970 »ohne Hemmungen und Rücksicht auf Personen«. Darüber hinaus besorgte er mehrmals Kirchendokumente aus dem Besitz seines Pfarrers.[443] Dann wechselte er den Wohnort, doch die neu zuständige Kreisdienststelle hatte kein Interesse an der weiteren Nutzung des IM. Die Zusammenarbeit wurde im Januar 1971 eingestellt.[444] Settnik starb im April 1986, ohne je von einem (weltlichen) Gericht behelligt worden zu sein.

Der Wachposten – August Bielesch

Settnik war nicht der einzige Totenkopfsturmbannmann, auf dessen Dienste die Staatssicherheit glaubte nicht verzichten zu können. 1969 war die Kreisdienststelle Demmin auf August Bielesch (Jg. 1924) aufmerksam geworden und hatte aus dem Archiv der HA IX/11 Kopien der SS-Personalakte bekommen.[445] Der 18-jährige Bielesch war als »Volksdeutscher« 1942 in seinem slowakischen Heimatdorf für die Waffen-SS gemustert worden. Zwar wies er nicht die erforderliche Mindestgröße auf und galt deshalb nicht als SS-tauglich, doch aufgrund der wachsenden Personalnot senkte die Waffen-SS die Voraussetzungen und zog Bielesch im Februar 1943 zur so genannten »Konzentrationslager-Verstärkung (KZ-Bewachung)« ein.[446]

Nach fünf Wochen Grundausbildung im SS-Totenkopfsturmbann des Konzentrationslagers Buchenwald versetzte man ihn im Juli 1943 zum Konzentrationslager Auschwitz II (Birkenau). Sein Kompanieführer bescheinigte ihm ein

441 Hauptmann Adolf Schilling: Aktennotiz zum Ergebnis der Nachfrage nach eventuell vorhandenen Unterlagen im Archiv des Museums Auschwitz über die ehemaligen SS-Angehörigen Settnik, Josef und Klakus, Franz auf Ersuchen der Abt. XX unserer BV, 6.10.1966; ebenda, Bl. 45.

442 KD Dippoldiswalde: Abschlusseinschätzung zum IMS »Erwin Mohr« – XII/933/64, 12.8.1970; BStU, MfS, BV Dresden, AIM 463/71, Bd. I/1, Bl. 107 f.

443 Ebenda, Bl. 107.

444 BV Dresden, KD Dippoldiswalde: Beschluss zum Einstellen eines IMS-Vorganges, Gründe für das Einstellen, 11.1.1971; BStU, MfS, BV Dresden, AIM 463/71, Bd. I/1, Bl. 114 f.

445 Wie die Original-Akte in den Bestand der HA IX/11 gekommen ist, lässt sich nicht mehr rekonstruieren. In der Personen- bzw. Vorgangskartei der HA IX/11 ist Bielesch nicht erfasst, daher ist auch deren Signatur im heutigen ZWA Dahlwitz-Hoppegarten nicht (mehr) ermittelbar.

446 Vgl. Ersatzkommando Südost der Waffen-SS: Musterungsformular (Tauglichkeitszeugnis) August Bielesch, 14.12.1942; BStU, MfS, BV Neubrandenburg, AIM 561/79, Bd. V/1, Bl. 80; HA IX: Mitteilung über den Inhalt der im Archiv der HA IX/11 aufgefundenen Archivalien zu Bielesch an die BV Neubrandenburg mit Sitz in Neustrelitz, 24.11.1969; ebenda, Bl. 11–13, hier 11.

halbes Jahr später, dass er seinen Dienst gut versah. Charakterlich wurde er als »willig, aufrichtig und ehrlich« eingeschätzt. Lediglich seine weltanschauliche Haltung bedürfe noch der Festigung.[447] In der Zeit von Bieleschs Dienstantritt hatte in Auschwitz die Phase der systematischen Vernichtung von Juden aus ganz Europa eingesetzt. In den folgenden Monaten wurden täglich tausende und zehntausende Deportierte von der Bahnrampe weg in die Gaskammern getrieben. So traf am 1. Mai 1944, dem Tag der Beförderung Bieleschs zum SS-Sturmmann der Reserve,[448] der 72. Transport mit Deportierten aus Frankreich in Auschwitz ein. Von den 1 004 jüdischen Männern, Frauen und Kindern dieses Transportes wurden 865 sofort in den Gaskammern Birkenaus ermordet.[449] Wenig später, vier Tage nach der Ankunft der ersten Massentransporte ungarischer Juden, unterschrieb Bielesch die obligatorische Erklärung, die die SS-Leute ausdrücklich zum Stillschweigen und zum Mittun am Massenmord verpflichtete – ein wichtiges Indiz für die Beteiligung am Vernichtungsgeschehen:

»1. Mir ist bekannt und ich bin heute darüber belehrt worden, dass ich mit dem Tode bestraft werde, wenn ich mich an Judeneigentum jeglicher Art vergreife.
2. Über alle während der Judenevakuierung durchzuführenden Maßnahmen habe ich unbedingte Verschwiegenheit zu bewahren, auch gegenüber meinen Kameraden.
3. Ich verpflichte mich, mich mit meiner ganzen Person und Arbeitskraft für die schnelle und reibungslose Durchführung dieser Maßnahmen einzusetzen.«[450]

Die Mitarbeiter der HA IX wiesen ihre Kollegen in der Bezirksverwaltung Neubrandenburg ausdrücklich auf das Geschehen dieser Zeit in Auschwitz hin und betonten unter Berufung auf die Ergebnisse des zweiten Auschwitz-Prozesses in Frankfurt/Main, dass in Bieleschs Dienstzeit die meisten der 430 000 ungarischen Juden in Auschwitz-Birkenau sofort vergast wurden.[451] Im August 1944 war Bielesch aufgrund einer Verfügung des SS-Wirtschafts- und Verwaltungshauptamtes, Amtsgruppe D – Konzentrationslager – zum SS-Truppenübungsplatz »Böhmen« in Beneschau (Hradischko) versetzt worden, wo sich ein Außenkommando des KZ Flossenbürg befand.[452] Nach eigenen Angaben kommandierte man ihn anschließend im November zum 2. SS-Panzerartillerieregiment der 9. SS-Panzerdivision »Hohenstaufen« ab.[453] Nach seinem Einsatz auf verschiedenen

447 Vgl. 8./SS-Totenkopf-Sturmbann K. L. Auschwitz: Dienstleistungszeugnis des SS-Schützen August Bielesch, 28 12.1943; ebenda, Bl. 97 f.

448 Waffen-SS Kommandantur des K. L. Auschwitz II: Mitteilung an August Bielesch, Vordruck, 1.5.1944; ebenda, Bl. 103.

449 Vgl. Czech: Kalendarium der Ereignisse, 1989, S. 763.

450 Verpflichtungsschein vom 20.5.1944; BStU, MfS, BV Neubrandenburg, AIM 561/79, Bd. V/1, Bl. 104.

451 Vgl. HA IX: Mitteilung über den Inhalt der im Archiv der HA IX/11 aufgefundenen Archivalien zu Bielesch an die BV Neubrandenburg mit Sitz in Neustrelitz, 24.11.1969; ebenda, Bl. 12 f.; Gerlach; Aly: Das letzte Kapitel, 2004, S. 10; Orth: Das System, 2002, S. 256 f.

452 Vgl. 3. SS-Totenkopf-Sturmbann Auschwitz II: Auszug aus der Truppenstammrolle, 27.9.1944; BStU, MfS, BV Neubrandenburg, AIM 561/79, Bd. V/1, Bl. 108 f.; Weinmann: Das nationalsozialistische Lagersystem, 3. Aufl., 1998, S. 560.

453 Vgl. IMS »Philipp«: Handschriftlicher Lebenslauf, o. D.; BStU, MfS, BV Neubrandenburg, AIM 561/79, Bd. I/1, Bl. 38–50, hier 43.

Kriegsschauplätzen wurde Bielesch im Mai 1945 in der Nähe von Salzburg/Österreich von westalliierten Truppen gefangen genommen und bis 1948 in französischen Kriegsgefangenenlagern verwahrt.[454]

Die Abteilung XX/2 der BV Neubrandenburg legte im Dezember 1969 zunächst eine »Operative Vorlaufakte« (OVA) mit der makabren Deckbezeichnung »Zyklon« an, um den Verdacht von Verbrechen gegen die Menschlichkeit zu prüfen.[455] Der verantwortliche Offizier veranlasste die üblichen Erkundigungen am Wohnort und an dessen Arbeitsstelle.[456] Weitere Informationen, zum Beispiel über Ehe- und Familienverhältnisse, beschaffte ein IM, welcher auch erfolglos versucht hatte, Fotos von Bielesch aus der Zeit vor und nach 1945 zu besorgen.[457] Dann kam dem MfS »Kommissar Zufall« zur Hilfe.[458]

Das Volkspolizeikreisamt Teterow leitete wegen anderer Delikte ein Ermittlungsverfahren gegen Bielesch ein und nahm eine Hausdurchsuchung vor.[459] Dabei fanden die Polizisten Fotografien, auf denen Bielesch in SS-Uniform abgebildet war und stellten sie dem MfS zur Verfügung.[460] Doch kein befragter ehemaliger Häftling erkannte Bielesch auf den Fotos wieder, da die Wachmannschaften häufig gewechselt hätten und sie nur bei Außenkommandos in direkten Kontakt mit den Häftlingen gekommen seien.[461] Referatsleiter Schulz von der HA XX/2, der seine Neubrandenburger Kollegen beriet, vertrat die Auffassung, dass eine weitere Bearbeitung nur Zweck habe, wenn Bielesch durch zeitgenössische Dokumente zu überführen sei, was wiederum nur möglich wäre, wenn die Verbrechen nach 1943 begangen worden seien, denn erst von diesem Zeitpunkt an seien bei Tötungsdelikten Untersuchungen durchgeführt und das Ergebnis in den Personalakten der SS-Angehörigen vermerkt worden. Dies bezog sich auf eine weitere von Bielesch unterschriebene »Verpflichtung«: »Mir ist bekannt, dass nur der Führer allein über Leben und Tod eines Staatsfeindes entscheidet. Ich darf keinen Staatsgegner (Häftling) körperlich schädigen oder zu Tode bringen. Jede Tötung eines Häftlings in einem Konzentrationslager bedarf der

454 Auskunft der Deutschen Dienststelle für die Benachrichtigung der nächsten Angehörigen von Gefallenen der ehemaligen deutschen Wehrmacht (WASt.) an den Autor, 15.10.2002.

455 BV Neubrandenburg, Abt. XX/2: Beschluss für das Anlegen einer Operativ-Vorlaufakte, 31.12.1969; BStU, MfS, BV Neubrandenburg, AIM 561/79, Bd. V/1, Bl. 7 f.

456 Vgl. BV Neubrandenburg, KD Teterow: Ermittlungsbericht über August Bielesch, 5.2.1970; ebenda, Bl. 19–22; BV Neubrandenburg, KD Demmin: Ermittlungen zur Person Bielesch anhand Kaderunterlagen und Aussagen des Kaderleiters, 22.1.1970; ebenda, Bl. 24 f.

457 BV Neubrandenburg, KD Teterow: Bericht des IM »Bauch«, 3.9.1970; ebenda, Bl. 37–40.

458 Vgl. BV Neubrandenburg, KD Teterow: Ermittlungsbericht über August Bielesch, 5.2.1970; ebenda, Bl. 19–22; BV Neubrandenburg, KD Demmin: Ermittlungen zur Person Bielesch anhand Kaderunterlagen und Aussagen des Kaderleiters, 22.1.1970; ebenda, Bl. 24 f.; BV Neubrandenburg, KD Teterow: Bericht des IM »Bauch«, 3.9.1970; ebenda, Bl. 37–40.

459 Vgl. MdI, Dienststelle VPKA Teterow: Verfügung über die Einleitung eines Ermittlungsverfahrens, 15.4.1971; BStU, MfS, BV Neubrandenburg, AIM 561/79, Bd. V/1, Bl. 160–162.

460 BV Neubrandenburg, Abt. XX/2: Bericht über die Durchsuchung der Wohnung des Bielesch, August, in Klein-Lunow, Kreis Teterow, 21.5.1971; ebenda, Bl. 70 f.

461 BV Neubrandenburg, Abt. XX/2: Bericht über die durchgeführten Befragungen zur OVA »Zyklon«, 9.9.1971; ebenda, Bl. 76 f.

persönlichen Genehmigung des Reichsführers SS.«[462] Laut Schulz sei mit dieser Maßnahme den willkürlichen Tötungen Einhalt geboten worden, um die Arbeitskräfte für die dort tätigen Konzerne zu erhalten.[463]

Da sich aber in seiner SS-Personalakte keine Hinweise auf »außerplanmäßige« Tötungen fanden, stellte das MfS den Vorgang mangels Beweisen ein. Auf weitergehende Archivrecherchen und Nachforschungen in Polen oder der ČSSR verzichtete man ganz. So blieb letztlich nur eine relativ schwache Belastung: In Personalbogen und Lebenslauf seiner Kaderakte hatte Bielesch seine SS-Zugehörigkeit verschwiegen und sich als einfacher Wehrmachtssoldat ausgegeben. Außerdem hatte er seine Schulzeit heimlich von sechs auf acht Jahre verlängert.[464] Mit diesem Druckmittel in der Hand ging die Bezirksverwaltung Neubrandenburg im Oktober 1971 daran, Bielesch als inoffiziellen Mitarbeiter »auf der Basis der Wiedergutmachung« zu werben.[465] In der obligatorischen Befragung gestand Bielesch seinen SS-Dienst ein und gab an, lediglich von Postentürmen sowie bei Außenkommandos die Häftlinge bewacht zu haben.[466] Er behauptete sogar, von Verbrechen in den Lagern überhaupt nichts bemerkt zu haben.[467] Anschließend beugte er sich dem Druck der MfS-Offiziere:

»Seit [der] am heutigen Tage mit mir geführten Aussprache wurde mir klar, dass ich wegen falscher Angaben in den von mir geschriebenen Fragebogen, Verschweigen meiner Angehörigkeit zur SS und der ausgeübten Tätigkeit als Wachmann im Konzentrationslager Auschwitz (Birkenau), strafrechtlich zur Verantwortung gezogen werden kann. Durch meine Bereitschaft, offen und ehrlich mit dem Ministerium für Staatssicherheit zusammenzuarbeiten, möchte ich meine Fehler wieder gutmachen. Alles was ich höre und sehe, was

462 »Verpflichtung«, 22.11.1943; ebenda, Bl. 95.

463 BV Neubrandenburg, Abt. XX/2: Bericht über die durchgeführten Befragungen zur OVA »Zyklon«, Reg.-Nr. III/24/70, 9.9.1971; ebenda, Bl. 76 f. Realer Hintergrund dieser Auffassung war, dass die Ermittlungen der in Auschwitz agierenden Untersuchungskommission unter Leitung von Dr. Morgen ergeben hatten, dass zum Beispiel der Leiter der Politischen Abteilung, Maximilian Grabner, für etliche Morde verantwortlich war, die »über der Generallinie« lagen. Damit waren u. a. die zahlreichen Erschießungen an der »Schwarzen Wand« in Block 11 gemeint, nicht die Massenmorde in den Gaskammern. Grabner, der mit seinen eigenmächtigen Handlungen die Autorität seiner obersten Vorgesetzten infrage gestellt hatte, wurde daraufhin verhaftet. Des Weiteren wurde der bisherige Lagerkommandant Rudolf Höß durch SS-Obersturmbannführer Arthur Liebehenschel abgelöst. Jener hob u. a. auch den Befehl auf, jeden bei einem Fluchtversuch Ertappten zu erschießen; unter dem Deckmantel dieses Befehls konnten Missliebige ohne weiteres beseitigt werden, denn als Vorbereitung zur Flucht konnte man alles Mögliche deuten. Vgl. Langbein: Menschen in Auschwitz, 1996, S. 63–68.

464 Vgl. Personalbogen August Bielesch, 30.12.1966; Handschriftlicher Lebenslauf, o. D.; BStU, MfS, BV Neubrandenburg, AIM 561/79, Bd. V/1, Bl. 127–130 f.

465 BV Neubrandenburg, Abt. XX/2: Vorschlag zur Gewinnung eines IM, 6.10.1971; BStU, MfS, BV Neubrandenburg, AIM 561/79, Bd. I/1, Bl. 32–36, hier 35.

466 Aufgrund späterer Angaben, Häftlingskommandos außerhalb des Lagers beim Flusskiesbaggern, in einer Werksbäckerei sowie eine Elektrikerkolonne bei Reparaturarbeiten bewacht und beaufsichtigt zu haben, wären weitere Zeugenbefragungen notwendig und durchaus möglich gewesen. Vgl. IMS »Philipp«: Handschriftlicher Lebenslauf, o. D.; ebenda, Bl. 43.

467 BV Neubrandenburg, Abt. XX/2: Bericht über die durchgeführte Werbung des IM-Kandidaten B(ielesch), 19.10.1971; ebenda, Bl. 11 f.

gegen die Sicherheit der DDR gerichtet ist, sowie alle Hinweise über staatsfeindliche und kriminelle Handlungen werde ich in mündlicher bzw. schriftlicher Form berichten.«[468]

Daran hat sich Bielesch alias IM »Philipp« ausweislich der Akten gehalten. So meldete er vermeintliche oder tatsächliche Vergehen seiner Arbeitskollegen oder wies auf einen 16-Jährigen aus seiner Nachbarschaft hin, der ohne Fahrerlaubnis mit dem Motorrad herumfuhr.[469] Sein Führungsoffizier war insgesamt zufrieden. Man hatte eine ganz eigene »ideologische Basis« mit dem einstigen SS-Mann gefunden: »Der IM besitzt eine positive Einstellung zur Politik von Partei und Regierung und vertritt diese auch. Er spricht sich gegen die Politik der BRD, der USA und Israels aus. Jedoch erkennt er aufgrund seiner geringen Bildung nicht immer die Zusammenhänge in der Weltpolitik.«[470]

Wegen Perspektivlosigkeit und seiner eingeschränkten inoffiziellen Möglichkeiten beschloss das MfS im Frühjahr 1979, sich von »Philipp« zu trennen. Allerdings nicht abrupt. »Wegen der starken Bindung des IM zum MfS« sollte mit ihm vereinbart werden, Kontakt zueinander nur noch aufzunehmen, wenn sich dies aus »dringenden operativen Gründen notwendig« erweisen sollte.[471]

Hauptscharführer im SS-Sonderkommando – Erich Mauthe

Im Zuge eines Operativen Vorgangs zu einem ehemaligen Einsatzgruppenangehörigen, der in West-Berlin lebte, aber mit seinen in der DDR lebenden Verwandten in Verbindung stand, stieß das MfS 1973 auf Erich Mauthe, einen Berufsschullehrer für Deutsch und Russisch im sächsischen Freital.[472]

Sehr schnell erkannte man in der HA XX/2/III, dass es sich um eine »operativ interessante Person« handelte, denn Mauthe war als SS-Hauptscharführer in der Dienststelle des KdS des Distriktes Warschau tätig gewesen.[473] Archivalien und Informationen der befreundeten osteuropäischen Sicherheitsorgane belegten nicht nur, dass Mauthe bisher seine SS-Vergangenheit verschwiegen hatte, sondern ermöglichten auch eine dichte Rekonstruktion seiner Vita bis 1945.[474] Mauthe (Jg. 1908) war in Lemberg aufgewachsen und hatte an der dortigen Uni-

468 August Bielesch: Handschriftliche »Verpflichtung«, 8.10.1971; ebenda, Bl. 13 f.

469 Z. B. IMS »Philipp«: Bericht, o. D. (23.11.1971), handschriftlich; IMS »Philipp«: Handschriftlicher Bericht über den Jugendlichen G., o. D. (1972); BStU, MfS, BV Neubrandenburg, AIM 561/79, Bd. II/1, Bl. 10 u. 31.

470 BV Neubrandenburg, Abt. XX/2: Auskunftsbericht und Beurteilung über IMV »Philipp« (Form I/217c), 28.8.1973; BStU, MfS, BV Neubrandenburg, AIM 561/79, Bd. I/1, Bl. 75–83, hier 80.

471 BV Neubrandenburg, Abt. XX/2: Abschlusseinschätzung zum IM »Philipp«, 14.3.1979; ebenda, Bl. 86.

472 Vgl. HA XX/2: Auskunftsbericht über den im Vorgang »Spezialist« operativ bearbeiteten Mauthe, Erich, 9.2.1974; BStU, MfS, AIM 7832/80, Bd. I/1, Bl. 148–165.

473 Vgl. HA XX/2, Operativplan zum OV »Spezialist«, 16.7.1973; BStU, MfS, AOP 8017/80, Bd. 2, Bl. 181. Der Kommandeur der Sicherheitspolizei und des SD für den Distrikt Warschau, Ref. II A, Fernsprech- und Wohnungsverzeichnis 1944; BA, ZWA Dahlwitz-Hoppegarten, ZR 892, A. 5, Bl. 34.

474 Vgl. HA XX/2: Auskunftsbericht über den im Vorgang »Spezialist« operativ bearbeiteten Mauthe, Erich, 9.2.1974; BStU, MfS, AIM 7832/80, Bd. I/1, Bl. 148–165.

versität 1934 sein Staatsexamen als Deutschlehrer abgelegt. Noch während des Studiums lernte er seinen späteren Schwager, Georg Heuchert, kennen (zu seinem Fall siehe weiter unten). Beide gehörten damals zu einem Kreis junger Deutscher, die sich in ihrer Freizeit zu Diskussionsabenden über philosophische und weltanschauliche Probleme trafen und unter dem Einfluss der aus Deutschland kommenden Propaganda stark mit der nationalsozialistischen Ideologie sympathisierten.[475]

Von September 1935 bis zum Ausbruch des Krieges war er als Deutschlehrer an einer Kadettenschule der polnischen Armee tätig.[476] Im Dezember 1939 wurde Mauthe von einer deutsch-sowjetischen Kommission aus Lemberg ausgesiedelt und kam in das Umsiedlerlager für »Volksdeutsche« in St. Annaberg/Oberschlesien. Anfang Juni 1940 begann er als Dolmetscher bei der Dienststelle des KdS für den Distrikt Krakau.[477] Bis Mai 1941 war er hier zunächst in einem Referat der Gestapoabteilung tätig, welches deutschfeindliches Verhalten, verbotenen Verkehr zwischen Deutschen und Polen, verfolgte und nahm als Dolmetscher auch an Vernehmungen teil.[478] Nach kurzzeitigen Kommandierungen zum Grenzpolizeiposten Krynica sowie dem Grenzpolizeikommissariat Neu-Sandez (Nowy Sacz) wurde er im Dezember 1941 nach Krakau rückbeordert und der für die Bekämpfung der polnischen Widerstandsbewegung zuständigen Abteilung zugeteilt. Gemeinsam mit dem Abteilungsleiter, SS-Hauptsturmführer Alfred Spilker, soll Mauthe auch hier Gefangene verhört sowie geschlagen und misshandelt haben.[479]

Als im März 1942 ein Sonderkommando (SK IV AS) gebildet wurde, um zentral alle Informationen über die polnische Widerstandsbewegung auszuwerten und gezielte Aktionen gegen diese durchzuführen, übernahm Spilker dessen Leitung.[480] Dem Sonderkommando gelang es beispielsweise, durch intensive Ermittlungen der Untergrundorganisationen »Verband der Vergeltung« (Zwiazek Odwetu) sowie einer Sabotageorganisation (Lotne Oddzialy Bojowe) der Gehei-

475 Vgl. HA XX/2: Vorschlag zur Durchführung einer konspirativen Befragung des Mauthe, Erich, 15.4.1974; BStU, MfS, AIM 7832/80, Bd. II/1, Bl. 28–38, hier 33; HA XX/2: Bericht über die Befragung des Mauthe, Erich in der Zeit vom 18.–19.4.1974; ebenda, Bl. 100–120, hier 112; Langbein: Der Auschwitz-Prozess, Bd. 2, 1995, S. 785–792 u. 871.

476 Vgl. (KGB): Auskunft über Erich Mauthe anhand von Dokumenten der Jan-Kazimierz-Universität Lemberg und der Kasse der Sozialversicherung im staatlichen Archiv des Gebietes Lwow, o. D. (1973); BStU, MfS, AIM 7832/80, Bd. I/1, Bl. 71.

477 Vgl. »Müller« (Erich Mauthe): Lwow (Lemberg) 1918–1939, handschriftlicher (Lebenslauf); BStU, MfS, AIM 7832/80, Bd. I/2, Bl. 47–66, hier 51 f.; HA XX/2: Bericht über die Befragung des Mauthe, Erich in der Zeit vom 18.–19.4.1974, 26.4.1974; BStU, MfS, AIM 7832/80, Bd. II/1, Bl. 101.

478 »Müller« (Erich Mauthe): Lwow (Lemberg) 1918–1939, handschriftlicher (Lebenslauf); BStU, MfS, AIM 7832/80, Bd. I/2, Bl. 52.

479 (MdI der VR Polen): Notiz zum Sonderkommando IV AS bei der Sicherheitspolizei in Warschau, das vom SS-Hauptsturmführer Alfred Spilker geleitet wurde, o. D.; BStU, MfS, HA IX/11, SV 121/81, Bd. 1, Bl. 285–293, hier 290.

480 Vgl. Ramme: Der Sicherheitsdienst der SS, 1970, S. 149. Allerdings variieren die Angaben über den genauen Zeitpunkt der Bildung des Sonderkommandos IV AS in den einzelnen Veröffentlichungen. Vgl. Foedrowitz: Suche nach einer besatzungsrechtlichen Konzeption, 2000, S. 354; Borodziej: Terror und Politik, 1999, S. 47 f.

men Militärorganisation (Tajna Organizacja Wojskowa) empfindliche Verluste zuzufügen.[481] Zudem verhaftete das SK IV AS Kuriere der polnischen Exilregierung in London, welche mit dem Fallschirm im Gebiet von Warschau abgesprungen waren, und ersetzte sie mit eigenen Agenten, wodurch es geheime Kommunikationswege der Untergrundorganisationen infiltrierte.[482]

Im Oktober 1942 holte Spilker, der als einer der »gefährlichsten Gestapo-Beamten im Generalgouvernement« galt,[483] Mauthe als seinen persönlichen Dolmetscher nach Warschau. Mauthe behauptete später gegenüber der Staatssicherheit, lediglich Übersetzungen von Flugblättern und anderen Schriften der Widerstandsbewegung sowie von Aussagen inhaftierter Widerstandskämpfer angefertigt zu haben.[484] Ein ehemaliger Kollege gab jedoch zu Protokoll, dass dieser sich auch als Vertreter Spilkers persönlich mit Agenten getroffen und Anweisungen für die Bearbeitung der Widerstandsorganisationen gegeben habe.[485] Wohl ganz bewusst erwähnte Mauthe gegenüber dem MfS ebenfalls nicht, dass es vom Sonderkommando IV AS beschaffte Informationen waren, welche Anfang 1943 zur Entdeckung der Massengräber von Katyn führten.[486]

Spätestens ab Mitte 1943 ging das Sonderkommando auch exekutiv gegen den polnischen Untergrund vor. So verhafteten sie am 5. Juni eine Hochzeitsgesellschaft von 89 Personen, von denen 56 Männer und Frauen unter dem Vorwurf der Zugehörigkeit zur Armia Krajowa (Heimatarmee) ins Gefängnis gebracht wurden. Einige starben unter der Folter, andere wurden erschossen oder in Konzentrationslager deportiert.[487]

Nach der Niederschlagung des Warschauer Aufstands 1944 war das Sonderkommando wesentlich mitbeteiligt an der Ermordung von rund 15 000 Zivilisten – Männern, Frauen und Kindern.[488] Seit Anfang August dieses Jahres firmierte das Sonderkommando zusammen mit Angehörigen auswärtiger Sipo/SD-Dienststellen als »Einsatzkommando der Sicherheitspolizei bei der Kampfgruppe Reinefarth«, das die geflüchtete Warschauer Bevölkerung in einem Auffanglager

481 Ebenda, S. 171.

482 Vgl. (MdI der VR Polen): Notiz zum Sonderkommando IV AS bei der Sicherheitspolizei in Warschau, dass vom SS-Hauptsturmführer Alfred Spilker geleitet wurde, o. D.; BStU, MfS, HA IX/11, SV 121/81, Bd. 1, Bl. 292.

483 Borodziej: Terror und Politik, 1999, S. 66.

484 Vgl. »Müller« (Erich Mauthe): Lwow (Lemberg) 1918–1939, handschriftlicher (Lebenslauf); BStU, MfS, AIM 7832/80, Bd. I/2, Bl. 55 f.

485 Vgl. (Ministerium für Öffentliche Sicherheit der VR Polen): Zeugenvernehmungsprotokoll, 24.5.1954; BStU, MfS, AIM 7832/80, Bd. I/1, Bl. 171–177, hier 174. Die ehemalige Sekretärin Spilkers gab gegenüber dem MfS sogar zu Protokoll, dass Mauthe selbstständig mit V-Leuten gearbeitet und selbstständig bestimmte Aufträge erfüllt habe. Vgl. HA XX/2. Bericht, 5.8.1974; BStU, MfS, AIM 1830/80, Bd. I/1, Bl. 85–98, hier 87.

486 Foedrowitz: Suche nach einer besatzungsrechtlichen Konzeption, 2000, S. 354.

487 Vgl. (HA XX/2): Ergänzungsbericht zum Sonderkommando IV AS des Befehlshabers der Sicherheitspolizei und des Sicherheitsdienstes für das Generalgouvernement mit dem Dienstsitz in Warschau; BStU, MfS, AIM 7832/80, Bd. I/2, Bl. 23; Bartoszewski: Der Todesring um Warschau, 1969, S. 186–193.

488 Vgl. von Krannhals: Der Warschauer Aufstand, 2. Aufl., 1964, S. 133 f., 311 u. 321.

»sortieren« sollte.[489] Des Weiteren erschossen die Angehörigen des Einsatzkommandos, anfangs unter der Führung von SS-Hauptsturmführer Adolf Feucht (KdS Radom), dann unter Spilker, bis Ende September 1 480 gefangen genommene Kämpfer der Armia Krajowa und vermutlich auch Juden.[490]

Nach eigenen Angaben war Mauthe nicht an derartigen Handlungen beteiligt. Er behauptete, in den ersten Tagen des Warschauer Aufstandes in Kampfhandlungen verwickelt gewesen und dann dem Lautsprecherwagen einer Propagandakompanie als Dolmetscher zugeteilt worden zu sein.[491] Zum Ende der Kämpfe wurde Mauthe als Parlamentär eingesetzt und dolmetschte, zur Tarnung in der Uniform eines Oberleutnants der Wehrmacht, die Kapitulationsverhandlungen zwischen dem Oberbefehlshaber der Aufständischen, General Graf Tadeusz Komorowski alias »Bòr«, und dem Chef der Bandenkampfverbände, SS-Obergruppenführer Erich von dem Bach-Zelewski. Nach der Niederschlagung des Aufstandes wurde das Kommando aufgelöst, Spilker und Mauthe gingen zurück nach Krakau. Mit dem deutschen Rückzug kam er 1945 nach Sachsen.

Rund 30 Jahre später führte das MfS in Zusammenarbeit mit den polnischen Kollegen eine »gedeckte Gegenüberstellung« durch, bei der Stefan Falkowski, einst Mitarbeiter des KdS Radom und seit 1945 IM der polnischen Geheimpolizei, Mauthe zweifelsfrei identifizierte.[492] Schon nach Kriegsende hatte die polnische Regierung nach Mauthe fahnden lassen.[493] Doch die polnische Geheimpolizei war wohl ebenfalls nicht an einer Strafverfolgung interessiert. Vielmehr wollte sie mit seiner Hilfe ehemalige V-Männer im Partei- und Staatsapparat enttarnen sowie die bürgerliche und antikommunistische Armia Krajowa als vermeintlichen Kollaborateur und Verräter kommunistischer Widerstandsgruppen denunzieren.[494]

489 Ebenda, S. 315; (Der Kommandeur der Sicherheitspolizei und des SD für den Distrikt Radom): Fernschreiben betreffs Lage- und Tätigkeitsbericht an den BdS Krakau, nachrichtlich an den KdS Radom, 13.8.1944; BStU, MfS, AIM 7832/80, Bd. II/1, Bl. 68–71.

490 Vgl. Mallmann: Menschenjagd und Massenmord, 2000, S. 313; von Krannhals: Der Warschauer Aufstand, 1964, S. 315.

491 Vgl. »Müller« (Erich Mauthe): Lwow (Lemberg) 1918–1939, handschriftlicher (Lebenslauf); BStU, MfS, AIM 7832/80, Bd. I/2, Bl. 60 f. Die Existenz dieses Lautsprecherwagens und dass vom EK ein Ansager und Dolmetscher abkommandiert wurde, ist durch eine Meldung Spilkers belegt. Vgl. (Der Kommandeur der Sicherheitspolizei und des SD für den Distrikt Radom): Fernschreiben betreffs Lagebericht von BdS Krakau an den KdS Radom, 21.8.1944; BStU, MfS, AIM 7832/80, Bd. II/1, Bl. 89.

492 HA XX/2: Bericht über die Durchführung einer operativen Kombination mit Genossen der polnischen Sicherheitsorgane am 9.4.(1974), 11.4.1974. Zu Falkowski vgl. Borodziej: Terror und Politik, 1999, S. 51; HA XX/2: Vorschlag zur Konfrontation des IMV »Müller« mit dem ehemaligen Mitarbeiter der Gestapo Falkowski, Stefan, 16.1.1976; BStU, MfS, AIM 7832/80, Bd. I/2, Bl. 95–98, hier 98.

493 Vgl. »The Central Registry of War Criminals and Security Suspects«, Final Consolidated Wanted List, Part 1 M–Z, Germans only, June 1948; ZStL, Bücherverzeichnis Nr. Ke–331.

494 Vgl. (MdI der VR Polen): Frageverzeichnis für Mauthe, Erich, ehemaliger SS-Sturmscharführer der Gestapo Warschau, Ref. IV AS, o. D.; BStU, MfS, HA IX/11, SV 121/88, Bd. 1, Bl. 294–297; HA XX/2: Vorschlag zur Konfrontation des IMV »Müller« mit dem ehemaligen Mitarbeiter der Gestapo Falkowski, Stefan, 16.1.1976; BStU, MfS, AIM 7832/80, Bd. I/2, Bl. 97.

Im April 1974 sollte Mauthe einer »konspirativen Befragung« unterzogen werden.[495] Obwohl man noch gar nicht wissen konnte, was Mauthe in diesem Gespräch alles zugeben würde, ließ der Leiter der HA IX/10, Oberstleutnant Kramer, den zuständigen Offizier wissen, »dass, da keine strafrechtlich relevanten Faktoren hinsichtlich des individuellen Tatbeitrages zu Mauthe vorliegen, das Ziel einer operativen Nutzung auch nach seinem Ermessen die günstigste Abschlussbedingung des Materials darstellt«.[496]

Die geheime Vernehmung Mauthes durch das MfS dauerte zwei Tage. Mauthe berichtete über seine Karriere vor 1945, nannte einige Namen, vermied jedoch detaillierte Angaben zu den V-Leuten des Sonderkommandos und – natürlich – Aussagen, die ihn selbst noch stärker belasten würden. Auch über seinen Schwager, durch den das MfS überhaupt auf Mauthe aufmerksam geworden war, lieferte er einige Informationen und bestätigte dessen Beteiligung an Erschießungen.[497] Schließlich erklärte er sich bereit, für seine in der »Zeit von 1940 bis 1945 ausgeführten Handlungen« eine entsprechende »Wiedergutmachung zu leisten«.[498]

Bei einem der nächsten Treffen wählte Mauthe sich den Decknamen »Müller«. Offensichtlich verunsichert über seine Enttarnung, befürchtete Mauthe, auch von anderen als Gestapo-Mitarbeiter erkannt zu werden. Da er oft als Dolmetscher und Betreuer polnischer Delegationen fungierte, war dieses Risiko nicht von der Hand zu weisen, doch sein Führungsoffizier beruhigte ihn: »Dem Mauthe wurde erklärt, dass er erstmal alles in Abrede stellt und als Verwechslung hinstellt und danach unmittelbar uns zu informieren hat.«[499]

Im Zentrum der MfS-Interessen stand Mauthes Westberliner Schwager Georg Heuchert. Mauthe sollte ihn unter Hinweis auf das vorliegende Belastungsmaterial in die DDR locken. Der IM befürchtete eine Falle für seinen Schwager, doch man versicherte ihm, »dass durch das MfS keine Festnahme« vorgesehen sei, sondern nur die Absicht bestehe, ein Gespräch zu führen.[500] Mauthe blieb jedoch weiterhin zögerlich: »In der weiteren Zusammenarbeit hinsichtlich des Schwagers muss darauf Einfluss genommen werden, dem ›Müller‹ mehr Sicherheit zu geben und seine moralischen Bedenken abzubauen.«[501] Die Operation blieb jedoch ohne Erfolg. Heuchert reiste zwar in die DDR ein, aber es kam nie zu dem gewünschten Treffen oder gar zu seiner Anwerbung. Mauthe wurde gelegentlich gedroht, »dass seine Tätigkeit im SK Spilker als Mittäterschaft strafrechtlich zu

495 Vgl. HA XX/2: Vorschlag zur Durchführung einer konspirativen Befragung des Mauthe, Erich, 15.4.1974; BStU, MfS, AIM 7832/80, Bd. II/1, Bl. 28–38.

496 Vgl. HA XX/2: Aktenvermerk, 16.4.1974; ebenda, Bl. 39.

497 Vgl. HA XX/2: Bericht über die Befragung des Mauthe, Erich in der Zeit vom 18.–19.4.1974, 26.4.1974; ebenda, Bl. 100–120, hier 115.

498 Erich Mauthe: Handschriftliche Erklärung, 19.4.1974; BStU, MfS, AIM 7832/80, Bd. I/1, Bl. 289.

499 HA XX/2: Bericht über den Treff mit Mauthe, Erich, am 16.5.1974, 20.5.1974; BStU, MfS, AIM 7832/80, Bd. II/1, Bl. 128–130, hier 130.

500 HA XX/2: Bericht über den Treff mit Mauthe, Erich, am 16.5.1974, 20.5.1974; ebenda, Bl. 129.

501 HA XX/2: Bericht über den Treff mit »Müller« am 20.6.1974 in der Zeit von 9.30 Uhr bis 13.00 Uhr durch Gen(ossen) Oberstleutnant Zörner und Major Schulz, 22.6.1974; BStU, MfS, AIM 7832/80, Bd. I/2, Bl. 5–7, hier 7.

bewerten ist und dass er sich klar sein muss, dass daraus für ihn eine Verpflichtung bestehe für die Zusicherung der Straffreiheit«,[502] doch der IM blieb die erwarteten Dienste im Wesentlichen schuldig. Nach Heucherts Tod stellte das MfS 1979 die Zusammenarbeit mit Mauthe ein.[503]

Der Arisierer – Helmut Wagner

Zu den späten Fällen in der langen Serie von inoffiziellen Anwerbungen durch die DDR-Staatssicherheit gehörte der einstige SS-Hauptscharführer Helmut Wagner (Jg. 1913), der erst Anfang der siebziger Jahre ins Visier des MfS geriet. Allerdings handelte es sich dabei lediglich um die Wiederaufnahme einer Verbindung, die bereits unmittelbar nach Kriegsende mit der sowjetischen Geheimpolizei zustande gekommen war.

Wagner war seit 1936 hauptamtlich für den Sicherheitsdienst der SS tätig gewesen. Anfänglich hatte er als Schreibkraft und Stenograph in der Kanzlei des SD-Abschnittes Dresden unter SS-Sturmbannführer Wilhelm Fuchs gedient, dann als Karteiführer und Chefsekretär in der SD-Außenstelle Bautzen unter der Ägide des SS-Untersturmführers Oskar Pischtan. Neben den Büroarbeiten steuerte er hier bereits aushilfsweise ein Netz von V-Leuten.[504] Doch die eigentliche Karrierechance ergab sich für den subalternen Bürobediensteten ab 1940 im Generalgouvernement. Als gelernter Buchhalter war Wagner hier in den vom SD personell besetzten Referaten C 9 (Prüfung und Revision) und C 10 (Kassenführung und Rechnungslegung) der Abteilung II des KdS für den Distrikt Lublin tätig.[505] Zugleich wirtschaftete er offenbar in die eigene Tasche.

Nach Räumung der Ghettos Majdan Tatarski und Opole Lubelskie im Zuge der Aktion »Reinhard«[506] meldete er aufgrund einer entsprechenden Weisung des KdS, mit welcher wilde Plünderungen der jüdischen Besitztümer unterbunden werden sollten,[507] eilig einige Beutestücke zur Inventarisierung. Neben Möbeln

502 HA XX/2: Bericht über den Treff mit »Müller« am 24.10.1974 in der Zeit von 10.00 Uhr bis 13.30 Uhr, 31.10.1974; ebenda, Bl. 10–12, hier 11.

503 Vgl. HA XX/2: Aktenvermerk, 6.6.1979; ebenda, Bl. 109; (HA XX/2): Beurteilung über IMV »Müller«, 15.6.1979; BStU, MfS, AIM 7832/80, Bd. I/1, Bl. 278.

504 KD Bautzen: Sachstandsbericht über den Bürger Wagner, Helmut, 3.4.1972; BStU, MfS, BV Dresden, AOP 2374/76, Bd. I, Bl. 13 f.; (KGB): Information Nr. 235/76, o. D. (1976), Anlagen: Auszug aus dem Vernehmungsprotokoll des Wagner, Helmut, 9.10.1945; Helmut Wagner: Mein Lebenslauf, 10.10.1945; BStU, MfS, BV Dresden, AOP 2374/76, Bd. II, Bl. 92–96, 108–110. Zum SD in Sachsen vgl. Schreiber, Carsten: »Eine verschworene Gemeinschaft«, 2003.

505 Vgl. BV Dresden, Abt. IX/3: Einschätzung des OV der KD Bautzen, 15.12.1975; BStU, MfS, BV Dresden, AOP 2374/76, Bd. II, Bl. 76–81.

506 Vgl. Stichwort »Aktion Reinhard«, in: Jäckel; Longerich; Schoeps: Enzyklopädie des Holocaust, Bd. 1, 1993, S. 14–18; Musial (Hg.): Aktion Reinhardt, 2004.

507 Vgl. Der Kommandeur der Sicherheitspolizei und des SD für den Distrikt Lublin: Anweisung, 29.8.1942; BStU, MfS, BV Dresden, AOP 2374/76, Bd. I, Bl. 62 f.

habe er eine Küchenwaage, eine alte Zimmeruhr sowie eine Fleischmaschine in Besitz genommen.[508]

Er soll sich jedoch darüber hinaus fleißig bedient haben: Wie inoffizielle Mitarbeiter sowie Nachbarn später dem MfS hinterbrachten, soll seine Familie während des Krieges mit größeren Mengen Pelzmänteln, Bettwäsche sowie Silberbesteck – und sogar noch bis Anfang der siebziger Jahre mit Textilien aus ursprünglich jüdischem Besitz – gehandelt haben.[509] Im Januar 1943 wurde Wagner zur SD-Verwaltung des KdS Warschau (Kasse und Uniformkammer) versetzt. Anschließend war er verantwortlich für die Verwaltung der Bekleidungs- und Ausrüstungsstücke im Ausweichlager Lissa (Wartheland), dann, nach der Evakuierung der Abteilung, in Liegnitz (Niederschlesien). Ab Februar 1945 war er wieder in Dresden tätig.[510]

Im Oktober 1945 verhaftete ihn dort die sowjetische Geheimpolizei und warb ihn später an. Er wurde sowohl in der SBZ als auch in den westlichen Besatzungszonen eingesetzt, wo er unter anderem ehemalige Kameraden des Sonderkommandos IV AS besuchte.[511] Bis 1952 lieferte er seinen Auftraggebern »eine Reihe wertvoller Materialien, auf deren Grundlage Verhaftungen vorgenommen wurden«.[512]

Anfang 1972 befasste sich das MfS mit den Vorgängen im Generalgouvernement und stieß dabei auf Wagner. Die Kreisdienststelle Bautzen eröffnete den Operativen Vorgang »Ghetto«, um darin Beweise für Verbrechen zu sammeln.[513] Doch nachdem bekannt geworden war, dass Wagner früher für das sowjetische »Bruderorgan« gearbeitet hatte, beschloss man, den Operativen Vorgang mit der Anwerbung Wagners zum Abschluss zu bringen.[514]

In den Befragungen berief sich Wagner darauf, reine Verwaltungstätigkeit ausgeübt zu haben und bestritt jede Beteiligung an Tötungshandlungen, an der Räumung der Ghettos oder an der Partisanenbekämpfung. An andere Tatbeteiligte konnte er sich angeblich ebenso wenig erinnern wie an Spilker, dessen Tätigkeit und das exekutive Personal des Sonderkommandos.[515] Erstaunlicherweise

508 Vgl. SS-Oberscharführer Helmut Wagner: Mitteilung betreffs ehemals jüdischen Besitzes an den Leiter der Abt. III, Durchschlag für die SD-Verwaltung, 5.12.1942; ebenda, Bl. 54.

509 Vgl. BV Dresden, KD Bautzen: Information an die HA XX, 29.10.1971; ebenda, Bl. 140–142; KD Bautzen: Vorschlag zur Weiterbearbeitung des OV »Ghetto«, 731/72, 31.10.1975; BStU, MfS, BV Dresden, AOP 2374/76, Bd. II, Bl. 69 f.

510 Vgl. KD Bautzen: Abschlussbericht zum OV »Ghetto«, 12.10.1976; BStU, MfS, BV Dresden, AOP 2374/76, Bd. II, Bl. 111–118.

511 Vgl. HA XX/2: Bericht über die durchgeführte Befragung des ehemaligen SS-Hauptscharführers beim faschistischen SD im OV »Ghetto«-731/72, 22.1.1976; ebenda, Bl. 82–88, hier 83; »Herta«: Reisebericht, o. D. (1974); BStU, MfS, AIM 1830/80, Bd. II/1, Bl. 35 f.

512 Vgl. (KGB): Information Nr. 235/76, o. D. (1976); BStU, MfS, BV Dresden, AOP 2374/76, Bd. II, Bl. 92.

513 Vgl. BV Dresden, KD Bautzen, Linie XX: Beschluss zum Anlegen eines VAO/Gründe für das Anlegen, 28.3.1972; BStU, MfS, BV Dresden, AOP 2374/76, Bd. I, Bl. 1 f.

514 Vgl. KD Bautzen: Abschlussbericht zum OV »Ghetto«, 12.10.1976; BStU, MfS, BV Dresden, AOP 2374/76, Bd. II, Bl. 111–118.

515 Vgl. HA XX/2: Bericht über die durchgeführte Befragung des ehemaligen SS-Hauptscharführers beim faschistischen SD im OV »Ghetto«-731/72, 22.1.1976; ebenda, Bl. 84 f.

waren ihm aber Namen, zum Teil auch komplette Personalien von V-Männern aus der Vorkriegszeit, im Gedächtnis haften geblieben. Zum anderen übergab er dem MfS Korrespondenz der Jahre 1947/48, aus der hervorging, dass Wagner sehr wohl über Interna des Sonderkommandos IV AS informiert gewesen sein muss.[516]

Doch mit der Klärung dieser Widersprüche hielten sich die MfS-Offiziere offenkundig nicht lange auf. Nach mehreren Kontaktgesprächen offerierten sie ihm kurzerhand, seine Dienste für die sowjetische Staatssicherheit nun bei ihnen fortsetzen zu können. Als Zeichen der Kontinuität verzichteten sie auf eine erneute Verpflichtungserklärung und ließen es beim symbolischen Handschlag bewenden.[517] Geplant war, Wagner alias »Hans Otto«, auf eine in Leipzig wohnende Person anzusetzen, die im Verdacht stand, in Lublin ebenfalls Verbrechen begangen zu haben. Doch dazu kam es nicht mehr. Bereits wenige Monate später musste die Verbindung zu Wagner abgebrochen werden, da sich dessen Gesundheitszustand rapide verschlechterte.[518]

»Nicht an größeren verbrecherischen Handlungen beteiligt« – der Gestapobeamte Wilhelm Stahl

Bei der Durchsicht von Dokumenten des RSHA Anfang der siebziger Jahre stellten Mitarbeiter der MfS HA XX/2 fest, dass der ehemalige Gestapo-Mitarbeiter Wilhelm Stahl (Jg. 1915) in der DDR lebte. Im Hauptberuf war er als Verwaltungsleiter bei der Konsumgenossenschaft des Kreises Bad Salzungen beschäftigt. Daneben fungierte er unter anderem als Sekretär der SED-Abteilungsparteiorganisation für den Handelsbereich Bad Salzungen, war Mitglied der FDGB-Betriebsgewerkschaftsleitung beim Rat des Kreises Bad Salzungen und seit 1952 Vorsitzender der örtlichen Betriebssportgemeinschaft »Einheit«.[519] Belohnt wurde dieses Engagement unter anderem mit der »Medaille für ausgezeichnete Leistungen« verbunden mit einer Geldprämie anlässlich des 20. Jahrestages der Befreiung vom Faschismus.[520] Wie die MfS-Recherchen ergaben, wurde er in all diesen Funktionen als gewissenhaft und stets einsatzbereit eingeschätzt. In den fünfziger Jahren hatte er als Kampfgruppenmitglied äußerlich Systemtreue an den Tag gelegt, doch sagte man ihm gelegentlich nach, »noch zu viel mit bürgerlicher Schlacke« behaftet zu sein.[521]

516 KD Bautzen: Treffbericht, 12.10.1976; BStU, MfS, BV Dresden, AIM 1611/79, Bd. I, Bl. 114.

517 KD Bautzen: Bericht über durchgeführte Werbung eines IMV, 27.10.1976; ebenda, Bl. 14 f.

518 KD Bautzen: Abschlussbericht zum IMV »Hans Otto«, 8.6.1979; ebenda, Bl. 125 f.

519 HA XX/2: Auskunftsbericht zum operativen Material Stahl, Wilhelm, o. D. (1971); Fragebogen der SED für Mitglieder zum Umtausch der Parteidokumente, 9.7.1970; BStU, MfS, AIM 7831/80, Bd. I/1, Bl. 6–10 u. 37–44.

520 Schreiben des BGL-Vorsitzenden sowie des Mitglieds des Vorstandes der Konsumgenossenschaft für Arbeit/Kader an Wilhelm Stahl, 7.5.1965; ebenda, Bl. 75 f.

521 BV Suhl, KD Bad Salzungen: Ermittlungsbericht, 8.12.1969; ebenda, Bl. 28–32, hier 30.

Die Recherchen zu seiner NS-Vergangenheit ergaben Dienstzeiten bei der Gestapoleitstelle Breslau sowie als SS-Oberscharführer beim BdS für Lothringen und die Saarpfalz in Metz. Zwar konnte der zuständige MfS-Offizier Schulz keine Hinweise auf einen persönlichen Tatbeitrag zu NS-Verbrechen entdecken, notierte aber, dass »in diesem Gebiet im Zuge der faschistischen Germanisierungspolitik zahlreiche Deportationsaktionen durchgeführt und jeder Widerstand der Bevölkerung mit brutalsten Mitteln unterdrückt wurde«.[522]

In einer Befragung Stahls beabsichtigte das MfS, weitere Einzelheiten zu seiner Tätigkeit und Dienststelle, deren Personal und etwaige dort verübte Verbrechen zu erfahren. Außerdem wollte man überprüfen, inwieweit er »wahrheitsgemäße Angaben über seine Gestapozugehörigkeit macht, um davon abgeleitet eine Anwerbung in Betracht ziehen zu können«.[523]

Im Mai 1971 erfolgte die Kontaktaufnahme zu Stahl durch Mitarbeiter der Bezirksverwaltung Suhl und der HA XX/2 der Berliner MfS-Zentrale. Das MfS hatte die Ladung zunächst als Gespräch über seine Sportämter getarnt und Stahl dann gebeten, seinen Lebenslauf darzulegen, doch der verstand offenbar sofort, mit wem er es zu tun hatte und worum es ging. Er gestand umgehend und »freimütig« ein, Mitglied der SS und der NSDAP seit 1933 gewesen zu sein, 1938/39 in der Legion Condor gedient zu haben und 1940 auf eigene Bewerbung bei der Gestapo in Breslau eingestellt worden zu sein. Nach der deutschen Besetzung Frankreichs wurde er nach Metz abkommandiert.[524]

Nach eigenen Angaben bestand seine Aufgabe hauptsächlich darin, an der Grenze festgenommene Personen von der Grenzpolizeistelle nach Metz zu überführen. Die Gefangenen seien dort in den Vernehmungen brutal geschlagen worden. Er selbst habe auch kleinere Vernehmungen durchgeführt, sei jedoch von Natur aus nicht in der Lage gewesen, »Menschen irgendwie zu misshandeln«. Er habe deshalb auch Häftlingen »weder auf dem Transport nach Metz noch bei der Vernehmung noch auf dem Weg von der Dienststelle in das Gefängnis Metz misshandelt, geschlagen oder irgendwie Leid angetan«.[525]

An den Deportationen aus Lothringen wollte Stahl nur einmal beteiligt gewesen sein, konnte sich jedoch angeblich weder an die Orte erinnern noch an die Tatsache, dass es sich um Juden handelte. Er wüsste nur noch, dass sie den Auftrag hatten, Familien anhand einer Namensliste innerhalb einer halben Stunde mit Handgepäck aus ihren Wohnungen zu holen und zum Stellplatz am Hauptbahn-

522 HA XX/2: Auskunftsbericht zum operativen Material Stahl, Wilhelm, o. D. (1971); ebenda, Bl. 10.

523 HA XX/2: Vorschlag zur Kontaktaufnahme zu Stahl, Wilhelm (...) ehemaliger Mitarbeiter der Gestapo bis 1945, 5.5.1971; ebenda, Bl. 78 f.

524 R.u.S.-Fragebogen von Wilhelm Stahl, ausgefertigt am 10.3.1941. Daraus geht weiterhin hervor, dass er dem SD angehörte, mit dem Spanienkreuz in Silber, zwei spanischen Auszeichnungen sowie dem HJ-Ehrenzeichen ausgezeichnet worden war und dass er am 10.7.1940 von seiner Stammdienststelle Breslau aus zum Einsatzkommando I/II in Metz abgeordnet wurde; BA Berlin, BDC, RuScha. – Akte Wilhelm Stahl.

525 HA XX/2: Tonbandabschrift, 16.2.1973; BStU, MfS, AIM 7831/80, Bd. I/1, Bl. 84–90, hier 86.

hof zu bringen. Einmal, so habe er gehört, ging ein Transport in Richtung Oberschlesien.

Bis Oktober 1944 blieb er, mittlerweile zum Kriminalassistenten und SS-Oberscharführer ernannt, in Metz tätig. Dann wurde er nach Salzburg verlegt, wo er falsche Papiere auf den Namen Alois Fuchs erhielt. Er sollte sich mit einigen Kameraden von den Amerikanern überrollen lassen und sie im Schwarzwald als »Werwolf« bekämpfen. Dazu kam es aber nicht mehr.

Bis 1947 lebte er unter dem falschen Namen, bis ihm eine Bekannte einen provisorischen Ausweis mit seinen richtigen Personalien besorgte. Im Januar 1948 fing er als Aushilfsangestellter beim Arbeitsamt Langensalza-Mühlhausen an. Nach einigen Tagen habe ihm dort ein SED-Genosse nahe gelegt, einer Partei beizutreten: »Es gibt bei uns 4 oder 5 Parteien [...], aber infrage kommt nur die Arbeiterpartei, die SED.« Dieser habe ihm zwei Tage Bedenkzeit gegeben und zugleich gedroht, er würde seinen Arbeitsplatz verlieren. Der neuerliche Parteieintritt war Stahl nicht geheuer, zumal er eine Enttarnung befürchten musste. Doch er fügte sich in die Loyalitätszwänge der neuen Ordnung: »Ich habe es mit meiner Frau durchgesprochen, jetzt können Sie sich vorstellen, erst dort die Partei und jetzt komme ich wieder mit der Partei, dass das unangenehm war.« Hinsichtlich der strafrechtlichen Beurteilung Stahls kamen die MfS-Vernehmer zu einer bemerkenswerten Schlussfolgerung.

»Über die Tätigkeit der Gestapo im Bereich des Befehlshabers der Sicherheitspolizei und SD in Lothringen/Saarpfalz ist bekannt, dass außer den üblichen sicherheitspolizeilichen Maßnahmen in den okkupierten Gebieten u. a. Deportationen und Judenaussiedlungen sowie Verfolgungen von Gegnern des Faschismus erfolgten. Massenexekutionen wurden nicht bekannt. Die in Metz erfolgten Geiselerschießungen nach Aktionen der Widerstandsbewegungen wurden durch den Wehrmachtsbefehlshaber veranlasst. Darum kann von der Annahme ausgegangen werden, dass der St[ahl] nicht an größeren verbrecherischen Handlungen beteiligt war.«[526]

Damit war der offenbar von Anfang an eingeschlagene Weg frei: Möglichst kein Aufsehen erregen, die negativen Schlagzeilen eines als Gestapo-Mann enttarnten SED-Funktionärs vermeiden und die obligatorische Werbung durchführen. Wie alle NS-Täter, denen die Staatssicherheit zu deren großen Überraschung und entgegen der öffentlichen Selbstdarstellung der DDR Straffreiheit in Aussicht stellte, bekundete auch Stahl »eine große Bereitwilligkeit, im Auftrage des MfS Wiedergutmachung zu leisten« und verpflichtete sich schriftlich zur Zusammenarbeit unter dem Decknamen »Zobel«.[527]

Er sollte sein Wissen aus der Metzer Gestapozeit schriftlich protokollieren, Kontaktaufnahmen zu Verwandten und Bekannten planen und sich überlegen, wie er in seiner beruflichen Funktion »zur Erhöhung der Sicherheit im Kreisgebiet mit beitragen« kann.[528] Schließlich galt es noch, das delikate Problem

526 HA XX/2: Bericht über die Kontaktaufnahme und Anwerbung, 13.5.1971; ebenda, Bl. 13–19, hier 16.

527 Ebenda, Bl. 18.

528 Ebenda, Bl. 16.

seiner SED-Funktionen zu lösen. Zwar wurden er und seine Ehefrau zu strengstem Stillschweigen über seine NS-Vergangenheit ermahnt, doch sicherheitshalber sollte er unter einem Vorwand seine Parteiämter abgeben. In der Tat hatte die Aussicht, dass seine Vergangenheit in der SED bekannt würde, bei Stahl stärkste Beklemmungen ausgelöst.

Richtig in Gang kamen die Informantendienste Stahls nicht. Der Vorgang galt weiterhin als »IM-Vorlauf«, auch fehlte es an der förmlichen Verpflichtungserklärung. Dem ersten Treffbericht zufolge konnte Stahl immer noch nicht glauben, »dass wir [das MfS] seine Vergangenheit nun als abgeschlossen betrachten«.[529] Er bekundete weiterhin Willigkeit, bot sogar an, Kontakte zu ehemaligen Gestapo-Kollegen in Westdeutschland aufzunehmen, doch wich er allen konkreten Auskünften aus. Auch beim zweiten Treffen, vier Monate später, konnte sich der IM »trotz vielem Nachdenken« an keine weiteren Tatsachen und Personen aus seiner Gestapo-Vergangenheit erinnern. Dabei blieb es: »Erinnerungslücken und Gedächtnisschwund« prägten die Treffs. Sein Führungsoffizier konstatierte schließlich, »aufgrund der Veranlagung des IM, Schwierigkeiten aus dem Weg zu gehen, nicht hervorzutreten, dürften Schwierigkeiten bei der Anschleusung an andere in der DDR lebende Mitarbeiter der Gestapo mit dem IM auftreten«.[530] Nach einigen weiteren belanglosen handschriftlichen Berichten und einer schweren Erkrankung gab die Staatssicherheit auf. Der IM-Vorgang »Zobel« wurde am 15. Mai 1972 archiviert.[531]

Späte Anwerbung unter »Druck« – Johannes T.

Beim letzten Fall einer Anwerbung als IM in der DDR, der hier geschildert werden soll, regierte schon die Routine. Nach bewährtem Muster wurde das Verschweigen der SS-Zugehörigkeit als Druckmittel eingesetzt. Johannes T. (Jg. 1913) war der Staatssicherheit zunächst durch die langjährigen Kontakte als leidenschaftlicher Briefmarkensammler nach Westdeutschland aufgefallen. Bei einer Routineanfrage der örtlichen Kreisdienststelle bei der HA IX/11 war dann im März 1970 bekannt geworden, dass der Verdächtige seit 1937 der SS angehört hatte und 1944 zur 10. SS-Panzer-Division »Frundsberg« versetzt worden war.[532] Zunächst beobachtete das MfS fünf Jahre lang seine Kontakte zu anderen Briefmarkensammlern in der Bundesrepublik, die sich jedoch als harmlos erwiesen. Als leitender Kader mit gutem Überblick in seinem Betrieb und seinen Verbindungen in den Westen galt T. als attraktives Werbeobjekt. Der einstige Unter-

529 HA XX/2: Treffbericht, 29.5.1971; ebenda, Bl. 102–107, hier 102 f.

530 HA XX/2: Treffbericht über den Treff mit dem IM-Vorlauf »Zobel« am 18.9.1971 in der Zeit von 11.30–14.00 in Eisenach; HA XX/2: Bericht über die Kontaktaufnahme und Anwerbung, 13.5.1971; ebenda, Bl. 121 f.

531 HA XX/2: Gründe für das Einstellen, 24.4.1980; ebenda, Bl. 26.

532 BV Cottbus, KD Jessen: Abschlussbericht zur Vorlaufakte-Operativ, 18.4.1974; BStU, MfS, BV Cottbus, AIM 856/82, Bd. I/1, Bl. 19–23.

sturmführer der Waffen-SS wurde also unter Androhung einer Strafverfolgung wegen Urkundenfälschung zur geheimdienstlichen »Wiedergutmachung« gedrängt.[533]

Im Juni wurde T. von Mitarbeitern des MfS am frühen Abend kurzerhand aus seiner Wohnung abgeholt und in die Kreisdienststelle gebracht. Dort forderte man ihn auf, alles niederzuschreiben, was ihn strafrechtlich belaste.[534] Da T. nichts notierte, hielten ihm der Leiter der Kreisdienststelle und sein späterer Führungsoffizier, Unterleutnant Bernd Malter, die Beweise seiner SS-Zugehörigkeit vor. Daraufhin gestand er ein, ab 1937 der Reiter-SS angehört zu haben und im Frühjahr 1944 vom Zollgrenzschutz zur Waffen-SS einberufen worden zu sein und nannte einige überprüfbare Einsatzorte.[535] So vergleichsweise geringfügig also die Belastungen waren, weder Reiter-SS noch Zollgrenzschutz waren zum Beispiel vom Internationalen Militärgerichtshof in Nürnberg als verbrecherische Organisationen eingestuft worden, fügte sich T. den Drohungen wegen der Fragebogenfälschungen und schrieb die gewünschte IM-Verpflichtung.[536]

Laut einer Beurteilung seines Führungsoffiziers wurde der allseits geachtete Abteilungsleiter, der auch Vorstand des städtischen Männerchores und des werkseigenen Philatelistenzirkels war, von nun an »zur Aufdeckung und Aufklärung von Mängeln, Missständen und Problemen« in seinem Betrieb eingesetzt. Zusätzlich erarbeitete er Informationen über »Personen mit operativ interessanten Merkmalen«. Seine Berichte waren »inhaltsreich« und trafen »die gewünschte Aussage«, obwohl IM »Kaufmann« aus Pflichtbewusstsein und Ordnungsliebe »etwas zur Überbetonung und Dramatisierung von bestimmten Problemen« neigte. Seine »Einsatzbereitschaft und Wirksamkeit«, stellte Malter weiter fest, »kann durch finanzielle Anerkennungen wesentlich erhöht werden«. Auch habe sich dessen anfängliche Motivation, unter dem Druck der Wiedergutmachung für das MfS zu arbeiten, »im Wesentlichen zugunsten der Einsicht in die Notwendigkeit der Zusammenarbeit« gewandelt.[537] Aus gesundheitlichen Gründen stellte das MfS 1982 die Zusammenarbeit mit dem 69-Jährigen ein.[538]

533 BV Cottbus, KD Jessen: Vorschlag zur Verpflichtung; ebenda, Bl. 38–41.

534 BV Cottbus, KD Jessen: Aussprachebericht, 4.7.1975; ebenda, Bl. 47 f.

535 Johannes T.: Handschriftliche Stellungnahme zu unrichtigen Angaben hinsichtlich meiner Zugehörigkeit zur SS, 23.6.1975; ebenda, Bl. 44.

536 Johannes T.: Handschriftliche Verpflichtung, 23.6.1975; ebenda, Bl. 43.

537 (BV Cottbus, KD Jessen): Beurteilung über IMS »Kaufmann«, 1977; ebenda, Bl. 51 f.

538 BV Cottbus, KD Jessen: Abschlussbericht zum IM-Vorgang »Kaufmann«, 14.6.1982; ebenda, Bl. 122.

3 NS-Belastete im Westeinsatz

Vom Judenjäger in Frankreich zur Parteiaufklärung der SED – August Moritz

Bereits im Sommer 1945 war mit dem Aufbau konspirativer Strukturen für die Westarbeit der KPD/SED begonnen worden.[1] Mit diesem Abwehr- und Nachrichtenapparat und weiteren konspirativen Parteiorganisationen, wurde in Aufbau, Struktur, Aufgabenzuteilung und teilweise auch personell an die bereits vor der Machtergreifung Hitlers existierenden illegalen Strukturen der KPD (Tarnbezeichnung: AM-Apparat; M-Apparat usw.) angeknüpft.[2] Dieser parteieigene Nachrichten-Apparat wurde 1951 von Markus Wolfs Außenpolitischem Nachrichtendienst (APN) übernommen, der seinerseits 1953 als HA XV (ab 1956 HV A) in das MfS überführt wurde.[3]

Es gehörte erklärtermaßen stets auch zum Instrumentarium der MfS-Auslandsspionage, Belastungen aus der NS-Zeit geheimdienstlich auszunutzen. So erläutert Markus Wolf, wie in den Anfangsjahren seines Dienstes solche Personen erpresst wurden: »Einige hatten wir zur Kooperation überredet, indem wir sie wissen ließen, dass wir über ihre Vergangenheit im Dritten Reich besser informiert waren, als ihnen lieb sein konnte.«[4] Zudem boten so genannte »dunkle Stellen« eine gute Tarnung für in den Westen geschleuste Agenten, die die Gründe ihrer scheinbaren Flucht erklären wollten.[5]

Für den Außenpolitischen Nachrichtendienst der DDR galt damals die Aufdeckung und Verhinderung der Pläne zum so genannten »Generalvertrag«[6] als die »wichtigste politische Aufgabe in diesen Jahren«.[7] Deshalb erwiesen sich für ihn und den KPD-Nachrichtenapparat die Gemeinsamkeiten mit jenen rechtsradikalen und nationalkonservativen Kreisen der Bundesrepublik als besonders günstig, welche die von Adenauer betriebene Politik der Westbindung ablehnten.[8] Einige dieser rechten Adenauer-Gegner suchten Kontakt mit der DDR und wurden dort mit offenen Armen empfangen,[9] denn die SED operierte zu dieser Zeit in den innerdeutschen Auseinandersetzungen noch mit nationalistischen

1 Vgl. Kubina: Zum Aufbau des zentralen Westapparates der KPD/SED 1945–1949, 1998, S. 413–500.

2 Zu diesem ganzen Komplex siehe Kaufmann u. a.: Der Nachrichtendienst der KPD, 1993.

3 Vgl. Wolf, Markus: Die Kunst der Verstellung, 1998, S. 62–80; Ders.: Spionagechef im geheimen Krieg, 1997, S. 52–104, Müller-Enbergs: IM-Anleitungen, 1998, S. 22–26; Bailey; Kondraschow; Murphy: Die unsichtbare Front, 1997, S. 180–187.

4 Wolf, Markus: Spionagechef im geheimen Krieg, 1997, S. 65.

5 Ebenda, S. 85.

6 Vgl. Stichwort »Deutschlandvertrag«, in: Bedürftig: Lexikon Deutschland nach 1945, 1996, S. 115. Ausführlicher darüber in Birke: Nation ohne Haus, 1994, S. 296 ff. Aus Sicht der DDR siehe Amt für Information: Weißbuch über den Generalkriegsvertrag, 1952.

7 Wolf, Markus: Spionagechef im geheimen Krieg, 1997, S. 161.

8 Ebenda, S. 162.

9 Vgl. Jenke: Verschwörung von rechts? 1961, S. 94 f.; 284–293.

Emotionen.[10] Zu diesen westdeutschen Kooperationspartnern aus dem »nationalen« Milieu gehörte auch der Agent »Kornbrenner«, der eine Gruppe von Informanten anführte, welche 1952 sogar einen (wie sich allerdings zeigen sollte gefälschten) Entwurf des Generalvertrags nach Ost-Berlin lieferte.[11] Wie Markus Wolf euphemistisch behauptet, habe es sich bei »Kornbrenner« um einen ehemaligen SD-Mann mit »geheimdienstlichen Erfahrungen« gehandelt.[12]

Tatsächlich verbarg sich hinter dem Aliasnamen »Kornbrenner« August Moritz (Jg. 1913), ein NS-Aktivist (SA-Beitritt 1933), der seine Karriere in Himmlers Terrorapparat einer Seilschaft von Kameraden aus dem Nationalsozialistischen Deutschen Studentenbund (NSDStB) und hier vor allem der Protektion des späteren SS-Standartenführers und Befehlshabers der Sicherheitspolizei und des SD in Frankreich, Helmut Knochen, verdankte. Moritz wurde 1938 in die SS aufgenommen und trat in den Dienst des SD-Oberabschnitts Nordwest; kurz darauf wurde er von Knochen ins SD-Hauptamt nach Berlin geholt.[13] Hier befasste er sich anfangs unter der Leitung von Franz Alfred Six »wissenschaftlich mit der Freimaurerfrage« und wurde nach Eingliederung des SD-Hauptamts in das Amt VI des RSHA dem Frankreichreferat (VI B 2) unter der Leitung von SS-Obersturmbannführer Heinrich Bernhard zugeteilt.[14]

Moritz wurde mit einem von Knochen befehligten Sonderkommando nach Paris entsandt und gehörte dort bis Sommer 1942 zur Abteilung VI (Auslandsnachrichtendienst) des Beauftragten (ab 1942 Befehlshabers) des Chefs der Sicherheitspolizei und des SD. Dann verließ er den Spionagezweig und wechselte als Stellvertreter des Kommandeurs der Sipo und des SD nach Orléans.[15] Ende 1942 wurde er stellvertretender Kommandeur des Sicherheitspolizei-SD-Einsatzkommandos IV B Marseille und Leiter der Abteilung IV (Gestapo).[16] Ab Herbst 1943 fungierte er wiederum als Stellvertreter des Kommandeurs und Leiter der Abteilung IV beim Einsatzkommando (KdS) Lyon. Im Frühjahr 1944 wurde Moritz zum RSHA, Amt VI, zurückbeordert und übernahm ab Dezember die Leitung der Agentenschule.[17]

10 Staadt: Die geheime Westpolitik der SED, 1993, S. 158 f.

11 Wolf, Markus: Die Kunst der Verstellung, 1998, S. 66. Obwohl bekannt war, dass es sich um eine Fälschung handelte, nutzte Walter Ulbricht ihn dennoch, um auf einer spektakulären Pressekonferenz am 16.1.1952 gegen Adenauer und den Generalvertrag als »Dokument des nationalen Verrats und der Kriegsvorbereitung« zu polemisieren. Vgl. Dokumentation der Zeit. Hg. v. Deutschen Institut für Zeitgeschichte. Gesamtdeutsches Informations-Archiv (1952)26, Berlin (Ost), S. 1197–1199.

12 Wolf, Markus : Die Kunst der Verstellung, 1998, S. 66.

13 Vgl. Fragebogen des Rasse- und Siedlungshauptamtes (RuSHA), Anlage: Lebenslauf Moritz, August, 25.11.1938; BA Berlin, BDC RS 08216; Hes(sisches) Landeskriminalamt, Abt. V/Sonderkommission, Protokoll der Vernehmung von August Moritz am 30.1.1964; ZStL, 114 AR-Z 1084/1963, Bl. 142–147.

14 Vgl. Hes(sisches) Landeskriminalamt, Abt. V/Sonderkommission: Protokoll der Vernehmung von August Moritz am 30.1.1964; ebenda, Bl. 142–147.

15 Vgl. Klarsfeld: Die Endlösung der Judenfrage, 1977, S. 238.

16 Vgl. Hes(sisches) Landeskriminalamt, Abt. V/Sonderkommission: Protokoll der Vernehmung von August Moritz, 30.1.1964; ZStL, 114 AR-Z 1084/1963, Bl. 142–147.

17 Ebenda, Bl. 143.

In seinem Lebenslauf gab Moritz gegenüber der SED-Parteiaufklärung zu Protokoll, 1940 nach dem Wechsel Knochens an die Spitze der Sipo in Frankreich ebenfalls dort tätig geworden zu sein. 1943/44 sei er für mehrere Monate in Nordafrika gegen den amerikanischen Nachrichtendienst tätig gewesen und habe ab Spätsommer 1944 den Ausbau und die Leitung einer Agentenschule am Bodensee übernommen.[18] Einzelheiten über seine Dienstzeit im besetzten Frankreich gab er nicht preis.

Am 30. April 1945 sei er in Mailand in amerikanische Gefangenschaft geraten und von einem CIC-Team verhört worden. Anschließend sei er zweimal aus amerikanischer Gefangenschaft geflohen: Im September 1946 habe ihn dann ein Bekannter beim militärischen Geheimdienst der britischen Armee, der Field Security Section (FSS), angezeigt. Nach seiner Verhaftung sei er in das Internierungslager Fallingbostel eingeliefert worden, von wo aus er an Frankreich ausgeliefert werden sollte. In der Nacht vom 6. zum 7. Januar 1948 sei er daraufhin aus dem Lager geflüchtet. Mithilfe eines Freundes, der ihm seine Personaldokumente »geliehen« hatte, war Moritz dann unter dem Namen »Dr. Rolf Müller« in Hamburg untergetaucht. Dort suchte er Kontakt zur kommunistisch dominierten Vereinigung der Verfolgten des Naziregimes (VVN), die ihn, ohne seine wahre Identität zu kennen, schließlich mit Gelegenheitsarbeiten im hauseigenen Zeitungsarchiv beschäftigte.[19] Wichtiger freilich war die parallel dazu vom Vorsitzenden der VVN angebahnte Verbindung zwischen Moritz und der SED-Parteiaufklärung.

Im Spätsommer 1950 übernahm ihn sein erster Resident (Agentenführer) Bruno Korthaus (alias »Max«, »Menzel«) in sein Nachrichtennetz. Einige Monate später, nachdem sich »Kornbrenner« bei den obligatorischen Nachfragen zu seiner Biographie in zahlreiche Widersprüche verstrickt hatte, stellte ihn Korthaus zur Rede. »Kornbrenner« offenbarte jetzt seinen richtigen Namen, seine SS-Zugehörigkeit und seinen Dienstgrad (SS-Obersturmbannführer). Sein Verhalten begründete er damit, vorsichtig sein zu müssen, da er von Frankreich gesucht werde und auf einer »Auslieferungsliste« stünde.[20] Die Zusammenarbeit mit ihm wurde trotz dieses Geständnisses fortgesetzt.

Moritz alias »Kornbrenner« warb seinerseits weitere Mitarbeiter aus Kreisen seiner »alten Kameraden« mit vielen Kontakten in die verschiedensten gesellschaftlichen Bereiche der Bundesrepublik an. Zu den Kontaktleuten gehörten unter anderen Uwe Wehlen alias »Tom«, einst SS-Führer und ehrenamtlich für den SD tätig,[21] sowie Leo Schulz alias »Rabe«, der vom APN wie folgt charakterisiert wurde:

18 Vgl. (APN), A(bteilung) 1: Zusammenfassender Bericht über die Untersuchung des ehemaligen Nachrichtenapparates der Partei und über dessen Abwicklung, 18.9.1952; BStU, MfS, HA II/6 Nr. 1158, Bl. 48–212, hier 67.

19 Ebenda; Brunner: Der Frankreich-Komplex, 2004, S. 154–157.

20 Vgl. (APN), A(bteilung) 1: Zusammenfassender Bericht über die Untersuchung des ehemaligen Nachrichtenapparates der Partei und über dessen Abwicklung, 18.9.1952; BStU, MfS, HA II/6 Nr. 1158, Bl. 75.

21 Ebenda, Bl. 69.

»Österreicher, ehemaliger SS-Major [SS-Sturmbannführer], amerikanische Kriegsgefangenschaft, 1947 an Engländer übergeben, zusammen mit Kornbrenner im Lager Fallingbostel, nach Entlassung 1948 Entnazifizierung in der amerikanischen Besatzungszone. Arbeitete ebenfalls beim ›Ev[angelischen] Hilfswerk‹ in Hamburg. Organisierte angeblich das Schleusen belasteter SS-Leute ins Ausland. [...] Seine Verbindungen laufen im Wesentlichen zu ehemaligen SS- und SD-Leuten«.[22]

Eine weitere Verbindung bestand zum Flamen Arnold de Lannoy alias »Hof«, »als Student in der faschistischen separatistischen flämischen Jugendbewegung tätig, Spionage-Arbeit für den SD nach Belgien hin, Langemarck-Studium, Offizier der Waffen-SS«.[23] Hinzu kam eine Anzahl weiterer »Kameraden«, darunter ein ehemaliger SS-Obersturmführer, der nun im Wirtschaftswissenschaftlichen Institut des DGB in Köln tätig war, oder »Hacker«, mit bürgerlichem Namen Gustav Hanelt, damals Kreisvorsitzender der Deutschen Partei und Abgeordneter im schleswig-holsteinischen Landtag.[24] Zur Legendierung der wahren Auftraggeber (Parteiaufklärung bzw. APN) forderte Korthaus alias »Max« seinen Agenten »Kornbrenner« auf, für das »Deutsche Institut für Zeitgeschichte« (DIZ) in Ost-Berlin tätig zu werden.[25] Diese Institution, offiziell seit April 1951 dem Amt für Information bei der Regierung der DDR unterstellt, befasste sich mit Westpropaganda und bot sich daher als geheimdienstliche Deckadresse an.[26]

Zu Beginn lieferte Moritz alias »Kornbrenner« hauptsächlich Berichte über die »Bruderschaft« und deren Verbindung zum »Evangelischen Hilfswerk« in Hamburg, später auch über die »Tätigkeit der verschiedenen nationalen Gruppen«.[27] Hinter der »Bruderschaft«, der Moritz und etliche seiner Quellen selbst angehörten, verbarg sich eine Sammlungsbewegung von ehemaligen Wehrmachtsoffizieren, SS-Führern und NSDAP-Funktionären, die vor allem in Norddeutschland versuchten, innenpolitischen Boden zu gewinnen.

Der Resident Korthaus gab das Netz um Moritz im Frühjahr 1951 ab. Wie Wolf schreibt, wäre die Zusammenarbeit mit Moritz für den neuen Residenten, einen »Widerstandskämpfer jüdischer Abstammung [...] eine beinahe unzumutbare Belastung« gewesen.[28] Warum man trotzdem auf dieser Konstellation

22 Ebenda, Bl. 70.

23 Ebenda, Bl. 71.

24 Ebenda, Bl. 73.

25 Deutsche Presse-Agentur (Hg.): Hintergrund. Archiv und Informationsmaterial; Hamburg, 31.5.1954, S. 6 f.

26 Das DIZ war in dem hier beschriebenen Zeitraum bestrebt, mittels der von ihr hauptsächlich in der Bundesrepublik vertriebenen Zeitschrift »Dokumentation der Zeit« (ddz) »möglichst große Teile der westdeutschen Öffentlichkeit für die Annahme der auf gesamtdeutsche Beratungen zielenden Vorschläge der Regierung, der Volkskammer und anderer Institutionen der DDR« zu mobilisieren. Weitere Schwerpunkte waren Attacken gegen die Wiederbewaffnung der Bundesrepublik, sowie in »besonders krasse[r] Verzerrung der Wirklichkeit«, Artikel gegen die vorgeblichen »Refaschisierung« der Bundesrepublik infolge der Politik Kanzler Adenauers. Vgl. Schwarz: Eine DDR-Zeitschrift mit gesamtdeutschem Anspruch, 1998.

27 (APN), A(bteilung) 1: Zusammenfassender Bericht über die Untersuchung des ehemaligen Nachrichtenapparates der Partei und über dessen Abwicklung, 18.9.1952; BStU, MfS, HA II/6 Nr. 1158, Bl. 68.

28 Wolf, Markus: Spionagechef im geheimen Krieg, 1997, S. 162.

bestanden hat, sagt er allerdings nicht. Auch finden sich in den Akten keine Hinweise, dass der neue Agentenführer mit dem Decknamen »Paul« mit bürgerlichem Namen Gerhard Leo (Jg. 1923) tatsächlich besondere Aversionen gegen Moritz gehegt habe, wozu er allen Grund gehabt hätte. Als Sohn eines verfolgten jüdischen Anwalts und Sozialdemokraten war er 1933 mit seiner Familie nach Paris geflohen, hatte sich später der sozialistischen Jugendorganisation Rote Falken angeschlossen und für die Resistance in der deutschen Besatzungsverwaltung spioniert. 1944 wurde er verhaftet und wegen Wehrkraftzersetzung und Vorbereitung zum Hochverrat angeklagt. Noch bevor ein Urteil gefällt wurde, konnten ihn Partisanen befreien, und danach kämpfte er in einer Einheit der kommunistischen »Francs-Tireurs et Partisans« (F.T.P.), wurde zum Leutnant befördert und ausgezeichnet.[29] Nach Kriegsende war er im KPD-Auftrag in die westlichen Besatzungszonen gegangen, hatte dort zunächst für verschiedene Parteizeitungen gearbeitet und war anschließend für den Nachrichtenapparat rekrutiert worden.[30]

Die Residentur unter Leos Leitung zu der neben einer Sekretärin auch zwei Kuriere gehörten, kümmerte sich neben dem Komplex »Kornbrenner« auch um die Quelle »ck 3« bzw. »Hans«[31], hinter der sich der spätere MfS-Spitzenagent Hans-Adolf Kanter verbarg.[32] Auch Kanter hatte einen dunklen Fleck in seiner Biographie: Der HJ-Gefolgschaftsführer hatte sich freiwillig zur Wehrmacht gemeldet und war während des Krieges zur »Partisanenbekämpfung auf dem Balkan eingesetzt« gewesen.[33]

Kurz nachdem Leo Resident wurde, nahm er eine Einschätzung des »Kornbrenner«-Komplexes vor. Seiner Meinung nach war die »Clique der Informatoren um Kornbrenner (...) auf dem Boden der ›Bruderschaft‹ gewachsen«. Doch seiner Auffassung nach gab keiner der Beteiligten aus Loyalität gegenüber der »Bruderschaft« oder aus Idealismus Informationen an Moritz weiter. Vielmehr werde das informelle Bündnis zusammengehalten:

»a) durch Geldzuwendungen,
b) durch gegenseitigen Nachrichtenaustausch (damit können sich die Einzelnen bei ihren jeweiligen Protektoren wieder ›stark machen‹, wie sie sagen),
c) durch die gemeinsame Vergangenheit,

29 Vgl. Leo: Feuerproben, 1985; Lebenslauf vom 4.6.1954 in der Akte 3852 der Abt. VdN beim Magistrat von Berlin, Hauptstadt der DDR; BStU, MfS, HA IX/11, SV 16/85, Bl. 71 f.

30 Vgl. (APN), A(bteilung) 1: Zusammenfassender Bericht über die Untersuchung des ehemaligen Nachrichtenapparates der Partei und über dessen Abwicklung, 18.9.1952; BStU, MfS, HA II/6 Nr. 1158, Bl. 54.

31 Ebenda, Bl. 52 u. 84–87.

32 Vgl. Müller-Enbergs: IM-Anleitungen, 1998, S. 24; Müller-Enbergs: Was wissen wir über die DDR-Spionage?, 2003, S. 47 f.

33 (APN), A(bteilung) 1: Zusammenfassender Bericht über die Untersuchung des ehemaligen Nachrichtenapparates der Partei und über dessen Abwicklung, 18.9.1952; BStU, MfS, HA II/6 Nr. 1158, Bl. 84.

d) schließlich vielleicht durch das Bestreben der Einzelnen, sich einen Kreis von Freunden zu erhalten, auf deren Hilfe man wieder angewiesen sein könnte, falls die Verhältnisse in Westdeutschland sich grundlegend ändern sollten«.[34]

Dennoch vertrat Leo die Auffassung, dass »Kornbrenner« gut für seine Geldgeber arbeitete:

»Die Nachrichten stimmen. Sie finden früher oder später fast alle ihren Niederschlag in den bekannt gegebenen Ereignissen, die im Voraus bezeichneten Entwicklungen treffen ein. Es sind keine faulen Eier, die man uns unterschiebt, um uns zu Fehlschlüssen zu verleiten, sondern wir können daraus politische Schlüsse ziehen, die für unseren Kampf um den Frieden und die Einheit Deutschlands von Bedeutung sind.«[35]

Der APN begegnete dem »Kornbrenner«-Netz gleichwohl mit äußerstem Misstrauen. Allerdings erwies sich der Verdacht einer Doppelagententätigkeit als grobe Fehleinschätzung. Denn Moritz alias »Kornbrenner« und seine Kameraden gerieten in das Visier der bundesrepublikanischen Spionageabwehr.[36] Moritz, Wehlen, de Lannoy, Hanelt und Ursula S. wurden im Mai 1952 verhaftet. Während Ursula S. kurz darauf wieder freigelassen wurde, mussten sich die vier Männer ab Dezember 1953 im ersten großen Landesverratsprozess vor dem Bundesgerichtshof verantworten.[37] Kurioserweise fühlte sich der APN dabei in seiner Auffassung bestätigt:

»Bei der gesamten Tätigkeit Kornbrenners, einschließlich der jetzt veröffentlichten Pressenotizen über seine Verhaftung, handelt es sich um eine von vornherein organisierte Provokation eines gegnerischen Geheimdienstes, bei der jetzt durch einen Prozess die ›Spionagetätigkeit‹ der KPD und deren Zusammenarbeit mit SS- und SD-Offizieren demonstriert werden soll.«[38]

Der Prozess brachte viele Einzelheiten und manche Überraschung an den Tag. Alle vier Angeklagten hatten früher der NSDAP angehört, Moritz bekannte sich sogar zu diesem Zeitpunkt noch zu deren Ideologie.[39] Außerdem fand das Gericht heraus, dass die Angeklagten wöchentlich bis zu 60 Berichte nach Ost-Berlin geliefert hatten, wofür sie insgesamt 24 000 DM erhielten.[40] Heraus kam

34 Ebenda, Bl. 78.

35 Ebenda, Bl. 79.

36 Vgl. Reile: Der Deutsche Geheimdienst im II. Weltkrieg, 1990, S. 392. Indizien sprechen dafür, dass einige der Informanten von Moritz als Doppelagenten für die Organisation Gehlen gearbeitet haben. Vgl. (APN), A(bteilung) 1: Zusammenfassender Bericht über die Untersuchung des ehemaligen Nachrichtenapparates der Partei und über dessen Abwicklung, 18.9.1952; BStU, MfS, HA II/6 Nr. 1158, Bl. 69 u. 80.

37 Vgl. Erster Landesverrats-Prozess vor dem Bundesgerichtshof. Ein undurchsichtiges Kapitel der Nachkriegsgeschichte/Ulbrichts gefälschter »Generalvertrag«. In: Süddeutsche Zeitung v. 8.12.1953.

38 (APN), A(bteilung) 1: Zusammenfassender Bericht über die Untersuchung des ehemaligen Nachrichtenapparates der Partei und über dessen Abwicklung, 18.9.1952; BStU, MfS, HA II/6 Nr. 1158, Bl. 81.

39 Vgl. Schallies, Walter: Max und Moritz machen einen »Generalvertrag«. Der erste Landesverratssprozess vor dem Bundesgerichtshof. Ost-Agenten mit brauner Vergangenheit. In: Süddeutsche Zeitung v. 15.12.1953.

40 Ebenda.

auch, dass de Lannoy den erwähnten Generalvertrag in vierwöchiger Arbeit aus Zeitungsmeldungen »zusammenbaute« und ihn, der größeren Glaubwürdigkeit halber, ins Französische übersetzt. Dafür war er von Moritz mit 450 DM entlohnt worden. Moritz selbst hatte dann den vermeintlichen Generalvertrag nach Ost-Berlin gebracht. Wie auch die anderen Mitarbeiter von Moritz bekam de Lannoy »monatlich DM 300,- Garantie, DM 200,- Spesen, eine Netzkarte für die Bahn und Prämien für besonders wertvolle Informationen«.[41]

Moritz wurde am 22. Dezember 1953 wegen versuchten Landesverrats und Bestechung zu vier Jahren Zuchthaus verurteilt. Seine Mitangeklagten erhielten zwischen einem und dreieinhalb Jahren Gefängnis.[42] Nach der Zerschlagung des »Kornbrenner«-Kreises wurde Leo abberufen und trotz harscher Kritik als Resident für West-Berlin eingesetzt, bis er 1954 in die DDR übersiedelte. Moritz, mit dessen NS-Vergangenheit sich das Gericht erstaunlicherweise nicht befasst hatte, verbüßte seine Haftstrafe bis 1956. Nach seiner Entlassung hielt er weiterhin Verbindung zur DDR und spielte bis in die siebziger Jahre hinein in der linken Szene Hamburgs eine »gewisse Rolle« als »Friedensaktivist«. Dies änderte sich erst, als Beate und Serge Klarsfeld 1973 die Öffentlichkeit über die NS-Verstrickungen von Moritz informierten.[43]

In Frankreich war Moritz für seine Taten bereits am 30. Januar 1954 vom Militärgericht in Marseille und nochmals am 25. November 1954 vom Militärgericht Lyon zum Tode verurteilt worden.[44] Von der Zentralen Stelle der Landesjustizverwaltungen in Ludwigsburg wurde 1967 ein Vorermittlungsverfahren gegen Moritz wegen des Verdachtes der Beihilfe zum Mord in Orléans eingeleitet. Ausgangspunkt hierfür war der Verdacht, dass er an der Deportation von Juden aus Frankreich in die Vernichtungslager beteiligt gewesen sein könnte. Das Ermittlungsverfahren wurde im Januar 1970 an die Staatsanwaltschaft Hamburg abgegeben und von dieser nach zwei Monaten wegen der sich aus dem so genannten Überleitungsvertrag ergebenden Rechtslage vorläufig eingestellt.[45] Zwei weitere gegen Moritz angestrengte Verfahren wurden ebenfalls vor einer Anklageerhebung eingestellt. In beiden Fällen konnte ihm nicht mit erforderlicher Sicherheit nachgewiesen werden, dass er Kenntnis vom Vernichtungszweck der Deportationen hatte.[46]

41 Deutsche Presse-Agentur (Hg.): Hintergrund. Archiv und Informationsmaterial. Hamburg den 31.5.1954, S. 8.

42 Ebenda, S. 6–9.

43 Brunner: Der Frankreich-Komplex, 2004, S. 157.

44 (ZStL): Abschlussvermerk zum Vorermittlungsverfahren gegen das Sipo (SD)-Kommando Orléans, 6.8.1968; BA, MfS, BV Ludwigsburg, 114 AR-Z 490/67, Bl. 35–49, hier 48.

45 Staatsanwaltschaft bei dem Landgericht Hamburg: Mitteilung an die ZStL zum Ermittlungsverfahren gegen Moritz u. a. wegen Verdachts der Beihilfe zum Mord (NSG) in Orléans/Frankreich, 19.3.1970; BA, ASt. Ludwigsburg, 114 AR-Z 490/67, Bl. 89; vgl. Brunner: Der Frankreich-Komplex, 2004; Moisel: Frankreich und die deutschen Kriegsverbrecher, 2004.

46 Staatsanwaltschaft bei dem Landgericht Hamburg: Mitteilung an die ZStL zum Ermittlungsverfahren gegen Moritz u. a. wegen Mordes/NSG, 8.5.1989; BA, ASt. Ludwigsburg, 114 AR-Z 490/67, Bl. 184–194.

Der Schreibtischtäter – Lothar Weirauch

Moritz alias »Kornbrenner« und seine Kameraden waren nicht die einzigen Nationalsozialisten, die für die Parteiaufklärung bzw. den APN tätig wurden. Auch der Resident »Klaus«, mit bürgerlichem Namen Willi Bürger (Jg. 1907), führte einen Mann als Quelle, dessen Karriere im Dritten Reich in engem Zusammenhang mit der verbrecherischen nationalsozialistischen Politik im besetzten Polen steht.[47] Hinter dem Deckkürzel »X« verbarg sich der damalige Landesgeschäftsführer der Freien Demokratischen Partei (FDP) Nordrhein-Westfalens, Lothar Weirauch. Seine Geheimdienstkarriere ist noch heute voller Rätsel und wird, je nach Standpunkt genutzt, um Mythen zu pflegen und falsche Fährten zu legen. Seine NS-Belastungen hingegen sind aus heutiger Sicht unbestreitbar.

Der 1908 in Siemianowitz/Laurahütte, Kreis Katowice/Kattowitz (Oberschlesien), geborene Weirauch hatte schon zu Jugendzeiten völkischen-nationalistischen Organisationen wie dem »Jungdeutschen Orden«[48] und der »Organisation Wiking (Brigade Ehrhardt)«[49] angehört. 1930 trat er in die SA ein und bekleidete hier den Rang eines Sturmführers, zugleich wurde er Mitglied im Nationalsozialistischen Deutschen Studentenbund (NSDStB) und übte bis 1933 die Funktion eines stellvertretenden Kampfgruppenführers aus. 1934 folgte der Eintritt in die NSDAP. 1937 schloss er sein Studium der Rechts- und Staatswissenschaften ab und erhielt eine Stelle als Jurist bei der Landesversicherungsanstalt Schlesien in Breslau. Binnen zwei Jahren brachte er es zum Landesoberverwaltungsrat. Zahlreiche Funktionen in NS-Organisationen, wie etwa als »Kreisgruppenführer für Jungjuristen«, »Leiter der Gauhauptabteilung Berufsbetreuung im National-Sozialistischen Rechtswahrer-Bund (NSRB)« oder »Leiter der Hauptstelle Schulung im Gaurechtsamt der NSDAP«, begleiteten seinen beruflichen Aufstieg.[50]

Ab 1939/40 war Weirauch unmittelbar in die gewaltsame Volkstumspolitik des Dritten Reiches involviert. In der Provinzialverwaltung Schlesien organisierte er »Aussiedlungen«, unter anderem die Deportation von Geisteskranken aus Heilanstalten nach Kobierzyn, von wo sie später nach Auschwitz gebracht wurden.[51]

47 (APN), A(bteilung) 1: Zusammenfassender Bericht über die Untersuchung des ehemaligen Nachrichtenapparates der Partei und über dessen Abwicklung, 18.9.1952; BStU, MfS, HA II/6 Nr. 1158, Bl. 109, 118–120.

48 Vgl. Stichwort »Jungdeutscher Orden«, in: Zentner; Bedürftig: Das grosse Lexikon des Dritten Reiches, 1985, S. 294; Wildt: Generation des Unbedingten, 2002, S. 57–60.

49 Zur Genese dieser Organisation siehe Meinl: Nationalsozialisten gegen Hitler, 2000, S. 26–158.

50 Die biographischen Angaben sind entnommen aus: Der Reichsminister des Innern, Der Generalgouverneur: Vorschlag zur Ernennung des Landesoberverwaltungsrats Lothar Weirauch zum Ministerialrat, Berlin den 14.12.1944 und Krakau den 23.12.1944; BStU, MfS, HA IX/11, PA 1038, Bl. 42–45.

51 (MdI der VR Polen): Notiz in der Angelegenheit der Ergebnisse der Untersuchungen über die Tätigkeit von Lothar Weirauch, die von ZAP durchgeführt wurden, Stand vom 1.5.1965; BStU, MfS, Abt. X AP 7663/79, Bl. 16–19, hier 16.

Dann ließ er sich zur Regierung des Generalgouvernements (GG) abordnen.[52] Er wurde der Hauptabteilung Innere Verwaltung in Krakau zugeteilt und fungierte zunächst als stellvertretender Leiter, ab April 1941 als Leiter der Gruppe bzw. Abteilung Bevölkerungswesen und Fürsorge (BuF), womit er die Nachfolge des »Rassewissenschaftlers« und Antisemiten Fritz Arlt antrat.[53]

Formell war die Abteilung BuF für die »volkspolitische Rechtsetzung, das Fürsorgerecht und die Lenkung und Überwachung der nichtdeutschen Organisationen« zuständig. Nach Aussage von Friedrich Siebert, dem Leiter der Hauptabteilung Innere Verwaltung, bewältigte Weirauch »diese Aufgaben, die einen wesentlichen Teil der Behandlung der politischen Grundfragen im Generalgouvernement enthalten und daher von besonderer Wichtigkeit sind, [...] mit Geschick, Umsicht und großem Fleiß«.[54] In der Realität verweisen diese bürokratischen Formeln darauf, dass die Abteilung BuF unter anderem an der »Umsiedlung der Volksdeutschen aus dem GG und dem sowjetisch besetzten Teil Polens ins Reich, an den Deportationen von Juden in die Vernichtungslager [...] und an der Aussiedlung von Polen aus dem Gebiet von Zamosz« mitwirkte.[55] Innerhalb des zivilen Behördenapparates war BuF diejenige Dienststelle, »welche alle Aussiedlungen, Vertreibungen und Umsiedlungen im GG zu organisieren oder daran mitzuwirken hatte«.[56] Weirauch selbst schrieb dazu: »Da meine Dienststelle für sämtliche die Verwaltung des Generalgouvernements angehenden Fragen volkstumspolitischer Art, auch soweit sie die Umsiedlung betreffen, zuständig ist, bin ich über die Grundzüge jeder Aus- und Umsiedlung stets unterrichtet gewesen«.[57] So verschickten Weirauch und seine Mitarbeiter beispielsweise fast 4 000 Juden aus Mielec in das Einzugsgebiet der Vernichtungslager Sobibór und Bełżec, wobei sie davon ausgehen mussten, dass die Ausgesiedelten dort in die »Endlösung« einbezogen würden.[58] Die im Januar 1942 von den Distriktgouverneuren in Lublin und Galizien angeforderten Aufstellungen über dort gebildete Ghettos sowie deren Einwohnerzahlen bildete die Grundlage für die Deportationen.[59] Weirauch galt als »alter Parteigenosse«, der sich »besondere

52 Der Reichsminister des Innern Der Generalgouverneur: Vorschlag zur Ernennung des Landesoberverwaltungsrats Lothar Weirauch zum Ministerialrat, Berlin den 14.12.1944 und Krakau den 23.12.1944; BStU, MfS, HA IX/11, PA 1038, Bl. 44.

53 Regierung des Generalgouvernements. Der Leiter der HA Innere Verwaltung: (Beurteilung des Ministerialoberverwaltungsrats Weirauch), 1.12.1942; ebenda, Bl. 33 f.; vgl. Musial: Deutsche Zivilverwaltung, 1999, S. 98. Über Struktur der Regierung und Verwaltungsaufbau des Generalgouvernement siehe auch du Prel: Das Generalgouvernement, 1942, S. XV–XX.

54 Regierung des Generalgouvernements. Der Leiter der HA Innere Verwaltung: (Beurteilung des Ministerialoberverwaltungsrats Weirauch), 1.12.1942; BStU, MfS, HA IX/11, PA 1038, Bl. 33.

55 Musial: Deutsche Zivilverwaltung, 1999, S. 97; Aly; Heim: Vordenker der Vernichtung, 1993; Aly: »Endlösung«, 1999; Seeber: Die Okkupation 1939 bis 1945, 1959, Dokument 32a) und b), S. 201–204; Madajczyk: Die Okkupationspolitik, 1987.

56 Musial: Deutsche Zivilverwaltung, 1999, S. 97.

57 Zit. nach: Aly; Heim: Vordenker der Vernichtung, 1993; S. 214 f.

58 Musial: Deutsche Zivilverwaltung, 1999, S. 242.

59 Vgl. Longrich: Politik der Vernichtung, 1998, S. 504.

Verdienste um die Bewegung« erworben hatte.[60] Der NS-Rechtswahrerbund bescheinigte ihm, »dass er mit dem Nationalsozialismus und seinen Gedankengängen fest verwurzelt« sei.[61] Dies stellte Weirauch auch öffentlich unter Beweis, als er in theoretischen Aufsätzen über Polen und den »Ostraum« als »Brutstätte des modernen Weltjudentums« räsonierte:

»Aus den Judenvierteln der polnischen und russischen Städte kamen all die jüdischen Parasiten, die insbesondere während und nach dem Weltkrieg nur auf die Ausbeutung ihrer Gastvölker oder im Interesse größeren Gewinns auf die Verbreitung von Hass und Zwietracht zwischen den Völkern bedacht waren. [...] Eine sofortige restlose Ausschaltung der Juden konnte zwar in allen Bereichen der Verwaltung selbst erreicht werden; es war aber nicht möglich, die Juden alsbald aus dem Wirtschaftsleben zu entfernen. Der größte Teil des Handels war verjudet, aber auch viele Handwerksgruppen waren überwiegend oder zu einem erheblichen Prozentsatz in jüdischen Händen. Die Brechung des jüdischen Einflusses im Wirtschaftsleben konnte nur allmählich nach Bereitstellung von Ersatzkräften erreicht werden. Vom ersten Tage an sind jedoch im Generalgouvernement die arbeitsscheuen Juden einer nutzbringenden Beschäftigung gemeinnütziger Art zugeführt worden. [...] Die Feststellung, dass der Jude im Generalgouvernement der Hauptträger des Schleichhandels war und außerdem infolge der durch seine Unsauberkeit bedingten Verlausung der Hauptverbreiter des Fleckfiebers ist, hat zu der Errichtung von meist geschlossenen ›Judenwohnbezirken‹ geführt.«[62]

Es blieb nicht bei der Theorie: Als Vertreter des Generalgouvernements nahm Weirauch am 27. Oktober 1942 an der dritten Besprechung über die »Endlösung der Judenfrage« in Nachfolge der Wannsee-Konferenz teil.[63] Als Geheime Reichssache soll er auch den Plan verbreitet haben, »bei der Umsiedlung von 200 000 Polen im Osten des Generalgouvernements zwecks Ansiedlung deutscher Wehrbauern, mit einem Drittel der Polen – 70 000 alten Leuten und Kindern unter 10 Jahren – so zu verfahren, wie mit den Juden, das heißt, sie zu töten«.[64] Der schockierte Amtsarzt der Stadt Warschau, Wilhelm Hagen, hatte sich deswegen unmittelbar an Hitler gewandt. Der Tabubruch der Verwendung des Wortes »töten« sorgte für einige Aufregung, doch Weirauch gelang es, die Wogen wieder zu glätten.[65]

Nach dem Krieg wandte sich Weirauch im Herbst 1948, nachdem er vorher wohl bereits enge Beziehungen zur VVN und zur Coburger KPD-Parteigruppe unterhalten hatte, an den Parteivorstand der KPD. Über die Beweggründe, die

60 Regierung des Generalgouvernements; Der Leiter der HA Innere Verwaltung, Org., Akz. J.Pers. 501/00: Antrag an den Reichsminister des Innern zur Übernahme in den Reichsdienst, Versetzung und Beförderung des Landesoberverwaltungsrats Lothar Weirauch, 7.12.1942; BStU, MfS, HA IX/11, PA 1038, Bl. 30.

61 National-Sozialistischer Rechtswahrer-Bund, Gau Schlesien, Der Gauleiter: Bescheinigung, 27.8.1942; ebenda, Bl. 31 f.

62 Weirauch: Die Volksgruppen im Generalgouvernement, 1942, S. 255.

63 Vgl. Oppenheimer: Eichmann und die Eichmänner, 1961, S. 169–172; Hilberg: Die Vernichtung, Bd. 2, 1990, S. 443.

64 Zit. nach: Seeber: Die Okkupation 1939 bis 1945, Dokument 32c, 1959, S. 204–206, hier 204.

65 Hilberg: Die Vernichtung, Bd. 2, 1990, S. 547 f.; Kühn: Das Gesamtdeutsche Institut, 2001, S. 74 f.; Aly; Heim: Vordenker der Vernichtung, 1993, S. 216 f.

Weirauch dazu veranlassten, von sich aus den einstigen politischen Gegner zu kontaktieren, kann nur spekuliert werden. Sein Parteifreund und Protegé Detlef Kühn vermutet, dass er den Kontakt »möglicherweise [...] im Auftrag eines westalliierten Geheimdienstes« gesucht hat.[66] Der APN hielt dies, zumindest eine zeitlang, ebenfalls nicht für ausgeschlossen.[67] Die Parteiaufklärung hatte sich offensichtlich nie intensiv mit dieser Frage beschäftigt und ihm lapidar bescheinigt, »auf ideologischer Grundlage offen und ehrlich« kooperiert zu haben.[68] Dies ähnelt dem Fall »Kornbrenner«, zumal auch Weirauch mit »Entschädigungen« wie einer Wohnung und einem Auto bedacht wurde.[69] Nicht auszuschließen ist auch, dass Weirauch sich auf diese Art um potenzielle Verbündete bemühte, als Rückversicherung für den Fall, dass seine unrühmliche Rolle im Generalgouvernement strafrechtliche oder anderweitige Folgen haben sollte.

Unabhängig davon, welche Motive nun tatsächlich ausschlaggebend waren, die Parteiaufklärung hatte es ihm ohnehin leicht gemacht, in den Apparat integriert zu werden. Denn man hatte, so die spätere Kritik des APN, praktisch jeden genommen, der über irgendwelche Informationen verfügte, wobei die »Auswahl der Mitarbeiter des Apparates, einschließlich der Residenten, [...] ohne Beachtung der einfachsten moralischen Vorraussetzungen und kaderpolitischer Gesichtspunkte« erfolgte.[70] Dies war zweifellos auch bei Weirauch der Fall gewesen.

Der Parteiaufklärung respektive dem APN lagen schon frühzeitig ungenaue, aber durchaus ernst zu nehmende Hinweise über Weirauchs Stellung im Generalgouvernement vor. Vermutlich schon 1948 hatte Weirauch seinem Residenten berichtet, »bei der Regierung des Generalgouvernements in Polen als Leiter der Sozialabteilung verpflichtet« gewesen zu sein.[71] Eine Meldung von »Kornbrenner« im Mai 1950 bezeichnete Weirauch als hohen Beamten im Generalgouvernement, der dort »Volkstumsfragen« bearbeitet habe. »Kornbrenner« gab außerdem zu Protokoll, dass Weirauch sich im »FDP-Freundeskreis« damit gerühmt habe, sowohl für den britischen Nachrichtendienst als auch für den der

66 Kühn: Das Gesamtdeutsche Institut, 2001, S. 76.

67 (APN), A(bteilung) 1: Zusammenfassender Bericht über die Untersuchung des ehemaligen Nachrichtenapparates der Partei und über dessen Abwicklung, 18.9.1952; BStU, MfS, HA II/6 Nr. 1158, Bl. 118.

68 Gegenüber seinem ersten Residenten »Bern« hatte Weirauch behauptet, früher einer Roten Studentengruppe in Berlin angehört zu haben, nach 1933 aber nicht mehr aktiv gewesen zu sein, um sein Studium nicht zu gefährden. Erst als er bei der Regierung des Generalgouvernements als Leiter der Sozialabteilung »verpflichtet« worden sei, habe er Verbindung zu verschiedenen Untergrundorganisationen aufgenommen und diese unterstützt. »Politisch habe er mit der FDP nichts zu tun.« (APN), (Abt. 1): Memorandum zu Willi Bürger (»Klaus«), 7.8.1952; ebenda, Bl. 405–435, hier 419; vgl. (APN), A(bteilung) 1: Zusammenfassender Bericht über die Untersuchung des ehemaligen Nachrichtenapparates der Partei und über dessen Abwicklung, 18.9.1952; ebenda, Bl. 118.

69 (APN), (Abt. 1): Memorandum zu Willi Bürger (»Klaus«), 7.8.1952; ebenda, Bl. 405–435, hier 423.

70 (APN), A(bteilung) 1: Zusammenfassender Bericht über die Untersuchung des ehemaligen Nachrichtenapparates der Partei und über dessen Abwicklung, 18.9.1952; ebenda, Bl. 205.

71 (APN), (Abt. 1): Memorandum zu Willi Bürger (»Klaus«), 7.8.1952; ebenda, Bl. 405–435, hier 419.

KPD tätig zu sein. Dennoch hielt man weiter an der Quelle »X« fest. Weirauch berichtete in erster Linie aus der Führung der FDP, lieferte aber auch gelegentlich »Materialien von Abwehrcharakter«, welche ihm in seiner Parteifunktion bekannt wurden.[72]

Als ehemaliger NS-Aktivist passte Weirauch gut in die damalige FDP. Vor allem in Nordrhein-Westfalen und Niedersachsen hatten sich solche Kräfte der relativ kleinen, aber etablierten Partei bemächtigt und wollten sie zur rechten Sammelpartei umfunktionieren. Bis 1953 besetzten sie nach und nach mittlere und höhere Funktionärsposten im nordrhein-westfälischen Landesverband.[73] Ein FDP-Mitglied beschrieb die Situation dort später so: »Die leitenden Persönlichkeiten des Landesvorstandes sind farblose, wohl aber polternd scharfmacherische Elemente ohne jedes persönliche Format und mit ebenso wenig politischer Substanz, Nationalisten in ihrem Wollen, reaktionär in ihren Vorstellungen, Liberale zu keiner Zeit.«[74]

Um den FDP-Landesvorsitzenden sammelte sich ein Beraterkreis, zu dem wiederum ehemalige Amtsträger des Nationalsozialismus, wie der ehemalige Staatssekretär im Reichsministerium für Volksaufklärung und Propaganda, Werner Naumann, und andere erst nach dem Amnestiegesetz von 1950 aus der Illegalität Aufgetauchte gehörten. Bereits Ende 1948 hatte Weirauch seinem ersten Residenten, Ernst Haberland (Jg. 1903) alias »Bern«, berichtet, dass die FDP beabsichtige, einen außenpolitischen Ausschuss zu bilden und ihm das »Ressort für die östlichen Länder« zu übertragen. »Aufgrund seiner 4½-jährigen Tätigkeit im Osten« betrachtete er sich als »Spezialist auf diesem Gebiet«.[75]

Weirauch hatte »Bern« außerdem bei diesem Treffen den Hinweis gegeben, dass es Bestrebungen einer FDP-Gruppe gebe, den Ruhrindustriellen Hugo Stinnes jr. für eine örtliche Zeitung »finanziell« zu interessieren.[76] Anfang Januar 1953 verhafteten britische Sicherheitskräfte Naumann und weitere Verschwörer aus dem Umfeld der nordrhein-westfälischen FDP (den so genannten »Gauleiter-Kreis«). In der anschließenden Untersuchung bestätigten sich die von Weirauch gemachten Angaben. Tatsächlich hatte sich der FDP-Landesverband, hauptsächlich über den Rechtsanwalt Ernst Achenbach, aus Spenden von Ruhrindustriellen wie Stinnes finanziert.[77]

Im September 1952 wurde Weirauch alias Quelle »X« laut Akten vom APN mit »Parole und Kennzeichen konserviert«.[78] HVA-Karteien zufolge war dies aber wohl nur von kurzer Dauer, denn im April 1956 erfolgte eine erneute Archi-

72 (APN), A(bteilung) 1: Zusammenfassender Bericht über die Untersuchung des ehemaligen Nachrichtenapparates der Partei und über dessen Abwicklung, 18.9.1952; ebenda, Bl. 118–120.

73 Dittberner: Die Freie Demokratische Partei, Bd. 3, 1986, S. 1321.

74 Zit. nach: Keitel: »Sehr geehrter Parteifreund ...«., 2001, S. 56 f.

75 (APN), (Abt. 1): Anschreiben an Mielke, 12.8.12952, Anlage: Bericht von »Bern« über die Zusammenkunft mit X. am 1.12.1948; BStU, MfS, HA II/6 1158, Bl. 436–439, hier 438.

76 Ebenda.

77 Siehe dazu das Kapitel »Die Naumann-Affäre und die Rolle der Alliierten« (1953), in: Frei: Vergangenheitspolitik, 1997, S. 361–396.

78 Müller-Enbergs: IM-Anleitungen, 1998, S. 187.

vierung. Auf diese vorangegangene zweite Phase bezieht sich wohl auch die Aussage von Markus Wolf, wonach Weirauch »unter anderem wesentliche Teile der ›Pariser Verträge‹ quasi vorab« geliefert habe, die dann im Oktober 1954 ratifiziert wurden.[79]

Unterdessen setzte Weirauch seine politische Karriere unbehelligt fort. Bis Spätherbst 1954 war er Bundesgeschäftsführer der FDP in Bonn, ab Januar 1956 Referent im Bundesministerium für Verteidigung.[80] Nach der Bildung der CDU-FDP-Koalition 1961 stieg Weirauch in der Ministerialbürokratie auf. Er war zu diesem Zeitpunkt Ministerialdirigent und stellvertretender Abteilungsleiter im Verteidigungsministerium.[81] Dort gelang es ihm sogar, einen vormaligen Referatsleiter für Judenfragen aus der Abteilung BuF, Herbert Heinrich, unterzubringen.[82] Außerdem kümmerte er sich darum, dass bei Stellenbesetzungen jetzt FDP-Mitglieder gebührend berücksichtigt wurden. Er selbst liebäugelte mit einem Staatssekretärsposten im Wohnungsbauministerium.[83] Nach dem Rücktritt von Bundeskanzler Adenauer am 15. Oktober 1963 übernahm Erich Mende das Ressort für Gesamtdeutsche Fragen. Der stolze Ritterkreuzträger Mende holte Weirauch als »Mann meines Vertrauens« in das Ministerium und ernannte ihn zum Leiter der Zentralabteilung.[84]

Unterdessen wurde in der Bundesrepublik wegen der Beteiligung Weirauchs an den Judendeportationen im Distrikt Lublin ermittelt. Die Staatsanwaltschaft Dortmund leitete 1962 ein Ermittlungsverfahren gegen ihn, Heinrich und weitere ehemalige Mitarbeiter der HA Innere Verwaltung wegen Beihilfe zum Mord ein.[85] Weirauch und die anderen Beschuldigten gestanden ihre Beteiligung an den Aussiedlungen ein, behaupteten jedoch, nichts über das weitere Schicksal der Juden gewusst zu haben. Die Staatsanwaltschaft sah sich außerstande, diese Behauptung zu widerlegen. Zu Weirauch hieß es:

»Seine Mitwirkung an der Mielec-Aktion ist aus den Urkunden erwiesen. Da die Aussiedlungen der Juden aus Mielec in den Lubliner Raum der Auftakt und die Vorraussetzung für die alsbald nachfolgende Tötung der Juden in den Vernichtungslagern war, stellt sich seine Tätigkeit objektiv als Beihilfe zum Mord dar. Die subjektiven Vorraussetzungen einer Strafbarkeit seines Verhaltens lassen sich jedoch nicht mit hinreichender Sicherheit feststellen.«[86]

Das Verfahren gegen den Bonner Spitzenbeamten wurde im September 1964 eingestellt. Im Frühjahr 1965, ein halbes Jahr vor den Bundestagswahlen, wandte sich die »Hauptkommission zur Untersuchung der Hitlerverbrechen in Polen«

79 Heilig, René: Jetzt neu: politisch korrekt lügen. Pawlows Reflex oder – »Focus« deckt auf, was die Stasi deckte: 20 000 Kriegsverbrecher. In: ND v. 20.11.2004, S. 24.

80 Vgl. Musial: Deutsche Zivilverwaltung, 1999, S. 397.

81 Vgl. Staatssekretäre. Späte Reue. In: Der Spiegel 53/1961 v. 27.12.1961, S. 15–17.

82 Vgl: Aly; Heim: Vordenker der Vernichtung, 1993, S. 216; Musial: Deutsche Zivilverwaltung, 1999, S. 98 u. 363.

83 Staatssekretäre. Späte Reue. In: Der Spiegel v. 27.12.1961, S. 15–17.

84 Mende: Von Wende zu Wende, 1986, S. 194.

85 Musial: Deutsche Zivilverwaltung, 1999, S. 368.

86 Ebenda, S. 369.

und die polnische Presseagentur »Zachodnia Agencja Prasowa« (ZAP) an das Dokumentationszentrum des MdI der DDR mit der Frage, ob dort Belastungsmaterial über Weirauch vorliege. Die Anfrage alarmierte den Minister Erich Mielke: Ein »abgeschalteter« potenzieller DDR-Agent in der Leitung von Mendes Ministerium stand möglicherweise kurz vor der beweiskräftigen Enttarnung als maßgeblicher Organisator der Judenvernichtung. Der Minister setzte alle Hebel in Bewegung, um an die in Polen liegenden Akten über Weirauch heranzukommen. In einem Telegramm beschwor er den polnischen Innenminister Mieczyslaw Moczar, solche Unterlagen seien »von außerordentlich großer operativer Bedeutung«.[87] Die Polen bestätigten später gegenüber Mielke und HVA-Chef Wolf alle Befürchtungen. Die betreffenden Akten seien unmittelbar mit der »Tätigkeit der faschistischen Dienststellen im ehemaligen Generalgouvernement verknüpft, die sich mit Fragen der Bevölkerungspolitik befassten«. Aufgabe dieser Dienststellen sei es vor allem gewesen, »die Ghettos einzurichten und die Liquidierung der jüdischen Bevölkerung verantwortlich zu leiten und zu organisieren«. Eine große Menge Aktenmaterial lagere allgemein zugänglich in Warschau und in verschiedenen Wojewodschaftsarchiven, das wichtigste sei in Prozessakten enthalten. Zwei Westdeutsche hätten schon Einsicht genommen. Darüber hinaus sei bereits eine ganze Reihe Publikationen darüber erschienen. Eine von der ZAP vorbereitete Publikation sei nun aufgrund der MfS-Intervention gestoppt worden. Eine komplette Sperrung des einschlägigen Materials sei aber nicht möglich.[88]

Wenig später traf bei Wolf die Nachricht ein, dass die polnische Hauptkommission aufgrund einer Anfrage der Dortmunder Staatsanwälte zu Weirauch und anderen Mitarbeitern der Abteilung BuF die Übermittlung von Aktenmaterial plane. Darüber hinaus sei zusätzliches Material in Prozessakten gefunden worden.[89] Erneut intervenierte Mielke telegrafisch und forderte Kopien der zur Übergabe vorgesehenen Dokumente an.[90] Umgehend erhielt das MfS die bereits zitierte Notiz über die Rechercheergebnisse der ZAP und einen Satz Mikrofilmkopien von Prozessakten sowie die Mitteilung, dass sowohl die geplante Veröffentlichung als auch die Herausgabe von Unterlagen an die Dortmunder Staatsanwälte vorerst zurückgehalten würde.[91] Erst wenige Tage vor den Bundestagswahlen erteilte die HVA den polnischen Sicherheitsorganen die Zustimmung,

87 Anschreiben des Leiters der Abt. X an den Leiter der MfS-Arbeitsgruppe Archivauswertung in Polen, Oberleutnant Bräunig, 27.3.1965; BStU, MfS, Abt. X AP 7663/79, Bl. 3.

88 Abt. X: Mitteilung betreffs Archivmaterial Weirauch an den Stellvertreter des Ministers, Generalleutnant Wolf, 27.4.1965; ebenda, Bl. 11.

89 Abt. X: Mitteilung an den Stellvertreter des Ministers, Generalleutnant Wolf, 3.5.1965; ebenda, Bl. 13. Aufgrund der langen Bearbeitungszeit derartiger Anfragen ist davon auszugehen, dass es sich um das bereits im September 1964 eingestellte Ermittlungsverfahren gegen Weirauch u. a. handelte.

90 Anschreiben des Ministers an den Minister des Innern der VR Polen, 7.5.1965; ebenda, Bl. 15.

91 (Ministerstwo Spraw Wewnetrznych (MSW)/MdI): Notiz in der Angelegenheit der Ergebnisse der Untersuchungen über die Tätigkeit von Lothar Weirauch, die von ZAP durchgeführt wurden; Stand vom 1.5.1965; ebenda, Bl. 16–19; MdI (der VR Polen), Nr. AW-03153/003676/65: Mitteilung an den Minister für Staatssicherheit der DDR, 18.5.1965; ebenda, Bl. 22.

dass die Erkenntnisse über Weirauch nun publiziert werden könnten. Das MfS selbst ermittelte lediglich noch die Hinweise auf Weirauchs Beteiligung an dem Nachfolgetreffen zur Wannsee-Konferenz.[92]

HVA-Chef Wolf zufolge gingen die Informationen aus Polen just zu dem Zeitpunkt ein, als Weirauch reaktiviert werden sollte. Er habe daraufhin Weirauchs Führungsoffizier angewiesen, »die Zusammenarbeit endgültig zu beenden«. Ausschlaggebend seien moralische Skrupel gewesen: »Diese Quelle, mochte sie noch so sprudeln, wurde verstopft. Denn es gibt Dinge, die man nicht wieder gutmachen kann!«[93] Der für die Führung Weirauchs ausersehene hauptamtliche IM war Wolfgang Hartmann. Dieser behauptet in einem Rückblick auf seine Zeit als »Aufklärer in der BRD«, ohne Weirauch beim Namen zu nennen, dass zu einer langjährigen Quelle in der Bonner Deutschlandpolitik der Kontakt abgebrochen worden sei, nachdem man in polnischen Archiven entdeckt habe, dass der Betreffende in der »faschistischen Okkupationsverwaltung in Krakow mitverantwortlich für die Organisierung des Massenmordes an 40 000 polnischen Kindern, Frauen und alten Menschen der Kreise Lublin und Zamosc« gewesen sei.[94] Nach der Version Hartmanns hatte Wolf den Abbruch des Kontakts angewiesen: »Wir können unter keinen Umständen mit einem Mann zusammenarbeiten, über dessen Untaten Johannes R. Becher sein bekanntes Gedicht ›Kinderschuhe aus Lublin‹ geschrieben hat«.[95] Andere HVA-Mitarbeiter erinnern sich, dass Weirauch vielmehr den zu jungen Instrukteur Hartmann nicht akzeptiert habe.[96]

Wer auch immer die neuerliche Kooperation abgebrochen hat – der im Dezember 1966 gerade eingerichtete IM-Vorgang XV/3678/66 der HVA-Abteilung I (Staatsapparat der BRD) führte nicht zu nachvollziehbaren Informationslieferungen.[97] Archiviert wurde der Vorgang jedoch erst einige Monate nach Weirauchs Tod im Januar 1983. Die einstige Quelle wurde unterdessen zur Zielscheibe ostdeutscher Angriffe. Das Neue Deutschland prangerte im Januar 1968 Weirauch als »Wehners Naziraubexperten« im Ministerium für Gesamtdeutsche Fragen an. Aufgrund seiner Beteiligung an der Judenvernichtung in der Okkupationsverwaltung des »Generalgouvernements« sei der Ministerialdirektor einer der »bewährten« Experten, die nun in dem Bonner Ministerium die Annexionspläne gegen die DDR ausarbeiten würden.[98]

92 Mitteilung der HA A, Abt. I, an die Abt. X, 1.9.1965; Mitteilung des Ministers an den Minister des Innern der VR Polen, 14.9.1965; ebenda, Bl. 25 f.

93 Heilig, René: Jetzt neu: politisch korrekt lügen. Pawlows Reflex oder – »Focus« deckt auf, was die Stasi deckte: 20 000 Kriegsverbrecher. In: ND v. 20.11.2004, S. 24.

94 Hartmann: Aufklärer in der BRD. In: Blätter für deutsche und internationale Politik, S. 1131.

95 Ebenda, S. 1131.

96 Müller-Enbergs: IM-Anleitungen, 1998, S. 113. Hinsichtlich dieser Widersprüche siehe auch Exkurs III, in: Kühn: Das Gesamtdeutsche Institut, 2001, S. 71–78.

97 Die SIRA-Teildatenbank 21 enthält unter der Weirauch zuzuordnenden Registriernummer keine entsprechenden Hinweise auf Informationseingänge.

98 »Wehners Naziraubexperten. Hitlers Expansionsspezialisten an der Spitze des Bundesministeriums für gesamtdeutsche Fragen«. In: ND v. 26.1.1968, S. 6, W. D.: Bonn verstärkt Wühlarbeit gegen

Als Weirauch 1973 die westdeutsche VVN verklagte, weil diese seine NS-Vergangenheit in einem Buch verbreitete, suchte die Organisation in Ost-Berlin um Unterstützung nach.[99] Aufgrund der Bedeutung des Spitzenbeamten musste Markus Wolf persönlich der HA IX/11 die Erlaubnis erteilen, Dokumente zu liefern.[100] Weirauch scheiterte schon allein aufgrund seiner längst bekannten Belastungen vor Gericht.[101]

SD-Außenstellenleiter und West-Ost-Überläufer – Ernst Schwarzwäller

Auf einer Internationalen Pressekonferenz des DDR-Presseamtes im Sommer 1959 stellt dessen Leiter, Kurt Blecha (NSDAP-Mitglied seit dem 1. September 1941),[102] den Zuhörern vier Überläufer vor, die zuvor für westliche Geheimdienste gearbeitet hatten.[103] Einer dieser ehemaligen Geheimdienstmitarbeiter war Ernst Schwarzwäller. Er schilderte die »verbrecherische Tätigkeit des westdeutschen Geheimdienstes«.[104] Um die Wirkung seiner Anwürfe zu steigern, hatte er darauf verwiesen, dass er »hauptberuflich mit wenigen Jahren Ausnahme seit 25 Jahren in der Abwehr tätig war und wohl den Anspruch erheben darf, einige Fachkenntnisse zu besitzen«. Darüber hinaus erklärte er, den Entschluss, mit seiner Familie in die DDR überzusiedeln, gefasst zu haben, »weil in mir immer mehr die Erkenntnis sich durchsetzte, dass sich besonders meine Tätigkeit für den BND letzten Endes zum Schaden unseres deutschen Volkes auswirken muss.«[105] Das Neue Deutschland berichtete, Schwarzwäller sei früher im Amt Abwehr der Wehrmacht tätig gewesen und habe nun bis zum Überlaufen nach

sozialistische Länder. Bundesanstalt in Westberlin völkerrechtswidrig und kriminell. In: ND v. 28.2.1969, S. 6.

99 Vereinigung der Verfolgten des Naziregimes, Bund der Antifaschisten, Präsidium: Anfrage an die Generalstaatsanwaltschaft der DDR, Staatsanwalt Wieland, 15.10.1973; BStU, MfS, HA IX/11, PA 1038, Bl. 13 f.

100 HA IX/11/IV: Aktenvermerk, 4.12.1973; ebenda, Bl. 15.

101 (HA IX/11): Aktenvermerk, 7.12.1973; ebenda, Bl. 16. Vereinigung der Verfolgten des Naziregimes, Bund der Antifaschisten, Präsidium: Mitteilung an Staatsanwaltschaft bei dem Landgericht Stuttgart, 12.11.1974; ZStL, 114 AR-Z 578/1974, Bd. I, Bl. 73 f.; vgl. Oppenheimer: Eichmann und die Eichmänner, 1961, S. 169–172.

102 Vgl. Ehemalige Nationalsozialisten in Pankows Diensten. Hg. v. Untersuchungsausschuss Freiheitlicher Juristen. 4. Aufl., Berlin (West) 1962, S. 18.

103 Vier Spione der westlichen Geheimdienste bestätigen: Westberlin – Spionagezentrale gegen die DDR. Aufsehenerregende Erklärungen ehemaliger hauptamtlicher Geheimdienstmitarbeiter auf einer internationalen Pressekonferenz in Berlin. Militär- und Versorgungstransporte werden als Agentenschleusen ausgenutzt. Einzige Lösung: Umwandlung Westberlins in eine entmilitarisierte Freie Stadt. In: ND v. 3.6.1959, S. 1 f.

104 Ebenda, S. 1.

105 Redekonspekt, o. O., o. D. (Juni 1959); BStU, MfS, AIM 6726/78, Bd. II/4, Bl. 300–306, hier 300.

Ost-Berlin in den Diensten der Organisation Gehlen (bzw., wie suggeriert wurde, des Bundesnachrichtendienstes) gestanden.[106]

Ernst-Jochen Schwarzwäller (Jg. 1905) wuchs in Stettin auf und erlernte den Kaufmannsberuf. 1933 trat Schwarzwäller der SS und der NSDAP bei und diente seit Ende 1934 auch als Vertrauensmann des SD-Abschnitts Pommern-Grenzmark (Stettin).[107] Angeworben hatte ihn Robert Schulz, NSDAP-Mitglied seit 1922 und Chef des SD-Oberabschnitts Nord im Rang eines SS-Standartenführers sowie von 1936 bis 1939 Landeshauptmann und Stellvertreter des Oberpräsidenten Pommerns.[108] Im Sommer 1936 übernahm der SD Schwarzwäller hauptamtlich als Außenstellenleiter in Dramburg, 1937 in Deutsch-Krone. Ab Mai 1939 bis Kriegsende leitete er die SD-Außenstelle in Schneidemühl.[109] Im Amt Ausland/Abwehr war Schwarzwäller also niemals tätig.

Wie das MfS später in Erfahrung brachte, gab es einige Gerüchte um den Tod der ersten Ehefrau Schwarzwällers. Ein IM kolportierte aus Erzählungen in seiner Familie, dass die Frau sich wiederholt bei ihrem Mann für Verhaftete eingesetzt habe, weil deren Frauen vor ihrer Wohnungstür um Freilassung gebettelt hatten. Schwarzwäller habe daraufhin seine Gattin von der Gestapo in die Nervenheilanstalt Ueckermünde bringen lassen.[110] Tatsächlich war dessen Ehefrau im Juni 1941 zunächst in die pommersche »Heil- und Pflegeanstalt« in Meseritz-Obrawalde (Miedzyrzecz) gebracht, und dann im April 1942 in die »Landesheilanstalt« Ueckermünde verlegt worden.[111] Am 15. Juli 1942 wurde die Ehe wegen einer »unheilbaren Krankheit« der Frau geschieden; mit ausschlaggebend für das Urteil war ein fachärztliches Gutachten von dem in der Ueckermünder Anstalt tätigen Arzt Dr. Helmut Lauterwald, einem langjährigen NSDAP- und SS-Mitglied mit einschlägigen Erfahrungen bei der Ausmerze so genannten lebensunwerten Lebens.[112] Dieser hatte bereits 1939 Transporte von Patienten aus pommerschen Anstalten in die Anstalt Neustadt (Westpreußen) begleitet, wo sie von einem SS-Kommando ermordet wurden.[113] Die geschiedene Ehefrau kam am 20. August 1942 »ungeheilt« und nebst ihrer Krankenakte wie-

106 Vier Spione der westlichen Geheimdienste bestätigen: Westberlin – Spionagezentrale gegen die DDR. In: ND v. 3.6.1959, S. 1.

107 Vgl. NSDAP – Mitgliedskarte Ernst Schwarzwäller, RuSHA-Fragebogen, Anlage: Handschriftlicher Lebenslauf, o. D. (Dezember 1944); BA Berlin, BDC; Bewerbung um Verwendung in der Sicherheitspolizei und im SD für die Kolonien, Anlage: Handschriftlicher Lebenslauf, o. D. (Juli 1940); BA, ZWA Dahlwitz-Hoppegarten, ZR 715, A. 14, Bl. 86–91, hier 87.

108 HA II/4: Abschrift der Berichte des GM »Erika«; Bericht zu Robert Schulz, 2.6.1955; BStU, MfS, AIM 6726/78, Bd. III/2, Bl. 228–231. Die biographischen Angaben zu Schulz finden sich in Stockhorst: Fünftausend Köpfe, 1967, S. 402; Höhne: Der Orden unter dem Totenkopf, o. J., S. 124. Hinsichtlich seines Beitrags vgl. Klee: Was sie taten, 1987, S. 219; Bernhardt: Anstaltspsychiatrie und »Euthanasie« in Pommern, 1994, S. 35–48.

109 Handschriftlicher Lebenslauf, 1944; BA Berlin, BDC, RuSHA-Akte Ernst Schwarzwäller.

110 Vgl. HV A, Abt. II/3: Bericht mit der Überschrift: Ehemaliger Angehöriger der Gestapo, 7.8.1963; BStU, MfS, AP 15038/63, Bl. 3 f., hier 3.

111 Vgl. Abschrift des Scheidungsurteils der 3. Zivilkammer des Landgerichts Schneidemühl, 16.7.1942; BA Berlin, BDC, RuSHA-Akte Ernst Schwarzwäller

112 Vgl. ebenda.

113 Vgl. Bernhardt: Anstaltspsychiatrie und »Euthanasie« in Pommern, 1994, S. 134 f.

der nach Meseritz.[114] Vier Tage später war die 35-jährige bereits tot, offenkundig ein Opfer der NS-Euthanasie.[115] Die Einzelheiten der Trennung und des Todes der Frau Schwarzwällers wurden nie geklärt. Noch in den letzten Kriegswochen heiratete er erneut.[116]

Nach seiner Flucht aus Pommern 1945 war Schwarzwäller zunächst als Lagerist in einer Lebensmittelgroßhandlung in Schleswig-Holstein tätig. 1947 wechselte er als Geschäftsführer nach Hamburg und machte sich 1950 als Großhändler selbstständig. Im November 1951 sprach ihn sein ehemaliger SD-Kamerad, SS-Oberführer Otto Somann, von 1935 bis 1937 Stabsführer des SD-Oberabschnitts Nord/Stettin, zuletzt Inspekteur des Zollgrenzschutzes für das gesamte Reichsgebiet und die besetzten Länder sowie Mitglied des SS- und Polizei-Standgerichts im Verfahren gegen den Widerstandskämpfer Hans von Dohnanyi,[117] für die Organisation Gehlen an.[118] Anfangs stellte Schwarzwäller sein Büro als Treff- und Deckadresse zur Verfügung. 1953 wurde er V-Mann-Führer für die Gehlen-Untervertretung Hamburg.[119] Im selben Jahr besuchte er eine Schule der Organisation Gehlen im bayerischen Weinheim. Er sollte seinen damaligen Vorgesetzten Hans Sommer, Chef der Bezirksvertretung Nord, ersetzen, doch nach der Festnahmeaktion »Feuerwerk«[120] des MfS im Oktober/November 1953 wurde die Dienststelle umstrukturiert und Schwarzwäller abgeschaltet.[121] Für den Bundesnachrichtendienst (BND), der erst im April 1956 aus der Organisation Gehlen hervorging, ist Schwarzwäller daher nie tätig gewesen.

Parallel dazu geriet Schwarzwäller auch geschäftlich in Schwierigkeiten, sodass er schließlich 1954 den DDR-Lockangeboten für Agenten »volle Freiheit, Wohnung und eine gut bezahlte Arbeitsstelle«[122] folgte und sich über einen Mittelsmann in Ost-Berlin anbot. Am Abend des 8. Februar 1954 kam Schwarzwäller erstmals in Ost-Berlin mit Offizieren der MfS-Spionageabwehr (Abteilung II/4 der Verwaltung Groß-Berlin) zusammen. Politisch stimmte man offenbar darin überein, »dass die Politik in Westdeutschland, die Politik Adenauers, notwendigerweise zum Krieg der Deutschen gegeneinander führen müsse«.

114 Vgl. Auszug aus dem Hauptbuch der Landesheilanstalt Ueckermünde, Kopie und Mitteilung des Christophorus-Krankenhauses Ueckermünde, 25.6.2003.

115 Handschriftlicher Lebenslauf, 1944; BA Berlin, BDC, RuSHA-Akte Ernst Schwarzwäller.

116 Stellungnahme des Einheitsführers, 18.12.1944; BA Berlin, BDC, RuSHA-Akte Ernst Schwarzwäller, Vordruck zur Meldung der zukünftigen Ehefrau, o. D.; BA Berlin, BDC. Diese Information erhielt ich dankenswerterweise von Carsten Schreiber (Berlin/München).

117 Vgl. SSO-Akte Otto Somann; BA Berlin, BDC; Wildt: Generation des Unbedingten, 2002, S. 711.

118 SSO-Akte Otto Somann; BA Berlin, BDC; Abt. II/4: »Zwischenbericht« über GM »Holtz« vom 21.6.1954; BStU, MfS, AIM 6726/78, Bd. II/1, Bl. 15–25, hier 15.

119 Zu Personal, Struktur und Methoden der Organisation Gehlen siehe Höhne; Zolling: Pullach intern, 1971, S. 166–184.

120 Vgl. Fricke; Engelmann: »Konzentrierte Schläge«, 1998, S. 42–47.

121 (Verwaltung Groß-Berlin), Abt: II/4: Vorschlag zur Anwerbung eines GM, 14.6.1954; BStU, MfS, AIM 6726/78, Bd. I/1, Bl. 82–84.

122 Zit. nach: Höhne; Zolling: Pullach intern, 1971, S. 260.

Schwarzwäller berichtete über seine NS-Karriere und seine Tätigkeit für die Organisation Gehlen. Er behauptete, »dass er [beim SD] immer versucht habe, in seinem Aufgabenbereich niemanden anzuschwärzen, sondern möglichst alles in Ruhe und Ordnung zu halten, ohne dabei aggressiv vorgehen zu müssen«. Deshalb sei er nur SS-Untersturmführer (Leutnant) gewesen. Keiner von den Leuten, die ihn schon aus der Zeit vor 1945 kannten, hätten ihn angezeigt.[123]

Schwarzwäller befürchtete, dass man ihn in Ost-Berlin wegen seiner NS-Vergangenheit festhalten könnte, doch diese Ängste erwiesen sich als gegenstandslos. In seiner elfbändigen IM-Akte findet sich keinerlei Hinweis, dass das MfS seine Aussagen hinsichtlich der Zeit vor 1945 näher überprüft hätte. Es wurden nicht einmal, wie in anderen Fällen, Recherchen in Polen angestrengt oder nach Dokumenten über seine Vergangenheit im eigenen Archivbestand gesucht.

Schwarzwäller bot dem MfS sein Wissen über die Organisation Gehlen an und lieferte sofort erste Angaben. Beim nächsten Treff, eine Woche später, berichtete er über die ihm bekannten Generalvertretungen der Organisation Gehlen, deren Leiter, Stellvertreter und Mitarbeiter. Dabei konnte er auch Details wie Tarnadressen und geheime Trefforte für V-Leute benennen. Abschließend nannte er zehn Personen, die »für eine Anwerbung bzw. Umdrehung« infrage kamen. Der neue Informant erwies sich als ergiebige Quelle. Schwarzwäller erhielt 300 »Westmark« als Reisekostenerstattung und Aufwandsentschädigung.[124] Nach einer Reihe weiterer Gespräche schlugen die Mitarbeiter der Abteilung II/4 (Spionageabwehr – »deutsche Linie«) dem Chef der Verwaltung Groß-Berlin, Generalmajor Hans Fruck, vor, Schwarzwäller als Geheimen Mitarbeiter anzuwerben. Obwohl man ihm dessen NS-Vergangenheit nicht vorenthalten hatte, genehmigte der Alt-Kommunist Fruck, den die Nazis ins Zuchthaus gesperrt hatten, das Vorhaben mit seiner Unterschrift.[125] Im Juli 1954 warb die Staatssicherheit Schwarzwäller formell an, allerdings ohne die übliche schriftliche Verpflichtungserklärung.[126] Der neue IM war lediglich bereit, eine persönliche »Erklärung« zur Rechtfertigung seiner Kooperation abzugeben. Darin heißt es:

»Von dem Wunsche getragen, als aufrechter Patriot den Interessen meiner Deutschen Nation zu dienen, habe ich Verbindung mit den Staatsorganen der Deutschen Demokratischen Republik aufgenommen. Ich halte es für meine Pflicht hier zu erklären, dass ich der Auffassung bin, dass die politische Konzeption der regierenden Kreise in Bonn das Deutsche Volk in den Abgrund eines dritten Weltkrieges stürzen würden. Da ich diesen Kurs der regierenden Kreise Bonns nicht teilen kann, habe ich es für richtig gehalten, nicht länger

123 (Verwaltung Groß-Berlin, Abt. II/4): Treffbericht Kontaktaufnahme, 9.2.1954; BStU, MfS, AIM 6726/78, Bd. I/1, Bl. 25–28.

124 (Verwaltung Groß-Berlin, Abt. II/4): Bericht, 16.2.1954; ebenda, Bl. 66–81, hier 79.

125 (Verwaltung Groß-Berlin), Abt: II/4: Vorschlag zur Anwerbung eines GM, 14.6.1954; ebenda, Bl. 84.

126 (Verwaltung Groß-Berlin), Abt: II/4: Vorschlag zur Anwerbung eines GM, 14.6.1954; ebenda, Bl. 82–84, hier 84; (Verwaltung Groß-Berlin), Abt: II/4: Anwerbungsbericht, 5.7.1954; ebenda, Bl. 29.

abzuwarten, sondern zu handeln. [...] Ich habe gehandelt und bin der festen Überzeugung, der Deutschen Nation gedient zu haben.«[127]

Schwarzwäller erhielt anfänglich den Decknamen »Holtz«, dann »Hirsch«. Vor allem nutzte man ihn, um ehemalige Kollegen, zum Teil vormalige Angehörige von SD und SS, die noch in der Organisation Gehlen tätig waren, »abzuschöpfen« oder direkt für die Staatssicherheit anzuwerben. So trat er an einen ehemaligen Gehlen-Filialleiter in West-Berlin heran, der sehr verärgert darüber war, seinen Job verloren zu haben. Schwarzwäller stellte ihm eine erneute nachrichtendienstliche Tätigkeit in Aussicht und ließ sich als Beleg seiner Leistungsfähigkeit die Namen von V-Leuten und andere Informationen nennen.[128] Außerdem »tippte« Schwarzwäller alias »Holtz« seinen langjährigen Freund Hans Sommer für eine mögliche Zusammenarbeit mit dem MfS (siehe die folgende Fallstudie).[129]

Daneben wurde sein Strukturwissen nochmals systematisch abgeschöpft. Außerdem sollte er die Schulen der Organisation Gehlen in Tutzing und Weinheim fotografieren, wofür ihm von der Staatsicherheit 900 Mark (West) zur Verfügung gestellt wurden. Seine Tochter transportierte als Kurier »Erika« diverse Berichte über Personen, Vorgänge, Organisationsstruktur des Westgeheimdienstes von Hamburg nach Ost-Berlin. Schwarzwäller hielt Kontakt zu ehemaligen Arbeitskollegen, zum Teil in leitenden Positionen der Gehlen-Organisation.

Aufgrund der erfolgreichen Zusammenarbeit zog die HA II der MfS-Zentrale im Dezember 1954 die weitere Lenkung des IM von der Berliner Verwaltung an sich.[130] Schwarzwäller ließ sich die ergiebigen Dienste satt entlohnen. Um seine Aufträge noch besser erledigen zu können, legte er sich im Frühjahr 1955 einen Pkw zu und erhielt dafür einen Zuschuss von 2 000 DM (West).[131] Wenige Wochen später wollte Schwarzwäller in München ein Hotel erwerben, das aufgrund seiner Ausstattung und Lage einen »Anziehungspunkt für Bonner Politiker und Regierungsangestellte« darstellen würde. Er bat um eine Finanzspritze von 25 000 DM (West). Sein Führungsoffizier unterstützte die Idee, da es sich um »einen zuverlässigen GM handelt, durch ihn eine größere Anzahl von Agenten der Gehlen-Organisation verhaftet werden konnten, wovon einer zum Tode verurteilt« worden sei.[132] Der stellvertretende Chef der Staatssicherheit, Erich Mielke, stimmte zu. Allerdings waren Schwarzwällers Pläne schon wieder überholt, als das Geld eintraf. Er erwarb stattdessen zunächst ein Restaurant;

127 Ernst Schwarzwäller: Erklärung, o. D. (14.6.1954); ebenda, Bl. 31.

128 (Verwaltung Groß-Berlin), Abt. II/4: Zwischenbericht. Nr. 1, 21.6.1954; BStU, MfS, AIM 6726/78, Bd. II/1, Bl. 15–25, hier 17 u. 22 f..

129 (Verwaltung Groß-Berlin), Abt. II/4: Zwischenbericht. Nr. 1, 21.6.1954; ebenda, Bl. 18.

130 (Verwaltung Groß-Berlin), Abt: II/4: Übergabevermerk, 10.12.1954; BStU, MfS, AIM 6726/78, Bd. I/1, Bl. 94.

131 (SfS), HA II/4: Vorschlag zum Kauf eines Pkw für GM »Holtz«,16.3.1955, handschriftlicher Vermerk: »einverstanden« und Unterschrift Mielkes vom 19.3.1955; ebenda, Bl. 127.

132 HA II/4: Schreiben an den Leiter der HA II betreffs Kauf eines Objektes in Westdeutschland, 25.4.1955, handschriftlicher Vermerk: »einverstanden« und Unterschrift Mielkes, 25.4.1955; BStU, MfS, AIM 6726/78, Bd. II/2, Bl. 212 f.

später kehrte er in sein altes Gewerbe zurück und übernahm in Hamburg eine Import- und Exportfirma.

Als er im Frühjahr 1956 ins Blickfeld von Verfassungsschutz und Bundesnachrichtendienst geriet, unterbrach er sämtliche nachrichtendienstlichen Aktivitäten und siedelte im Dezember des Jahres erneut nach München um. Dort begann er mit einem monatlichen MfS-Salär von anfangs 1 500 DM (später 1 200 DM, ab 1957 1 000 DM,)[133] ein Kaffeeversandgeschäft aufzubauen. Daneben versorgte er seine Ostberliner Sponsoren weiter mit Informationen und Werbehinweisen über Bekannte und ehemalige Kollegen aus dem Umfeld des BND.

Schwarzwäller galt als wertvolle Quelle. Zu einem Treff im Sommer 1957 empfing ihn der stellvertretende Leiter der MfS-Spionageabwehr, Oberstleutnant Robert Mühlpforte. Inzwischen war er zum Geheimen Hauptinformator (GHI) »Hirsch« erhoben worden.[134] Das MfS setzte ihn auf Franz Göring an, einen alten Freund Schwarzwällers, der in Schneidemühl Kriminalkommissar bei der Gestapo gewesen und später ins Reichssicherheitshauptamt versetzt worden war.[135] Auftragsgemäß besuchte »Hirsch« im Winter 1957 seinen alten Freund in Hamburg, der mittlerweile aufgefordert worden war, sich beim BND zu bewerben.[136]

Es gelang Schwarzwäller mühelos, seinen Freund systematisch auszuforschen. Dieser überließ ihm vertrauensselig sogar Haus- und Wohnungsschlüssel, sodass Schwarzwäller ungestört seine Unterlagen durchsuchen konnte. Er konnte mit wichtigen Adressen, Telefonnummern von Vorgesetzten sowie dessen dienstlicher Postlageradresse aufwarten. »Hirsch« erfuhr auch von der erfolgreichen Anwerbung eines polnischen Offiziers. »Hirsch« sah sogar Möglichkeiten, IM in Görings Dienststelle einzuschleusen oder ihn selbst zu »überwerben«. Wegen dieser Aussicht, einen IM direkt im gegnerischen Geheimdienst zu platzieren, ging der Treffbericht nicht nur an die Leitung der HA II, sondern auch an die »Gen[ossen] Berater« vom KGB.[137]

Ferner hatte Schwarzwäller in München den Rechtsanwalt und Leiter des Schadensbüros einer großen Versicherungsgesellschaft kennen gelernt. Dieser lebte unter dem Aliasnamen Friedrich Schütte, hieß in Wirklichkeit aber Fritz Schmidt.[138] Es handelte sich um den ehemaligen Gestapo-Chef von Kiel, in SS-Kreisen »Steher-Schmidt« genannt,[139] später ebenfalls Mitarbeiter der Organi-

133 HA II/4: Vorschlag für Gehaltszahlung für GHM »Hirsch«, 7.2.1957, handschriftliche Bestätigung durch die Unterschrift des Stellvertreters des Ministers, Bruno Beater; BStU, MfS, AIM 6726/78, Bd. I/1, Bl. 167 f.

134 Vgl. HA II/4: Treffbericht, 23 8.1957; BStU, MfS, AIM 6726/78, Bd. II/3, Bl. 30–36.

135 Vgl. Ernst Schwarzwäller: Bericht zu Ernst Lemmer, o. D. (1963); BStU, MfS, AIM 6726/78, Bd. II/7, Bl. 160–163.

136 HA II/4: Treffbericht, Quelle: GM »Hirsch«, 20.12.1957; BStU, MfS, AIM 6726/78, Bd. II/3, Bl. 118–136, hier 121–117, hier 116.

137 HA II/4: Treffbericht, 25.9.1958; BStU, MfS, AIM 6726/78, Bd. II/4, Bl. 175–179.

138 HA II/4: Berichte von »Hirsch«, Übertragung vom Tonband, 24.3.1958; ebenda, Bl. 32–43, hier 33.

139 Vgl. Paul: Zwischen Selbstmord, Illegalität und neuer Karriere, 1995, S. 535.

sation Gehlen.[140] Entgegen ersten Plänen Schmidt anzuwerben,[141] gab das MfS schließlich die Anweisung an Schwarzwäller, sich von ihm fernzuhalten, da dieser durch die DDR-Presse kompromittiert werden solle.[142] Tatsächlich wurde Schmidt erst 1963 enttarnt und verhaftet.[143]

Anfang 1959 bereitete man aus Sicherheitsgründen beim MfS die Übersiedlung Schwarzwällers in die DDR vor. Durch »zuverlässige Quellen« war der Staatssicherheit bekannt geworden, dass »Hirsch« wegen seiner Ostkontakte ins Visier des BND geraten war und man jeden Augenblick mit seiner Festnahme rechnen musste.[144] Zum Abschluss seiner Kundschafterkarriere in der Bundesrepublik sollte »Hirsch« jedoch noch eine »aktive Maßnahme gegen den Bundesnachrichtendienst« durchführen, die Aktion »Hermann«.[145] Hirsch besuchte am 4. April 1959 seinen Freund Göring in Hamburg und täuschte eines Morgens Unwohlsein vor. Nachdem sein Gastgeber das Haus verlassen hatte, packte er ungestört alle erreichbaren Akten zusammen, demontierte eine Stahlkassette mit dienstlichen Dokumenten und setzte sich in die DDR ab.[146] Weisungsgemäß hinterließ er dem Bestohlenen einen Brief. Darin bot man ihm an, um sich Ärger mit seinem Arbeitgeber zu ersparen, alle Unterlagen vollständig wieder zurückzugeben, allerdings erst nach einer »gründlichen Aussprache«. Der Brief endet mit dem Hinweis: »Dass bei einer erfolgreichen und ehrlichen Zusammenarbeit für Ihre Zukunft auch im Moment der Gefahr gesorgt wird, brauchen wir wohl nicht mehr besonders zu betonen. In dieser Hinsicht wird Ihnen unsere Anständigkeit und Großzügigkeit bekannt sein.«[147] Göring ging nicht auf das Angebot ein. In diesem Fall sollten die entwendeten Akten gemeinsam mit weiteren Dokumenten der Organisation Gehlen aus anderen Quellen veröffentlicht werden.[148]

Auf der anfangs erwähnten Pressekonferenz enttarnte Schwarzwäller Göring als Mitarbeiter des BND und machte einige Andeutungen zum Inhalt der erbeuteten Unterlagen. Höhnisch bedankte sich Schwarzwäller für Görings Vertrauen: »Ich bin Herrn Göring heute sehr dankbar, dass er mir die Möglichkeit gegeben hat, die in seiner Dienststelle befindlichen Unterlagen als Beweis meines ehrlichen Willens, dem deutschen Volke zu helfen, hierher zu bringen.«[149] Einige der Dokumente präsentierte der Auftragsschreiber des MfS, Julius Mader, ein Jahr

140 Vgl. Höhne; Zolling: Pullach intern, 1971, S. 217.

141 HA II/4: Treffbericht, 28.3.1958; BStU, MfS, AIM 6726/78, Bd. II/4, Bl. 21–29, hier 24.

142 HA II/4b: Notizen zur Vorbereitung eines Treffens mit Schwarzwäller, 8.11.1958; ebenda, Bl. 232 f.

143 Vgl. Paul: Zwischen Selbstmord, Illegalität und neuer Karriere, 1995, S. 535

144 HA II/4: Vorschlag zur Zurückziehung des GM »Hirsch« auf dem Territorium der Deutschen Demokratischen Republik, 3.4.1959; BStU, MfS, AIM 6726/78, Bd. I/1, Bl. 151–155, hier 151.

145 HA II/4: Maßnahmeplan, 23.3.1959; ebenda, Bl. 143–150; HA II/4: Vorschlag zur Zurückziehung des GM »Hirsch« auf das Territorium der Deutschen Demokratischen Republik, 3.4.1959; ebenda, Bl. 151–155.

146 GM »Hirsch«: Bericht über Durchführung der Aktion »Hermann«, 10.4.1959; ebenda, Bl. 156 f.

147 Brief an Göring, Duplikat, o. D., o. O.; BStU, MfS, AIM 6726/78, Bd. II/4, Bl. 259 f., hier 260.

148 HA II/4: Maßnahmeplan, 23.3.1959; BStU, MfS, AIM 6726/78, Bd. I/1, Bl. 150.

149 (Ernst Schwarwäller): Redekonzept für die Pressekonferenz, o. O., o. D. (Juni 1959); BStU, MfS, AIM 6726/78, Bd. II/4, Bl. 300–306, hier 304.

später in seinem Buch »Die graue Hand«. Göring wurde jetzt mit Adresse, seinen Decknamen und den Daten aus seinen legendierten Personalpapieren genannt. Außerdem zitierte Mader aus dessen Personalakte:

»Mitglied der ›Völkischen Freiheitsbewegung‹ in den Jahren 1922 bis 1924, Eintritt in die SA am 20. November 1931, NSDAP-Eintritt am 27. Januar 1932, NSDAP-Mitglieds-Nr. 938 997, am 5. März 1933 im SA-Sturm 60 in Erfurt auf Hitler vereidigt, 1933 am NSDAP-Parteitag in Nürnberg teilgenommen, April/Mai 1934 Teilnahme an einem Lehrgang der SA-Führerschule 1 Thüringen in Sondershausen, am 8. Oktober 1932 zum SA-Scharführer befördert, bis zum 20. April 1936 zum SA-Obersturmführer avanciert, 1936 zur SS überwiesen, SS-Nr. 308 171, leitender Mitarbeiter des SS-Reichssicherheitshauptamtes usw.«[150]

Unter einem Foto, welches Göring in Uniform eines SA-Sturmführers zeigt, vermerkte Mader: »Die braune Uniform wurde verbrannt, die braune Gesinnung aber blieb.«[151] Dokumente aus Görings Aktenschrank waren als Faksimile abgedruckt.

Materiell honorierte die Staatssicherheit Schwarzwällers Spionage und Übertritt großzügig. Er erhielt ein monatliches Gehalt von 1200 Mark und bekam als Entschädigung für sein zurückgelassenes Eigentum vom MfS ein gut eingerichtetes Einfamilienhaus geschenkt.[152] Wenig später folgte ein Pkw, Marke Volkswagen. Zusätzlich zum Haus erhielt Schwarzwäller von 1954 bis Anfang 1961 von der Staatssicherheit insgesamt 98 617 Mark West und 63 300 Mark Ost.[153] Letztlich stand ihm jedoch das typische Schicksal zurückgezogener Agenten bevor. Zuerst war das MfS voll des Lobes. Schwarzwäller wurde mit der Medaille »Für treue Dienste« in Bronze ausgezeichnet. Durch seine »intensive Arbeit« – so die Begründung – hätten insgesamt elf Agenten des BND verhaftet werden können, außerdem sei die Pressekonferenz »ein großer politischer Erfolg für die DDR« gewesen.[154] Danach arbeitete »Holtz«, wie er nun wieder hieß, vorübergehend als Geheimer Hauptamtlicher Informator (GHI) für das MfS. Er bekam einen VP-Ausweis, der ihn als Leutnant auswies, und sogar eine Dienstpistole.[155] Hauptsächlich wurde der Ex-Kundschafter nun dafür eingesetzt, das MfS interessierende Personen aus Ost und West auszuspionieren, um sie eventuell anzuwerben.[156] Er fertigte umfangreiche Berichte über seine Aktivitäten und unterschrieb sie stolz mit »Ernst Schwarzwäller, Leutnant«.[157]

150 Mader: Die graue Hand, 1960, S. 128 f.

151 Ebenda, S. 129.

152 HA II/4: Vorschlag zum Kauf eines Objektes, 26.8.1959; BStU, MfS, AIM 6726/78, Bd. I/1, Bl. 171–173.

153 HA II/4: Bericht betreffs GHI »Hirsch«, 10.1.1961; ebenda, Bl. 208–212.

154 HA II/4: Vorschlag zur Auszeichnung des GM »Hirsch« aus Anlass des 10. Jahrestages der DDR mit der Medaille »Für treue Dienste« in Bronze, 1.7.1959, handschriftliche Bestätigung durch Bruno Beater; ebenda, Bl. 190 f.

155 HA II/4: Bericht über die bisherige Zusammenarbeit mit dem GHI »Holtz«, 8.4.1960; ebenda, Bl. 35–40.

156 HA II/7: Abschlussbericht zum IM »Hirsch«, 20.3.1978; ebenda, Bl. 304 f.

157 Z. B. Bericht zur Leipziger Frühjahrsmesse, 10.3.1960; BStU, MfS, AIM 6726/78, Bd. II/5, Bl. 69–96.

Da Schwarzwällers Kontakte in die Bundesrepublik von der dortigen Spionageabwehr beobachtet wurden, konnte er jedoch bald nur noch seine »inoffiziellen Möglichkeiten im Gebiet der DDR« nutzen.[158] Nach und nach wurden ihm alle Privilegien, wie VP-Ausweis und Pistole, entzogen. Schwarzwäller beschwerte sich beim Leiter der HA II, doch es blieb dabei.[159] Anfang 1962 besorgte ihm das MfS eine Arbeitsstelle in einem Obst- und Gemüsegroßhandelsbetrieb. Seine Tätigkeit als hauptamtlicher Geheimer Informator (GHI) war damit beendet. Dennoch zahlte ihm das MfS über Jahre hinweg monatlich 600 Mark als Gehaltsausgleich.[160]

Mit der realsozialistischen Realität im Betriebsalltag konfrontiert, sah Schwarzwäller nun überall »die Möglichkeit der Tätigkeit von Saboteuren und Diversanten in der DDR« und traktierte MfS-Leitung und Direktoren der Handelsorganisation mit seitenlangen Rapporten.[161] Während Schwarzwäller weiter unverdrossen über Arbeitskollegen, Zufallsbekanntschaften oder Bevölkerungsstimmungen schrieb, reduzierte sich aus MfS-Sicht die Zusammenarbeit auf die »Auswertung der früheren Angaben und Erfahrungen des IM, auf die Gewährleistung der Sicherheit des IM und die abwehrmäßige Überwachung seines Verbindungskreises«.[162] Ab und an wurde er herangezogen, wenn es darum ging, ehemalige Kollegen zu charakterisieren. So zeichnete er ein sehr freundliches Porträt von seinem ehemaligen Vorgesetzten im SD-Leitabschnitt Stettin, Heinz Schimmerohn, der angeblich »dem Nazismus sehr skeptisch gegenüber« gewesen sei und »sehr oft auf meine Anregung hin Menschen aus den Klauen der Gestapo gelöst« habe.[163] Entgegen dieser Einschätzung war Schimmerohn mittlerweile Mitglied des NPD-Landesvorstandes Niedersachsen und avancierte später sogar zu dessen Vorsitzenden. Alle Versuche des MfS, mit dem vermeintlichen Nazi-Gegner ins Gespräch zu kommen, scheiterten.[164] Der letzte Bericht Schwarzwällers datiert vom Mai 1970.[165] Doch das MfS hielt dem »bewährten ehemaligen inoffiziellen Mitarbeiter« sogar noch die Treue, als dieser Jahre später zum Pflegefall geworden war und einen Heimplatz benötigte.[166] Am 10. Oktober 1977

158 HA II/7: Abschlussbericht zum IM »Hirsch«, 20.3.1978; BStU, MfS, AIM 6726/78, Bd. I/1, Bl. 305.

159 Ernst Schwarzwäller: Brief an den Leiter der HA II, Oberstleutnant Grünert, 30.5.1961; ebenda, Bl. 229.

160 HA II/4: Antrag für monatliche Zuwendung/Gehalt für das Jahr 1964, 31.12.1963; ebenda, Bl. 189.

161 Ernst Schwarzwäller: Anschreiben an den Leiter der HA II, Oberstleutnant Grünert, 15.10.1963, Anlage: Bericht von Schwarzwäller mit der Überschrift: Vermutete Sabotagehandlungen in der Volkswirtschaft der DDR, 15.10.1963; BStU, MfS, AIM 6726/78, Bd. II/7, Bl. 96–105.

162 HA II/7: Abschlussbericht zum IM »Hirsch«, 20.3.1978; BStU, MfS, AIM 6726/78, Bd. I/1, Bl. 305.

163 Ernst Schwarzwäller: Bericht zu Schimmerohn, 18.8.1960; BStU, MfS, Vorlauf-AIM 5896/73, Bd. I/1, Bl. 19–22, hier 19.

164 HA II/2: Abschlussbericht IM-Vorlauf XV/2694/64, 3.4.1973; ebenda, Bl. 253.

165 Ernst Schwarzwäller: Bericht zu Siegfried V., 14.5.1970; BStU, MfS, AIM 6726/78, Bd. II/8, Bl. 25.

166 HA II, Leiter (k): Schreiben an den Leiter der BV Frankfurt/Oder mit Bitte um Beschaffung eines Pflegeheimplatzes, 6.9.1977; BStU, MfS, AIM 6726/78, Bd. I/1, Bl. 284.

verstarb Schwarzwäller überhäuft mit Auszeichnungen des sozialistischen Staates.[167] Er war unter anderem »Aktivist der sozialistischen Arbeit« und Träger der »Medaille für Treue Dienste der NVA« in Bronze, Silber und Gold sowie der »Verdienstmedaille der DDR«.[168]

An der Beisetzung des bewährten Kundschafters nahm eine fünfköpfige Abordnung der MfS-Spionageabwehr teil. In deren Trauerrede hieß es, dass Schwarzwäller »zum faschistischen Staatsapparat dienstverpflichtet« worden sei und hier »das verbrecherische volksfeindliche Regime des Faschismus aus nächster Nähe« kennen gelernt habe. Später habe er dann aufgrund seiner Lebenserfahrung schon frühzeitig »das Wiedererstehen des deutschen Imperialismus und Militarismus in Westdeutschland« erkannt, habe ihn bekämpft und sei deshalb »Verfolgungen und Bedrohungen« ausgesetzt gewesen. Die Tschekisten verabschiedeten sich von ihrem Kundschafter mit den Worten: »Ernst Schwarzwäller hat hervorragendes für die DDR geleistet. Das werden seine Kampfgefährten, Freunde und Arbeitskollegen nie vergessen und sein Andenken stets in Ehren halten.«[169]

Der Brandstifter – Hans Sommer

Fast zeitgleich mit Schwarzwäller verpflichtete das MfS einen weiteren Mann aus dem Umfeld der Organisation Gehlen, der auf eine beachtliche Karriere im Sicherheitsdienst der SS zurückblicken konnte: SS-Obersturmführer Hans Sommer. Dessen Aktenkonvolut wuchs in den folgenden Jahren bis 1968 auf 21 Bände mit jeweils mehreren hundert Blatt an. Diese Akten zeichnen ein Sittengemälde der frühen Bundesrepublik, vor allem weil sie deutlich machen, wie sich die Seilschaften der braunen Kameraden gegenseitig protegierten.

Der 1914 im schleswig-holsteinischen Norttorf geborene Hans Sommer war bereits 1930 Mitglied der Hitlerjugend geworden. Zwei Jahre später trat er der SS und 1933 der NSDAP bei.[170] Von Oktober 1934 bis März 1935 absolvierte er seinen »Ehrendienst am dt. Volke« beim Reichsarbeitsdienst (RAD).[171] Anschließend wurde Sommer zunächst ehrenamtlich für den SD-Abschnitt Kiel tätig.[172] Von 1936 bis 1938 leistete er seinen Wehrdienst ab.[173] Dann stellte ihn der bereits

167 Trauerannonce, in: ND v. 4.11.1977; HA II/7: Abschlussbericht zum IM »Hirsch«, 20.3.1978; BStU, MfS, AIM 6726/78, Bd. I/1, Bl. 285.

168 HA II/2: Vorschlag zur Auszeichnung des Inoffiziellen Mitarbeiters »Holtz« mit der Verdienstmedaille der DDR, 23.9.1974, Stempel: Auszeichnung erfolgt durch Befehl Nr. K 461/75 vom 8.2.1975; ebenda, Bl. 200.

169 (HA II): Hinweise zur Ansprache anlässlich der Urnenbeisetzung des Ernst Schwarzwäller (...), o. D. (Oktober 1977); ebenda, Bl. 289–293.

170 Vgl. Datenstammblatt, SSO-Akte Hans Sommer; BA Berlin, BDC.

171 Ebenda; zit. nach: Stichwort »Reichsarbeitsdienst (RAD)«, in: Benz; Graml; Weiß: Enzyklopädie des Nationalsozialismus, 1997, S. 664.

172 Hans Sommer: Lebenslauf, o. D. (29.7.1954); BStU, MfS, AIM 1370/72, Bd. I/1, Bl. 24–34, hier 24.

173 Vgl. Datenstammblatt, SSO-Akte Hans Sommer; BA Berlin, BDC.

erwähnte Otto Somann, damals noch SS-Obersturmbannführer und Chef des SD-Unterabschnitts Liegnitz, als Referent ein.[174] Kurze Zeit später wechselten beide zum SD-Oberabschnitt Südost (Leitabschnitt) nach Breslau über, dessen Leitung Somann übernahm und gleichzeitig als Stellvertreter des Inspekteurs der Sicherheitspolizei und des SD (IdSuSD) fungierte.[175] Im Oktober 1938 nahm Sommer im Rang eines SS-Oberscharführers am Einmarsch deutscher Truppen in die Tschechoslowakische Republik und an der Besetzung des Sudetenlandes teil.[176] Ab April 1939 wurde Sommer dann nochmals zur Wehrmacht eingezogen, anschließend war er als SS-Untersturmführer im SD-Hauptamt tätig.[177] Im April 1940 wurde er für das Frankreichreferat (VI B 2) des RSHA freigestellt.[178]

Zu Beginn des Westfeldzuges im Frühsommer 1940 gehörte Sommer zu einem »Einsatzkommando z.b.V.«, das RSHA-Chef Heydrich unter Führung von SS-Sturmbannführer Helmut Knochen in die französische Hauptstadt entsandte, um dort die Interessen von SS und Gestapo zu vertreten.[179] Dieses Kommando unterstand dem direkten Befehl von SS-Brigadeführer Max Thomas, einem »fanatischen Sicherheitsdienstler«,[180] der als »Vertreter des Chefs der Sicherheitspolizei und des SD in Frankreich und Belgien« zum Militärbefehlshaber für das besetzte Nordfrankreich, General Otto von Stülpnagel, abgeordnet worden war.[181] Wenig später, im August 1940, formte das RSHA das Einsatzkommando um in eine reguläre Dienststelle des »Beauftragten des Vertreters des Chefs der Sicherheitspolizei« (ab Mai 1942 »Befehlshaber der Sicherheitspolizei und des SD«).[182] Neben Sommer gehörten auch wenig später jene SD-Aktivisten zur Dienststelle, deren Namen untrennbar mit der »Endlösung der Judenfrage« in Frankreich verbunden sind: August Moritz, Herbert Hagen, Kurt Lischka und Ernst Heinrichsohn.

Das SD-Kommando hatte anfangs vornehmlich »die nachrichtendienstliche Überwachung der weltanschaulichen Gegner des Nationalsozialismus, der Juden, Emigranten, Freimaurer, Kommunisten und Kirchen« zur Aufgabe.[183] Zugleich war es mit der Erkundung des »für Deutschland wertvollen Schrifttums« sowie mit der Sichtung und Auswertung des »sichergestellten« Aktenmaterials des französischen Nachrichtendienstes betraut.[184]

174 Hans Sommer: Lebenslauf, o. D. (29.7.1954); BStU, MfS, AIM 1370/72, Bd. I/1, Bl. 24.

175 Ebenda, Bl. 24; (Otto Somann): Lebenslauf, o. D.; BStU, MfS, AIM 1370/72, Bd. II/1, Bl. 180.

176 Vgl. Reichssicherheitshauptamt: Vorschlagsliste für die Verleihung der Medaille zur Erinnerung an den 1. Oktober 1938, o. D.; BA, ZWA Dahlwitz-Hoppegarten, ZR 317, Bl. 4.

177 Datenstammblatt, SSO-Akte Hans Sommer; BA Berlin, BDC.

178 Hans Sommer: Lebenslauf, o. D. (29.7.1954); BStU, MfS, AIM 1370/72, Bd. I/1, Bl. 25; Datenstammblatt, SSO-Akte Hans Sommer; BA Berlin, BDC.

179 Vgl. Umbreit: Der Militärbefehlshaber in Frankreich, 1968, S. 107; Brunner: Der Frankreich-Komplex, 2004, S. 33–60.

180 Zit. nach: Hilberg: Täter, Opfer, Zuschauer, 1992, S. 58.

181 Brunner: Der Frankreich-Komplex, 2004, S. 45.

182 Ebenda, S. 53.

183 Umbreit: Der Militärbefehlshaber in Frankreich, 1968, S. 107.

184 Ebenda; Hess(isches) Landeskriminalamt, Abt. V/Sonderkommission: Protokoll der Vernehmung von Helmut Knochen, 20.2.1964; ZStL, 114 AR-Z 1084/1963, Bl. 155–158, hier 155.

Einer der SD-Männer war einen Tag nach dem Eintreffen auf der Polizeipräfektur erschienen und hatte die Herausgabe von Dossiers über deutsche Emigranten, Juden sowie nazifeindliche Politiker verlangt.[185] Büros der antinazistischen und antideutschen Organisationen wurden geschlossen und deren Archive beschlagnahmt. Die Wohnungen von Emigranten, Freimaurern, »antideutschen« Politikern und später auch kirchlichen Würdenträgern durchsuchte man nach »antideutschem Material«.[186] Dennoch waren die Erfolge anfänglich bescheiden, die Zahl der Verhaftungen schwankte zwischen 20 und 30 monatlich.[187] Vermutlich im direkten Auftrag von Knochen und Thomas nahm der im September 1940 zum SS-Obersturmführer beförderte Hans Sommer Kontakt zu baskischen, korsischen und bretonischen Separatistengruppen auf, von denen sich die deutschen Besatzer innenpolitischen Einfluss erhofften.[188]

Außerdem fungierte Sommer im Auftrag von Knochen als Verbindungsmann zu französischen Kollaborateuren und rechtsradikalen Gruppen wie der von Eugène Deloncle gegründeten Geheimorganisation »Comité secret d'action révolutionnaire« (CSAR), die unter dem Namen »Cagoule« (dt. Kapuze) bekannt geworden war.[189] Sommer warb aus dieser Gruppe, die vor Kriegsbeginn allein in Paris bis zu 7 000 Mitglieder hatte,[190] mehrere V-Männer an. Mit deren Hilfe gelang es Verbindungen zu arabischen Nationalisten herzustellen mit dem Ziel, ein Agentennetz in Nordafrika aufzubauen.[191] Dieses Vorhaben war ein Steckenpferd von SS-Brigadeführer Walter Schellenberg, einem der Architekten des RSHA und seit Herbst 1941 Chef des Amtes VI/SD-Ausland.[192] Dazu wurden Sommer vom Amt VI zwei V-Leute zur Verfügung gestellt, die ihm beim weiteren Auf- und Ausbau dieses Agentennetzes assistieren sollten.[193]

Der eine war Kurt R., ein ehemaliger Hochgradfreimaurer, der sich, um der Haft zu entgehen, zur Mitarbeit angeboten hatte. Der andere, Pater Dr. Hermann (Peter) Keller (Jg. 1905), zeitweise Prior der Erzabtei des Benediktinerordens in Beuron und nach Aussage Sommers »mit der geschickteste Agent«, den er je erlebt habe.[194] Zu den Erfolgen dieses Nachrichtennetzes zählte die Schleusung

185 Vgl. Delarue: Geschichte der Gestapo, 1964, S. 207; Reile: Der Deutsche Geheimdienst,1990, S. 68.

186 Vgl. Delarue: Geschichte der Gestapo, 1964, S. 209 f.; Thalmann: Gleichschaltung in Frankreich, 1999, S. 83.

187 Vgl. Kasten: Zwischen Pragmatismus und exzessiver Gewalt, 2000, S. 364.

188 Vgl. Delarue: Geschichte der Gestapo, 1964, S. 212; Hirschfeld; Marsh: Kollaboration in Frankreich, 1991; Hans Sommer: Lebenslauf, o. D. (29.7.1954); BStU, MfS, AIM 1370/72, Bd. I/1, Bl. 25.

189 Vgl. Delarue: Geschichte der Gestapo, 1964, S. 213; Hans Sommer: Lebenslauf, o. D. (29.7.1954); BStU, MfS, AIM 1370/72, Bd. I/1, Bl. 25; vgl. Seidler: Die Kollaboration, 1999, S. 173.

190 Vgl. Charisius; Mader: Nicht länger geheim. Entwicklung, 1978, S. 99.

191 Hans Sommer: Lebenslauf, o. D. (29.7.1954); BStU, MfS, AIM 1370/72, Bd. I/1, Bl. 25.

192 Vgl. Schellenberg: Aufzeichnungen, 1979, S. 212; Querg: Spionage und Terror, 1997, S. 187; Hagen (eigentl. Höttl, Wilhelm): Die Geheime Front, 1950, S. 388.

193 Vgl. Maschinenschriftlicher Lebenslauf von Hans Sommer für die Staatssicherheit, o. D. (29.7.1954); BStU, MfS, AIM 1370/72, Bd. I/1, Bl. 25.

194 Hans Sommer: Lebenslauf, o. D. (29.7.1954); ebenda; (GM »Rumland«): Ausarbeitung für die Staatssicherheit mit der Überschrift »Eigene Absichten und Möglichkeiten« mit Kurzcharakteristiken von 93 Personen, 14.8.1954; BStU, MfS AIM 1370/72, Bd. II/1, Bl. 32–60, hier 40. Für Hintergrundinforma-

des »Cagoulards« und V-Mannes, Pierre M., direkt nach Nordafrika.[195] Zum Erfolg dieser Operation dürften die Keller[196] zugeschriebenen guten Beziehungen zum »Todfeind der Juden«, dem Großmufti von Jerusalem, Mohammed Amin el-Husseini[197] beigetragen haben sowie vermutlich auch die Kontakte des Spanienreferenten beim Einsatzkommando, welcher mit dem Vertreter der Spionageabwehr in der spanischen Botschaft in Paris kooperierte und der seinerseits bei Schleusungen nach Nordafrika durch das neutrale Spanien jede erdenkliche Hilfe gewährte.[198]

Die Kooperation Sommers mit diesen Gruppen beschränkte sich allerdings keineswegs auf das rein nachrichtendienstliche Gebiet. Selbst der DDR-Staatssicherheit verschwieg er vielmehr seine persönliche Beteiligung an einer folgenschweren Aktion in Paris: Deloncle schlug Brigadeführer Thomas im September 1941 vor, Anschläge auf die Pariser Synagogen zu verüben, »um die öffentliche Meinung aufzurütteln«.[199] Nach dem Vorbild der Judenprogrome im Reich im November 1938 sollte der Eindruck einer antijüdischen Stimmung in der französischen Bevölkerung suggeriert werden. Thomas fand die Idee »genial« und beauftragte Sommer unter strenger Geheimhaltung mit der Unterstützung Delonclcs. Der ließ daraufhin aus Berlin die entsprechenden Sprengsätze liefern.[200] In der Nacht zum 3. Oktober 1941 explodierten sechs Sprengladungen, die erhebliche Sachschäden an Synagogen und anderen Gebäuden in unmittelbarer Umgebung anrichteten. Darüber hinaus wurden dabei zwei Wehrmachtsangehörige und mehrere französische Zivilisten verletzt. Eine siebte Bombe wurde am folgenden Tag »aus Sicherheitsgründen« gezündet.[201]

Während Dienststellenleiter Knochen gegenüber dem Militärbefehlshaber die Attentate als »reine Judengeschichte« oder »französische Angelegenheit« abtat, prahlte Sommer bei einem Trinkgelage mit der Beteiligung an den Anschlägen.[202] Schon am 4. Oktober ließ Militärbefehlshaber Stülpnagel den geschwätzigen SD-Mann von einem Kriegsgerichtsrat des Kommandanten von Paris in Anwesenheit des Sturmbannführers Lischka verhören. Sommer gab die Tatbeteiligung zu, berief sich jedoch auf die Befehle Knochens. Die Aufklärung der Hintergründe unterband der Aufpasser Lischka.[203] Die Affäre sorgte für ein kräftiges Zerwürfnis zwischen dem Oberkommando des Heeres und dem Reichssicherheitshaupt-

tionen und Angaben zur Biographie Kellers danke ich Bruder Jakobus E. Kaffanke (Klause St. Benedikt, Kloster Beuron).

195 Vgl. Hans Sommer: Lebenslauf, o. D. (29.7.1954); BStU, MfS, AIM 1370/72, Bd. I/1, Bl. 25.

196 Vgl. Deutsch: Verschwörung gegen den Krieg, 1969, S. 138; Brown: Die unsichtbare Front, 1976, S. 178.

197 Seidler: Die Kollaboration, 1999, S. 266.

198 Vgl. Hans Sommer: Lebenslauf, o. D. (29.7.1954); BStU, MfS, AIM 1370/72, Bd. I/1, Bl. 25.

199 Delarue: Geschichte der Gestapo, 1964, S. 216; detaillierter zu den Hintergründen, auch zur Rolle des Auswärtigen Amtes siehe Ray: Annäherung an Frankreich, 2000, S. 355–374.

200 Delarue: Geschichte der Gestapo, 1964, S. 216.

201 Vgl. ebenda; Steur: Theodor Dannecker 1997, S. 59–61.

202 Umbreit: Der Militärbefehlshaber in Frankreich, 1968, S. 109; vgl. auch Höhne: Der Orden unter dem Totenkopf, o. J., S. 378.

203 Umbreit: Der Militärbefehlshaber in Frankreich, 1968, S. 109.

amt. Der Oberbefehlshaber des Heeres forderte die Abberufung Thomas' sowie den Abzug von Knochen und Sommer aus den besetzten Westgebieten.[204] Heydrich stellte sich vor seine Männer. Deloncles Plan wurde, so behauptete er, »von mir erst in dem Augenblick angenommen, als auch von höchster Stelle mit aller Schärfe das Judentum als der verantwortliche Brandstifter in Europa gekennzeichnet wurde, der endgültig in Europa verschwinden muss.«[205]

Gegen das Wort der »höchsten Stelle«, also Hitlers, stellten sich die Wehrmachtsgeneräle nicht. Allerdings wurde Thomas in den Osten abkommandiert, er übernahm jetzt das Kommando über die Einsatzgruppe C in Kiew. Ab Frühjahr 1942 fungierte er als Befehlshaber der Sicherheitspolizei und des SD in der Ukraine.[206] Knochen verblieb auf seinem Posten und stieg 1942 zum Befehlshaber der Sicherheitspolizei und des SD in Frankreich auf. Der unmittelbare Tatbeteiligte Sommer wurde zunächst nach Berlin zurückbeordert. Seine Bestrafung für die Indiskretion fiel allerdings glimpflich aus. Wegen »SS-unwürdigen Verhaltens« erhielt er im Dezember 1941 vier Wochen Stubenarrest und wurde mit einer dreijährigen Beförderungssperre belegt.[207] Amtschef Schellenberg schickte ihn dann als Polizeiattaché und Vizekonsul in das Deutsche Generalkonsulat nach Marseille im damals noch unbesetzten Südfrankreich.[208] Sommer aktivierte von dort aus sein altes Pariser Agentennetz und warb neue Informanten in der deutschen Kolonie an der Mittelmeerküste, die auf den britischen Botschafter in Madrid, Sir Samuel Hoare, angesetzt wurden.[209]

Im selben Zeitraum lernte Sommer auch einflussreiche Franzosen kennen, zum Beispiel zwei in Marseille ansässige Anwälte. Einem der beiden erwies Sommer einen besonderen persönlichen Dienst, indem er mithalf, dessen Sohn aus einem deutschen Konzentrationslager herauszuholen. Dies sollte sich für Sommer nach dem Krieg in mehrfacher Hinsicht bezahlt machen.[210]

Nach eigenen Angaben war Sommer bis August 1944 in Marseille tätig.[211] Dann wechselte er, mit seinen angestammten V-Leuten im Gefolge, zu einem

204 Vgl. Oberkommando des Heeres, Gen(eral) St(ab) d(es) H(eeres)/Gen(eral) Qu(artiermeister), Akz. Abt. K Vorw. (V) Nr. II/1561/41 g. Kdos.: Anschreiben an den Chef der Sicherheitspolizei und des SD, 21.10.1941; BA, unverzeichnetes Material; StAV: RSHA IV/3/14, Alt(signatur) IML: ND 4562, o. Pag., (3 Blatt).

205 Das Antwortschreiben Heydrichs an das Oberkommando des Heeres, Generalquartiermeister, ist in Faksimile als Dokument 7 abgedruckt in: Steur: Theodor Dannecker, 1997, S. 192–195.

206 Vgl. Hilberg: Täter, Opfer, Zuschauer, 1992, S. 58; Pohl: Die Einsatzgruppe C, 1997.

207 Datenstammblatt, SSO-Akte Hans Sommer; BA Berlin, BDC.

208 Hans Sommer: Lebenslauf, o. D. (29.7.1954); BStU, MfS, AIM 1370/72, Bd. I/1, Bl. 26. In der Aufstellung über »Ehem(alige) Angehörige der Sipo (BdS-KdS) in Frankreich«, ist ein Vermerk mit der Überschrift »Weitere, in Marseille stationierte Deutsche Militärangehörige« (o. D.) enthalten, wonach Sommer dort als Polizeiattaché firmierte; ZStL, 104 AR-Z 1670/61, o. Pag. Er selbst gibt an, dort als Vizekonsul tätig gewesen zu sein.

209 Hans Sommer: Lebenslauf, o. D. (29.7.1954); BStU, MfS, AIM 1370/72, Bd. I/1, Bl. 26.

210 (»Rumland«): Bericht über Besuch bei dem französischen Deputierten und ehemaligen Minister Henry B. und dem »Conseiller Gènèral« (Generalrat) des Dèpartements Var und Rechtsanwalt Claude D., Marseille, o. D. (Oktober 1954); BStU, MfS, AIM 1370/72, Bd. I/2, Bl. 120–131.

211 Laut Unterlagen des U. S. Army Intelligence and Security Command soll Sommer vom Amt des SD-Chefs in Nizza, das er 1943 innehatte, im Jahr darauf in das des Vizekonsuls in Marseille gewechselt

Frontaufklärungskommando nach San Remo in Norditalien. Hauptaufgabe der Truppe war vermutlich in Zusammenarbeit mit anderen Einheiten Agenten und Saboteure in das nahezu vollständig befreite Frankreich zu schleusen.[212] Darüber hinaus, so behauptet Sommer, sei ihm ein »Spiel mit dem in Nizza stationierten US-N[achrichten]D[ienst]« gelungen.[213]

Nach der Kapitulation flüchtete er zusammen mit seinen Agenten nach Spanien und wurde dort auf Veranlassung der amerikanischen Botschaft verhaftet. Im Gefängnis lernte Sommer den bereits einsitzenden Oberst Kurt von Rohrscheidt kennen, zuvor Militärattaché an der Deutschen Botschaft in Madrid[214] und hier mit der Arbeit der Abwehr-Kriegsorganisation (KO) befasst.[215] Beide wurden später zusammen mit weiteren deutschen Geheimdienstlern nach Deutschland ausgeflogen, wo sie zunächst in ein Internierungslager im württembergischen Hohenasperg kamen. Von dort aus wurden sie in das so genannte »Camp King« in Oberursel überführt, wo sie, wie viele andere prominente oder wichtige deutsche Gefangene, von Mitarbeitern des amerikanischen Geheimdienstes verhört wurden.[216]

Sommer wurde danach an Frankreich ausgeliefert. Das Militärgericht Marseille stellte am 18. Dezember 1948 zunächst das Verfahren gegen ihn ein.[217] Später wurde er erneut angeklagt, kam jedoch, aufgrund von mehreren Zeugenaussagen, unter anderem der erwähnten beiden Anwälte aus Marseille, mit einer Bewährungsstrafe davon.[218] Über die konkreten Beschuldigungen schwieg sich Sommer später gegenüber dem MfS aus – es fragte ihn auch niemand danach. Als man ihn 1950 nach Deutschland abschob, fuhr Sommer sofort zu von Rohrscheidt, der ihn umgehend mit der Leitung der Untervertretung Baden der Organisation Gehlen in Konstanz beauftragte. Rohrscheidt selbst war damals Chef der

sein, das ihm bei der Leitung der deutschen Spionage und Sabotage als Tarnung gedient hätte. Vgl. Reese: Organisation Gehlen, 1992, S. 205. Gemäß Recherchen des MfS soll Sommer auch in der Deutschen Gesandtschaft in Madrid als Polizeiattaché tätig gewesen sein. Vgl. Rechercheauskunft des Deutschen Zentralarchivs Potsdam, 25.5.1971; BStU, MfS, HA IX/11, PA 4337, Bl. 16. Diese Widersprüche konnten nicht geklärt werden.

212 Hans Sommer: Lebenslauf, o. D. (29.7.1954); BStU, MfS, AIM 1370/72, Bd. I/1, Bl. 27. Hinsichtlich des Einsatzes von französischen Kollaborateuren in dieser Zeit siehe Delarue: Geschichte der Gestapo, 1964, S. 337 f.

213 Hans Sommer: Lebenslauf, o. D. (29.7.1954); BStU, MfS, AIM 1370/72, Bd. I/1, Bl. 27.

214 Vgl. Seidel: Angst vor dem »Vierten Reich«, 2001, S. 180 (Fußnote 67).

215 Zu Aufbau und Funktion der KO siehe Buchheit: Der deutsche Geheimdienst, 1966, S. 127–130; Höhne: Canaris, 1976, S. 404–408; Mader: Hitlers Spionagegenerale, 1970, S. 210–235.

216 HA II/4: Bericht der Quelle GM »Seemann«, 29.9.1957; BStU, MfS AIM 1370/72, Bd. II/10, Bl. 41–104, hier 88.

217 Vgl. Vermerk mit der Überschrift »Weitere, in Marseille stationierte Deutsche Militärangehörige«, o. D., in der Aufstellung über »Ehem(alige) Angehörige der Sipo (BdS-KdS) in Frankreich«; ZStL, 104 AR-Z 1670/61, o. Pag.

218 Die Angaben zum Strafmaß gehen auseinander. In seinem Lebenslauf für das MfS spricht er von einem Jahr. (Lebenslauf von Hans Sommer für die Staatssicherheit, Bl. 27). An anderer Stelle gibt Sommer allerdings an, zu zwei Jahren verurteilt worden zu sein. Vgl. Bericht über Henry G., ehemaliger Minister und jetziger Deputierter, wohhaft in Marseille, (...), 14.8.1954; BStU, MfS, AIM 1370/72, Bd. II/1, Bl. 74 f. Laut MfS waren es sogar drei Jahre. Vgl. HA II/4: Auskunftsbericht, 24.1.1962; BStU, MfS, AIM 1370/72, Bd. I/1, Bl. 252.

Untervertretung Württemberg in Stuttgart.[219] Wenige Monate später wechselte Sommer (Deck- und Kenn-Nummer »2857«), der in Süddeutschland nicht heimisch wurde, nach Hamburg, um dort den Aufbau und die Leitung der Bezirksvertretung Nord zu übernehmen.[220] Zuvor musste er allerdings noch einen Nachfolger stellen. Dies fiel ihm aufgrund seiner Kontakte ins alte Milieu nicht schwer. Sein einstiger Vorgesetzter beim SD-Oberabschnitt in Breslau, der gerade aus fünfjähriger Illegalität aufgetaucht war, nahm seinen Platz ein.[221] Auch in Hamburg setzten sich diese Arbeitsbeschaffungsmaßnahmen für alte Kameraden fort: Sommer warb Somann an,[222] der seinerseits Schwarzwäller rekrutierte.[223] Gehlen selbst sanktionierte dieses Vorgehen: »Abgesehen von der Unmöglichkeit einer offenen Werbung waren es in erster Linie Sicherheitsüberlegungen, die mich veranlassten, in die ›Organisation‹ immer wieder Mitarbeiter einzustellen, die von Angehörigen des Dienstes empfohlen worden waren.«[224] Wie man heute weiß, eine glatte Fehleinschätzung.

Als Sommer Ende Juli 1954 mit dem MfS ins Geschäft kam, war er bereits seit knapp einem Jahr (August 1953) aus dem Dienst der Organisation Gehlen ausgeschieden. Der Ärger über die Entlassung aus den Diensten der Organisation Gehlen und die finanziellen Nöte Sommers boten dem MfS die entscheidenden Ansatzpunkte für die Werbung. Sommer war nach der Entlassung zunächst arbeitslos, half auf Vermittlung eines »alten Kameraden« und SD-V-Manns kurz als Geschäftsführer in einem Uhrenladen aus und war dann erneut ohne Arbeit.

In dieser Situation kontaktierte ihn der selbst gerade von der Staatssicherheit angeworbene Ernst Schwarzwäller. Der Auftrag hierfür ging auf den Leiter der Verwaltung Groß-Berlin, Hans Fruck, sowie auf den Leiter der HA II, Oberst Josef Kiefel, zurück und war ausdrücklich vom stellvertretenden Staatssekretär Mielke genehmigt.[225] Ende Juli 1954 trafen sich Schwarzwäller und Sommer in Ost-Berlin mit Vertretern des SfS. Schnell wurde klar, dass Sommer noch immer über erstklassige Kontakte in die Organisation Gehlen verfügte. Noch am selben Tag wurde man handelseinig.[226] Hans Sommer wählte sich den Decknamen »Rumland« und schrieb: »Ich verpflichte mich hiermit auf freiwilliger Grundlage mit dem Staatsekretariat für Staatssicherheit der Deutschen Demokratischen

219 HA II/4: Bericht der Quelle GM »Seemann«, 29.9.1957; BStU, MfS, AIM 1370/72, Bd. II/10, Bl. 89 f.

220 Hans Sommer: Lebenslauf, o. D. (29.7.1954); BStU, MfS AIM 1370/72, Bd. I/1, Bl. 28.

221 Ebenda; HA II/4: Bericht der Quelle GM »Seemann«, 29.9.1957; BStU, MfS, AIM 1370/72, Bd. II/10, Bl. 41–45.

222 Hans Sommer: Lebenslauf, o. D. (29.7.1954); BStU, MfS, AIM 1370/72, Bd. I/1, Bl. 29.

223 Vgl. (Verwaltung Groß-Berlin), Abt. II/4: Zwischenbericht Nr. 1, 21.6.1954; BStU, MfS, AIM 6726/78, Bd. II/1, Bl. 15.

224 Gehlen: Der Dienst, 1973, S. 200.

225 (Verwaltung Groß-Berlin, Abt. II/4): Auftrag für den GM »Holtz«, 3.7.1954, Bestätigungsvermerk mit der Unterschrift Mielkes; BStU, MfS, AIM 6726/78, Bd. II/1, Bl. 47–49, hier 48.

226 (HA II/4): Bericht über Treff mit GM »Holtz« und Sommer, Hans, 30.7.1954; BStU, MfS, AIM 1370/72, Bd. I/1, Bl. 35 f.

Republik im Kampf gegen die imperialistischen Feinde unseres Volkes zusammenzuarbeiten.«[227]

Damit war der Grundstein für eine langjährige, für das MfS höchst informative und Sommer recht lukrative Kooperation gelegt. Sein künftiger Führungsoffizier Major Helmut Träger honorierte einen ersten Bericht über Bekannte und Kollegen bei der Organisation Gehlen sowie seine Zeit beim SD mit 700 DM (West).[228] Es folgte dann eine Reihe von Treffs, bei denen Sommer zunächst systematisch sein Wissen über den westdeutschen Nachrichtendienst ausbreitete.[229] Unter anderem berichtete er über den vermeintlich erfolgreichen Versuch des Leiters der Org-Untervertretung Württemberg, des früheren SS-Hauptsturmführers Johannes Clemens, aus dem Kreis seiner ehemaligen SD-V-Leute in Dresden Agenten zu werben, die angeblich sogar in eine dortige MfS-Dienststelle eingedrungen waren.[230] Clemens war zu diesem Zeitpunkt, was Sommer nicht wissen konnte, allerdings bereits Agent des sowjetischen Geheimdienstes.

Zahlreiche Originalunterlagen der Organisation Gehlen, wie Listen von wirklichen und vermeintlichen Geheimen Informatoren des MfS, aber auch Materialien zu verschiedensten Dienststellen der DDR sowie dem klandestinen Apparat der KPD in der Bundesrepublik brachte er mit.[231] Insgesamt erhielt das MfS auf diesem Wege rund 2200 Seiten Originalschriftgut der Organisation Gehlen. Darunter auch Berichte einer Quelle »Olaf«,[232] die den Pullacher Dienst mit Interna aus der Redaktion des Spiegels versorgte.[233]

Die MfS-Aufträge bezogen sich einerseits auf seine Kontakte nach Frankreich, andererseits naturgemäß gegen die Organisation Gehlen selbst. Sommer machte keinen Hehl daraus, dass er weiterhin innigen Kontakt mit seinen ehemaligen Pariser V-Leuten pflegte,[234] die dank seiner Aussage in ihren Kollaborations-

227 Hans Sommer: Handschriftliche Verpflichtung, 29.7.1954; ebenda, Bl. 23.

228 (HA II/4): Bericht über Treff mit GM »Holtz« und Sommer, Hans, 30.7.1954; ebenda, Bl. 35 f.

229 (GM »Rumland«): Ausarbeitung für die Staatssicherheit mit der Überschrift »Eigene Absichten und Möglichkeiten« mit Kurzcharakteristiken von 93 Personen, 14.8.1954; BStU, MfS, AIM 1370/72, Bd. II/1, Bl. 32–60.

230 Vgl. GM »Rumland«: Bericht über Clemens, stellv(ertrender) UV-Leiter Württemberg, 14.8.1952; ebenda, Bl. 61; zu den weiteren Ermittlungen des MfS gegen Clemens siehe Weinke: Die Verfolgung von NS-Tätern, 2002, S. 377 f.

231 Liste Spitzel in der Ostzone, o. D.; ebenda, Bl. 79–89; Bericht über Deutsches Arbeiterkomitee und Aktionseinheit (AE), o. D.; ebenda, Bl. 110–115.

232 BV – Nord/2619 an GV L, Bericht vom 30.6.1952 über Verbindungsaufnahme zu ... mit der künftigen Bezeichnung »Olaf«; BStU, MfS, AIM 1370/72, Bd. II/16, Bl. 473.

233 BV – Nord/2619 an GV L, Vermerk vom 6.7.1952 über Aussage von »Olaf« hinsichtlich Verwendung von Dokumenten der Organisation Gehlen für Artikel der Zeitschrift Der Spiegel; ebenda, Bl. 273; BV – Nord/2619 an GV L, Anschreiben vom 28.7.1952 mit Mitteilung über von »Olaf« erhaltene Akten aus der Redaktion Der Spiegel; ebenda, Bl. 292; BV – Nord/2619 an GV L, Mitteilung vom 31.8.1952 über Auskunft von »Olaf« über die Herkunft der Informationen eines Spiegelartikels; BStU, MfS, AIM 1370/72, Bd. II/18, Bl. 345; BV – Nord/2619 an GV L, Mitteilung über eine Einschätzung eines Journalisten durch »Olaf«; ebenda, Bl. 350; (BV – Nord/2619 an GV L), Mitteilung über von »Olaf« zur Verfügung gestelltes Recherchematerial (als Anlage beigefügt); BStU, MfS, AIM 1370/72, Bd. II/4, Bl. 80–100.

234 Allein 1952 saßen noch 2 400 französische Kollaborateure im Gefängnis. Vgl. Henkys: Die Nationalsozialistischen Gewaltverbrechen, 1964, S. 191.

prozessen mit dem Leben davongekommen waren.[235] Ausdrücklich wies er seine ostdeutschen Auftraggeber auch darauf hin, dass deren politische Heimat »Cagoul« eine »extrem rechtsgerichtete faschistische Vorkriegsorganisation in Frankreich« gewesen sei.[236]

Unermüdlich überbrachte Sommer dem MfS Berichte, in denen er unterschiedlichste Angaben über Freunde und Bekannte aus Gestapo und SD, zumeist ehemalige Kollegen der Organisation Gehlen, machte. Alle diese Berichte hatten eines gemein: In keinem tauchten Worte wie Deportation, Geiselerschießungen, Folter oder ähnliches auf, die auf die früheren Taten dieser Männer verwiesen hätten. Nicht einmal die ehemals üblichen Euphemismen, wie »Sonderbehandlung« oder »Umsiedlung« kamen vor. Im Gegenteil, Sommer pflegte den Mythos, er und seine Kollegen hätten rein nachrichtendienstliche Arbeit gegen die Westalliierten geleistet. Dieses Selbstbild fügte sich hervorragend in seine nunmehrigen Dienste.

In einer der zahlreichen Lieferungen tauchte auch erstmals der Name Felfe alias »Friesen« als einer von 40 »Hauptagenten der Gehlen-Organisation« auf.[237] Seine persönliche Einschätzung des später enttarnten Sowjetagenten lautete: »Streber, Egoist, aber tüchtig im Fach«.[238] Nachdem Felfe in die Zentrale des BND aufgerückt war, schlug er vor, nach dessen Familienangehörigen in Dresden zu suchen. Dies, so schrieb Sommer, dürfte sich für das MfS lohnen, da jener zwar klug sei, »aber nicht hart genug, um einem eventuellen Druck standzuhalten«.[239] In einem Sonderbericht hatte das MfS hinter Felfes Namen (sowie zwei weiteren) handschriftlich »Freunde« vermerkt. Offenbar war man in Ost-Berlin über die Platzierung sowjetischer »Maulwürfe« in der Organisation Gehlen orientiert.[240]

235 HA II/4: Bericht über Treff mit GM »Rumland«, 13.8.1954; BStU, MfS AIM 1370/72, Bd. II/1, Bl. 76–78.

236 GM »Rumland«: Bericht über Reise nach Paris, 28.1.1955; BStU, MfS AIM 1370/72, Bd. II/6, Bl. 33–38, hier 34.

237 HA II/4: Bericht über Treffen mit GM »Rumland« am 28.10.1954, 16.11.1954; BStU, MfS, AIM 1370/72, Bd. II/3, Bl. 45–47; (GM »Rumland«): Liste von Angehörigen der Organisation Gehlen, die Quelle Rumland persönlich bzw. namentlich bekannt sind, o. D. (28.10.1954); ebenda, Bl. 48–50, hier 49 u. 56–59.

238 Ebenda, Bl. 49.

239 HA II/4: Abschriften von Geheimtexten der Quelle GM »Rumland«, 30.1.1956; BStU, MfS, AIM 1370/72, Bd. II/6, Bl. 181–196, hier 196. Reese schreibt, dass Sommer, kurz nachdem er bei der Organisation Gehlen eingestellt worden war, damit begonnen hätte, Mitarbeiter aus den Reihen seiner früheren SD-Kollegen anzuwerben. Darunter auch Heinz Felfe. Vgl. Reese: Organisation Gehlen, 1992, S. 205. Die Staatssicherheit vermutete, dass die Anwerbung von Felfe und Clemens durch die sowjetischen Kollegen auf der Grundlage des von Sommer alias »Henry« gelieferten Materials erfolgt sei. Vgl. HA II/2: Bericht über die bisherige Zusammenarbeit mit dem GI »Henry« vom 9.3.1967; BStU, MfS, AIM 1370/72, Bd. I/2, Bl. 292–295, hier 294. Während die Anwerbung ehemaliger SD-Kollegen (Somann) von Sommer selbst bestätigt wurde, finden sich in den Akten aber keinerlei Hinweise, dass dies auch für Felfe zutraf. Außerdem waren die recht oberflächlichen Berichte von Sommer über Felfe kaum dazu angetan. Es ist daher anzunehmen, dass die Darstellung von Höhne und Zolling zutrifft. Vgl. Höhne; Zolling: Pullach intern, 1971, S. 284–287.

240 (GM »Rumland«): Liste von Angehörigen der Organisation Gehlen, die Quelle Rumland persönlich bzw. namentlich bekannt sind, o. D. (1954); BStU, MfS, AIM 1370/72, Bd. II/3, Bl. 49.

Wertvolle Berichte lieferte Sommer auch zum Komplex »Rote Kapelle«.[241] Für diese legendenumwobene Widerstands- und Spionageorganisation interessierten sich alle westlichen Nachkriegsgeheimdienste, weil man sich Informationen über die Arbeitsweise der sowjetischen Auslandsspionage erhoffte.[242] Außerdem ging man im Westen davon aus, dass Teile des Netzes noch immer aktiv seien.

Sommer brachte hierzu Originalmeldungen der Organisation Gehlen und knüpfte engen Kontakt zu einem ehemaligen Mitglied des Pariser SD-Sonderkommandos für die »Rote Kapelle« (einem Ableger der gleichnamigen Sonderkommission im RSHA),[243] Rolf Richter, der festgenommene Agenten und Widerstandskämpfer persönlich gefoltert hatte.[244] Richter wiederum hatte Kontakt zum ehemaligen Leiter der Pariser Sonderkommandos, Kriminalrat und SS-Sturmbannführer Heinrich Josef Reiser.[245]

Reiser, Träger des Goldenen Ehrenzeichens der NSDAP, war mittlerweile im Stab der Gehlen-Generalvertretung L tätig. Er hatte die Aufgabe, »die ehem[aligen] Zusammenhänge der so genannten ›Roten Kapelle‹ zusammenzutragen, karteimäßig zu erfassen und Vorschläge für eine Weiterberarbeitung dieser Angelegenheit auszuarbeiten«.[246] Noch 1968 vertrat Reiser die Ansicht, dass die vom tradierten Odium des Landesverrats umgebene »Rote Kapelle« nicht zu existieren aufgehört habe.[247] Innerhalb der Organisation Gehlen wurde der Vorgang unter der Codebezeichnung »Fadenkreuz« geführt. Unterstützung erhielt man dort von den Schweizer Kollegen, welche ihrerseits sämtliches Material über die von ihnen ausgehobene Residentur zur Verfügung stellten.[248] Wie Sommer berichtete, wollte Reiser den »ehem[aligen] Fachmann« Richter in den Nordwestdeutschen Rundfunk (NWDR) einschleusen.[249] Dort vermutete

241 Vgl. Stichwort »Rote Kapelle«, in: Benz; Pehle: Lexikon des deutschen Widerstandes, 1994, S. 281–284; Coppi; Danyel; Tuchel: Die Rote Kapelle, 1994.

242 Vgl. Danyel: Die Rote Kapelle innerhalb der deutschen Widerstandsbewegung, 1994, S. 18; Tuchel: Zwischen kriminalistischer Recherche und brutaler Folter, 1995, S. 387; Wright; Greengrass: Spycatcher. Enthüllungen, 1989, S. 244 f.

243 Bericht von »Rumland« über Rolf Richter, 11. und 12.12.1954; BStU, MfS, AIM 1370/72, Bd. II/5, Bl. 32 f. Zur Bedeutung dieser Sonderkommission siehe Tuchel: Zwischen kriminalistischer Recherche und brutaler Folter, 1995.

244 Z. B. Bericht über ein Gespräch mit Dr. Manfred Röder (ehemals Generalrichter der Luftwaffe und Chefankläger der Roten Kapelle vor dem Reichskriegsgericht), o. D. (1.3.1952); BStU, MfS, AIM 1370/72, Bd. II/2, Bl. 236–239; Bericht zur »Roten Kapelle«, 22.2.1951; ebenda, Bd. II/2, Bl. 246–217; Bericht über ein Mitglied der »Roten Kapelle«, o. D.; BStU, MfS, AIM 1370/72, Bd. II/3, Bl. 82; Bericht von »Rumland« über Rolf Richter, 11. und 12.12.1954; BStU, MfS, AIM 1370/72, Bd. II/5, Bl. 32 f. Zur Bedeutung dieser Sonderkommission siehe Tuchel: Zwischen kriminalistischer Recherche und brutaler Folter, 1995; Perrault: Auf den Spuren der Roten Kapelle, 1969, S. 221 u. 262

245 GM »Rumland«: Bericht über Rolf Richter, 11. und 12.12.1954; BStU, MfS, AIM 1370/72, Bd. II/5, Bl. 32 f.; vgl. Trepper: Die Wahrheit, 1975; Höhne: Kennwort: Direktor, 1972; Perrault: Auf den Spuren der Roten Kapelle, 1969; Blank; Mader: Rote Kapelle gegen Hitler, 1979.

246 GM »Rumland«: Bericht über Rolf Richter, 11. und 12.12.1954; BStU, MfS, AIM 1370/72, Bd. II/5, Bl. 32.

247 Höhne: Kennwort: Direktor, 1972, S. 292 u. 345 (Fußnote 12).

248 Bericht von »Rumland« über Rolf Richter vom 11. und 12.12.1954; BStU, MfS, AIM 1370/72, Bd. II/5, Bl. 33.

249 Ebenda, Bl. 33.

Reiser mit dem Generaldirektor Adolf Grimme, der der Gruppe um Kuckhoff/Schulze-Boysen/Harnack angehört hatte und 1943 von den Nationalsozialisten »wegen Nichtanzeige eines Vorhabens des Hochverrats« zu einer dreijährigen Kerkerstrafe verurteilt worden war, einen sowjetischen Agenten.[250] Die DDR-Staatssicherheit forderte Sommer auf, seinen alten Freund Richter zu weiteren Kontakten mit Reiser zu ermuntern, um Genaueres zu erfahren.[251]

Anfang Januar 1955 war die Verbindung zwischen Sommer und dem MfS erstmalig aus Sicherheitsgründen unterbrochen. Während man sich bisher immer in Ost-Berlin getroffen hatte, übernahm ab April der Kurier »Erika« die Aufgabe, die Kommunikation zwischen der Zentrale und den beiden »Kundschaftern« »Holtz« und »Rumland« aufrecht zu erhalten. So überbrachte sie Sommer Aufträge und Anfragen bzw. holte dessen chiffrierte Berichte aus Westdeutschland ab.

Während viele der Berichte von Sommer offenbar purem Mitteilungsdrang entsprangen, waren andere Antworten auf gezielte Anfragen. Aufgrund seiner guten Beziehungen in BND- und ehemalige SD-Kreise konnte er die Informationsaufträge der sowjetischen »Freunde« und des Ministers Mielke meist befriedigend erfüllen.[252]

Aus Geschäfts- und Sicherheitsgründen siedelte Sommer im Herbst 1956 nach Brescia (Italien) über. Es gab Hinweise, dass er der westdeutschen bzw. britischen Spionageabwehr aufgefallen sein könnte. Außerdem baute er dort eine Firma mit auf, die der Tarnung seiner Spionageeinkünfte diente. Als kaufmännischer Leiter konnte Sommer unauffällig durch die gesamte Bundesrepublik reisen und seine Kontakte zu alten Kameraden, Freunden und Kollegen pflegen.[253] Im Auftrag des MfS besuchte er zum Beispiel seine in einflussreiche politische und gesellschaftliche Positionen aufgestiegenen Freunde in Paris. Dort verbreitete er Desinformationen über angeblich zur Ausbildung von algerischen Nationalisten nach Spanisch-Marokko geschleuste US-Militärexperten, mit denen Spannungen in Frankreich sowie dem westlichen Bündnis erzeugt werden sollten.[254]

Auch in Italien sprühte Sommer vor geheimdienstlicher Energie. Er kontaktierte den unerkannt dort lebenden ehemaligen SS-Sturmbannführer Karl Hass, einen der maßgeblich Beteiligten am Massaker in den Adreatinischen Höhlen,

250 Blank; Mader: Rote Kapelle gegen Hitler, 1979, S. 419. Zu den Nachkriegsversuchen Grimme als »Sowjet-Agent« zu stigmatisieren siehe Danyel: Die Rote Kapelle, 1994, S. 12 f.

251 (HA II/4) Auftrag Nr. 6 für GM »Rumland« vom 20.11.1954; BStU, MfS, AIM 1370/72, Bd. II/3, Bl. 240 f.

252 Sommer hatte beim MfS selbst Gespräche mit KGB-Offizieren geführt und ließ zuweilen »viele herzliche Grüße, besonders an den sowjetischen Freund« bestellen; HA II/4: Abschrift eines Berichtes über die Identifizierung einer Person, 9.4.1956; BStU, MfS, AIM 1370/72, Bd. II/7, Bl. 29; HA II/4: Bericht über Höttl, Übersetzung der Geheimschrift, 30.10.1956; ebenda, Bl. 199.

253 HA II/4: Vorschlag zur Aufrechterhaltung der Verbindung mit dem GHI »Seemann« und Nachrichtenübermittlung, 19.7.1957; BStU, MfS, AIM 1370/72, Bd. I/1, Bl. 102–105.

254 Vgl. HA II/4: Abschrift von Berichten (Geheimtext) der Quelle GHM »Seemann«, 10.1.1957; BStU, MfS, AIM 1370/72, Bd. II/8, Bl. 54–84, hier Bericht von »Seemann« über Erfüllung eines Sonderauftrages in Paris, Bl. 61–64.

der mittlerweile für verschiedene westliche Geheimdienste arbeitete.[255] Bei anderer Gelegenheit fragte er in Ost-Berlin an, ob er in den illegalen Waffenhandel zweier ehemaliger SD-Führer einsteigen soll.[256] Über seine alten französischen Gewährsleute kam er dort in Verbindung mit Geldfälschern, Schmugglern und anderen Halbweltfiguren.[257] 1957 schlug er dem MfS vor, nach bewährter SD-Methode Rauschgift in den europäischen Garnisonen der US-Armee zu vertreiben, um deren Kampfkraft zu unterminieren: »Im N[achrichten]D[ienst] müssen alle Mittel recht sein und in erster Linie gegen die amerikanischen Kriegstreiber.«[258] Die DDR sollte Kokain, Heroin und Marihuana an französische Drogenhändler liefern und im Gegenzug Devisen einkassieren:

»Die Burschen machen so oder so ihr Geschäft, warum nicht einsteigen mit dem vorgenannten Ziel, sicherlich, der einzelne Mensch wird dabei ruiniert, aber er wird es ja jetzt schon und wenn das amerikanische Heer in Teilen zur Sucht neigt, warum nicht nachhelfen und die Dekadenz beschleunigen, abgesehen von dem allgemeinen Faktor, der Minderung der Schlagkraft, der bestimmt nicht außer Acht gelassen werden darf, würden sich Forschungsmöglichkeiten ergeben, die im Werte vielleicht noch höher angesetzt werden können. Zu wissen, wer in einem Stab oder einer Zentralen Führungsstelle süchtig ist, dürfte eine Aufgabe sein, für die sich der Einsatz lohnt.«[259]

Das MfS konnte sich nicht zu dieser Form der verdeckten kriminellen Kriegsführung entschließen. Der stellvertretende Chef der Spionageabwehr, Robert Mühlpforte, entschied:

»Müssen Rumland mitteilen, dass wir diesen Vorschlag geprüft haben, ihm aber einen ablehnenden Bescheid in dieser Sache zu kommen lassen müssen. Am[erikanische] Armee interessiert uns zurzeit nicht – auch nicht seine ehem[aligen] Verbindungen in Frankreich – soll sich konzentrieren auf Apparat Gehlen in Westdeutschland. Sache ist mit F[reunden] besprochen.«[260]

Ohne Zweifel, die Intimkenntnisse Sommers auf diesem Gebiet waren unverzichtbar und hatten absolute Priorität. Das MfS notierte: »Wertmäßig eingeschätzt müssen die Angaben des GHI sehr hoch bewertet werden, da durch seine Angaben dem MfS vor allem auch alle Hauptagenten/Mitarbeiter der Org.

255 Vgl. HA II/4: Abschrift von Berichten (Geheimtext) der Quelle GHM »Seemann«, 10.1.1957; BStU, MfS, AIM 1370/72, Bd. II/8, Bl. 54–84, hier 75; (Georg Bönisch): Tonband eines Toten. Der Prozess gegen den SS-Mann Priebke... In: Der Spiegel 25/1996 v. 17.6.1996, S. 146. Zusammen mit Erich Priebke wurde Hass der Prozess gemacht und 1997 zu einer mehrjährigen Haftstrafe verurteilt, die er allerdings aus Altersgründen nicht antreten musste. Vgl. Wildt: Generation des Unbedingten, 2002, S. 371.

256 Bericht von »Seemann« über illegalen Waffenhandel, November 1956; BStU, MfS, AIM 1370/72, Bd. II/8, Bl. 35–38.

257 Bericht von »Seemann« über die »Dollar-Angelegenheit«, Januar 1959; BStU, MfS, AIM 1370/72, Bd. II/15, Bl. 81 f.; Bericht von »Seemann« über Waffenhandel und neue Geschäftsmöglichkeiten, März 1957; ebenda, Bl. 197–201.

258 Ebenda, Bl. 200.

259 Ebenda.

260 Ebenda, Bl. 197.

Gehlen bekannt wurden.«[261] Dementsprechend wurde sein Engagement auch honoriert. Der stellvertretende Minister, Oberst Bruno Beater, genehmigte 1957 die Zahlung von vorerst monatlich 1500 DM für Sommer und weitere 600 DM für eine seiner »Quellen«.[262]

Eine gewisse Radikalisierung ist auch seinem Bericht über den Besuch bei seinem väterlichen Freund, dem bereits erwähnten Oberst a. D. von Rohrscheidt, zu entnehmen. Er informierte detailliert über dessen Privatleben und schlug vor, jenen an einem trüben Wintertag auf dem Weg von seiner abseits gelegenen Wohnung zum Bahnhof zu entführen.[263] Von Rohrscheidt hatte Glück, ihm blieb dergleichen erspart. Aber er wird wohl verstanden haben, was Mader meinte, als der seine vollständige Adresse veröffentlichte.[264] Nach über zweieinhalb Jahren kam Sommer Ende September 1957 das erste Mal wieder persönlich mit seinen Partnern in Ost-Berlin zusammen. In den knapp zwei Tagen schüttete er sein Füllhorn von gesammelten Informationen aus. Allein die Personenauskünfte umfassten über sechzig Seiten Tonbandabschrift.[265] In einer Einschätzung seiner Informationen heißt es: »Durch seine Angaben konnte eine ziemlich konkrete zusammenfassende Analyse über die Organisation [Gehlen] erstellt werden. Die Angaben stimmen mit denen der befreundeten Seite größtenteils überein.«[266] Das heißt, mit seiner Hilfe konnten die Angaben von Felfe, Clemens und vermutlich weiterer sowjetischer Maulwürfe im BND gegengeprüft werden.

Seine Berichte ermöglichten dem MfS, bis zum Frühjahr 1958 eine Vielzahl von V-Leuten des Bundesnachrichtendienstes sowie des Bundesamtes für Verfassungsschutz zu enttarnen sowie die hauptamtlichen Mitarbeiter von drei Generalvertretungen, zwei Untervertretungen sowie einem Sicherungsstab aufzuklären. Insgesamt sind von der Staatssicherheit acht so genannte Objektvorgänge angelegt worden, in denen rund 800 Personen (auch Deckadressen und Konspirative Wohnungen des BND) erfasst waren. Zudem wurden zehn Operativvorgänge eingeleitet. Darüber hinaus konnten aufgrund seiner Meldungen dem ZK der SED »wertvolle Hinweise« über die Spionagetätigkeit von KPD-Mitgliedern gegeben werden.[267] Die Staatssicherheit konnte aufgrund seiner Angaben zwei in der DDR tätige sowie zwei weitere aus der Bundesrepublik einreisende Agenten des BND festnehmen.[268]

261 HA II/4: Auskunftsbericht, 18.7.1957; BStU, MfS, AIM 1370/72, Bd. I/2, Bl. 18–22, hier 21.

262 HA II/4: Vorschlag zur Gehaltszahlung für GHM »Seemann«, 7.2.1957; BStU, MfS, AIM 1370/72, Bd. I/1, Bl. 95 f.

263 Bericht von »Rumland« über Besuch bei von Rohrscheidt, Juni 1957; BStU, MfS, AIM 1370/72, Bd. II/9, Bl. 152–164, hier 153.

264 Mader: Die graue Hand, 1960, S. 132 (Fußnote 3).

265 HA II/4: Berichte von Seemann, 29.9.1957; BStU, MfS, AIM 1370/72, Bd. II/10, Bl. 41–104.

266 HA II/4: Auskunftsbericht zum GHI »Seemann«, 18.7.1957; BStU, MfS, AIM 1370/72, Bd. I/2, Bl. 18–22, hier 21.

267 A II/4-B: Auskunftsbericht über die Arbeitsergebnisse des GM »Seemann«, 4.2.1958; ebenda, Bl. 93 f.

268 HA II/4: Auskunfstsbericht zu Sommer, Hans, 31.10.1961; BStU, MfS, AIM 1370/72, Bd. I/1, Bl. 256–259, hier 258.

Um an derartige Informationen heranzukommen, hatte Sommer, der nun den Decknamen »Seemann« führte, eigens einen ehemaligen Filialleiter des BND unter »fremder Flagge« angeworben. Als Legende diente ihm hierbei die vorgebliche Arbeit für den »amerikanischen Gewerkschaftsnachrichtendienst« unter der Leitung von Irving Brown.[269] Ob es sich in Anbetracht der mannigfaltigen Informationen, die Sommer nach Ost-Berlin lieferte, tatsächlich nur um eine Legende handelte, sei dahingestellt.

Die ehemaligen Nationalsozialisten Sommer und Schwarzwäller belieferten die DDR zudem kräftig mit Munition für die Kampagnen gegen die angebliche Refaschisierung der Bundesrepublik. 1958 sollte Sommer noch einmal mitteilen, welche der von ihm bereits genannten ehemaligen SD-, RSHA- und Gestapo-Mitarbeiter in maßgeblichen Positionen der Bundesrepublik ohne Gefährdung seiner Position öffentlich angeprangert werden könnten.[270] Von den 132 Namen, die die DDR-Spionageabwehr aus seinen bisherigen Berichten destilliert hatte, gab er zwanzig zur Veröffentlichung frei. Dazu gehörten Alfred Franz Six, Werner Best, Otto Skorzeny, Horst Mahnke und Georg Wolff.[271]

In den Jahren 1954 bis 1960 erhielt Sommer für seine Dienste insgesamt 178 825 DM (West).[272] Hinzu kamen 2 363 DM (Ost) für seine Verköstigung in Ost-Berlin, darunter auch schon mal eine Dose Kaviar im Wert von 216 Mark.[273] Im August 1960 ließ der Leiter der HA II die Verbindung vorläufig einstellen, da seine Leistungen in keinem Verhältnis mehr zu den finanziellen Aufwendungen standen. Erst im Frühjahr 1963 wurde die Zusammenarbeit wieder aktiviert. Ein Geheimer Mitarbeiter reiste nach Italien und arbeitete mit Sommer seitenlange Fragelisten zu Personen und Vorgängen im BND ab. Allerdings waren die meisten Kontakte Sommers zu ehemaligen Kollegen nach der Enttarnung des sowjetischen Agententrios Felfe, Clemens, Tiebel abgebrochen.[274]

Ernste Schwierigkeiten brachte Sommer zudem der Fall Fritz Schmidt alias Friedrich Schütte ein. Das Neue Deutschland hatte Schmidt mit detaillierten Informationen angeprangert:

»So lebt der Kriegsverbrecher und ehemalige Regierungsrat, SS-Sturmbannführer im Reichssicherheitshauptamt und einstiger Leiter der Polizeileitstelle Kiel, Fritz Schmidt, geboren am 6. Dezember 1908 in Bochum, als Mitarbeiter des Gehlen-Geheimdienstes mit

269 Vgl. HA II/4: Bisherige Zusammenarbeit mit dem GHI »Seemann«, 8.4.1960; BStU, MfS, AIM 1370/72, Bd. I/2, Bl. 246–251.

270 HA II/4: schriftlicher Auftrag Nr. 2 an GHI »Seemann«, 22.10.1958; BStU, MfS, AIM 1370/72, Bd. II/13, Bl. 15–17, hier 15.

271 HA II/4–B, Aufstellung ehem(aliger) Angehöriger des SD, der Gestapo, der Abwehr u. a., 16.10.1958; BStU, MfS, HA IX/11, FW 746, Bd. 5, Bl. 34–57. HA II/4: Treffbericht, 18.12.1958, Anlage 1: Aufstellung der dem GHI bekannten Personen, die ehemals führend im RSHA, SD und ähnlichen Organen tätig waren und jetzt wieder leitende Stellen in der westdeutschen Wirtschaft einehmen; BStU, MfS, AIM 1370/72, Bd. II/13, Bl. 209–236, hier 210 f.

272 Ebenda, Bl. 258.

273 Quittung vom 20.9.1958; BStU, MfS, AIM 1370/72, Bd. I/1, Bl. 219.

274 HA II/4: Tonbandabschrift, 15.2.1964, Quelle: GI »Henry«; BStU, MfS, AIM 1370/72, Bd. II/19, Bl. 73–81, hier 76.

dessen Hilfe unerkannt und unbehelligt unter dem Namen Friedrich Schütte, wohnhaft München 2, Tal 76, Telefon 29 10 38, dienstlich 59 44 10.«[275]

Naturgemäß wusste nur ein sehr begrenzter Personenkreis von dessen Doppelleben. Daher geriet Sommer, der sowieso schon als unsicherer Kantonist galt, schnell in den Verdacht, ihn verraten zu haben.

Wohl aufgrund dieser »Panne« fragte man deshalb 1964 erst an, ob ihm die Veröffentlichung eines Originalmaterials der Organisation Gehlen zu dem westdeutschen Politiker Ernst Lemmer schaden könne.[276] Tatsächlich war das Material allerdings schon 1960 vonseiten der DDR publiziert worden.

Als Faksimile war in Julius Maders Buch »Die graue Hand« der Bericht eines ehemaligen SS-Obersturmführers aus dem Amt VI des Reichssicherheitshauptamtes an die Organisation Gehlen über den damaligen Bundesminister für Gesamtdeutsche Fragen, Ernst Lemmer, abgedruckt.[277] Darin behauptete jener, dass der damalige Journalist Lemmer als V-Mann für das Amt VI tätig gewesen sei. Alle entlastenden Informationen aus dem Gehlen-Bericht hatte Mader weggelassen – unter anderem den Hinweis darauf, dass Lemmer vom SD auch in den Zusammenhang mit der Widerstandsgruppe »Rote Kapelle« gebracht worden sei, nachdem sein Name in einem sowjetischen Funkspruch aufgetaucht war.[278]

1964 sollte nun ein zweiter Vorstoß gegen Lemmer unternommen werden, nachdem dieser zum Minister für Vertriebene, Flüchtlinge und Kriegsgeschädigte ernannt worden war. Auf einer Pressekonferenz des DDR-Nationalrats der Nationalen Front anlässlich der Wahl von Heinrich Lübke zum Bundespräsidenten nahm Albert Norden auch Lemmer aufs Korn.[279] Er bezeichnete ihn als Minister »mit tiefbrauner Weste«, Denunzianten und »Achtgroschenjungen des SS-Sicherheitsdienstes«.[280] Als Beweis dafür zitierte Norden aus besagter Mitteilung des ehemaligen »Sicherheitsdienstführers« Kramer und einer angeblichen Aussage Schwarzwällers nach seinem Übertritt, der zufolge SS-Brigadeführer Walter

275 Internationale Pressekonferenz enthüllt: Gehlens grausige Blutspuren. Neue Einzelheiten über Verbrechen des faschistischen Bonner Geheimdienstes. In: ND v. 11.11.1961, S. 4.

276 Fragespiegel für IM »Henry« für Treff am 20.6.1964; BStU, MfS, AIM 1370/72, Bd. II/19, Bl. 119 f.

277 Vgl. Mader: Die graue Hand, 1960, S. 162. Der Originalbericht und das zugehörige Anschreiben befinden sich in den IM-Akten von Sommer; BStU, MfS, AIM 1370/72, Bd. II/1, Bl. 150 f.; Bd. II/14, Bl. 380. Der 1898 in Remscheid geborene Lemmer hatte 1918 als dekorierter Offizier dem dortigen Arbeiter- und Soldatenrat angehört und zusammen mit Kommilitonen, darunter dem späteren Bundesinnenminister Gustav Heinemann, während des Kapp-Putsches die Weimarer Republik verteidigt. Ab 1922 bis 1933 war er Generalsekretär des Gewerkschaftsbundes, von 1924 bis 1933 Abgeordneter der Deutschen Demokratischen Partei im Deutschen Reichstag. Nach der Machtergreifung der NSDAP kehrte er in seinen erlernten Beruf zurück, wurde Korrespondent ausländischer Zeitungen, z. B. der Neuen Zürcher Zeitung und dem Pester Lloyd.

278 Bericht über Ernst Lemmer, o. D. (13.7.1953); BStU, MfS, AIM 1370/72, Bd. II/1, Bl. 150 f.; vgl. Mader: Die graue Hand, 1960, S. 161–163.

279 Vgl. Annas, Herbert; Böhme, Günter: Nationalrat protestiert auf internationaler Pressekonferenz: Bundespräsidentenwahl in Westberlin ist völkerrechtswidrig. Albert Norden beweist mit neuen Dokumenten: Lübke und Lemmer waren Gehilfen der Gestapo. In: ND v. 30.6.1964, S. 1.

280 Vgl. »Herausforderung an das Weltgewissen. Aus der Rede von Prof. Albert Norden auf der internationalen Pressekonferenz«. In: ND v. 30.6.1964, S. 2.

Schellenberg persönlich Lemmer als einen »sehr zuverlässigen Mitarbeiter« bezeichnet habe. Auf Veranlassung des Amtes VI sei Lemmer beim Auswärtigen Amt als Auslandsjournalist zugelassen und für Spezialaufgaben des Amtes VI eingesetzt« worden.[281] Dies und etliches mehr wurde Lemmer auch in einer zeitgleich erschienenen Broschüre vorgeworfen.[282]

Es kann im Rahmen dieser Studie nicht geklärt werden, welche Substanz die gegen Lemmer vorgebrachten Anschuldigungen tatsächlich hatten. Bemerkenswerterweise erwähnt der HVA-Chef Markus Wolf in seinen Memoiren mit keinem Wort die Anschuldigungen der sechziger Jahre, sondern schildert Lemmer vielmehr als einen honorigen Mann:

»Lemmer gehörte zu der Minderheit von Unionspolitikern, die im Widerstand gegen den Nationalsozialismus gewesen waren und nach der Kapitulation in die Politik gingen, um beim Aufbau eines demokratischen Deutschlands mitzuwirken. Hilflos mussten sie mit ansehen, dass Spitzenfunktionen in der Bundesrepublik mit ehemaligen Nationalsozialisten besetzt wurden. Eine antifaschistische Vergangenheit war in Westdeutschland bald ein Karrierehindernis, unter anderem deshalb, weil man Leuten aus dem Widerstand mangelnde antikommunistische Standfestigkeit vorwarf. Dieses Misstrauen war nicht ganz unberechtigt, denn einige unserer wichtigsten Quellen und politischen Gesprächspartner kamen aus dem Kreis konservativer Nazigegner. Viele hatten wie Lemmer schon im Widerstand Kontakt zu kommunistischen Kreisen gehabt.«[283]

Um das Verwirrspiel auf die Spitze zu treiben, erwähnt er auch – scheinbar beiläufig –, dass der HVA damals eine Verpflichtungserklärung Ernst Lemmers für den sowjetischen Geheimdienst vorgelegen habe, die diese aber großherzig nicht zur Erpressung Lemmers genutzt habe. Für »Henry«, so der neue Deckname Sommers seit Anfang 1964, blieb die Kampagne gegen Lemmer ohne Folgen. Er berichtete und »tippte« weiter aus den Kreisen seiner einstigen SS-Kameraden.

Die letzte Nachricht von Sommer erhielt die Staatssicherheit im Juni 1965: Er teilte mit, dass die Kriminalpolizei an seinem Zweitwohnsitz in der Bundesrepublik Ermittlungen gegen ihn aufgenommen habe. Seine Ostberliner Auftraggeber vermuteten, dass sich die Recherchen auf seine Spionagedienste bezogen.[284] Ausweislich einiger Vermerke der Zentralen Stelle in Ludwigsburg standen die Ermittlungen gegen Sommer jedoch im Zusammenhang mit dem in West-Berlin angestrengten Verfahren gegen ehemalige Angehörige des RSHA.[285] Die Mitarbeiter der Spionageabwehr hätten dies wissen können, denn ihr Ministerium war

281 Ebenda, S. 1. Vgl. den Originalbericht von Ernst Schwarzwäller: Bericht über Ernst Lemmer; BStU, MfS, AIM 6726/78, Bd. II/7, Bl. 163.

282 Ernst Lemmer. Goebbels-Journalist, Nazi-Spitzel, Revanche-Minister. Hg. v. Nationalrat der Nationalen Front des Demokratischen Deutschland. Berlin (Ost) Juni 1964.

283 Zit. nach: Wolf, Markus: Spionagechef im geheimen Krieg, 1997, S. 163 f.

284 HA II/2, Auskunftsbericht zu Sommer, Hans, Deckname »Henry«, 9.3.1967; BStU, MfS, AIM 1370/72, Bd. I/2, Bl. 296–300, hier 298.

285 Vgl. Personalienübersichtsbogen Hans Sommer mit Angaben über Wohn- und Aufenthaltsort, Ende 1963; Vermerk über Dienstlaufbahn Hans Sommer, 4.11.1964, beide: ZStL, AR 1310/63, o. Pag., 2 Bl.

massiv in die Vereitelung dieser Ermittlungshandlungen involviert.[286] Nach einem letzten Treffen mit seinem Instrukteur 1968 brach die Verbindung endgültig ab. Drei Jahre später wurden die Akten des Geheimen Informators Hans Sommer gesperrt im Zentralarchiv des MfS archiviert.[287]

Konsequenterweise, und schon aus Gründen der Tarnung ihres Agenten, musste Sommer ein paar Jahre später als Beleg für die systematische Rekrutierung von SD-Leuten durch die Organisation Gehlen und den Bundesnachrichtendienst herhalten. Es waren wiederum Julius Mader und sein Koautor Albrecht Charisius, die in ihrem Bestseller »Nicht länger geheim« ihrer Empörung über die geheimdienstliche Nutzung von NS-Kadern Ausdruck verliehen:

»Es ist bewiesen, dass der Bundeskanzler der BRD, die Bundesregierung und ›Vertrauensmänner‹ der Parteifraktionen des Bundestages im Jahr 1956 wissentlich Angehörige in Nürnberg international abgeurteilter verbrecherischer Organisationen (SS, SD) als Beamte, Offiziere, Angestellte und Agentenführer des BND akzeptiert haben.«[288]

Die DDR nahm für sich hingegen in Anspruch, zur Anwerbung solcher Kader, wenngleich nicht als hauptamtliche Mitarbeiter, legitimiert zu sein, gerade weil man damit den westlichen Kontinuitäten auf die Spur kommen konnte. Im Rückblick entsteht daher ein ambivalentes, geradezu paradoxes Bild. Wie schon die zeitgenössischen Offenbarungen, etwa im Fall des Sowjetagenten Felfe, zeigten, hatte die Vorliebe Gehlens und seiner Gefolgsleute für die NS-Kader einen wesentlichen Webfehler: Entgegen vieler Reden über deren antikommunistische »echt deutsche Gesinnung«[289] waren sie von östlichen Werbern durchaus ansprechbar. Als Infiltrationspotenzial einmal erkannt, boten die SD-, SS- und Gestaposeilschaften allerhand Ansatzpunkte, um »Maulwürfe« in und um den westdeutschen Nachrichtendienst zu platzieren.

Insofern stellte die unter politisch-moralischen wie professionellen Gesichtspunkten problematische Personalpolitik des westdeutschen Sicherheitsapparates nicht nur eine schwere Hypothek für dessen Demokratiekompatibilität dar, sondern war auch aus rein geheimdienstlichen Gründen keineswegs so vorteilhaft, wie Gehlen glauben machen wollte.[290]

Die rührseligen Geschichten des Markus Wolf über die seelischen Belastungen und moralischen Grenzen bei der Ausnutzung dieser Altnazis für die Zwecke der DDR kann man angesichts der hier behandelten Fälle dem Reich der Desinformation zuordnen.[291] Das MfS im Allgemeinen, und mancher einstige KZ-Häftling und Widerstandskämpfer als persönlicher Führungsoffizier im Besonde-

286 Vgl. Weinke: Die Verfolgung von NS-Tätern, 2002, S. 287–313.

287 HA II/2, Abschlussbericht, 29.12.1971; BStU, MfS, AIM 1370/72, Bd. I/2, Bl. 301 f.

288 Charisius; Mader: Nicht länger geheim, 1978, S. 282 f.

289 Zit. nach einer von vielen ähnlich lautenden Einstellungsempfehlungen aus der Organisation Gehlen, die Sommer an das MfS geliefert hatte: BV – Nord/2619, B(erichts) Nr. 941, Vorschlag an (GV) L, 30.9.1951; BStU, MfS, AIM 1370/72, Bd. II/14, Bl. 258; vgl. Felfe: Im Dienst des Gegners, 1989, S. 446–448.

290 Vgl. Gehlen: Der Dienst, 1973, S. 200.

291 Vgl. Wolf, Markus: Spionagechef im geheimen Krieg, 1997, S. 162.

ren, hatte keinerlei Berührungsängste gegenüber diesen Figuren, deren persönliche Gesinnung ihnen bei entsprechender Ausbeute gleichgültig war. Auch auf dem ostdeutschen Antifaschismus lastet also eine Hypothek, deren Existenz viele Jahre sorgfältig kaschiert worden war. Gewinner dieser Konstellation waren Gestalten wie Schwarzwäller und Sommer. Als Nutznießer des Kalten Krieges blieben sie von Strafverfolgungsmaßnahmen unbehelligt und zogen aus der Situation auch noch materielle Vorteile.

Eine Verwechslung – ein Westberliner Rechtsanwalt wird verdächtigt, hoher Gestapo-Führer gewesen zu sein

Nicht aus jedem Ansatzpunkt für eine geheimdienstliche Anwerbung von ehemaligen nationalsozialistischen Amtsträgern ergab sich eine so ertragreiche Kooperation wie in den geschilderten Fällen Schwarzwäller und Sommer. Es ist deshalb exemplarisch auch von einem vollständig gescheiterten Unternehmen zu berichten. 1955 erhielten MfS-Mitarbeiter einen Hinweis auf einen in West-Berlin ansässigen Rechtsanwalt, dessen Name mit einem Kriminaldirektor und SS-Sturmbannführer im Amt IV (Gestapo) des RSHA identisch war.[292] Angesichts des hohen Ranges und der zu vermutenden schweren Verstrickung in NS-Verbrechen ging das MfS sogleich in die Offensive. Die Observations- und Ermittlungsabteilung des MfS (Abteilung VIII) wurde beauftragt, Alter, Geburtsdatum und Geburtsort des Rechtsanwaltes sowie dessen frühere Adresse festzustellen.[293] Obwohl ihnen dies nicht gelang, versuchte das MfS auf dem direkten Weg sein Glück. Es schickte dem Rechtsanwalt unter dem Pseudonym eines freischaffenden Ostberliner Journalisten (»Dr. Cornelius«) einen Drohbrief.[294] Der fiktive Journalist befasse sich mit dem Verbleib und der jetzigen gesellschaftlichen Stellung mehrerer Gestapo-Angehöriger, zu denen ja wohl auch der Empfänger des Briefes gehöre. Als ehemaligem Kriminaldirektor seien ihm »sicherlich noch viele Einzelheiten im Gedächtnis«, die der Journalist gerne zur »Ergänzung verschiedener Charakteristiken« verwenden würde. Entweder er helfe dabei und »gewisse Dinge« blieben »unausgesprochen« oder aber man würde ihn »gesellschaftlich unmöglich machen«. Er müsse mit einem Ehrenverfahren vor der Anwaltskammer wegen »Fragebogenfälschung und Betrugs« rechnen. Es käme aber auch die »publizistische Auswertung« seiner Vergangenheit infrage. Dann müsse er damit rechnen, dass er seine Klienten verliere (»man wird Sie meiden«), denn der »Widerwille gegen die antihumanistischen Methoden der Gestapo« sei »noch im deutschen Volke wach«. Der Verfasser sei aber durchaus gewillt, die »Dinge beim Alten zu lassen«. Er schlug ein Treffen im Ostberliner Hotel Adlon vor, da ihm das

292 Abt. IV/1: Notiz vom 5.12.1955; BStU, MfS, HA IX/11, ZR 243, Bl. 2.

293 Abt. IV/1: Ermittlungsauftrag an Abt. VIII vom 7.12.1955; Abt. VIII: Antwortschreiben vom 6.1.1956, BStU, MfS, HA IX/11, ZR 243, Bl. 3 f.

294 Zit. nach: Abt. IV/1: Notiz vom 5.12.1955; ebenda, Bl. 2.

Ostberliner Hotel Adlon vor, da ihm das »Betreten der westlichen Gefilde« nicht möglich sei.[295]

Als der Anwalt nicht reagierte, rief man in seiner Praxis an. Der fertigte den Anrufer jedoch ab: Erregt äußerte er, dass er schon wisse, von wem der Brief komme. Er denke gar nicht daran, sich mit irgendwem zu treffen – und schon gar nicht im »demokratischen Sektor«.[296] Diese Reaktion interpretierte man in Ost-Berlin als Indiz dafür, dass man einen Treffer gelandet haben könnte. Durch »weitere Anrufe und Briefe« sollte der Anwalt mürbe gemacht werden. Doch bereits nach einem weiteren Schreiben gab das MfS die Bearbeitung als »zwecklos« auf.[297] Wie heutige Recherchen belegen, war der in West-Berlin ansässige Rechtsanwalt definitiv nicht mit dem Gestapomann identisch.[298]

Der Namensvetter, den das MfS eigentlich zur Mitarbeit pressen wollte, wäre – dies sei hier nachgetragen – in der Tat ein großer Fisch gewesen. Aus der preußischen Polizei kommend diente er sich zum Referatsleiter im Amt IV des RSHA hoch und fungierte später als Gestapo-Leiter in den besetzten Gebieten. Sein weiteres Schicksal ist nicht bekannt. Auf Betreiben einer Verwandten (und aufgrund deren Aussage) wurde er 1962 für tot erklärt; als Sterbedatum wurde der 31. Dezember 1945 festgelegt. Im Zuge eines Ermittlungsverfahrens gegen ihn äußerte die zuständige Staatsanwaltschaft 1964 allerdings Zweifel, ob er wirklich verstorben sei.[299]

Gefängnisverwalter im SS-Sonderkommando: Paul Walter

1959 gelang die Verpflichtung von Paul Walter, einem Angehörigen des Sonderkommandos 4b der Einsatzgruppe C. Die MfS-Bezirksverwaltung Rostock wurde über dessen dort lebenden Sohn, der selbst als inoffizieller Mitarbeiter aktiv war, auf den SS-Mann aufmerksam.

Paul Walter (Jg. 1908) war bereits 1928 in die NSDAP und die SA eingetreten. 1931 trat er zur SS über.[300] Nach Arbeitslosigkeit und Ausübung verschiedener Hilfstätigkeiten kam Walter nach Lübeck. Er hatte Funktionen in NS-Organisationen, danach stellte ihn die Senatssozialverwaltung des damaligen Stadtstaates Lübeck als Kanzleiangestellten ein.[301] 1936 wechselte er zum Ge-

295 Duplikat des Briefes vom 11.1.1956; ebenda, Bl. 5.

296 Abt. IV/ 1: Notiz vom 3.2.1956; ebenda, Bl. 6.

297 Ebenda, Bl. 6–8.

298 Für die Unterstützung bei der Klärung dieses Falles danke ich der Rechtsanwaltskammer Berlin, dem Landeseinwohnermeldeamt Berlin, dem Landesarchiv Berlin sowie dem Amtsgericht Berlin-Schöneberg.

299 Mitteilung des Generalstaatsanwalts bei dem Landgericht Berlin an den Generalstaatsanwalt bei dem Kammergericht Berlin, Arbeitsgruppe RSHA, 21.7.1964; ZStL Ludwigsburg, Personenheft 53. Den Hinweis auf diese Notiz gab mir Michael Wildt, bei dem ich mich dafür bedanke.

300 Vgl. Fragebogen zum Verlobungs- und Heiratsgesuch, Lebenslauf von Paul Walter, 30.1.1936; BA Berlin, BDC, RuSHA-Akte Paul Walter.

301 (Senat, Personalamt): Mitteilung an das Staatliche Gehalts- und Lohnbüro Lübeck, 8.5.1934; Archiv der Hansestadt Lübeck, Personalakte Paul Walter (Abgabe 1968 Nr. 2549), Bl. 6, 8. (Senat,

heimen Staatspolizeiamt Lübeck[302] und wurde dort zunächst in der Hafen- und Grenzüberwachungsstelle als Fernschreiber eingesetzt.[303] Zum Jahreswechsel 1940/41 nutzte er dann die Chance, in den »Exekutivdienst« einzutreten.[304]

Während eines Lehrgangs wurde er mit sämtlichen Teilnehmern zu Beginn des Unternehmens »Barbarossa« für die SS-Einsatzgruppen rekrutiert.[305] Im Rang eines SS-Hauptscharführers kam er zum 100 bis 120 Mann starken Sonderkommando 4b der Einsatzgruppe C, die mit ihren Mordfeldzügen im besetzten Galizien begann und im Tross der in das Innere der Sowjetunion vorrückenden Wehrmachts-Heeresgruppe Süd auf dem Fuße folgte.[306] Erste Station vom 30. Juni bis etwa 3. bzw. 4. Juli 1941 war Lemberg, es folgte Zloczow, dann ab 5. Juli Tarnopol, Proskurow, Winniza, Uman.[307] Nach Aussagen von anderen Angehörigen des Sonderkommandos war Walter vornehmlich als Verwalter der jeweiligen provisorischen Gefängnisse eingesetzt.

Der Dolmetscher beim Sk 4b, Kurt Goercke, über den noch eingehender zu berichten sein wird, sagte später aus:

»In der Regel war es so, dass die so genannten Gefangenen nicht länger als drei bis fünf Tage beim Sicherheitsdienst waren. Während dieser Zeit wurde dann bereits entschieden, ob sie erschossen oder wieder freigelassen werden. [...] Freigelassen wurden sowjetische Bürger nur in den seltensten Fällen, die sich einmal in Haft beim Sicherheitsdienst befanden. [...] Eine Gerichtsverhandlung fand nicht statt. Auch wurden bei den so genannten Vernehmungen keine Protokolle angefertigt.«[308]

In Kirowograd war das Sk 4b in einem Schulgebäude untergebracht. Die Gefangenen, Männer, Frauen, Kinder wurden unter menschenunwürdigen Bedingungen in provisorischen Zellen, deren Fenster bis auf kleine Lichtöffnungen zugemauert waren, eingepfercht. Da die Zellen ständig überfüllt waren, konnten die Eingesperrten nur ausruhen, indem sie sich abwechselnd je eine halbe Stunde auf den nackten Fußboden legten. Von einer regelmäßigen Verpflegung konnte keine

Personalamt), Vermerk vom 16.1.1935; Auszug aus der Niederschrift über die Besprechung der Senatsmitglieder am 25.11.1935; Archiv der Hansestadt Lübeck, Personalakte Paul Walter (Abgabe 1968 Nr. 2549), Bl. 16 u. 26.

302 Vgl. Paul: »Stapo sieht, hört und weiß alles«, 1996.

303 Der Senator für Innere Verwaltung: Mitteilung an das Personalamt des Senats Lübeck, 2.10.1936; Archiv der Hansestadt Lübeck, Personalakte Paul Walter (Abgabe 1968 Nr. 2549), Bl. 47; vgl. Landeskriminalpolizeiamt Kiel: Vernehmung Paul Walter, 24.10.1961; ZStL, Verfahren gegen Herrmann u. And., 204 AR-Z 11/1961, Bd. II, Bl. 387–411, hier 389.

304 Ebenda, Bl. 389.

305 Vgl. Krausnick; Wilhelm: Die Truppen des Weltanschauungskrieges, 1981, S. 142.

306 Befehlshaber der Einsatzgruppe C war anfangs SS-Brigadeführer Dr. Dr. Otto Rasch, welcher im Oktober 1941 von Dr. Max Thomas abgelöst wurde. Vgl. Pohl: Die Einsatzgruppe C, 1997, S. 71. Als Kommandeur des Sonderkommandos 4b fungierte SS-Sturmbannführer Günther Herrmann, als sein Stellvertreter SS-Hauptsturmführer Lothar Fendler, später SS-Obersturmführer Wilhelm Braune.

307 Vgl. Krausnick; Wilhelm: Die Truppen des Weltanschauungskrieges, 1981, S. 187; Ogorreck: Die Einsatzgruppen, 1996, S. 130–141.

308 (BV Neubrandenburg, Dienststelle Neustrelitz, Abt. IX): Vernehmung Kurt Goercke, 8.4.1960; BStU, MfS, HA IX/11, ZUV 6, A. 4, S. 96–104.

Rede sein. Sie erhielten lediglich Essensreste ihrer Bewacher, vorausgesetzt diese hatten etwas übrig gelassen.[309]

Nach dem Rückzug der deutschen Truppen wurden zahlreiche Massengräber in Kirowograd geöffnet. Darunter auch sieben im Hof und im Garten der Schule. Sowjetische Ärzte stellten nach der Exhumierung fest, »dass alle Erschossenen vor der Erschießung viehischen Misshandlungen und Folterungen ausgesetzt waren, da Leichen Spuren von Schlägen tragen, gebrochene Gliedmaßen hatten, zerschmetterte Kopfknochen, bei einigen waren die Hände mit Draht zusammengebunden, bei anderen gibt es Wunden, die mit kalten Waffen[310] zugefügt wurden.«[311]

In Tarnopol waren in einem Schuppen neben der Kasernenunterkunft des Sonderkommandos etwa 50 von der ukrainischen Miliz festgenommene Personen eingepfercht, die später samt und sonders erschossen wurden.[312] Nach Angaben Walters führte das Sk 4b in der Stadt 127 Exekutionen durch und meldete erstmals »daneben im Zuge der vom Einsatzkommando inspirierten Judenverfolgungen Liquidierungen von 600 Juden«.[313]

Walter protokollierte die Einlieferungen und Abgänge von Gefangenen. Später gab er dazu an: »Damit war für mich die Sache erledigt. Den Fall, dass jemand zurückkam und weiter in Haft behalten werden sollte, hat es hier nicht gegeben.«[314] Erst später will er in Erfahrung gebracht haben, dass sich unter dem üblichen Abgangsvermerk »entlassen« im Unterschied zum ebenfalls gebräuchlichen »in Freiheit« oder »zum Arbeitseinsatz« die Tarnbezeichnung für die Exekution verbarg. Seiner Schätzung zufolge hatte er in Winniza und Uman jeweils etwa 100 Personen mit dem Vermerk »entlassen« herausgegeben, ohne von deren Ermordung etwas erfahren zu haben.[315] Auch über weitere Einzelheiten der Mordfeldzüge seines Sonderkommandos will er nichts gewusst haben.[316] Er selbst sei niemals zu einem Exekutionskommando abgestellt worden: »Ich nehme

309 Ebenda, S. 98; Akte: Bericht einer Untersuchungskommission der Stadt Kirowograd, 8.2.1944; ebenda, S. 273–276. (Übersetzung aus dem russischen, Original im Archiv der Untersuchungsabteilung der BV des KfS Kirowograd.)

310 Hieb-, Stich- oder Schnittwaffen.

311 Vgl. Bericht einer Untersuchungskommission der Stadt Kirowograd, 8.2.1944; BStU, MfS, HA IX/11, ZUV 6, A. 4, S. 273–276. (Übersetzung aus dem russischen, Original im Archiv der Untersuchungsabteilung der BV des KfS Kirowograd.)

312 Vgl. Der Leiter der Zentralstelle im Lande Nordrhein-Westfalen für die Bearbeitung von nationalsozialistischen Massenverbrechen bei dem leitenden Oberstaatsanwalt in Dortmund, Vernehmung Walter F., 14.11.1962; ZStL, Verfahren gegen Herrmann u. And., Bd. I, Bl. 60–76, hier 62.

313 Ereignismeldung Nr. 19, 11.7.1941, (Zentrale Stelle der Landesjustizverwaltungen zur Aufklärung nationalsozialistischer Verbrechen), Dr. Artzt, Erster Staatsanwalt, Akz. 4 AR-Z 11/61, »Abschlussbericht« im Vorermittlungsverfahren gegen Angehörige des Sk 4b, 28.8.1962; ZStL, Verfahren gegen Herrmann u. And., 204 AR–Z, 11/1961, Bd. III, Bl. 549; Ogorreck: Die Einsatzgruppen, 1996, S. 138.

314 Vgl. Landeskriminalpolizeiamt Kiel: Vernehmung Paul Walter, 24.10.1961; ZStL, Verfahren gegen Herrmann u. And., 204 AR-Z 11/1961, Bd. II, Bl. 396.

315 Ebenda, Bl. 397.

316 Vgl. Longrich: Politik der Vernichtung, 1998, S. 340 f.

an, dass mich meine Tätigkeit als Verwalter des Gefängnisses vor einer Aufstellung bewahrt hat.«[317]

Mitte August 1941 war das Sk 4b vollständig in Kirowograd in der südlichen Ukraine eingetroffen und verblieb für die nächsten Wochen dort. In der Zeit vom 23. August bis zum 5. September ermordeten die Angehörigen des Sk 4b hier »56 Funktionäre und Agenten des NKWD, 28 Saboteure und Plünderer und 435 Juden«.[318] Hier wurde nun auch Walter zu einem achtköpfigen Hinrichtungskommando kommandiert. Das Kommando fuhr mit den Opfern zu vorbereiteten Gruben außerhalb der Stadt. Jeweils zwei Mann des Kommandos holten sich zwei Häftlinge vom Lkw und brachten sie zum Erschießungsplatz. Dort mussten sich die Opfer nebeneinander aufstellen, anschließend wurden sie mit Schüssen aus Pistolen in den Nacken getötet. Nach eigenen Angaben habe ihn sein Kommandeur mit den Worten aufgefordert, dass er »nun endlich mal an der Reihe« sei. Er habe sich ebenfalls eine Gefangene vom Wagen geholt, jedoch an der Grube, wie er sagt, mit der Pistole »nichts anzufangen« gewusst. Daraufhin habe er seinem Kommandeur gebeichtet, »so etwas noch nie gemacht« zu haben und ihn gefragt, »wie man es mache«. Jener habe daraufhin zunächst sein Opfer per Genickschuss getötet und durch einen gleichzeitigen Fußtritt in das Gesäß dafür gesorgt, dass die Leiche vornüber in die Grube fiel.[319] Anschließend habe er ihm an der von Walter geholten Frau gezeigt, wo die Waffe anzusetzen war, »um eine volle Wirkung zu erzielen«.

Als Walter sich geweigert habe, den Befehl auszuführen, habe Ebert ihn beiseite gestoßen und die Frau selbst erschossen. Unannehmlichkeiten, mit Ausnahme von Beschimpfungen, wie »Du bist mir ein schöner Nazi, ein feiges Schwein bist Du!«, sind ihm durch die angebliche Weigerung offensichtlich nicht widerfahren. Später nahm Walter noch an einem »Partisaneneinsatz« teil und führte »Fahndungen« durch.[320] Ob er sich bei der Exekution wirklich verweigert hat und wie er ansonsten in ähnlichen Situationen gehandelt hat, ist nicht geklärt.

Auf der nächsten Station, Krementschug, nahm Walter wieder seine Position als Gefängnisverwalter ein. Im Gedächtnis blieb ihm nur eine Aktion, bei der 70 bis 80, dem Anschein nach wohlhabende Juden zusammengetrieben und ihrer Wertsachen beraubt wurden. Anschließend wurden die Gefangenen allesamt erschossen, wie Walter nur gesprächsweise erfahren haben will.[321] Dann zog das Kommando 4b weiter nach Poltawa und erschoss aufgrund der »außerordentlich kritischen Ernährungslage der Stadt« 565 Patienten einer Irrenanstalt. Es folgten

317 Vgl. Landeskriminalpolizeiamt Kiel: Vernehmung Paul Walter, 24.10.1961; ZStL, Verfahren gegen Herrmann u. And., 204 AR-Z 11/1961, Bd. II, Bl. 397 f.

318 Vgl. Ereignismeldung UdSSR Nr. 88, 19.9.1941, S. 8, (Zentrale Stelle der Landesjustizverwaltungen zur Aufklärung nationalsozialistischer Verbrechen), Dr. Artzt, Erster Staatsanwalt, Akz. 4 AR-Z 11/61, »Abschlussbericht« im Vorermittlungsverfahren gegen Angehörige des Sk 4b, 28.8.1962; ZStL, Verfahren gegen Herrmann u. And., 204 AR-Z, 11/1961, Bd. III, Bl. 550.

319 Vgl. Landeskriminalpolizeiamt Kiel: Vernehmung Paul Walter, 24.10.1961; ZStL, Verfahren gegen Herrmann u. And., 204 AR-Z 11/1961, Bd. II, Bl. 399.

320 Ebenda, Bl. 398 u. 400.

321 Ebenda, Bl. 401.

Einsätze in Kramatorskaje (Donbass) und Gorlowka.[322] Nach späteren Angaben von Angehörigen des Sonderkommandos 4b sind von Juli 1941 bis Juni 1942 von der Einheit selbst sowie von vor Ort stationierten deutschen Polizisten und ukrainischen Hilfsmilizen mindestens 5257 Menschen, in der Mehrzahl Juden, aber auch Partisanen, kommunistische Funktionäre sowie Geisteskranke ermordet worden.[323]

Paul Walter wurde im Sommer 1942 zu seiner Heimatdienststelle in Lübeck zurückbeordert. Für seinen sicherheitspolizeilichen Fronteinsatz wurde er zum Kriminalsekretär (SS-Sturmscharführer) befördert.[324] In Lübeck kontrollierte er nun die polnischen Zwangsarbeiter.[325] Über die Einzelheiten seiner Taten in dieser Zeit ist wenig zu ermitteln. Nachdem er im Sommer 1945 von britischen Einheiten festgenommen worden war, klagte ihn ein britisches Militärgericht wegen »Verbrechen gegen die Menschlichkeit« an.[326] Es ging um den Vorwurf der Beteiligung an sechs Morden sowie der Misshandlung osteuropäischer Zwangsarbeiter.[327] 1946 wurde er zu einer zehnjährigen Gefängnisstrafe verurteilt, die er bis Dezember 1953 im Kriegsverbrechergefängnis in Werl verbüßte.[328]

Nach seiner Entlassung arbeitete er zunächst als Abteilungsleiter im Flüchtlingsdurchgangslager Lübeck-Blankensee. Nach Auflösung des Lagers wurde Walter, inzwischen Angestellter des Ministeriums für Arbeit und Soziales des Landes Schleswig-Holstein, gekündigt und war von Dezember 1959 bis April 1960 arbeitslos.

Seine berufliche Laufbahn nach der Entlassung aus dem Gefängnis ist aber nur ein Aspekt seiner Biographie. Denn seit Oktober 1959 arbeitete Paul Walter inoffiziell mit der für Spionageabwehr zuständigen Abteilung II der Rostocker MfS-Dependance zusammen. »Vorbereitende Überzeugungsgespräche« für dessen Rekrutierung hatte sein in Rostock lebender Sohn, Heinz Walter, welcher als Informant »Sieg« für dieselbe Abteilung tätig war, geführt.[329] Durch ihn war die Staatssicherheit auch in groben Zügen über die Vergangenheit des Vaters informiert. Das hinderte das Rostocker MfS nicht daran, bei Walter günstige

322 Vgl. Krausnick; Wilhelm: Die Truppen des Weltanschauungskrieges, 1981, S. 190 f.

323 Vgl. Lesczynski: Fall 9, 1963, S. 189–192.

324 Vgl. Landeskriminalpolizeiamt Kiel: Vernehmung Paul Walter, 24.10.1961; ZStL, Verfahren gegen Herrmann u. And., 204 AR-Z 11/1961, Bd. II, Bl. 390.

325 Ebenda.

326 Detaillierter dazu siehe Wember: Umerziehung im Lager, 1992.

327 Vgl. Landeskriminalpolizeiamt Kiel: Vernehmung Paul Walter, 24.10.1961; ZStL, Verfahren gegen Herrmann u. And., 204 AR-Z 11/1961, Bd. II, Bl. 390.

328 Vgl. Landespolizei Schleswig-Holstein, Landeskriminalpolizeiamt, Mitteilung an die Zentrale Stelle Ludwigsburg hinsichtlich Vorermittlungen betr. Judenerschießungen durch das Sonderkommando 4b, Ermittlungen nach dem ehem. SS-Hptschafü. Walter Paul; ZStL, Verfahren gegen Herrmann und And., 204 AR-Z 11/1961, Bd. I, Bl. 202. Laut Auskunft des Lübecker Stadtarchivs sind die Akten dieses Prozesses Mitte der siebziger Jahre von den britischen Behörden vernichtet worden. Laut Mitteilung der Wehrmachtsauskunftsstelle vom 7.9.2001 war Walter vom 15.9.1945–23.12.1953 in britischem Gewahrsam.

329 Vgl. Handschriftliche Verpflichtungserklärung von Heinz Walter, 29.10.1957; BStU, MfS, BV Rostock, AIM 416/79, Bd. I/1, Bl. 15.

ideologische Voraussetzungen anzunehmen: »Im Ergebnis der geführten Einsätze des GI ›Sieg‹ zwecks Aufklärung des Kandidaten kann eingeschätzt werden, dass der Kandidat eine fortschrittliche Einstellung hat. Die Entwicklung in Westdeutschland lehnt er ab und ist der Meinung, dass der Sozialismus den Kapitalismus überholen wird und ihn eines Tages ablöst.«[330] Aus MfS-Sicht erfüllte Walter aufgrund seiner Vita »alle Voraussetzungen […], ihn in das B[undes]V[erfassungs]S[chutz]A[mt] anzuschleusen und darüber hinaus in diesen Apparat einzudringen. Da der Kandidat [...] bei der Gestapo in Lübeck war, ist er einmal mit den örtlichen Verhältnissen in Lübeck vertraut, kennt alle Dienststellen in Lübeck und hat gute Möglichkeiten festzustellen, welcher Tätigkeit die ehem[aligen] Gestapo-Angehörigen heute nachgehen.«[331]

Seinem Sohn gegenüber zeigte sich Paul Walter an Kontakten mit dem DDR-Geheimdienst interessiert. Ein erstes persönliches Gespräch mit seinem künftigen Führungsoffizier, Unterleutnant Willy Krase, fand im Dezember 1959 in einem Ostberliner Hotelzimmer statt. Dem MfS lag zunächst daran, Auskünfte über seine Laufbahn zu erhalten. Walter bemühte sich um eine möglichst neutrale Schilderung:

»Meine Tätigkeit erstreckte sich auf die Untersuchung aller von diesen Personen [polnische Zivilarbeiter] begangenen Vergehen und Verbrechen. Zunächst wurden die abgeschlossenen Vorgänge an die Staatsanwaltschaft übergeben, später wurden dieser die Sachen entzogen und die Verurteilung erfolgte nach besonderen Verfügungen und Anordnungen. Wir sandten die Akten dann mit entsprechenden Vorschlägen an das Reichssicherheitshauptamt Berlin, wo durch bestimmte Kommissionen dann die Strafen ausgesprochen wurden. Besonders häufig trat der so g[enannte] Arbeitsvertragsbruch auf, [...] [woraufhin] die Polen dann in ein Arbeitserziehungslager Watenstedt b[ei] Braunschweig eingeliefert wurden. In den Fällen, wo ein polnischer Staatsbürger mit einer deutschen Frau ein intimes Verhältnis einging oder auch umgekehrt, erfolgte die Einweisung in ein Konzentrationslager, teilweise erfolgte auch das sofortige Erhängen.«[332]

Über seinen bis dato nicht geahndeten Einsatz beim Sonderkommando 4b schwieg sich Walter aus. Sein Motiv für die geheime Kooperation mit dem MfS deuteten seine Gesprächspartner als Reue, gepaart mit der konstatierten antiwestlichen Grundhaltung: »Der GM sagte wörtlich, er habe aus der Vergangenheit für die Zukunft gelernt und möchte nicht noch einmal als ›Schwein‹ dastehen. Seine begangenen Fehler will er durch die Zusammenarbeit mit dem MfS wieder gutmachen.«[333] Außerdem wolle Walter, der überzeugt sei, dass im Falle einer mili-

330 Vgl. BV Rostock, Abt. II/4: Vorschlag zur Werbung eines GM, 6.11.1958; ebenda, Bl. 104–107.

331 Ebenda, Bl. 106 f.

332 Vgl. BV Rostock, Abt. II/4: Treffbericht, 10.12.1959; ebenda, Bl. 55–67. Zu den Hintergründen siehe detaillierter Paul: »Stapo sieht, hört und weiß alles«; Colmorgen: Die nationalsozialistische Strafjustiz, 1996. Zum AEL Watenstedt, das wegen des Häftlingssterbens als »Todeslager« galt, und den dortigen von Walter geschilderten Ereignissen vgl. Wysocki: Lizenz zum Töten, 2000, sowie Lotfi: Stätten des Terrors, 2000.

333 Vgl. BV Rostock, Abt. II/4: Treffbericht, 10.12.1959; BStU, MfS, BV Rostock, AIM 416/79, Bd. I/1, Bl. 64.

tärischen Auseinandersetzung der Ostblock über das »verrottete System in Westdeutschland« triumphieren werde, auf der richtigen Seite stehen. Als weiteren Grund notierte sein Führungsoffizier: »Der GM hat vor allem großen Hass auf die politischen Größen in Westdeutschland, die mit ihm als Kriegsverbrecher verurteilt wurden und heute wieder in den entsprechenden Positionen sitzen.«[334]

Wie das MfS später nüchtern konstatierte, waren alle diese Gründe tatsächlich eher zweitrangig: »Im Verlaufe der Zusammenarbeit kristallisierte sich aber das materielle Interesse als tragendes Motiv heraus.«[335] Unter anderem zahlte ihm das MfS zeitweise ein Monatsgehalt in Höhe von 300 DM, gab Geld für einen Pkw und half des Öfteren, Engpässe in dessen Haushaltskasse zu beseitigen.[336] Allein in den Jahren 1959 bis 1971 finanzierte man ihn mit 25 040 DM.[337] Bis zu seiner »Abschaltung« 1979 kamen rund 15 000 DM hinzu.[338]

In der ersten Zeit konzentrierte sich die Zusammenarbeit hauptsächlich auf das Flüchtlingslager. Walter alias GI »Peter« lieferte in dieser Zeit zahlreiche Berichte über Kollegen und die Arbeitsweise und Struktur des Lagers sowie Informationen über Lübecker Bürger, darunter ehemalige Gestapobeamte. Darüber hinaus gab er Hinweise auf deutsche, britische und amerikanische Nachrichtendienststellen in Lübeck.[339] Nachdem Walter sich einige Zeit als Versicherungsvertreter durchgeschlagen hatte, bekam er eine Stelle als Zivilangestellter bei der Standortverwaltung der Bundesmarine in Neustadt/Holstein.

Die Kommunikation zwischen dem MfS und »Peter« wurde durch persönliche Treffen in längeren Abständen in Ost-Berlin, später in Rostock und anderen Städten der DDR aufrechterhalten. Walter wurde dafür eigens mit einem legendierten Westberliner Personalausweis ausgestattet. Außerdem fungierte sein Sohn Heinz alias »Sieg« als Kurier und Instrukteur. Darüber hinaus korrespondierte Walter mit seinen Auftraggebern über so genannte Deckadressen in der DDR. Wie es sich für einen »Kundschafter« gehörte, benutzte er dazu spezielles Papier, mit welchem er Geheimtexte versenden konnte, und natürlich besaß er auch das notwendige technische Equipment, um derartige Sendungen aus der DDR lesbar zu machen. Zusätzlich wurde »Peter« im Chiffrieren sowie im einseitigen Funkverkehr ausgebildet.

Im Frühjahr 1961 erhielt ausgerechnet »Peter« von seinem Führungsoffizier den ständigen »Komplexauftrag«, »alle ehemaligen aktiven Nazis, die im Hitlerstaat führende Positionen in der NSDAP und im Staatsapparat inne hatten und

334 Ebenda, Bl. 65.

335 BV Rostock, Abt. II: Abschlussbericht zum IMF-Vorgang »Peter«, 29.1.1979; ebenda, Bl. 347–349.

336 Vgl. BV Rostock, Abt. II/4: Antrag auf Gewährung eines Monatsgehaltes für den GM »Peter«, 17.1.1961; BV Rostock, Abt. II/2: Antrag auf Ausrüstung des GM »Peter« mit einem Pkw, 24.10.1968; BV Rostock, Abt. II/A: Bericht über auftretende Widersprüche beim GM »Peter« aus dem Jahr 1964, 4.12.1964; ebenda, Bl. 145–147 u. 163–165.

337 Vgl. Aufstellung über ausgezahlte Beiträge und geleistete Sachwerte; ebenda, Bl. 282–285.

338 Vgl. diverse Quittungen mit der Unterschrift »Peter«; ebenda, Bl. 290–336.

339 Vgl. BV Rostock, Abt. II/2: Einschätzung des IMF »Peter« (...) und des IM »Sieg«, 28.1.1976; ebenda, Bl. 250–255.

heute wieder führend im Bonner Staat tätig sind, festzustellen und allseitig aufzuklären«. Praktischerweise sollte er damit bei seinen alten Bekannten und Kameraden anfangen.[340] Prompt lieferte »Peter« bei einem Treff in Ost-Berlin entsprechende Berichte und Personeneinschätzungen, die auch Verwendung in den Propagandaaktionen der DDR finden sollten.[341] Allerdings weigerte er sich über Jahre hinweg unter Berufung auf seinen SS-Ehren- und Treueschwur, V-Männer der Gestapo zu nennen. Erst als die Kooperation mit »Peter« ins Stocken geriet, sollte »unnachgiebig« auf deren Enttarnung bestanden werden. Sein Führungsoffizier schrieb hierzu:

»Eine solche Aufgabenstellung ist in der Vergangenheit vernachlässigt worden, indem dem so gen[annten] Ehrenkodex des IM Rechnung getragen wurde, der aber im Grunde faschistisch ist und deshalb keinesfalls länger geachtet werden kann. (Bekanntlich hatte der IM seinerzeit bei der Werbung auf die Achtung dieses »Ehrenkodexes« gepocht.)«[342]

Während die DDR-Staatssicherheit eine mehr oder weniger ertragreiche Kooperation mit dem einstigen Gestapo-Mann etabliert hatte, begannen spät, aber durchaus vernehmlich die westdeutschen Mühlen der Justiz zu mahlen. Die Staatsanwälte der Zentralen Stelle in Ludwigsburg nahmen 1961 Vorermittlungen »betreffs Judenerschießungen durch das Sonderkommando 4b« auf und stießen dabei alsbald auch auf Paul Walter.[343]

1960 wurden die Verbrechen des Sonderkommandos auch in der DDR überraschend zum juristischen Thema, als der bereits erwähnte Dolmetscher des Kommandos und nunmehrige LPG-Vorsitzende und SED-Genosse Kurt Goercke in Neustrelitz inhaftiert wurde.[344] Anfänglich wollte man Goercke im Zuge der Kollektivierungskampagne nur wegen »Schädlingstätigkeit« vor Gericht stellen[345] und dementsprechend gestalteten sich auch die ersten Vernehmungen.[346] Doch dann wies ein Zelleninformator das MfS darauf hin, dass Goercke vermutlich etwas verheimlichen würde, »was mit seiner ehemaligen Zugehörigkeit zur

340 Vgl. BV Rostock, Abt. II/2: Auftrag an »Peter«, 12.5.1961; BStU, MfS, BV Rostock, AIM 416/79, Bd. II/2, Bl. 190 f.

341 Vgl. BV Rostock, Abt. II: Treffbericht, 15.5.1961; ebenda, Bl. 204–231.

342 Vgl. BV Rostock, Abt. II/2: Treffbericht, 23.11.1972; BStU, MfS, BV Rostock, AIM 416/79, Bd. II/9, Bl. 30–37, hier 34.

343 Vgl. Landespolizei Schleswig-Holstein, Landeskriminalpolizeiamt: Mitteilung an die Zentrale Stelle Ludwigsburg hinsichtlich Vorermittlungen betr. Judenerschießungen durch das Sonderkommando 4b, Ermittlungen nach dem ehem. SS-Hptschafü. Walter Paul; ZStL, Verfahren gegen Herrmann und And., 204 AR-Z 11/1961, Bd. I, Bl. 202.

344 Vgl. BV Neubrandenburg, Sitz Neustrelitz: Antrag auf Erlass eines Haftbefehls an die Bezirksstaatsanwaltschaft, Abt. I, 22.2.1960; BStU, MfS, ZUV 6, Bd. IV (Gerichtsakte), Bl. 7 f.

345 Vgl. BV Neubrandenburg, Sitz Neustrelitz: Antrag auf Erlass eines Haftbefehls an die Bezirksstaatsanwaltschaft Neubrandenburg, Abt. I, 22.2.1960; (Bezirksstaatsanwaltschaft Neubrandenburg), Abt. I: Antrag an das Kreisgericht Neustrelitz auf Erlass eines Haftbefehls gegen Kurt Goercke, 23.2.1960; BStU, MfS, HA IX/11, ZUV 6, Akte 1, Bl. 10–12.

346 Vgl. (BV Neubrandenburg, Abt. IX): (Vernehmungsprotokoll des Beschuldigten Goercke, Kurt), 23.2.1960, (BV Neubrandenburg, Abt. IX): Vernehmungsprotokoll des Beschuldigten Goercke, Kurt, 25.2.1960;ebenda, Bl. 44–54.

NSDAP« zusammenhinge.[347] Als man ihn dazu befragte, räumte Goercke ein, seine NS-Karriere verschwiegen zu haben.[348] Damit wurden die ursprünglichen Anschuldigungen nebensächlich.

Der Baltendeutsche Goercke (Jg. 1907) sagte zu seiner Dolmetschertätigkeit beim Sonderkommando 4b und über die Verfolgungspraxis des Kommandos detailliert aus; er gab auch seine Mitwirkung an etwa 130 Morden zu.[349] Goercke wurde nach Zustimmung des Politbüros am 22. Februar 1961 vom 1. Strafsenat des Bezirkgerichts Neubrandenburg unter anderem wegen Mordes und Beihilfe zum Mord zum Tode verurteilt.[350] Vor der Vollstreckung des Urteils baten die westdeutschen Ermittler per Rechtshilfeersuchen, Goercke nochmals zu einzelnen Exekutionen zu befragen.[351] Dabei gab er auch genaue Auskünfte zu Person und Taten des Gefängnisverwalters seiner Einheit, den er offenkundig mit einem anderen Angehörigen des Kommandos verwechselte. Die Details seiner Berichte ließen jedoch erkennen, dass Paul Walter gemeint war. Der habe ihm von seinen Saalschlachten bei der SA erzählt, auch die Berliner Herkunft und weitere Details stimmten überein. Goercke sagte aus:

»Er war eine zeitlang auch mit der Beaufsichtigung der Gefangenen beauftragt, die er in sehr brutaler Weise mit Misshandlungen durchführte. Ich erinnere mich, dass ich einen Gefangenen einmal zur Vernehmung zu holen hatte und dass D. diesen, weil er nicht sofort aufsprang, mehrere Male ins Gesicht schlug. Auch er beteilige sich an Erschießungen. Das weiß ich aus persönlicher Kenntnis.«[352]

Mithilfe eines Beschuldigten aus dem westdeutschen Verfahren, Walter Frehse, ließ sich die Verwechslung später korrigieren: »Die Darstellung, die Goercke von D. gibt, zeigt mir, dass er ihn mit Paul Walter verwechselt. Dieser war Träger des Goldenen Parteiabzeichens. Er war Gefangenenwart und auf ihn trifft auch die Darstellung Goerckes betreffs Misshandlungen und Beteiligung an Erschießungen zu.« Frehse identifizierte Walter auch auf einem Foto.[353] Nicht eindeutig waren seine Aussagen zur Beteiligung Walters an Exekutionen. Während er sich

347 Bericht zum U-Häftling Kurt Goercke, 24. oder 29.3.1960; BStU, MfS, HA IX/11, ZUV 6, Bd. II, Akte 2, Bl. 302–304, hier 304.

348 BV Neubrandenburg, Abt. IX: Vernehmungsprotokoll des Beschuldigten Goercke, Kurt, 31.3.1960, 1.4.1960; BStU, MfS, HA IX/11, ZUV 6, Akte 1, Bl. 55–61 u. 73–79.

349 Vgl. BV Neubrandenburg: Vernehmungsprotokoll des Beschuldigten Goercke, Kurt, 3.8.1960; BStU, MfS, ZUV 6, Bd. IV (Gerichtsakte), Bl. 74–88.

350 Vgl. (Der Generalstaatsanwalt der DDR), Ia 168/60: Anschreiben an das ZK der SED, Abt. Staats- und Rechtsfragen, 11.11.1960; (Der Generalstaatsanwalt der DDR): Vermerk, dass das Politbüro dem Vorschlag auf Todesstrafe für Kurt Goercke zugestimmt hat, 2.12.1960; BStU, MfS, AST Ia 168/60, Bd. 1, Bl. 109 u. 116; vgl. Urteil des Bezirksgerichts gegen Kurt Goercke, 22.2.1961; BStU, MfS, AST Ia 168/60, Bl. 259–276.

351 Vgl. Rechtshilfeersuchen an den Generalstaatsanwalt der DDR, 27.4.1961; ZStL, Verfahren gegen Herrmann und And., 204 AR-Z 11/1961, Bd. I, Bl. 97–106.

352 Vgl. Stadtbezirksgericht (Berlin-)Mitte, Zeugenvernehmungsprotokoll, 2.6.1961; ebenda, Bl. 204–217, hier 212.

353 Vernehmungsprotokoll Walter F., 3.8.1961; ZStL, Verfahren gegen Herrmann u. And., 204 AR-Z 11/1961, Bd. II, Bl. 302–317, hier 314.

zunächst sicher zeigte, davon zu wissen, nahm er diese Aussagen später als »nicht mehr mit 100 % Sicherheit« zurück.[354]

Als Paul Walter nun selbst in das Visier der westdeutschen Staatsanwälte geriet, bestritt er natürlich die Aussagen seiner einstigen Kameraden.[355] Zu einem Prozess und Urteil kam es zunächst nicht, doch Paul Walter wurde im August 1965 aus dem Staatsdienst entlassen. Treu meldete er nach Rostock: »Als Entlassungsgrund wurde angegeben, dass ich während meiner Zugehörigkeit zur Sicherheitspolizei in der UdSSR [...] an Erschießungen von Juden und anderen Personen beteiligt gewesen sein soll.«[356] Weder die neuen Erkenntnisse über mutmaßliche Mordtaten Walters aus dem Verfahren gegen Goercke noch die westdeutschen Ermittlungen konnten die Haltung des MfS beeinflussen. Sein Führungsoffizier, Oberleutnant Krase, vermerkte: »Es kann eingeschätzt werden, dass der GM bemüht ist, seine während des Faschismus begangenen Fehler durch eine gute Zusammenarbeit mit dem MfS gutzumachen.«[357] Die Zusammenarbeit ging unvermindert und, wie es später hieß, in dieser Phase »sehr erfolgreich« weiter: »Die eingegangenen Informationen wurden durch die Leitung im Hause, Gen[ossen] Oberstleutnant König, als sehr gut bewertet. Es ging in den Berichten über [das] Anlegen von Atombunkern, Lagepläne, Skizzen, Vervollständigen von Einschätzungen und Berichte zu Personen.«[358]

Zwischenzeitlich hatten die Staatsanwälte der Zentralen Stelle ihre Vorermittlungen abgeschlossen und den Vorgang zur Anklageerhebung an die nordrhein-westfälische Justiz abgegeben. Im März 1971 eröffnete schließlich das Schwurgericht Düsseldorf den Prozess gegen Paul Walter sowie elf weitere SS-Führer und -Unterführer des Sonderkommandos 4b wegen der Massenmorde in Russland.[359] Walter selbst wurde vorgeworfen:

»a) in Winniza im Juli 1941 bei der [...] Tötung der jüdischen Intelligenz, etwa 80 bis 100 Menschen, darunter Frauen und Kinder, mitgewirkt zu haben, indem er am Exekutionsort als freiwilliger Schütze eine unbestimmte Anzahl von Juden eigenhändig erschoss, [...], b) in Poltawa im Oktober 1941 an der [...] Erschießung von 200 bis 300 Geisteskranken teilgenommen zu haben, indem er die Aufsicht über Gefängnisinsassen führte, die die Gruben

354 Vernehmungsprotokoll Walter F., 14.11.1962; ZStL, Verfahren gegen Herrmann u. And., 204 AR-Z 11/1961, Bd. I, Bl. 60–76, hier 74.

355 Vgl. Landeskriminalamt Nordrhein-Westfalen: Zeugenvernehmungsprotokoll, 22.10.1964; ZStL, Verfahren gegen Herrmann u. And., 204 AR-Z 11/1961, Bd. XXIII, Bl. 239 –246, hier 244.

356 BV Rostock, Abt. II/2: Bericht des IM »Peter« in eigener Sache, 16.5.1966; BStU, MfS, BV Rostock, AIM 416/79, Bd. I/1, Bl. 89–93, hier 89.

357 Vgl. BV Rostock, Abt. II/2: Beurteilung über den GM »Peter« (...), 23.2.1967; ebenda, Bl. 185–187, hier 186.

358 Vgl. BV Rostock, Abt. II/2: Einschätzung des IMF »Peter« (...) und des IM »Sieg«, 28.1.1976; ebenda, Bl. 252.

359 Vgl. BV Rostock, Abt. II/2: Abschrift eines in Geheimschrift verfassten Briefes von »Peter«, 26.2.1971; BStU, MfS, BV Rostock, AIM 416/79, Bd. II/7, Bl. 197 f. Sechs der Angeklagten bekleideten zu diesem Zeitpunkt zum Teil hohe Posten in der bundesrepublikanischen Polizei. Vgl. Informationsbulletin Nr. 6 (127). Hg. v. Comité International d'Auschwitz. Warschau 1971, S. 2.

für die Exekution der Geisteskranken auszuheben hatten, und später selbst freiwillig bei der Exekution mitschoss.«[360]

Doch bereits kurz nach Anklageerhebung wurde das Verfahren gegen Walter aufgrund eines Gutachtens und der Aussage eines Sachverständigen, die ihm Verhandlungsunfähigkeit bescheinigten, abgetrennt und zunächst vorläufig eingestellt.[361] Fest steht, dass Walter immerhin nicht so krank war, dass er die recht einträgliche Zusammenarbeit mit der Staatssicherheit aufgab, obwohl dies, schon allein aufgrund der äußeren Bedingungen, mit erheblichen psychischen und physischen Strapazen verbunden war. Obwohl Walter akkurat über den Fortgang des Strafverfahrens gegen ihn nach Rostock berichtete, sah das MfS offenbar keine Veranlassung zu eigenen Schritten.[362] Lediglich einen Kuriertreff mit seinem Sohn untersagte die Staatssicherheit, vermutlich aus Sicherheitsgründen.[363] Das Düsseldorfer Gericht verurteilte im Januar 1973 den Kommandoführer Herrmann und dessen Nachfolger Fritz Braune zu sieben bzw. neun Jahren Haft. Drei weitere Angehörige des Kommandos erhielten Strafen von dreieinhalb bis sechs Jahren Gefängnis.[364]

Im Frühjahr 1975 musste sich Walter aufgrund einer gerichtlichen Anordnung einer erneuten amtsärztlichen Untersuchung unterziehen, in deren Ergebnis ihm Verhandlungsunfähigkeit ohne Aussicht auf Verbesserung seines Gesundheitszustandes attestiert wurde. Der Vertreter der Anklage beantragte daraufhin die endgültige Einstellung des Verfahrens, allerdings unter der Maßgabe, die Auslagen des Angeklagten (Rechtsanwaltskosten etc.) nicht der Staatskasse aufzuerlegen. Als Begründung führte der Oberstaatsanwalt an, dass eine solche Erstattung dem Angeklagten nicht zustünde, weil er im Falle einer Durchführung der Hauptverhandlung angesichts der Einlassungen zur Sache und des Ergebnisses der Beweisaufnahme »mit Sicherheit« verurteilt worden wäre.[365] Die zuständigen Richter schlossen sich dem Antrag im Frühjahr 1976 vollinhaltlich an.[366]

360 Vgl. Der Leiter der Zentralstelle im Lande Nordrhein-Westfalen für die Bearbeitung von nationalsozialistischen Massenverbrechen bei der Staatsanwaltschaft Dortmund: Anklageschrift gegen Günther Herrmann u. a., 10.2.1970; Nordrhein-Westfälisches Hauptstaatsarchiv, Zweigarchiv Schloss Kalkum, Rep. 388, Nr. 350, Bl. 25–166, hier 44.

361 Vgl. (Schwurgerichtskammer des Landgericht Düsseldorf): Protokoll der Hauptverhandlung vom 18.5.1971, 25.5.1971; Nordrhein-Westfälisches Hauptstaatsarchiv, Zweigarchiv Schloss Kalkum, Rep. 388, Nr. 357, Bl. 9–13, hier 11.

362 Vgl. BV Rostock, Abt. II/2: Abschrift eines in Geheimschrift verfassten Briefes von »Peter«, 15.4.1971; Abschrift eines in Geheimschrift verfassten Briefes von »Peter«, 11.5.1971; BStU, MfS, BV Rostock, AIM 416/79, Bd. II/8, Bl. 5 u. 8.

363 BV Rostock, Abt. II/2: Aktennotiz, 1.3.1971; BStU, MfS, BV Rostock, AIM 416/79, Bd. I/7, Bl. 199.

364 Ferner erfolgten ein Freispruch, eine Einstellung wegen Todes und vier weitere Einstellungen wegen Verhandlungsunfähigkeit der Angeklagten; Auskunft des Bundesarchivs, ASt. Ludwigsburg, 5.3.2003.

365 Vgl. Der Leiter der Zentralstelle im Lande Nordrhein-Westfalen für die Bearbeitung von nationalsozialistischen Massenverbrechen bei der Staatsanwaltschaft Dortmund: Antrag an die Strafkammer, Schwurgerichtskammer des Landgerichts Düsseldorf auf Einstellung des Verfahrens gegen Walter u. a., 23.10.1975; Nordrhein-Westfälisches Hauptstaatsarchiv, Zweigarchiv Schloss Kalkum, Rep. 388, Nr. 357, Bl. 63–65.

366 Vgl. Landgericht Düsseldorf, XV. Strafkammer: Beschluss in der Strafsache gegen Paul Walter, 4.3.1976; ebenda, Bl. 81.

Unterdessen war man in Rostock mit IM »Peter« nur deshalb unzufrieden, weil er – unter anderem wegen des Prozesses – nicht die gewünschten Informationen lieferte. Man kürzte die Geldzuwendungen. Bei einem Treff in Ost-Berlin kreidete man ihm die »schlechte Auftragserfüllung« an: »Der IM war darüber betroffen, musste aber eingestehen, dass er schon mehrmals auf das Leistungsprinzip hingewiesen wurde, weshalb er keinen Anspruch auf eine Zuwendung hat.«[367]

In den folgenden Monaten verbesserten sich die Leistungen von »Peter« wieder. Nach seiner Entlassung aus dem Staatsdienst hatte er eine Anstellung als Prokurist bei einer Lübecker Elektrofirma gefunden. Nun versorgte er die Staatssicherheit mit Interna aus der Firma, mit dessen Geschäftsführer er seit den dreißiger Jahren befreundet war und der im Verdacht stand, mit britischen Geheimdienststellen in Verbindung zu stehen.[368] Daneben pflegte Walter gute Kontakte in die örtlichen Dienststellen von Polizei, Bundesgrenzschutz, Zoll und Bundeswehr sowie in andere staatliche Stellen.[369]

Zu seinen SS-Kameraden bestand ebenfalls weiterhin Kontakt. Der ehemalige Stellvertreter des Kommandoführers und Mitangeklagte Wilhelm Braune gratulierte ihm zum Geburtstag. Walter war bemüht, sich gegenüber seinen DDR-Auftraggebern von Braune zu distanzieren und bezeichnete ihn als »Einpeitscher übelster Sorte«, der selbst zahlreiche Menschen erschossen habe.[370] Doch das MfS fand den Kontakt durchaus interessant, zumal dieser Verbindung zu den inhaftierten Komplizen hielt und mit dem Verein »Stille Hilfe« zusammenarbeitete.[371] Walter erhielt den Auftrag, mit Braune in Kontakt zu bleiben und ihn über weitere Kameraden auszuhorchen, wenngleich mit mäßigem Nutzen.[372]

Paul Walter traf sich noch sieben Mal mit seinem Führungsoffizier in Ost-Berlin, Schwerin und zuletzt im Dezember 1977 im konspirativen Objekt »Fichte« in Wismar und bekam regelmäßig dreistellige Beträge als Honorar.[373] Sein

367 Vgl. BV Rostock, Abt. II/2: Treffbericht, 13.9.1971; BStU, MfS, BV Rostock, AIM 416/79, Bd. II/8, Bl. 23–31, hier Bl. 30.

368 Beispielsweise stellte »Peter« dem MfS Geschäftsbriefe sowie Bilanzunterlagen der Firma zur Verfügung. Vgl. BStU, MfS, BV Rostock, AIM 416/79, Bd. II/9, Bl. 17, 46–49; BV Rostock, Abt. II/2: Abschlussbericht zum Operativ-Vorgang »Polyp«, 11.4.1975; BStU, MfS, BV Rostock, AIM 416/79, Bd. I/1, Bl. 230–234; BV Rostock, Abt. II/2: Bericht von »Peter« über den Geschäftsführer, Abschrift vom Tonband, 3.6.1972; BStU, MfS, BV Rostock, AIM 416/79, Bd. II/8, Bl. 110–112 und div. weitere.

369 Vgl. BV Rostock, Abt. II: Auskunftsbericht zur Person »Peter«, 18.9.1973; BStU, MfS, BV Rostock, AIM 416/79, Bd. I/1, Bl. 199; vgl. BV Rostock, Abt. II/2: Treffbericht, 4.6.1974; BStU, MfS, BV Rostock, AIM 416/79, Bd. II/9, Bl. 140–147; vgl. BV Rostock, Abt. II/2: Handschriftlicher Bericht des GM »Peter« über Kurt W., 1.6.1974; BStU, MfS, BV Rostock, AIM 416/79, Bd. II/9, Bl. 148 f.

370 Vgl. BV Rostock, Abt. II: Handschriftlicher Bericht des GM »Peter« über Willy Braune, 1.6.1974; ebenda, Bl. 154 f.

371 Vgl. BV Rostock, Abt. II: Brief von Wilhelm Braune an Paul Walter, 23.2.1977; BStU, MfS, BV Rostock, AIM 416/79, Bd. II/10, Bl. 255 f.

372 Das Verfahren gegen Wilhelm Braune ist am 25.3.1976 wegen dauernder Verhandlungsunfähigkeit eingestellt worden. Auskunft des Bundesarchivs, ASt. Ludwigsburg an den Verfasser, 5.3.2003.

373 Vgl. BV Rostock, Abt. II: Treffbericht, 25.11.1976; BStU, MfS, BV Rostock, AIM 416/79, Bd. II/10, Bl. 176–182; Treffbericht, 16.8.1977; ebenda, Bl. 263–267; BV Rostock, Abt. II: Treffbericht, 23.12.1977; ebenda, Bl. 286–292.

letzter Bericht über Diskussionen in Gremien verschiedener Parteien in Lübeck datiert vom Juli 1978.[374] Allerdings hatte man mittlerweile bemerkt, dass »Peter« manche älteren Informationen lediglich »aktualisiert« noch einmal präsentierte, um die begehrten Zahlungen zu erhalten. Aufgrund seines Alters wurde die Zusammenarbeit schließlich im Januar 1979 eingestellt.[375] Paul Walter starb im November 1981 in Lübeck.

Während der jahrzehntelangen Zusammenarbeit des NS-Schergen Paul Walter mit dem MfS war es nicht nur in der Bundesrepublik zu Strafverfahren gegen Angehörige des Sonderkommandos 4b der SS-Einsatzgruppe C gekommen, sondern auch zu einem weiteren in der DDR. 1972 wurde Adolf Blaschke (Jg. 1909), tätig als Lagerleiter in einer Autowerkstatt in Weimar, von der Staatssicherheit verhört. Eigentlich wollte das MfS nur testen, ob er Angaben zu einem in Ost-Berlin einsitzenden Kollegen aus seiner ehemaligen Gestapoleitstelle Reichenberg machen würde. Doch dann sagte Blaschke überraschend aus, als Kraftfahrer des Kommandeurs des Sk 4b an Verbrechen gegen die sowjetische Zivilbevölkerung teilgenommen zu haben.[376] Blaschke gestand etwa 80 eigenhändige Morde und trug sich, wie das MfS-Untersuchungsorgan im »Vorschlag für die Durchführung der gerichtlichen Hauptverhandlung« vermerkte, nicht mit Widerrufsabsichten.[377] Vielleicht bewahrte ihn diese Fügsamkeit vor der Todesstrafe. Entsprechend dem vom MfS »vorgesehenen Strafmaß« verurteilte ihn das Bezirksgericht Erfurt vor der »Öffentlichkeit« von insgesamt 15 MfS-Mitarbeitern, SED-Funktionären, dem VP-Abschnittsbevollmächtigten seines Wohngebietes sowie seiner Kinder im Mai 1974 zu lebenslänglicher Haft.[378]

374 Vgl. BV Rostock, Abt. II/2: Allgemeiner Bericht des IMF »Peter«, Tonbandabschrift, 9.6.1978; ebenda, Bl. 305 f.

375 Vgl. BV Rostock, Abt. II: Abschlussbericht zum IMF-Vorgang »Peter«, 29.1.1979; BStU, MfS, BV Rostock, AIM 416/79, Bd. I/1, Bl. 347–349.

376 Vgl. BV Erfurt, Untersuchungsabteilung: U(ntersuchungs)-Plan zum U-Vorgang Blaschke, Adolf, o. D. (Frühjahr 1973); BStU, MfS, ZUV 22, A. 2, Bl. 90–92.

377 Vgl. BV Erfurt, Abt. IX: Vorschlag für die Durchführung der gerichtlichen Hauptverhandlung gegen Blaschke, Adolf an MfS, HA IX/4, 17.5.1974; ebenda, Bl. 68 f.

378 Ebenda, Bl. 69. Vgl. Urteil des 1. Strafsenats des Bezirksgerichts Erfurt in der Strafsache gegen Adolf Blaschke, 31.5.1974; ebenda, Bl. 269–278.

4 Mangelnder Verfolgungswillen bei »Euthanasie«-Tätern

Als Exempel vermeintlich konsequenter Ahndung von NS-Verbrechen wurde von der DDR immer wieder auf den Fall des ehemaligen Reichshauptstellenleiters in der »Kanzlei des Führers«, Richard von Hegener (Jg. 1905), verwiesen.[1] Von Hegener war einer der Hauptverantwortlichen für den tausendfachen Mord an behinderten Kindern und hatte die organisatorischen Vorraussetzungen zur Ermordung kranker Erwachsener im Rahmen der »Euthanasie-Aktion« mitgeschaffen.[2] Im März 1949 wurde Hegeners Falschidentität als Richard Wegener enttarnt. Die Schweriner Polizei nahm ihn fest und übergab ihn der K 5.[3] 1952 wurde er vom Landgericht Magdeburg auf der Grundlage des Kontrollratsgesetzes Nr. 10 sowie der Kontrollratsdirektive 38 wegen der Begehung von »Verbrechen gegen die Menschlichkeit« zu einer lebenslangen Zuchthausstrafe verurteilt.[4] Wie manch anderer NS-Verbrecher profitierte er allerdings von der Entlassungswelle des Jahres 1956. Eine Strafminderung wurde zwar zunächst aufgrund der »Schwere des Verbrechens« abgelehnt. Am 18. Mai 1956 entschieden jedoch dann die Mitglieder der Überprüfungskommission Melsheimer, Benjamin und Mielke, ihn gemäß den Beschlüssen des Ministerrates vom 22. Dezember 1955 und 19. April 1956 vorzeitig aus der Haft zu entlassen. Am 2. Juli 1956 konnte er, gemeinsam mit vielen tatsächlich willkürlich verurteilten Opfern der stalinistischen Justiz, das Gefängnis in Torgau verlassen – ein Sachverhalt, der in den ostdeutschen Propagandabilanzen der vorgeblich konsequenten Strafverfolgung ungenannt blieb.[5]

Während Hegener immerhin sieben Jahre im Gefängnis absitzen musste, kamen andere Verantwortliche der Euthanasie selbst dann ungeschoren davon, als in den sechziger Jahren der Umgang mit der NS-Vergangenheit zum bestimmenden Thema der DDR-Westpropaganda wurde. Davon zeugen die 1960 einsetzenden Ermittlungen zum Fall Werner Catel.

1 Vgl. Die Haltung der beiden deutschen Staaten zu den Nazi- und Kriegsverbrechen. Eine Dokumentation. Hg. v. Generalstaatsanwalt der DDR, Ministerium der Justiz der DDR. Berlin (Ost) 1965, S. 47; Hohmann; Wieland: MfS-Operativvorgang »Teufel«, 1996, S. 89–91; Przybylski: Täter neben Hitler, 1990, S. 212–214.

2 Vgl. Friedlander: Der Weg zum NS-Genozid, 1997; Klee: »Euthanasie im NS-Staat«, 1983; Ders.: Was sie taten, 1987; Aly: Aktion T 4 1939–1945, 1989.

3 Vgl. Landesregierung Mecklenburg, MdI, Landespolizeibehörde, Landeskriminalpolizeiabteilung, Dezernat K 5: Vernehmungsprotokolle von Richard von Hegener alias Wegner, Richard, 17.3.1949, 30.3.1949, 1.4.1949; BStU, MfS, AS 58/67, Bd. 1, Bl. 145–167.

4 Vgl. Urteil der (Großen Strafkammer 1b des Landgerichts Magdeburg), 14.7.1952; BStU, MfS, AST I/307/51, Bd. 1, Bl. 78–84.

5 Vgl. Karteikarte Strafnachricht Richard von Hegener; BStU, MfS; Vermerk über von Hegener, Richard, o. D., o. O.; BStU, MfS, AS 604/70, Bd. 2, Bl. 31. Die Behauptung, er sei aufgrund einer »Schwarzfärbung der Haut« aus der Haft entlassen worden (vgl. Koch: Menschenversuche, 1996, S. 200 f.), entbehrt daher jeglicher Grundlage.

Ein westdeutscher Professor und sein ostdeutscher Oberarzt: Werner Catel und Hans-Christoph Hempel

Im Sommer 1960 berichtete der Spiegel über die Beteiligung von Professor Dr. Werner Catel (Jg. 1894) an der NS-Euthanasie,[6] seine Position nach 1945 als Ordinarius für Kinderheilkunde an der Kieler Universität und als Direktor der Kieler Universitäts-Kinderklinik sowie die Weigerung der Hamburger Landesjustizverwaltung, gegen ihn ein Ermittlungsverfahren einzuleiten.[7] Die Leipziger Volkszeitung vom 17. August 1960 griff in dem Artikel »Mord an Kindern in Bonn verjährt« die Vorwürfe des Spiegels auf. Auch das Neue Deutschland berichtete dazu am 28. August 1960 in einem Artikel »Kindermörder praktizieren als Ärzte«[8] und klärte darin die Leserschaft über die »Abnormalität des Westdeutschen Staates – wo Mörder wie Catel unbehelligt praktizieren dürfen – in aller Deutlichkeit auf«.[9]

Bald nach der Berichterstattung über den Fall Catel in der DDR gingen beim MfS Meldungen über Diskussionen in der Mitarbeiterschaft der nunmehrigen Universitätskinderklinik Leipzig ein. Catel war dort von 1934 bis 1945 Ärztlicher Direktor des Städtischen Kinderkrankenhauses und Ordinarius für Kinderheilkunde an der Leipziger Universität gewesen. Nach Angaben älterer Krankenschwestern hätte Catel das Euthanasieprogramm an Kindern durchgeführt, in dem unter anderem »epileptische Kinder durch fortgesetztes Spritzen mit Luminal« umgebracht worden seien. Die damit befasste Abteilung der Leipziger Kinderklinik sei intern als »RA Station« (Reichsausschuss-Station) bezeichnet worden. Und daran sei als Assistent Catels und Stationsarzt auch der jetzige Oberarzt Hans-Christoph Hempel (Jg. 1912) beteiligt gewesen.

Den eingeholten Informationen zufolge habe sich der Oberarzt nach 1945 in einer Zweigstelle tagelang als »Heizer« betätigt und »Krankengeschichten und Röntgenfilme« verbrannt. Überdies sei er jahrelang der für das Klinikarchiv verantwortliche Oberarzt gewesen.[10]

Nach Absprache mit der Bezirksleitung der SED führten der amtierende Rektor sowie der Prodekan der Medizinischen Fakultät mit Hempel eine Aussprache. Hempel wies jedoch jede Verantwortung für die Morde von sich. In dieser Aussprache habe er erklärt, so der MfS-Bericht, dass Catel einem Gutachter-

6 Die Rolle Catels bei der Planung und Durchführung der so genannten »Kindereuthanasie« ist dargestellt in: Friedlander: Der Weg zum NS-Genozid, 1997, S. 84–116; Klee: »Euthanasie im NS-Staat«, 1983, S. 78 f., 294–307; Ders.: Was sie taten, 1987, S. 139–143; Ders.: Deutsche Medizin im Dritten Reich, 2001, S. 102–107.

7 Affären: Euthanasie. Eingeschläfert. In: Der Spiegel 34/1960 v. 17.8.1960, S. 31–33; Ärzte. Euthanasie. Fürchtet euch nicht. In: Der Spiegel 35/1960 v. 24.8.1960, S. 21.

8 Czepuck, Harri: Aus dem Alltag im Bonner Wunderland. Kindermörder praktizieren als Ärzte. In: ND v. 28.8.1960, S. 2.

9 BV Leipzig, Abt. V/6: Entwurf des Sachstandsberichts zum operativen Material »Euthanasie«, 23.9.1960; BStU, MfS, AP 21114/66, Bl. 21–31, hier 24.

10 BV Leipzig, Abt. V/6: Bericht über die Situation an der Kinderklinik der Karl-Marx-Universität, 24.8.1960; ebenda, Bl. 11–13.

ausschuss angehört habe, »der Gutachten abzugeben hatte, inwieweit Kinder lebensfähig seien«. An der Leipziger Klinik seien von Catel nur Untersuchungen für einen Gutachterausschuss zur Lebensfähigkeit bestimmter Kinder angestellt worden, aber keine Behandlungen. Er selbst habe lediglich die Krankengeschichten dieser Kinder zu dokumentieren gehabt. Die Gutachten habe Catel stets selbst verfasst.[11]

Das MfS strengte nun weitere Ermittlungen an und konnte dabei auf die kurz zuvor in der Krankenanstalt Pfaffenrode entdeckten rund 20 000 Patientenakten, auch aus Leipziger Kliniken, zurückgreifen. Am 1. September 1960 und in der darauf folgenden Nacht wurden sämtliche Akten mit zwei Lkw in die Bezirksverwaltung des MfS nach Erfurt transportiert und von zwei MfS-Offizieren in Augenschein genommen. Die Akten dokumentierten die Schicksale von Patienten aus dem ganzen Reichsgebiet und endeten meist 1940 mit dem Vermerk: »Am [...] in eine andere Anstalt verlegt«, ohne dass ein Verlegungsziel angegeben oder eine Weitergabe der Akten zu erkennen war – ein starkes Indiz für die Ermordung der Patienten.

Etwa 800 Krankenakten aus psychiatrischen Anstalten des damaligen Bezirkes Leipzig und circa 500 Krankenakten von ehemaligen Patienten der damaligen Landesanstalt Leipzig-Dösen wurden der MfS-Dienststelle Leipzig zur »weiteren Auswertung« übergeben.[12] Hinweise auf Catel oder Hempel fanden sich darin jedoch nicht. Die Leipziger MfS-Mitarbeiter schlugen vor, das gesamte in den Bezirksverwaltungen Erfurt und Leipzig lagernde Aktenmaterial zum Euthanasiekomplex nach Berlin zu überführen, wo es von einer »Expertenkommission« erneut gesichtet und ausgewertet werden sollte. Außerdem sollten die in den Akten genannten Ärzte, die noch in der DDR lebten bzw. nach Westdeutschland geflüchtet waren, »aufgeklärt« werden. Bei letzteren seien »Maßnahmen einzuleiten, um sie in der Öffentlichkeit bloßzustellen und aus verantwortlichen Funktionen des Bonner Staates zu vertreiben«. Bezüglich des verdächtigen, aber noch an der Leipziger Universitätskinderklinik praktizierenden Hempel erwog man eine Vernehmung der ehemaligen Krankenschwestern. Weiterhin sollte der GI »Max« zur »Beobachtung und Aufklärung« des Oberarztes und Catels bei einem Kongress in Kiel eingesetzt werden. Um den Oberarzt zu »binden« bzw. »ihn klare Linien beziehen zu lassen«, sollte er außerdem in der Presse eine Erklärung zu den Euthanasieverbrechen Catels abgeben.[13]

Wenige Tage später empfingen die Leipziger Offiziere vom stellvertretenden Leiter der HA V, Oberstleutnant Kienberg, jedoch neue Instruktionen. Sie sollten den Fall auf sich beruhen lassen: »Eine pol[itische] Auswertung des Materials

11 Aktennotiz der Aussprache zwischen Prof. Dr. Mosler in seiner Eigenschaft als amtierender Rektor, Prof. Dr. Hauschild als Prodekan der Medinzinischen Fakultät, Oberarzt Dr. Hempel an der Kinderklinik der Karl-Marx-Universität am 31.8.1960, 16.00–16.30 Uhr; ebenda, Bl. 27 f.

12 Vgl. BV Leipzig, Abt. V/6: Bericht betreffs Auswertung der in der Heilanstalt Pfaffenrode, Kreis Mühlhausen vorgefundenen Archivakten über das Euthanasieprogramm, 10.9.1960; ebenda, Bl. 104–107, hier 104.

13 BV Leipzig, Abt. V/6: Entwurf des Sachstandsberichts zum operativen Material »Euthanasie«, 23.9.1960; ebenda, Bl. 21–31, hier 30 f.

erfolgt z.Zt. nicht, da sie größeren Schaden als Nutzen bringen könnte. Wollen die Aufmerksamkeit nicht auf unsere Ärzte lenken.«[14] Das MfS stoppte beim SED-Parteisekretär der Medizinischen Fakultät auch die geplante öffentliche Erklärung Hempels:

»Dem Gen[ossen] Mengel wurde abgeraten, da eine derartige Veröffentlichung die Aufmerksamkeit des Gegners auf uns ziehen könnte und zu unserem Schaden sein würde. Eine derartige Veröffentlichung soll erst erfolgen, wenn vonseiten westdeutscher Organe etwas gegen Dr. Hempel getan wird. (Anweisung der HA Berlin)«[15]

Anstelle eines öffentlichen Auftretens sollte der verdächtige Mediziner, der gerade seine Habilitationsschrift eingereicht hatte, nun still und heimlich von seinem Posten abgelöst werden. Als sein Nachfolger war Dr. Siegfried Liebe vorgesehen, einst ebenfalls Mitarbeiter Catels.[16]

Anfang 1961 wurden alle Ermittlungen des MfS eingestellt. Zwar hätten sich die Verdachtsmomente einer Beteiligung Hempels an den Kindermorden verdichtet, doch fehle es an beweiskräftigen Dokumenten und Zeugenaussagen.[17] Mindestens zwei Krankenschwestern und eine Stationshelferin der vormaligen »RA Station« lebten zum damaligen Zeitpunkt jedoch noch in Leipzig.[18] Zusätzlich gab es noch eine ehemalige Oberschwester, die sich aber wohl gegenüber dem MfS geweigert hatte, »Beschuldigungen zur Tötung von Kindern zu erheben«.[19] Auch eine Recherche im Deutschen Zentralarchiv Potsdam hätte das Leipziger MfS durchaus weiterbringen können. Dort fand sich 1967 ein Antrag Catels an den Reichsausschuss auf eine »weihnachtliche Sonderzuwendung« für seinen Assistenten Hempel: »Ersterer hilft mir entscheidend bei der Untersuchung der zur Aufnahme eingewiesenen Kinder und erfüllt diese zusätzliche Aufgabe stets mit größter Pflichttreue.«[20] Der wahre Grund für den versiegenden Ahndungswillen ist in einem Aktenvermerk von 1961 festgehalten:

»Weitere Vernehmungen erfolgen nicht, auch keine weitere op[erative] Bearbeitung des Dr. Hempel, da der Prozess gegen die angeklagten Euthanasieärzte in Westdeutschland im

14 BV Leipzig, Abt. V/6: Vermerk betreffs Absprache mit Genossen Oberstleutnant Kienberg am 30.9.1960 über das operative Material »Euthanasie«, 3.10.1960; ebenda, Bl. 33.

15 BV Leipzig, Abt. V/6: Aktenvermerk, 17.10.1960; ebenda, Bl. 51.

16 Ebenda.

17 BV Leipzig, Abt. V/6: Abschlussbericht über das operative Material »Euthanasie«, 26.1.1961; ebenda, Bl. 128–134, hier 129.

18 BV Leipzig, Abt. V/6: Entwurf des Sachstandsberichts zum operativen Material »Euthanasie«, 23 9.1960; ebenda, Bl. 21–31, hier 25.

19 HA XX/2/III: Aktenvermerk, 16.2.1966; BStU, MfS, HA XX/2/III, Bdl. 121, Akte H II 7–21, unerschlossenes Archivgut, o. Pag.

20 Universitäts-Kinderklinik und Poliklinik zu Leipzig, Prof. Catel: Antrag betreffs Sonderzuwendung zum Jahresabschluss an den Reichsausschuss zur wissenschaftlichen Erfassung von erb- und anlagebedingten schweren Leiden, 27.11.1943, Abschrift, (Deutsches Zentralarchiv Potsdam), Forschungskomplex »Euthanasie« Auftrag Nr. 220/67: Anlage zur Einschätzung von Dokumenten und Materialien über den Reichsausschuss zur wissenschaftlichen Erfassung von erb- und anlagebedingten schweren Leiden, 18.5.1967; BStU, MfS, AS 58/67, Bd. IV, Bl. 259.

Sande verlaufen ist. Die Einleitung von Maßnahmen könnte sonst eventuell dazu führen, dass der Dr. Hempel die DDR verlässt, was vermieden werden muss.«[21]

Noch deutlicher wurde der Leiter des Referats V/6 der BV Leipzig in der »Ablageverfügung«:

»An einer Weiterbearbeitung besteht gegenwärtig aus politischen Erwägungen heraus kein Interesse. Im Gegenteil könnte diese zur Republikflucht des Dr. Hempel führen, zumal aus den Verhandlungen gegen die in Westdeutschland wohnenden Euthanasieärzte zu ersehen ist, dass die Bonner Machthaber an einer Verurteilung dieses Personenkreises nicht interessiert sind.«[22]

Die »Ablösung« Hempels zog sich noch ein wenig hin und führte keineswegs zu einem Karriereknick. 1962 wurde er Ärztlicher Direktor eines Krankenhauses und Chefarzt der Kinderklinik in Karl-Marx-Stadt.[23] Sein Nachfolger in Leipzig wurde wie geplant Siegfried Liebe, der seinem Professor Catel in dessen Entnazifizierungsverfahren bescheinigt hatte: »Unermüdlich war er bestrebt, das große Krankengut unserer Klinik auch der wissenschaftlichen Erkenntnis nutzbar zu machen.«[24]

Im Westen fand die Affäre um den bekennenden Euthanasiebefürworter Catel und seine Helfer ebenfalls einen unrühmlichen Abschluss. Im Angesicht der Beschuldigungen hatte er die schleswig-holsteinische Landesregierung 1960 erfolgreich um seine Emeritierung gebeten.[25] Das Ermittlungsverfahren wurde 1964 endgültig eingestellt.[26]

Rückwirkungen des westdeutschen Heyde-Sawade-Prozesses: Die Ärzte Otto Hebold, Herbert Becker, Gerhard Wischer und Günther Munkwitz

Größere Wellen schlugen die Prozessvorbereitungen gegen Werner Heyde und weitere Euthanasietäter vor dem Landgericht Limburg an der Lahn 1962/63. Die HA IX erhielt 1963 von der Generalstaatsanwaltschaft der DDR die »inoffiziell« beschaffte Anklageschrift der Generalstaatsanwaltschaft Frankfurt/Main.[27] Dort waren als nicht ermittelte Tatbeteiligte auch vier Ärzte aufgeführt, die sich in der DDR aufhielten bzw. aufgehalten hatten.

21 BV Leipzig, Abt. V/6: Aktenvermerk, 19.1.1961; BStU, MfS, AP 21114/66, Bl. 125. Die Bemerkung zu westdeutschen Verfahren bezog sich offensichtlich auf Ärzte des Hamburger Kinderkrankenhauses Rothenburgsort. Nach der erwähnten Anzeige gegen Catel hatte das Landgericht Hamburg die Wiederaufnahme eines 1949 eingestellten Totschlags-Verfahrens gegen diese Ärzte abgelehnt. Catel war im Erstverfahren als Gutachter aufgetreten. Vgl. dpa: Untersuchung gegen sechs Hamburger Ärzte. In: Der Tagesspiegel v. 4.1.1961.

22 BV Leipzig, Abt. V/6: Ablageverfügung, 27.1.1961; BStU, MfS, AP 21114/66, Bl. 135.

23 HA XX/2/III: Aktenvermerk, 16.2.1966; BStU, MfS, HA XX/2/III, Bdl. 121, Akte H II 7–21, o. Pag., Bl. 1.

24 Klee: Deutsche Medizin im Dritten Reich, 2001, S. 107.

25 Nachrichtendienst der WELT: Catel tritt in den Ruhestand. In: Die Welt v. 13.9.1960.

26 Vgl. Klee: Was sie taten, 1987, S. 142.

27 Vermerk der HA IX, 14.8.1963; BStU, MfS, HA XX 4982, S. 351.

Einer von ihnen, Dr. Gerhard Wischer (Jg. 1903), war am 23. Juni 1950 im Zuge der Waldheimer Prozesse vom Landgericht Chemnitz wegen der Teilnahme an Tötungen in der Anstalt Waldheim zum Tode verurteilt und Anfang November des selben Jahres hingerichtet worden.[28] Er war von 1938 bis 1945 Leiter der Landesheil- und -pflegeanstalt Waldheim und als Gutachter von 1941 bis 1943 zur »Euthanasie«-Zentrale in der Berliner Tiergartenstraße 4 (T 4) abgeordnet gewesen.[29]

Die anderen drei gingen in der DDR jedoch bis dato unbehelligt ihrem Beruf nach. Dr. Otto Hebold (Jg. 1896) praktizierte Anfang der sechziger Jahre im Landambulatorium Herzberg. Zwar war er 1948 schon einmal als Zeuge gegen den in Genthin inhaftierten Geschäftsführer von T 4, Dietrich Allers, vernommen worden, aber selbst nicht ins Blickfeld von Ermittlungen geraten.[30] Dr. Herbert Becker (Jg. 1900) betrieb in Leipzig eine eigene Praxis. Beide waren im Rahmen der Aktion T 4 in der »Krankenerfassung« tätig gewesen. Dr. Günter Munkwitz (Jg. 1912) war Nervenarzt und Internist im Krankenhaus Altenburg. Es war absehbar, dass die mutmaßliche Tatbeteiligung dieser Ärzte im Prozess zur Sprache kommen würde. Der HA IX ging es darum, sich im Hinblick auf einen möglichen eigenen Prozess taktisch-propagandistisch optimal zu positionieren. Zunächst jedoch sollte abgewartet werden:

»Es ist nicht bekannt, ob seitens der Bonner Justizorgane die in der Anklageschrift belasteten anderen Ärzte strafrechtlich zur Verantwortung gezogen werden und ob dieselben noch in Westdeutschland praktizieren.
Deshalb erscheint es zweckmäßig, vor der Durchführung dieses Prozesses keine Maßnahmen gegen Dr. Hebold einzuleiten und erst bei Abschluss der Hauptverhandlung offiziell die Belastungsmaterialien bei der Generalstaatsanwaltschaft Frankfurt/Main anzufordern zwecks Einleitung eines Ermittlungsverfahrens gegen Dr. Hebold.
Falls einzuleitende Feststellungen ergeben, dass keiner der belasteten westdeutschen Ärzte strafrechtlich verfolgt wird, könnte unsererseits der Beweis angetreten werden, dass im Gegensatz zu Westdeutschland in unserem Staat derartige Verbrechen geahndet werden«.[31]

Die belastenden Informationen wurden am 8. Februar 1964 durch ein Rechtshilfeersuchen der hessischen Staatsanwaltschaft offiziell bestätigt. Damit geriet die DDR in Zugzwang.[32] Generalstaatsanwalt Streit informierte Mielke und den ZK-Sekretär für Sicherheitsfragen Honecker, dass mit entsprechenden Zeugenladungen bundesrepublikanischer Gerichte zu rechnen sei. Spätestens dann könnten »diese Dinge von der Westpresse und der Öffentlichkeit aufgegriffen werden«. Der Leiter der Abteilung IA der DDR-Generalstaatsanwaltschaft, Gernot Windisch, Staatsanwalt Carlos Foth und der Leiter der MfS-HA IX, Oberst

28 Schröter: Psychiatrie in Waldheim/Sachsen, 1994, S. 220 f.

29 Vgl. Dies.: Psychiatrie in Waldheim/Sachsen, 1994.

30 Anfrage an BV Magdeburg, KD Genthin, 1.4.1964; BStU, MfS, HA XX 4982, S. 16.

31 Vermerk der HA IX, 14.8.1963; ebenda, S. 353.

32 Mitteilung des Generalstaatsanwalts an den Minister für Staatssicherheit, 8.2.1964; BStU, MfS, HA XX/2/III, Bdl. 20, o. Pag., Bl. 1–3; vgl. Petersohn, Hartmut: »Schöne schwachsinnige Missbildungen«. Ostdeutsche Ärzte entdecken die Verantwortung für die Opfer der Euthanasie. In: Frankfurter Rundschau v. 18.8.1994, S. 7.

Heinitz, vereinbarten »nach Beratung mit dem ZK der SED«, »dass gewisse Ermittlungen geführt werden, damit wir dann sehr schnell entscheiden können, was getan werden muss.« Auch Inhaftierungen zogen sie in Erwägung.[33]

Aus taktischen Gründen blieben weiterhin zwei Varianten für etwaige Festnahmen im Spiel: einmal die »sofortige« mit dem Ziel, das Verfahren abzuschließen, bevor entsprechende Zeugen in Westdeutschland gehört bzw. bevor die DDR-Ärzte dort genannt wurden, oder eine spätere, wenn beim Prozess der »ungefähre Zeitpunkt der Vernehmungen derjenigen herangekommen ist, die unsere Ärzte belasten«.[34] Der schnellen Variante wurde entsprochen. Am 23. März 1964 verhaftete das MfS Otto Hebold[35], und am 12. Juli 1965 verurteilte ihn das Bezirksgericht Cottbus zu einer lebenslangen Zuchthausstrafe wegen »fortgesetzter gemeinschaftlich begangener Verbrechen gegen die Menschlichkeit«.[36] In der Urteilsbegründung wird eigens betont:

»In der Deutschen Demokratischen Republik wurden die [...] völkerrechtlichen Verpflichtungen konsequent erfüllt, der Faschismus wurde mit all seinen ökonomischen und politischen Wurzeln ausgerottet. Diejenigen, die sich an Nazi- und Kriegsverbrechen beteiligt hatten, wurden streng zur Verantwortung gezogen.
Auch damit wurde im Osten Deutschlands die faschistische Vergangenheit restlos bewältigt. Unter Führung der Partei der Arbeiterklasse ist in der Deutschen Demokratischen Republik der einzig rechtmäßige und friedliebende deutsche Staat erwachsen, der durch Erfüllung seiner völkerrechtlichen Verpflichtung zur Bekämpfung von Nazi- und Kriegsverbrechen hohes Ansehen und große Autorität erworben hat.«[37]

Mit direktem Verweis auf die Bundesrepublik heißt es darin weiter:

»Dass heute noch vor einem Gericht der DDR ein solcher Prozess wie gegen den Angeklagten Hebold geführt werden muss, stellt bei uns eine Ausnahmeerscheinung dar, die darauf zurückzuführen ist, dass es einzelnen wenigen Nazi- und Menschlichkeitsverbrechern gelungen ist, in die Anonymität unterzutauchen. Aber unsere sozialistische Gesellschaftsordnung bietet die Gewähr dafür, dass keiner seiner gerechten Bestrafung entgeht.«[38]

Noch vor der Verhaftung Hebolds eröffnete die Abteilung V/1 der Bezirksverwaltung Leipzig am 6. März 1964 auch eine Operativ-Vorlaufakte gegen Herbert Becker.[39] Die Ermittlungsergebnisse blieben jedoch dürr. Es war zu ermitteln,

33 Mitteilung des Generalstaatsanwalts an den Minister für Staatssicherheit, 8.2.1964; BStU, MfS, HA XX/2/III, Bdl. 20, o. Pag., 1 Bl.

34 HA V/1: Vermerk zum Euthanasie- und Auschwitzprozess in Westdeutschland, 26.2.1964; BStU, MfS, HA XX/2/III, Bdl. 84, o. Pag., Bl. 1–3, hier 1.

35 HA VIII, Abt. II/2: Festnahmebericht, 24.3.1964; BStU, MfS, HA IX/11, ZUV 45, Bd. I, Bl. 10.

36 Urteil in der Strafsache gegen Dr. Otto Hebold wegen Verbrechen gegen die Menschlichkeit; BStU, MfS, HA IX/11, ZUV 45, Akte 5, Bl. 216–245, hier 216. Detaillierter ist die Beschreibung des Falles in: Hohmann; Wieland: MfS-Operativvorgang »Teufel«, 1996.

37 Urteil in der Strafsache gegen Dr. Otto Hebold wegen Verbrechen gegen die Menschlichkeit; BStU, MfS, HA IX/11, ZUV 45, Akte 5, Bl. 219.

38 Ebenda.

39 BV Leipzig, Abt. V/1: Beschluss für das Anlegen eines Operativ-Vorlaufs, Deckname »Vergangenheit«, 6.3.1964; BStU, MfS, BV Leipzig, AOP 746/66, Bl. 10; vgl. zum Folgenden Weinke: Die Verfolgung von NS-Tätern, 2002, S. 326–332.

dass Becker angeblich von Oktober 1938 bis August 1941 als Oberarzt der Reserve in einem Lazarett gedient hatte. Das MfS vermutete dahinter eine Tarnung für seine Dienste bei der Aktion T 4. Von 1941 bis 1944 war er dann von der »Kanzlei des Führers« als unabkömmlich gestellt worden.[40] Danach sollte er zur Wehrmacht eingezogen werden, entging aber auf Intervention des Präsidenten des Gauarbeitsamtes erneut dem Fronteinsatz,[41] weil er als stellvertretender beratender Arzt des Arbeitsamtes Leipzig »mangels anderer für die Durchführung der Arbeitseinsatzmaßnahmen für die Rüstungsindustrie und die übrige Kriegswirtschaft weiterhin unentbehrlich« war.[42] Nach 1945 wurde er wegen seiner NSDAP-Mitgliedschaft zunächst von Leipzig nach Hoyerswerda strafversetzt. Beschwerden seiner Leipziger Patienten, darunter auch eines KPD-Mitgliedes, dem er 1936 nach der KZ-Haft eine Kur verschrieben hatte, ermöglichten ihm die Rückkehr nach Leipzig und die Eröffnung seiner Praxis.[43]

Aufgrund dieser dürftigen Erkenntnisse war sich das MfS nicht mal sicher, ob es nicht einer Personenverwechslung aufgesessen war. Im März 1965 setzten die Offiziere deshalb einen inoffiziellen Mitarbeiter auf Becker an, der, als westdeutscher Messegast getarnt, das Gespräch mit Becker auf die fraglichen Sachverhalte lenken sollte, um seine Reaktion zu testen und eventuell weiterführende Informationen zu erhalten. Zwar blieb Becker bei seiner Version, »eine reine Weste« zu haben und behauptete, während seiner Uk-Stellung lediglich damit beauftragt gewesen zu sein, »Lazarette, Räume und Personal für die Behandlung von Verwundeten zur Verfügung zu stellen«.[44] Doch der IM registrierte aufmerksam, dass Becker offenbar »Kenntnis der genauen Vorgänge der Aktion T 4« hatte und auf die beiläufige Erwähnung eines dafür bedeutsamen »Meldebogens 2«[45] sichtlich schockiert reagiert habe, ohne jedoch nähere Kenntnis einzugestehen.[46] Damit war für die Leipziger MfS-Mitarbeiter immerhin ein Anfangsverdacht begründet. Man hatte offenbar den richtigen Mann im Visier, doch weiter kam man nicht. Daher bat der Leiter der Abteilung XX im Juni 1965 seine Kollegen in der HA XX um Mithilfe, welche aber ausblieb.

Unterdessen bekam die Generalstaatsanwaltschaft der DDR im Dezember 1965 vom Landgericht Frankfurt/Main das Aussageprotokoll eines engen Arbeitskollegen Beckers aus der Planungsabteilung bei T4 und einen von Becker

40 BV Leipzig, Abt. XX/1: Sachstandsbericht, 19.2.1965; BStU, MfS, BV Leipzig, AOP 746/66, Bl. 259–269.

41 Der Präsident des Gauarbeitsamts und Reichstreuhänder der Arbeit Sachsen: Vermerk wegen der Einberufung des Vertragsarztes Dr. Becker, 17.5.1944; ebenda, Bl. 235.

42 Uk-Karte Dr. Herbert Becker; ebenda, Bl. 212.

43 BV Leipzig, Abt. VIII: Ermittlungsbericht, 1.6.1963; ebenda, Bl. 27–30, hier 28.

44 BV Leipzig, Abt. XX/1: Bericht des GM »Otto«, 5.3.1965; ebenda, Bl. 276–279, hier 277.

45 Die »Meldebogen 2« dienten als Planungsgrundlage, welche Anstalten zur Beschlagnahmung geeignet sind und erfasste deren bauliche, wirtschaftliche und infrastrukturelle Grunddaten. Vgl. Klee: »Euthanasie im NS-Staat«, 1983, S. 93.

46 BV Leipzig, Abt. XX/1: Bericht des GM »Otto«, 5.3.1965; BStU, MfS, BV Leipzig, AOP 746/66, Bl. 277 u. 279.

verfassten Abschlussbericht über die Heilanstalten des Landes Lippe.[47] Dem Bericht war eindeutig zu entnehmen, dass Becker daran gelegen war, die Kranken aus konfessionellen Einrichtungen in landeseigene Anstalten zu überführen, angeblich »zur Aufnahme moderner Therapien und weiteren Betreuung«.

In der Operativakte gegen Becker finden sich erstaunlicherweise keinerlei Hinweise auf diese Dokumente aus der Bundesrepublik. Im Februar 1966 schlug der Leiter der HA XX, Oberst Kienberg, den Leipziger Kollegen vielmehr vor, die operative Vorlaufakte einzustellen und in der Sperrablage der Abteilung XII (Archiv der BV Leipzig) abzulegen. Als Begründung gab Kienberg an:

»Es ist nicht zu erwarten, dass in der nächsten Zeit solches belastendes Material gegen den Beschuldigten erarbeitet werden kann, das eine Weiterführung des Vorlaufes rechtfertigen würde. Auch ist nicht anzunehmen, dass Dr. Becker als Mitarbeiter der Planungsabteilung der ›Reichsarbeitsgemeinschaft‹ direkt an Verbrechen im Sinne des faschistischen Euthanasie-Programms beteiligt gewesen ist.«[48]

Am 28. Juni 1966 empfing DDR-Staatsanwalt Günther Wieland den Untersuchungsrichter am Landgericht Frankfurt/Main, Dr. Düx, in Ost-Berlin. Er informierte ihn über die trotz der westdeutschen Dokumente angeblich schlechte Beweislage, die keine strafprozessualen Maßnahmen zuließe. Laut Wieland zeigte Düx dafür Verständnis. Die Auffassung Wielands, unter diesen Umständen von einer Zeugenvernehmung Dr. Beckers Abstand zu nehmen, soll Düx als »richtig akzeptiert« haben. Auch habe jener mit ihm übereingestimmt, dass »zumindest gegenwärtig eine Vernehmung des Dr. Becker als Zeuge zu dem westdeutschen Verfahren nicht möglich ist und im Übrigen auch nicht zu erwarten sei, dass dieser ›Zeuge‹ etwas Bedeutsames aussagen würde, da er ja jede Kenntnis von Verbrechen abstreitet«.[49] Es ist unklar, ob Wieland über die Form der Befragung Beckers durch den konspirativen IM-Einsatz im Bilde war. Eine offizielle Vernehmung hat ausweislich der Akten niemals stattgefunden.[50]

Nicht per Rechtshilfe angefragt, aber vom MfS gleichwohl aufgenommen wurde der Fall Dr. Günter Munkwitz. Der Mediziner war von 1939 bis 1942 Assistenzarzt von Heyde in der Nervenklinik der Universität Würzburg gewesen und hatte ebenfalls von Sommer 1940 bis mindestens Sommer 1941 als Gutachter für T4 fungiert.[51] Er galt als engagierter Nationalsozialist. 1938 bescheinigte

47 Landgericht Frankfurt/M., Untersuchungsrichter IV: Anschreiben an den Generalstaatsanwalt, 28.12.1965; BStU, MfS, HA IX/11, RHE-West 178/1, Bl. 35; Landgericht Frankfurt/M., Untersuchungsrichter (GStA): Befragungsprotokoll Trieb, 16.12.1965; BStU, MfS, HA IX/11, RHE-West 178/1, Bl. 31–34, hier 32; (T4, HA II, Abt. IIg): Abschluss-Bericht über Planung Lippe vom 30.–31.7.1942, 1.9.1942, (Vermerk: Aus Leitz-Ordner Nr. 2 US-Militärgerichtsakten); ebenda, Bl. 42–45, hier 42 u. 44.

48 Leiter der HA XX: Mitteilung an BV Leipzig, Abt. XX/1, 16.2.1966; BStU, MfS, BV Leipzig, AOP 746/66, Bl. 306.

49 (Der Generalstaatsanwalt der DDR), Abt. V: Bericht an Abt. IA, Staatsanwalt Friedrich, 30.6.1966; BStU, MfS, HA IX/11, RHE-West 178/1, Bl. 59–61, hier 60.

50 Klee: Was sie taten, 1987, S. 295 (Fußnote 116).

51 Der Direktor der Universitäts-Nervenklinik Würzburg: Beurteilung/Zeugnis von Dr. med. Günter Munkwitz für die Facharztanerkennung, 7.10.1942; BStU, MfS, HA IX/11, Nr. 1167, Bl. 35; vgl.

ihm die NSDAP-Kreisleitung Leipzig: »Er steht rückhaltlos auf dem Boden der Regierung und fördert in jeder Weise die Ziele der Bewegung.« Nach mehrmaligem Dienst in der Wehrmacht war er ab Mai 1944 als Stabsarzt im Rang eines Hauptsturmführers in der SS-Panzer-Grenadierdivision »Götz von Berlichingen« eingesetzt.[52] Über sein Wirken berichtete sogar eine von Friedrich Karl Kaul herausgegebene Broschüre mit dem Titel »Nazimordaktion T4«.[53] Im Juli 1941 sei Munkwitz als »SS-Arzt«[54] mit einer Kommission in die Anstalt Tannenhof in Remscheid-Lüttringshausen gekommen, um dort die Meldebögen selbst auszufertigen, die die dortige Anstaltsleitung verweigert hatte, weil sie sich nicht an der Mordaktion hatte beteiligen wollen.[55] Zudem existierte sogar ein Foto, auf welchem »Gutachter« mit Begleitung auf Selektionsreise abgelichtet waren, darunter Munkwitz nebst Gattin.[56]

Nach Kriegsende war Munkwitz in die Sowjetische Besatzungszone übergesiedelt und arbeitete seit Oktober 1946 als Assistent beim Städtischen Gesundheitsamt Eilenburg sowie bei der Sozialversicherungskasse (SVK) des Kreises Delitzsch als nebenamtlicher Beratungsarzt. Bereits im November 1946 wurde er Mitglied der SED. Fast genau ein Jahr später musste sich Munkwitz einem Entnazifizierungsverfahren stellen, in dem er lediglich wegen seiner Mitgliedschaft in der NSDAP und dem NS-Ärztebund aus seiner Beratungstätigkeit für die SVK entlassen wurde.[57] Ab dem 1. April 1949 arbeitete er als Arzt im Krankenhaus Eilenburg und ergänzte seine im Oktober 1942 erworbene Anerkennung als Facharzt für Nerven- und Geisteskrankheiten im Februar 1951 um die eines Facharztes für Innere Krankheiten. Nachdem Munkwitz 1957 seine nebenamtliche Niederlassung als Nervenarzt aufgegeben hatte, avancierte er spätestens 1964 zum stellvertretenden Ärztlichen Direktor und Leitenden Arzt der Inneren Abteilung im Krankenhaus von Eilenburg. Daneben praktizierte er weiter als Neurologe und Psychiater. Im Vorschlag zur Verleihung des Titels Medizinalrat beurteilte ihn sein Vorgesetzter 1964 als hervorragenden Mediziner mit Sinn für die Erfordernisse sozialistischer Gesundheitspflege:

»Er hat sich im Laufe der Jahre zu einer sehr gut durchgebildeten ärztlichen Persönlichkeit auf dem Fachgebiet der inneren Medizin entwickelt. Ihm ist zu verdanken, dass [...] viele kranke Werktätige Gesundung und Wiedereingliederung in den Arbeitsprozess erfahren.

Kaul: Nazimordaktion T4, 1973, S. 96; Klee: »Euthanasie im NS-Staat«, 1983, S. 228; Ders.: Was sie taten, 1987, S. 164 u. 319.

52 Munkwitz war seit 1.5.1933 Mitglied der NSDAP (Nr. 2430159), ferner gehörte er der SA, dem NSDStB und seit 1938 dem NSDÄB an. NSDAP-Kreisleitung, Leipzig: Form(ular) 6/37: Zeichen- u. Tagebuch-Nr. 30–59/ 55920/41/Tr.; BA, ZWA Dahlwitz-Hoppegarten, ZB II 5382, Akte 12, Bl. 3; vgl. BA Berlin, BDC, SSO, PK, MF.

53 Kaul: Nazimordaktion T4, 1973, S. 96.

54 Diese Aussage Kauls ist nicht zutreffend, da Munkwitz erst ab 3.5.1944 der Waffen-SS angehörte.

55 Kaul: Nazimordaktion T4, 1973, S. 96.

56 Klee: Dokumente zur »Euthanasie«, 1992, S. 102.

57 Entnazifizierungskommission in Delitzsch: Entscheidung in dem Entnazifizierungsverfahren gegen Dr. Munkwitz, Günther, 12.11.1947; BA, ZWA Dahlwitz-Hoppegarten, ZB II 5382, Akte 12, o. Pag., Bl. 4

Dabei ist er bemüht, den Krankenstand zu senken. [...] Er hat Seuchenkrankenhäuser als Außenstellen zusätzlich eingerichtet und betreut und dadurch das seuchenhafte Geschehen eingedämmt. [...] Beim Aufbau unseres sozialistischen Gesundheitswesens steht er an führender Stelle.«[58]

Ende 1965 fasste die Staatssicherheit die bis dahin bekannt gewordenen, allerdings unvollständigen biographischen Fakten sowie die Belastungsindizien über Munkwitz zusammen. Ein von Munkwitz 1950 vorgelegtes Zeugnis seines einstigen Chefs Heyde wog aus MfS-Sicht nicht schwer, da Heydes Rolle in der Euthanasie und sein späteres Untertauchen in der Bundesrepublik damals noch nicht bekannt gewesen sei. Mittlerweile war freilich die belastende Dimension dieses Zeugnisses ebenso offenkundig wie die Tätigkeit von Munkwitz »als Gutachter des faschistischen Reichsausschusses«, die durch entsprechende Listen belegt war.[59] Oberleutnant Schindler aus dem NS-Referat des MfS (XX/2/III) erkannte die Brisanz des Falles: »Aufgrund der vorliegenden Hinweise und Fakten ist die operative Aufklärung der Vergangenheit des Munkwitz sowie die gründliche Klärung seiner heutigen politischen Haltung und seiner gesellschaftlichen Stellung unbedingt erforderlich.«[60]

Das MfS wollte sich zunächst genauere Informationen und eventuelle Auskunftspersonen über sein Medizinstudium in Leipzig und seine Zeit an der Universität Würzburg beschaffen und seine aktuelle Kaderakte prüfen.[61] Zugleich galt es, jede öffentliche Unruhe um Munkwitz zu vermeiden. Schindler wies die beteiligten MfS-Kollegen ausdrücklich an: »Bei allen Absprachen betr[effs] M[unkwitz] scharf kontrollieren, ob die Konspiration eingehalten wird, und ständig die Genossen auf deren Einhaltung hinweisen.«[62]

Die dilettantischen Rechercheanweisungen zeugen von einer mangelhaften Kenntnis der Vorgänge um die Euthanasieverbrechen und der damit im Zusammenhang stehenden Verschleierungstaktiken. Die Überlieferung der geheimpolizeilichen Bearbeitung des Falles Munkwitz bricht hier ab. Was auch immer die Recherchen erbracht haben mögen, zu einer Strafverfolgung von Munkwitz kam es nicht.[63] Unbehelligt war Günther Munkwitz bis zu seinem Freitod im Frühjahr 1970 im Krankenhaus Eilenburg tätig.[64] Ganz offenkundig war der Verfolgungswillen erlahmt, weil die Aufdeckung weiterer, noch dazu im DDR-Gesundheitswesen mittlerweile profilierter Mediziner als Euthanasieverbrecher,

58 BV Leipzig, Abt. XX/1: Einschätzung über Dr. Munkwitz, Günther, 18.6.1964; BStU, MfS, HA IX/11, Nr. 1167, Bl. 32–34, hier 33.

59 HA XX/2/III: Auskunftsbericht, 21.12.1965; ebenda, Bl. 59–62, hier 62. In Faksimile ist eine derartige Liste abgebildet bei Klee: »Euthanasie im NS-Staat«, 1983, S. 228 f.

60 HA XX/2/III: Auskunftsbericht, 21.12.1965; BStU, MfS, HA IX/11, Nr. 1167, Bl. 59–62, hier 62.

61 HA XX/2/III: Aktenvermerk, 16.2.1966; ebenda, Bl. 65 f.

62 HA XX/2/III: Handschriftliche Notiz auf einem Aktenvermerk, 16.2.1966; ebenda.

63 BV Leipzig, Abt. XX/1: Abschlussbericht zum Vorlauf-Operativ »Vergangenheit«, 28.2.1966; BStU, MfS, BV Leipzig, AOP 746/66, Bd. 1, Bl. 307–309.

64 Auskunft an den Verfasser von Herrn Schliebs, Personalleiter der Kreiskrankenhaus Delitzsch GmbH vom 9.6.2004.

die in Hebolds Urteil bemühte Einzelfallthese bedenklich ins Wanken gebracht hätte.

Die Rückwirkungen der westdeutschen Euthanasie-Verfahren erreichten die DDR nicht nur direkt, sondern auch über die osteuropäischen Bruderländer. Auf einer Tagung im Oktober 1965 kündigten die polnischen Vertreter an, dass sie sich mit der Frage der medizinischen Verbrechen beschäftigen wollten. Dieses Vorhaben wurde von der sowjetischen Seite unterstützt. Die Polen hatten bereits Material nach Ludwigsburg gegeben und planten selbst eine Konferenz zu dem Thema. Die MfS-Abteilung Agitation versetzte das in Unruhe:

»Für uns ergibt sich daraus die dringende Notwendigkeit, das von den Polen zusammengestellte bzw. in Ermittlung stehende Material durchzusehen, um zu verhindern, dass von polnischer Seite Dokumente an Ludwigsburg gegeben werden, in denen Personen enthalten sind, die von uns noch nicht überprüft wurden.«[65]

Da man sich inzwischen bewusst war, dass eine Reihe der beteiligten Ärzte in der DDR untergekrochen war, bemühten sich die ostdeutschen Vertreter auf der Konferenz, die Aufmerksamkeit abzulenken:

»Die DDR-Delegation vertrat dazu den Standpunkt, dass man sich zwar auf die Haupttäter der medizinischen Verbrechen, und vor allem aber auf den Komplex der so genannten ›Ideologietäter‹ konzentrieren solle, weniger auf das gesamte medizinische Kleinpersonal, das im Zusammenhang mit solchen Vorkommnissen steht.«[66]

Die Bilanz der DDR-internen Rückwirkungen des Heyde-Prozesses fällt zwiespältig aus. Die Verurteilung Hebolds war fraglos ein Akt der gerechten Sühne, selbst wenn man von der instrumentellen Handhabung der Ermittlungsführung absieht. Dem steht jedoch das Faktum gegenüber, dass das MfS überhaupt erst durch die westdeutschen Verfahren (deren Zustandekommen wiederum zum Teil ein Effekt des DDR-Propagandadrucks war) von der unbehelligten Existenz der Ärzte in der DDR erfuhr. Angesichts der beiden anderen Fälle, die allein im Kontext des Heyde-Prozesses ohne strafrechtliche Ahndung endeten, wird man auch die ostdeutsche Teilbilanz dieses deutsch-deutschen Stücks Aufarbeitung der Euthanasieverbrechen wahrlich nicht als Ausweis konsequenter Verfolgung betrachten können. Gegenüber den sozialistischen Verbündeten rückte die DDR faktisch sogar in die umgekehrte Rolle. Sie war bemüht, »ihre« Ärzte vor Enttarnung und Verfolgung zu bewahren. Wie die weitere Entwicklung zeigte, war das Urteil von 1965 gegen Hebold faktisch sogar der Schlusspunkt der gerichtlichen Auseinandersetzung mit den von NS-Medizinern verübten Verbrechen.[67]

Damit kam die ostdeutsche Bilanz dem Ergebnis des westdeutschen Teils der Strafverfolgung von Euthanasieärzten weitaus näher als die DDR-Propaganda

65 Abt. Agitation: Berichterstattung an den Minister über die Tagung sozialistischer Staaten zur Frage der Verfolgung von Nazi- und Kriegsverbrechen in Westdeutschland, 5.10.1965; BStU, MfS, HA IX/11, Karton 63, o. Pag., Bl. 1–9, hier 7.

66 Abt. Agitation: Berichterstattung an den Minister über die Tagung sozialistischer Staaten zur Frage der Verfolgung von Nazi- und Kriegsverbrechen in Westdeutschland, 5.10.1965; ebenda.

67 Hohmann; Wieland: MfS-Operativvorgang »Teufel«, 1996, S. 101.

glauben machen wollte. Heyde und die Mittäter Dr. Hans Hefelmann und Dr. Gerhard Bohne waren im Mai 1962 wegen Mordes an bis zu 100 000 Menschen angeklagt worden.[68] Doch keiner der drei Angeklagten wurde für diese Verbrechen je verurteilt. Der Hauptangeklagte Heyde beging schon im Februar 1964 in seiner Zelle in der Strafanstalt Butzbach Selbstmord. Das Verfahren gegen Dr. Hans Hefelmann wurde wegen Verhandlungsunfähigkeit im September 1964 vorläufig und im Oktober 1972 endgültig eingestellt. Gerhard Bohne entließ die westdeutsche Justiz 1963 aus der Untersuchungshaft, woraufhin er sich prompt nach Argentinien absetzte. Nach langwierigem Rechtsstreit wurde er 1966 an die Bundesrepublik ausgeliefert. Das Verfahren wurde aus dem Heyde/Sawade-Prozess herausgelöst und ab 1967 mit dem Verfahren gegen zwei weitere Euthanasie-Verantwortliche, Reinhold Vorberg und Dietrich Allers, gekoppelt. Aufgrund ärztlicher Gutachten wurde jedoch auch dieses Verfahren gegen ihn im Oktober 1968 vorläufig und im Juli 1969 endgültig eingestellt.[69]

»Ein unseren gesellschaftlichen Verhältnissen widersprechendes Ergebnis« – Ärzte der Landesheilanstalten Stadtroda: Johannes Schenk, Margarete Hielscher, Rosemarie Albrecht

Parallel zu den Prozessvorbereitungen im Fall Hebold ermittelte das MfS gegen weitere Verdächtige. So eröffnete die Kreisdienststelle Stadtroda (Bezirk Gera) am 15. Januar 1965 den Operativ-Vorgang »Ausmerzer«, der sich gegen Ärzte des Fachkrankenhauses für Psychiatrie und Neurologie Stadtroda richtete.[70] Der Leiter des Krankenhauses, Professor Erich Drechsler, hatte mehrere Funde von Krankenakten im Klinikarchiv gemeldet, die auf Euthanasieverbrechen in den Jahren 1941 bis 1943 hindeuteten.[71] Erste Recherchen des MfS ergaben, dass sich in Stadtroda einschlägiges Archivmaterial aus der Zeit vor 1945 befand. Darin fanden sich einschlägige Hinweise auf gezielte Tötungen von geisteskranken Patienten: extrem hohe Todesraten, stereotype Eintragungen zu Todesursachen wie »Herz- und Kreislaufschwäche oder Pneumonie« in großer Zahl, scheinbare Verlegungen ohne Nachweis des Weiteren Verbleibs usw. So waren etwa am 8. September 1941 54 Kinder aus dem Luisenstift (Bad Blankenburg) aufgenommen worden, von denen 22 Jungen und Mädchen in den folgenden Monaten starben.[72] Insgesamt, so die vorläufige Analyse der Kreisdienststelle Stadtroda, waren in der vormaligen Thüringischen Landesheilanstalten Stadtroda (ab 1944

68 Klee: Was sie taten, 1987, S. 42.

69 Ebenda, S. 42–55 u. 71.

70 BV Gera, KD Stadtroda: Beschluss zum Anlegen eines Operativ-Vorganges mit Decknamen »Ausmerzer«, 15.1.1965; BStU, MfS, BV Gera, AOP 613/66, Bd. I, Bl. 30; vgl. zum Folgenden Reif-Spirek: Später Abschied von einem Mythos, 2001; Hoffmann, Ute: »Das ist wohl ein Stück verdrängt worden ...«, 2001.

71 KD Stadtroda: Entstehungsbericht, 6.1.1965; BStU, MfS, BV Gera, AOP 613/66, Bd. I, Bl. 28.

72 KD Stadtroda: Zwischenbericht zum Operativ-Vorgang »Ausmerzer«, 3.3.1965; ebenda, Bl. 55–65, hier 61.

Thüringisches Landeskrankenhaus) von 1939 bis 1945 705 erwachsene Patienten und 140 Kinder, davon allein 72 innerhalb von zwei Jahren in der »Kinderfachabteilung«, verstorben.[73]

Der Tatverdacht des MfS richtete sich gegen Ärzte, bei denen sich alsbald herausstellte, dass sie auch nach 1945 weiter in der Anstalt Stadtroda tätig waren. Dazu gehörten der nun als Stellvertreter des Ärztlichen Direktors tätige Dr. Johannes Schenk (Jg. 1895), die Oberärztin der Kinderabteilung Dr. med. Margarete Hielscher (Jg. 1899) sowie die ehemalige Stationsärztin und jetzige Direktorin der HNO-Uni-Klinik Jena Professor Dr. Rosemarie Albrecht (Jg. 1915). Letztere hatte als Abteilungsärztin von Mai 1940 bis Mai 1942 allein 159 verstorbene Patientinnen auf ihrer Station.[74] Wie die MfS-Leute erfuhren, stand die Professorin Albrecht zu diesem Zeitpunkt gerade vor der Wahl zur Dekanin der Medizinischen Fakultät der Friedrich-Schiller-Universität Jena und der Verleihung des »Vaterländischen Verdienstordens« anlässlich ihres 50. Geburtstages.

Bei einer Besprechung im April 1965 beschlossen die mittlerweile hinzugezogenen MfS-Diensteinheiten (HA IX, Abteilung XX der Bezirksverwaltung Gera und Abteilung XII) gemeinsam mit der Kreisdienststelle Stadtroda, das »gesamte Archivmaterial des Krankenhauses« Stadtroda durchzuarbeiten und dann alle Dokumente, die Hinweise auf Verbrechen enthielten, im Zentralarchiv des MfS sicherzustellen – letzteres auf ausdrückliche Anweisung des Ministers Mielke. Wegen der Brisanz der Unterlagen hieß es: »Bei der gesamten Bearbeitung ist es jedoch sehr notwendig, die Konspiration nicht zu verletzen. Der eingeweihte Personenkreis darf nicht vergrößert werden.«[75]

Hunderte von Patientenakten sowie Personal- und Verwaltungsakten wurden nach Berlin verbracht und ausgewertet.[76] Die Totenscheine der Kinderabteilung waren in den meisten Fällen von deren Leiterin, Margarete Hielscher, sowie zwei Pflegerinnen unterzeichnet worden.[77] Außerdem hatte die Oberärztin Hielscher in mindestens 73 Fällen Gutachten über ihr anbefohlene Kinder erstattet. Zur Legitimation der Tötung hatte sie stereotyp geurteilt: »Intellektuell besteht ein hochgradiger Schwachsinn (Idiotie), der im Hinblick auf neurologische und encephalographischen Befund als exogen anzusehen ist. Das Kind ist bei seiner völligen Hilflosigkeit und Pflegebedürftigkeit ein reiner Verwahrfall. Es ist unseres Erachtens vollkommen bildungsunfähig«.[78]

73 KD Stadtroda: Gesamtanalyse Erwachsene, 23.9.1965; ebenda, Bl. 186–188; KD Stadtroda: Gesamtanalyse Kinder, 23.9.1965; ebenda, Bl. 189.

74 KD Stadtroda: Sachstandsbericht zum Operativvorgang »Ausmerzer«, 22.11.1965; ebenda, Bl. 223–237, hier 237.

75 KD Stadtroda: Niederschrift über die Besprechung des Operativ-Vorganges »Ausmerzer« am 21.4.1965 in der KD Stadtroda, 23.4.1965; ebenda, Bl. 119–122, hier 119.

76 Abt. XII/Zentralarchiv: Zusammenfassung über die in den Thür. Landesheilanstalten Stadtroda begangenen Euthanasie-Verbrechen während der Zeit des Faschismus, 16.12.1965; BA Berlin, EVZ 1/21, Akte 1, o. Pag.

77 KD Stadtroda: Gesamtanalyse Kinder, 23.9.1965; BStU, MfS, BV Gera, AOP 613/66, Bd. I, Bl. 189.

78 KD Stadtroda: Analyse Kinder, die vom 1.1.1940–8.5.1945 in Stadtroda verstorben sind (außer Transporte Bad Blankenburg und Kühr), 23.9 1965; ebenda, Bl. 190–192.

Im Landesarchiv Rudolstadt fanden die MfS-Mitarbeiter Akten, aus denen hervorging, dass die in Stadtroda tätigen Ärzte Professor Kloos, Dr. Hielscher und Dr. Schenk als Beisitzer im Erbgesundheitsobergericht Jena über die Sterilisation von Patienten entschieden hatten.[79] Auch Patientenüberstellungen in »polizeiliche Arbeits- bzw. Haftlager« sowie die Konzentrationslager Buchenwald und Ravensbrück durch Professor Kloos waren nachweisbar.[80] Einen Mangel an Ermittlungsansätzen hatte das MfS gewiss nicht zu beklagen. Das operativ federführende Referat III der HA XX/2 entwarf im Februar 1966 eine opulente »Konzeption zur systematischen Bearbeitung der Euthanasie-Verbrechen im Faschismus«. Darin reklamierte das Referat einen umfassenden Verfolgungswillen:

»In der HA XX/2/III befindet sich operatives Material gegen Ärzte und Pfleger, die im Verdacht stehen, sich aktiv an der Ausrottung solchen »unwerten Lebens« im Sinne des nazistischen Euthanasie-Programms beteiligt zu haben. Unsere Aufgabe ist es, diese Verbrechen aufzuklären und die Verbrecher der begangenen Untaten zu überführen oder auch in Westdeutschland Schuldige durch agitatorische Auswertungen entlarven zu lassen.«[81]

Die (sich mittlerweile häufenden) laufenden Vorgänge sollten in einem zentralen Operativvorgang zusammengefasst und die Arbeit der Bezirksverwaltungen und Kreisdienststellen koordiniert werden. Sämtliche Heil- und Pflegeanstalten der DDR sollten noch auf belastende Materialien durchgeforstet werden. Offenbar aufgeschreckt von den hochrangigen Positionen der mutmaßlichen Euthanasieärzte in der DDR hieß es weiter:

»Erfassung aller Verdächtigen zur Verhinderung, dass solche Personen in gesellschaftliche Funktionen aufrücken und evtl. vom Gegner angegriffen werden können, wobei die DDR diffamiert werden soll. (Auch vorbeugend für Kongressbeschickung, W[est]D[eutschland], kap[italistisches] Ausland, Wahl- und staatliche Funktionen).«[82]

Das klang konsequent. Im konkreten Fall der Ärzte aus Stadtroda allerdings trat man wenig später den Rückzug an. Man kam zu der Auffassung, das vorhandene Material rechtfertige nicht »die Einleitung eines Untersuchungsverfahrens« und archivierte den Operativvorgang »Ausmerzer« am 20. Mai 1966 als »zeitweilig gesperrt«.[83] Ganz offen vermerkte das zentral zuständige Referat, dass die Frage der juristisch gebotenen Strafverfolgung für diese Entscheidung nicht ausschlaggebend war:

»Die im Vorgang als verdächtig bearbeiteten Personen, die in der DDR leben, konnten trotz umfangreicher Ermittlungsarbeiten nicht der individuellen Verbrechen der Euthanasie überführt werden. Trotzdem bleibt aufgrund der Zusammenarbeit der leitenden Ärzte der

79 KD Stadtroda: Sichtung der Akten im Landeshauptarchiv Weimar und im Landesarchiv Rudolstadt, 6.11.1965; ebenda, Bl. 198 f.

80 Ebenda, Bl. 199.

81 Konzeption zur systematischen Bearbeitung der Euthanasie-Verbrechen im Faschismus, 23.2.1966; BStU, MfS, HA XX 4982, S. 415.

82 Ebenda, S. 416.

83 KD Stadtroda: Abschlussbericht zum Operativ-Vorgang »Ausmerzer der KD Stadtroda, 10.5.1966; BStU, MfS, BV Gera, AOP 613/66, Bd. I, Bl. 268.

Anstalten in Stadtroda in den Jahren 1940–1945 mit der faschistischen Reichsführung die Vermutung offen, absichtlich den Prozess zur Heilung von Geisteskranken durch Abspritzungen unterbrochen zu haben.
Da sich der damalige Leiter der Heilanstalt in Stadtroda, Dr. Kloos, bereits in Westdeutschland gerichtlichen Untersuchungen aussetzen musste, andererseits Beschuldigte aus der DDR in höheren Positionen des Gesundheitswesens (Frau Dr. Albrecht – Dekan der Medizinischen Fakultät der Universität Jena, Dr. Schenk – stellv[ertretender] Direktor des Stadtkrankenhauses Stadtroda) stehen, könnte bei Auswertung ein unseren gesellschaftlichen Verhältnissen widersprechendes Ergebnis erreicht werden. Aus diesem Grunde wird vorgeschlagen, die Bearbeitung des Vorganges mit einer Sperrablage im Archiv des MfS abzuschließen.«[84]

Auch der Professorin Rosemarie Albrecht geschah nichts. Trotz belastender Indizien erhob sie die Deutsche Akademie der Wissenschaften 1967 zum Mitglied der Klasse Medizin, im selben Jahr wurde sie in die Deutsche Akademie der Naturforscher Leopoldina aufgenommen und 1972 erhielt sie von der Regierung den Vaterländischen Verdienstorden in Gold.[85]

Erst lange nach dem Untergang der DDR kamen durch eine Anzeige des Thüringer Landesbeauftragten für die Stasi-Unterlagen im Frühjahr 2000 gegen die noch lebende Rosemarie Albrecht neuerlich Ermittlungen in Gang.[86] Durch Beschluss des Landgerichts Gera vom 9. Februar 2005 wurde die Eröffnung des Verfahrens wegen Mordes gegen die mittlerweile 90-jährige Ärztin jedoch abgelehnt, da ihr ein ärztliches Gutachten dauernde Verhandlungsunfähigkeit bescheinigte.[87]

Die MfS-Prozesspolitik im westdeutschen Euthanasieverfahren 1967

Es galt fortan generell die Linie: Euthanasieärzte durfte es in der DDR nicht mehr geben. Angesichts der nicht zuletzt durch die DDR-Propaganda angefachten Ermittlungsanstrengungen in der Bundesrepublik bereitete diese Täterschutzpolitik der Staatssicherheit in den folgenden Jahren einige Mühe. So informierte am 20. März 1967 der Leiter der Abteilung Agitation, Oberst Günter Halle, den stellvertretenden Leiter der HA IX, Oberstleutnant Karli Coburger, über das Vorhaben von Professor Kaul, als Nebenklagevertreter in dem in Kürze beginnenden Prozess gegen Gerhard Bohne, Dietrich Allers, Reinhold Vorberg und

84 HA XX/2/III: Vorschlag zum Abschluss des Operativ-Vorganges »Ausmerzer« der KD Stadtroda, BV Gera, 22.4.1966; BStU, MfS, HA XX Nr. 5230, o. Pag., 3 Bl.

85 Vgl. Ernst: »Die beste Prophylaxe ist der Sozialismus.«, 1997, S. 249.

86 Vgl. OTZ/Groß: Anzeige gegen einstige Jenaer Dekanin erstattet. Verdacht auf Euthanasiebeteiligung in 159 Fällen. In: Ostthüringer Zeitung v. 14.3.2000, S. 1.

87 Landgericht Gera: Beschluss in der Strafsache gegen Prof. Dr. sc. med. Rosemarie Albrecht, 9.2.2005, S. 2279–2293.

Adolf Gustav Kaufmann vor dem Schwurgericht Frankfurt/Main teilnehmen zu wollen.[88]

Angesichts der misslichen Erfahrungen konnte das MfS dem Vorhaben wenig abgewinnen. Halle ließ Coburger wissen: »Ich selbst zweifle daran, dass der Vorgang in Anbetracht der Verhaltensweise der westdeutschen Gerichte eine solche Bedeutung hat, wie sie sich Professor Kaul davon verspricht. Ich glaube zugleich, dass Professor Kaul hierbei mehr persönliche Ambitionen verfolgt.« Entscheidend war jedoch das zweite Bedenken:

»Ich bin aus den Erfahrungen der vergangenen Euthanasie-Prozesse in Westdeutschland zudem zur Schlussfolgerung gekommen, dass eine Beteiligung von DDR-Instanzen eine Reihe von Rückwirkungen auslöst, die ebenfalls nicht zweckmäßig sind. [...] Das beginnt bei der Auswahl der Personen aus der DDR, die zeugenschaftlich gehört werden sollen und geht schließlich über auf eine Reihe anderer Personen aus der Ärzteschaft und vom medizinischen Personal, die ehemals mit Euthanasie-Einrichtungen in Verbindung standen. Wir hatten in einer gleichartigen Angelegenheit im Februar/März 1964[89] die Situation, einen sehr großen Kreis von Angehörigen des Gesundheitswesens überprüfen zu müssen und haben damals von dieser Maßnahme Abstand genommen, um keine globale Beunruhigung dieses Kreises aufkommen zu lassen.«[90]

Doch nachdem Politbüromitglied Albert Norden dem Plan Kauls seine Zustimmung erteilt hatte, musste man sich in der MfS-Zentrale wohl oder übel damit abfinden. Coburger warnte Kaul jedoch in einem Telefongespräch vor möglichen innenpolitischen Folgen:

»Als Bedenken für sein Auftreten wurde entgegnet, dass bei propagandistischer Auswertung seines Einsatzes mit Unsicherheit unter bestimmten noch in der DDR wohnhaften Personenkreisen innerhalb der medizinischen Intelligenz gerechnet werden muss, andererseits auch die gegenwärtige Lage in den laufenden Rechtshilfeverfahren (Ablehnung der Tatortbesichtigung in Bernburg)[91] zu berücksichtigen ist.«[92]

Am 7. April 1967 informierte Oberstleutnant Lothar Stolze seinen obersten Chef über den bevorstehenden Prozess gegen die vier Verantwortlichen der »Aktion T4« und »Sonderbehandlung 14 f 13«. Durch diese Aktionen, so Stolze, seien

88 Leiter der Abt. Agitation: Anschreiben und Information von Prof. Kaul an den Leiter der HA IX, 20.3.1967; BStU, MfS, AS 58/67, Bd. 4, Bl. 236–238.

89 Gemeint sind die Vorgänge im Rahmen des Heyde/Sawade-Verfahrens.

90 Leiter der Abt. Agitation: Information an den Genossen Minister im Hause (durchgestrichen), mit handschriftlichem Zusatz: »Ltr. HA IX zur pers. Kenntnis«, 22.3.1967; BStU, MfS, AS 58/67, Bd. 4, Bl. 227–229.

91 In einem weiteren »Euthanasieprozess« vor dem Schwurgericht Frankfurt/Main waren die Ärzte Aquilin Ullrich, Heinrich Bunke und Klaus Endruweit, zuvor tätig in den Tötungsanstalten Brandenburg/Havel, Bernburg/Saale und Sonnenstein bei Pirna (Sachsen) angeklagt. Die in diesem Zusammenhang an die Generalstaatsanwaltschaft der DDR gerichtete Bitte um Amtshilfe war nicht beantwortet worden, in der DDR wohnende Zeugen hatten nicht ausreisen dürfen und dem Gericht war nicht die Genehmigung erteilt worden, die in Bernburg und Sonnenstein noch erhaltenen Vergasungsräume zu besichtigen. Vgl. Lehmann, Wolf: Zum Morden von den Professoren verlockt. Generalstaatsanwalt der DDR ließ Bitte aus Frankfurt um Amtshilfe bisher ohne Antwort. In: Westfälische Rundschau v. 23.2.1967.

92 Der Leiter der HA IX: Vermerk, 23.3.1967; BStU, MfS, AS 58/67, Bd. 4, Bl. 234.

»circa 80 000 bis 100 000 Heilanstaltsinsassen und circa 10 000 Konzentrationslagerhäftlinge erfasst, ausgewählt, verlegt und in Tötungsanstalten vergast« worden. Wie Stolze dem Minister mitteilte, habe er Kaul darauf hingewiesen, dass eine »Nebenklage nur infrage kommen kann, wenn durch ihn das vorliegende Ermittlungsmaterial der Generalstaatsanwaltschaft in Hessen beachtet und eine Überbetonung der Teilnahme von Ärzten vermieden wird, da die westdeutsche Seite über umfangreiche Beweismaterialien verfügt, die möglicherweise gegen Bürger der Deutschen Demokratischen Republik ausgenutzt werden könnten«.[93]

Kaul sei mit dieser Abgrenzung einverstanden und wolle »durch seine Mitwirkung am Prozess dazu beitragen, dass insbesondere die Rolle der bisher noch nicht oder nur teilweise verfolgten Mitarbeiter des ehemaligen Reichsinnenministeriums, Abteilung IV, die ehemaligen Generalstaatsanwälte und Landgerichtsdirektoren der faschistischen Justiz herausgearbeitet werden«. Auf Anraten Stolzes sollte die DDR von dieser Strategie profitieren, ohne ihre eigene Ärzteschaft zu verunsichern oder gar strafrechtlich gegen DDR-Ärzte vorgehen zu müssen: »Da dieser Prozess sich nicht gegen Ärzte, die am ›Euthanasie-Programm‹ teilgenommen haben, richtet, sondern die so genannten Schreibtischtäter erfasst, bietet die Teilnahme eines DDR-Nebenklägers eine gute Möglichkeit zur propagandistischen Auswertung und Einflussnahme auf den Prozess.« Kaul seien deshalb bereits Materialien zu zwei DDR-Bürgern übergeben worden, deren Angehörige den Euthanasieverbrechen zum Opfer gefallen waren. Auch sei er gebeten worden, die Akteneinsicht dafür zu nutzen, um dem MfS möglichst viele Unterlagen aus dem Prozess gegen Bohne u. a. zu beschaffen. Diese Materialien würden für die »weitere politisch-operative Arbeit zur Aufklärung der so genannten Euthanasieverbrechen dringend benötigt«.[94]

Da das Unternehmen nicht mehr zu stoppen war, stimmte Minister Mielke Stolzes Vorschlag zu, mit Kaul für die Dauer des Prozesses kontinuierlich zusammenzuarbeiten. Außerdem sollte eine Arbeitsgruppe aller beteiligten Institutionen schleunigst für Nachschub an Belastungsmaterial gegen »Mitarbeiter des Reichsministerium des Innern und die ehemaligen faschistischen Generalstaatsanwälte und Landgerichtsdirektoren, die heute in Westdeutschland leben«, sorgen.[95]

93 Der Leiter der HA IX/11: Information, 7.4.1967; ebenda, Bl. 78.

94 Ebenda, Bl. 79 f.

95 Der Leiter der HA IX/11: Information, 7.4.1967; ebenda, Bl. 78 f. Die Genehmigung zur Bildung dieser Arbeitsgruppe unter Anleitung der Generalstaatsanwaltschaft war bereits tags zuvor von Max Schmidt, Mitarbeiter des ZK, Abt. 62, erteilt worden. Vgl. Leiter Abt. Agitation: Zusatzinformation an Leiter HA IX, 6.4.1967; ebenda, Bl. 97. Vertreten waren die Generalstaatsanwaltschaft, das Dokumentationszentrum des MdI, der Nationalrat, das Komitee der Antifaschistischen Widerstandskämpfer und das MfS.

Das riskante Vorhaben glückte: Kaul bewahrte die DDR vor dem befürchteten Ansehensverlust.[96] Das MfS assistierte Kaul mit umfangreichen Recherchen, unter anderem durch die Ermittlung von fünf Angehörigen ermordeter Anstaltspatienten, deren Vollmachten Kaul erst in die Lage versetzten, als Nebenkläger in Frankfurt aufzutreten. Außerdem hatte das MfS als potenzielle Zeugen drei Pfleger, einen Anstaltsleiter und einen Verwaltungsangestellten ermittelt, die jedoch ausschließlich in der DDR vernommen werden durften.[97] Auch die Sekretärin des Angeklagten Vorberg hatte die HA IX/11 auf Kauls Wunsch hin in der DDR ermittelt und befragt.[98] Das MfS konnte sich bei seinen Ermittlungen vor allem auf das Dokumentationszentrum des MdI stützen, das entsprechende Rechercheaufträge an die Archive des Landes erteilte. [99] Um involvierte DDR-Ärzte machten die Informationserhebungen des MfS für Kauls Nebenklagevertretung allerdings einen großen Bogen:

»Um unter der medizinischen Intelligenz der DDR keine Unruhe zu erzeugen, wurde bewusst darauf verzichtet, größere Kreise teilweise am Euthanasie-Programm mitwirkender Ärzte in die Bearbeitung mit einzubeziehen. Dennoch wurde versucht, eine möglichst große Anzahl von in der DDR wohnhaften Personen festzustellen, die in irgendeiner Weise mit dem Euthanasie-Programm und in diesem Zusammenhang begangenen Verbrechen in Verbindung standen. Hiermit soll unter anderem eventuellen Ersuchen der westdeutschen Justiz zur Bereitstellung von Zeugen wirkungsvoll, politisch und operativ qualifiziert begegnet werden.«[100]

Solche Zeugenanforderungen waren in der Tat zu erwarten, denn der hessische Generalstaatsanwalt hatte bereits einige Ladungen an die DDR übermittelt.[101] Der Prozess endete, nachdem Kaufmann im Juni 1967 und Bohne im darauf folgenden Jahr aus gesundheitlichen Gründen aus dem Verfahren ausgeschieden waren, mit der Verurteilung Vorbergs und Allers im Dezember 1968. Beide wurden,

96 Vgl. Schlussvortrag von Prof. Dr. Friedrich Karl Kaul, Prozessvertreter der in der DDR ansässigen Nebenkläger im Strafverfahren gegen Vorberg und Allers (so genannter Euthanasie-Prozess), vorgetragen am 28.11.1968 vor dem Schwurgericht beim Landgericht Frankfurt/M.; Archiv des Autors.

97 HA IX/11: Sachstandsbericht zum AS 58/67 (Anstaltsmordprozess), 1.2.1968; BStU, MfS, AS 58/67, Bd. IV, Bl. 219–226, hier 221.

98 Vgl. Rechtsanwalt und Notar Prof. Dr. Friedrich Karl Kaul: Mitteilung an Lothar Stolze, 10.11.1967; BStU, MfS, AS 58/67, Bd. IV, Bl. 14 f., Anlage: Dokumentenkopie, Bl. 16 f. HA IX/11: Sachstandsbericht zum AS 58/67 (Anstaltsmordprozess), 1.2.1968; ebenda, Bl. 223.

99 Vgl. (Der Generalstaatsanwalt der DDR): Beschlussprotokoll über die Beratung der Arbeitsgruppe KZ Dora,14.4.1967; ebenda, Bl. 98 f.; vgl. BA, ZWA Dahlwitz-Hoppegarten, Dok./K 136, Bd. 1–4; BStU, MfS, AS 58/67, Bd. I–V; Thüringisches Landeshauptarchiv, Forschungsgruppe: Bericht an das MdI, Dokumentationszentrum der Staatl. Archivverwaltung zum Forschungskomplex »Euthanasie«, Auftrag Nr. 220/67, über Nachforschungen im Bereich des Staatsarchivs Weimar, 22.5.1967; BA, ZWA Dahlwitz-Hoppegarten, Dok./K 136, Bd. 1, Bl. 68–71, hier 68.

100 HA IX/11: Sachstandsbericht zum AS 58/67 (Anstaltsmordprozess), 1.2.1968; BStU, MfS, AS 58/67, Bd. 4, Bl. 224.

101 Der Generalstaatsanwalt: Bitte um Zustellung von Ladungsurkunden an den Generalstaatsanwalt der Deutschen Demokratischen Republik, Zentralstelle für die Bearbeitung nationalsozialistischer Verbrechen, 12.9.1967; ebenda, Bl. 21 f.

weil sie »fördernd zur Tötung von 70 273 bzw. 34 549 Menschen beigetragen« hatten, zu zehn bzw. acht Jahren Zuchthaus verurteilt.[102]

Neben den hier behandelten Fällen existieren weitere Personen in der DDR, die mutmaßlich in die Euthanasiemorde verstrickt waren, vom MfS auch entdeckt, aber nicht vor Gericht gestellt wurden.[103] Dazu zählt zum Beispiel auch Martin Rentzsch (Jg. 1907), von dem man spätestens seit November 1964 durch ein Rechtshilfeersuchen des Landgerichts Frankfurt/Main wusste, dass er »Abteilungsleiter bei der Aktion T4« gewesen war und als wichtiger Zeuge für Vernichtungsaktionen in Wittstock gesucht wurde.[104] Obwohl sein Wohnort in der DDR (Plauen/Vogtland) gefunden wurde,[105] erhielt der Frankfurter Untersuchungsrichter nie eine Antwort. Noch 1987 galt der Leiter der Gehaltsabteilung bei T4 im Westen als »nicht ermittelt«.[106]

Tatsächlich recherchierte das MfS 1965 nicht nur seine Rolle im Nationalsozialismus,[107] sondern fand auch heraus, dass Rentzsch von 1945 bis 1948 im Speziallager Buchenwald interniert gewesen war und sich danach als Bauhilfsarbeiter verdingt hatte. Seit 1950 arbeitete er bei der Deutschen Reichsbahn und war mittlerweile als Reichsbahn-Obersekretär auf dem Bahnhof Reichenbach tätig. Vom MfS wurde ihm eine gelungene Integration attestiert:

> »Seine politische Einstellung zu unserem Staat und der Entwicklung im sozialistischen Lager wird positiv beurteilt. […] Die KD Plauen schätzt aufgrund ihrer Ermittlungen ein, dass R. nach 1945 eine positive Entwicklung genommen hat. Offiziell und inoffiziell wird R. als ehrlicher, moralisch sauberer und zuverlässiger Mensch beurteilt. Seine politische Zuverlässigkeit hat er durch seine ständige gute Arbeit unter Beweis gestellt, indem er sich mit seiner ganzen Kraft für die Ziele unseres Staates einsetzt.«[108]

Das reichte dem MfS offenbar, um von einer Weitergabe seiner Erkenntnisse abzusehen.

Ähnlich verhielt es sich im Fall der Ärztin Dr. Friederike Pusch (Jg. 1905), welche durch eine Zeugin belastet wurde, an der Tötung von Kindern in der so genannten Kinderfachabteilung in Brandenburg-Görden beteiligt gewesen zu sein. Auch hier hatte der Frankfurter Untersuchungsrichter vergeblich um Unterstützung nachgesucht.[109]

102 Klee: Was sie taten, 1987, S. 56–75.

103 Vgl. Weinke: Die Verfolgung von NS-Tätern, 2002, S. 331 u. 478 (Fußnote 86).

104 Landgericht Frankfurt/M.: Bitte um Aufenthaltsermittlung, 7.11.1964; BStU, MfS, HA IX/11, RHE-West 178/1, Bl. 4.

105 Mitteilung des Ministeriums des Innern, HA Pass- und Meldewesen polizeilicher Meldedaten, an den Generalstaatsanwalt der DDR, o. D. (Dezember 1964); BStU, MfS, HA IX/11, RHE-West 178/1, Bl. 5.

106 Klee: Was sie taten, 1987, S. 82.

107 NSDAP seit 1926, SA seit 1928, von 1941 bis 1945 bei der Zentralverrechnungsstelle für Heil- und Pflegeanstalten in Berlin tätig.

108 HA XX/AG 1: Ermittlungsbericht Martin Rentzsch, 9.11.1965; BStU, MfS, HA IX/11, RHE-West 178/2, Bl. 146 f.

109 Landgericht Frankfurt/M: Rechtshilfeersuchen in der Voruntersuchung gegen Godenschweig u. a. wegen Mordes, 27.11.1964; ebenda, Bl. 6 u. 8 f.

Die Recherchen des MfS ergaben, dass sie von 1938 bis 1947 in der »Heilanstalt« Brandenburg-Görden tätig gewesen war. Beinahe anerkennend notierten die MfS-Ermittler:

»Während dieser Zeit hat sie eine intensive wissenschaftlich ausgerichtete Tätigkeit, so auf dem Gebiet der großen Psychiatrie, Neurologie und besonders in der Kinderpsychiatrie geleistet und in der Fachliteratur bestimmte Arbeiten veröffentlicht. In den letzten Jahren hat sie sich der Gehirnpathologie in der dortigen Prosektur gewidmet, die sie selbstständig leitete. [...] Im Jahre 1943 in den Monaten Juli/August absolvierte die P. nach Bescheinigung des Professor Hallervorden im damaligen Kaiser-Wilhelm-Institut für Hirnforschung eine neuro-histologische Ausbildung und hob sich durch den [!] besonderen Fleiß hervor.«[110]

Dass Julius Hallervorden »der zentrale Verwerter der Gehirne ermordeter Menschen« war und eng mit der »zentralen Kindermordstätte der NS-Zeit, der Anstalt Brandenburg-Görden« kooperiert hatte, war den Ermittlern offenbar unbekannt.[111] Pusch war mittlerweile als Fachärztin für Psychiatrie und Neurologie im Krankenhaus (Poliklinik) Blankenburg/Harz tätig. In ihren Personalunterlagen hatte sie Hallervorden, nunmehr am Max-Planck-Institut in Gießen, sogar als Bürgen benannt. Obwohl die mit den Rechtshilfeersuchen befasste DDR-Staatsanwaltschaft um eine genauere Überprüfung von Rentzsch und Pusch gebeten hatte, kam es niemals zu einer Vernehmung oder gar Strafverfolgung der beiden.[112]

Es bedürfte einer genaueren Untersuchung, um festzustellen, wie viele mutmaßlich in NS-Verbrechen verwickelte Personen insgesamt in der DDR lebten und strafrechtlich nicht belangt wurden. Man kann jedoch annehmen, dass es sich nicht nur um Einzelfälle handelte, denn auch »leichtere Medizinverbrechen«, wie etwa die Mitwirkung an Zwangssterilisationen, wurden in der DDR generell nicht verfolgt.[113] In einer Stellungnahme des MfS heißt es in diesem Sinne:

»Eine Verfolgung mit strafrechtlichen Mitteln als Menschlichkeitsverbrechen erscheint nicht opportun, da die operativen Eingriffe sich auf einen größeren Zeitraum verteilen (1934 bis 1942), von mehreren Ärzten durchgeführt worden sind und die Eingriffe – soweit aus den Unterlagen ersichtlich – weder in einem KZ, einem Zuchthaus oder an Verhafteten vorgenommen wurden. Genosse Vizepräsident Ziegler teilt diese Auffassung.«[114]

110 HA XX/AG 1: Ermittlungsbericht Dr. Friederike Pusch, 8.11.1965; ebenda, Bl. 121 f.

111 Klee: Deutsche Medizin im Dritten Reich, 2001, S. 154–158.

112 (Der Generalstaatsanwalt der DDR), Abt. V: Mitteilung an die Abt. IA über westdeutsche Rechtshilfeersuchen zum Euthanasie-Komplex, 7.9.1965; BStU, MfS, HA IX/11, RHE-West 178/1, Bl. 15 f. Selbst Hinweise auf »Sonderzuwendungen für die Ärztin Pusch aus den Jahren 1942 und 1943 blieben ohne Folgen. (Deutsches Zentralarchiv) Potsdam: Forschungskomplex »Euthanasie«, Auftrag Nr. 220/67, 18.5.1967; BStU, MfS, AS 58/67, Bd. IV, Bl. 256–269.

113 Vgl. Weinke: Die Verfolgung von NS-Tätern, 2002, S. 331.

114 HA IX, Rechtsbeauftragter: Information für Oberstleutnant Coburger betreffs Strafrechtliche Verfolgung von in der faschistischen Zeit vorgenommenen »erbbiologisch begründeten Sterilisationsoperationen«, 9.1.1969; BStU, MfS, HA IX 2037, Bl. 5. Walter Ziegler, vor 1945 Mitglied im NS-Richterbund sowie im NS-Rechtswahrerbundes, war Vizepräsident des Obersten Gerichts der DDR.

Mehrere Prozesse gegen diesen Personenkreis in der DDR hätten die Behauptung, wonach der größte Teil der NS-Täter nach Kriegsende in die Westzonen bzw. die Bundesrepublik geflohen sei, ad absurdum geführt. Da diese These jedoch der antifaschistischen Legitimation der DDR und zugleich der Verschleierung mangelnden Ahndungswillens diente, musste ihre scheinbare Gültigkeit um jeden Preis aufrechterhalten werden. Auch wird deutlich, dass der Ärztemangel, bedingt durch Abwanderung und Flucht aus der DDR, eine entscheidende Bedeutung für die besonders ausgeprägten Strafvereitelungsbemühungen des MfS in diesem Bereich hatte.[115] Tatsächlich bot die Integrationspolitik der SED gegenüber der »bürgerlichen Intelligenz« auch NS-Belasteten bei entsprechender Anpassung einen nicht unbeträchtlichen Schutz vor Strafverfolgung. Der instrumentell gehandhabte Antifaschismus ließ es allenfalls zu, von Zeit zu Zeit einzelne untergetauchte NS-Verbrecher demonstrativ vor Gericht zu stellen, um zu beweisen, dass »kein einziger Naziverbrecher«, dem es gelungen sein sollte, unentdeckt zu bleiben, sich »in der DDR sicher fühlen« konnte.[116] Der frühere Leiter der HA IX/11, Dieter Skiba, bestätigte 1991 mit Blick auf die Euthanasieärzte diese Linie: »Politische gingen juristischen Erwägungen vor.«[117]

115 Vgl. Ernst: »Die beste Prophylaxe ist der Sozialismus«, 1997, S. 54–68.

116 Przybylski: Zwischen Galgen und Amnestie, 1979, S. 160 f.; vgl. Winters, Peter Jochen: Wieder NS-Täter in der DDR verurteilt. Regelmäßig wird ein »Fall« entdeckt. In: FAZ v. 7.11.1983, S. 7.

117 Vgl. NS-Verbrechen. Hälfte hinter Efeu. In einem Ostberliner Archiv sind große Mengen Nazi-Akten aufgetaucht, einst Spielmaterial der Stasi für Erpressungen. In: Der Spiegel 21/1991 v. 20.5.1991, S. 50–56, hier 53.

5 Verweigerte Rechtshilfe und Vertuschungen

Rückwirkungen der Kampagnenpolitik – Auschwitz-Belastete in der DDR

Die DDR-Propaganda in den sechziger Jahren zielte darauf, die unzulängliche westdeutsche Aufarbeitung anzuprangern und für die eigene Legitimation zu nutzen. Es sollte sich allerdings zeigen, dass die heimliche Integrationspolitik der SED in den fünfziger Jahren tatsächlich einer Reihe von Verantwortungsträgern, die man im Westen schwerster Verbrechen beschuldigte, in der DDR ein ruhiges Leben verschaffte. Paradoxerweise waren es nun die bundesdeutschen Prozesse, zum Teil unter aktiver Beteiligung von Friedrich Kaul als Nebenkläger, die die Aufmerksamkeit auf solche Verantwortungsträger des NS-Systems im Osten lenkten. So stieß die Staatssicherheit 1964 erst aufgrund eines Artikels im Neuen Deutschland, geschrieben als Begleitmusik zum Frankfurter Auschwitz-Prozess, auf den ehemaligen Personalchef der IG-Farben-Verwaltung Auschwitz Martin Roßbach.[1] Mittlerweile fungierte Roßbach als Betriebsleiter und Kreistagsabgeordneter der NDPD. Er hatte sich selbst gegenüber einem IM als der im Artikel Erwähnte bekannt.[2] Die Kreisdienststelle Langensalza eröffnete daraufhin den Operativvorgang »Leuna« und fand heraus, dass Roßbach als Vertreter der IG Farben mit der Leitung des Konzentrationslagers über den Häftlingseinsatz verhandelt hatte und weit reichende Kenntnisse über die Behandlung der Häftlinge gehabt haben musste.[3] Hilfreich waren dabei zwei IM, die selbst eine einschlägige Vergangenheit hatten, der eine als »fanatischer Anhänger der HJ«, der andere als ehemaliger Bürgermeister und überzeugtes Mitglied der NSDAP, wofür er nach 1945 für drei Jahre im sowjetischen Speziallager Buchenwald interniert worden war.[4] Doch trotz der »umfangreichen und zielstrebigen Ermittlungen« konnten dem Verdächtigen »keine unmittelbaren verbrecherischen Maßnahmen bzw. aktiven Handlungen, die zur Vernichtung von Menschen führten, nachgewiesen werden«.[5]

Zum gleichen Zeitpunkt, im Februar 1965, lud das Frankfurter Gericht im Ausschwitz-Prozess, ausgerechnet auf Antrag des DDR-Nebenklägers Kaul, den

1 Vgl. Heymann, Stefan: Das Mordkomplott von SS und IG-Farben in Auschwitz. In: ND v. 9.2.1964, S. 2.

2 BV Erfurt, KD Bad Langensalza: Entstehungsbericht, 11.6.1964; BStU, MfS, HA IX/11, Nr. 1139, Bl. 21–23.

3 Vgl. BV Erfurt, KD Bad Langensalza: Zwischenbericht zum Operativ-Vorgang, Reg.-Nr. IX 489/64, 4.8.1964; BStU, MfS, HA IX/11 Nr. 1139, Bl. 48–61; BV Erfurt, Abt. XX: Einschätzung zum Operativ-Vorgang IX 489/64 »Leuna« der KD Bad Langensalza, 20.2.1965; ebenda Bl. 70–76.

4 BV Erfurt, KD Bad Langensalza: Information an den stellvertretenden Minister, Oberstleutnant Schröder, 11.8.1964; ebenda, Bl. 45–47.

5 BV Erfurt, Abt. XX: Einschätzung zum Operativ–Vorgang IX 489/64 »Leuna« der KD Bad Langensalza, 20.2.1965; ebenda, Bl. 70–76, hier 73.

einstigen Personalchef als Zeugen.[6] Kaul wollte, um die Verquickung von Industrie und SS-Regime in Auschwitz herauszuarbeiten, sämtliche Direktoren des IG-Farben-Werks Auschwitz-Monowitz vor Gericht zitieren. Doch Staatssicherheitsminister Mielke stellte sich auf Anraten seines Spezialisten Stolze quer, obwohl die Vernehmung von Roßbach durchaus geeignet gewesen wäre – ganz auf der Linie der DDR-Propaganda – die Verantwortung der »Monopole« für die NS-Verbrechen anzuprangern. Das MfS befürchtete, dass die Frankfurter Staatsanwälte auch Belastungsmaterial gegen ihn vorbringen würden und rechnete mit seiner Festnahme. Zum anderen hielt man eine »Abwerbung« des ehemaligen IG-Farben-Managers nicht für ausgeschlossen.[7] Ob Verhaftung oder Flucht, einen solchen propagandistischen Betriebsunfall wollte das MfS nicht riskieren. Mielke unterband den DDR-Beitrag zur Wahrheits- und Rechtsfindung und verfügte, dass Roßbach dem Frankfurter Gerichtstermin unter dem Vorwand seines »unbefriedigenden Gesundheitszustands« fernblieb.[8]

Roßbach war nicht der einzige DDR-Bürger, der im Zuge der Auschwitz-Prozesse belastet zu werden drohte. DDR-Generalstaatsanwalt Streit warnte das MfS schon frühzeitig und drängte darauf, »alle erforderlichen Ermittlungen schnellstens durchzuführen und u. U. [!] auch Strafverfahren ein[zu]leiten.«[9] Aufgeführt waren in diesem Schreiben insgesamt fünf Personen. Zwei erwiesen sich als Verwechslungen, doch die anderen waren durchaus von Bedeutung. Karl Sch. praktizierte in einer thüringischen Kleinstadt als niedergelassener Zahnarzt. Schon 1963 hatte einer der im Auschwitz-Verfahren ermittelnden Frankfurter Staatsanwälte den Generalstaatsanwalt der DDR gebeten, ihn zu den in Auschwitz durchgeführten medizinischen Experimenten an Lebenden zu befragen.[10] Zwar wurden vom westdeutschen Staatsanwalt keine Beschuldigungen formuliert, doch die Bezirksverwaltung Suhl hatte offenbar selbst eine Vorstellung einer möglichen Belastung des Dentisten: Sie gab der Operativen Vorlaufakte die Deckbezeichnung »Zahngold«. Die Tätigkeit des Sch. in Auschwitz bestätigte sich schnell. Wie er bei einer Befragung durch das Kreisgericht Meiningen angab, war er als SS-Untersturmführer[11] und Assistenzarzt von August bis

6 HA IX: Information an den Genossen Minister über den Auschwitz-Prozess Frankfurt/M., Zeugenvernehmung des Dr. Martin Roßbach, 19.2.1965; ebenda, Bl. 65–69. Roßbach war bereits von den amerikanischen Behörden als Zeuge im Nürnberger IG-Farben-Prozess 1947/48 vernommen worden. Vgl. Boll: Fall 6: Der IG-Farben-Prozess, 1999; von Klewitz: Fall 6 – Der Prozess gegen die IG Farben, 2000.

7 HA IX Information an den Genossen Minister über den Auschwitz-Prozess Frankfurt/M., Zeugenvernehmung des Dr. Martin Roßbach, 19.2.1965; BStU, MfS, HA IX/11 1139, Bl. 67.

8 HA XX/2/III: Information (an den Leiter der HA XX) über die beabsichtigte Rentnerreise nach Westdeutschland durch Dr. Roßbach, Martin, 29.11.965; BStU, MfS, HA IX/11 1139, Bl. 136–138.

9 Information des Generalstaatsanwalts an den Minister für Staatssicherheit, 8.2.1964; BStU, MfS, HA XX/2/III, Bdl. 20, o. Pag., Bl. 1–3. Handschriftlich ist darauf vermerkt: »Eilt. L(eiter) H(aupt) Abt(eilung) V in Verbindung mit L(eiter) H(aupt) Abt(eilung) IX, Plan der operativen Maßnahmen und der Vorschläge, wie die Bearbeitung der Personen erfolgen sollte, erstellen. Wv (Wiedervorlage), Paraphe: Mi(Mielke) 12.2.1964«.

10 Vgl. BStU, MfS, HA XX 4034, S. 64–68.

11 Vgl. Beförderungsmeldung zum SS-Untersturmführer der Waffen-SS, in: SS-Personalveränderungsblatt, 20.4.1944, Nr. 2b (10. Jg.), S. 21.

November 1943 in der Zahnstation der SS-Kommandantur des Konzentrationslagers Auschwitz tätig gewesen.[12] Zwar sei er vom Leiter der Zahnstation, SS-Hauptsturmführer Willi Frank, eingeweiht worden, dass im Lager »Menschen vernichtet würden«, doch aus eigener Anschauung habe er Verbrechen an Häftlingen im KZ Auschwitz nicht wahrgenommen. Das MfS gab sich mit dieser Aussage zufrieden und unterließ selbst dann nähere Ermittlungen, als besagter Dr. Frank wegen seiner persönlichen Beteiligung an Selektionen und dem Einschmelzen der aus den Leichen herausgebrochenen Goldzähne in Frankfurt/Main zu sieben Jahren Zuchthaus verurteilt worden war.[13]

Der zweite im Schreiben Streits Genannte war Josef R. (Jg. 1915). Bereits 1962 hatte ein IM auf ihn hingewiesen. Der ehemalige SS-Mann war als Kraftfahrer beim Volkspolizeikreisamt Hohenmölsen beschäftigt.[14] Bei weiteren Nachforschungen stellte sich dann heraus, dass Josef R. sich in seinem hauptsächlich von Deutschen bewohnten Geburtsort in den Karpaten 1942 freiwillig zur Waffen-SS gemeldet hatte. Andere SS-Männer, die als Zeugen im Auschwitz-Prozess gehört wurden, sagten aus, dass eine Person mit diesem Namen zur Fahrbereitschaft des Lagers gehört habe.[15] Aufgabe dieser Kraftfahrer war es unter anderem, kranke und marschunfähige Deportierte von der Ankunftsrampe zu den Gaskammern zu fahren. Es gelang der Staatssicherheit jedoch nicht, die Behauptung von Josef R. zu widerlegen, nur der SS-Division »Totenkopf« angehört zu haben.[16]

Schließlich nannte Streit den in Gotha wohnenden Kunstgewerbler Oskar S. (Jg. 1906). Er sollte im Frankfurter Prozess vernommen werden, da er als Wachmann in einem der Nebenlager in Sosnowitz (Sosnowiec)[17] Augenzeuge einer Erschießung von fünf jüdischen Häftlingen gewesen sein soll. Nach dem Krieg wurde er von einem polnischen Gericht wegen Verbrechen gegen die Menschlichkeit zu einer zehnjährigen Freiheitsstrafe verurteilt. Nach seiner Haftentlassung schob man ihn zunächst in die Bundesrepublik ab, im Herbst 1957 siedelte er in die DDR über. Ob Oskar S. nur Zeuge oder vielmehr selbst Täter war, prüfte die Staatssicherheit nicht. Sie forderte nicht einmal die Prozessunter-

12 Vgl. BV Suhl, Abt. XX/6: Bericht zur Vorlaufakte »Zahngold«, Reg.-Nr. 109/64, 25.3.1965; BStU, MfS, HA IX/11 1145, Bl. 11–14, hier 13. Zur Zahnstation vgl. Lasik: Die Organisationsstruktur des KL Auschwitz, Bd. I, 1999, S. 170 u. 283–297; Kaul: Ärzte in Auschwitz, 1968.

13 Vgl. BV Suhl, Abt. XX/6: Bericht zur Vorlaufakte »Zahngold«, Reg.-Nr. 109/64, 25.3.1965; BStU, MfS, HA IX/11 1145, Bl. 14; Langbein: Der Auschwitz-Prozess, 1995, S. 893 f.; Kaul: Ärzte in Auschwitz, 1968, S. 102–105.

14 Vgl. (BV Erfurt, Abt. XIII): Anschreiben an die BV Halle, KD Hohenmölsen und Übersendung eines Berichtes des GI »Walter«, 24.10.1962; BStU, MfS, BV Halle, AOP 459/74, Bd. I, Bl. 11 f.

15 Vgl. BV Halle, Abt. IX: Sachstandsbericht zur Realisierung des Operativ-Vorganges »Karpathia«, Reg.-Nr. VIII 200/64 der KD Hohenmölsen gegen R., Josef, 2.6.1964; ebenda, Bl. 122–133.

16 Vgl. KD Hohenmölsen: Abschlussbericht zum OV »Karpathia«, 5.12.1973; BStU, MfS, BV Halle, AOP 459/74, Bd. II, Bl. 177 f.

17 Zur Geschichte der Nebenlager Sosnowitz siehe Piper: Das Nebenlager Sosnowitz (I); Ders.: Das Nebenlager Sosnowitz (II), 1970.

lagen aus Polen an.[18] S. wurde nur von einem Kreisstaatsanwalt gehört und bestritt von dieser Erschießung Kenntnis zu haben. Daraufhin wurde die Akte geschlossen.[19]

Nicht mit aufgeführt in Streits Schreiben war Rudolf B. (Jg. 1908). Ihn hatte die Staatssicherheit anfangs nur im Verdacht, Spionage zu betreiben. Dann tauchten im Zentralarchiv des MfS Dokumente auf, laut denen eine Person gleichen Namens und Geburtsdatums im Konzentrationslager Auschwitz erst zum Sturmmann, dann 1942 zum SS-Unterscharführer befördert worden war.[20] Mithilfe des IM »Ali Lange« versuchte das MfS daraufhin zu klären, ob der in Leipzig lebende B. mit diesem SS-Mann identisch ist.[21] Doch dies gelang erst, nachdem der ehemalige SS-Oberscharführer und Leiter der Teichwirtschaftsfischerei im Außenkommando Harmense (Harmeze) des KL Auschwitz, Rudolf M. (Jg. 1904), sein Einverständnis gegeben hatte, im Auftrag des MfS mit B. über die Vergangenheit zu reden. Die beiden kannten sich aus ihrer gemeinsamen Grundausbildung im Totenkopfsturmbann in Auschwitz. M. erklärte, B. nicht »hineinlegen« zu wollen und auch nicht als Zeuge zur Verfügung zu stehen.[22] B. gab in diesem Gespräch zu, bis 1943 im so genannten Verpflegungsamt der im Konzentrationslager existierenden Filiale der Deutschen Lebensmittelwerke GmbH, dem Hauptlebensmittellieferanten des Lagers, tätig gewesen zu sein.[23] Anschließend habe er bis kurz vor Kriegsende in Beneschau den Bau und die Produktion zweier Kornmühlen und Brotfabriken zur Versorgung der Wehrmachts- und SS-Verbände geleitet. Die Recherchen zu Rudolf B. wurden daraufhin eingestellt. Nur falls von befreundeten Sicherheitsorganen neue »op[erative] Anhaltspunkte« geliefert würden, sollte das Verfahren wieder aufgenommen werden.[24] Dazu kam es allerdings nicht.

Im Falle des Vermittlers Rudolf M. ersparte sich das MfS alle Mühen und leitete nicht einmal operative Maßnahmen ein. M. hatte sich als »überzeugter Nazi« freiwillig zur Waffen-SS gemeldet und war im März 1940 zum

18 Vgl. (BV Erfurt), Abt. XX/2: Entstehungsbericht für das Anlegen einer op. Vorlaufakte über S., Oskar, Verdacht des Verbrechens gegen die Menschlichkeit, 24.3.1964; BStU, MfS, BV Erfurt, AOP 2241/65, Bd. I, Bl. 11 f.

19 Vgl. (BV Erfurt), Abt. XX/2: Abschlussbericht der operativen Vorlaufakte IX 294/64 wegen Nichtbestätigung des Verdachtes des Verbrechens gegen die Menschlichkeit, 4.10.1965; BStU, MfS, BV Erfurt, AOP 2241/65, Bd. I, Bl. 125–127.

20 Vgl. HA II/4: Aktenvermerk zum Archivmaterial, Zentralarchiv ZM/62/Seite 204, 24.10.1968; BStU, MfS, BV Leipzig, AOP 1451/70, Bd. 2, Bl. 169.

21 Vgl. BV Leipzig, Abt. II/4: Bericht von »Ali Lange« zu Rudolf B., Leipzig, Tonbandbericht, 2.4.1969; ebenda, Bl. 230–236.

22 Vgl. BV Leipzig, Abt. II/4: Bericht über Gespräch mit Rudolf M., 2.2.1970; BStU, MfS, BV Leipzig, AOP 1451/70, Bd. 3, Bl. 77–81, hier 81. Zu Aufgabe und Funktion des dem SS-Wirtschafts- und Verwaltungsamt unterstellten SS-Wirtschaftsunternehmens Deutsche Lebensmittel-Werke GmbH siehe Lasik: Die Organisationsstruktur des KL Auschwitz, Bd. I, 1999, S. 309–312. Vgl. Zieba: »Geflügelfarm Harmense«, 1970, S. 52.

23 Vgl. BV Leipzig, Abt. II/4: Bericht von Rudolf M. über das Gespräch mit Rudolf B., 22.6.1970; BStU, MfS, BV Leipzig, AOP 1451/70, Bd. 3, Bl. 147–152.

24 Vgl. BV Leipzig, Abt. II/4: Beschluss zum Einstellen des Vorlaufs Operativ »Block«, 30.9.1970; ebenda, Bl. 194 f.

Wachsturmbann des KZ Auschwitz einberufen worden. Nach seiner Grundausbildung war der gelernte Fischzuchtmeister im Herbst 1940 mit der Leitung und dem Aufbau der Fischzuchtanlagen beauftragt worden. Hier unterstand ihm ein Kommando vorwiegend polnischer und tschechischer Häftlinge, darunter auch Juden.[25] Zugeteilt war ihm aber auch Diethelm Scheer, der bis 1942 als politischer Häftling und anschließend als Zivilarbeiter für die wissenschaftliche Betreuung der Fischzucht zuständig war.[26] Nach dem Krieg lebten beide in der DDR, Scheer als angesehener Dozent am Institut für Binnenfischerei der Humboldt-Universität, M. als Fischzuchtmeister in einem Binnenfischereibetrieb. Scheer war bereits 1965 vom MfS befragt worden und hatte ausgesagt, dass M. als Wachmann einen »Häftling erschossen hat, der zum elektrischen Stacheldrahtzaun lief, um sich das Leben zu nehmen«. Von Haftkameraden hatte er allerdings auch gehört, dass M. einem Häftling das Leben gerettet habe.[27] M. selbst stellte auf Befragen durch das MfS nicht in Abrede, dass jeder SS-Angehörige im Lager die Möglichkeit hatte, Häftlinge zu misshandeln oder zu töten. So genannte »Vergehen« hätten sich ständig finden lassen, kein SS-Mann sei deshalb zur Rechenschaft gezogen worden. Man habe zudem nicht einmal selbst Hand anlegen müssen. Es habe gereicht, dem Arbeitskräfteeinsatzleiter einen Tipp zu geben, dass dieser oder jener Häftling für einen weiteren Einsatz »unerwünscht« sei. Der betreffende Häftling sei dann erschossen, vergast oder zu einem tödlichen Strafkommando abkommandiert worden.[28] Ob er sich selbst derartiger Methoden bedient habe, wurde der für das MfS als Verbindungsmann offenbar wichtige Rudolf M. gar nicht erst gefragt.

Das Szenario der DDR-Propaganda um die westdeutschen Auschwitz-Prozesse komplettiert sich neben diesen systematischen Bemühungen, belastete DDR-Bürger aus der öffentlichen Schusslinie zu halten, mit einigen Vorzeigeprozessen, in denen die Strafverfolgung effektvoll inszeniert wurde.

Nach heutigem Wissensstand sind (neben den Waldheimer Urteilen[29]) von Gerichten der DDR neun Verfahren gegen zehn Angeklagte wegen der von ihnen im Konzentrationslager Auschwitz begangenen Verbrechen geführt worden.[30] Dazu zählte der vormalige Kapo Paul Barteldt (Jg. 1901), welcher am 15. Oktober 1951 vom Landgericht Berlin (Ost) wegen der Misshandlung von Mithäftlingen zu einer lebenslänglichen Freiheitsstrafe verurteilt worden war.[31]

25 BV Leipzig, Abt. II/4: Bericht über Gespräch mit Rudolf M., 2.2.1970; ebenda, Bl. 78:

26 Vgl. Zieba: »Geflügelfarm Harmense«, 1970, S. 52.

27 HA XX/2/III: Bericht über die Befragung des Prof. Dr. Scheer, Diethelm, 8.11.1965; BStU, MfS, HA XX Nr. 3633, Bl. 48 f.

28 BV Leipzig, Abt. II/4: Bericht, 22.6.1970; BStU, MfS, BV Leipzig, AOP 1451/70, Bd. 3, Bl. 147–152, hier 150.

29 In Waldheim wurden 1950 mehr als 20 Aufseher und Aufseherinnen verurteilt, darunter auch aus Auschwitz. Otto: Die »Waldheimer Prozesse« 1950, 1993, S. 22.

30 Vgl. Renz: Der erste Frankfurter Auschwitz-Prozess, 2000, S. 11–48, hier 11 (Fußnote 5).

31 Vgl. Die Haltung der beiden deutschen Staaten zu den Nazi- und Kriegsverbrechen. Eine Dokumentation. Hg. v. Generalstaatsanwalt der DDR, Ministerium der Justiz. Berlin (Ost) 1965, S. 71. Eine unbekannte Anzahl sind vor Gründung der DDR von deutschen Gerichten der SBZ bzw. von SMT verurteilt worden. Darunter war Ernst Th., welcher von einem SMT zu 25 Jahren Freiheitsentzug verur-

Parallel zum ersten Auschwitz-Prozess in Frankfurt/Main wurde im Sommer 1964, nach zweijähriger Untersuchungszeit, der ehemalige SS-Sturmmann Hans Anhalt vom Bezirksgericht Erfurt zu einer lebenslangen Zuchthausstrafe verurteilt.[32] Als Arbeitsdienstführer hatte er an zahlreichen Selektionen teilgenommen. Er selbst bezeichnete sich als »rechte Hand« des berüchtigten Lagerarztes Dr. Josef Mengele, weil er für dessen verbrecherische Experimente zum Beispiel Zwillingspärchen herausgesucht hatte. Des Weiteren tötete er Häftlinge per Genickschuss, darunter eine Frau mit ihrem Neugeborenen. Mindestens 25 weitere Häftlinge starben an den Folgen der ihnen von Anhalt beigebrachten Misshandlungen, zehn weitere erschlug er auf dem Evakuierungsmarsch.[33] Auf die Spur gekommen war man ihm, nachdem die VP »einige inoffizielle Hinweise aus der Bevölkerung« über seine Zugehörigkeit zur SS bekommen und ihn ehemalige Häftlinge daraufhin auf Fotos identifiziert hatten.[34] In den Vernehmungen gab er zu, dass er Häftlinge, die er beim Tausch von Wertgegenständen gegen Lebensmittel erwischt hatte, bei lebendigem Leibe in den Krematorien habe verbrennen lassen.[35]

Eine weitere Verurteilung folgte im Falle des SS-Hauptsturmführers, Lagerarztes und Stellvertreters des SS-Standortarztes Horst Fischer.[36] Er war zunächst nur als frei praktizierender Arzt aufgefallen, der sehr viele Westkontakte unterhielt und eine »negative Einstellung zur DDR« pflegte.[37] Bei den obligatorischen Karteiüberprüfungen in der Abteilung XII wurden dann Dokumente aufgefunden, die seine Tätigkeit in Auschwitz belegten. Im Februar 1966 wurde Fischer angeklagt, »in der Zeit von November 1942 bis Januar 1945 [...] Verbrechen gegen die Menschlichkeit begangen […] zu haben«. Als SS-Lagerarzt habe er von April 1943 bis Juli 1944 etwa 40 bis 50 Transporte mit durchschnittlich je 2 000 deportierten Männern, Frauen und Kindern verschiedener Nationalitäten auf den Verladerampen des KZ Auschwitz selektiert und insgesamt 55 000 bis 75 000 Verschleppte für die sofortige Vernichtung ausgesondert.[38] Am 25. März 1966 ver-

teilt worden war, weil in den KL Buchenwald, Mauthausen und Auschwitz an der Tötung von Häftlingen beteiligt war.

32 Vgl. Kreisgericht Erfurt-Mitte: Haftbefehl gegen Hans Anhalt, 8.11.1962; BStU, MfS, BV Erfurt, AU 2046/64, Bd. I, Bl. 116; Bezirksgericht Erfurt, 1. Strafsenat, Urteil gegen Hans Anhalt; BStU, MfS, BV Erfurt, AU 2046/64, Bd. VIII, Bl. 405–425.

33 Ebenda, Bl. 415–419.

34 Vgl. BV Erfurt, Abt. IX: Einschätzung des op. Vorgangs Nr. 3812/61 »Mörder«, 15.8.1962; BStU, MfS, BV Erfurt, AU 2046/64, Bd. XIV, Bl. 44 f.

35 Vgl. Staatsanwalt des Bezirkes Erfurt: Anklage gegen den ehemaligen Angehörigen der Waffen-SS, Anhalt, Hans, 2.4.1964; BStU, MfS, BV Erfurt, AU 2046/64, Bd. VIII, Bl. 141–160, hier 158.

36 Zum Fall Fischer erscheint demnächst die Dissertation von Christian Dirks (Berlin), daher gehe ich auf diesen Fall nicht näher ein.

37 Vgl. Abschlussbericht, 13.5.1965; BStU, MfS, HA XX 3844, S. 28, und Sachstandsbericht, 22.3.1965; ebenda, S. 18.

38 Vgl. Anklageschrift des Generalstaatsanwalts für das Oberste Gericht der DDR, I. Strafsenat, in der Sache gegen Dr. med. Horst Paul Sylvester Fischer, 24.2.1966; BStU, MfS, SdM 646, Bl. 1–96, hier 2 u. 4.

kündete das Oberste Gericht der DDR das Urteil Todesstrafe.[39] Vollstreckt wurde es Anfang Juli 1966, wahrscheinlich durch das Fallbeil in der Leipziger Strafanstalt.[40] Erich Mielke verwies in seiner Ablehnung eines Gnadenantrags Fischers ausdrücklich auf den deutsch-deutschen Kontext des Urteils:

»Die Vollstreckung der Strafe ist darüber hinaus von nationaler und internationaler Bedeutung, insbesondere gegenüber Westdeutschland, um diejenigen Kräfte, die sich zur erneuten Begehung solcher Verbrechen hergeben wollen oder solche planen, nachdrücklichst zu warnen.«[41]

Die DDR-Propaganda sah Fischer vornehmlich als Handlanger. In einer Broschüre heißt es dazu: »Die Industriekapitäne des IG-Farben-Konzerns, die nach 1945 in der Bundesrepublik zum Teil die gleiche Macht in ihren Händen konzentrieren konnten wie während des ›Dritten Reiches‹ – sie sind die wirklich Schuldigen«.[42] Im Protokoll Nr. 73/65 der Sitzung des Sekretariats des ZK der SED vom 30. September 1965 ist nachzulesen, wie der zu Ende gegangene Prozess in Frankfurt/Main ausgewertet und was für die weitere »Einflussnahme auf Prozesse gegen Nazi- und Kriegsverbrecher in Westdeutschland« geplant wurde. Den in der Anlage 6 dieses Protokolls formulierten »Vorschlägen zur Auswertung des Auschwitz-Prozesses und Maßnahmen für die weitere Einflussnahme« auf derartige Prozesse in Westdeutschland wurde vom Sekretariat zugestimmt. Es heißt hier:

»Nach Abschluss des Frankfurter Auschwitz-Prozesses kann festgestellt werden, dass die im Beschluss des Politbüros vom 18. Dezember 1963 gestellte Aufgabe, das Verfahren ›gegen Mulka und andere‹ in ein Tribunal gegen die IG Farben zu verwandeln und die Rolle der DDR als des antifaschistischen deutschen Staates zur Geltung zu bringen, im Wesentlichen erfüllt wurde.«

Als »Ergebnis« der Beteiligung der DDR an diesem Prozess wurde unter anderem betrachtet, dass durch das »wirksame Auftreten« des Nebenklagevertreters Professor Kaul sowie von Sachverständigen, Zeugen und Prozessbeobachtern aus der DDR inner- und außerhalb des Verfahrens sichtbar gemacht worden sei, dass die »DDR konsequent Frieden und Humanismus, die Interessen aller Antifaschisten und Opfer des Naziterrors« vertrete und entsprechend ihrer nationalen Verantwortung alles unternehme, um für die Bestrafung und Ausschaltung der Nazi- und Kriegsverbrecher auch in Westdeutschland zu sorgen und eine Wiederholung dieser Verbrechen unmöglich zu machen. Den Prozessbeteiligten sei es ferner

39 Vgl. Oberstes Gericht der DDR, I. Strafsenat: Urteil in der Strafsache gegen den Arzt Dr. med. Horst Paul Sylvester Fischer, 25.3.1966; BStU, MfS, SdM 1221, Bl. 223–272.

40 Diese Informationen stellte mir dankenswerter Weise Christian Dirks am 28.10.2002 zur Verfügung.

41 Vgl. Generaloberst Mielke: Mitteilung an den Sekretär des Staatsrates der Deutschen Demokratischen Republik, Genossen Otto Gotsche, 14.4.1966; BStU, MfS, SdM 1000, Bl. 106 f.

42 I. G. Farben – Auschwitz – Massenmord. Über die Blutschuld der I. G. Farben, Dokumente zum Auschwitz-Prozess. Hg. v. der Arbeitsgruppe der ehemaligen Häftlinge des Konzentrationslagers Auschwitz beim Komitee der Antifaschistischen Widerstandskämpfer in der DDR. Berlin (Ost) 1964, S. 4.

gegen den »erbitterten Widerstand der SS-Verteidiger« gelungen, die Hauptschuld der großen Konzerne, insbesondere der IG Farben, an Krieg und Massenmord unter Ausnutzung aller prozessual gegebenen Möglichkeiten immer wieder zur Sprache zu bringen. Dadurch sei erreicht worden, dass auch in der westdeutschen und internationalen Presse und im Rundfunk die Verbindung Auschwitz–IG Farben immer häufiger hergestellt worden sei. Beispielsweise habe die Zeitung der IG Metall in ihrem Beitrag zum Auschwitz-Urteil vollinhaltlich die Argumentation der DDR über die Deckung der Hauptschuldigen übernommen. Vielfältig ausgewertet worden sei auch die schon erwähnte Broschüre, die man in Frankfurt/Main verteilt habe. Zusammenfassend könne gesagt werden, dass die Beteiligung der DDR an diesem größten Prozess gegen Nazi- und Kriegsverbrecher in Westdeutschland seit 1945 ein politischer Erfolg gewesen sei. Die im Prozessverlauf geschaffenen juristischen und politischen Positionen würden »günstige Möglichkeiten für das künftige erfolgreiche Einwirken auf wichtige Prozesse gegen Naziverbrecher in Westdeutschland« eröffnen, mit dem Ziel »der weiteren Entlarvung des Bonner Systems der Kriegsvorbereitung«.[43]

Stillhalten nach SS-Einsatz – Variante West: Georg Heuchert

Der Name Georg Heuchert tauchte beim Ministerium für Staatssicherheit erstmals 1964 im Zusammenhang mit einem Rechtshilfeersuchen der Oberstaatsanwaltschaft beim Landgericht München auf. Die Münchener Staatsanwälte suchten im Zuge eines Ermittlungsverfahrens gegen ehemalige Angehörige der Einsatzgruppe »D« (Gustav Adolf Nosske u. a.) wegen der Massenmorde, vor allem an Juden, in Südrussland und im Kaukasus um bedeutsame Dokumente nach.[44] Auf der beigefügten, 95 Personen umfassenden Liste fand sich auch der Name des SS-Untersturmführers Heuchert. Nach längeren Recherchen ließ das MfS im Juli 1968 zu sechs Personen Material nach München übermitteln.[45] Dass darüber hinaus zu einem Teil der gesuchten Personen weitere Unterlagen, zum Beispiel Personalakten, im Archiv des MfS vorlagen, wurde weder dem übermittelnden DDR-Staatsanwalt noch den westdeutschen Fahndern mitgeteilt.[46]

43 Vgl. Protokoll Nr. 73/65 der Sitzung des Sekretariats, 30.9.1965; SAPMO-BA, DY 30 J IV 2/3 Nr. 1113, Bl. 1–5, hier 5, und Anlage 6 zum Protokoll Nr. 73/65, 30.9.1965; ebenda, Bl. 19–24, hier 19 f.

44 Vgl. Der Oberstaatsanwalt bei dem Landgericht München: Anfrage im Zusammenhang mit einem Ermittlungsverfahren gegen ehemalige Angehörige der Einsatzgruppe D, 18.12.1964; BStU, MfS, HA IX/11, RHE-West 135, Bd. 1, Bl. 2–9.

45 HA IX/11, Sachstandsbericht vom 17.7.1968; ebenda, Bl. 46–48. HA IX/11, Anschreiben an den Staatsanwalt vom 12.8.1968 nebst Beweisdokumenten; ebenda, Bl. 49 f. u. 71–101.

46 Vgl. BStU, MfS, HA IX/11, RHE-West 135, Bd. 2–4.

Zu Heuchert wurden zunächst keine Dokumente gefunden.[47] Erst 1969 erhielt das MfS im Zuge von Ermittlungen gegen den SS-Oberscharführer Herbert Drabant, einem mittlerweile in Grimmen (Mecklenburg) ansässigen Angehörigen des Einsatzkommandos 12 der Einsatzgruppe D, aus sowjetischen Beständen Vernehmungsprotokolle von Einsatzgruppenmitgliedern über Erschießungen, in denen auch Heuchert genannt wurde.[48] Die HA XX/2/III nahm daher an, dass Heuchert »aufgrund seiner Zugehörigkeit und Dienststellung im Einsatzkommando unmittelbar Anteil an den faschistischen Massenverbrechen des Einsatzkommandos 12 im Süden der UdSSR« hatte und unmittelbar an Erschießungen beteiligt war.[49]

Georg Heuchert (Jg. 1910) lebte unterdessen unbehelligt in West-Berlin. Er war als »Volksdeutscher« in Ostgalizien aufgewachsen, hatte seinen Wehrdienst in der polnischen Armee abgeleistet und es sogar bis zum Leutnant der Reserve gebracht. Als Jurastudent in Lemberg engagierte er sich in der nationalsozialistischen Jungdeutschen Partei und verschiedenen völkischen Organisationen.[50] Als »Anerkennung für seinen Einsatz im Volkstumskampf im ehemaligen Polen« erhielt er später das »HJ-Ehrenzeichen« sowie das Ehrenzeichen des Nationalsozialistischen Deutschen Studentenbundes.[51]

Nach seinem Studienabschluss stellte ihn das Deutsche Konsulat in Lemberg im März 1939 als Dolmetscher an. Drei Tage vor Kriegsbeginn verhaftete ihn die polnische Spionageabwehr.[52] Wie Heuchert selbst aussagte, wurde er wenig später von sowjetischen Truppen »befreit«, die Lemberg infolge des geheimen deutsch-sowjetischen Zusatzabkommens am 23. September besetzten.[53] Doch bereits im November nahm ihn das NKWD ebenfalls wegen Spionageverdachtes fest. Auf Intervention des deutschen Botschafters in Moskau kam er kurz darauf

47 Vgl. BStU, MfS, HA IX/11, RHE-West 135, Bd. 3, Bl. 71–76.

48 Vgl. HA XX/2/III: Sachstandsbericht zum OV »Mörder«, 1.7.1970; BStU, MfS, AOP 16060/79, Bd. 1, Bl. 56–83; Vernehmungsprotokoll Wilhelm H., 31.3.1948, Übersetzung aus dem Russischen; BStU, MfS, AOP 8017/80, Bd. 1, Bl. 50–52. Drabant wurde 1976 vom Ostberliner Stadtgericht zu einer lebenslänglichen Haftstrafe verurteilt. Zwei weitere Verdächtige, Ewald H. und Kurt. K., blieben mangels Beweisen von einem Ermittlungsverfahren verschont. Im Falle Kurt K. verzichtete das MfS auf Rechtshilfeersuchen an die parallel ermittelnde Staatsanwaltschaft München. Dort lagen zwar Beweise für seine Beteiligung an Erschießungen vor, es fehlte jedoch an Informationen zum Aufenthaltsort des K. Vgl. HA XX/2: Bericht über den Abschluss des OV Mörder, 30.1.1975; BStU, MfS, AOP 16060/79, Bd. 9, Bl. 180–182; Staatsanwaltschaft bei dem Landgericht München I: Einstellungsverfügung vom 28.4.1971; ZStL, II 213 AR 1902/66, Bd. XVIII, Bl. 4078–4104, hier 4098–4100.

49 Vgl. HA XX/2/III: Schreiben vom 1.9.1970 an das KGB mit Bitte um Ermittlungen und Übersendung der Bilderkennungstafel zwecks Identifizierung Heucherts durch Zeugen; BStU, MfS, AOP 8017/80, Bd. 2, Bl. 19–21.

50 Lebenslauf vom 23.5.1941, Anlage zum RuSHA, Fragebogen; BA Berlin, BDC, RuSHA-Akte Georg Heuchert. Vgl. Bayerisches Landeskriminalamt IIIa/SK: Vernehmungsniederschrift Georg Heuchert, 19.3.1962; ZStL, II 213 AR 1902/66, Bd. IV, Bl. 935–944, hier 935.

51 Der Chef der Sicherheitspolizei und des SD: Schreiben an die NSDAP, Reichsschatzmeister (Franz Xaver) Schwarz, 28.1.1944; BA Berlin, BDC, Parteikorrespondenz, o. Pag., 2 Bl.

52 RSHA, Amt I, Personalreferent: Schreiben an das SS-Personalhauptamt betreffs der Beförderung von Georg Heuchert, 15.3.1944; BA Berlin, BDC, SSO-Akte Georg Heuchert.

53 Kriminalpolizei Berlin: Vernehmungsprotokoll Georg Heuchert, 23.10.1964; ZSTL, 415 AR 1310/63, o. Pag.

wieder frei, musste jedoch ins deutsche Reich umsiedeln,[54] wo er am 11. März 1940 eingebürgert wurde.[55]

Zunächst war Heuchert in der Verwaltung des Auswärtigen Amtes beschäftigt. Im Januar 1941 wurde er jedoch in die SS aufgenommen und als Hilfsreferent im Rang eines SS-Mannes dem späteren Spiegel-Ressortleiter, Dr. Horst Mahnke, seinerzeit Leiter des Referates VII B 3 (Marxismus-Bolschewismus) im RSHA zugeteilt. Wegen seiner Sprachkenntnisse sowie seiner regionalspezifischen politischen Erfahrungen und Kenntnisse betraute man ihn hier zunächst mit der Bearbeitung von »Ostproblemen«.[56]

Nachdem Hitler seinen Plan Großbritannien anzugreifen (Unternehmen »Seelöwe«) endgültig ad acta gelegt hatte, wurden in Vorbereitung des Überfalls auf die Sowjetunion englischsprechende Kräfte der Einsatzgruppen gegen russischsprechende, oftmals exilierte Balten oder Volksdeutsche mit genauen Ortskenntnissen des galizischen und bessarabischen Gebietes ausgetauscht.[57]

Zu diesen zählte auch Heuchert, der im Mai 1941 als Dolmetscher im Range eines SS-Untersturmführers nach Düben/Mulde zum Einsatzkommando 12 der SS-Einsatzgruppe D abkommandiert wurde.[58] Wie Heuchert in einer Vernehmung aussagte, habe er »die meiste Zeit« in der Nähe des Kommandeurs des EK 12, des vormaligen Leiters der Staatspolizeistelle Aachen, SS-Obersturmbannführer Gustav Adolf Nosske (im April 1942 von SS-Standartenführer Dr. Erich Müller abgelöst),[59] zugebracht.[60]

54 Der Chef der Sicherheitspolizei und des SD: Schreiben an die NSDAP, Reichsschatzmeister (Franz Xaver) Schwarz, 28.1.1944; BA Berlin, BDC, Parteikorrespondenz.

55 RuSHA-Fragebogen; BA Berlin, BDC, RuSHA-Akte Georg Heuchert.

56 Beurteilung von Georg Heuchert, Anlage zum Beförderungsvorschlag des Amtes VII, 30.10.1943; BA Berlin, BDC, SSO-Akte Georg Heuchert; SSO-Stammkarteikarte Georg Heuchert; BA Berlin, BDC. Hinsichtlich seiner dortigen Tätigkeit sagte Heuchert später aus: »Meine Tätigkeit beschränkte sich im Wesentlichen auf die Erforschung des Marxismus/Bolschewismus in Form von Auswertung einschlägiger Literatur und veröffentlichter Berichte. (Z. B. Berichte der Komintern, der ZK der kommunistischen Parteien im Ausland.) Zum Teil handelte es sich bei meiner Beschäftigung bzw. ›Forschungsarbeit‹ um reine Übersetzungsarbeiten. Soweit mir erinnerlich, wanderten diese, meine Arbeiten, über den Referatsleiter zum Amtschef. Ich habe nie erfahren, wozu meine Arbeiten Verwendung fanden.« Vgl. Kriminalpolizei Berlin: Vernehmungsprotokoll Georg Heuchert vom 23.10.1964; ZSTL, 415 AR 1310/63, o. Pag.

57 Vgl. Angrick: Besatzungspolitik und Massenmord, 2003, S. 85.

58 Vgl. Bayerisches Landeskriminalamt IIIa/SK: Vernehmungsniederschrift Georg Heuchert, 19.3.1962; ZStL, II 213 AR 1902/66, Bd. IV, Bl. 936.

59 Müller (Jg. 1902), Ministerialdirigent und Leiter der Personalabteilung des Reichsministeriums für Volksaufklärung und Propaganda hatte sich aus Karrieregründen selbst um »sofortigen Fronteinsatz« bemüht. Bis Dezember 1942 durfte Müller daraufhin »einen wichtigen Beitrag zur polizeilichen Sicherung des rückwärtigen Gebietes und der Nachschubwege im besetzten Ostraum« leisten, was ihm das KVK 1. Klasse mit Schwertern einbrachte. Vgl. div. Schriftwechsel zwischen RSHA und RmfVu.P; BStU, MfS, HA IX/11, RHE-West 135, Bd. 1, Bl. 82–94. Angrick: Die Einsatzgruppe D, 2002, S. 419 f.

60 Bayerisches Landeskriminalamt IIIa/SK: Vernehmungsniederschrift Georg Heuchert, 19.3.1962; ZStL, II 213 AR 1902/66, Bd. IV, Bl. 937; Bayerisches Landeskriminalamt, IIIa/SK: Vernehmungsniederschrift Gustav Adolf Nosske, 9.4.1962; ZStL, II 213 AR 1902/66, Bd. IV, Bl. 1010–1025, hier 1012. Nosske wurde 1948 im Prozess Nr. IX der »Vereinigten Staaten gegen Ohlendorf und andere« vor dem US-Militärgerichtshof Nr. II, im so genannten Einsatzgruppenprozess, zu einer lebenslangen

Bis April 1942 wurden allein von der Einsatzgruppe D mindestens 91 678 Menschen, vorwiegend Juden, bei deren Mordzügen hinter der vorrückenden Front umgebracht.[61] Für das Einsatzkommando 12 ist unter anderem eine Mordaktion in dem Dorf Bogdanowka bei Stepnoje im Rayon Stawropol, überliefert.[62] Am 26. September 1942 massakrierte ein Teilkommando gemeinsam mit russischen Hilfstruppen gnadenlos die im Dorf aufgefundenen jüdischen Flüchtlinge, insgesamt 452 Männer, Frauen und Kinder.[63] Die einzige Überlebende des Massakers, ein damals fünfzehnjähriges Mädchen, identifizierte 1973 den leitenden SS-Führer dieser Exekution als Georg Heuchert.[64] Auch für eine Erschießungsaktion in Stepnoje wurde Heuchert als Kommandeur identifiziert.[65]

Der mehrfach beförderte und dekorierte Heuchert wurde im Dezember 1942 aus dem Kaukasus nach Berlin zurückkommandiert.[66] Er übernahm verschiedene Funktionen im Reichssicherheitshauptamt sowie in der Ausweichstelle Schliersee des Amtes VII und in Litzmannstadt.[67] Vermutlich im Frühjahr 1944 wurde er in die auf eine Initiative Himmlers zurückgehende und auf Anordnung des Reichsaußenministers Joachim von Ribbentrop gebildete »Informationsstelle XIV (Antijüdische Auslandsaktion)« im Auswärtigen Amt kooptiert und nahm an jener berüchtigten Arbeitstagung der Judenreferenten der Deutschen Missionen in Europa teil, welche am 3. und 4. April 1944 in Krummhügel/Riesengebirge stattfand.[68] Mit Wirkung vom 20. April 1944 wurde Heuchert zum SS-Obersturm-

Haftstrafe verurteilt, kam allerdings bereits Ende 1951 wieder frei. Vgl. Oogorreck; Rieß: Fall 9: Der Einsatzgruppenprozess, 1999.

61 Vgl. Krausnick; Wilhelm: Die Truppen des Weltanschauungskrieges, 1981, S. 205; Angrick: Die Einsatzgruppe D, 2002, S. 520; Longrich: Politik der Vernichtung, 1998, S. 418; Yahil: Die Shoah, 1998, S. 382–384; Reitlinger: Die Endlösung, 1961, S. 269–273.

62 Vgl. Kartenblatt, hergestellt im Auftrag des Generalstabes des Heeres, Abt. für Kriegskarten und Vermessungswesen (II), Stand 27.6.1942; BA-MA Freiburg i. Br., Sign: Kart 911–14/3 (L-38-SW).

63 Vgl. Bericht über die Verbrechen der faschistischen deutschen Okkupanten im Dorf Bogdanowka während der Okkupation des Kreises Kursk, Gebiet Stawropol, 29.6.1943; BStU, MfS, HA IX/11, RHE 112/76, Bd. 1, Bl. 107–110; Vernehmungsprotokoll der Zeugin, A. P., ausgefertigt vom Untersuchungsführer für besonders wichtige Angelegenheiten des UKfS, 23.11.1973; ebenda, Bl. 91–99.

64 Vgl. Oberuntersuchungsführer für besonders wichtige Fragen der Untersuchungsabteilung der Gebietsverwaltung Stawropol des Komitees für Staatssicherheit beim Ministerrat der UdSSR: Protokoll über Identifizierung von Angehörigen des EK 12 anhand einer Fototafel, 23.11.1973; ebenda, Bl. 100–102, hier 102; Anlagekarte zur Bilderkennungstafel Nr. 2, Bild 11 und 12; BStU, MfS, AOP 8017/80, Bd. 1, Bl. 13.

65 Protokoll der Einvernahme des Beschuldigten W. H., 31.3.1948; ZStL, II 213 AR 1902/66, Korrespondenzakte I, Bl. 470–477. Über die Anzahl der Opfer gibt es unterschiedliche Aussagen. Laut Berichten der Bevölkerung sollen es rund 200 gewesen sein. Tatbeteiligte sprechen von 60–70 Ermordeten. Vgl. Untersuchungsrichter des Volkskommissariates für Staatssicherheit:, Protokoll der Einvernahme des Angeklagten Petr Petrowitsch Kirsanow, 6.2.1946; ZStL, II 213 AR Z 219/59, Bd. III: Russische Protokolle zum Einsatzkommando 12, Bl. 562–571.

66 Der Chef der Sicherheitspolizei und des SD, Akz. Amt VII, B. Nr. 5047/44: Schreiben an die NSDAP, Reichsschatzmeister (Franz Xaver) Schwarz, 28.1.1944; BA Berlin, BDC, Parteikorrespondenz.

67 Vgl. RSHA, Referent SS-Untersturmführer Heuchert, interner Umlauf: Anschreiben zu einem Bericht über die internationale Arbeiterbewegung im Monat November 1943, 14.12.1943; BStU, MfS, AOP 8017/80, Bd. 3, Bl. 359; detaillierter zur Dienststelle in Schliersee siehe Rudolph: »Geheime Reichskommando-Sache!«, 2000.

68 Vgl. Steinkühler: »Antijüdische Auslandsaktion«.

führer befördert.[69] Über seine weitere dienstliche Verwendung bis zum Ende des Krieges gibt es keine genauen Erkenntnisse. Laut Ermittlungen der tschechoslowakischen Geheimpolizei SB soll Heuchert ab Sommer 1944 dem Einsatzkommando 14 der Einsatzgruppe H mit Sitz im slowakischen Banskà Bystrica angehört haben, das dort Juden, Sinti und Roma sowie slowakische Partisanen verfolgte. Diese Angaben lassen sich allerdings bis heute nicht verifizieren.[70] Heuchert selbst behauptete später, bis zum Schluss beim Amt VII beschäftigt gewesen zu sein und von Mai bis Dezember 1944 in einem Lazarett gelegen zu haben.

Ende Januar/Anfang Februar 1945 musste das Ausweichquartier Schliersee geräumt werden. Heucherts Dienststelle wurde erst nach Viechtach im Bayerischen Wald, dann nach Rudolstadt (Thüringen) umquartiert.[71] Nach dem Einmarsch amerikanischer Truppen floh Heuchert erst ins Erzgebirge, dann nach Döberitz bei Pößneck/Sachsen. Dort war er zunächst als Landarbeiter auf einem für die sowjetische Besatzungsmacht produzierenden Gut beschäftigt und fand im November 1946, seine Vergangenheit verschweigend, eine Anstellung als Dolmetscher in einer dort ansässigen Textilfabrik.[72] Im August 1953, Heuchert war inzwischen zum Abteilungsleiter aufgestiegen, setzte er sich mit seiner Familie nach West-Berlin ab. Hier arbeitete er die nächsten vier Jahre zunächst als kaufmännischer Angestellter bei einer Filmgesellschaft. Dann begann er sein juristisches Referendariat beim Kammergericht Berlin und wurde 1965 als Rechtsanwalt zugelassen. Bis zu seiner Verrentung war er als Justiziar einer großen Westberliner Meierei tätig.[73]

Aufgrund der 1969 übermittelten sowjetischen Informationen nahm das MfS die Fährte auf, ermittelte seinen Aufenthalt und fand schnell heraus, dass er zwischen 1967 und 1969 mehrmals auf der Transitstrecke nach Westdeutschland gefahren war und gelegentlich Verwandtschaft in der DDR besuchte. Damit waren für das MfS genügend Ansatzpunkte gegeben. Die Staatssicherheit beabsichtigte, Heuchert weiter auszuforschen, über die DDR-Verwandten Kontakt mit ihm aufzunehmen und zugleich gemeinsam mit dem sowjetischen KGB weitere Beweise zu erarbeiten, »um ausnutzbares kompromittierendes Material

69 Vgl. Mitteilung des SS-Personalhauptamtes an Georg Heuchert, 14.4.1944; BA Berlin, BDC, SSO Akte Georg Heuchert (Rollfilm); Befehlsblatt des Chefs der Sicherheitspolizei und des SD. Hg. v. Reichssicherheitshauptamt Berlin 5(1944)21, S. 108.

70 Vgl. Ermittlungsersuchen im Rahmen des Vorganges »Mosaik«, Übersetzung aus dem Tschechischen, Februar 1972; BStU, MfS, HA IX/11, RHE 14/72 ČSSR, Bl. 4 f.; vgl. Kwiet: Der Mord an Juden, 1998; Venohr: Aufstand in der Tatra, 1979.

71 Vgl. Rudolph: »Geheime Reichskommando-Sache!«, 2000, S. 48.

72 Vgl. Bayerisches Landeskriminalamt IIIa/SK: Vernehmungsniederschrift Georg Heuchert, 19.3.1962; ZStL, II 213 AR 1902/66, Bd. IV, Bl. 935–944, hier 936; vgl. Personalbogen Georg Heuchert, 12.11.1946; BStU, MfS, AOP 8017/80, Bd. 1, Bl. 243.

73 Vgl. Bayerisches Landeskriminalamt IIIa/SK: Vernehmungsniederschrift Georg Heuchert, 19.3.1962; ZStL, II 213 AR 1902/66, Bd. IV, Bl. 936; Staatsanwaltschaft bei dem Landgericht München I, Vernehmungsniederschrift Georg Heuchert, 13.1.1971; ZStL, II 213 AR 1902/66, Bd. XVI, Bl. 3720–3725, hier 3720.

zu erhalten«.[74] Offenbar wollte sie weder die Staatsanwaltschaft München informieren noch ihm selbst den Prozess machen. Auch als sie 1974 die Augenzeugenaussage zu Heucherts Kommando beim Massaker von Bogdanowka erhielt, gab sie diese nicht nach Westdeutschland weiter. Eifersüchtig wachten die MfS-Leute sogar gegenüber den tschechoslowakischen Kollegen über ihr neues Wissen. Auf eine entsprechende Anfrage 1972 ließen sie nach über einem Jahr nach Prag melden, sie hätten zu Heuchert »keine Angaben«.[75]

Unterdessen wurden die Nachforschungen zu Heuchert intensiviert, denn das MfS war zu der Ansicht gelangt, Heuchert sei nachrichtendienstlich aktiv. Die offizielle Zielsetzung des Operativen Vorgangs »Spezialist« war es, »die gesamte Tätigkeit des Heuchert in den verschiedensten Dienststellen des RSHA, die von ihm begangenen Verbrechen und die Rolle, die er heute spielt (Verdacht der nachrichtendienstlichen Tätigkeit) umfassend aufzuklären, die erforderlichen Beweise zu erarbeiten und den Vorgang mit Inhaftierung oder Werbung bzw. Überwerbung abzuschließen«.[76]

Das MfS warb seinen Schwager Erich Mauthe, selbst einstiger SS-Mann, als IM an, doch für eine Anwerbung Heucherts ergab sich kein nutzbringender Kontakt. Auch bei Einreisen Heucherts in die DDR ließ das MfS ihn rätselhafterweise unbehelligt. Aufgrund seines angeschlagenen Gesundheitszustands rechnete man wohl nicht mehr mit einem Prozess in Westdeutschland, doch auch ein eigenes Verfahren zogen die MfS-Leute nicht mehr in Erwägung.[77]

In München war Georg Heuchert bereits 1962 erstmals vernommen worden. 1971 richtete sich ein Ermittlungsverfahren auch gegen ihn, das sich auf 1948 in sowjetischem Gewahrsam gemachte Aussagen zum Massaker von Stepnoje stützte.[78] Der damalige Zeuge, selbst Angehöriger des Einsatzkommandos, widerrief jedoch seine Beschuldigungen gegen Heuchert. Das Verfahren wurde daraufhin eingestellt – und mangels weiterer Beweise nie wieder aufgenommen.[79] Georg Heuchert starb im September 1978.

74 Vgl. Arbeitsplan 1971 der HA XX/2 für das Referat III, 8.1.1971; BStU, MfS, HA XX 5113, S. 126.

75 HA XX/2: Bericht über eine Besprechung mit einem Kollegen von der HA IX/11, 15.5.1973; BStU, MfS, AOP 8017/80, Bd. 2, Bl. 87–89, hier 87; HA IX/11: Auskunftsbericht zu Heuchert, Georg, 8.5.1973; BStU, MfS, AOP 8017/80, Bd. 1, Bl. 65 f., hier 66.

76 Vgl. HA XX/2: Operativplan zum OV »Spezialist«, 16.7.1973; BStU, MfS, AOP 8017/80, Bd. 2, Bl. 165–182, hier 165.

77 HA XX/2: Bericht über den Treff mit IMV »Müller« in Dresden am 6.10.1977, 11.10.1977; BStU, MfS, AIM 7832/80, Bd. I/2, Bl. 102–105, hier 105.

78 Staatsanwaltschaft bei dem Landgericht München I: Verfügung vom 10.3.1971; ZStL, II 213 AR 1902/66, Bd. XVII, Bl. 3890 f.

79 Amtsgericht Saarbrücken: Vernehmung des Zeugen Wilhelm H., 7.4.1971; ZStL, II 213 AR 1902/66, Bd. XVIII, Bl. 3914–3916. Staatsanwaltschaft bei dem Landgericht München I, Einstellungsverfügung, 28.4.1971; ebenda, Bl. 4078–4104, hier 4093 f.

Stillhalten nach SS-Einsatz – Variante Ost: Karl Mally

In einem Ermittlungsverfahren gegen den SS-Mann Josef Blösche stieß das MfS 1967 auf den ehemaligen SS-Scharführer Karl Mally (Jg. 1912), der unbehelligt in der DDR als Leitungskader in einem Thüringer Zementwerk arbeitete und sogar SED-Mitglied war. Mally hatte ab Dezember 1939 die Grenzpolizeischule in Pretzsch an der Elbe durchlaufen und wurde im Frühjahr 1940 dem Grenzpolizeiposten Malkinia (unweit des Vernichtungslagers Treblinka an der Bahnstrecke Warschau-Bialystok) des KdS Warschau zugeteilt.[80] Anfang 1943 wurde er zum Bereitschaftsdienst (Aushilfen im Hausgefängnis, Teilnahme an Razzien, Hausdurchsuchungen und Festnahmen, Bewachung von Häftlingstransporten usw.) des KdS Warschau abkommandiert.[81] Später gehörte er beim KdS Warschau zum Referat IV A, das für die Bekämpfung militärischer und sonstiger unbekannter Widerstandsorganisationen zuständig war.[82] Dessen Leiter, SS-Obersturmführer Joseph Lechner, wurde von einem Gericht der polnischen Untergrundbewegung wegen Folterungen von Häftlingen und zahlreichen Morden zum Tode verurteilt und im Oktober 1943 hingerichtet.[83] Auch ohne dies zu wissen, hatten die Mitarbeiter des MfS den Verdacht, dass Mally Verbrechen gegen die Menschlichkeit begangen haben könnte.[84] Das MfS verhängte eine Ausreisesperre ins sozialistische Ausland und nahm eine intensive geheimdienstliche Beobachtung mit Postkontrolle, Wanzen usw. auf.[85] Aus der ČSSR erhielt das MfS die Information, dass der Sudetendeutsche Mally dort einem Freikorps angehört hatte und sofort nach der Annexion in die SS aufgenommen worden war.[86] Zur Vorbereitung einer Verhaftung ließ das MfS über einen IM dessen Gesundheitszustand prüfen und bereitete die Streichung seiner Parteimitgliedschaft vor, um der peinlichen Situation vorzubeugen, ein SED-Mitglied als mutmaßlichen Kriegsver-

80 HA IX/10: Mitteilung an HA XVIII/3, 9.10.1967; BStU, MfS, BV Gera, AOP 1193/74, Bd. 1, Bl. 18 f.; KD Jena: Protokoll über die Befragung des Mally, Karl, 29.5.1974; BStU, MfS, BV Gera, AOP 1193/74, Bd. 2, Bl. 87–94, hier 88.

81 Vgl. ebenda, Bl. 89.

82 Vgl. HA IX: Information an die HA XVIII über belastendes Material über den DDR-Bürger Mally, Karl, 17.10.1967; BStU, MfS, BV Gera, AOP 1193/74, Bd. 1, Bl. 18 f.; vgl. Der Kommandeur der Sicherheitspolizei und des SD für den Distrikt Warschau, Ref. II A, Fernsprech- und Wohnungsverzeichnis 1944; BA, ZWA Dahlwitz-Hoppegarten, ZR 892, A. 5, Bl. 34; Bartoszewski: Der Todesring um Warschau, 1969, S. 341; vgl. KD Jena: Protokoll über die Befragung des Mally, Karl, 29.5.1974; BStU, MfS, BV Gera, AOP 1193/74, Bd. 2, Bl. 87–94.

83 Vgl. Bartoszewski: Der Todesring um Warschau, 1969, S. 341.

84 Mally wurde von der Staatssicherheit irrtümlich einem Referat mit anderem Aufgabengebiet zugeordnet. Vgl. HA XX: Information über Mally, Karl an die KD Jena, 4.12.1967; BStU, MfS, BV Gera, AOP 1193/74, Bd. 1, Bl. 25.

85 BV Gera, KD Jena: Antrag auf Ausreisesperre in das sozialistische Ausland, 25.1.1968; ebenda, Bl. 58 f.; Vereinbarung zwischen der Abt. 26 und der KD Jena zum B-Auftrag, Mai 1974; ebenda, Bl. 85 f.

86 MfS, Abt. X: Mitteilung an die BV Gera, Abt. XVII, über die in der ČSSR gemachten Feststellungen; ebenda, Bl. 43.

brecher belangen zu müssen.[87] 1970 brach die geheimdienstliche Bearbeitung zunächst ab und wurde erst 1972 wieder aufgenommen.

Der als Gestapomann enttarnte Kreisstaatsanwalt Edmund Langer gab an, dass Mally auch an Festnahmeaktionen gegen polnische Widerstandskämpfer teilgenommen habe. Einzelheiten waren ihm jedoch angeblich nicht mehr erinnerlich.[88] Ohne Beweisdokumente zu finden, lud das MfS Mally schließlich im Mai 1974 zur zeugenschaftlichen Befragung vor. Er berichtete dort relativ detailliert über die Niederschlagung des Warschauer Ghettoaufstandes 1943. Er gab zu, unter der Leitung des SS-Obersturmführers Witossek[89] das Ghetto auf der Suche nach versteckten Juden mit durchkämmt zu haben. Daran beteiligt gewesen seien unter anderen der für »Judenfragen« verantwortliche »Offizier der Gestapo« namens Brandt und dessen Mitarbeiter Josef Blösche.[90] Er habe zwar von Erschießungen während der Aktion gehört, diese jedoch weder gesehen noch erfahren, wo diese Exekutionen stattfanden. Persönlich habe er nur fünf bis sechs Verhaftete zur Sammelstelle für die angebliche Aussiedlung gebracht. Welches Schicksal diese Menschen erwartete, sei ihm nicht bekannt gewesen.[91] Ab Spätsommer 1944 war Mally einem Einsatzkommando des KdS Warschau zur Partisanenbekämpfung in der Slowakei zugeteilt. An nähere Einzelheiten aus dieser Zeit konnte sich Mally angeblich nicht mehr erinnern, außer dass man angeblich herumgelungert und nichts zu tun gehabt habe.[92]

Seine Vernehmer hatten diese Aussagen offensichtlich unkommentiert und ohne weitere Nachfragen zur Kenntnis genommen, jedoch nach Beendigung des Gesprächs seine Reaktion und die Unterhaltung mit seiner Ehefrau mittels operativer Technik in seinem Wohnzimmer verfolgt.[93] Als auch dies nicht die gewünschten Beweise erbrachte, ließ das MfS die SED-Kreisparteikontrollkommission Jena wissen, dass Mally wegen falscher Fragebogenangaben zu belangen sei, ihm aber keine Verbrechen gegen die Menschlichkeit nachzu-

87 Vgl. Bericht des GI »Krause« , o. D. (1968); ebenda, Bl. 44; BV Gera, KD Jena: Antrag an die HA IX/11, 26.9.1968; ebenda, Bl. 112.

88 HA IX: Information an die KD Jena über die Vernehmung Langers, 7.8.1972; BStU, MfS, BV Gera, AOP 1193/74, Bd. 2, Bl. 45 f.

89 Walter Witossek war Leiter des Referates IV A 2 (Bekämpfung von Sabotage, Pass- und Ausweisfälschungen, bewaffneten Aktionen und Sprengstoffattentaten, Fallschirmspringern). Er war an der »Umsiedlung« der Juden aus dem Ghetto in das Vernichtungslager Treblinka beteiligt und leitete des Öfteren die Erschießungen von Häftlingen des Pawiak-Gefängnisses in den Ruinen des Ghettos sowie öffentliche Hinrichtungen in den Straßen Warschaus. Vgl. Bartoszewski: Der Todesring um Warschau, 1969, S. 129, 340 u. 343.

90 SS-Hauptsturmführer Karl Georg Brandt (im Dokument »Brand«) war Leiter des Judenreferates beim KdS Warschau und gehörte zu den gefürchtetsten SS-Schergen im Warschauer Ghetto. Vgl. Wulf: Das Dritte Reich und seine Vollstrecker, 1984, S. 299–302; zu Blösche vgl. Schwan; Heindrichs: Der SS-Mann, 2003.

91 Vgl. KD Jena: Protokoll über die Befragung des Mally, Karl, 29.5.1974; BStU, MfS, BV Gera, AOP 1193/74, Bd. 2, Bl. 87–94.

92 KD Jena: Protokoll über die Befragung des Mally, Karl, 29.5.1974; ebenda, Bl. 93.

93 Vgl. KD Jena, Abt. 26/B: Informationsbericht »Zement«, 28.5.1974, 29.5.1974, 30.5.1974; ebenda, Bl.103–118.

weisen seien.[94] Auf Beschluss der SED-Kreisleitung Jena-Stadt wurde Mally daraufhin mit Wirkung vom 20. August 1974 aus der SED ausgeschlossen. Außerdem enthob ihn die Leitung seines Betriebes wenige Tage später seines Postens als ökonomischen Leiter.[95] Damit war der Operativ-Vorgang »Zement« aus Sicht der Staatssicherheit erfolgreich zum Abschluss gebracht worden.

In Frankreich in Abwesenheit verurteilt, in der DDR vor Verfolgung geschützt: Heinz Helemann

Der folgende Fall stammt aus den frühen fünfziger Jahren. Er illustriert die Konsequenzen des Kalten Krieges für die NS-Strafverfolgung, die in der DDR-Geheimpolizei grassierende Agentenphobie und nicht zuletzt eine gehörige Portion Unvermögen. Im Oktober 1953 übersandte Oberst Bruno Beater, damals Leiter der Abteilung V des SfS im MdI der DDR, der auf seiner »Linie« arbeitenden Abteilung der Bezirksverwaltung Karl-Marx-Stadt einen abgefangenen Brief aus West-Berlin. Er stammte von H. K. und war an Heinz Helemann (Jg. 1914) in Clausnitz/Sachsen gerichtet. K. ließ durchblicken, dass Helemann an einem Kriegsverbrechen am 29. August 1944 in der südfranzösischen Ortschaft Briançon beteiligt gewesen sei.[96] Das MfS vermutete, dass Helemann erpresst und in den Westen gelockt werden sollte und nahm verdeckte Ermittlungen auf.[97]

Nach Feststellung der Bezirksverwaltung Karl-Marx-Stadt bewirtschafte Helemann zusammen mit seiner Ehefrau und weiteren Angestellten das Gut seines verstorbenen Schwiegervaters. Nachbarn hätten zu berichten gewusst, dass er Hauptmann gewesen sei und 1944 das Ritterkreuz erhalten habe. Helemann habe ab 1938 der NSDAP angehört und sei nun vermutlich Mitglied der CDU. Außerdem vermerkte die Staatssicherheit, dass die gesamte Familie kirchlich stark engagiert sei.[98]

Anfang Dezember 1953 befragte die Bezirksverwaltung Helemann selbst. Dieser schilderte, welchen Wehrmachtseinheiten er angehörte und auf welchen Kriegsschauplätzen er eingesetzt war. Helemann gab zu, an der Einnahme von Briançon teilgenommen zu haben und einige von K. erwähnte Offiziere zu kennen. Er bestritt jedoch rundheraus, etwas über das Kriegsverbrechen zu wissen – und das so überzeugend, dass seine Befrager notierten: »Die Angaben des

94 (KD Jena): Information (an die KPKK Jena-Stadt), o. D. (Juli 1974); ebenda, Bl. 121.

95 KD Jena, Referat ÖS: Abschlussbericht zum Operativ-Vorgang »Zement«, 26.9.1974; ebenda, Bl. 138 f.

96 Brief an Heinz Helemann von H. K., 12.10.1953; BStU, MfS, BV Chemnitz, AOP 362/54, Bd. I, Bl. 15 f.

97 SfS, Abt. V: Anschreiben an das MdI, SfS, Abt. V, Karl-Marx-Stadt, 11.11.1953; ebenda, Bl. 12; BV Karl-Marx-Stadt, Leitung: Ermittlungsauftrag an Abt. VIII; ebenda, Bl. 19.

98 BV Karl-Marx-Stadt, Abt. VIII/III: Ermittlungsbericht über Helemann, Heinz, 20.11.1953; ebenda, Bl. 20 f.

H. erscheinen glaubhaft und es muss angenommen werden, dass es sich bei dem Brief von K. um einen Versuch handelt, den H. nach Westberlin zu locken.«[99]

Das MfS nutzte Helemann nun, um diese Fährte aufzunehmen. Im Auftrag der Staatssicherheit schrieb er an K., dass er zwar an der Besetzung der Ortschaft beteiligt gewesen sei, sich aber an keine Kriegsverbrechen erinnern könne. K. solle ihm ein Foto schicken.[100] Dieser reagierte darauf mit einem weiteren Brief, in welchem er seine Wahrnehmungen als Augenzeuge bei der Erschießung von französischen Widerstandskämpfern bei der Einnahme Briançons schilderte und Helemann nun direkt beschuldigte, persönlich dafür verantwortlich gewesen zu sein.[101] Die Karl-Marx-Städter informierten darauf Beater über ihr »Ermittlungsergebnis« und regten an, dass die Berliner Kollegen den mutmaßlichen Agenten K. genauer unter die Lupe nehmen sollten.[102]

Am 22. Februar 1954 erschien K. persönlich auf dem Präsidium der Volkspolizei in Ost-Berlin und erstattete Strafanzeige gegen Helemann. Bei der Vernehmung wiederholte er seine Anschuldigungen:

»Kurz vor Einnahme des Ortes Briançon durch die 7. Komp[anie] erschienen aus einem Unterstand Partisanen, welche den Rückzug ihrer Kameraden gedeckt hatten. Nachdem sie eingesehen hatten, dass ihr Widerstand sinnlos geworden war und scheinbar keine Munition vorhanden war, warfen sie ihre Waffen weg und kamen mit erhobenen Händen zur 7. Komp[anie]. In diesem Moment waren sie wehrlose Kriegsgefangene. Auf Befehl Helemanns erschossen divisionsfremde Gebirgsjäger diese 11 Personen. Helemann selbst erschoss einen fliehenden Partisan mit dem Karabiner hinterrücks. Bevor die Erschießung vonstatten ging, mussten sich diese 11 französischen Partisanen am Straßenrand aufstellen und Helemann gab den Gebirgsjägern durch eine Daumendrehung nach unten das Zeichen, diese zu erschießen. Die Erschießung selbst wurde durch mehrere Salven aus Maschinenpistolen vorgenommen, und nachdem die Partisanen zu Boden fielen, wurden noch mehrere Salven nachgeschossen. Bei dieser Exekution gelang es einem Partisanen zu fliehen, und diesen erschoss Helemann aus ca. 25 m mit dem oben erwähnten Karabiner.«[103]

Zur Bestätigung seiner Aussage legte er die Abschrift einer Bescheinigung des Bürgermeisteramtes von Briançon mit den Namen der elf Getöteten vor, bis auf einen Polen und einen Bauern allesamt Angehörige der gaullistischen Widerstandsbewegung »Forces Françaises de l'Intérieur« (F.F.I.).[104] Er wusste auch zu berichten, dass die französischen Justizbehörden bereits am 18. April 1952 Haftbefehl gegen Helemann erlassen hätten. Als Erklärung für sein Engagement in dieser Sache gab K. zu Protokoll, dass er als Angehöriger des in Briançon stationierten Regiments vom Kriegsgericht wegen »Wehrkraftzersetzung« zum Tode verurteilt worden sei, weil er versucht habe, die Verantwortlichen für das Massa-

99 BV Karl-Marx-Stadt: Befragungsprotokoll Helemann, 7.1.1954; ebenda, Bl. 25 f.

100 Brief von Helemann an K., 2.12.1953; ebenda, Bl. 30.

101 Brief von K. an Helemann, 16.12 1953; ebenda, Bl. 32 f.

102 SfS, BV Karl-Marx-Stadt, Abt. V: Information an SfS Berlin, Abt. V, 4.1.1954; ebenda, Bl. 28 f.

103 PdVP Berlin, Abt. K, Dez. AK II: Vernehmung eines Zeugen, 22.2.1954; ebenda, Bl. 42 f.

104 Mairie de Briançon, Département des Hautes – Alpes, Arrondissement de Briançon, Canton de Briançon: Certificat, 11.2.1954, Abschrift; ebenda, Bl. 44.

ker dem Gegner auszuliefern.[105] K. gab schließlich zu Protokoll, dass er in Westdeutschland weitere Tatzeugen ausfindig gemacht habe, die allerdings jede Kenntnis abgestritten hätten.[106]

Die Ostberliner Polizei leitete noch am selben Tag die Aussagen an die Bezirksbehörde der Volkspolizei weiter. Der zuständige Abschnittsbevollmächtigte (ABV) holte nun seinerseits Erkundigungen über Helemann ein.[107] Dann übergab die Volkspolizei den Vorgang an die Bezirksstaatsanwaltschaft.[108] Diese reichte die Unterlagen fünf Tage später an die Staatssicherheit weiter mit dem Hinweis, dass aus dem »Ermittlungsbericht ganz klar zu ersehen« sei, dass sich der Beschuldigte Helemann »eines Verbrechens gegen die Menschlichkeit schuldig gemacht hat« und verwies auf die »glaubwürdigen Aussagen des Zeugen« K. Unmissverständlich wies der Staatsanwalt das Untersuchungsorgan an: »Ich bitte, die Angaben des K. genauestens zu überprüfen und wenn es erforderlich ist, den Helemann, Heinz, festzunehmen und Haftbefehl gegen ihn zu erwirken.«[109] Bei der Staatssicherheit ließ man sich dagegen Zeit. Knapp einen Monat später verfasste ein Oberfeldwebel einen »Sachstandsbericht«, ohne allerdings irgendwelche neuen Ermittlungen zum Tatvorwurf angestellt zu haben.[110] Helemanns Aussagen galten noch immer als glaubwürdig:

»Unser persönlicher Eindruck zu H. während der Vernehmung ist, dass wir festgestellt haben, dass H. uns gegenüber einen aufgeschlossenen Eindruck machte, indem die Aussagen über die Exekution der französischen Partisanen, dort nicht zugegen gewesen zu sein, glaubhaft erscheinen. H. machte seine Aussagen hemmungslos und fließend und schrieb auch die Schweigeverpflichtung, ohne zurückhaltend zu sein.«[111]

Wiederum war das MfS darauf fixiert, K. als Agenten zu enttarnen:

»Da der Verdacht besteht, dass K. im Auftrage der französischen Behörden arbeitet, um H[elemann] in die Westsektoren zu bringen mit dem Ziel, diesen anzuwerben, wird vorgeschlagen, nachdem eine nochmalige Aussprache mit H[elemann] erfolgt ist und dieser eingehend nach Verbindungen usw. aufgeklärt wurde, den K. zur BDVP Berlin zu bestellen durch die dortige Dienststelle, um K. zu vernehmen mit dem Ziel der Anwerbung und ›die Auslieferung H[elemanns] an K. bzw. die französischen Behörden‹«.[112]

105 Nach eigenen Aussagen hatte K. nur überlebt, weil er auf dem Weg zur Hinrichtung von italienischen Partisanen befreit wurde.

106 PdVP Berlin, Abt. K, Dezernat AK: Vermerk an die BDVP Karl-Marx-Stadt, Abt. K, Dez. AK, 22.2.1954; ebenda, Bl. 36 f.

107 Vgl. VPKA Karl-Marx-Stadt, VP-Revier Burgstädt, VPGP Clausnitz: Beurteilung des Heinz Helemann für die BDVP Karl-Marx-Stadt, Abt. K, Dez. AK 3, 11.3.1954; ebenda, Bl. 39.

108 BDVP Karl-Marx-Stadt, Abt. K, Dez. AK: Anschreiben an Bezirksstaatsanwaltschaft, 18.3.1954; ebenda, Bl. 38 f.

109 Der Staatsanwalt des Bezirkes Karl-Marx-Stadt, Abt. IA: Mitteilung an das SfS Karl-Marx-Stadt, 23.3.1954; ebenda, Bl. 40 f.

110 BV Karl-Marx-Stadt, Abt. V/5: Sachstandsbericht (handschriftlich: Abschlussbericht), 14.4.1954; ebenda, Bl. 49–52.

111 Ebenda, Bl. 51.

112 Ebenda, Bl. 52.

Mit anderen Worten, die Staatssicherheit wollte den vermeintlichen Agenten K. »umdrehen«. Wie handschriftlich auf dem Sachstandsbericht vermerkt war, sollte der Vorgang gegen Helemann mangels »Perspektive auf Überprüfung« eingestellt werden.[113]

Einen Tag später erschien K. überraschend in Karl-Marx-Stadt bei der Volkspolizei. Den eilig hinzugezogenen Mitarbeitern der Staatssicherheit erklärte er, Anfang März 1954 in die DDR übergesiedelt zu sein. Er breitete sein Belastungsmaterial sowie den Originalschriftwechsel aus, den er wegen des Massakers unter anderem mit der Staatsanwaltschaft Kiel, der Generalstaatsanwaltschaft, der Senatskanzlei beim Regierenden Bürgermeister in West-Berlin, der Liga für Menschenrechte und verschiedenen Tageszeitungen geführt hatte. Der Gedanke, dass hier jemand mit viel persönlichem Engagement zur Verfolgung eines NS-Verbrechers beitragen wollte, kam den Vertretern der Staatssicherheit nicht. Während sie Helemann rundweg für glaubwürdig hielten, erkannten sie in allen Verhaltensweisen von K. Anhaltspunkte für ihre »Agententhese«:

> »Zu bemerken ist noch, dass uns K. äußerst verdächtig vorkam und zwar aufgrund der vielen Unterlagen, die er uns unterbreitete über seine Person und den Schriftverkehr mit französischen und westdeutschen Agentenzentralen in Bezug auf Briançon. Wir vermuten, dass K. im Auftrage des französischen Geheimdienstes hier in der DDR arbeitet, haben jedoch keine Beweise in der Hand.«[114]

Auch nach Auffassung des Leiters der Abteilung V müsse K. »längere Zeit eine Agenten- oder Spionageschule« besucht haben, da er sich bei der Befragung sehr geschickt verhalte.[115] Zum Beispiel, so das fadenscheinige Argument, habe er die Verhältnisse in der DDR gelobt, ohne die Zustände in West-Berlin und der Bundesrepublik zu kritisieren. Immerhin klärte sich nun die Basis von K.s Anschuldigungen genauer: Der hatte Helemann zum Tatzeitpunkt noch nicht persönlich gekannt, sondern erst 1948 Kriegstagebücher der in Briançon damals eingesetzten Kompanie recherchiert, in denen Helemanns Unterschrift für die fragliche Zeit zu finden war.

Auf die Idee, Helemann dem Augenzeugen des Massakers gegenüberzustellen oder nach weiteren Zeugen und Archivdokumenten zu fahnden, um die Anschuldigungen zu klären, kam die Staatssicherheit nicht. So suchte man weder nach Bestätigungen für Helemanns Schutzbehauptung, zum Tatzeitpunkt nicht in Briançon gewesen zu sein, noch nach Gründen für Widersprüche zu K.s Angaben über dessen Dienstgrad. Auch eine Klärung mithilfe der französischen Behörden schloss man in Karl-Marx-Stadt, beseelt von der völlig unbelegten Agententhese, aus.

K.s Insistieren löste neue Aktivitäten aus. Helemann sollte nochmals vernommen werden, um ihn dann anzuwerben oder festzunehmen. Im Fall seiner An-

113 Ebenda.

114 BV Karl-Marx-Stadt, Abt. V/5: Bericht über Vernehmung K., 22.4.1954; BStU, MfS, BV Chemnitz, AOP 362/54, Bd. I, Bl. 63 f.

115 BV Karl-Marx-Stadt, Abt. V: Einschätzung des K., 23.4.1954; ebenda, Bl. 65.

werbung sollte er den Auftrag erhalten, einen im westdeutschen Amt Blank beschäftigten Kameraden aus Kriegszeiten aufzusuchen. Diesem sollte er seine scheinbar prekäre Lage schildern, wohl in der Hoffnung, dass ihn dies für »feindliche« Dienststellen attraktiv erscheinen lasse.[116]

Doch Helemann wurde nicht befragt und auch nicht angeworben. Es fehlt jeder Hinweis, dass vom MfS überhaupt jemals wieder zum Massaker in Briançon ermittelt wurde. Der Überprüfungsvorgang Helemann ging im November 1954 »zur Ablage ins Archiv«.[117] Helemann floh im März 1957 aus der DDR, weil er, wie das MfS notierte, »mit unserer dem[okratischen] Entw[icklung] nicht einverst[anden]« war.[118] Der vermeintliche Spion K. verließ im Juni 1957 ebenfalls die DDR.[119]

Zwanzig Jahre nach dem ersten Hinweis des K. auf einen französischen Haftbefehl gegen Helemann sollte dann auch die Staatssicherheit erfahren, dass es schon damals einen guten Grund gegeben hätte, die Anschuldigungen ernster zu nehmen. Aufgrund einer Anfrage des Präsidiums der VVN Frankfurt/Main an den Generalstaatsanwalt der DDR[120] erhielt sie 1974 Listen französischer Abwesenheitsurteile, in denen vermerkt war, dass »Helemann, Heinz né le 7.8.1914 à Adorf – Allemagne, Lieutenant au 361ème régiment d'infanterie allemande« wegen Beihilfe zum Mord bereits am 26. September 1952 vom Militärgericht Lyon in Abwesenheit zum Tode verurteilt worden war.[121] Der zuständige Bearbeiter in der HA IX/11, Hauptmann Reichel, antwortete Ende April 1975 auf eine Anfrage der VVN zu Helemann und den anderen gesuchten Personen nur: »Helemann, Heinz wurde als Bürger der BRD ermittelt.«[122]

»Die wenigen Überlebenden sind der einstimmigen Auffassung, dass ›Bernhard‹ eine schreckliche Bestie ist« – Dr. Harald Heyns alias Dr. Herbert Monath-Hartz

Im Frühjahr 1957 geriet der Justiziar und Leiter der Rechts- und Vertragsabteilung des VEB Schwarzmetallurgie-Projektierung Berlin (MEPRO), Dr. Herbert Monath-Hartz, als vermeintlicher Kontaktmann eines amerikanischen Spions in das Visier des MfS. Die HA III (Volkswirtschaft) begann, belastendes

116 BV Karl-Marx-Stadt, Abt. V: Operativplan, 23.4. 954; ebenda, Bl. 78.

117 Beschluss des MfS über die Einstellung eines Überprüfungsvorganges, 5.11.1954; ebenda, Bl. 83.

118 MfS, HA IX/11: Notiz, o. D. (11/1974); BStU, MfS, HA IX/11, RHE-West 709/1, Bl. 176.

119 MfS, HA IX/11: Notiz, 14.12.1974; ebenda, Bl. 231.

120 Vereinigung der Verfolgten des Naziregimes, Bund der Antifaschisten, Präsidium: Anfrage betreffs »Endlösung der Judenfrage in Frankreich« an die Generalstaatsanwaltschaft der DDR, 22.10.1974; BA Berlin, DP 3/243-80-1974, Bd. I, Bl. 1 f.

1182 Vgl. Liste de criminels de guerre allemands condamnés par le tribunal de Lyon. Dossiers détenus par ce tribunal; BStU, MfS, HA IX/11, RHE-West 710/3, Bl. 101.

122 HA IX/11: Information über Feststellungen zu 1951/52 in Frankreich in Abwesenheit verurteilten Nazi- und Kriegsverbrechern, 22.4.1975; BStU, MfS, RHE-West 709/1, Bl. 14.

Material zu sammeln und seinen Lebensweg zu erkunden.[123] Da Monath-Hartz angegeben hatte, in Westpreußen geboren zu sein und nach seinem Studienabschluss 1938 in Breslau gearbeitet zu haben, gehörte dazu eine erste Anfrage bei den polnischen Kollegen – die fanden jedoch keine zusätzlichen Informationen.[124] Seit Juli 1958 ließ das MfS auf der Suche nach Beweisen für seine vermeintliche Agententätigkeit Monath-Hartz immer wieder tagelang beschatten, durchsuchte seine Wohnung und hörte sein Telefon ab, alles vergebens.[125] Da im Zuge der Rund-um-Überwachung allerdings Hinweise auf eine »negative politische Einstellung« auftauchten, eröffnete die Hauptabteilung im Dezember 1960 einen »Operativ-Vorlauf«.[126] Außerdem, so der erste Hinweis auf seine NS-Vergangenheit, gebe es Berichte von inoffiziellen Mitarbeitern über eine mögliche Offizierskarriere bei der »Abwehr«, die er in seinen Personalunterlagen verschwiegen habe.[127]

Nähere Erkundungen beim KGB sowie beim Institut für deutsche Militärgeschichte blieben ergebnislos.[128] Der Vorgang zog sich bis Dezember 1963 hin. Erst jetzt kam den MfS-Ermittlern der Gedanke, dass die Widersprüche in den Personalangaben nicht aus Tarnmanövern von vermeintlichen westlichen Spionage-Drahtziehern resultierten, sondern dass Monath-Hartz sich einer falschen Identität bediente.[129] Neben dem fortbestehenden Agentenverdacht und der unberechtigten Aneignung eines Doktortitels aus Karrieregründen rückte damit verbunden nun erstmals die Beteiligung an nationalsozialistischen Gewaltverbrechen in den Blick. Im Februar 1964 registrierte man den Vorgang unter dem Namen OV »Faschist« wegen des Verdachts der »Verbrechen gegen die Menschlichkeit«.[130]

Die neue Ermittlungshypothese bestätigte sich schnell. Die biographischen Angaben in der juristischen Dissertation von Monath-Hartz aus dem Jahr 1937

123 HA III/1/A: Aktenvermerk, 13.5.1957; BStU, MfS, AOP 2802/66, Bd. II, Bl. 103.

124 Vgl. Liste de criminels de guerre allemands condamnés par le tribunal de Lyon. Dossiers détenus par ce tribunal; BStU, MfS, HA IX/11, RHE-West 710/3, Bl. 101.

125 Z. B. HA VIII/1: Beobachtungsbericht, 20.5.1958; ebenda, Bl. 114 f.; HA VIII/Abt. II/2: Bericht über konspirative Durchsuchung bei Dr. Monath-Hartz, 31.7.1962; ebenda, Bl. 178 f.; z. B. Informationsbericht an HA III/1, Akz. 26, A 815/61/19/ AU, 12.9.1961; BStU, MfS, AOP 2802/66, Bd. 4, Bl. 21; Abt. 26: Aufstellung zum Auftrag B 54/61, 26.7.1961; ebenda, Bl. 38–40.

126 HA III/1/D: Beschluss für das Anlegen eines Operativ-Vorlauf-Vorganges, 19.12.1960; BStU, MfS, AOP 2802/66, Bd. 1, Bl. 4.

127 HA III/1/D: Gründe für das Anlegen eines Operativ-Vorlauf-Vorganges, 19.12.1960; ebenda, Bl. 5; z. B. HA III/1/D: Auszug aus dem Treffbericht des GI »Elisabeth«, 14.12.1960; BStU, MfS, AOP 2802/66, Bd. 2, Bl. 39.

128 Handschriftlich: Mitteilung, 10.10.1962; BStU, MfS, AOP 2802/66, Bd. 3, Bl. 33; Nationale Volksarmee, Institut für Deutsche Militärgeschichte: Auskunftsbericht, 14.8.1962; BStU, MfS, AOP 2802/66, Bd. 3, Bl. 36.

129 HA III/4/Op. Gr. (Operative Gruppe): Einschätzung des OVV 19/61 Dr. Monath-Hartz, 4.12.1963; BStU, MfS, AOP 2802/66, Bd. 1, Bl. 11–18; HA III/4/D: Zusammenfassender Bericht zum Operativ-Vorgang »Faschist«, Reg.-Nr. 19/61, 5.2.1964; BStU, MfS, AOP 2802/66, Bd. 2, Bl. 56–61, hier 56.

130 HA III/4/D: Beschluss zum Anlegen eines Operativ-Vorgangs, 3.2.1964; BStU, MfS, AOP 2802/66, Bd. 1, Bl. 6.

wiesen abweichende Angaben zu seinem Geburtsdatum, dem Vornamen und Beruf seines Vaters sowie dem Geburtsnamen seiner Mutter auf.[131] Parallel dazu hatte die Postkontrolle einen Briefkontakt des Verdächtigen nach Niedersachsen aufgedeckt, aus dessen Inhalt zu entnehmen war, dass es sich bei dem Briefpartner um den Vater des Verdächtigen handeln musste.

Der Rest war Routine: Ein IM der HA VIII nahm unter einem Vorwand persönlichen Kontakt mit dem Vater auf, und dieser lüftete nichts ahnend und bereitwillig das Geheimnis seines Sohnes: Sein richtiger Name war Dr. Harald Heyns, geboren 1913. Er hatte Jura studiert und war während des Krieges bei der Polizei eingesetzt. Nach 1945, so sein Vater, sei er zunächst inhaftiert gewesen, dann aber entlassen worden. Als dann eine erneute Verhaftung gedroht habe, sei er verschwunden und halte sich nun bei den »Russen« auf.[132] Die aus der Deutschen Bücherei Leipzig beschaffte Dissertation des Harald Heyns bestätigte die persönlichen Daten.[133]

Aus MfS-Sicht stand nun zumindest fest, dass sich Heyns mit seiner Falschidentität der Urkundenfälschung schuldig gemacht hatte. Offen blieb allerdings der Grund dafür sowie für den Übertritt in den Osten. Zwar hielt man ihn für verdächtig, an NS-Verbrechen beteiligt gewesen zu sein, doch wollte man darin keinen hinreichenden Grund für eine Flucht aus Westdeutschland erkennen – war man sich doch auf östlicher Seite sicher, dass hunderttausende von NS-Tätern unbehelligt im Westen lebten. Trotz zehn Jahren ergebnisloser Ermittlungen wegen Spionageverdachts bestand aus MfS-Sicht deshalb weiterhin »eine reale Möglichkeit, dass der Verdächtige zum Beispiel vom englischen Geheimdienst in die DDR geschickt wurde«. Da die »operativen Möglichkeiten der Bearbeitung in Richtung Spionage ausgeschöpft worden sind«, sollte dies in der Untersuchungshaft geklärt werden.[134]

Zwar hatte man Zweifel, ob man die schwache Beweislage durch eine Vernehmung des promovierten Juristen würde verbessern können, doch schließlich wurde Harald Heyns alias Herbert Monath-Hartz am frühen Morgen des 9. Juni 1964 vom MfS festgenommen und in dessen Untersuchungshaftanstalt in Berlin-Lichtenberg (Magdalenenstraße) gebracht.[135] Trotz der Befürchtungen hinsichtlich des möglichen juristischen Geschicks des Beschuldigten verfehlte der Schock der Erstvernehmung unmittelbar nach der Einlieferung seine Wirkung nicht. Während man ursprünglich nur die Urkundenfälschung als Haftgrund

131 HA III/4/D: Zusammenfassender Bericht zum Operativ-Vorgang »Faschist«, Reg.-Nr. 19/61, 5.2.1964; BStU, MfS, AOP 2802/66, Bd. 2, Bl. 57.

132 HA VIII/III/2: Ermittlungsbericht, 5.2.1964; BStU, MfS, AOP 2802/66, Bd. 1, Bl. 119–121.

133 Vgl. Lebenslauf von Harald Heyns, in: Die Anwendung von militärischen Repressalien unter Völkerbundmitgliedstaaten. Inaugural-Dissertation zur Erlangung der Doktorwürde der Hohen Rechts- und Staatswissenschaftlichen Fakultät der Christian-Albrechts-Universität zu Kiel, Berlin 1938; ebenda, Bl. 122–126, hier 125 (Originalsignatur: Deutsche Bücherei Di 1938 A 3383).

134 Konzentrierte Belastungs- und Verdachtsmomente gegen Dr. Monath-Hartz, Herbert, 16.5.1964; BStU, MfS, AOP 2802/66, Bd. 2, Bl. 172–176, hier 175.

135 HA XVIII/1/1: Aktenvermerk, 23.5.1964; BStU, MfS, AOP 2802/66, Bd. 3, Bl. 73 f.; MfS: Einlieferungsanzeige, 9.6.1964; BStU, MfS, HA IX/11 ZUV 31, Bd. III, Bl. 7.

vorzuweisen hatte, enthielt die noch am selben Tag abgefasste formelle Verfügung zur Einleitung eines Ermittlungsverfahrens bereits belastende Einzelheiten aus der Dienstzeit Heyns' in Frankreich: »Ferner ist er dringend verdächtig, während seines Einsatzes von 1942 bis 1944 in Frankreich als Angehöriger der Geheimen Feldpolizei und der so genannten Abwehrleitstelle Paris durch Rat und Tat an der Ermordung französischer Bürger beteiligt gewesen zu sein.«[136]

Dies stimmte zwar, wie sich später zeigen sollte, nur zum Teil, gab aber hinreichenden Anlass für das weitere Verfahren. Bei der Anhörung durch den Haftrichter gab Heyns unumwunden zu, einen falschen Namen zu führen. Er habe sich den Namen eines Kommilitonen angeeignet, da ihm dessen Lebenslauf bis zum Ende des gemeinsamen Studiums bestens bekannt gewesen sei. Den fiktiven Zusatznamen »Hartz« habe er aus »Sicherheitsgründen« hinzugefügt, um Nachforschungen zu erschweren.[137] Als Erklärung gab er an: »Der Grund dafür war, dass ich mich seinerzeit dem Gewahrsam der englischen Besatzungsmacht entzog, die gegen mich ein Untersuchungsverfahren wegen Beihilfe zum Mord eingeleitet hatte. Da ich befürchtete, dass ich dann hier [in der DDR] auf Ersuchen der Engländer festgenommen würde, legte ich mir einen falschen Namen zu.«[138]

Die Begehung von Verbrechen gegen die Menschlichkeit, wie im Haftbefehl zur Last gelegt, bestritt er jedoch. Er hatte offenbar die Fassung wiedergewonnen und beauftragte einen in Ost-Berlin ansässigen Rechtsanwalt mit seiner Verteidigung, dem allerdings in den folgenden zwölf Monaten Untersuchungshaft weder ein Gespräch mit seinem Mandanten noch eine Nachricht über die Vorwürfe gegen ihn gestattet wurde.[139] Diese Praxis war für die U-Haft beim MfS nicht Außergewöhnliches, sie hatte in diesem Fall jedoch einen besonderen Grund: Es war noch keineswegs entschieden, ob die NS-Taten überhaupt Gegenstand des Verfahrens werden würden, da man hierzu den Weg der Kontaktaufnahme mit der westlichen Justiz hätte einschlagen müssen.

Besonderer Vorkehrungen bedurfte schon die formelle Personenfeststellung mithilfe von Stellen in der Bundesrepublik. Da man nicht preisgeben wollte, dass es um einen NS-Verbrecher ging, informierte man die niedersächsischen Stellen über angebliche Zweifel an der Rechtmäßigkeit des Doktortitels.[140] Schon im

136 Verfügung des Ministeriums für Staatssicherheit gemäß §106 StPO, 9.6.1964; ebenda, Bl. 5; vgl. HA IX/2: Vernehmungsprotokoll des Beschuldigten, 9.6.1964; BStU, MfS, HA IX/11 ZUV 31, Bd. III, Bl. 39–50. HA IX/2: Informationsbericht, 10.6.1964, Paraphe Hei(nitz); BStU, MfS, HA IX/11, ZUV 31, Bd. I, Bl. 99–102.

137 Vgl. (HA IX/2): Vernehmungsprotokoll des Beschuldigten Dr. Harald Heyns alias Dr. Herbert Monath-Hartz, 9.6.1964; BStU, MfS, HA IX/11, ZUV 31, Bd. III, Bl. 45.

138 Das Stadtbezirksgericht Berlin-Mitte, Haftrichter, (Az. Hs. C 126/64): Erklärung in der Ermittlungssache Dr. Heyns, Harald alias Dr. Herbert Monath-Hartz, 10.6.1964; ebenda, Bl. 11.

139 Der Generalstaatsanwalt, Abt. I/E: Mitteilung an das MfS über Genehmigung der beantragten Fristverlängerung, 20.6.1965; ebenda, Bl. 12–18. Vgl. Eingabe vom Rechtsanwalt an den Generalstaatsanwalt der DDR in der Strafsache gegen Dr. Herbert Monath-Hartz, 14.5.1965, sowie Anfrage vom Rechtsanwalt an den Generalstaatsanwalt der DDR in der Strafsache Dr. Herbert Monath-Hartz hinsichtlich der Beantwortung seiner Eingabe, 8.6.1965; BStU, MfS, AST I A 148/65, Bd. 1, Bl. 80 u. 98.

140 HA IX/2: Aktenvermerk, 1.10.1964; BStU, MfS, HA IX/11, ZUV 31, Bd. I, Bl. 211.

November 1964 übersandte das Landeskriminalamt Niedersachsen eine amtliche Geburtsurkunde und die Mitteilung, dass der Vater seinen Sohn anhand eines Fotos identifiziert habe. Darüber hinaus teilte man dem Ostberliner Generalstaatsanwalt mit, dass in der Bundesrepublik nicht nach Heyns gefahndet werde.[141]

Im Juni 1965 ermittelte das MfS noch den Aufenthaltsort des wahren Dr. Herbert Monath. Damit waren die Voraussetzungen für einen »Personenfeststellungsbeschluss« gegeben: »Alle vordem auf den Namen Dr. Monath-Hartz lautenden Dokumente [sind] als zutreffend für die Person des Dr. Harald Heyns zu erklären.«[142] Im Abschlussbericht des MfS zu diesem Punkt war allerdings nicht mehr von einer Straftat wegen Urkundenfälschung die Rede, sondern nur noch von einem Verstoß gegen die Personalausweisverordnung.[143]

Parallel hierzu war das MfS bemüht, Beweise für Verbrechen gegen die Menschlichkeit zu erarbeiten. Da die Dokumentenlage in der DDR schlecht war, war man vor allem auf die Aussagen des Verdächtigen angewiesen. Doch der spielte nun seine Erfahrungen im ureigenen Metier des Vernehmers aus und ließ sich kaum Belastendes entlocken. Offenbar blieb ihm auch nicht verborgen, dass seine Befrager nicht über Hintergrundwissen, Zeugenaussagen oder gar Beweisdokumente verfügten. Nach einem Jahr Untersuchungshaft ließ Heyns auch beiläufig wissen, dass seine Erstaussage zum Teil erfunden gewesen sei:

> »Meine in der Vernehmung vom 9. Juni 1964 […] gemachten Aussagen entsprechen nicht den Tatsachen. Ich hatte im Verlaufe meiner ersten Vernehmung den Eindruck, dass man mich für irgendwelche Aufgaben auf dem Gebiet der Abwehr gewinnen will und habe deshalb, um mich für geeignet erscheinen zu lassen, vorgegeben für die Abwehrleitstelle Paris der faschistischen Abwehr gearbeitet zu haben.«[144]

Tatsächlich hatte er sich mit seiner ersten Aussage offenbar interessant machen wollen. Wie zeitgenössische Dokumente belegen, konnte Heyns auf eine Karriere in der Geheimen Feldpolizei (GFP) sowie der Sicherheitspolizei und dem Sicherheitsdienst der SS zurückblicken. Er wurde am 30. April 1940, wenige Tage vor Beginn der deutschen Offensive im Westen, zur Gruppe 633 der Geheimen Feldpolizei einberufen.[145] Nach dem deutsch-französischen Waffenstillstandsabkommen fungierten die GFP-Kräfte als »polizeiliche Exekutive der Militärverwaltung« und wurden zur Bekämpfung der französischen Widerstandsbewegung, der Abwehr alliierter Spionage und Sabotage sowie der geheimpolizeilichen Überwachung der eigenen Truppe eingesetzt. Diese Aktivitä-

141 Landeskriminalamt Niedersachsen: Mitteilung an den Generalstaatsanwalt von Groß-Berlin, 12.11.1964; BStU, MfS, HA IX/11, ZUV 31, Bd. III, Bl. 57 f.

142 Personenfeststellungsbeschluss des Ministeriums für Staatssicherheit, 22.6.1965; ebenda, Bl. 55 f.

143 Schlussbericht des Ministeriums für Staatssicherheit, 23.6.1965; BStU, MfS, HA IX/11, ZUV 31, Bd. I, Bl. 531–539, hier 532.

144 (HA IX/2): Vernehmungsprotokoll des Beschuldigten Dr. Heyns, Harald, 23.6.1965; ebenda, Bl. 397 f.

145 Mitteilung der Deutschen Dienststelle für die Benachrichtigung der nächsten Angehörigen von Gefallenen der ehemaligen deutschen Wehrmacht (WASt) an den Verfasser, 7.9.2001.

ten waren verbunden mit selektivem Terror: Inhaftierungen, Verschleppungen, Geiselerschießungen. In der Praxis übte die GFP in Frankreich bis Mitte 1942 auch gegenüber der Zivilbevölkerung die »Unterdrückungsfunktion der Gestapo« aus.[146] In Umsetzung eines Führerbefehls ordnete der Chef des Oberkommandos der Wehrmacht (OKW) am 25. April 1942 an, alle als Exekutive der Militärverwaltungsorgane eingesetzten Kräfte der Geheimen Feldpolizei in die Sicherheitspolizei und den SD zu überführen.[147]

Der Stab der GFP-Gruppe 633 befand sich Anfang 1941 in Château-des-Spoir, Kommissariate befanden sich in Bourges, Blois und Château-des-Spoir.[148] Ab dem 20. November 1942 wurde Heyns pro forma zum GFP-Ersatz-Bataillon 600 in Lissa abgemeldet und galt als aus der Wehrmacht entlassen.[149] Spätestens von Dezember 1942 bis mindestens Mitte März 1943 gehörte Heyns im Range eines SS-Oberscharführers der Dienststelle des Kommandeurs der Sicherheitspolizei und des SD (KdS) im Bereich des Militärbefehlshabers in Frankreich, Kommando Rouen, Außenkommando Caen, an.[150] Anschließend fungierte er mindestens bis Ende August 1943 als Leiter des Außenkommandos Alençon, welches ebenfalls dem KdS in Rouen unterstand.[151] Am 1. Dezember 1943 wurde ihm das Kriegsverdienstkreuz 2. Klasse mit Schwertern verliehen.[152] Von Februar bis Ende August 1944 leitete Heyns, mittlerweile SS-Hauptscharführer, das Außenkommando Caen.[153] Auch dieses unterstand dem Kommandeur der Sicherheitspolizei und dem SD (KdS) in Rouen mit dem Zuständigkeitsbereich für die Départements an der Atlantikküste Seine Inférieure, Orne, Calvados, Eure und Manche.[154]

In seinen Vernehmungen berichtete Heyns Einzelheiten über seine Aufgaben und Tätigkeiten in den verschiedenen Dienststellen der GFP. Demnach war er unter anderem bei der Befragung von an der Grenze zum unbesetzten Teil Frankreichs festgenommenen Personen, an der Vernehmung von Geiseln, bei der

146 Vgl. Geßner: Geheime Feldpolizei, 1986, S. 58.

147 Vgl. ebenda, S. 68.

148 Vgl. ebenda, S. 61.

149 Mitteilung der Deutschen Dienststelle für die Benachrichtigung der nächsten Angehörigen von Gefallenen der ehemaligen deutschen Wehrmacht (WASt) an den Verfasser, 28.3.2000.

150 Vgl. Der Befehlshaber der Sicherheitspolizei und des SD im Bereich des Militärbefehlshabers in Frankreich, Sicherheitspolizei (SD), Kommando Rouen, Außenkommando Caen: Zusammenstellung der lt. Sammelempfangsbestätigung gezahlten Barvergütungen, 1.12.1942; Der Befehlshaber der Sicherheitspolizei und des SD im Bereich des Militärbefehlshabers in Frankreich, Sicherheitspolizei (SD): Zusammenstellung der am 1.3.1943 gezahlten Beschäftigungsvergütung des Kdo. Rouen, 15.3.1943; BStU, MfS, HA IX/11, RHE 24/82 BRD, Bd. 2, Bl. 77 u. 82.

151 Sicherheitspolizei (SD), Außendienststelle Alençon: Ersuchen an das Sicherheitspolizei (SD)-Kommando Rouen um Ersatz-Zuteilung von Vergaserkraftstoff, 22 8.1943; ebenda, Bl. 88.

152 Der Befehlshaber der Sicherheitspolizei und des SD im Bereich des Militärbefehlshabers in Frankreich: Befehls- und Nachrichtenblatt, 1.12.1943, Nr. 22; ebenda, Bl. 92–100, hier 100.

153 (Military Court for Trial of War Criminals): Explanatory Note, o. D. (1948); BA Koblenz, AllProz 8, JAG, Case 345, Bl. 73 f. (Übersetzung aus dem Englischen).

154 Vgl. Dienststellen-Verzeichnis des Befehlshabers der Sicherheitspolizei und des SD im Bereich des Militärbefehlshabers in Frankreich, Stand 25.6.1944; BStU, MfS, HA IX/11, RHE 24/82 BRD, Bd. 3, Bl. 48–69, hier 60.

Fahndung (Zugkontrolle), der Aufklärung von Sprengstoffanschlägen gegen deutsche Einrichtungen und als Prozessbeobachter in einem Kriegsgerichtsverfahren gegen zwei Franzosen beteiligt gewesen.[155] Nach der Übernahme der GFP in die Sicherheitspolizei und der Einsetzung von SS-Brigadeführer Carl-Albrecht Oberg, als »Höherer SS- und Polizeiführer im Bereich des Militärbefehlshabers in Frankreich« im Mai 1942,[156] habe sich, so Heyns, der Terror gegen die Zivilbevölkerung erheblich verschärft. Festnahmen, Todesurteile und Deportationen hätten zugenommen und die »Sippenhaft« sei eingeführt worden.[157]

Neben seiner Funktion als Chef der Dienststelle Caen wurde Heyns, seinen Angaben zufolge, noch mit dem Aufbau und der Leitung einer Spionageabwehrgruppe beauftragt. Dessen Hauptaufgabe bestand darin, mittels V-Leuten gegen französische Widerstandsgruppen vorzugehen, die im Auftrag des britischen Geheimdienstes militärische Informationen zur Vorbereitung der Invasion beschaffen sollten.[158] Nach französischen Polizeiangaben soll Heyns mit Unterstützung eines Agenten die drei Nachrichten- und Widerstandsorganisationen »Lepen«, »Alliance« und »Derrien« zerschlagen haben. Dabei wurden circa 80 Personen verhaftet.[159]

Diese Schläge hatten durchaus Auswirkungen auf die alliierten Operationen. Allein von den insgesamt 480 in Frankreich eingesetzten Agenten des britischen Geheimdienstzweiges Special Operations Executive (SOE) wurden 130 verhaftet. Die Mehrzahl wurde hingerichtet oder im Kampf getötet, nur 26 von ihnen überlebten den Krieg.[160] Zudem war Heyns persönlich an der Enttarnung von Mitgliedern einer so genannten »Fluchtkette« beteiligt, mit deren Hilfe entflohene alliierte Kriegsgefangene, Besatzungsmitglieder abgeschossener Flugzeuge und andere Flüchtlinge von Frankreich über Spanien weiter nach England geschleust wurden.[161] Obwohl sich Heyns in den Vernehmungen mit konkreten Details über seine individuelle Beteiligung zurückhielt, ließen seine Aussagen

155 Vgl. (HA IX/2): Vernehmungsprotokoll des Beschuldigten Dr. Heyns, Harald, 4.9.1964; BStU, MfS, HA IX/11, ZUV 31, Bd. I, Bl. 171–185; (HA IX/2): Vernehmungsprotokoll des Beschuldigten Dr. Heyns, Harald, 24.9.1964; ebenda, Bl. 208–210.

156 Zu den Hintergründen siehe Birn: Die Höheren SS- und Polizeiführer, 1986, S. 250–259.

157 Vgl. (HA IX/2): Vernehmungsprotokoll des Beschuldigten Dr. Heyns, Harald, 6.10.1964; BStU, MfS, HA IX/11, ZUV 31, Bd. I, Bl. 212–216.

158 Vgl. (HA IX/2): Vernehmungsprotokoll des Beschuldigten Dr. Heyns, Harald, 2.11.1964, 5.11.1964, 27.11.1964; ebenda, Bl. 234–254. Mehr über diese Kooperation nachzulesen in Cookridge: Versteckspiel mit dem Tode, 1967; Brown: Die unsichtbare Front, 1976; Schulz: Geheimdienste und Widerstandsbewegungen, 1982.

159 Vgl. Innenministerium, Hauptverwaltung der nationalen Sicherheit: Bericht des Kriminalpolizeiinspekteurs R. Deby an den Hauptkommissar, Chef der 3. Regionalbrigade der Kriminalpolizei Rouen in der Angelegenheit Heyns, Harald, 31.12.1947, Übersetzung; ZStL 104 AR-Z 40/67, Sonderband XIII, Bl. 4277–4286.

160 Vgl. Cookridge: Versteckspiel mit dem Tode, 1967, S. 183.

161 Vgl. (HA IX/2): Vernehmungsprotokoll des Beschuldigten Dr. Heyns, Harald, 4.12.1964; BStU, MfS, HA IX/11, ZUV 31, Bd. I, Bl. 255–260.

keinen Zweifel am brutalen Vorgehen der deutschen Sicherheitskräfte und deren französischen Helfershelfern.[162]

Die persönliche Beteiligung Heyns' war schon 1945 durch Zeugenaussagen bestätigt worden, etwa durch die Aussage des französischen Widerstandskämpfers Robert Martin, der unter anderem abgeschossene britische Piloten versteckt hatte. Er war von den Deutschen verhaftet worden und schilderte später ein Verhör durch Heyns:

»Der Chef Bernard[163] [damals der Deckname von Heyns], groß, rothaarig, der sehr gut französisch sprach, grau-blaue Augen hatte und sehr sportlich aussah, ist dann eingetreten. Er hat angefangen mich zu boxen. Dann hat er mir mit einer Zange die Fingernägel abgerissen. Mit einer Doppelzange hat er mir den Nasenknorpel gebrochen. Da er festgestellt hat, dass ich nicht gestand, hat er mich mit Ochsenziemer geschlagen.«[164]

Die Staatssicherheit erfuhr mangels Nachfrage in Frankreich von dieser Aussage allerdings nichts. Als Martin anschließend erschossen werden sollte, gelang ihm die Flucht. Viele andere hatten nicht soviel Glück. Mindestens 24 000 Männer und Frauen des Widerstandes (Résistance) wurden von den Deutschen in Frankreich hingerichtet. Von den 115 000, die in deutsche Konzentrationslager deportiert worden waren, kehrten nur 40 000 zurück.[165]

Heyns schilderte in den Verhören auch, dass er am Tag der alliierten Invasion, dem 6. Juni 1944, vom KdS Rouen den Befehl erhalten habe, im Gefängnis von Caen einsitzende Häftlinge zu erschießen.[166] Heyns behauptete, sich diesem Befehl verweigert zu haben. Andere Angehörige der Dienststelle, die »bereits im Osten zum Einsatz« gekommen waren, hätten sich jedoch angeblich eigenmächtig zum Gefängnis begeben und 15 Häftlinge erschossen. Die Leichen wurden zunächst auf dem Gefängnisgelände vergraben. Zwei Wochen später habe man sie wieder ausgegraben und an anderer Stelle verscharrt, um den Alliierten keine Beweise für die Gräueltaten zu hinterlassen.[167] Auch hierzu hätte das MfS in Frankreich belastende Details erfahren können, doch folgte es ohne weitere Nachfragen den Aussagen des Untersuchungshäftlings. Es sollte fast zwanzig Jahre dauern, bis dieses Massaker nochmals Gegenstand eines Ermittlungsverfahrens in der Bundesrepublik wurde.

162 Gegenüber dem MfS behauptete Heyns, er habe »derartige Methoden grundsätzlich nicht angewandt«. Vgl. (HA IX/2): Vernehmungsprotokoll des Beschuldigten Dr. Heyns, Harald, 26.10.1964; BStU, MfS, HA IX/11, ZUV 31, Bd. I, Bl. 227–233.

163 Nach Feststellung französischer Polizeibehörden benutzte Heyns zusätzlich den Aliasnamen »Jean Pineau«. Vgl. Innenministerium, Hauptverwaltung der nationalen Sicherheit, Französische Republik: Bericht der Ermittlungsstelle für feindliche Kriegsverbrechen an den Chef der 3. Regionalbrigade der Kriminalpolizei Rouen über Kriegsverbrechen, die im Departement Calvados von Mitgliedern der Sicherheitspolizei (SD) aus Caen begangen wurden, 28.2.1947 (Übersetzung aus dem Französischen); ZStL, 104 AR-Z 40/67, Sonderband XIII, Bl. 4252–4276, hier 4252.

164 Gericht der ersten Instanz in Lisieux: Zeugenaussage Robert Martin, 2.11.1945; ZStL, 104 AR-Z 40/67, Sonderband XIII, Bl. 4183–4187, hier 4185.

165 Vgl. Cookridge: Versteckspiel mit dem Tode, 1967, S. 183.

166 Vgl. Brunner: Der Frankreich-Komplex, 2004, S. 74.

167 (HA IX/2): Vernehmungsprotokoll des Beschuldigten Dr. Heyns, Harald, 4.12.1964; BStU, MfS, HA IX/11, ZUV 31, Bd. I, Bl. 272–278.

Infolge des Rückzuges gelangte Heyns' Kommando im Spätsommer 1944 nach Brünn im Reichsprotektorat Böhmen und Mähren.[168] Heyns leitete von September bis November 1944 in der Kleinstadt Göding, an der Grenze zur Slowakei, eine Dienststelle der Sicherheitspolizei und des SD. Im Januar 1945 wurde er mit einem Vorauskommando in das zur Festung erklärte Breslau geschickt und einer Infanterieeinheit zugeteilt. Nach der Kapitulation geriet Heyns in sowjetische Kriegsgefangenschaft, konnte jedoch fliehen und sich zu seinen Eltern nach Niedersachsen durchschlagen.[169]

Zu seinem Lebensweg nach Kriegsende gab Heyns an, im April 1947 von der deutschen Kriminalpolizei vorgeladen und anschließend von britischen Militärbehörden festgenommen worden zu sein. Er behauptete, dass ihn britische und französische Geheimdienstoffiziere nur über seine Spionageabwehrtätigkeit im besetzten Frankreich befragt und aufgefordert hätten, für einen der beiden Geheimdienste tätig zu werden.[170] Den offiziellen Ermittlungsunterlagen zufolge, galt das Interesse jedoch dem Massaker von Caen, zu dem er am 16. Dezember 1947 von zwei Inspektoren der Kriminalpolizei Rouen befragt worden war, sowie den kriegsrechtswidrigen Tötungen zweier alliierter Flieger.[171]

Ab dem 4. August 1948 musste sich Heyns in Hamburg im so genannten »Caen-Sipo-Prozess« für die Tötung der beiden verantworten.[172] Am 16. August floh er während einer Verhandlungspause aus dem Gerichtsgebäude und setzte sich kurz darauf in die SBZ ab.[173] In Abwesenheit befand das Gericht Heyns der Tötung der beiden Flieger für schuldig und verurteilte ihn am 18. September 1948 zum Tode durch den Strang.[174]

Gegenüber dem MfS behauptete Heyns, dass der Britische Hochkommissar die Urteile aufgehoben habe.[175] In der Tat liegt heute aus westlichen Beständen zumindest ein Schreiben des »Deputy Judge Advocate General« (Stellvertreten-

168 Der Befehlshaber der Sicherheitspolizei und des SD im Bereich des Militärbefehlshabers in Frankreich: Mitteilung an das RSHA, I Org., u. a. über die Organisation und Gliederung des BdS Frankreich sowie den Aufenthaltsort der ehemaligen Dienststellen des BdS Frankreich, 27.10.1944; BStU, MfS, HA IX/11, RHE 24/82 BRD, Bd. 3, Bl. 73 f.

169 Vgl. (HA IX/2): Vernehmungsprotokoll des Beschuldigten Dr. Heyns, Harald, 28.6.1965; BStU, MfS, HA IX/11, ZUV 31, Bd. I, Bl. 397 f.

170 Vgl. (HA IX/2): Vernehmungsprotokoll des Beschuldigten Dr. Heyns, Harald, 24.2.1965, 26.2.1965; ebenda, Bl. 353–358 u. 371–373.

171 Französisches Innenministerium, Generaldirektion für Nationale Sicherheit: Niederschrift über die Anhörung des Harald Heyns betreffs des Massakers im Gefängnis Caen, o. D. (1947); ZStL, 104 AR-Z 40/67, Sonderband XV Vernehmungen, Anklagen u. a. (Lischka, Kurt u. a.), Bl. 4837–4843; vgl. (HA IX/2): Vernehmungsprotokoll des Beschuldigten Dr. Heyns, Harald, 1.3.1965; BStU, MfS, HA IX/11, ZUV 31, Bd. I, Bl. 359–365.

172 In der Verhandlungspause geflüchtet. Angeklagter im Kriegsverbrecherprozess entkommen. In: Hamburger Allgemeine v. 18.8.1948, S. 1.

173 Vgl. (HA IX/2): Vernehmungsprotokoll des Beschuldigten Dr. Heyns, Harald, 1.3.1965 BStU, MfS, HA IX/11, ZUV 31, Bd. I, Bl. 359–65.

174 In Abwesenheit zum Tode verurteilt. In: Hamburger Allgemeine v. 20.9.1948, S. 1.

175 Vgl. (HA IX/2): Vernehmungsprotokoll des Beschuldigten Dr. Heyns, Harald, 1.3.1965; BStU, MfS, HA IX/11, ZUV 31, Bd. I, Bl. 359–365.

der Militärgeneralstaatsanwalt)[176] an den Oberkommandierenden der britischen Rheinarmee vor, in welchem er rät, die Urteile nicht anzuerkennen, da die Beweislage nicht ausreichend gewesen sei. Außerdem sei durch die Flucht Heyns dessen Verteidigungsmöglichkeit eingeschränkt gewesen.[177]

Das MfS ist dieser Frage allerdings gar nicht nachgegangen. Dessen Ermittlungen blieben auf den eigenen Machtbereich beschränkt. Neben ergebnislosen Recherchen in DDR-Archiven und bei den tschechoslowakischen Sicherheitsorganen[178] wurden die zuständigen MfS-Offiziere Thiemig und Thurm in polnischen Archiven fündig. Geradezu neidisch stellten sie fest: »Im Einzelnen war im Archiv des MdI in Polen sehr viel Material über die Tätigkeit der Geheimen Feldpolizei bzw. Sicherheitspolizei im besetzten Frankreich vorhanden (in Polen wird die Menge des Materials in Metern gemessen).«[179] Darunter befanden sich auch einige Dokumente, die die Angaben von Heyns hinsichtlich seines Dienstgrades und einzelner Einsatzorte bestätigten. Die Funde verleiteten die beiden Ermittler zu der gewagten Feststellung: »Aus diesem Ergebnis ist zu schlussfolgern, dass die weiteren Angaben über seinen Einsatz in Frankreich, auch wenn sie nicht dokumentiert werden konnten, der Wahrheit entsprechen können.«[180]

Obwohl es auf der Hand lag, dass ein entscheidender Ermittlungsfortschritt nur mithilfe französischer oder britischer Stellen zu erwarten war, vermied das MfS jede offizielle Initiative in diese Richtung. Zwar ließ sich dies mit fehlenden diplomatischen Beziehungen und Rechtshilfeabkommen begründen, doch wollte die DDR offenkundig in erster Linie vermeiden, dass im Westen etwas über den Fall Heyns publik wurde. Auch der Vorschlag des Ermittlers Pannewitz, die britischen Prozessunterlagen mithilfe der »sowjetischen Freunde« zu beschaffen, wurde nicht weiter verfolgt.[181]

Mit seiner Flucht in die SBZ/DDR hatte Heyns für die ostdeutschen Behörden einen Präzedenzfall geschaffen. Da man ihn gemäß Artikel 10 der Verfassung nicht kurzerhand ausliefern konnte, hätte man vor der Wahl gestanden, entweder das Urteil des britischen Militärgerichts zu vollstrecken, das britische Militärgerichtsverfahren nochmals aufzurollen oder ihn wegen der anderen, in Frank-

176 Der DJAG vertrat den Judge Advocate General of the Forces in London, welcher für die Administration der Militärgerichtsbarkeit (Beratung in Militärstrafsachen, Überprüfung der Schuldsprüche) sowie die Einsetzung von Judge Advocates an Militärgerichten zuständig war. Vgl. Vorbemerkung im Findbuch »AllProz 8, Britische Kriegsverbrecher-Prozesse (Akten des Judge Advocat General)« des Bundesarchivs Koblenz, 1978, S. I–IX.

177 Vgl. Office of The Deputy Judge Advocate General, c/o Headquarters, British Army of the Rhine BAOR 1, DJAG, DJAG/15418/943-4/BAOR: (Message to) General Officer Commanding-in-Chief, British Army of the Rhine, 12.10.1948, Stempelaufdruck: Not To Be Detached; BA Koblenz, AllProz 8/JAG 345, Bl. 75–77.

178 HA IX/2: Aktenvermerk, 26.2.1965; BStU, MfS, HA IX/11, ZUV 31, Bd. I, Bl. 352; Abt. X: Mitteilung an die HA IX über die Antwort der Sicherheitsorgane der ČSSR, 1.3.1965; ebenda, Bl. 290.

179 HA XVIII/1: Bericht über die Dienstreise der Genossen Thurm und Thiemig nach Warschau vom 10.–14.11.1964 zum Untersuchungsvorgang »Faschist«, 16.11.1964; BStU, MfS, AOP 2802/66, Bd. 3, Bl. 89 f.

180 Ebenda.

181 Vgl. HA XVIII/1: Vermerk, 25.1.1965; BStU, MfS, HA IX/11, ZUV 31, Bd. I, Bl. 295.

reich verübten Taten vor Gericht zu stellen. Der Ausgang des Verfahrens wäre dabei völlig offen gewesen. Auf eine in so vielfältiger Weise unkontrollierbare Situation wollten sich die DDR-Stellen offenbar nicht einlassen.

Stattdessen beschritt das MfS weiter den Weg der verdeckten Ermittlung. Es entstand der Plan, über die Zeitung der Organisation der französischen Widerstandskämpfer nach Zeugen zu suchen. Dabei sollte allerdings peinlich vermieden werden, Heyns als eigentliches Objekt des Interesses zu offenbaren:

»Aufgrund der Tatsache, dass der Beschuldigte jedoch während dieser Zeit verschiedene, nicht bekannte Decknamen führte und zur Vermeidung eines vorzeitigen Bekanntwerdens von Einzelheiten über Handlungen des Beschuldigten, ist von einer Veröffentlichung des Namens und Fotografien des Beschuldigten abzusehen. Vielmehr sollte Schwergewicht auf die Ermittlungen begangener Verbrechen in den genannten Orten in Frankreich, unter Berücksichtigung der vorliegenden zeitlichen Angaben sowie der Namen der Mitarbeiter der Dienststellen [...], die Dr. Heyns leitete bzw. denen er als Mitarbeiter angehörte, gelegt werden.«[182]

Ob die Zeitungsrecherche je verwirklicht wurde, ist unklar. Parallel aktivierte das MfS 1964 Informationskanäle des Komitees der Antifaschistischen Widerstandskämpfer (KdAW) der DDR zur Fédération Nationale des Déportés et Internés Résistants et Patriotes (FNDIRP), dem wichtigsten kommunistischen Dachverband Frankreichs, um Erkundigungen anzustellen.[183] Doch eine Antwort blieb bis Mai 1965 aus, und die für die Verbindung zum KdAW zuständige HA XX sah sich außerstande, auf die französischen Partner Druck auszuüben.[184]

Über den Sekretär des Internationalen Lagerkomitees des ehemaligen KL Neuengamme bemühten sich die MfS-Ermittler Liebewirth und Thiemig außerdem, Unterlagen zum britischen Prozess von 1948 zu beschaffen. Dem in Ost-Berlin weilenden Gast aus Hamburg gaukelten sie vor, als Mitarbeiter des DDR-Innenministeriums Material für die Verjährungsdebatte in der Bundesrepublik zu suchen. Der Sekretär versprach, die örtliche Presse aus dieser Zeit durchzusehen, ehemalige Polizisten zu befragen und den damaligen Rechtsanwalt aufzusuchen. Da sich die Prozessakten in London befanden, wollte er auch versuchen, dort mittels eines Historikers Zugang zu den Dokumenten zu erlangen.[185] Von letzterem rieten Liebewirth und Thiemig allerdings ab, »in Anbetracht des baldigen Abschlusses des Vorganges, der bei Nachforschung in England entstehenden Aufwendungen und Unkosten sowie der geringen Aussicht auf Erfolg«.[186] Letztendlich konnte das MfS dank der Hinweise des Hamburger Genossen lediglich

182 HA IX/2: Notiz, 3.8.1964; ebenda, Bl. 141.

183 HA XVIII: Anschreiben an die HA XX über laufenden Untersuchungsvorgang bei der HA IX, 14.4.1965; ebenda, Bl. 524; vgl. Pfeil: Die »anderen« deutsch-französischen Beziehungen, 2004, S. 89 u. 193.

184 HA XX: Mitteilung zu den Schreiben vom 2.7.1964, 8.8.1964 u. 14.4.1965 zum Untersuchungsvorgang »Faschist«, 10.5.1965; BStU, MfS, AOP 2802/66, Bd. 3, Bl. 151.

185 HA IX/2: Aktenvermerk zum Vorgang Dr. Heyns, Harald, 12.3.1965; BStU, MfS, HA IX/11, ZUV 31, Bd. I, Bl. 369 f.

186 Ebenda, Bl. 370.

drei Zeitungsartikel über den Prozess 1948 aus der Deutschen Bücherei Leipzig beschaffen.[187]

Eine eigene Verurteilung auf dieser mageren Basis erschien Justiz und MfS undenkbar. Ganz pragmatisch entschieden sie daher, das ihnen bekannte britische Urteil zu ignorieren. Am 2. Juli 1965 beantragte der Leiter des MfS-Untersuchungsorgans (HA IX), Heinitz, bei der Generalstaatsanwaltschaft die Einstellung des Ermittlungsverfahrens gegen Heyns wegen des Verdachtes von Kriegsverbrechen und Verbrechen gegen die Menschlichkeit:

»In dem gegen Dr. Heyns geführten Ermittlungsverfahren konnte nicht der Beweis erbracht werden, dass er während seiner Zugehörigkeit zur GFP, Sicherheitspolizei und SS Verbrechen gegen die Menschlichkeit oder Kriegsverbrechen beging beziehungsweise Beihilfe dazu leistete. Aufgrund der Tatsache, dass der Beschuldigte überwiegend in Frankreich zum Einsatz kam und ehemalige Angehörige seiner Einheit in der DDR nicht ermittelt werden konnten, war es nicht möglich, Personen zu dem gegen Dr. Heyns vorliegenden Verdacht zeugenschaftlich zu vernehmen. Die von den Sicherheitsorganen der ČSSR geführten Ermittlungen sowie Überprüfungen in den Archiven der DDR und anderer sozialistischer Staaten erbrachten ebenfalls keinen Beweis für begangene Kriegsverbrechen und Verbrechen gegen die Menschlichkeit.«[188]

Der Staatsanwalt Nienkirch verfügte am 17. Juli 1965 die Einstellung des Ermittlungsverfahrens.[189] Erst nachdem der brisanteste Teil der Beschuldigungen aus dem Strafverfahren verbannt war, gestattete man dem Verteidiger Heyns' Ende August 1965 einen ersten Besuch bei seinem Mandanten.[190] Wenige Wochen später, am 22. September 1965, wurde Heyns wegen Verstoßes gegen die Personalausweisverordnung vom Stadtbezirksgericht Berlin-Weißensee zu einer Gefängnisstrafe von einem Jahr und sechs Monaten unter Anrechnung der erlittenen Untersuchungshaft verurteilt.[191] Heyns wurde bald entlassen und kehrte im März 1966 – jetzt unter seinem richtigen Namen – in seinen Beruf als Justiziar zurück, nun im VEB Minol.[192] In der Urteilsbegründung klangen die vertuschten Dimensionen des Falles noch nach – wohl verklausuliert, doch unüberhörbar:

»Der Angeklagte hat durch seine Handlungsweise die Tätigkeit der staatlichen Organe der DDR behindert, da die zuständigen Organe über die wirkliche Person des Angeklagten im

187 HA XVIII/1: Bitte um Beschaffung westdeutscher Zeitungen aus der Deutschen Bücherei an die BV Leipzig, Abt. XVIII, 11.5.1965; BStU, MfS, AOP 2802/66, Bd. 3, Bl. 152.

188 Antrag des Ministeriums für Staatssicherheit an den Generalstaatsanwalt, Abt. IA, auf Einstellung des Ermittlungsverfahrens gegen Dr. Harald Heyns wegen des Verdachtes von Kriegsverbrechen und Verbrechen gegen die Menschlichkeit, 2.7.1965; BStU, MfS, AST IA 148/65, Bd. 1, Bl. 98.

189 (Der Generalstaatsanwalt der Deutschen Demokratischen Republik, Abt. IA): Verfügung, 17.7.1965; ebenda, Bl. 94.

190 Staatsanwalt des Bezirkes/Kreises: Sprechgenehmigung für Verteidiger, 20.8.1965; ebenda, Bl. 110.

191 (Stadtbezirksgericht Berlin, Weißensee, Strafkammer 912): Urteil in der Strafsache gegen den Justiziar Dr. Harald Heyns, 22.9.1965; BStU, MfS, HA IX/11, ZUV 31, Bd. III, Bl. 244–248.

192 Vgl. Kombinat Minol, Abt. Projektierung: Mitteilung an Abt. Arbeitsökonomie über Direktor für Technik zum Antrag auf Auszeichnung des Kolln. Dr. Heyns, Harald mit der Ehrenspange des VEB Kombinat Minol, anlässlich seines Ausscheidens aus dem Arbeitsprozess, 14.9.1981; BStU, MfS, AOP 2894/86, Bd. 1, Bl. 42 f.

Unklaren gelassen wurden. Diese Tatsache konnte sich negativ auf das Schutz- und Sicherheitsbedürfnis unseres Staates und unserer Bürger auswirken, wobei noch zu berücksichtigen ist, dass der Angeklagte völlig falsche Angaben über sein bisheriges Leben und seine bisherige Entwicklung gemacht hat. [...] Das Gesamtverhalten des Angeklagten, vor allem aber die Führung eines falschen Namens, war auch geeignet, bei Bekanntwerden von Feinden unseres Staates für eine Hetze gegen die Deutsche Demokratische Republik ausgenutzt zu werden.«[193]

Mit der Vertuschung des Falles Harald Heyns hatte das Ministerium für Staatssicherheit eine Entscheidung von fataler Tragweite getroffen. Auf die Tarnung des NS-Verbrechers unter falscher Identität konnte man sich fortan nicht mehr berufen. Die Leiche im Keller des vorgeblich konsequenten Antifaschismus hatte einen Namen und mit dem sollte die DDR fortan immer wieder konfrontiert werden.

Ein halbes Jahr nach der gelungenen Resozialisierung Heyns störte ein Antwortschreiben aus Frankreich das MfS auf.[194] Michel de Bouard, Widerstandskämpfer und jetzt Professor an der Universität Caen, hatte sich inzwischen unter einstigen Mitstreitern umgehört und war zu dem Ergebnis gekommen, dass der Gesuchte mit hoher Wahrscheinlichkeit einer der örtlichen Leiter des SD war, den man in Caen unter dem Namen »Bernhard« (franz. Bernard) kannte.[195] Er war unter anderem deshalb recht eindeutig zu identifizieren, weil er als einziger der SD-Leute in Caen eine französische Geliebte hatte, die später wegen Kollaboration verurteilt wurde. Diese Geliebte war bereits 1948 im Hamburger Prozess gegen Heyns als Zeugin vernommen worden.[196] Hinsichtlich dessen Verbrechensbeteiligung schrieb Bouard:

»Die Verhaftungen und Ermordungen, die von Bernhard ausgeführt wurden, sind viel höher als unsere deutschen Kameraden vermuten. Ich könnte erforderlichenfalls eine nahezu vollständige Liste aufstellen; sie würde viel mehr als ungefähr einhundert Namen aufzeigen. Die wenigen Überlebenden sind der einstimmigen Auffassung, dass Bernhard eine schreckliche Bestie ist.«[197]

»Bernhard« habe zuvor der »SD-Gruppe von Alençon« angehört und sich dort einen ebenso furchtbaren Ruf erworben. Die Anzahl der Opfer des Massakers am

193 (Stadtbezirksgericht Berlin, Weißensee, Strafkammer 912): Urteil in der Strafsache gegen den Justiziar Dr. Harald Heyns, 22.9.1965; BStU, MfS, HA IX/11, ZUV 31, Bd. III, Bl. 247 f.; vgl. HA XVIII/1: Schlussvermerk, 5.9.1965; BStU, MfS, AOP 2802/66, Bd. 2, Bl. 178.

194 Vgl. Fédération Nationale des Déportés et Internés Résistants et Patriotes: Anschreiben des Mitglieds des Präsidiums und Anlage mit Bericht des Professors an das Komitee der Antifaschistischen Widerstandskämpfer, 28.9.1966; BStU, MfS, HA IX/11, ZUV 31, Bd. III, Bl. 614–617 (deutsch), Bl. 622–625 (französisch).

195 Bericht von Professor Michel de Bouard, Caen, 25.9.1966, Anlage zum Anschreiben der Fédération Nationale des Déportés et Internés Résistants et Patriotes an das Komitee der Antifaschistischen Widerstandskämpfer, 28.9.1966; ebendal, Bl. 615–617, hier 615.

196 Ebenda. Vgl. In der Verhandlungspause geflüchtet. Angeklagter im Kriegsverbrecherprozess entkommen. In: Hamburger Allgemeine v. 18.8.1948, S. 1.

197 Bericht von Professor Michel de Bouard, Caen, 25.9.1966, Anlage zum Anschreiben der Fédération Nationale des Déportés et Internés Résistants et Patriotes an das Komitee der Antifaschistischen Widerstandskämpfer; BStU, MfS, HA IX/11, ZUV 31, Bd. III, Bl. 615–617, hier 616.

6. Juni 1944 im Gefängnis von Caen korrigierte Bouard auf mindestens 90. Im Vertrauen auf den guten gemeinsamen Willen mit den Partnern in Ost-Berlin vermerkte er: »Ihre Leichname sind niemals aufgefunden worden. Wenn die jetzigen Nachforschungen die Möglichkeit gäben, die Stelle ausfindig zu machen, wo sie eingescharrt worden sind, dann wäre es für die Familienangehörigen ein Trost.«[198]

Die Mitteilungen trafen das MfS zur Unzeit. Oberleutnant Thiemig behauptete kurzerhand und entgegen der Evidenz, dass Heyns und »Bernhard« nicht identisch seien. Er ließ im Januar 1967 das brisante Dokument dem bereits archivierten Aktenkonvolut beifügen und bat das Komitee der antifaschistischen Widerstandskämpfer, den französischen Kameraden für ihre Bemühungen zu danken und mitzuteilen, »dass gegenwärtig kein Interesse an weiteren Nachforschungen besteht«.[199]

Die Angelegenheit kam jedoch nicht zur Ruhe. Im Herbst 1974 erhielt die westdeutsche VVN eine erste Liste von 400 NS-Tätern, die wegen der Begehung nationalsozialistischer Gewaltverbrechen oder Kriegsverbrechen in Frankreich in Abwesenheit verurteilt worden waren.[200] Da einige dieser Personen in der Bundesrepublik nicht auffindbar waren, bat die VVN die DDR-Generalstaatsanwaltschaft um entsprechende Nachforschungen. Als loyale kommunistische Vorfeldorganisation bat sie lediglich dann um Mitteilung, wenn die DDR Adressen in der Bundesrepublik ermitteln könnte. In dieser Liste fand sich nun auch Harald Heyns, der nach Auskunft der Stadtdirektion seiner niedersächsischen Heimatstadt bereits 1946 (!) in die DDR verzogen sei.[201]

Staatsanwalt Wieland leitete das Schreiben umgehend an seinen Ansprechpartner Winkler bei der MfS-HA IX/11 weiter.[202] Als Zwischenbescheid ließ Winkler vier Wochen später wissen, dass »sich die Ermittlungen in dieser Sache recht kompliziert gestalten« würden.[203] Der zuständige Sachbearbeiter der HA IX/11, Hauptmann Reichel, fasste Ende April 1975 seine Recherchen über die Causa Heyns sowie einen weiteren Fall zusammen, der den verdienten Lehrer und SED-Genossen Wilhelm Dauer betraf.[204] Abschließend schlug er vor:

198 Ebenda.

199 HA IX/2: Vermerk, 3.1 1967; BStU, MfS, HA IX/11, ZUV 31, Bd. I, Bl. 612.

200 Vgl. Vereinigung der Verfolgten des Naziregimes, Bund der Antifaschisten, Präsidium: Anfrage an die Generalstaatsanwaltschaft der DDR betreffs »Endlösung der Judenfrage in Frankreich«, 22.10.1974; BA Berlin, DP3 243-80-1974, Bl. 1 f.

201 Ebenda.

202 (Der Generalstaatsanwalt der DDR, Abt. V): Mitteilung mit Schreiben der VVN als Anlage an Genosse Winkler, 4.11.1974; BA Berlin, DP3 243-80-1974, Bl. (4a).

203 (Der Generalstaatsanwalt der DDR, Abt. V): Verfügung, 12.12.1974; ebenda, Bl. 6.

204 Wilhelm Dauer, Jg. 1914, NSDAP-Mitglied und Träger der EK I und II, war vom Militärtribunal Metz am 28.5.1952 wegen Beihilfe zum Mord und Plünderung in Abwesenheit verurteilt worden (Strafmaß: Todesstrafe). Nach 1945 hatte er eine mustergültige Karriere als Neulehrer, hauptamtlicher SED-Instrukteur, Lektor einer SED-Kreisparteischule, Kreisschulrat und Lehrer sowie GST-Leiter seiner Schule gemacht. Auch seine Existenz wurde der VVN verschwiegen. »Liste de criminels de guerre allemands condamnés par contumace par le tribunal de Metz. Dossiers détenus par ce tribunal«; BStU, MfS, HA IX/11, RHE-West 710, Bd. 3, Bl. 51 ; HA IX/11: Information über Feststellungen zu 1951/52 in Frankreich in Abwesenheit verurteilten Nazi- und Kriegsverbrechern, 22.4.1975; BStU, MfS, RHE-West

»Eine Mitteilung an das Präsidium der VVN/BRD, dass zwei der gesuchten Verurteilten in der DDR wohnhaft sind, wird nicht für zweckmäßig erachtet. Vielmehr sollte geprüft werden, welche operativen Möglichkeiten zur Beschaffung der Unterlagen zu Dauer und Heyns bestehen. Eine weitere Möglichkeit wäre ein offizielles R[echts]H[ilfe]E[rsuchen] an die Justizorgane Frankreichs.«[205]

Am 8. Mai 1975, dem »Tag der Befreiung vom Faschismus«, bestätigte der stellvertretende Hauptabteilungsleiter Oberst Karli Coburger den ersten Vorschlag und wies Oberstleutnant Stolze an, die »Zusammenhänge Dauer und Heyns operativ zu klären bzw. abzusichern und der westdeutschen VVN keine Mitteilung über die Existenz dieser Personen in der DDR zu machen«.[206] Kurz darauf teilte Winkler Wieland mit, dass Heyns nicht in der DDR gemeldet sei und zu ihm keine Erkenntnisse vorlägen, was Wieland getreulich nach Frankfurt/Main meldete.[207]

Für die Staatsanwaltschaft war der Vorgang damit abgeschlossen, nicht aber für das MfS. Offensichtlich hatte der wieder hochgekochte Fall Heyns selbst in der Leitungsetage der HA IX/11 für Irritationen gesorgt. Heyns damaliger Vernehmer Major Thiemig musste Oberstleutnant Stolze und Oberstleutnant Zank zur Angelegenheit berichten. Gemäß der üblichen Anwerbepraxis gingen die Vorgesetzten offenbar davon aus, dass Thiemig Heyns für geheimdienstliche Zwecke in Dienst genommen habe, doch jenem war »von einer operativen Nutzung des Heyns nichts bekannt, weder in der Vergangenheit noch in der Gegenwart«.[208]

Der stellvertretende Hauptabteilungsleiter Coburger fühlte sich nunmehr veranlasst, die für Heyns örtlich zuständige Bezirksverwaltung Berlin um eine strengere Überwachung zu bitten. Er erläuterte die auf Vertuschung gerichtete Linie des MfS und verwies auf mögliche Risiken: »Da [...] nicht ausgeschlossen werden kann, dass feindlichen Zentren die Existenz des Heyns in der DDR bekannt wird und sie diesen Umstand zur Diffamierung unseres Staates auszunutzen versuchen, wird gebeten, die Aktivierung der operativen Kontrolle des Heyns zu veranlassen.«[209] Angesichts der vorangegangenen umfangreichen Kampagnen gegen die westdeutschen Blockierer des deutsch-französischen Überleitungsvertrages wäre ein Bekanntwerden des Falles Heyns in der Tat verhängnisvoll für die DDR gewesen.[210]

709/1, Bl. 13–17, hier 14; BV Magdeburg, KD Burg: Ermittlungsbericht über Dauer, Wilhelm, 19.12.1974; BStU, MfS, RHE-West 709/1, Bl. 108–111; NSDAP-Mitgliedskarte Wilhelm Dauer; BA Berlin, BDC.

205 HA IX/11: Information über Feststellungen zu 1951/52 in Frankreich in Abwesenheit verurteilten Nazi- und Kriegsverbrechern, 22.4.1975; BStU, MfS, RHE-West 709/1, Bl. 16 f.

206 (HA IX/11): Aktenvermerk zum RHE V 80/74, 11.7.1975; BStU, MfS, RHE-West 709/1, Bl. 25.

207 Vgl. (HA IX/11): Information zum Vorgang 243-80-1974, 13.5.1975; BA Berlin, DP 3 243-80-1974, Bl. 12 f.

208 (HA IX/11): Aktenvermerk zum RHE V 80/74, 11.7.1975; BStU, MfS, RHE-West 709/1, Bl. 25.

209 HA IX, Stellvertreter des Leiters: Mitteilung an die Verwaltung für Staatssicherheit Groß-Berlin, Stellvertreter Operativ, betreffs Personenkontrolle Dr. Heyns, Harald, 17.7.1975; BStU, MfS, RHE-West 709/1, Bl. 30 f.

210 Vgl. z. B. ADN-Korrespondent: In Frankreich verurteilte NS-Verbrecher leben unbehelligt in der BRD. Dokumentation der antifaschistischen Wochenzeitung »Die Tat«. In: ND v. 16.7.1974, S. 2;

In der zweiten Hälfte der siebziger Jahre führten die nun anlaufenden Ermittlungen der westdeutschen Justiz auf der Basis der französischen Listen erneut zu Heyns. Laut einer weiteren Auflistung war Heyns zusammen mit drei anderen Angehörigen der Sipo und SD-Außendienststelle Caen am 10. Juli 1952 vom Ständigen Militärgericht Paris wegen Mordes in Verbindung mit einer Verbrechervereinigung ein weiteres Mal zum Tode verurteilt worden.[211] Aus den in Westdeutschland vorliegenden französischen Prozessakten zum Fall Heyns ging hervor, dass die dortigen Behörden spätestens ab September 1944 bemüht waren, die Verantwortlichen für das Massaker im Gefängnis von Caen zu ermitteln.[212] Anfang August 1951 war Heyns vom Stellvertreter des Militärstaatsanwaltes beim Ständigen Militärgericht in Paris wegen Mordes, vorsätzlicher Körperverletzung und »Teilnahme an einem Unternehmen des systematischen Terrorismus« auf Grundlage des Beschlusses zur Einleitung der Voruntersuchung vom Dezember 1947 und März 1950 durch den Generalkommandeur der 111. Militärregion angeklagt worden.[213] Entsprechend den Ermittlungsergebnissen sah es die Militärstaatsanwaltschaft nicht nur als erwiesen an, dass Heyns selbst die Exekutionen am 6. Juni 1944 befohlen hatte, sondern auch die Verantwortung für zahlreiche weitere von seinen Untergebenen begangene Morde an Franzosen trug. Durch die schon erwähnte Aussage des Zeugen Robert Martin war zudem belegt, dass er persönlich an der Folterung eines verhafteten französischen Zivilisten beteiligt war.[214]

Unter den Beschuldigten des daraus resultierenden Lischka-Prozesses tauchte Harald Heyns dann auch erneut auf.[215] Unter der Überschrift »Taten aus dem Zuständigkeitsbereich des KdS Rouen« wurde gegen ihn und weitere bekannte sowie namentlich nicht bekannte Angehörige des KdS Rouen unter anderem wegen des Massakers in Caen sowie vier weiterer Tötungshandlungen in anderen

ADN: Die BRD-Justiz verschont Nazi-Kriegsverbrecher. Die Grundsätze des Völkerrechts werden systematisch missachtet. In: ND v. 4.7.1974; Empörung über das Treiben von Nazi-Kriegsverbrechern. BRD-Justiz brüskiert die internationale Öffentlichkeit. In: Der Morgen v. 6.7.1974.

211 Vgl. »Liste de criminels de guerre allemands condamnés par contumace par les Tribunaux militaires francais. Les dossiers sont détenus au Dépot central d´archives à MEAUX«; BStU, MfS, HA IX/11, RHE-West 710, Bd. 3, Bl. 19. Die französischen Abwesenheitsurteile wurden von den Ermittlern der ZStL offensichtlich meist nicht angefordert, da die Verurteilung durch die Listen bestätigt war und die Urteile an sich »keine, wie bei deutschen Strafurteilen übliche und für die hiesigen Vorermittlungen erforderlichen Sachverhaltsdarstellungen enthalten.« (ZStL): Entwurf eines Schreibens an die Staatsanwaltschaft Bonn über Generalstaatsanwaltschaft Köln, 31.8.1977; ZStL, 114 AR-Z 285/77, Bd. I–III, Bl. 765–767, hier 766.

212 Französische Republik, Departement Ille-et-Vilaine, Regionale Staats-Polizei, Stadt Rennes, Polizei-Kommissariat des 3. Stadtbezirks Nr. 1115: Protokoll in Sachen Ausführung eines Amtshilfeersuchens der Staatsanwaltschaft Caen, 11.9.1944, (Übersetzung aus dem Französischen); ZStL, 104 AR-Z 40/67, Sonderband XIV Vernehmungen, Anklagen u. a. (Lischka, Kurt u. a.), Bl. 4328–4331.

213 Französische Republik, Ständiges Militärgericht Paris: Endgültiger Strafantrag, 9.8.1951; ZStL, 114 AR-Z 285/77, Bd. I–III, Bl. 834–848, hier 836.

214 Ebenda, Bl. 844–847.

215 Der Leiter der Zentralstelle im Lande Nordrhein-Westfalen für die Bearbeitung von nationalsozialistischen Massenverbrechen bei der Staatsanwaltschaft Dortmund: Verfügung, 17.12.1981, Beglaubigte Abschrift; ZStL, 104 AR-Z 40/67, Sonderband 7, Bl. 1889; Sonderband 9, Bl. 2194, 2201, 2203 u. 2210 f.

Ortschaften ermittelt.[216] Der Staatsanwaltschaft Dortmund war übrigens trotz aller Vorsichtsmaßnahmen der DDR sogar bekannt, dass Heyns in Ost-Berlin lebte. Die Staatsanwälte stellten das Verfahren jedoch 1981 ein. Zwar standen Heyns Erschießungsbefehle für sie außer Frage, doch fehlte es ihnen an Beweisen für die Erfüllung eines Mordmerkmals wie der »grausamen Ausführung«, das nach bundesdeutschem Recht allein eine Fortführung des Verfahrens gestattet hätte.[217]

Möglicherweise wollten die Dortmunder Staatsanwälte jedoch durch einen sprichwörtlichen »Wink mit dem Zaunpfahl« in Ost-Berlin das Interesse auf Heyns lenken. Trotz der Einstellungsverfügung wandten sie sich im März 1982 mit einem Rechtshilfeersuchen an den Generalstaatsanwalt der DDR und baten um die Vernehmung von P. J., einem Wehrmachtsangehörigen und potenziellen Zeugen des Massakers in Caen. Heyns selbst wurde darin nicht erwähnt, wohl aber, dass es sich bei den namentlich aufgeführten Tätern wahrscheinlich um Angehörige des Außenkommandos Caen handelte.[218] In der Tat wurde die HA IX/11 erneut auf Heyns aufmerksam. Der nun zuständige Hauptmann Woite kam nach Studium der Akten zu der Auffassung, dass es sich bei »Bernhard« doch um Heyns handeln könne.[219] Auf seinen Vorschlag hin wurde erneut eine umfassende »Objekt- und Sachverhaltsaufklärung« in den Beständen der HA IX/11 und in weiteren staatlichen Archiven sowie neuerliche Anfragen bei den sowjetischen und polnischen Staatssicherheitsorganen angestrengt.[220] Jetzt erinnerte man sich auch wieder an Alfred Hothorn alias IM »Dr. Schwarz« und befragte ihn im Herbst 1983 über mehrere Tage hinweg zu Heyns und den Erschießungen in Caen. Hothorn identifizierte Heyns ohne Zögern. Er berichtete außerdem, dass ihm Angehörige des Außenkommandos einige Tage nach ihrem

216 (Der Leiter der Zentralstelle im Lande Nordrhein-Westfalen für die Bearbeitung von nationalsozialistischen Massenverbrechen bei der Staatsanwaltschaft Dortmund): Verfügung, 17.12.1981; ZStL, 104 AR-Z 40/67, Sonderband 9, Bl. 2194, 2201, 2203 u. 2210 f.

217 Ebenda, Bl. 2282; Zentralstelle Dortmund: Vermerk, 17.1.1995; ZStL 104 AR 44/95. Die Aussage der Hamburger Oberstaatsanwältin Helge Grabitz, wonach das Dortmunder Verfahren gegen Heyns nicht zum Abschluss gebracht werden konnte, weil sein Aufenthaltsort nicht bekannt war, ist somit nicht richtig. Vgl. Grabitz: Die Verfolgung von NS-Verbrechen, 1998, S. 176.

218 Vgl. Der Generalstaatsanwalt in Hamm: Ersuchen an den Generalstaatsanwalt der DDR um Durchführung von Ermittlungshandlungen in Anwesenheit des Dezernenten der Zentralstelle im Lande Nordrhein-Westfalen für die Bearbeitung von nationalsozialistischen Massenverbrechen bei der Staatsanwaltschaft Dortmund, 1.4.1982, Anlagen: Ersuchen des Leiters der Zentralstelle im Lande Nordrhein-Westfalen für die Bearbeitung von nationalsozialistischen Massenverbrechen bei der Staatsanwaltschaft Dortmund vom 25.3.1982 in Urschrift und Abschrift; Der Leiter der Zentralstelle im Lande Nordrhein-Westfalen für die Bearbeitung von nationalsozialistischen Massenverbrechen bei der Staatsanwaltschaft Dortmund: Ersuchen an den Generalstaatsanwalt der DDR um Vernehmung eines in der DDR wohnenden Zeugen im Zusammenhang mit einem Ermittlungsverfahren gegen Angehörige der Außenstelle Caen des Kommandeurs der Sicherheitspolizei und des SD in Rouen wegen Mordes und Beihilfe zum Mord, 25.3.1982; BStU, MfS, HA IX/11, RHE 24/82 BRD, Bd. 5, Bl. 6–9; (Der Generalstaatsanwalt der DDR): Mitteilung an Winkler nebst Rechtshilfeersuchen als Anlage, 22.4.1982; ebenda, Bl. 5.

219 HA IX/11: Sachstandsbericht, 17.11.1982; BStU, MfS, HA IX/11, RHE 24/82 BRD, Bd. 1, Bl. 31–37, hier 36.

220 Vgl. HA IX/11: Maßnahmeplan für die weitere Bearbeitung im Vorgang Dr. jur. Harald Heyns wegen des Verdachtes der Teilnahme an der Ermordung von ca. 80 französischen Gefangenen am 6.6.1944 in der Wehrmachtsstrafanstalt Caen/Frankreich; ebenda, Bl. 53–58.

Eintreffen aus Caen über Heyns als Mittäter berichtet hätten. Auch hatte er Einzelheiten über das Verscharren und spätere Verbrennen der Leichen durch ein SD-Kommando gehört. Das Massengrab befand sich demnach in unmittelbarer Nähe eines »sagenumwobenen Ortes mit der Bezeichnung ›Philipp de Roule‹, nordwestlich von Rouen, links der Seine«.[221]

Ende Mai 1984 gelangte Oberleutnant Kott zu der Einschätzung, dass Heyns aufgrund der »Beweismittel und gewonnenen Erkenntnisse« dringend verdächtig ist, dass er »am 6.6.1944, [...] als Leiter der Sipo-SD-Außendienststelle Caen vorbereitende Maßnahmen für die Erschießung von ca. 80 französischen Bürgern, [...] veranlasste, Mitarbeitern seiner Dienststelle den Befehl zur Erschießung dieser Häftlinge erteilte und die Verwirklichung des Befehls sicherte«. Ausdrücklich betonte er die strafrechtliche Verantwortlichkeit Heyns': »Grundsätzlich trägt der Leiter einer faschistischen Dienststelle, auch in völkerrechtlicher Hinsicht, die Verantwortung für das Handeln seiner Unterstellten.«

Bei der anschließenden Einschätzung machte er allerdings die bereits bekannten »politisch-operativen und anderen Umstände« geltend: ausgebliebene Rechtshilfeersuchen an Frankreich und Großbritannien, mittlerweile auch an die Bundesrepublik. Zudem könne nicht ausgeschlossen werden, dass der Staatsanwaltschaft Dortmund der Aufenthaltsort von Heyns in der DDR und deren Untätigkeit bekannt ist. Daher ließe sich auch nicht mit Bestimmtheit sagen, ob diese Umstände nicht von der Staatsanwaltschaft Dortmund »zum Anlass genommen werden, die DDR zu diskreditieren«.[222]

Oberstleutnant Horst Bauer, stellvertretender Leiter der HA IX/11, und der zuständige stellvertretende Hauptabteilungsleiter, Oberst Achim Kopf, stellten den Vorgang schließlich erneut ein.[223] Als Begründung diente nun die Behauptung, dass »keine wesentlichen Beweismittel« dafür erbracht worden seien, ob sich Heyns zur Tatzeit unmittelbar am Tatort aufgehalten habe, die »Mordschützen befehligte« oder »durch seine Anwesenheit [...] den Endzweck des Verbrechens durchsetzte«. Daher sei es nicht möglich, »solche Schutzbehauptungen auszuräumen wie, er sei zwar der direkte Dienstvorgesetzte der Mordschützen gewesen, hätte sich aber wegen anderer sich aus der Kriegslage ergebender Maßnahmen nicht direkt mit der Erschießung befassen können«. Handschriftlich hatte Bauer noch eingefügt: »Ob RHE an Frankreich dazu neue Beweise erbringt, ist

221 MfS, HA Untersuchung: Vernehmungsprotokoll des Zeugen Hothorn, Alfred, 1.11.1983; BStU, MfS, HA IX/11, RHE 24/82 BRD, Bd. 4, Bl. 163–173. Im Februar 1983 wurde tatsächlich ein Massengrab in der Ortschaft Baron-sur-Ordon, rund 20 Kilometer von Caen entfernt, entdeckt. Ein ehemaliger französischer Zwangsarbeiter hatte um den 10.6.1944 herum gesehen, wie deutsche Soldaten eine Grube aushoben und die Leichen von Häftlingen des Gefängnisses von Caen hineinlegten. Vgl. Rouen (AFP): Zeuge berichtet über Massengrab in der Normandie. In: Der Tagesspiegel v. 2.2.1983.

222 HA IX/11: Sachstandsbericht zum Komplexvorgang Außendienststelle der Sipo und des SD in Caen/Frankreich, 29.5.1984; BStU, MfS, HA IX/11, RHE 24/82 BRD, Bd. 1, Bl. 16–29, hier 28 f.

223 HA IX/11: Vermerk, 18.6.1984; ebenda, Bl. 13. Heyns wurde daraufhin zunächst von der HA XX/2/III, als Teilvorgang Nr. 37 des ZOV »Bestien«, zur weiteren Bearbeitung übernommen und Ende 1985 ohne Ergebnis wieder eingestellt. Vgl. HA XX/2: Abschlussbericht zum Teilvorgang 37 des ZOV »Bestien«, Reg.-Nr. XV/853/70, 27.12.1985; BStU, MfS, AOP 2894/86, Bd. 1, Bl. 253 f.

nicht voraussehbar.« Auch die Befürchtung, die Strafvereitelung könnte auffliegen, teilten sie nicht:

»Auch wenn davon ausgegangen wird, dass im Ermittlungsverfahren der Staatsanwaltschaft Dortmund/BRD gegen Untergebene des H[eyns] [...] der Wohnort des Genannten bekannt ist, wäre es kaum möglich, die DDR deshalb wirkungsvoll anzugreifen.« Denn »erfahrungsgemäß lassen die Justizbehörden der BRD der DDR ohne Anforderung keine wesentlichen belastenden Beweismittel zukommen, die die Grundlage von Verurteilungen Verdächtiger wegen Nazi- und Kriegsverbrechen bilden könnten«.

Mit anderen Worten, gegebenenfalls sollte jegliches Wissen über die Vergangenheit von Heyns abgestritten und die bis dahin ausgebliebene Strafverfolgung als Ergebnis zurückgehaltener Informationen und unterlassener Hilfestellung anderer dargestellt werden. Genau darauf zielte auch der nächste Absatz:

»Sollten dennoch Erkenntnisse zu H[eyns] aus dem Dortmunder Verfahren zur Diffamierung der DDR genutzt werden, könnte derselben wirksam dahingehend begegnet werden, dass es Frankreich und England bisher unterlassen haben, mit der DDR in Verhandlung zu treten, damit die in den ersten Nachkriegsjahren in diesen Staaten in Abwesenheit verurteilten deutschen Nazi- und Kriegsverbrecher ermittelt werden können.«

In völliger Verkehrung der Tatsachen heißt es weiter: »Deshalb war es der DDR nur möglich, H[eyns] wegen falscher Namensführung zu verurteilen.«[224]

Das Risiko, die aus DDR-Sicht vorzügliche Abwicklung des Verfahrens gegen Heinz Barth (siehe Teil II) durch einen neuen Fall zu trüben, der dem Mythos des konsequenten Antifaschismus durch und durch abträglich gewesen wäre, erschien dem MfS offenkundig zu groß. Er genügte weder den Maßgaben der ostdeutschen Staatsräson noch garantierte er das Höchstmaß an Kontrolle über das Verfahren, das als unabdingbare Voraussetzung schon allein für ein förmliches Ermittlungsverfahren galt. Deshalb schlossen die DDR-Ermittler die Akte Heyns nun endgültig, 27 Jahre nachdem er das erste Mal ins Visier der Staatssicherheit geraten war, zwanzig Jahre nach seiner Enttarnung als mutmaßlicher NS-Verbrecher, zehn Jahre nach der Mitteilung über das französische Todesurteil. Seit seiner Haftentlassung 1965 wurde Harald Heyns nicht ein einziges Mal zu den jeweils neuen Belastungen befragt. 1995/96 prüfte die Zentrale Stelle Ludwigsburg die mittlerweile aufgefundenen MfS-Akten, sah aber in den dort dokumentierten Aussagen keine neuen Ansatzpunkte. Auf eine erneute Befragung Heyns verzichtete auch sie.[225]

224 HA IX/11: Vermerk zum Ergebnis der Absprache mit dem Stellvertreter des Leiters der HA IX, Genossen Oberst Kopf, zum Vorgang Heyns, Harald, 13.6.1984; BStU, MfS, HA IX/11, RHE 24/82 BRD, Bd. 1, Bl. 14.

225 Mitteilung der Zentralen Stelle Ludwigsburg an den Verfasser vom 26.8.2004; Einstellungsverfügungen, 17.1.1995 u. 11.4.1996; Az 104 AR 44/95 u. 110 AR 440/96.

6 Die Kehrseite der Kehrseite – NS-Opfer und die verdeckte Integrationspolitik

Opfertraumatisierung und Täterintegration: Die Einsamkeit eines ehemaligen Auschwitzhäftlings

Die in den vorangegangenen Fällen dargestellte Politik von SED und MfS, die Integration von NSDAP-Mitgliedern in die frühe DDR und die Nichtverfolgung von NS-Tätern aus geheimpolizeilichem Kalkül blieb naturgemäß nicht ohne Folgen für die Position und Rolle der Opfer nationalsozialistischer Gewalt in der DDR. Immer wieder gingen aus der Vereinigung der Verfolgten des Naziregimes bzw. dem Komitee der antifaschistischen Widerstandskämpfer, aber auch durch einstmals verfolgte SED-Mitglieder und in Einzelfällen sogar von MfS-Mitarbeitern, Initiativen zur Verfolgung von NS-Tätern aus, die im Sande verliefen. In aller Regel fügten sich die Initiatoren in solchen Fällen über kurz oder lang der Parteiräson des instrumentellen Antifaschismus, die darauf gerichtet war, die Erblast des Nationalsozialismus in die Bundesrepublik zu verlagern. Wer dies nicht tat, musste damit rechnen, selbst ins Visier der sozialistischen Staatsmacht zu geraten.

Die Szenerie eines solchen Falles erhellt das Schicksal von F., einem aktiven NS-Gegner und als »Halbjuden« Verfolgten, der 1943 in Schutzhaft genommen worden war und die Konzentrationslager Auschwitz, Mauthausen, Melk und Ebensee überlebt hatte. 1966 hatte Lea Grundig, Vorsitzende des Verbandes Bildender Künstler und Mitglied des SED-Zentralkomitees, den Ersten Parteisekretär des MfS, Gerhard Heidenreich, auf einer ZK-Sitzung auf F. angesprochen. Dieser sei von einem gewissen W. in einer Gaststätte mit den Worten beschimpft worden: »Dich hat man in Auschwitz vergessen zu vergasen, aber wir werden noch dafür sorgen, dass Du dran kommst!« Nach F.s Kenntnisstand sei W. SA-Mann und NSDAP-Amtsleiter gewesen und heute Mitglied der SED.[1] W. sei für seine Ausfälle lediglich zu einer Bewährungsstrafe verurteilt worden. Für Lea Grundig war dies kein Einzelfall. Sie wisse von weiteren Verfahren gegen DDR-Bürger wegen antisemitischer Äußerungen, in denen ähnlich milde Urteile gefällt worden seien.[2]

Heidenreich ließ sich von der MfS-Bezirksverwaltung Cottbus daraufhin Bericht erstatten. Der elfseitige Rapport handelte allerdings vornehmlich nicht etwa vom SA-Mann W., vielmehr wussten die MfS-Mitarbeiter ausgiebig über sein Opfer F. zu berichten. Sie schilderten seine Vita und die Verfolgung im Nationalsozialismus. Aufgrund gesundheitlicher Folgeschäden konnte F. erst 1948

1 Belege, dass W. der SA angehörte, waren nicht aufzufinden. Fest steht aber, dass er am 9.2.1940 die Aufnahme in die NSDAP beantragt hat und dem zwei Monate später stattgegeben wurde. Vgl. NSDAP-Gaukartei, Mitgliedskarte W.; BA Berlin, BDC.

2 Vgl. Aktenvermerk des 1. Sekretärs der SED-KL, 21.12.1966; BStU, MfS, HA XX 3847, S. 16 f.

wieder eine Arbeit aufnehmen. Zunächst nahm sein Berufsweg den typischen Verlauf eines Antifaschisten und SED-Genossen. Er diente fünf Jahre bei der Volkspolizei, dann wechselte er in die Verwaltung einer Großkokerei. Dort zeigte F. bald Symptome einer psychischen Belastungsstörung. Es kam zu wiederholten Konflikten:

»Hier durchlief der Betreffende die verschiedensten Abteilungen innerhalb des Verwaltungsbereiches, wobei es zwischen ihm und seinen Kollegen schon zu ernsthaften Auseinandersetzungen kam, da er keine Kritik vertragen konnte, er selbst allerdings Kritik in jeder passenden und unpassenden Gelegenheit übte. Dabei fand er nie den richtigen Ton, was zu Verärgerungen unter den Kollegen führte. Es verging keine Woche, wo es mit ihm keine Auseinandersetzung gab. [...] Seit dem 1.5.1960 arbeitete der F. auf dem Gebiet für Lohn- und Arbeitsrechtsfragen. Kurz nach diesem Einsatz gab es mit ihm nur noch Schwierigkeiten.«[3]

Partei und Betrieb hätten »wegen seines unter der Bevölkerung anstoßend wirkenden Verhaltens« Auseinandersetzungen mit ihm geführt. Mit der Begründung, es physisch nicht mehr auszuhalten, sich nicht mehr als gleichberechtigter Bürger zu fühlen und sich »in seiner Menschenwürde im Leben und Existenz bedroht« zu sehen, hatte F. die Ausreise zu bisher vermissten Verwandten in Belgien beantragt. Dem Antrag war nicht stattgegeben worden. Mit Hinweis auf seinen Gesundheitszustand lehnte er auch eine erneute Arbeitsaufnahme ab, »sodass man sich mit ihm seitens der Staatsanwaltschaft befassen musste«. Damit riss sein Sündenregister nicht ab. Wie das MfS weiter protokollierte, verweigerte er 1961 die Wahlteilnahme mit dem (in der Sache vermutlich nicht von der Hand zu weisenden) Vorwurf, »in einigen Kandidaten einige Faschisten erkannt [zu] haben«.[4] Seine psychische Verfassung verschärfte sich dann zusehends:

»Er bezeichnet noch heute seine Vorgesetzten als Lumpen und Faschisten und die Sicherheitsorgane als SS- und SA-Banditen, mit denen er nichts zu tun haben will, da man ihn als Menschen ›letzter Garnitur‹ bezeichnen würde. Er fühle sich noch heute ständig verfolgt und behaupte auch, dass im Jahre 1961 wiederum Schmierereien an seinem Hause waren wie ›Judenschwein‹, da er Halbjude ist.«[5]

Das MfS unterstellte, dass er diese Schmierereien in seinem Verfolgungswahn selbst angebracht habe.[6] 1962 attestierte ihm die neurologisch-psychiatrische

3 BV Cottbus: Ermittlungsbericht, 12.1.1967; ebenda.

4 Für die Wahlen zu den örtlichen Volksvertretungen am 17.9.1961 liegen keine entsprechenden Analysen vor. In der 1958 neu aufgestellten Volkskammer hatte sich ausweislich der im Einzelfall nicht immer validen Angaben des Untersuchungsausschusses Freiheitlicher Juristen die Anzahl der ehemaligen NSDAP-Mitglieder von 29 auf 56 erhöht. Vgl. Ehemalige Nationalsozialisten in Pankows Diensten. Hg. v. Untersuchungsausschuss Freiheitlicher Juristen. 3. Aufl. Berlin (West) 1960, S. 4.

5 Es war kein Einzelfall, dass das MfS den NS-Begriff »Halbjude« übernahm, ohne ihn in Anführungszeichen zu setzen.

6 In den Jahren 1960 bis 1962 war es zu einer bedeutenden Zunahme antisemitischer Schmierereien in der DDR gekommen. Allein für das Jahr 1960 wurden dem MdI 595 derartige Vorkommnisse gemeldet. Vgl. Timm: Hammer Zirkel Davidstern, 1997, S. 165.

Klinik der Karl-Marx-Universität Leipzig einen »Spätschaden, beruhend auf der Haft im KZ« und riet den staatlichen Stellen, F. aus dem Arbeitsprozess zu nehmen und ihn zunächst einmal völlig in Ruhe zu lassen. Daraufhin sah sein Betrieb von einer fristlosen Entlassung wegen Arbeitsbummelei ab und beendete das Arbeitsverhältnis durch Aufhebung des Arbeitsvertrages.

Das MfS hatte für die Leiden des F. weniger Verständnis. Es wusste sich in Übereinstimmung mit den aggressiven Reaktionen in der Bevölkerung auf sein unangepasstes, ja »asoziales« Verhalten. Unwillkürlich näherte es sich dabei an die Terminologie der nationalsozialistischen »Volksgemeinschaft« an:

»Das gesamte Verhalten des F. wird von allen angesprochenen Personen abgelehnt und man wundert sich, wie so ein Mensch, der ganz offen gegen unseren Staat auftritt, ungestraft ausgeht. Wegen seines parteifeindlichen und sektiererischen Verhaltens wurde er zwar am 4.10.1960 aus der Partei ausgeschlossen, obwohl er Mitglied der VVN ist, hat aber durchaus keinerlei Schlussfolgerungen für sein weiteres Auftreten gezogen. [...] Auch hat dieses Verhalten dazu geführt, dass die Einwohner aus seinem Wohngebiet an der letzten Wahl nicht teilnehmen wollten, wenn nicht endgültig der F. zur Ordnung gerufen wird. Ferner ist man darüber sehr verärgert, dass er gemeinsam mit seinem Hund eine 4-Zimmer-Wohnung besitzt, während kinderreiche Arbeiterfamilien sehr beengt leben müssen.«[7]

Er habe Walter Ulbricht als »Spitzbart« mit dem »brutalen Gesicht« eines »Verbrechers« beschimpft, zum Empfang von »Westsendern« aufgerufen und die DDR-Propaganda kritisiert, »da ja auch bei uns in der Regierung und in der NVA bzw. VP ehemalige faschistische Offiziere sitzen (z. B. Willi Stoph)«.[8] Auch seine Äußerungen, wonach in der DDR ein »ausgeprägter Antisemitismus« vorherrsche und sich selbst in den Reihen des MfS Antisemiten befänden, kreidete man ihm an – ebenso, dass sich F. im Mai 1960 beim »Judenrat« in West-Berlin über die ihm widerfahrenen Ungerechtigkeiten beschwert hatte. Darüber hinaus notierten die Cottbuser MfS-Offiziere:

»Ein weiterer Punkt der Erregung ist, dass der Betreffende mit seinen Verbindungen prahlt, die er vor allem in Berlin hat. [...] Er freut sich nach seiner Rückkehr aus Berlin dann immer darüber, dass er diesen Leuten mit Tränen seine ›missliche Lage‹ geschildert hat und diese für ihn mit vollstem Verständnis seine Wünsche erfüllt haben. In Lauchhammer lächelt er dann darüber, wie sich diese Personen durch ihn hinters Licht führen ließen. [...] In Lauchhammer wird der F. als Intrigant und Spekulant charakterisiert, da er es sehr gut versteht, andere Personen um seiner Vorteile willen auszuspielen und dabei kein Mittel scheut. [...] Die progressiven Kräfte der Stadt haben sich von ihm völlig losgesagt, sodass er nur noch Umgang mit indifferenten bzw. negativen Elementen pflegt.«[9]

1961 sei ihm sogar zunächst die Sonderrente für Verfolgte des Naziregimes aberkannt worden. Dagegen hatte er sich mithilfe des ärztlichen Befundes aber

7 BV Cottbus: Ermittlungsbericht, 12.1.1967; BStU, MfS, HA XX 3847.

8 Stoph war seit 1931 KPD-Mitglied. Sein höchster Wehrmachtsdienstgrad war Unteroffizier. Bis heute umstritten ist die These, er sei sowjetischer Agent gewesen. Vgl. Mählert: Willi Stoph, 2003. Zu Wehrmachtsoffizieren in der NVA vgl. Lapp: Ulbrichts Helfer, 2000; Wenzke: Wehrmachtsoffiziere in den DDR-Streitkräften, 1995.

9 BV Cottbus: Ermittlungsbericht, 12.1.1967; BStU, MfS, HA XX 3847.

erfolgreich gewehrt. Auch als F. 1961 wegen »grober Staatsverleumdung« in Untersuchungshaft genommen wurde, bewahrte ihn ein ärztliches Attest, welches ihm verminderte Schuldfähigkeit zubilligte, vor einer weitergehenden strafrechtlichen Verfolgung.[10]

Wie das MfS minutiös notierte, pflegte er zugleich enge Kontakte zum polnischen Ministerpräsidenten und Politbüromitglied Józef Cyrankiewicz, der als Leiter des kommunistischen Widerstandskampfes in Kraków 1941 von der Gestapo verhaftet und ebenfalls in das Konzentrationslager Auschwitz deportiert worden war. 1965 habe F. sich als Zeuge für den Auschwitzprozess in Frankfurt/Main angeboten und dafür um Erlaubnis zur Teilnahme nachgesucht. Der DDR-Nebenklagevertreter habe dies allerdings verhindert: »Nach eingehender Prüfung durch Professor Kaul wurde er als Zeuge abgelehnt. Danach wurde er wieder ausfallend und schimpfte gegen unsere Organe.«[11] Nach diesem langen Bericht über den vermeintlichen notorischen Querulanten kam das MfS dann auf den eigentlichen Auslöser der Nachfrage Grundigs zu sprechen, die antisemitischen Hasstiraden von W. Sie waren im Beisein einer polnischen ehemaligen Partisanin erfolgt, die F. im September 1966 besuchte. Mit kaum verhohlenem Verständnis schilderten die MfS-Mitarbeiter den Ausbruch des Mannes, der aus ihrer Sicht mustergültig den Weg vom Parteigenossen zum Genossen gegangen war:

»Der W. hat diese von Ihnen in dem Auftrag erwähnten Äußerungen getätigt und wurde deshalb auch zur Verantwortung gezogen. Da diese Beleidigung aber nur persönlich gemeint war und der F. aus diesem Grunde auch keine Anzeige erstattete, wurde dieses Verfahren eingestellt. Die Auswertung erfolgte im B[raun]K[ohle]K[ombinat] Lauchhammer. Der W. trat in dieser Hinsicht noch nie in Erscheinung. Er ist gesellschaftlich sehr aktiv, Mitglied unserer Partei und als Vorsitzender der N[ationalen]F[ront] seines Wohnbezirksausschusses seitens des Betriebes abgestellt worden. Er war zwar vor 1945 Angehöriger der SA und Mitglied der NSDAP, lässt sich aber insgesamt davon heute nichts mehr anmerken. Diese Äußerung kam im angetrunkenen Zustand und aus Verärgerung dem F. gegenüber zum Ausdruck, da dieser den großen Mann spielt, aber gesellschaftspolitisch unserem Staat nichts bietet.«[12]

Dem konnte sich das MfS nur anschließen:

»Der F. zieht bei seinen Besuchen in Polen über unseren Staat her, was er ganz offen zugibt und stellt alles so dar, dass man ihn unterdrückt und er sich bei uns keinesfalls als freier Bürger fühlt. Durch diesen Standpunkt sind alle über ihn verärgert, was sogar schon so weit geht, dass der Wunsch geäußert wird, die staatlichen Organe sollten ihm die Genehmigung einer legalen Ausreise gewähren, da wir dann einen Nichtsnutz und Spekulanten los wären. Er bereitet nur Schwierigkeiten und stellt seine Probleme immer in den Vordergrund, wobei er unsere staatlichen Organe stets belästigt.«[13]

10 Ebenda, S. 24.
11 Ebenda, S. 26.
12 Ebenda, S. 25.
13 Ebenda, S. 26.

Mit ihrem Bericht leistete die MfS-Bezirksverwaltung Cottbus ganze Arbeit. Der einstige NS-Häftling Heidenreich und die jüdische Remigrantin Grundig waren sich nun einig darüber, wer in der Angelegenheit Opfer und wer Täter war: »Genossin Grundig war stark beeindruckt über die politisch-feindliche Einstellung des F. und betrachtet ihren früheren Hinweis an uns als erledigt.«[14]

Tatsächlich, dies bleibt nachzutragen, wurde das Verfahren gegen W. nicht gänzlich eingestellt. Der Cottbuser Staatsanwalt legte der Generalstaatsanwaltschaft seine Ermittlungsergebnisse zur Entscheidung vor.[15] Er bescheinigte W. eine »verhältnismäßig gute Entwicklung« nach 1945 und »einige Verdienste«: »Die Einlassungen des Beschuldigten sind insoweit glaubhaft, dass er die Äußerungen gegenüber F. in der Öffentlichkeit nicht wegen seiner jüdischen Herkunft getätigt hat, sondern aus persönlicher Verärgerung über das Auftreten des Geschädigten in der Öffentlichkeit.«[16] Das war zwar nicht so rabiat exkulpierend formuliert wie im MfS-Bericht, führte jedoch zum gleichen Ergebnis, nämlich der Vertuschung des antisemitischen Ausbruchs eines SED-Genossen. Zwar seien die Äußerungen objektiv als rassistische »Hetze« nach § 19 StEG zu werten, doch fehle es an der subjektiven Erfüllung des Tatbestandes. Auch § 20 (Staatsverleumdung) sei subjektiv nicht erfüllt.[17]

Damit schloss sich der Kreis: Wer sich als loyaler DDR-Bürger und SED-Genosse gegenüber einem notorischen Querulanten zu einem antisemitischen Hassausbruch hinreißen ließ, konnte sich auch dann in Übereinstimmung mit der sozialistischen Staatsräson wissen, wenn er ein ehemaliges NSDAP-Mitglied und das Opfer ein Verfolgter des Naziregimes war. Das vorgeblich antifaschistische inspirierte Strafgesetzbuch war insofern außer Kraft gesetzt. Besser wäre es natürlich gewesen, er hätte seinen Judenhass für sich behalten. Die Generalstaatsanwaltschaft empfahl deshalb mangels »Gesellschaftsgefährlichkeit« eine Verurteilung auf Bewährung wegen »verbrecherischer Trunkenheit« und eine Rücksprache mit einem Instrukteur der SED-Bezirksleitung Cottbus.[18]

Dieser Verfahrensweg war gewagt, weil W. mehreren Zeugen zufolge gar keinen Alkohol getrunken hatte, doch das Kreisgericht Senftenberg verurteilte W. am 5. Dezember 1966 zu einer Bewährungszeit von einem Jahr bzw. bedingten Gefängnisstrafe von zehn Monaten.[19] In der Urteilsbegründung hieß es:

»Aus der persönlichen und politischen Entwicklung des Angeklagten ist ersichtlich, dass seine Äußerungen keinen antisemitischen Inhalt tragen. Man kann auch von keiner Diffamierung des Zeugen F., der wegen seiner jüdischen Abstammung im KZ war, sprechen.

14 Vgl. Aktenvermerk des 1. Sekretärs der SED-KL, 21.12.1966; BStU, MfS, HA XX 3847, S. 16.

15 Vgl. Der Staatsanwalt des Bezirkes Cottbus: Anschreiben an den Generalstaatsanwalt der DDR, Abt. IA, z. Hd. Gen(ossin) Schüßler, 29.9.1966; BStU, MfS AST IA (a) AR 164/66, Bl. 1.

16 Ebenda.

17 Ebenda.

18 Vgl. Handschriftliche Notizen auf der Rückseite des Anschreibens an den Generalstaatsanwalt der DDR, Abt. IA, z. Hd. Genossin Schüßler, 10.10.1966; ebenda, Bl. 2.

19 Vgl. Kreisgericht Senftenberg: Urteil gegen den Sachbearbeiter W., 5.12.1966; ebenda, Bl. 5–9.

Diese Äußerungen sind auf eine Antipathie des Angeklagten gegenüber dem Zeugen zurückzuführen, was im Verhalten des Zeugen selbst begründet liegt.«[20]

F. stellte daraufhin Strafantrag gegen die beteiligten Staatsanwälte und Richter wegen Rechtsbeugung und Begünstigung im Amt.[21] Er nahm den DDR-Antifaschismus beim Wort:

»Der in diesem Verfahren angeklagte W. hat genau das propagiert und angedroht, trotzdem unsere Gesetze die härteste Bestrafung solcher Taten androhen, was der KZ-Arzt Fischer vor mehr als zwanzig Jahren ausgeführt hat. Wobei betrachtet werden muss, dass einem Fischer kein Gesetz gegenüberstand, das ihn von seinen Taten abhalten konnte, im Gegenteil, Fischer wurde geradezu durch die verbrecherischen faschistischen Erlasse, Anordnungen und Gesetze zu seinen Verbrechen animiert. Krass gegenübergestellt, hat der Angeklagte W. heute schon wieder das angedroht und propagiert, was er sicherlich vor 1945 selbst vertreten hat und wofür Fischer im vergangenen Jahr zum Tode verurteilt und hingerichtet wurde.«[22]

Die Staatsanwältin Schüßler beim Generalstaatsanwalt der DDR ließ es sich nicht entgehen, in ihrer Ablehnung des Strafantrags F. zynisch vorzuhalten: »Es gibt […] keine Anhaltspunkte dafür, dass die Äußerungen aus antisemitischen Gründen getätigt wurden. Sie selbst gaben in der Hauptverhandlung ausweislich des Protokolls an, dass es für Sie unfassbar ist, dass der Angeklagte zu einer solchen Äußerung kam.«[23]

Ein Auschwitz-Häftling im Visier des MfS

Während die Staatssicherheit in vielen der zuvor geschilderten Fälle von NS-Belastungen nur oberflächlich ermittelte und darauf verzichtete, konkrete Tatbeiträge auszurecherchieren, falls sich zum Beispiel auch so die Gelegenheit zu einer IM-Werbung ergab, zeigt der Fall des Auschwitz-Überlebenden I., welche Ausforschungsenergie sich gegen NS-Opfer richten konnte, wenn sie den Normen des staatssozialistischen Antifaschismus zu widersprechen schienen.

Die verschiedenen Abteilungen des MfS legten zu I. insgesamt fünf verschiedene Vorgänge mit etwa 3 000 Blatt an. Das SED- und VVN-Mitglied war 1952 im Zuge der antisemitischen Welle, die aus Stalins Sowjetunion (etwas gebremst) auch in die DDR schwappte, bei der Polizei denunziert worden, falsche Personalpapiere zu benützen und keine Dokumente vorlegen zu können, die seine Haft in verschiedenen Konzentrationslagern belegten. Wenn er einen Fragebogen ausfüllen müsse, benütze er außerdem immer Aufzeichnungen, um keine widersprechenden Angaben zu machen. Vollends verdächtig machten ihn seine West-

20 Vgl. ebenda, Bl. 9.

21 Vgl. F.: Strafantrag an den Generalstaatsanwalt der DDR, Dr. Josef Streit, 20.1.1967; ebenda, Bl. 10–16.

22 Ebenda, Bl. 14.

23 Vgl. Durchschrift eines Schreibens der Staatsanwältin Schüßler an F., 9.2.1967; ebenda, Bl. 20.

kontakte. Er erhalte viele Briefe in jiddischer Sprache aus dem westlichen Ausland und sei selbst mehrere Wochen illegal in Westdeutschland gewesen.[24] Die Leipziger Staatssicherheit ermittelte sporadisch wegen Spionageverdachts, stellte aber mangels konkreter Befunde den Vorgang vermutlich im Frühjahr 1954 wieder ein.

Doch der Makel blieb haften. 1964 kamen erneut Zweifel an seiner Identität auf. Das MfS vermutete gegenüber dem polnischen »Bruderorgan«, dass I. während seiner KZ-Haft für die Gestapo gespitzelt haben könnte.[25] Verdächtig schien dem MfS offenbar, dass I. das Vernichtungslager Majdanek überlebt haben wollte, obwohl dort sämtliche jüdische Häftlinge ermordet worden seien. Doch auch diese Recherchen verliefen im Sande.

Den Anstoß für die endgültige Klärung seiner Biographie gab dann 1983 eine ehemalige Mitarbeiterin des MfS, die nun als stellvertretende Vorsitzende der VdN-Kreiskommission Leipzig amtierte. Sie war im Zusammenhang mit einem Antrag von I. in dessen Akte auf einige widersprüchliche Angaben in Lebensläufen und Fragebögen gestoßen und übergab diese Informationen einem Mitarbeiter der HA IX.[26] Die HA IX/11 beschaffte sich »inoffiziell« die VdN-Akte; zugleich vertrat ein Mitarbeiter der Abteilung XVIII (Sicherung der Volkswirtschaft), der sich ebenfalls mit I. befasst hatte, die Ansicht, er würde unter falschem Namen leben.[27]

Unterdessen interessierte sich auch der ZK-Apparat in Ost-Berlin für den Fall, denn I. war bis zu seiner Pensionierung 1974 ein Nomenklaturkader in der Deutschen Hochschule für Körperkultur sowie in Außenhandelsbetrieben gewesen und hatte zahlreiche, zum Teil hohe staatliche Auszeichnungen empfangen. Der Leiter der BV Leipzig, Generalmajor Manfred Hummitzsch, nahm sich der Sache an.[28]

Eine Spezialkommission der Abteilung IX in Leipzig legte einen so genannten Speziellen Vorgang (SV) an, zugleich eröffnete die Abteilung XVIII einen Operativvorgang mit der Deckbezeichnung »Schneider«. Für sie bestand der Verdacht, dass I. falsche Angaben über seine Verschleppung in Konzentrationslager gemacht habe und möglicherweise unter falschem Namen in der DDR lebe.[29]

24 Vgl. VPKA Leipzig, Abt. K, Kommissariat F 2: Information, 12.9.1952; BStU, MfS, BV Leipzig, AP 1315, Bl. 13 f.; VPKA Leipzig, Abt. K, Kommissariat C 10: Aktenvermerk, 13.9.952; ebenda, Bl. 19.

25 Vgl. MfS, Abt. X: Anfrage an das MdI der VR Polen, Berliner Gruppe A, 31.8.1964; BStU, MfS, AP 8627/72, Bl. 5 f.

26 Vgl. (BV Leipzig, Abt. IX): Protokoll der Unterredung mit Herta P., 20.5.1983; BStU, MfS, BV Leipzig, AU 855/87, Bd. 2, Bl. 4 f.

27 Vgl. HA IX/11/6: Bericht zum gegenwärtigen Bearbeitungsstand des SV 16/82, 24.12.1982; BStU, MfS, HA IX/11, SV 16/82, Bd. 1, Bl. 39–47, hier 39.

28 Vgl. (BV Leipzig, Abt. IX): Protokollvermerk, 23.9.1983; ebenda, Bl. 135.

29 Vgl. BV Leipzig, Abt. XVIII: Eröffnungsbericht zum Operativvorgang »Schneider« – Reg.-Nr. XIII 1651/83, 30.11.1983; BStU, MfS, BV Leipzig, AOP 1698/86, Bd. 1, Bl. 12–22.

Ausweislich der in seinem linken Unterarm eintätowierten Häftlingsnummer ließ sich I. einem Häftlingstransport am 31. Juli 1944 von 1614 männlichen Juden aus Blizyn[30] nach Auschwitz-Birkenau zuordnen.[31] Ebenfalls bestätigte sich, dass der Verdächtige, wie von ihm angegeben, im Frühjahr 1945 tatsächlich in das KL Buchenwald gebracht worden war. Allerdings fand sich an beiden Fundstellen nur ein ähnlicher Name und auch der Geburtsort wich ab.[32]

Das MfS mobilisierte nahezu sein gesamtes Instrumentarium geheimdienstlicher Ausforschung. Es glich sämtliche Kaderunterlagen des I. ab und recherchierte in zahlreichen Archiven, Gedenkstätten und Bibliotheken sowie der Zentralstelle für Genealogie in Leipzig.[33] Auch der polnische SB und der sowjetische KGB wurden erneut eingeschaltet.[34] Hinzu kam das komplette Arsenal an Observationstechniken mit Post-, Telefon- und Wanzenüberwachung und sogar Handschriften- und Sprachanalysen.[35] Im Eifer der Ermittlungen übernahmen die Leipziger Tschekisten Methoden und Terminologie der nationalsozialistischen Rassenideologen und ordneten eine getarnte ärztliche Untersuchung an, bei der festgestellt werden sollte, ob I. »als jüdischer Bürger beschnitten wurde« und somit »Volljude« sei.[36]

Schwächer waren dagegen die Kenntnisse über das Judentum ausgeprägt. Im Eröffnungsbericht des OV war von einer »Israelischen Religionsgemeinde zu Leipzig«[37] die Rede; Oberst Stolze ließ den Leipziger Kollegen mitteilen: »Die

30 In Blizyn (Woiwodschaft Kielce) befand sich ein Außenlager (SS-Arbeitslager) des KL Majdanek.

31 Ebenda, Bl. 16 f.

32 Ebenda, Bl. 17.

33 Vgl. (BV Leipzig, Abt. IX/SK): Protokoll eines Gesprächs mit dem Leiter der Zentralstelle für Genealogie Leipzig, 10.5.1983; BStU, MfS, BV Leipzig, AU 855/87, Bd. 3, Bl. 88. Heute heißt diese Institution »Deutsche Zentralstelle für Genealogie«. Es ist das zweitgrößte Spezialarchiv dieser Art in Europa. Zu den Sammlungen gehören u. a. die auf dem Gebiet der DDR aufgefundenen Bestände des 1945 aufgelösten Reichssippenamtes, welche 1967 in das Archiv gelangten, darunter die »Familiengeschichtlichen Sammlungen«. Hinzu kommen jüdische Personenstandsquellen, ursprüglich aus dem Gesamtarchiv der Juden, den Landesarchiven, den Stadtarchiven, den Amtsgerichten und den Bürgermeistereien stammend, welche 1938 vom Reichssippenamt verfilmt worden waren. Vgl. Weiss: Die Deutsche Zentralstelle für Genealogie (www.volkmar-weiss.de/MALTZA.html), S. 1–6; Jude: Die jüdischen Personenstandsunterlagen, Zeitschrift für Genealogie 47(1998)1–2, S. 4–18.

34 Vgl. HA IX, Stellvertreter des Leiters: Information an die Abt. X zur Weiterleitung an die polnischen Sicherheitsorgane, 11.9.1984; BStU, MfS, HA IX/11, SV 16/82, Bd. 1, Bl. 212–218; HA Untersuchung, Leiter: Überprüfungsersuchen an das Komitee für Staatssicherheit der UdSSR, Leiter der Untersuchungsabteilung, Genosse Generalleutnant der Justiz Wolkow, zur Beweismittelsicherung im Identifizierungsverfahren, 11.9.1984; ebenda, Bl. 206–211.

35 Vgl. BV Leipzig, Abt. XVIII: Quartalseinschätzung, Einschätzung des im Berichtszeitraum erreichten Standes der Bearbeitung des OV »Schneider«, 28.6.1985; BStU, MfS, BV Leipzig, AOP 1698/86, Bd. 1, Bl. 287; MfS, Technische Untersuchungsstelle: Untersuchungsbericht, 2.8.1983; BStU, MfS, BV Leipzig, AU 855/87, Bd. 2, Bl. 183 u. 188–190;

36 Vgl. (BV Leipzig, Abt. IX/SK): Maßnahmeplan, o. D.; BStU, MfS, BV Leipzig, AU 855/87, Bd. 3, Bl. 2–5, hier 3; (BV Leipzig, Abt. IX/SK): Vermerk über Absprache mit Vertretern der HA IX/11 und in deren Ergebnis festgelegte Maßnahmen, 17.11.1983; BStU, MfS, HA IX/11, SV 16/82, Bd. 1, Bl. 155–157, hier 156.

37 Vgl. BV Leipzig, Abt. XVIII: Eröffnungsbericht zum Operativvorgang »Schneider« – Reg.-Nr. XIII 1651/83, 30.11.1983; BStU, MfS, BV Leipzig, AOP 1698/86, Bd. 1, Bl. 16.

zur Verfügung gestellten Kopien von Briefen [von I.] an [...] sind im osteuropäischen Stedl (Dialekt des Hebräischen) verfasst und innerhalb des MfS nicht übersetzbar.«[38]

In den mehr als zwei Jahre dauernden Ermittlungen fand das MfS eine Reihe von Hinweisen auf unterschiedliche, mehr oder weniger abweichende Namensangaben von I. sowie differierende Geburtsorte. Schließlich lud man ihn im Februar 1986 zu einer vier Tage dauernden Befragung.[39] An der Vorbereitung und Durchführung waren insgesamt 10 Genossen der HA IX/11 sowie der Abteilung IX und XVIII der BV Leipzig beteiligt.[40] Es wurde dann auch ein voller Erfolg für das MfS.

Hinsichtlich seiner Verfolgungszeit berichtete I., zunächst in das Ghetto von Bialystok gesperrt worden zu sein, von wo er dann nach Majdanek deportiert wurde. Dann sei er in das Arbeitslager Blizyn, anschließend weiter nach Auschwitz-Birkenau gekommen; hier überstand er mehrere Selektionen. Diese Schilderungen hielten seine Befrager nicht davon ab, ihn auch zu einem Prämienschein in Höhe von 1 Reichsmark Stellung nehmen zu lassen, den er laut einer zeitgenössischen Liste erhielt.[41] Am Ende seines Leidensweges wurde er im Januar 1945 über das Lager Groß-Rosen nach Buchenwald transportiert. I. gab sofort zu, bei seinen Angaben hier und da geschummelt zu haben. Er habe nach seiner Befreiung Berlin als Geburtsort angegeben, seinen Namen eingedeutscht und bei seinem Vornamen zwei Buchstaben weggelassen, um nicht in seine ostpolnische Heimat zurückkehren zu müssen und nicht als Jude erkannt zu werden.[42]

MfS-Bezirkschef Hummitzsch informierte die SED-Bezirksleitung über die Fälschungen:

»Mit Beginn der 50er Jahre ging er bei der Darstellung seiner Vergangenheit vor 1945 dazu über, in gefertigten Unterlagen, Lebensläufen und Fragebögen seine Persönlichkeit dahingehend aufzuwerten, indem er sich nicht mehr als rassisch Verfolgter, sondern zunehmend als politisch Verfolgter ausgab. Ein weiteres Bestreben dabei war, sich nach außen hin von seiner Zugehörigkeit zur jüdischen Rasse zu distanzieren.«[43]

38 Vgl. HA IX/11: Mitteilung des Leiters der HA IX/11 an den Leiter der Abt. IX Leipzig, 13.2.1985; BStU, MfS, HA IX/11, SV 16/82, Bd. 1, Bl. 232 f.

39 Zum Vergleich: Die Befragung Settniks (siehe Fallstudie) erstreckte sich von 11.30 Uhr bis 18.00 Uhr.

40 Vgl. BV Leipzig, Abt. XVIII: Aktennotiz, 18.2.1986; BStU, MfS, BV Leipzig, AOP 1698/86, Bd. 1, Bl. 370.

41 Vgl. Konzentrationslager Auschwitz, Außenlager Birkenau, Männerlager: Information an die Kommandantur des KL Auschwitz über die Verwendung der am 19.12.1944 von der Kommandantur des KL Au(schwitz) empfangenen Prämienscheine, 22.12.1944; BStU, MfS, HA IX/11, SV 16/82, Bd. 3, Bl. 345. Das Original befindet sich im Museum Auschwitz.

42 Vgl. Befragungsprotokoll des Bürgers I., 10.2.1986; BStU, MfS, BV Leipzig, AOP 1698/86, Bd. 1, Bl. 314–320. Ein weiterer Grund dürften die Pogrome in polnischen Städten in den Jahren 1945 und 1946 gewesen sein. Vgl. »Ganz langsam gesteinigt«. Ein Bericht über das Pogrom in Kielce am 4.7.1946. In: Der Spiegel 27/1996 v. 1.7.1996, S. 128–130.

43 BV Leipzig: Information Nr. 11/86 über die Ergebnisse der Überprüfung des I., 25.2.1986; BStU, MfS, BV Leipzig, AU 855/87, Bd. 1, Bl. 85–91.

Diese Anpassungsleistung an die Normen des ostdeutschen Idealbilds eines Antifaschisten rächte sich nun. Das MfS stellte fest, I. habe sich damit den Status eines »Kämpfers gegen den Faschismus« erschlichen und somit rund 60 000 Mark zu Unrecht erhalten.[44] Die Parteikontrollkommission ließ I. ohne Ausschluss davonkommen, doch wurde ihm der Status des »Kämpfers« aberkannt. Die entsprechende »Medaille für Kämpfer gegen den Faschismus von 1933–1945« musste er ebenso zurückgeben wie die höhere Ehrenpension.[45]

Gerhard Löwenthal, sein Überleben im Dritten Reich und das Ministerium für Staatssicherheit[46]

Der Begriff »Hass« wurde vom MfS als »intensives und tiefes Gefühl, das wesentlich das Handeln von Menschen mitbestimmen kann«, definiert. Weiter heißt es im »Wörterbuch für die politisch-operative Arbeit«:

»Er [der Hass] widerspiegelt immer gegensätzliche zwischenmenschliche Beziehungen und ist im gesellschaftlichen Leben der emotionale Ausdruck der unversöhnlichen Klassen- und Interessengegensätze zwischen der Arbeiterklasse und der Bourgeoisie (Klassenhass). Der moralische Inhalt des H. ist abhängig vom Gegenstand, auf den er gerichtet ist, und kann von daher wertvoll und erhaben oder kleinlich und niedrig sein. H. zielt immer auf die aktive Auseinandersetzung mit dem gehassten Gegner, begnügt sich nicht mit Abscheu und Meidung, sondern ist oft mit dem Bedürfnis verbunden, ihn zu vernichten oder zu schädigen. H. ist ein wesentlicher bestimmender Bestandteil der tschekistischen Gefühle, eine der entscheidenden Grundlagen für den leidenschaftlichen und unversöhnlichen Kampf gegen den Feind. Seine Stärkung und Vertiefung in der Praxis des Klassenkampfes und an einem konkreten und realen Feindbild ist Aufgabe und Ziel der klassenmäßigen Erziehung.«[47]

Zu jenen, welche diese »tschekistischen Gefühle« zu spüren bekamen, gehörte der Journalist Gerhard Löwenthal. Wie in vielen anderen Fällen auch, ging es der Staatssicherheit einzig und allein darum, belastende Dokumente oder Belastungszeugen ausfindig zu machen. Man wollte den streitbaren politischen

44 Vgl. MfS, BV Leipzig: Information Nr. 11/86 über die Ergebnisse der Überprüfung des I., 25.2.1986; ebenda.

45 Die monatliche Ehrenpension für »Kämpfer gegen den Faschismus«, die das Pensionsalter erreicht hatten oder Invalide waren, betrug 1 200 Mark. »Verfolgte des Faschismus« erhielten 200 Mark weniger. Vgl. DDR, Sekretariat des Ministerrates, Der Leiter: Anordnung über Ehrenpensionen für Kämpfer gegen den Faschismus und für Verfolgte des Faschismus sowie deren Hinterbliebene, 27.9.1976; BStU, MfS, SdM 1789, Bl. 270–276; BV Leipzig, Abt. XVIII: Bericht zur Einstellung des OV »Schneider« – Reg.-Nr. XIII 1651/83, 15.9.1986; BStU, MfS, BV Leipzig, AOP 1698/86, Bd. 1, Bl. 374 f.

46 Dieses Kapitel wurde mit geringen Abweichungen zuerst unter der Überschrift: »Der schmutzige Antifaschismus der Stasi« in der Frankfurter Allgemeinen Sonntagszeitung v. 19.1.2003, S. 5, veröffentlicht.

47 Vgl. Stichwort »Hass«, in: Suckut: Das Wörterbuch der Staatssicherheit, 1996, S. 168.

Widersacher,[48] ähnlich wie seinen Schwiegervater Ernst Lemmer, in der Öffentlichkeit zum Beispiel als ehemaligen Gestapospitzel denunzieren können.[49]

Geboren wurde Gerhard Löwenthal als Sohn eines jüdischen Herrenkleiderfabrikanten und einer zum mosaischen Glauben übergetretenen Mutter 1922 in Berlin. Hier besuchte er auch bis Winter 1938 das Gymnasium. Er musste dann, als »Geltungsjude«[50] kategorisiert, aufgrund der antijüdischen Gesetzgebung die Schule verlassen.[51] Ohne Abitur und ohne Aussicht auf einen Studienplatz versuchte er daraufhin auszuwandern.[52] In Vorbereitung dessen begann er eine Zahntechnikerausbildung, lernte Fremdsprachen und belegte einen Kurs für Brillenoptik und Feinmechanik. Dann machte der Kriegsausbruch alle Pläne zunichte. Der junge Löwenthal musste zwangsverpflichtet in einer Optikerwerkstatt arbeiten, was ihm und anderen bis Frühjahr 1943 einen gewissen Schutz vor Verfolgung bot.[53] Als die Judenverfolgung immer schärfere Formen annahm, schloss er sich einer Gruppe an, welche gefährdeten Menschen half, unter anderem durch Fälschen von Ausweisen, Lebensmittelkarten und Pässen.[54] Dies wurde der Gestapo bekannt, woraufhin Vater und Sohn in den »Bunker« des Sammellagers in der Großen Hamburger Straße verbracht wurden, während die Mutter, als »arischer Teil einer sternpflichtigen Mischehe« in ein Gefängnis gesperrt wurde.[55] Nur durch einen Zufall kamen alle drei wieder frei.[56] Mit Ausnahme der Eltern wurden sämtliche jüdischen Verwandten (Großeltern, Onkel, Tante, Vettern, Cousinen) in deutschen Konzentrationslagern ermordet.

Nach dem Krieg baute der Vater seine Firma wieder auf und engagierte sich in der Jüdischen Gemeinde. Gerhard Löwenthals journalistische Laufbahn begann

48 Er selbst sah sich dabei als »permanenten Ankläger der kommunistischen Diktatur«. Vgl. Löwenthal: Ich bin geblieben, 1987, S. 195.

49 Gerhard Löwenthal war seit 1948 mit der Tochter von Ernst Lemmer verheiratet.

50 Zur Erklärung des Begriffs siehe Graml: Verfolgung der Juden in Deutschland, 1958, S. 68.

51 In seinem Fall war es das am 25.4.1933 erlassene »Gesetz gegen die Überfüllung deutscher Schulen und Hochschulen«, welches den Schul- bzw. Hochschulzugang »nichtarischer« Bewerber auf einen bestimmten Prozentsatz beschränkte. Als »Nichtarier« galt, wer von jüdischen Eltern oder Großeltern abstammte. Es genügte, wenn ein Eltern- oder Großelternteil »nichtarisch« war. Der Reichsminister für Wissenschaft, Erziehung und Volksbildung hatte dann am 15.11.1938 verfügt, den »Restbestand jüdischer Schüler auf den deutschen Schulen sofort zu entlassen.« Vgl. Longrich: Politik der Vernichtung, 1998, S. 213.

52 Seinem jüngeren Bruder gelang mit einem Kindertransport die Flucht nach England, er kämpfte später als Offizier der Britischen Armee gegen das NS-Regime.

53 Vgl. Löwenthal: Ich bin geblieben, 1987, S. 54 f.

54 Vgl. ebenda, S. 61 f.; Magistrat der Stadt Berlin, Hauptausschuss »Opfer des Faschismus«, Abt. Opfer der Nürnberger Gesetze: Fragebogen und Lebenslauf (Anlage zum Fragebogen) von Gerhard Löwenthal, 14.11.1945; BStU, MfS, HA IX/11, PA 3472, Bd. 2 (Teil 4), Bl. 123 f. u. 132. Beides ist Bestandteil der VdN-Akten (Nr. 1452 und 1454) der Familie Löwenthal, welche vom Magistrat Berlin, Referat VdN, verwahrt wurde.

55 Graml führt dazu aus: Die »arische« Ehefrau eines Juden musste, gegebenenfalls mit ihren Kindern, dessen Verfolgungen nahezu alle teilen – das Berufsverbot des Mannes und die damit zusammenhängenden Schädigungen wirkten sich ja sowieso auch auf sie aus, während der mit einer Jüdin verheiratete »arische« Mann von den Gesetzen nicht betroffen war und zunächst im Wesentlichen unbehelligt blieb. (Verfolgung der Juden in Deutschland, 1958, S. 66)

56 Vgl. Löwenthal: Ich bin geblieben, 1987, S. 69 f.

1945 beim RIAS Berlin als Reporter und Redakteur. 1951 war der 29-Jährige schon stellvertretender Programmdirektor. Acht Jahre später übernahm er die Leitung der »Abteilung für wissenschaftliche Information« der Organization for European Economic Cooperation (OEEC) in Paris sowie 1963 der Benelux-Redaktion des Zweiten Deutschen Fernsehens (ZDF) in Brüssel. Von Januar 1969 bis zu seiner Verabschiedung in den Ruhestand 1987 moderierte er das ZDF-Magazin, engagierte sich in verschiedenen Organisationen wie dem konservativen »Bund Freies Deutschland« (BFD) und dem von der Staatssicherheit als »Feindorganisation«[57] eingestuften Verein »Hilferufe von Drüben«.[58] In einer Einschätzung des Instituts für Internationale Politik und Wirtschaft der DDR (IPW)[59] ist zu Gerhard Löwenthal vermerkt: »L[öwenthal] gehört zu den entspannungsfeindlichsten, extrem antikommunistischen Journalisten der BRD. Insbesondere im ZDF-Magazin diskreditiert er die sozialistischen Staaten und alle demokratischen Kräfte[60] und greift auch die Politik der SPD/FDP-Regierung[61] scharf an.«[62] In einem anderen Dossier wurde unterstellt:

»Das ›ZDF-Magazin‹ wird seit dem 1. Januar 1969 ausgestrahlt. Es wurde von den herrschenden Kreisen der BRD planmäßig als Kampfinstrument zu einem Zeitpunkt ausgebaut, als sich die Wende vom ›Kalten Krieg‹ zur Entspannung vollzog und der Übergang zu einer SPD/FDP-Regierung in der BRD [sich] abzuzeichnen begann. [...] G. Löwenthal hatte sich bereits in den Jahren vor seiner Berufung als einer der willfährigsten und skrupellosesten Verfechter der Interessen der extremsten Kreise des Imperialismus der BRD und der USA erwiesen und damit deren Vertrauen erworben.«[63]

Vor diesem Hintergrund ist es auch nicht verwunderlich, wenn hinsichtlich seiner Vergangenheit von der Staatssicherheit eingeschätzt wurde:

57 Vgl. HV A, Abt. VII: Objektübersicht über wichtige Einrichtungen im Operationsgebiet, die politisch-ideologisch und subversiv gegen die DDR und andere sozialistische Länder tätig sind, 5/1983; BStU, MfS, ZAIG 13653, Bl. 12; MfS, ZKG: Auskunftsbericht zur Feindorganisation »Hilferufe von Drüben e. V.«, VVS MfS 0107-1748/81; BStU, MfS, BdL-Dok. Nr. 006073, Bl. 1–114.

58 Vgl. Angaben zu Löwenthal, in: Munzinger: Archiv/Internationales Biographisches Archiv, 14.6.1975.

59 Das IPW war eine dem ZK der SED zuarbeitende Einrichtung für marxistisch-leninistische Imperialismusforschung, insbesondere für die Analyse der Entwicklung der Bundesrepublik. Vgl. Stichwort »Institut für Internationale Politik und Wirtschaft«, in: Herbst; Ranke; Winkler: So funktionierte die DDR, Bd. 1, 1994, S. 416–419.

60 Damit waren all jene gemeint, welche gegenüber den Diktaturen in den Ostblockstaaten mehr oder minder unkritisch eingestellt waren.

61 Hintergrund war die »neue Ostpolitik« (»Wandel durch Annäherung«) von Bundeskanzler Willy Brandt, welche begleitet von erheblichen innenpolitischen Auseinandersetzungen, u. a. zur Unterzeichnung der Ostverträge und der Paraphierung des Grundlagenvertrages mit der DDR am 8.11.1972, führte. Vgl. Görtemaker: Geschichte der Bundesrepublik, 1999, S. 525–563.

62 Vgl. Biographien BRD. Nur für den Dienstgebrauch. Hg. v. Institut für Internationale Politik und Wirtschaft der DDR. Bd. 2, Berlin (Ost) 1980, S. 167. Löwenthal selbst sah sich dabei als »permanenten Ankläger der kommunistischen Diktatur«. Vgl. Löwenthal: Ich bin geblieben, 1987, S. 195.

63 Vgl. Propaganda feindlicher Funk- und Fernsehsender (Tendenzen und Argumente), Anhang: Zur Charakterisierung der Sendereihe »ZDF-Magazin« des 2. BRD-Fernsehens. Hg. v. Institut für Internationale Politik und Wirtschaft der DDR. Berlin (Ost) 1980, S. 2.

»Löwenthal ist Halbjude. Während der Zeit des Faschismus unterlag Löwenthal daher bestimmten Beschränkungen. So musste er das Gymnasium zwangsweise verlassen und durfte kein Studium aufnehmen. Später wurde er festgenommen und war 70 Tage inhaftiert. Nach 1945 hat es Löwenthal immer verstanden, seine vorübergehende Festnahme als ›KZ-Haft‹ und ›politischen Widerstand‹ auszulegen und daraus Nutzen für seine berufliche Karriere zu ziehen.«[64]

Dies bezog sich wohl auf einen Artikel Hermann L. Gremlizas in der Hamburger Zeitschrift »Konkret«.[65] Intention des Artikels war es, durch Verharmlosung der tatsächlichen Ereignisse und Gegebenheiten zu versuchen, das moralische Ansehen Löwenthals als Opfer des NS-Regimes herabzusetzen. In diesem Zusammenhang zitierte er beispielsweise aus der Anklageschrift des Westberliner Kammergerichts gegen den Leiter der Gestapoleitstelle Berlin, Otto Bovensiepen, um anschließend die Feststellung bezüglich des Sammellagers in der Großen Hamburger Straße zu treffen: »Verantwortlich für das Lager war der Kriminalsekretär Walter Dobberke, ansonsten wurde das Lager fast ausschließlich von Juden geleitet (der jüdische Lagerleiter hieß Max Reschke). Ein Gestapo-Lager war das jedenfalls nicht.«[66]

Sein Motiv ist einfach zu erklären. Der politisch links stehende Gremliza wollte Löwenthal, welcher mit einer deutschen Diktatur bereits genug schlechte Erfahrungen gesammelt hatte, um die sich anschließende »Diktatur des Proletariats« gutheißen zu können, als politischen Rechtsausleger abstempeln,[67] ohne auf dessen Argumentation oder Intention eingehen zu müssen. Da aber politisch rechte Gesinnung einerseits und Verfolgung durch die Nationalsozialisten andererseits nicht so einfach unter einen Hut zu bringen sind, musste letzteres eben relativiert werden. Oder anders ausgedrückt, waren Realität und dichotomes Feindbild nicht in Einklang zu bringen, war es seinen Widersachern geographisch links und rechts der Elbe, die sich allesamt als »Links« (und mit den

64 Vgl. (HV A): Sachstandsbericht über den Bund Freies Deutschland, Berlin (Ost), 1974; BStU, MfS, HA IX/11, PA 3472, Bd. 4 (Teil V/1), Bl. 310–312, hier 312. Vermutlich hob letzteres darauf ab, dass Löwenthal von Juli 1945 bis Januar 1946 einen Sonderlehrgang für »Opfer des Faschismus« besucht hatte, um sein Abitur nachzuholen.

65 Vgl. Gremliza, Hermann L.: Wer ist Gerhard Löwenthal? In: »Konkret« v. 18.10.1973, S. 14–19. Die 1955 als Studentenblatt entstandene Zeitschrift »Konkret« wurde vom Zentralrat der FDJ gegründet, massiv von der DDR unterstützt und mutierte zum »organisatorischen Zentrum kommunistischer Einflussnahme auf die westdeutsche Studentenschaft«. Vgl. Knabe: Die unterwanderte Republik, 1999, S. 147–150 u. 182 f.

66 Ebenda, S. 17. Vom Generalbundesanwalt wurde Gremliza verdächtigt, von 1979 bis zur Auflösung des MfS nachrichtendienstlich gegen die Bundesrepublik tätig gewesen zu sein. Das Verfahren wurde 1996 eingestellt. Vgl. ebenda, S. 487 (Fußnote 149). Anzumerken ist, dass das ehemalige Altersheim der jüdischen Gemeinde in der Großen Hamburger Straße nach seiner gefängnisähnlichen Umgestaltung in der Zeit von Herbst 1942 bis Frühjahr 1944 als Sammellager für die Deportationen nach Osten diente. Vgl. Meyer; Simon: Juden in Berlin 1938–1945, 2000, S. 313–317.

67 In seinen Erinnerungen schreibt Löwenthal, dass ihm Kurt Schumacher (KZ-Häftling und damals SPD-Parteivorsitzender) mit seinem Ausspruch von den Kommunisten als »rotlackierte Nazis« die ersten Denkanstöße gegeben habe, um zu erkennen, dass »der rote Totalitarismus nicht besser als der braune« sei. Vgl. Löwenthal: Ich bin geblieben, 1987, S. 129 f.

Attributen fortschrittlich, demokratisch u. Ä.) schmückten, egal, womit man Löwenthal den Garaus machen konnte.

So strengten die Mitarbeiter der HA IX/11 bereits von 1975 bis 1979 auf Veranlassung von Markus Wolf umfangreiche Recherchen zu dessen Vergangenheit an. Dokumente oder auch nur Indizien, dass Gerhard Löwenthal oder sein Vater für die Gestapo bzw. andere NS-Dienststellen tätig gewesen waren, konnten jedoch nicht ermittelt werden.[68] Das hielt die Leitungsebene des MfS, Mielke, die Leiter der HV A[69], der HA II, der HA IX, der Zentralen Koordinierungsgruppe (ZKG) sowie der Zentralen Auswertungs- und Informationsgruppe (ZAIG) aber nicht davon ab, im Herbst 1987 einen erneuten Versuch zu starten. Auf einer diesbezüglichen Beratung wurde festgelegt:

»Ausgehend von der bisherigen Zuarbeit durch die Hauptabteilung IX [ist] noch einmal zu überprüfen, ob es belastende Materialien zum Verhalten des Gerhard Löwenthal aus der Zeit des Faschismus gibt. […] Die Hauptabteilung IX/11 hat mit ihren spezifischen Mitteln nochmals zu prüfen, ob aus dem Verhalten der Familie Löwenthal in der Zeit des Faschismus Vorschläge für Maßnahmen abgeleitet werden können, die möglicherweise international verwertbar sind.«[70]

Zur »Abarbeitung« der sich daraus für die HA IX/11 ergebenden Aufgaben setzte Stolze insgesamt 14 der ihm unterstellten Offiziere ein. Seinen Stellvertreter, Oberstleutnant Dieter Skiba, benannte er als Verbindungsoffizier zur ZAIG.[71]

Von den 14 Mitarbeitern wurden daraufhin neben anderem zahlreiche Personenüberprüfungen durchgeführt – darunter zu so genannten »Juden-Fahndern«, 39 Mitarbeitern der Gestapoleitstelle Berlin und 22 anderen (»jüdischen Opfern, Zeugen, Anzeigeerstattern sowie Personen aus dem Wohnbereich des Löwenthal bzw. Mitgliedern der früheren jüdischen Gemeinde von Berlin, Insassen des ›Judensammellagers‹«).[72] Ergebnis weiterer Recherchen in diversen Archiven war unter anderem das Auffinden der Geburtsurkunde Gerhard Löwenthals, seines Bruders sowie der Heiratsurkunde seiner Eltern. Darüber hinaus fand sich im Zentralen Staatsarchiv eine »Ergänzungskarte für Angaben über Abstammung und Vorbildung« aus dem Jahr 1939.[73] Daraus ist ersichtlich, dass die Angaben

68 Vgl. HA IX: Information zur erneuten Überprüfung der Vergangenheit des Fernsehkommentators des ZDF, Gerhard Löwenthal (...) sowie des Verhaltens seiner Eltern und seines Bruders während der Zeit des Faschismus, 16.9.1987; BStU, MfS, HA IX/11, PA 3472, Bd. 4 (Teil V/1), Bl. 1 f.

69 Markus Wolf ist 1986 aus dem MfS ausgeschieden, sein Nachfolger war Werner Großmann.

70 Vgl. HA IX/11: Aktenvermerk Absprache beim Genossen Generalmajor Fister, 4.9.1987; BStU, MfS, HA IX/11, PA 3472, Bd. 4 (Teil V/1), Bl. 8 f.

71 Ebenda, Bl. 8.

72 Vgl. HA IX/11: Aktenvermerk über Festlegungen zur Prüfung des Verdachtes der arbeitsteiligen Mitwirkung des Löwenthal, Gerhard (...) an der Verfolgung und Vernichtung der jüdischen Bevölkerung Berlins im Rahmen der »Endlösung der Judenfrage«, 14.9.1987; ebenda, Bl. 11–14.

73 Diese war zusätzlich zu den eigentlichen Erfassungsbögen der Volkszählung an alle Befragten ausgegeben worden. Auf ihr war einmal die Frage nach der in den Nürnberger Gesetzen definierten »rassischen Abstammung« – also die Frage nach dem jüdischen Glaubensbekenntnis – der Großeltern zu beantworten, zum anderen sollten zwecks einer später vorzunehmenden Sonderzählung der Fach- und Hochschulabsolventen Angaben zur Ausbildung gemacht werden. Des Weiteren sollte damit erstmalig die Anzahl der »Rassejuden« und »jüdischen Mischlinge« festgestellt werden. 1942 übernahm das

von Gerhard Löwenthal, zum Beispiel im Fragebogen, den Tatsachen entsprachen, Vater und Söhne etwa gezwungen waren, den Zusatznamen »Israel« zu tragen.[74] Damit war die Verfolgung der Familie, man muss es wohl so formulieren, auch für die Staatssicherheit amtlich bestätigt und nicht mehr anzweifelbar.

Skiba setzte sich wiederum mit einem Kollegen von der ZAIG in Verbindung und sah dort die zu Löwenthal vorhandenen Akten durch, darunter auch eine Mappe der HV A/X. Über deren Inhalt notierte Skiba:

»Diese Unterlagen enthalten u. a. ein Schreiben des Stellvertretenden Ministers, Generaloberst Wolf, an Genossen Minister vom 26.5.1981 zur Aktion ›Polyp‹ gegen Löwenthal.[75] In diesem Schreiben informierte Genosse Generaloberst Wolf über bisher zu Löwenthal durchgeführte Maßnahmen mit dem Ziel der Absetzung und unterbreitete Vorschläge bezüglich des weiteren Vorgehens. Als wesentliche Ergebnisse, Maßnahmen und weitere Vorhaben sind in diesem Schreiben aufgeführt: [...] Lancierung eines fiktiven Dokumentes in Westberlin, das Löwenthal als Spitzel der Gestapo kompromittiert. Dazu ist aufgeführt, dass der Ausgangspunkt dafür ein echtes Dokument gleichen Inhalts sei sowie die Tatsache, dass er sich nach eigenen Angaben für kurze Zeit in Polizeigewahrsam befand. [...] Versand einer legendierten zusammenfassenden Dokumentation, in der die Autoren XXX (nicht näher angegeben) die Vergangenheit und Gegenwart von L. enthüllen und dabei von der Annahme ausgehen, dass L. früher als Spitzel der Gestapo tätig war und jetzt mit westlichen Geheimdiensten aktiv zusammenarbeitet.«[76]

Nach heutigem Kenntnisstand wurde keine dieser Maßnahmen umgesetzt. Der Grund dafür ist nicht bekannt. Auch die Recherchen der HA IX/11 im Herbst 1987 wurden rasch eingestellt.[77] Löwenthal war mittlerweile im Ruhestand, die erneuten Überprüfungen hatten wiederum keinerlei für das MfS verwertbare Ergebnisse gebracht.

Reichssippenamt, welches damals seinen Sitz in den beschlagnahmten Räumen der Berliner Jüdischen Gemeinde hatte, die Ergänzungskarten. Auf diese Weise gelangten sie nach dem Krieg in die Obhut der wiedererstandenen Jüdischen Gemeinde in Berlin (Ost); im Herbst 1981 nahm sie die Staatliche Archivverwaltung der DDR an sich. Vgl. Wietog: Volkszählung unter dem Nationalsozialismus, 2001; Aly; Roth: Die restlose Erfassung, 1984; (HA VII): Information über die bisherigen Ergebnisse der Durcharbeitung der Ergänzungskarten (Jüdische Kartei), 10.11.1981; BStU, MfS, HA VII/AKG, PK 16./4., Bl. 14–27.

74 Gemäß der Zweiten Verordnung zur Durchführung des Gesetzes über die Änderung von Familiennamen und Vornamen vom 17.8.1938 mussten die deutschen Juden ab 1.1.1939, wenn sie keinen auf einer als Anlage beigefügten Liste verzeichneten Namen trugen, die Vornamen Israel bzw. Sara hinzufügen. Verfasser dieser Verfügung und der Namensliste war Hans Globke. Vgl. Poliakov; Wulf: Das Dritte Reich und seine Diener, 1983, S. 194–195; Friedländer: Das Dritte Reich und die Juden, 2000, S. 276.

75 Entsprechende Dokumente darüber konnten bisher noch nicht aufgefunden werden.

76 Vgl. HA IX/11: Aktenvermerk, 9.9.1987; BStU, MfS, HA IX/11, PA 3472, Bd. 4 (Teil V/1), Bl. 3–5, hier 3.

77 Vgl. HA IX: Information zur erneuten Überprüfung der Vergangenheit des Fernsehkommentators des ZDF, Gerhard Löwenthal (...) sowie des Verhaltens seiner Eltern und seines Bruders während der Zeit des Faschismus, 16.9.1987; ebenda, Bl. 1 f.

Weitere Widersacher – Simon Wiesenthal, Robert Havemann

Das Vorgehen der Staatssicherheit im Fall Löwenthal war kein Einzelfall. Ein weiteres Beispiel betraf Simon Wiesenthal, den Leiter des Wiener Dokumentationszentrums. Nachdem Israel infolge des Sechs-Tage-Krieges im Sommer 1967 Teile der arabischen Nachbarländer besetzt hatte, trieb die Feindseligkeit der DDR gegenüber dem jüdischen Staat üppige Blüten. Der britische »Guardian« bezeichnete die ostdeutschen Presseberichte als »so verzerrt, dass sie einem Goebbels zur Ehre gereicht hätten«.[78] Das SED-Bezirksorgan Berliner Zeitung druckte eine Karikatur ab, auf der Israels Verteidigungsminister Moshe Dayan mit Hitler verglichen wurde.[79] Pikanterweise waren einige der verantwortlichen Journalisten bereits im Dritten Reich als Propagandisten aktiv gewesen. Dies nahm Simon Wiesenthal zum Anlass, auf einer Pressekonferenz in Wien die Biographien von 39 NS-Belasteten vorzustellen, die inzwischen im DDR-Medienapparat tätig waren. Es muss außerordentlich peinlich für die SED-Machthaber gewesen sein, als die Öffentlichkeit jetzt erfuhr, dass ausgerechnet der Chefreporter der Berliner Zeitung eine Broschüre mit dem Titel »Verniggertes Frankreich« verfasst und ein Redakteur der »Mitteldeutschen Neuesten Nachrichten« die Nürnberger Rassegesetze als »ein notwendiges chirurgisches Heilverfahren« bezeichnet hatte.[80]

Doch anstatt sich mit diesen Fakten auseinanderzusetzen, reagierte man in gewohnter Weise. Die Mitarbeiter der HA IX/10, Major Kramer und der damalige Unterleutnant Muregger, wurden nach Polen geschickt um »kurzfristig nachzuprüfen, ob es in der VR Polen Material gibt, das geeignet ist, der Tätigkeit des Wiesenthal gegen die DDR entgegenzuwirken« und ob Belastungsmaterial gegen Wiesenthal zu finden ist. Da Wiesenthal 13 deutsche Konzentrationslager, zum Teil auf polnischem Boden, überlebt hatte, hoffte man in polnischen Archiven fündig zu werden, allerdings erfolglos.[81] Auch der KGB konnte nicht weiterhelfen, meldete aber eigene Interessen an.[82] Da es kein Material gab, um Wiesenthal als NS-Kollaborateur anzuprangern, wich man auf die Standardversion des Rufmords aus und bezeichnete ihn als Agenten westlicher Geheimdienste.[83]

78 Zit. nach: Käppner: Erstarrte Geschichte, 1999, S. 204.

79 Vgl. Nationalsozialistische Elemente in der Presse und Propaganda der Deutschen Demokratischen Republik. Eine aktuelle Dokumentation. Hg. v. Dokumentationszentrum des Bundes Jüdischer Verfolgter des Naziregimes Wien, 6.9.1968, S. 9.

80 Ebenda, S. 11 u. 13.

81 HA IX/10: Bericht über die Dienstreise in die Volksrepublik Polen in der Sache Wiesenthal, Simon, 21.2.1969; BStU, MfS, HA IX/11, AS 236/68, Bd. 1, Bl. 171–173.

82 Vgl. Bericht über Simon Wiesenthal, Nr. 276/69 (Übersetzung aus dem Russischen); BStU, MfS, HA IX/11, AS 236/68, Bd. 1, Bl. 174 f.; HA IX: Ergänzung zur Information vom 20.2.1969 über den Leiter des Dokumentationszentrums des Bundes Jüdischer Verfolgter des Naziregimes in Wien, Simon Wiesenthal, 11.4.1969; BStU, MfS, HA IX/11, AS 236/68, Bd. 1, Bl. 178–181.

83 Vgl. HA IX/10: Vorschlag zur weiteren Entlarvung des Leiters des Dokumentationszentrums des Bundes Jüdischer Verfolgter, Simon Wiesenthal, durch agitatorische Maßnahmen, 19.10.1970; ebenda, Bl. 189–191.

Auch der dissidente Kommunist und Widerstandskämpfer Robert Havemann wurde zum Objekt einer intensiven Materialsuche, um ihn vom Opfer zum Täter stempeln zu können.[84] 82 Bände mit mehr als 10 000 Blatt füllte die HA IX/11 bei ihren Nachforschungen über Havemanns Weg in der NS-Zeit.[85] Vergeblich versuchte das MfS, ihm den Verrat zweier Widerstandsgruppen sowie die Beteiligung an Kriegsverbrechen nachzuweisen.[86] Zum Beispiel ging die Staatssicherheit dem Verdacht nach, Havemann habe von »1941 bis 1943 als militärischer und politisch-polizeilicher Abwehrbeauftragter Informationen an Abwehrdienststellen des faschistischen Staates« übergeben. Tatsächlich war Havemann im Mai 1942 von der Gestapo in dieser Funktion für das Pharmakologische Institut der Universität Berlin bestätigt worden. Doch man hätte nur im ebenfalls vorliegenden Todesurteil des Volksgerichtshofs gegen Havemann von 1943 nachlesen müssen. Er war auch deswegen verurteilt worden, weil er einen Kontaktmann des sowjetischen Geheimdienstes nicht sofort der Polizei oder Abwehr gemeldet hatte, »wie es Pflicht eines jedes deutschen Mannes gewesen wäre, [...] obgleich er selbst [...] Abwehraufgaben hatte«.[87] Das MfS musste schließlich zur Kriminalisierung auf andere Konstrukte wie angebliche Devisenvergehen ausweichen.[88]

Instrumentalisierung der Vergangenheit im Kampf gegen die westdeutsche Sozialdemokratie

Die Sozialdemokratische Partei Deutschlands stand von Anbeginn im Fadenkreuz des MfS. Dies hatte historische Gründe, zudem empfand man sie als ideologische Konkurrenz, bis zu einem gewissen Zeitpunkt als oppositionelle Kraft und schließlich war die SPD Regierungspartei in der Bundesrepublik. Heute ist ausreichend dokumentiert, dass die Staatssicherheit regelmäßig aktiv wurde, wenn in der Bundesrepublik Wahlen anstanden oder wenn es galt, eine vom Politbüro beschlossene politische Kampagne mit geheimdienstlichen Mitteln zu fördern.[89] So wies Mielke beispielsweise in Vorbereitung auf die Wahlen zum

84 Zu dessen recht widersprüchlichen Biographie siehe Havemann: Fragen, Antworten, Fragen, 1970; Ders.: Ein deutscher Kommunist, 1978; Hoffmann, Dieter: Robert Havemann, 1991.

85 Der Vorgang mit der Signatur HA IX/11, AS 91/67 befindet sich im Zentralarchiv der BStU. Weitergehende Informationen geben die Mitarbeiter der Robert-Havemann-Gesellschaft Berlin e. V.

86 Vgl. Wilke; Theuer: »Der Beweis eines Verrates läßt sich nicht erbringen«, 1999; Hannemann: Robert Havemann und die Widerstandsgruppe, 2001.

87 Vgl. HA IX: Bericht über die Ergebnisse der durchgeführten Überprüfungsmaßnahmen zu Robert Havemann; BStU, MfS, HA IX/11, AS 91/67, Bd. 45, Bl. 87–113, hier 87; (RSHA) IV A2d, B(ericht) Nr. 418/43 gRs.: Mitteilung zu Dr. Robert Havemann an (Oberreichsanwalt beim Volksgerichtshof), 9.8.1943; BA Berlin, NJ 1720, Bd. 2, Bl. 2; (RSHA), IV C1b; Auszug aus dem Karteiblatt Havemann, Robert, 5.9.1943; ebenda, Bl. 3, 1. Senat des Volksgerichtshofs, Az. 10 J 1095/43 / 1 H 305/43: Urteil in der Strafsache gegen Robert Havemann u. a., 16.12.1943; ebenda, Bl. 59–79.

88 Durch Beschluss des Bezirksgerichts Frankfurt/O. wurden beide Urteile am 3.7.1991 aufgehoben, Havemann wurde damit postum rehabilitiert. Vgl. Vollnhals: Der Fall Havemann, 1998.

89 Zur Einflussnahme des MfS auf die bundesdeutsche Politik siehe Knabe: Die unterwanderte Republik, 1999.

Abgeordnetenhaus in West-Berlin im Dezember 1958 an: »Unsere Aufgabe ist es, zur Verhinderung eines Wahlsieges der CDU durch geeignete politische und operative Maßnahmen, zur Lösung der SPD von der reaktionären Frontstadtpolitik und zum Erfolg der Kandidaten der SED beizutragen.« Dazu sollten auch »kompromittierende Umstände« zu den Kandidaten ermittelt werden.[90] Der HA V/2 genügte dafür ein Griff in die Regale mit den NS-Akten zum Zwecke »der Feststellung von belasteten Personen, die für die Gestapo bzw. anderen ausländischen Geheimdienste gegen die ›Sopade‹ [Exil-SPD] tätig waren, und über Verbindungen und Gemeinsamkeiten während der illegalen Tätigkeit«.[91] So wurde zum Beispiel ein Mitarbeiter des SPD-Ostbüros verdächtigt, identisch mit einem Gestapo-Vertrauensmann gleichen Namens zu sein.[92]

Zusammenfassend konstatierte das MfS aber auch, »dass die treibenden Kräfte, die heute von der SPD in Westdeutschland gegen unseren Arbeiter-u[nd]-Bauern-Staat die Feindtätigkeit durchführen, größtenteils dieselben Personen sind, die in der Illegalität aktiv gegen den Faschismus arbeiteten und nach 1945 mit den gleichen Methoden in der illegalen Arbeitsweise verstärkt ihre feindlichen Handlungen gegen die SED und unseren Arbeiter-u[nd]-Bauern-Staat fortsetzten«.[93] Es ist fraglich, ob sich der berichterstattende MfS-Mitarbeiter der Konsequenzen dieser Aussage bewusst war. Seine Auftraggeber dürften jedenfalls nicht begeistert gewesen sein, mit dem NS-Regime auf eine Stufe gestellt zu werden.

In diesen Kontext gehörte auch der Versuch, Willy Brandt, damals Regierender Bürgermeister der Frontstadt Berlin, »in maximaler Form zu kompromittieren«. Zu diesem Zweck wurde 1959 der ehemalige Emigrant Georg Angerer verhaftet, von dem man sich erhoffte, Brandt während seines Exils in Norwegen angebliche Kollaboration mit der Gestapo nachzuweisen.[94]

Im Vorfeld der Bundestagswahlen 1965 hingegen versuchte das MfS, NS-Materialien zu nutzen, um in die innerparteiliche Konkurrenz zugunsten Brandts einzugreifen, der mittlerweile wegen seiner entspannungsfreundlichen »Politik der kleinen Schritte« in Ost-Berlin besser gelitten war. Die DDR erhoffte sich, so die ersehnte Anerkennung durch den Westen langfristig erreichen zu können. In diesem Kontext stieß man 1965 bei den Vorbereitungen zur Gründung des Dokumentationszentrums des MdI im Zentralen Parteiarchiv auf zwölf Aktenbände des Hoch- und Landesverratsprozesses gegen Fritz Erler und drei

90 Vgl. Dienstanweisung Nr. 9/59 des Ministers zur Aktion »Klarheit«, 1958; BStU, MfS, BdL-Dok. Nr. 614, Bl. 1–3.

91 Vgl. Zentralarchiv (Melzer): Information an den Leiter der HA V/2, 29.8.1958; BStU, MfS, HA IX/11, ZA VI 3820, Bl. 179.

92 Zentralarchiv (Melzer): Auswertungsbericht zur Akte ZC 12532, 3.10.1958; ebenda, Bl. 57 f.

93 Vgl. Zentralarchiv (Melzer): Information an den Leiter der HA V/2, 29.8.1958; ebenda, Bl. 179.

94 »Mischa, Macht und Moral«. In: Der Spiegel 40/1992 v. 28.9.1992, S. 142–148. Der Fall Angerer spielte dann auch eine nicht unwesentliche Rolle in der Anklage und im Urteil gegen Wolf vor dem Karlsruher Bundesverfassungsgericht.

weitere Mitkämpfer vor dem Volksgerichtshof im Jahr 1939.[95] Der Sozialdemokrat Fritz Erler war wegen »Vorbereitung zum Hochverrat« zu zehn Jahren Zuchthaus verurteilt worden.[96] Nach dem Krieg gehörte Erler zu den führenden Köpfen der deutschen Sozialdemokratie und war 1965 Fraktionsvorsitzender im Bundestag und stellvertretender Parteivorsitzender. Er machte aus seinem Antikommunismus keinen Hehl, bezeichnete die DDR als »Kolonialregime« und »Zuchthaus« und forderte, dass mit Moskau unter Ausschluss des ostdeutschen Regimes über die Wiederherstellung der Einheit Deutschlands verhandelt werden müsse.[97]

Aus den Aussagen Erlers in der NS-Haft, einem Haftentlassungsantrag sowie Beurteilungen aus dem Strafvollzug wollte das MfS ihm nun einen Strick drehen.[98] Um der Todesstrafe zu entgehen und von Aktionen seines Widerstandskreises vor 1936 abzulenken, hatte Erler seine vermeintliche Sympathie für den Nationalsozialismus herausgestellt sowie einige Aussagen gemacht. Diese waren jedoch »geschönt« und teilweise auch falsch, da es Erler durch einen Zufall gelungen war, seine Aussagen mit denen der vor ihm verhafteten Freunde abzugleichen.[99] Der beauftragte Ermittler der Abteilung IX/10, Lothar Stolze, rapportierte seinem Minister Mielke eine lange Liste angeblicher Verratshandlungen. Erler habe in den Vernehmungen Angaben zu seiner illegalen Tätigkeit und seinen Verbindungen zum Leiter der Widerstandsorganisation »Neu Beginnen« gemacht.[100] Seinen Antrag auf Haftentlassung habe er in der Annahme gestellt, »aufgrund seines Verrates bei der Gestapo entlassen zu werden«. Auch von Behauptungen Erlers, eine gewisse Affinität gegenüber der Nationalsozialistischen Bewegung zu haben, berichtete Stolze. Er zitierte dazu auch aus einem Schreiben, in dem die Gestapo bestätigte, dass Erler 1935 bei der NS-Volkswohlfahrt ehrenamtlich als Block- und Zellenwalter tätig gewesen sei. Sogar in die NSDAP habe Erler eintreten wollen, sein Antrag sei vom zuständigen Parteigericht jedoch abgelehnt worden.[101] Die Gestapo-Wertung der offenkundigen Schutzbehauptungen Erlers über seine NS-Nähe unterschlug Stolze. Jene hatte

95 Institut für Marxismus-Leninismus beim ZK der SED: Information an das Mitglied des Politbüros Kurt Hager über das Auffinden von Justizakten des Hoch- und Landesverratsprozesses gegen Fritz Erler, 22.4.1965; BStU, MfS, HA IX/11, SV 8/76, Bd. 1, Bl. 4–18. Verwahrt wurden die Originalakten im »Sperrbestand« des ZPA/IML unter der Signatur NJ 13337.

96 Vgl. Az. 2 H 27/39, 9 J 138/39g, 2. Senat des Volksgerichtshofs: Urteil in der Strafsache gegen, 2) (...) Fritz Erler, 15.9.1939; BStU, MfS, HA IX/11, SV 8/76, Bd. 3, Bl. 29–101; vgl. Soell: Fritz Erler, Bde. 1 u. 2, 1976.

97 Vgl. Pirker: Die SPD nach Hitler, 1965, S. 336; Jelonnek: Kennen Sie eigentlich den?, 1965, S. 25 u. 92.

98 Vgl. HA IX/10, Bericht: Einschätzung des vorliegenden Materials gegen den heutigen stellvertretenden Vorsitzenden der SPD in Westdeutschland, Fritz Erler, 18.5.1965; BStU, MfS, HA IX/11, SV 8/76, Bd. 1, Bl. 21–32.

99 Vgl. Soell: Fritz Erler, Bd. 1, 1976, S. 50.

100 Vgl. Foitzik: Walter Loewenheim, 1995; Soell: Fritz Erler, Bd. 1, 1976, S. 18–52.

101 Vgl. HA IX/10, Bericht: Einschätzung des vorliegenden Materials gegen den heutigen stellvertretenden Vorsitzenden der SPD in Westdeutschland, Fritz Erler, 18.5.1965; BStU, MfS, HA IX/11, SV 8/76, Bd. 1, Bl. 21–32, hier 29 f.

nämlich festgestellt, dass Erler »den Bedingungen für aufzunehmende Volksgenossen« nicht entspreche:

»Aus diesen parteiamtlichen Feststellungen dürfte hervorgehen, dass die Angaben des E[rler] hinsichtlich seines Einsatzes für die NSDAP stark übertrieben sind. [...] Zur Charakteristik des Erler darf noch erwähnt werden, dass E. bereits hier in einer Selbstäußerung ähnliche Argumente vorgebracht hat, die jedoch den Eindruck entstehen lassen, als sei es ihm lediglich darum zu tun, sich der vollen Verantwortung für seine Straftat zu entziehen. Erler hat sich nach seinem Geständnis seit 1936 staatsfeindlich betätigt, also zu einer Zeit, in der er bereits Mitglied der NSV und deren ehrenamtlicher Mitarbeiter war. Seine Handlungsweise erscheint gerade darum umso verwerflicher.«[102]

Mielke und Generalstaatsanwalt Streit nahmen diese Darstellung zum Anlass, einen Brief an Brandt zu entwerfen. Streit sollte Brandt auf die Dokumente hinweisen, »die über das Verhalten des Herrn Fritz Erler gegenüber der ehemaligen Geheimen Staatspolizei und über andere kompromittierende Fakten Auskunft« geben würden. Brandt möge das »vorliegende belastende Material durch Beauftragte einsehen« lassen.[103] Über Hermann von Berg, einen DDR-Pressefunktionär im Dienst der HV A, und dessen westliche Verbindungsleute wurde der Brief dann an Brandt weitergeleitet. Der setzte 14 Tage später den SPD-Parteivorstand davon in Kenntnis. Erler verteidigte sich daraufhin mit dem Argument, dass alle in diesem Schreiben vorgebrachten Anschuldigungen durch seine Haft abgegolten und erledigt seien. Doch Brandt gab sich damit offensichtlich nicht zufrieden. Er erbat sich insgeheim vom Generalstaatsanwalt der DDR Kopien von Dokumenten, welche die Auffassung Erlers widerlegten.[104] Ob es tatsächlich zu dieser klammheimlichen Kooperation kam, ist fraglich. Weder in der einschlägigen Literatur noch in den Akten der Staatssicherheit sowie in anderen Archiven finden sich Hinweise auf ein Antwortschreiben oder Ähnliches.[105] Genau wie im Fall Lemmer erwähnt Wolf diese Episode in seinen Memoiren nicht. Er gibt aber preis, dass es zwischen Erler und der HV A »vertrauliche politische Kontakte« gegeben habe.[106] Ob der Erpressungsversuch diese Verbindung begünstigt hatte oder ob es sich dabei um ein Tarnunternehmen handelte, lässt sich wahrscheinlich nicht mehr klären.

102 Vgl. Geheime Staatspolizei, Geheimes Staatspolizeiamt: Antwort auf das Ersuchen, 28.3.1939, Az. 9 J 138/39g., hinsichtlich Fritz Erler, 21.7.1939; BStU, MfS, HA IX/11, SV 8/76, Bd. 3, Bl. 6 f.

103 Vgl. Entwurf eines Briefes von Streit an den Vorsitzenden der Sozialdemokratischen Partei Deutschlands, 28.6.1965; Vorblatt: Notiz, dass der Brief in Abstimmung zwischen Mielke und Streit geändert wurde, o. D.; BStU, MfS, HA IX/11, SV 8/76, Bd. 1, Bl. 172 f.

104 Vgl. Knabe: Der diskrete Charme der DDR, 2001, S. 134–136.

105 Leider ist es dem Verfasser nicht gelungen, diesen Punkt in Gänze zu klären. Denn es fand sich – aus welchem Grund auch immer – kein entsprechender Briefwechsel oder andere diesbezügliche Dokumente im Nachlass Willy Brandts oder in den Überlieferungen des SPD-Parteivorstandes. Vgl. Auskunft des Willy-Brandt-Archivs im Archiv der sozialen Demokratie der Friedrich-Ebert-Stiftung an den Verfasser vom 7.4.2003.

106 Wolf, Markus: Spionagechef im geheimen Krieg, 1998, S. 183. Rosenholz enthält tatsächlich den Hinweis auf eine Erfassung von Fritz Erler für die HVA II/2 (SPD) von 1956–1970, zuletzt unter der Registriernummer XV 14057/60. Der zwingende Verdacht auf eine IM-Tätigkeit Erlers ergibt sich daraus nicht.

Da auch nach Stolzes Einschätzung das Material für ein direktes, strafrechtliches Vorgehen gegen Erler nicht reichen würde, schlug er vor, weitere Recherchen zu den Beteiligten des Volksgerichtshofprozesses anzustellen und »kompromittierendes Material gegen Erler und noch andere lebende Personen zu politisch-operativen Zwecken zusammenzustellen«.[107] Dazu sollte der im Zuchthaus Brandenburg/Görden einsitzende, einst gegen Erler und andere Sozialdemokraten ermittelnde Gestapobeamte Bruno Sattler (Jg. 1898) vernommen werden.[108] Auch diese Aktion verlief jedoch im Sande. Sattler war eigens nach Berlin-Hohenschönhausen in die MfS-Untersuchungshaftanstalt überführt worden, konnte oder wollte sich jedoch an keine Einzelheiten erinnern.[109] Nach dem Tode Fritz Erlers im Februar 1967 blieb Sattler noch zwei Jahre in Einzelhaft. Unter anderem befürchtete das MfS, dass er aus der Befragung Rückschlüsse auf die MfS-Operation gegen Erler hätte ziehen können. Wäre er mit anderen Häftlingen zusammengekommen oder gar zu seiner Familie in die Bundesrepublik entlassen worden, hätte man dort womöglich erfahren, wie die ostdeutschen Kommunisten den einstigen SPD-Experten der Gestapo gegen den sozialdemokratischen Widerständler hatten ausnutzen wollen. Außerdem hoffte man, sein Insiderwissen weiter nutzen zu können, etwa im Falle von ehemaligen, gegen die SPD eingesetzten V-Leuten. Im MfS kaschierte man diese Interessen mit vorgeblichem historiographischem Engagement:

»Bei der Erforschung der Geschichte der Deutschen Arbeiterbewegung kann es sich des Weiteren erforderlich machen, dass Sattler noch zu verschiedenen Aktionen der Gestapo bei der Bekämpfung und Zerschlagung der illegalen Organisationen der SPD sowie der sozialdemokratischen Gewerkschaften befragt werden muss.«[110]

Mit anderen Worten, das MfS wollte sich nicht von seinem Zeit- und Belastungszeugen trennen. Sattler verstarb 1972 im Haftkrankenhaus Leipzig.[111]

107 Vgl. HA IX/10, Bericht: Einschätzung des vorliegenden Materials gegen den heutigen stellvertretenden Vorsitzenden der SPD in Westdeutschland, Fritz Erler, 18.5.1965; BStU, MfS, HA IX/11, SV 8/76, Bd. 1, Bl. 31.

108 Ebenda, Bl. 32. Bereits im Frühjahr 1964 hatte sich die HVA-Abt. II/2 (FDP) für Sattler interessiert und eine vorzeitige Haftentlassung zu operativen Zwecken angeregt; HVA, Abt. II/2: Anfrage an den Leiter der HA IX, 22.2.1964; BStU, MfS, ZUV 27, Bd. I, Bl. 13. Die HA IX wies den Vorstoß Markus Wolfs jedoch mit dem Hinweis zurück, dass der stellvertretende Minister Beater »etwaige Maßnahmen hinsichtlich einer Gnadenerweisung beziehungsweise Strafherabsetzung aus operativen Erwägungen« untersagt bzw. unter den Vorbehalt seiner persönlichen Zustimmung gestellt hatte. Vgl. HA IX: Mitteilung an HVA, Abt. II/2: 31.3.1964; ebenda, Bl. 14. Wolf selbst konnte sich später nicht mehr an »einen Vorgang in Verbindung mit dem Namen Sattler« erinnern, wie er dessen Tochter in einem Brief vom 9.6.2000 mitteilte. (Das Schreiben stellte mir freundlicherweise Frau Beate Niemann, geb. Sattler, zur Verfügung.)

109 Vgl. HA IX/10: Bericht über die durchgeführten Ermittlungen zum vorliegenden Material über den heutigen stellvertretenden SPD-Vorsitzenden Fitz Erler, 6.9.1965; BStU, MfS, HA IX/11, SV 8/76, Bd. 1, Bl. 257 f.

110 Vgl. (HA IX/11): Aktenvermerk zum Strafgefangenen Sattler, Bruno, 27.9.1966; BStU, MfS, ZUV 27, Bd. I, Bl. 17.

111 Ein von seiner Tochter gestellter Antrag auf Rehabilitierung Sattlers wurde im Januar 1998 zurückgewiesen. Vgl. Landgericht Rostock, Az. II RRO 86/97, RHS 1/91: Beschluss in der Rehabilitierungssache Bruno Sattler.

Resümee: Die geheime Vergangenheitspolitik von SED und MfS zwischen Systemkonflikt und Antifaschismus

Dieses Buch behandelt eines der am heftigsten diskutierten Felder der DDR-Geschichte, den Mythos und die alltägliche Praxis des Antifaschismus. Es untersucht die weithin verdeckte Praxis des Ministeriums für Staatssicherheit beim Umgang mit der Hinterlassenschaft nationalsozialistischer Verbrechen, die zu einem wesentlichen Teil Umgang mit den Tätern war.

Die Debatte um die historische Beurteilung der ostdeutschen Aufarbeitung der NS-Vergangenheit hat im Laufe der letzten 15 Jahre an Intensität und Fundierung gewonnen. Die offenen DDR-Archive und ein grundlegender Paradigmenwechsel bei der wissenschaftlichen Betrachtung der SED-Herrschaft trübten das strahlende Selbstbild der DDR als konsequente Verfolgerin von Nazitätern. Hierbei spielten einige grundlegende Aspekte der SED-Politik eine Rolle:

- der in allen Rechtsbereichen, aber vor allem im Bereich der Strafjustiz erkennbare systematische Missbrauch von Rechtsnormen und rechtlichen Verfahren zu politischen Zwecken,
- der Missbrauch des Antifaschismus als Legitimationsideologie der Diktatur, etwa bei der Diffamierung und Kriminalisierung von politischen Gegnern oder der Charakterisierung des Juni-Aufstandes 1953 als »faschistischen Putschversuch«,
- die exzessive propagandistische Instrumentalisierung vergangenheitspolitischer Themen im Systemkonflikt mit der Bundesrepublik, die vor einer Manipulation historischer Sachverhalte mit dem Ziel der Diffamierung westdeutscher Funktionsträger nicht zurückschreckte,
- eine einseitig politökonomische Deutung des »Faschismus«, die mit einer rigorosen Externalisierung von Verantwortungs- und Schuldfragen einherging und geradezu zwangsläufig zu strafpolitisch bedeutsamen Gewichtungs- und Wahrnehmungsdefiziten führen musste.

Diese auch ohne intensive Forschung erkennbaren Hypotheken der DDR-Vergangenheitspolitik wurden durch empirische Forschungen inzwischen bestätigt und präzisiert. Daneben entwickelte sich eine publizistische Debatte zu diesem Thema, die zunächst überwiegend von einer unversöhnlichen Schwarz-Weiß-Polarisierung gekennzeichnet war. Mittlerweile liegen jedoch differenziertere Betrachtungen vor, die den Kontext der deutsch-deutschen und internationalen Systemkonkurrenz in der Aufarbeitungspolitik mit einbeziehen.

Die hier dargelegten Untersuchungen zum MfS beziehen weitere dunkle Aspekte der DDR-Vergangenheitspolitik ein. Was bleibt von der bis heute verbreiteten These von der systematischen und weitgehenden Verfolgung von NS-Verbrechen? Nicht viel. Es zeigt sich, dass sich hinter den öffentlich herausgestellten Verfahren eine Zone verbarg, die bestürzende Dimensionen hatte. Dies gilt sowohl für die Instrumentalisierung dieser Strafverfahren vom Beginn der formalisierten Ermittlungen bis zur Verurteilung als auch für jene zahlreichen Fälle, in denen die Aktivitäten der Staatssicherheit ganz im Raum geheimpolizeilicher Konspiration verblieben. Das MfS übte dabei zu unterschiedlichen Zeiten mit unterschiedlicher Intensität zentrale vergangenheitspolitische Funktionen aus: Das begann bei der Sammlung einschlägiger Dokumente und Beweismittel, und es setzte sich fort bei der geheimdienstlichen Überwachung und Nutzung von NS-Belasteten, vorzugsweise durch die Anwerbung als inoffizielle Mitarbeiter. Von entscheidender Bedeutung war die Funktion als strafrechtliches Untersuchungsorgan in den Fällen, bei denen man sich zur Eröffnung eines offiziellen Ermittlungsverfahrens durchrang, und damit verbunden die faktisch federführenden Kompetenzen bei der Abwicklung von Rechtshilfeersuchen sowie allen anderen internationalen Kontakten im Zusammenhang mit NS-Ermittlungen. Von nicht zu unterschätzender Bedeutung war schließlich der Beitrag der Staatssicherheit bei der Steuerung und Munitionierung der Propagandakampagnen gegen westdeutsche Funktionsträger und nicht zuletzt die Koordination vergangenheitspolitischer Vorgänge und Maßnahmen mit den anderen einschlägigen Akteuren. Die politische Federführung für alle Fragen dieser Vergangenheitspolitik lag selbstverständlich bei der SED-Parteispitze, doch das MfS entwickelte sich im Laufe der Jahre allein schon durch die Verfügungsgewalt über beträchtliche Materialmassen zum verdeckten Zentrum dieser Politik, in dessen Innenleben praktisch keine Einblicke möglich waren.

Dabei wechselten die Unzulänglichkeiten, doch das Ergebnis variierte kaum. Alle Aktivitäten zur Aufarbeitung und Ahndung nationalsozialistischer Verbrechen hatten sich strikt an den aktuellen Interessenlagen der DDR auszurichten. Die frühen Jahre waren dabei vor allem durch die stalinistische Justizwillkür geprägt, die in den Waldheimer Prozessen zu dem paradoxen Ergebnis führte, dass in einigen Fällen NS-Täter mangels einer ernstlichen Beweisaufnahme wegen der üblichen pauschalierten Tatbestände verurteilt wurden, nicht jedoch wegen ihrer tatsächlichen Verbrechen. Kann man daran noch ein gewisses Element ausgleichender Gerechtigkeit erkennen, so zeigten sich die fatalen Wirkungen dieses Vorgehens dann mit den bald einsetzenden Amnestiewellen für die von sowjetischen und deutschen Gerichten Verurteilten. Neben den vielen, die schuldlos verurteilt worden waren, kamen nun eben auch fast alle schwer belasteten NS-Täter frei und konnten sich (fälschlicherweise) darauf berufen, ihre Verbrechen gesühnt zu haben.

Mit der Bearbeitung gerade dieser Klientel begannen dann bei der DDR-Staatssicherheit auch die systematischen Anwerbeversuche als inoffizielle Mitarbeiter. Unter geheimdienstlichen und geheimpolizeilichen Gesichtspunkten lag eine solche Werbestrategie ausgesprochen nahe und war deshalb von vielen Nachrichtendiensten in Ost und West bereits seit der unmittelbaren Nachkriegszeit praktiziert worden. Die NS-Kader waren leicht unter Druck zu setzen, sie verfügten, jedenfalls potenziell, über ein hohes soziales Kapital für die Durchdringung der jeweils feindlichen Sphäre, und viele von ihnen konnten auf eigene Berufserfahrungen im geheimen Gewerbe zurückgreifen. Damit begründete auch das MfS in seinen Werberichtlinien die Rekrutierung von NS-Kadern als IM. Die Bilanz in der praktischen Arbeit war allerdings eher durchwachsen. Tatsächlich war die Bereitschaft zur Kooperation eher taktisch bedingt und auf Selbstschutz gerichtet. Die meisten angeworbenen IM drangen keineswegs in die Beziehungsnetze der vormaligen Eliten des Dritten Reiches ein, sondern dienten als schnöde Berichterstatter aus ihrem Lebensalltag in der DDR.

Diese Werbestrategien passten letztlich gut in die verdeckte Integrationspolitik der SED-Führung gegenüber den viel zitierten »kleinen Nazis«, die in der Mitgliedschaft der Staatspartei und in vielen Positionen der jungen DDR mit Subalternität und »tätiger Reue« ihren Platz in der staatssozialistischen Gesellschaft zugewiesen bekamen. Gemessen an den Folgen der westdeutschen Vergangenheitspolitik mit ihrer massenhaften Re-Integration bis in höchste Funktionen hinein, nimmt sich diese Politik vergleichsweise harmlos aus. Folgenlos blieb sie allerdings keineswegs. Sie konterkarierte subkutan den eigenen Anspruch auf antifaschistische Konsequenz und damit einen wesentlichen Legimititätsanspruch der Einheitssozialisten – und sie beförderte die fatale politische Kultur einer Gesellschaft, die die eigene Verantwortung konsequent verweigerte und nach außen projizierte.

Dieser vergangenheitspolitische Weg war das Ergebnis einer SED-Politik, die den DDR-Bürgern Exkulpation anbot, sofern sie Loyalität mit dem neuen System versprachen. Eingedenk der Opfer, die die SED aus den Reihen ihrer Bewegung zu beklagen hatte, verweigerte sie sich jedem Gedanken an irgendeiner Art von Kontinuität zum Dritten Reich. Aber dieses Selbstverständnis passte nicht zusammen mit den Realitäten der DDR-Gesellschaft, die eben zu einem erheblichen Teil aus Mitläufern der NS-Diktatur bestand und in der, gut versteckt oder stillschweigend geduldet, weitaus mehr persönlich belastete und sogar schwerer Massenverbrechen verdächtige Anhänger des Hitlerregimes ihren Platz gefunden hatten. Den Mut, die DDR-Gesellschaft als Erbe der Untaten des Dritten Reiches zu akzeptieren, als eine Gesellschaft in der es ebenso wie im Westen viele Mitläufer und einige Täter gab, brachte die SED nie auf. Fatale Folgen hatte dies nicht zuletzt für die Überlebenden des NS-Terrors, denen ein hohes Maß an Duldungsbereitschaft abverlangt wurde, wenn dieses subkutane Erbe an der einen oder anderen Stelle aufbrach. Viele Kommunisten brachten diese Bereitschaft aus Parteidisziplin oder Überzeugung auf und beteiligten sich sogar selbst an der praktischen Umsetzung dieser Politik. Wer jedoch Widerspruch dagegen erhob, geriet unweigerlich ins Räderwerk der Disziplinierungsmaschinerie des Parteistaates und wurde wiederum selbst zum Verfolgungsobjekt seiner Geheimpolizei.

Die Politik des instrumentellen Antifaschismus führte seit Ende der fünfziger Jahre zu einem erheblichen Bedeutungszuwachs der Staatssicherheit, weil dort das Material für die in dichter Folge inszenierten Kampagnen gegen Nazis in westdeutschen Spitzenpositionen gesammelt und passgerecht zusammengestellt wurde. Als dann im Westen die Ermittlungen intensiviert wurden – nicht zuletzt auch als mittelbare Folge dieser Kampagnen – ergaben sich für das MfS neue Irritationen: Plötzlich stand man in befreundeten Staaten wie Polen in direkter Konkurrenz mit westdeutschen Staatsanwälten um den Zugriff auf Beweismittel. Und es dauerte nicht lange, bis die ersten westdeutschen Nachfragen zu Zeugen und, wie sich bald herausstellte, auch Mittätern eintrafen, die unbehelligt in der DDR lebten. Fast in jedem großen westdeutschen Ermittlungskomplex oder Prozess tauchten früher oder später solche Fälle auf, die sich zu einer Gefährdung der »antifaschistischen« Reputation der DDR auswachsen konnten.

Fortan war das MfS mehr und mehr damit beschäftigt, diese ungelegenen Rückwirkungen in den Griff zu bekommen bzw. ihnen vorzubeugen. In Einzelfällen initiierte oder ermöglichte es gleichsam Ad-hoc-Verfahren, um die Propagandastrategie der SED durch den Nachweis zu unterstützen, dass in der DDR (im Gegensatz zur Bundesrepublik) schnell und konsequent abgeurteilt würde. Ließen es die Umstände zu, so vermied man jedoch Verfahren gegen angesehene DDR-Bürger, um die DDR insgesamt nicht zu desavouieren.

Wie sich im Laufe der kampagnen- und prozessbezogenen Recherchen zunächst nur punktuell zeigte, war allerdings das Potenzial an belasteten DDR-Bürgern erheblich größer als erwartet. Mit Unbehagen registrierte man im MfS, dass in dieser Hinsicht ein Ende unangenehmer Überraschungen nicht abzusehen war. Die Gesamtdimension möglicher strafrechtlicher Belastungen schälte sich jedoch erst heraus, als das MfS seit Ende der sechziger Jahre selbst systematische Recherchen zu einer Reihe von Verbrechenskomplexen bzw. darin involvierten Einheiten, vor allem aus dem Bereich der SS-Einsatzgruppen, anstellte und jeweils mit erstaunlicher Regelmäßigkeit auf mehrere Dutzend Angehörige der betreffenden Einsatzkommandos, Polizeibataillone usw. stieß, die seit mehr als 25 Jahren unbehelligt in der DDR lebten. Diese Recherchen hielten bis 1989 an, weil erst nach und nach aus den akkumulierten Aktenbeständen zehntausende Namen einstiger Angehöriger solcher Einheiten gefiltert wurden und die Überprüfungen auf einen eventuellen Aufenthalt in der DDR nur schleppend voranschritten. Zugleich schraubte das MfS die Anforderungen für die Eröffnung eines förmlichen Ermittlungsverfahrens so hoch, dass jährlich nur etwa ein bis zwei Verfahren diese Hürde nahmen. Eine Verurteilung blieb dadurch fast ausschließlich jenen Tätern vorbehalten, bei denen eine lebenslängliche oder Todesstrafe aufgrund der Tatschwere, der Beweislage, der Prozessfähigkeit des Beschuldigten praktisch garantiert war und sich die These des bedauerlichen Einzeltäters, der es geschickt verstanden habe, sich in der DDR-Gesellschaft zu tarnen, aufrecht zu erhalten war. War die Erfüllung auch nur eines dieser Kriterien unsicher, so sah die Staatssicherheit von der Verfahrenseröffnung ab und beließ es bei den üblichen geheimpolizeilichen Observationen. Bis heute ist nicht zu ermessen, wie viele NS-Verbrecher aufgrund dieser Praxis von Strafverfolgung verschont blieben.

Aus der latenten Strafvereitelung stechen jene Fälle heraus, in denen Schwerstbelastete, die etwa in Frankreich rechtskräftig zum Tode verurteilt worden waren, systematisch gedeckt und sogar die Partnerorganisationen des DDR-Komitees der antifaschistischen Widerstandskämpfer über den Kenntnisstand der DDR belogen wurden, um die eigene Untätigkeit zu kaschieren. Dies geschah – was angesichts des selbst geschaffenen Dilemmas nicht weiter verwunderlich ist – gerade auch in den sechziger Jahren unter dem steten Propagandafeuer gegen die vermeintlich strafunwillige Bundesrepublik.

Die behandelten Fallstudien zeigen, dass das MfS systematisch und wissentlich NS-Täter bis hin zu Massenmördern als Informanten und Agenten in Ost und West rekrutierte und sie zugleich vor strafrechtlichen Ermittlungen und dem gerechten Urteil unabhängiger Gerichte bewahrte. Diese Protektion praktizierte sie nicht nur gegenüber westdeutschen oder anderen westlichen, also »imperialistischen« Ermittlungsbehörden, sondern auch gegenüber ihren sozialistischen Bruderstaaten wie der ČSSR.

Die Anwerbung erfolgte mehr oder minder deutlich ausgesprochen in aller Regel auf der Basis der Erpressung. Daraus resultierte überwiegend eine devot herausgestellte Bereitschaft zur Kooperation, meist jedoch eine eher schwache tatsächliche Berichterstattung. Unübersehbar und zum Teil explizit von den Führungsoffizieren formuliert, finden sich die Kontinuitäten, auf die die Geheimpolizei setzte: Sekundärtugenden, Erfahrungen im geheimpolizeilichen Milieu, gemeinsame Gegner wie das »zionistische« Israel und die »imperialistische« USA. Die Infiltration von Nazi-Kreisen diente als MfS-interne Legitimation für die Anwerbung solcher IM, spielte aber nur bei einer geringfügigen Minderheit tatsächlich eine Rolle, während der Hauptstrom der entsprechenden Berichte aus schlichten Alltagsspitzeleien bestand. Mancher, der sich anwerben ließ, war sichtlich bemüht, möglichst wenig zu liefern, vor allem wenn es sich um Informationen von bzw. über alte Kameraden handelte – ein durchaus nachvollziehbares Verhalten, musste er doch häufig die Aussagen einstiger Mittäter fürchten.

Die Anwerbung für Informantendienste innerhalb der DDR war zwar das häufigste hier zu verzeichnende Muster des geheimpolizeilichen Umgangs mit NS-Tätern, aber keineswegs das einzige. Was für die DDR-Fälle meist nur leere Behauptung blieb, nämlich in NS-Kreise eindringen zu wollen, spielte bei den Operationen in bzw. gegen Westdeutschland sicherlich eine größere Rolle. Aufgrund der insgesamt sehr lückenhaften Aktenlage im Bereich der Hauptverwaltung A und ihrer Vorläufer ist es in diesen Fällen nur bedingt möglich, die MfS-interne Behandlung der erkannten oder zu vermutenden Verbrechen im Nationalsozialismus im Detail nachzuzeichnen.

Die Anwerbepraxis war von hoher Kontinuität geprägt: Von den ersten sowjetischen Anwerbungen 1945 bis weit in die siebziger Jahre hinein gehörte die geheimdienstliche Indienstnahme von NS-Belasteten zur ständigen Übung staatssozialistischer Vergangenheitspolitik. Gute Gründe gab es dafür immer: die politisch-operativen Prioritäten des Ost-West-Konflikts in den fünfziger Jahren ebenso wie die Unterstützung der DDR-Kampagnenpolitik in den sechziger Jahren. Fehlte es in den fünfziger Jahren oft an elementaren Informationen über die begangenen Verbrechen, so erwies sich später, als das MfS davon eine Fülle hatte, die Gefahr der öffentlichen Selbstdesavouierung einer vermeintlich konsequenten antifaschistischen Politik und Justizpraxis als zentrale Hürde.

In Fallkonstellationen wie der der mutmaßlichen Jenaer Euthanasieärzte vereitelte die Geheimpolizei strafrechtliche Ermittlungen, weil die Verwicklung verdienter und exponierter Angehöriger des DDR-Gesundheitswesens in NS-Verbrechen dem sorgsam gepflegten Image des staatlichen Antifaschismus widersprochen hätte. Die Verdächtigen konnten ihre Berufskarrieren unbehelligt fortsetzen. Mit fortschreitender Zeit und intensivierten Ermittlungen anderer Länder begab sich die DDR damit in eine Sackgasse, aus der sie sich nur in wenigen Einzelfällen herauswagte.

Bei einer dritten Fallgruppe führten die Staatssicherheit und die Justiz strafrechtliche Ermittlungen, Gerichtsverfahren und zumeist harte Urteile herbei. In diesen Fällen ist die Absicht unübersehbar, in der deutsch-deutschen Konkurrenz durch (vermeintliche) justizielle Konsequenz und Effizienz vergangenheitspolitisch zu punkten. Es handelte sich zumeist um prozessrechtlich und »gesellschaftspolitisch« unproblematische Verfahren sowie teilweise auch um solche, bei der eine Vertuschung nur noch unter einem hohen Risiko möglich war.

Kurzum, der Antifaschismus als tschekistische Praxis war nicht primär darauf gerichtet, Straftaten der Vergangenheit aufzuklären und NS-Verbrecher zu verfolgen, sondern den zeitgenössischen Hauptfeind, die Bundesrepublik, zu bekämpfen, zumindest nach der Sichtweise der Ulbricht-Ära, den Hort des fortdauernden und wiederbelebten »Faschismus«.

Im Lichte der hier dargelegten Befunde bleibt die Rolle der DDR auf dem Feld der NS-Aufarbeitung zwiespältig. Einerseits haben die Sicherheits- und Propagandaapparate der SED hunderte von ehemaligen, teils schwer belasteten Nationalsozialisten in hochrangigen Positionen von Staat und Gesellschaft der Bundesrepublik aufgedeckt und angeprangert. Damit zwangen sie die Bundesrepublik, sich mit der NS-Belastung der westdeutschen Eliten auseinanderzusetzen und gaben indirekte Impulse auch für die dortige justizielle Aufarbeitung. Auf der anderen Seite deckte das MfS selbst eine nicht geringe Zahl von mutmaßlichen NS-Verbrechern in der DDR – sorgsam beobachtet und abgeschirmt sowie für die Zwecke der »antifaschistischen« Vergangenheitspolitik als Informanten oder mögliche Angeklagte vorgehalten. Während die offene Gesellschaft der Bundesrepublik trotz schlechter Ausgangslage in den Auseinandersetzungen um die NS-Vergangenheit wachsen konnte, blieb die DDR vergangenheitspolitisch blockiert. Erst der Untergang des SED-Staates machte diese Hypotheken sichtbar und den Weg frei für ihre Aufarbeitung.

Danksagung

Ohne die Unterstützung vieler Menschen wäre es mir nicht möglich gewesen, diese Studie in der vorliegenden Fassung zu erarbeiten.

Ermöglicht wurde das Projekt vom ehemaligen Bundesbeauftragten, Dr. h. c. Joachim Gauck, dem ich nicht nur hierfür Hochachtung und Dankbarkeit schulde. Zu danken habe ich auch dem ehemaligen Leiter der Abteilung Bildung und Forschung, Professor Klaus-Dietmar Henke, der die Forschungen auf den Weg brachte und mit großem Interesse und Optimismus begleitete.

Das Projekt verlangte bis zu seiner Publikationsreife die Mithilfe zahlreicher Kolleginnen und Kollegen. Mein besonderer Dank gilt hier dem zuständigen wissenschaftlichen Redakteur, Dr. Jens Gieseke, für unzählige fachliche Anregungen und die aufwändige Betreuung des Manuskripts sowie meinem Berliner Fachbetreuer, Dr. Roger Engelmann, für die abschließende fachliche und rechtliche Prüfung und den »Endschliff« des Textes sowie auch dafür, dass er mich des Öfteren dezent daran erinnerte, dass Forschungsprojekte auch ein Ende haben müssen.

Stellvertretend für viele andere Kollegen möchte ich außerdem Tobias Hollitzer, Helga Koßmann, Dr. Hanna Labrenz-Weiß, Stefanie Warnow, Gudrun Weber sowie die Kolleginnen der Bibliothek und vor allem des Publikationssachgebietes der Abteilung BF erwähnen, die zum Schluss unter hohem Zeitdruck für Korrektorat, Register und Verzeichnisse sowie eine schöne Textform gesorgt haben.

Mein Dank gilt auch meinen Vorgesetzten in der Außenstelle Rostock, Christoph Kleemann und Dr. Volker Höffer, die mir, was keineswegs selbstverständlich war, trotz erheblicher Probleme immer wieder den notwendigen Freiraum für diese Arbeit einräumten.

Auch den zahlreichen Mitarbeiterinnen und Mitarbeitern der von mir benutzten Archive bin ich zu Dank verpflichtet. Dazu gehören an erster Stelle die Bediensteten unserer eigenen Archive in der Zentrale und den Außenstellen sowie Herr Fehlauer, Frau Heusterberg, Dr. Michael Hollmann (Bundesarchiv, BDC); Frau Göttlicher und Frau Namsler (Bundesarchiv, ZWA Dahlwitz-Hoppegarten); Elke Bartholomä-Krauch, Dr. Heinz-Ludger Borgert, Rainer Juchheim (Bundesarchiv, Außenstelle Ludwigsburg) sowie Frank Ebert, Tina Krone und Werner Theuer (Mathias-Domaschk-Archiv in der Robert-Havemann-Gesellschaft).

Darüber hinaus bedanke ich mich vor allem bei Gabriele Schmidt (Bibliothek des Hannah-Arendt-Instituts Dresden), Uwe Boche (Bürgerkomitee »15. Januar«); Jörg Drieselmann, Bernd Lippmann (Forschungs- und Gedenkstätte Normannenstraße), Uwe Hilmer (Forschungsverbund SED-Staat), bei Herrn Stephan Kühmayer (WASt), Dr. Falco Werkentin (LstU Berlin) sowie bei Frau Hanussek,

Herrn Staatsanwalt Riedel und Karl Heinz Weißhaupt (Zentrale Stelle der Landesjustizverwaltungen Ludwigsburg).

Auch stehe ich in der Schuld etlicher Fachkollegen, die ihr Wissen mit mir teilten, mich mit Tipps, Literatur usw. versorgten oder mir halfen, indem sie für mich in Archiven mitrecherchierten. Mein Dankeschön gilt vor allem Dr. Andrej Angrick (Falkensee), Edda Ahrberg (Magdeburg), Dr. Christian Dirks (Berlin), Dr. Astrid M. Eckert (Berlin/Washington), Michael Foedrowitz (Berlin), Elke und Marcus Gryglewski (Berlin), Jürgen Haschke (Jena), Dr. Wilhelm Mensing (Bonn), Beate Niemann (Berlin), Werner Renz (Frankfurt a. M.), Jörg Rudolph (factsandfiles.com, Berlin) und Dr. Carsten Schreiber (Berlin/München).

Schließlich habe ich meinen Eltern sowie meinem Bruder zu danken, die mich oft und in mancherlei Hinsicht unterstützt haben. Dergleichen gilt meinen Freunden in allen Himmelsrichtungen, deren aufmunternde Worte und Gesten mich immer wieder anspornten und mir über viele Tiefpunkte hinweghalfen.

Vor allem bin ich meiner Frau zu tiefer Dankbarkeit verpflichtet. Ohne ihre innige Zuneigung und schier unerschöpfliche Geduld, mit der sie mir half, die vielfältigen Probleme zu meistern, hätte ich diese Arbeit nicht beenden können.

Gewidmet ist dieses Buch meinen Kindern, die, wenn sie einmal älter sind, sicher verstehen werden, warum ihr Vater manchmal zu wenig Zeit für sie hatte.

Berlin, im Juli 2005 Henry Leide

Abkürzungen

Abt.	Abteilung
Abt. K	Abteilung Kriminalpolizei
ABV	Abschnittsbevollmächtigter (der Volkspolizei)
ADE	Ausschuss für deutsche Einheit
AE	Akteneinheit(en)
AEG	Allgemeine Elektrizitätsgesellschaft
AG	Arbeitsgruppe
AIM	Archivierte IM-Akte
AK	Allgemeine Kriminalität (Dezernat der Kriminalpolizei)
AK	Auskunftsersuchen
AKG	Auswertungs- und Kontrollgruppe
Akz./Az.	Aktenzeichen
AOP	Archivierter Operativer Vorgang
AOPK	Archivierte Operative Personenkontrolle
AP	Allgemeine Personenablage
APN	Außenpolitischer Nachrichtendienst (Vorläufer der HV A)
AR	Abteilung Archivbestände (der BStU)
AST	Akten der Staatsanwaltschaften
ASt.	Außenstelle
AU	Archivierter Untersuchungsvorgang
BA	Bundesarchiv
BDC	Berlin Document Center
Bdl.	Bündel
BdL-Dok.	Büro der Leitung – Dokumentenstelle
BDM	Bund Deutscher Mädel
BDO	Bund Deutscher Offiziere
BdS	Befehlshaber der Sicherheitspolizei
BDVP	Bezirksbehörde der Deutschen Volkspolizei
Betr.	Betreff
BFD	Bund Freies Deutschland
BGL	Betriebsgewerkschaftsleitung
BND	Bundesnachrichtendienst
BRD	Bundesrepublik Deutschland
BStU	Die Bundesbeauftragte für die Unterlagen des Staatssicherheitsdienstes der ehemaligen DDR
BuF	Bevölkerungswesen und Fürsorge
BV	Bezirksverwaltung
BZ	Berliner Zeitung
CCP	Catalogue of Camps and Prisons in Germany and German Occupied Territories
CDU	Christlich Demokratische Union
CIC	Counter Intelligence Corps (US-Geheimdienst)
CROWCASS	Central Registry of War Criminals and Security Suspects
CSAR	Comité secret d'action révolutionnaire (französische Geheimorganisation)
ČSSR	Československá socialistická republika – Tschechoslowakische Sozialistische Republik
DAF	Deutsche Arbeitsfront
DDR	Deutsche Demokratische Republik
ddz	Dokumentation der Zeit (Zeitschrift des DIZ)

DGB	Deutscher Gewerkschaftsbund
Diszi.	Disziplinarakte
DIZ	Deutsches Institut für Zeitgeschichte
DJAG	Deputy Judge Advocate General – Stellvertretender Militärgeneralstaatsanwalt
DJV	Deutsche Justizverwaltung
DRK	Deutsche Rotes Kreuz
DSt	Dokumentenstelle
DvdI	Deutsche Verwaltung des Innern
DWI	Deutsches Wirtschaftsinstitut
DZA	Deutsches Zentralarchiv
e. V.	eingetragener Verein
EK	Einsatzkommando
EKKI	Exekutivkomitee der Kommunistischen Internationale
EWW	Eisenwerke West (VEB in Calbe/Saale)
F.F.I.	Forces Françaises de l'Intérieur (französische Widerstandsorganisation)
F.T.P.	Francs-Tireurs et Partisans (französische Partisanentruppe)
FAZ	Frankfurter Allgemeine Zeitung
FDJ	Freie Deutsche Jugend
FDP	Freie Demokratische Partei
FmdI	Föderales Ministerium des Innern (der ČSSR)
FNDIRP	Fédération Nationale des Déportés et Internés Résistants et Patriotes – Nationaler Verband der deportierten und internierten Widerstandskämpfer und Patrioten (Kommunistischer Dachverband Frankreichs)
FSS	Field Security Section (Britischer Militärgeheimdienst)
FV	Forschungsvorgang
Gesch.-Nr.	Geschäftsnummer
Gestapo	Geheime Staatspolizei
GFP	Geheime Feldpolizei
GG	Generalgouvernement
GH	Geheimvorgang (im Sonderbereich des MfS-Zentralarchivs archivierter Vorgang, der einer hohen Geheimhaltungsstufe unterlag)
GHI	Geheimer Hauptinformator (IM-Kategorie 1953–1967)
GHM	Geheimer Hauptmitarbeiter (IM-Kategorie in den 1950er Jahren, in Richtlinien nicht normiert)
GI	Geheimer Informator (IM-Kategorie 1950–1967)
GM	Geheimer Mitarbeiter (IM-Kategorie 1950–1967)
GSKS/G-SKS	Archivierte Akte von Strafgefangenen oder durch ein sowjetisches Militärtribunal (SMT) verurteilte Personen
GSSD	Gruppe der Sowjetischen Streitkräfte in Deutschland
GST	Gesellschaft für Sport und Technik
GStA	Generalstaatsanwalt(schaft)
GUPVI	Glavnoe upravlenie po delam voennoplennych i internirovannych – Hauptverwaltung für Angelegenheiten von Kriegsgefangenen und Internierten (des NKWD/MWD)
GVS	Geheime Verschlusssache
HA	Hauptabteilung
HIAG	Hilfsgemeinschaft auf Gegenseitigkeit der ehemaligen Angehörigen der Waffen-SS e. V.
HJ	Hitlerjugend
HS	Haftsachen (Hauptabteilung des MdI der DDR)
HV A	Hauptverwaltung A (Aufklärung)
HV DVP	Hauptverwaltung Deutsche Volkspolizei
IdSuSD	Inspekteur der Sicherheitspolizei und des Sicherheitsdienstes
IfZ	Institut für Zeitgeschichte
IG	Industriegewerkschaft
IM	Inoffizieller Mitarbeiter

IMB	Inoffizieller Mitarbeiter der Abwehr mit Feindverbindung bzw. zur unmittelbaren Bearbeitung im Verdacht der Feindtätigkeit stehender Personen (IM-Kategorie 1979–1989)
IMF	Inoffizieller Mitarbeiter der inneren Abwehr mit Feindverbindung zum Operationsgebiet (IM-Kategorie 1968–1979)
IMG	Internationaler Militärgerichtshof
IML	Institut für Marxismus-Leninismus (beim ZK der SED)
IMS	Inoffizieller Mitarbeiter zur politischen Durchdringung und Sicherung des Verantwortungsbereichs (IM-Kategorie 1968–1989)
IMT	Internationales Militärtribunal
IMV	IM, der unmittelbar an der Bearbeitung und Entlarvung im Verdacht der Feindtätigkeit stehender Personen mitarbeitet (IM-Kategorie1968–1979)
IPW	Institut für Internationale Politik und Wirtschaft
IWK	Internationale Wissenschaftliche Konferenz für die Geschichte der deutschen Arbeiterbewegung
Jg.	Jahrgang
JHS	Juristische Hochschule (des MfS)
K 5	Arbeitsbereich 5 der Kriminalpolizei
KD	Kontrollratsdirektive
KD	Kreisdienststelle
KdAW	Komitee der antifaschistischen Widerstandskämpfer (der DDR)
KdS	Kommando der Sicherheitspolizei
KfS	– Komitee für Staatssicherheit (der UdSSR) – Kommissariat für Sonderaufgaben
KG	Kontrollratsgesetz
KGB	Komitet Gossudarstwennoi Besopasnosti – Komitee für Staatssicherheit (Geheimdienst der Sowjetunion)
KgU	Kampfgruppe gegen Unmenschlichkeit
KL	– Konzentrationslager – Kreisleitung
KO	Kriegsorganisation
Komp. des Pol. Bat.	Kompanie des Polizeibataillons
KP	Kommunistische Partei
KP	Kontaktperson
KPD	Kommunistische Partei Deutschlands
KPdSU	Kommunistische Partei der Sowjetunion
KPKK	Kreisparteikontrollkommission (der SED)
KRG	Kontollratsgesetz
Kripo	Kriminalpolizei
KWI	Kaiser-Wilhelm-Institut
KZ	Konzentrationslager
LDP(D)	Liberal-Demokratische Partei (Deutschlands)
lfd. M.	laufende Meter
LfV	Landesamt für Verfassungsschutz
LKA	Landeskriminalamt
Lkw	Lastkraftwagen
LPG	Landwirtschaftliche Produktionsgenossenschaft
MAI	Ministerium für Außenhandel und Innerdeutschen Handel
M-Apparat	Militärpolitischer Apparat
MdF	Ministerium der Finanzen
MdI	Ministerium des Innern
MdJ	Ministerium der Justiz
MfAA	Ministerium für Auswärtige Angelegenheiten
MF	Mikrofilm/Mikrofiche
MfG	Ministerium für Gesundheit
MfS	Ministerium für Staatssicherheit

MGB	Ministerstwo Gossudarstwennoi Besopasnosti – Ministerium für Staatssicherheit (der UdSSR)
mot.	motorisiert
MSW	Ministerstwo Spraw Wewnętrznych – Ministerium des Innern (Polens)
MWD/MVD	Ministerstwo Kommissariat Wnutrennich Del – Ministerium für innere Angelegenheiten (der UdSSR)
NA	National Archives and Records Administration
NATO	North Atlantic Treaty Organization (Organisation der Signatarmächte des Nordatlantikpakts)
ND	Neues Deutschland
NDPD	National-Demokratische Partei Deutschlands
NJW	Neue Juristische Wochenzeitung
NKFD	Nationalkomitee »Freies Deutschland«
NKWD/NKVD	Narodny Kommissariat Wnutrennich Del – Volkskommissariat für innere Angelegenheiten (der UdSSR)
NS	Nationalsozialismus
NSBO	Nationalsozialistische Betriebszellenorganisation
NSDAP	Nationalsozialistische Deutsche Arbeiterpartei
NSDStB	Nationalsozialistischer Deutscher Studentenbund
NSFK	Nationalsozialistisches Fliegerkorps
NSKK	Nationalsozialistisches Kraftfahr-Korps
NSRB	Nationalsozialistischer Rechtswahrer-Bund
NSV	Nationalsozialistische Volkswohlfahrt
NVA	Nationale Volksarmee
o. Pag.	ohne Paginierung
OD	Objektdienststelle
OdF	Opfer des Faschismus
OEEC	Organization for European Economic Cooperation
OibE	Offizier im besonderen Einsatz
OKW	Oberkommando der Wehrmacht
OPK	Operative Personenkontrolle
OV	Operativer Vorgang
OSL	Oberstleutnant
OSO	Osoboje Soweschanje – Sonderkollegium (Einrichtung der sowjetischen Administrativjustiz)
OTS	Operativ-technischer Sektor
OV	Operativvorgang
OVA	Operative Vorlaufakte
Pg.	Parteigenosse
Pkw	Personenkraftwagen
Pol.-Batl.	Polizei-Bataillon
PPA	Personalpolitische Abteilung
R.u.S.	Rasse- und Siedlungsamt
RAD	Reichsarbeitsdienst
Ref.	Referat
Reg.Nr.	Registriernummer
Rep.	Reponiert
Res.-Pol.-Batl.	Reserve-Polizei-Bataillon
RFB	Roter Frontkämpferbund
RFSS	Reichsführer SS
RG	Record Group
RHE	Rechtshilfeersuchen
RIAS	Rundfunksender im Amerikanischen Sektor
RM	Reichsmark
RSFSR	Russische Sozialistische Föderative Sowjetrepublik
RSHA	Reichssicherheitshauptamt

RuSHA	Rasse- und Siedlungshauptamt
SA	Sturmabteilung (der NSDAP)
SAPMO-BA	Stiftung Archiv der Parteien und Massenorganisationen der DDR im Bundesarchiv
SB	Służbą Bezpieczeństwa – Sicherheitsdienst (polnischer Geheimdienst)
SBZ	Sowjetische Besatzungszone
SD	Sicherheitsdienst
SDAG	Sowjetisch-Deutsche Aktiengesellschaft
SdM	Sekretariat des Ministers
SED	Sozialistische Einheitspartei Deutschlands
SED-KL	SED-Kreisleitung
SEW	Sozialistische Einheitspartei Westberlins
SfS	Staatssekretariat für Staatssicherheit
SK	Sonderkommando
SKK	Sowjetische Kontrollkommission
SMAD	Sowjetische Militäradministration in Deutschland
SMT	Sowjetisches Militärtribunal
SOE	Special Operations Executive (Britischer Geheimdienstzweig)
SPD	Sozialdemokratische Partei Deutschland
SR	Sonderreferat/Selbstständiges Referat
SS	Schutzstaffel
SSO	SS-Officer (Aktenserie des BDC)
StAV	Staatliche Archivverwaltung
StB	Státní Bezpečnosti – Staatliche Sicherheit (tschechoslowakischer Geheimdienst)
StGB	Strafgesetzbuch
StVE	Strafvollzugseinrichtung
SU	Sowjetunion
SV	Strafvollzug
SV	Spezieller Vorgang/Sondervorgang
SVK	Sozialversicherungskasse
S-Kartei	Sachkartei
taz	die tageszeitung
TU	Technische Universität
TV	Teilvorgang
UdSSR	Union der Sozialistischen Sowjetrepubliken
UFJ	Untersuchungsausschuss Freiheitlicher Juristen
UHA	Untersuchungshaftanstalt
UN	United Nations (Vereinte Nationen)
UNO	United Nations Organisation (Organisation der Vereinten Nationen)
U-Organ	Untersuchungsorgan
USA	United States of America
VA	Vorlaufakte
VD	Vertrauliche Dienstsache
VdN	Verfolgte des Naziregimes
VEB	Volkseigener Betrieb
VGH	Volksgerichtshof
VgM	Verbrechen gegen die Menschlichkeit
V-Leute	Vertrauensleute
VM/V-Mann	Vertrauensmann
VOS	Vereinigung der Opfer des Stalinismus
VP	Volkspolizei
VPKA	Volkspolizeikreisamt
VR	Volksrepublik
VVB	Vereinigung Volkseigener Betriebe
VVN	Vereinigung der Verfolgten des Naziregimes

VVS	Vertrauliche Verschlusssache
WASt	Wehrmachtsauskunftsstelle für Kriegsverluste und Kriegsgefangene
WB	Westberlin
W-Kartei	Westdeutschen-Kartei
z.b.V.	zur besonderen Verwendung
ZAIG	Zentrale Auswertungs- und Informationsgruppe
ZAP	Zachodnia Agencja Prasowa (Polnische Presseagentur)
ZC-Materialien	Archivmaterial der HA IX/11
ZDF	Zweites Deutsches Fernsehen
ZI	Zelleninformator
ZK	Zentralkomitee
ZKG	Zentrale Koordinierungsgruppe
Z-Material	Archivmaterial der HA IX/11
ZOV	Zentraler Operativer Vorgang
ZPA	Zentrales Parteiarchiv
ZPKK	Zentrale Parteikontrollkommission
ZStL	Zentrale Stelle der Landesjustizverwaltung zur Aufklärung nationalsozialistischer Verbrechen in Ludwigsburg
ZUV	Zentraler Untersuchungsvorgang
ZWA	Zwischenarchiv

Literaturverzeichnis

Adomeit, Klaus: Rechtsphilosophie, Marxismus und Menschenrechte. Zum Erscheinen einer Festschrift für Hermann Klenner. In: Zeitschrift des Forschungsverbundes SED-Staat (1998)5, S. 100–115.

Agethen, Manfred; Jesse, Eckhard; Neubert, Ehrhart (Hg.): Der missbrauchte Antifaschismus. DDR-Staatsdoktrin und Lebenslügen der deutschen Linken. Freiburg im Breisgau 2002.

Albrecht, Ulrich; Heinemann-Grüder, Andreas; Wellmann, Arend: Die Spezialisten. Deutsche Naturwissenschaftler und Techniker in der Sowjetunion nach 1945. Berlin 1992.

Aly, Götz; Roth, Karl Heinz: Die restlose Erfassung. Volkszählen, Identifizieren, Aussondern im Nationalsozialismus. Berlin 1984.

Aly, Götz (Hg.): Aktion T 4 1939–1945. Die »Euthanasie«-Zentrale in der Tiergartenstraße 4. 2. Aufl., Berlin 1989.

Aly, Götz; Heim, Susanne: Das Zentrale Staatsarchiv in Moskau (»Sonderarchiv«). Rekonstruktion und Bestandsverzeichnis verschollen geglaubten Schriftgutes aus der NS-Zeit. Düsseldorf 1992.

Aly, Götz; Heim, Susanne: Vordenker der Vernichtung. Auschwitz und die deutschen Pläne für eine neue europäische Ordnung. Frankfurt/M. 1993.

Aly, Götz: »Endlösung«. Völkerverschiebung und der Mord an den europäischen Juden. Frankfurt/M. 1999.

Amos, Heike: Die Westpolitik der SED 1948/49–1961. »Arbeit nach Westdeutschland« durch die Nationale Front, das Ministerium für Auswärtige Angelegenheiten und das Ministerium für Staatssicherheit. Berlin 1999.

Andrew, Christopher; Mitrochin, Wassili: Das Schwarzbuch des KGB. Moskaus Kampf gegen den Westen. 3. Aufl., Berlin 1999.

Angrick, Andrej: Die Einsatzgruppe D und die Kollaboration. In: Kaiser, Wolf (Hg.): Täter im Vernichtungskrieg. Der Überfall auf die Sowjetunion und der Völkermord an den Juden. Berlin, München 2002, S. 71–95.

Angrick, Andrej: Besatzungspolitik und Massenmord. Die Einsatzgruppe D in der südlichen Sowjetunion 1941–1943. Hamburg 2003.

Artzt, Heinz: Zur Abgrenzung von Kriegsverbrechen und NS-Verbrechen. In: Rückerl, Adalbert (Hg.): NS-Prozesse. Nach 25 Jahren Strafverfolgung: Möglichkeiten – Grenzen – Ergebnisse. Karlsruhe 1971, S. 163–194.

Auerbach, Thomas: Einsatzkommandos an der unsichtbaren Front. Terror- und Sabotagevorbereitungen des MfS gegen die Bundesrepublik Deutschland. Berlin 1999.

Bailey, George; Kondraschow, Sergej A.; Murphy, David E.: Die unsichtbare Front. Der Krieg der Geheimdienste im geteilten Berlin. Berlin 1997.

Balzer, Friedrich-Martin; Renz, Werner (Hg.): Das Urteil im Frankfurter Auschwitz-Prozess (1963–1965). Bonn 2004.

Bartoszewski, Wladyslaw: Der Todesring um Warschau 1939–1944. Krakow 1969.

Bästlein, Klaus: »Nazi-Blutrichter als Stützen des Adenauer-Regimes«. Die DDR-Kampagnen gegen NS-Richter und -Staatsanwälte. Die Reaktionen der bundesdeutschen Justiz und ihre gescheiterte »Selbstreinigung« 1957–1968. In: Grabitz, Helge; Bästlein, Klaus; Tuchel, Johannes (Hg.): Die Normalität des Verbrechens. Bilanz und Perspektiven der Forschung zu den nationalsozialistischen Gewaltverbrechen. Berlin 1994, S. 408–444.

Beck, Friedrich: Archive und archivalische Quellenlage in den neuen Bundesländern zur Zeitgeschichtlichen Forschung. In: Der Archivar 44(1991)3, S. 411–428.

Bedürftig, Friedemann: Lexikon Deutschland nach 1945. Hamburg 1996.

Beleites, Johannes: Der Untersuchungshaftvollzug des Ministeriums für Staatssicherheit der DDR. In: Engelmann, Roger; Vollnhals, Clemens (Hg.): Justiz im Dienste der Parteiherrschaft. Rechtspraxis und Staatssicherheit in der DDR. 2., durchges. Aufl., Berlin 2000, S. 433–465.

Bender, Peter: Deutsche Parallelen. Anmerkungen zu einer deutschen Geschichte zweier getrennter Staaten. Berlin 1989.

Benz, Wolfgang; Pehle, Walter H. (Hg.): Lexikon des deutschen Widerstandes. Frankfurt/M. 1994.
Benz, Wolfgang: Potsdam 1945. Besatzungsherrschaft und Neuaufbau im Vier-Zonen-Deutschland. 3. Aufl., München 1994.
Benz, Wolfgang: »Endlösung«. Zur Geschichte eines Begriffs. In: Lichtenstein, Heiner; Romberg, Otto R. (Hg.): Täter – Opfer – Folgen. Der Holocaust in der Geschichte und Gegenwart. Bonn 1997, S. 11–23.
Benz, Wolfgang; Graml, Hermann; Weiß, Hermann (Hg.): Enzyklopädie des Nationalsozialismus. Stuttgart 1997.
Benz, Wolfgang; Kwiet, Konrad; Matthäus, Jürgen: Einsatz im »Reichskommissariat Ostland«. Dokumente zum Völkermord im Baltikum und in Weißrußland 1941–1944. Berlin 1998.
Bernhardt, Heike: Anstaltspsychiatrie und »Euthanasie« in Pommern 1933 bis 1945. Die Erwachsenenmorde an Kindern und Erwachsenen am Beispiel der Landesheilanstalt Ueckermünde. Frankfurt/M. 1994.
Best, Werner: Die Deutsche Polizei. Darmstadt 1941.
Birke, Adolf M.: Nation ohne Haus. Deutschland 1945–1961. Berlin 1994.
Birn, Ruth Bettina: Die Höheren SS- und Polizeiführer. Himmlers Vertreter im Reich und in den besetzten Gebieten. Düsseldorf 1986.
Bittman, Ladislav: Geheimwaffe D. 1. Aufl., Bern 1973.
Bittman, Ladislav: Zum Tode verurteilt. Memoiren eines Spions. München 1984.
Blank, Alexander S.; Mader, Julius: Rote Kapelle gegen Hitler. 1. Aufl., Berlin (Ost) 1979.
Blatman, Daniel: Die Todesmärsche – Entscheidungsträger, Mörder und Opfer. In: Herbert, Ulrich; Orth, Karin; Dieckmann, Christoph (Hg.): Die nationalsozialistischen Konzentrationslager. Entwicklung und Struktur. Göttingen 1998, S. 1063–1127.
Boberach, Heinz: Das Schriftgut der staatlichen Verwaltung, der Wehrmacht und der NSDAP aus der Zeit von 1933–1945. Versuch einer Bilanz. In: Der Archivar 22(1969)2, Sp. 137–152.
Boberach, Heinz (Hg.): Meldungen aus dem Reich. Die geheimen Lageberichte des Sicherheitsdienstes der SS 1938–1945. Herrsching 1984.
Bohnsack, Günter; Brehmer, Herbert: Auftrag: Irreführung. Wie die Stasi Politik im Westen machte. Hamburg 1992.
Bohnsack, Günter: Hauptverwaltung Aufklärung: Die Legende stirbt. Das Ende von Wolfs Geheimdienst. Berlin 1997.
Boll, Bernd: Fall 6: Der IG-Farben-Prozess. In: Ueberschär, Gerd R. (Hg.): Der Nationalsozialismus vor Gericht. Die alliierten Prozesse gegen Kriegsverbrecher und Soldaten 1943–1952. Frankfurt/M. 1999, S. 133–143.
Bordjugow, Gennadij: Das ZK der KPdSU (B), die sowjetische Militäradministration in Deutschland und die SED (1945–1951). In: Weber, Hermann; Mählert, Ulrich (Hg.): Terror. Stalinistische Parteisäuberungen 1936–1958. Paderborn u. a. 1998, S. 283–349.
Bornemann, Manfred: Geheimprojekt Mittelbau. Vom zentralen Öllager des Deutschen Reiches zur größten Raketenfabrik im Zweiten Weltkrieg. 2. Aufl., Bonn 1994.
Borodziej, Wlodzimierz: Terror und Politik. Die Deutsche Polizei und die Polnische Widerstandsbewegung im Generalgouvernement 1939–1944. Mainz 1999.
Boveri, Margaret: Der Verrat im XX. Jahrhundert. Für und gegen die Nation. Das sichtbare Geschehen. 3. Aufl., Hamburg 1957.
Bower, Tom: Verschwörung Paperclip. NS-Wissenschaftler im Dienst der Siegermächte. München 1987.
Brochhagen, Ulrich: Nach Nürnberg. Vergangenheitsbewältigung und Westintegration in der Ära Adenauer. 1. Aufl., Hamburg 1994.
Broszat, Martin; Schwabe, Klaus (Hg.): Die deutschen Eliten und der Weg in den Zweiten Weltkrieg. München 1989.
Broszat, Martin; Henke, Klaus-Dietmar; Woller, Hans (Hg.): Von Stalingrad zur Währungsreform. Zur Sozialgeschichte des Umbruchs in Deutschland. 3. Aufl., München 1990.
Brown, Anthony Cave: Die unsichtbare Front. Entschieden Geheimdienste den 2. Weltkrieg? München 1976.
Browning, Christopher: Ganz normale Männer. Das Reserve-Polizeibataillon 101 und die »Endlösung« in Polen. Hamburg 1993.
Brunner, Bernhard: Der Frankreich-Komplex. Die nationalsozialistischen Verbrechen in Frankreich und die Justiz in der Bundesrepublik Deutschland. Göttingen 2004.
Buchheit, Gert: Der deutsche Geheimdienst. Geschichte der militärischen Abwehr. München 1966.

Buchheit, Gert: Die anonyme Macht. Aufgaben, Methoden, Erfahrungen der Geheimdienste. Frankfurt/M. 1969.

Budde, Heidrun: Willkür! Die Schattenseite der DDR. Rostock 2002.

Busse, Horst; Krause, Udo: Lebenslänglich für den Gestapokommissar. 2. Aufl., Berlin (Ost) 1989.

Charisius, Albrecht; Mader, Julius: Nicht länger geheim. Entwicklung, System und Arbeitsweise des imperialistischen deutschen Geheimdienstes. 3., überarb. u. erg. Aufl., Berlin (Ost) 1978.

Coburger, Karli; Skiba, Dieter: Die Untersuchungsorgane des MfS (HA IX im MfS/Abt. IX der BV). In: Grimmer, Reinhard u. a. (Hg.): Die Sicherheit. Zur Abwehrarbeit des MfS. Bd. 2, 1. Aufl., Berlin 2002, S. 426–494.

Coburger, Marlies: Camera obscura. Zur Geschichte des Gestapo-Albums. In: Griebel, Regina; Coburger, Marlies; Scheel, Heinrich: Erfasst? Das Gestapo-Album zur Roten Kapelle. Eine Foto-Dokumentation. Halle/S. 1992, S. 317–327.

Colmorgen, Eckard: Die nationalsozialistische Strafjustiz. Zur Tätigkeit des Schleswig-Holsteinischen Sondergerichts 1932–1945. In: Nationalsozialistische Herrschaftsorganisationen in Schleswig-Holstein. Hg. v. der Landeszentrale für Politische Bildung Schleswig-Holstein. Kiel 1996, S. 45–89.

Cookridge, E. H.: Versteckspiel mit dem Tode. Geheimagenten gegen Hitler 1940/45. Oldenburg, Hamburg 1967.

Coppi, Hans; Danyel, Jürgen; Tuchel, Johannes: Die Rote Kapelle im Widerstand gegen den Nationalsozialismus. Berlin 1994.

Courtois, Stèphane u. a.: Das Schwarzbuch des Kommunismus. Unterdrückung, Verbrechen und Terror. München 1998.

Czech, Danuta: Kalendarium der Ereignisse im Konzentrationslager Auschwitz-Birkenau 1939–1945. Hamburg 1989.

Danyel, Jürgen: Die Rote Kapelle innerhalb der deutschen Widerstandsbewegung. In: Coppi, Hans; Danyel, Jürgen; Tuchel, Johannes (Hg.): Die Rote Kapelle im Widerstand gegen den Nationalsozialismus. Berlin 1994, S. 12–38.

Danyel, Jürgen: Vorwort in: Ders. (Hg.): Die geteilte Vergangenheit. Zum Umgang mit Nationalsozialismus und Widerstand in beiden deutschen Staaten. Berlin 1995.

Danyel, Jürgen: Die SED und die »kleinen Pg's«. Zur politischen Integration der ehemaligen NSDAP-Mitglieder in der SBZ/DDR. In: Leo, Anette; Reif-Spirek, Peter (Hg.): Helden, Täter und Verräter. Studien zum DDR-Antifaschismus. Berlin 1999, S. 177–196.

Delarue, Jacques: Geschichte der Gestapo. Düsseldorf 1964.

Deutsch, Harold C.: Verschwörung gegen den Krieg. Der Widerstand in den Jahren 1939–1940. 2. Aufl., München 1969.

Diamant, Adolf: Gestapo Leipzig. Zur Geschichte einer verbrecherischen Organisation in den Jahren 1933–1945. Frankfurt/M. 1990.

Diamant, Adolf: Chronik der Juden in Leipzig. Aufstieg, Vernichtung, Neuanfang. Chemnitz 1993.

Diamant, Adolf: Gestapo Chemnitz und die Gestapoaußenstellen Plauen i. V. und Zwickau. Zur Geschichte einer verbrecherischen Organisation in den Jahren 1933–1945. Dokumente – Berichte – Reportagen. Chemnitz 1999.

Dieckmann, Christoph: Das Ghetto und das Konzentrationslager in Kaunas 1941–1944. In: Herbert, Ulrich; Orth, Karin; Dieckmann, Christoph (Hg.): Die nationalsozialistischen Konzentrationslager. Entwicklung und Struktur. Göttingen 1998, S. 439–471.

Dietrich, Torsten: Bernhard Bechler – Der hemmungslose Karrierist. In: Ehlert, Hans; Wagner, Armin (Hg.): Genosse General! Die Militärelite der DDR in biografischen Skizzen. Berlin 2003, S. 61–92.

Dirks, Christian: Strafverfolgung zwischen Antifaschismus und SED-Kampagnenpolitik. Der Prozess gegen den KZ-Arzt Dr. Horst Fischer. In: Moller, Sabine; Rürup, Miriam; Trouvè, Christel (Hg.): Abgeschlossene Kapitel? Zur Geschichte der Konzentrationslager und der NS-Prozesse. Tübingen 2002, S. 158–172.

Dittberner, Jürgen: Die Freie Demokratische Partei. In: Stöss, Richard (Hg.): Parteien-Handbuch. Opladen 1986, S. 1311–1381.

Doernberg, Stefan: Die Geburt eines neuen Deutschland 1945–1949. Die antifaschistisch-demokratische Umwälzung und die Entstehung der DDR. Berlin (Ost) 1959.

Döscher, Hans-Jürgen: Verschworene Gesellschaft. Das Auswärtige Amt unter Adenauer zwischen Neubeginn und Kontinuität. Berlin 1995.

Eichner, Klaus; Dobbert, Andreas: Headquarters Germany: Die US-Geheimdienste in Deutschland. Berlin 1997.

Eisert, Wolfgang: Die Waldheimer Prozesse. Der stalinistische Terror 1950. Ein dunkles Kapitel der DDR-Justiz. München 1993.

Engelmann, Roger; Vollnhals, Clemens (Hg.): Justiz im Dienste der Parteiherrschaft. Rechtspraxis und Staatssicherheit in der DDR. 2., durchges. Aufl., Berlin 2000.

Engelmann, Roger; Joestel, Frank (Bearb.): Grundsatzdokumente des MfS (MfS-Handbuch, Teil V/5). Hg. BStU. Berlin 2004.

Erler, Peter; Friedrich, Thomas: Das sowjetische Speziallager Nr. 3 Berlin-Hohenschönhausen (Mai 1945 bis Oktober 1946). Berlin 1995.

Erler, Peter: Zur Sicherheitspolitik der KPD/SED 1945–1949. In: Suckut, Siegfried; Süß, Walter (Hg.): Staatspartei und Staatssicherheit. Zum Verhältnis von SED und MfS. Berlin 1997, S. 73–87.

Ernst, Anna-Sabine: »Die beste Prophylaxe ist der Sozialismus«. Ärzte und medizinische Hochschullehrer in der SBZ/DDR 1945–1961. Münster u. a. 1997.

Eschebach, Insa: »Ermittlungskomplex Ravensbrück«. Das Frauenkonzentrationslager in den Akten des Ministeriums für Staatssicherheit. In: Internationale wissenschaftliche Korrespondenz zur Geschichte der deutschen Arbeiterbewegung (IWK) 33(1997)2, S. 212–231.

Felfe, Heinz: Im Dienst des Gegners. Autobiographie. 2. Aufl., Berlin (Ost) 1989.

Finn, Gerhard: Die politischen Häftlinge der Sowjetzone. Köln 1989 (Reprint der Ausgabe von 1960).

Flocken, Jan von; Klonovsky, Michael: Stalins Lager in Deutschland 1945–1950. Dokumentation, Zeugenberichte. Frankfurt/M. 1991.

Foedrowitz, Michael: Auf der Suche nach einer besatzungsrechtlichen Konzeption. Der Befehlshaber der Sicherheitspolizei und des SD im Generalgouvernement. In: Paul, Gerhard; Mallmann, Klaus-Michael (Hg.): Die Gestapo im Zweiten Weltkrieg. »Heimatfront« und besetztes Europa. Darmstadt 2000, S. 340–361.

Foitzik, Jan: Vereinigung der Verfolgten des Naziregimes (VVN). In: Broszat, Martin; Weber, Hermann (Hg.): SBZ-Handbuch. Staatliche Verwaltungen, Parteien, gesellschaftliche Organisationen und ihre Führungskräfte in der Sowjetischen Besatzungszone Deutschlands 1945–1949. München 1990, S. 748–759.

Foitzik, Jan (Hg.): Walter Loewenheim: Geschichte der Org [Neu beginnen] 1929–1935. Eine zeitgenössische Analyse. Berlin 1995.

Foitzik, Jan: Sowjetische Militäradministration in Deutschland (SMAD) 1945–1949. Berlin 1999.

Förster, Andreas: Schatzräuber. Die Suche der Stasi nach dem Gold der Nazizeit. Berlin 2000.

Fraenkel, Ernst: Der Doppelstaat. 2., durchges. Aufl., Hamburg 2001.

Frei, Norbert: NS-Vergangenheit unter Ulbricht und Adenauer. Gesichtspunkte einer »vergleichenden Bewältigungsforschung«. In: Danyel, Jürgen (Hg.): Die geteilte Vergangenheit. Zum Umgang mit Nationalsozialismus und Widerstand in beiden deutschen Staaten. Berlin 1995, S. 125–132.

Frei, Norbert: Vergangenheitspolitik. Die Anfänge der Bundesrepublik und die NS-Vergangenheit. 2., durchges. Aufl., München 1997.

Frei, Norbert: Karrieren im Zwielicht. Hitlers Eliten nach 1945. Frankfurt/M. 2001.

Freund, Florian: Der Mauthausen-Prozeß. Zum amerikanischen Militärgerichtsverfahren in Dachau im Frühjahr 1946. In: Benz, Wolfgang; Distel, Barbara (Hg.): Dachauer Hefte. Studien und Dokumente zur Geschichte der nationalsozialistischen Konzentrationslager 13(1997)13, S. 99–118.

Fricke, Karl Wilhelm: Politik und Justiz in der DDR. Zur Geschichte der politischen Verfolgung 1945–1968. Bericht und Dokumentation. Köln 1979.

Fricke, Karl Wilhelm: Die DDR-Staatssicherheit. 2. Aufl., Köln 1984.

Fricke, Karl Wilhelm: Das justitielle Unrecht der Waldheimer Prozesse. In: Neue Justiz (1991)5, 209 f.

Fricke, Karl Wilhelm; Engelmann, Roger: »Konzentrierte Schläge«. Staatssicherheitsaktionen und politische Prozesse in der DDR 1953–1956. Berlin 1998.

Fricke, Karl Wilhelm: DDR-Juristen im Konflikt zwischen Gehorsam, Verweigerung und Widerstand. In: Engelmann, Roger; Vollnhals, Clemens (Hg.): Justiz im Dienste der Parteiherrschaft. Rechtspraxis und Staatssicherheit in der DDR. 2., durchges. Aufl., Berlin 2000, S. 205–226.

Friedlander, Henry: Der Weg zum NS-Genozid. Von der Euthanasie zur Endlösung. Berlin 1997.

Friedländer, Saul: Das Dritte Reich und die Juden. Die Jahre der Verfolgung 1933–1939. München 2000.

Friedrich, Jörg: Freispruch für die Nazi-Justiz. Die Urteile gegen NS-Richter seit 1948. Eine Dokumentation. Hamburg 1983.

Friedrich, Jörg: Die kalte Amnestie. NS-Täter in der Bundesrepublik. Erw. u. überarb. Neuausgabe. München 1994.
Friedrich, Jörg: Das Gesetz des Krieges. Das deutsche Heer in Rußland 1941 bis 1945. Der Prozess gegen das Oberkommando der Wehrmacht. 3. Aufl., München 1995.
Fürstenau, Justus: Entnazifizierung. Ein Kapitel deutscher Nachkriegspolitik. Neuwied, Berlin (West) 1969.
Garscha, Winfried R.; Kuretsidis-Haider, Claudia: Die Nachkriegsjustiz als nicht-bürokratische Form der Entnazifizierung: Österreichische Justizakten im europäischen Vergleich. Überlegungen zum strafprozessualen Entstehungszusammenhang und zu den Verwendungsmöglichkeiten für die historische Forschung. Wien 1995.
Garscha, Winfried R.; Kuretsidis-Haider, Claudia (Hg.): Keine »Abrechnung«. NS-Verbrechen, Justiz und Gesellschaft in Europa nach 1945. Leipzig, Wien 1998.
Gehlen, Reinhard: Der Dienst. Erinnerungen 1942–1971. München, Zürich 1973.
Gellately, Robert: Die Gestapo und die deutsche Gesellschaft. Die Durchsetzung der Rassenpolitik 1933–1945. Paderborn u. a. 1993.
Gerlach, Christian; Aly, Götz: Das letzte Kapitel. Der Mord an den ungarischen Juden 1944–1945. Frankfurt/M. 2004.
Geßner, Klaus: Geheime Feldpolizei. Zur Funktion und Organisation des Geheimpolizeilichen Exekutivorgans der Faschistischen Wehrmacht. Berlin (Ost) 1986.
Geßner, Klaus: Geheime Feldpolizei – Die Gestapo der Wehrmacht. In: Heer, Hannes; Naumann, Klaus (Hg.): Vernichtungskrieg. Verbrechen der Wehrmacht 1941 bis 1944. 11. Aufl., Hamburg 1999, S. 343–358.
Gieseke, Jens: Erst braun, dann rot? Zur Frage der Beschäftigung ehemaliger Nationalsozialisten als hauptamtliche Mitarbeiter des MfS. In: Suckut, Siegfried; Süß, Walter (Hg.): Staatspartei und Staatssicherheit. Zum Verhältnis von SED und MfS. Berlin 1997, S. 129–149.
Gieseke, Jens: Die hauptamtlichen Mitarbeiter der Staatssicherheit. Personalstruktur und Lebenswelt 1950–1989/90. Berlin 2000.
Gieseke, Jens: Mielke-Konzern. Die Geschichte der Stasi 1945–1990. Stuttgart, München 2001.
Gilles, Perrault: Auf den Spuren der Roten Kapelle. Hamburg 1969.
Goldhagen, Daniel Jonah: Hitlers willige Vollstrecker. Ganz gewöhnliche Deutsche und der Holocaust. Berlin 1996.
Görtemaker, Manfred: Geschichte der Bundesrepublik. Von der Gründung bis zur Gegenwart. München 1999.
Gostomski, Victor von; Loch, Walter: Der Tod von Plötzensee. Frankfurt/M. 1993.
Grabert, Josef (Hg.): Zur Entlassung werden vorgeschlagen … Wirken und Arbeitsergebnisse der Kommission des Zentralkomitees zur Überprüfung von Angelegenheiten von Parteimitgliedern. Berlin 1991.
Grabitz, Helge: Die Verfolgung von NS-Verbrechen in der Bundesrepublik Deutschland und in der DDR. In: Kuretsidis-Haider, Claudia; Garscha, Winfried R. (Hg.): Keine »Abrechnung«. NS-Verbrechen, Justiz und Gesellschaft in Europa nach 1945. Leipzig, Wien 1998, S. 144–179.
Graml, Hermann: Verfolgung der Juden in Deutschland. Mischlinge und Mischehen. In: Gutachten des Instituts für Zeitgeschichte. Hg. v. Institut für Zeitgeschichte München. München 1958, S. 66–72.
Gring, Diana: »... immer zwischen zwei Feuern.« Eine Annäherung an die Biographie des kommunistischen Funktionshäftlings Karl Semmler. In: Beiträge zur Geschichte der nationalsozialistischen Verfolgung in Norddeutschland (1998)4, S. 97–105. Hg. v. d. KZ-Gedenkstätte Neuengamme.
Groehler, Olaf: Antifaschismus – Vom Umgang mit einem Begriff. In: Herbert, Ulrich; Groehler, Olaf: Zweierlei Bewältigung. Vier Beiträge über den Umgang mit der NS-Vergangenheit in den beiden deutschen Staaten. Hamburg 1992, S. 29–40.
Grunenberg, Antonia: Antifaschismus – ein deutscher Mythos. Hamburg 1993.
Haase, Norbert u. a. (Hg.): Die Erinnerung hat ein Gesicht. Fotografien und Dokumente zur nationalsozialistischen Judenverfolgung in Dresden 1933–1945. Bearbeitet von Marcus Gryglewski. Leipzig 1998.
Hagen, Walter (d. i. Höttl, Wilhelm): Die Geheime Front. Organisationen, Personen und Aktionen des Deutschen Geheimdienstes. 2. Aufl., Linz, Wien 1950.
Hannemann, Simone: Robert Havemann und die Widerstandsgruppe »Europäische Union«. Berlin 2001.
Hartmann, Wolfgang: Aufklärer in der BRD. In: Blätter für deutsche und internationale Politik 42(1997)9, S. 1123–1132.
Haury, Thomas: Antisemitismus von links. Kommunistische Ideologie, Nationalismus und Antizionismus in der frühen DDR. Hamburg 2002.
Havemann, Robert: Fragen, Antworten, Fragen. München 1970.

Havemann, Robert: Ein deutscher Kommunist. Rückblicke und Perspektiven aus der Isolation. Hg. v. Wilke, Manfred. Reinbek 1978.

Heer, Hannes: Die Logik des Vernichtungskampfes. Wehrmacht und Partisanenkampf. In: Heer, Hannes; Naumann, Klaus (Hg.): Vernichtungskrieg. Verbrechen der Wehrmacht 1941 bis 1944. 11. Aufl., Hamburg 1999, S. 104–138.

Heidmann, Eberhard; Wohlgemuth, Käthe (Hg.): Zur Deutschlandpolitik der Antihitler-Koalition (1943 bis 1949). Dokumente und Materialien zur Zeitgeschichte. 1. Aufl., Berlin (Ost) 1966.

Henke, Josef: Das Schicksal Deutscher Zeitgeschichtlicher Quellen in Kriegs- und Nachkriegszeit. Beschlagnahme – Rückführung – Verbleib. In: Vierteljahrshefte für Zeitgeschichte 30(1982)4, S. 557–620.

Henke, Klaus-Dietmar; Woller, Hans (Hg.): Politische Säuberung in Europa. Die Abrechnung mit Faschismus und Kollaboration nach dem zweiten Weltkrieg. München 1991.

Henke, Klaus-Dietmar: Die Trennung vom Nationalsozialismus. Selbstzerstörung, politische Säuberung, »Entnazifizierung«, Strafverfolgung. In: Henke; Woller (Hg.): Politische Säuberung in Europa. Die Abrechnung mit Faschismus und Kollaboration nach dem zweiten Weltkrieg. München 1991, S. 557–620.

Henkys, Reinhard: Die nationalsozialistischen Gewaltverbrechen. Geschichte und Gericht. Stuttgart, Berlin 1964.

Herbert, Ulrich: Best. Biographische Studien über Radikalismus, Weltanschauung und Vernunft 1903–1989. Bonn 1996.

Herbert, Ulrich; Orth, Karin; Dieckmann, Christoph (Hg.): Die nationalsozialistischen Konzentrationslager. Entwicklung und Struktur. Göttingen 1998.

Herbst, Andreas; Ranke, Winfried; Winkler, Jürgen (Hg.): So funktionierte die DDR. Lexikon der Organisationen und Institutionen. Hamburg 1994.

Herf, Jeffrey: Zweierlei Erinnerung. Die NS-Vergangenheit im geteilten Deutschland. Berlin 1998.

Hesse, Erich: Der sowjetrussische Partisanenkrieg 1941–1944 im Spiegel deutscher Kampfanweisungen und Befehle. 2. Aufl., Göttingen 1993.

Heydecker, Joe J.; Leeb, Johannes: Der Nürnberger Prozess. Bilanz der tausend Jahre. Frankfurt/M. o. J. [1958].

Heyden, G.; Klein, M.; Kosing, A.: Philosophie des Verbrechens. Gegen die Ideologie des deutschen Militarismus. Berlin (Ost) 1959.

Hilberg, Raul: Die Vernichtung der europäischen Juden. 3 Bde., Frankfurt/M. 1990.

Hilberg, Raul: Täter, Opfer, Zuschauer. Die Vernichtung der Juden 1933–1945. Frankfurt/M. 1992.

Hilger, Andreas: Deutsche Kriegsgefangene in der Sowjetunion 1941–1956. Kriegsgefangenenpolitik, Lageralltag und Erinnerung. 1. Aufl., Essen 2000.

Hilger, Andreas: Faustpfand im Kalten Krieg. In: Hilger, Andreas; Schmidt, Ute; Wagenlehner, Günther (Hg.): Sowjetische Militärtribunale. Bd. 1: Die Verurteilung deutscher Kriegsgefangener 1941–1953. Köln, Weimar, Wien 2001, S. 211–271.

Hilger, Andreas; Schmidt, Ute; Wagenlehner, Günther (Hg.): Sowjetische Militärtribunale. Bd. 1: Die Verurteilung deutscher Kriegsgefangener 1941–1953. Köln, Weimar, Wien 2001.

Hilger, Andreas; Schmeitzner, Mike; Schmidt, Ute (Hg.): Sowjetische Militärtribunale. Bd. 2: Die Verurteilung deutscher Zivilisten 1945–1955. Köln, Weimar, Wien 2003.

Hilger, Andreas; Morrè, Jörg: SMT-Verurteilte als Problem der Entstalinisierung. Die Entlassung Tribunalverurteilter aus sowjetischer und deutscher Haft. In: Hilger, Andreas; Schmeitzner, Mike; Schmidt, Ute (Hg.): Sowjetische Militärtribunale. Bd. 2: Die Verurteilung deutscher Zivilisten 1945–1955. Köln, Weimar, Wien 2003, S. 685–756.

Hirschfeld, Gerhard; Marsh, Patrick (Hg.): Kollaboration in Frankreich. Politik, Wirtschaft und Kultur während der nationalsozialistischen Besatzung 1940–1944. Frankfurt/M. 1991.

Hoffmann, Dieter (Hg.): Robert Havemann. Dokumente eines Lebens. Berlin 1991.

Hoffmann, Peter: Widerstand, Staatsstreich, Attentat. Der Kampf der Opposition gegen Hitler. 2., verb. u. erw. Aufl., Frankfurt/M., Berlin, Wien 1970.

Hoffmann, Ute: »Das ist wohl ein Stück verdrängt worden ...« Zum Umgang mit den »Euthanasie«-Verbrechen in der DDR. In: Leo, Anette; Reif-Spirek, Peter (Hg.) Vielstimmiges Schweigen. Neue Studie zum DDR-Antifaschismus. Berlin 2001, S. 51–66.

Hofmann, Thomas: Der spezifische Antifaschismus der DDR. Die Auflösung der »Vereinigung der Verfolgten des Naziregimes« (VVN). In: Zeitschrift des Forschungsverbundes SED-Staat (1999)7, S. 68–82.

Hohendorf, Gerrit; Roelcke, Volker: Akten der »Euthanasie« – Aktion T 4 gefunden. In: Vierteljahrshefte für Zeitgeschichte 41(1993)3, S. 479–481.
Hohmann, Joachim S.; Wieland, Günther: MfS-Operativvorgang »Teufel«. »Euthanasie«-Arzt Otto Hebold vor Gericht. Berlin 1996.
Höhne, Heinz; Zolling, Hermann: Pullach intern. General Gehlen und die Geschichte des Bundesnachrichtendienstes. Hamburg 1971.
Höhne, Heinz: Kennwort: Direktor. Die Geschichte der Roten Kapelle. Frankfurt/M. 1972.
Höhne, Heinz: Canaris. Patriot im Zwielicht. München 1976.
Höhne, Heinz: Vorwort, in: Reese, Mary Ellen: Organisation Gehlen. Der Kalte Krieg und der Aufbau des deutschen Geheimdienstes. Berlin 1992, S. 7–17.
Höhne, Heinz: Der Krieg im Dunkeln. Die deutsche und russische Spionage. Neuauflage, Augsburg 1998.
Höhne, Heinz: Der Orden unter dem Totenkopf. Die Geschichte der SS. Essen o. D.
Illichmann, Jutta: Die DDR und die Juden. Die deutschlandpolitische Instrumentalisierung von Juden und Judentum durch die Partei- und Staatsführung der SBZ/DDR von 1945 bis 1990. Frankfurt/M. 1997.
Jäckel, Eberhard; Longerich, Peter; Schoeps, Julius H. (Hg.): Enzyklopädie des Holocaust. Die Verfolgung und Ermordung der europäischen Juden. Berlin 1993.
Jelonnek, Klaus: Kennen Sie eigentlich den? Bd. 15: Fritz Erler. Bonn 1965.
Jena, Kai von; Lenz, Wilhelm: Die deutschen Bestände im Sonderarchiv in Moskau. In: Der Archivar 45(1992)3, S. 457–468.
Jenke, Manfred: Verschwörung von rechts? Ein Bericht über den Rechtsradikalismus in Deutschland nach 1945. Berlin (West) 1961.
Jeske, Natalja; Schmidt, Ute: Zur Verfolgung von Kriegs- und NS-Verbrechen durch sowjetische Militärtribunale in der SBZ. In: Hilger, Andreas; Schmeitzner, Mike; Schmidt, Ute (Hg.): Sowjetische Militärtribunale. Bd. 2: Die Verurteilung deutscher Zivilisten 1945–1955. Köln, Weimar, Wien 2003, S. 155–192.
Jude, Renate: Die jüdischen Personenstandsunterlagen in der Deutschen Zentralstelle für Genealogie in Leipzig. Zeitschrift für Genealogie 47(1998)1–2, S. 4–18.
Kaminski, Andrè: Nächstes Jahr in Jerusalem. 1. Aufl., Frankfurt/M. 1988.
Kappelt, Olaf: Braunbuch DDR. Nazis in der DDR. Berlin (West) 1981.
Kappelt, Olaf: Die Entnazifizierung in der SBZ sowie die Rolle und der Einfluss ehemaliger Nationalsozialisten in der DDR als soziologisches Phänomen. Hamburg 1997.
Käppner, Joachim: Erstarrte Geschichte. Faschismus und Holocaust im Spiegel der Geschichtswissenschaft und Geschichtspropaganda der DDR. Hamburg 1999.
Karau, Gisela: Stasiprotokolle. Gespräche mit Mitarbeitern des »Ministeriums für Staatssicherheit« der DDR. Frankfurt/M. 1992.
Karner, Stefan: Im Archipel GUPVI. Kriegsgefangenschaft und Internierung in der Sowjetunion 1941–1956. Wien, München 1995.
Kàrny, Miroslav: Waffen-SS und Konzentrationslager. In: Herbert, Ulrich; Orth, Karin; Dieckmann, Christoph (Hg.): Die nationalsozialistischen Konzentrationslager. Entwicklung und Struktur. Göttingen 1998, S. 787–799.
Kasten, Bernd: Zwischen Pragmatismus und exzessiver Gewalt. Die Gestapo in Frankreich 1940–1944. In: Paul, Gerhard; Mallmann, Klaus-Michael (Hg.): Die Gestapo im Zweiten Weltkrieg. »Heimatfront« und besetztes Europa. Darmstadt 2000, S. 362–382.
Kaufmann, Bernd u. a.: Der Nachrichtendienst der KPD 1919–1937. Berlin 1993.
Kaul, Friedrich Karl; Noack, Joachim (Hg.): Angeklagter Nr. 6. Eine Auschwitz-Dokumentation. Berlin (Ost) 1966.
Kaul, Friedrich Karl: Der Fall Eichmann. 3. Aufl., Berlin (Ost) 1967.
Kaul, Friedrich Karl, in Zusammenarbeit mit Matthäus, Winfried: Ärzte in Auschwitz. Berlin (Ost) 1968.
Kaul, Friedrich Karl: Nazimordaktion T4. Ein Bericht über die erste industriemäßig durchgeführte Mordaktion des Naziregimes. Berlin (Ost) 1973.
Kegel, Gerhard: Ein Vierteljahrhundert danach. Das Potsdamer Abkommen und was aus ihm geworden ist. 2. Aufl., Berlin (Ost) 1971.
Keitel, Ulrich: »Sehr geehrter Parteifreund ...«. Parteiinterne Rundbriefe gegen alte Nazis (in der FDP und CDU/CSU). Frankfurt/M. 2001.
Keller, Claudia u. literaturWERKstatt Berlin (Hg.): Die Nacht hat zwölf Stunden, dann kommt schon der Tag. Antifaschismus. Geschichte und Neubewertung. Berlin 1996.

Kersebohm, Heinz; Niethammer, Lutz: »Kompromat« 1949 – eine statistische Annäherung an Internierte, SMT-Verurteilte, antisowjetische Kämpfer und sowjetische Militärtribunale. In: Mironenko, Sergej u. a. (Hg.): Sowjetische Speziallager in Deutschland 1945 bis 1950. Bd. 1: Studien und Berichte. Berlin 1998, S. 510–532.

Kessler, Ralf; Peter, Hartmut Rüdiger (Hg.): »An alle OdF-Betreuungsstellen Sachsen Anhalts!« Eine dokumentarische Fallstudie zum Umgang mit Opfern des Faschismus in der SBZ/DDR 1945–1953. Frankfurt/M. 1996.

Kibelka, Ruth: Die Morde von Rainiai und Praveniskiai. In: Benz, Wolfgang; Neiss, Marion (Hg.): Judenmord in Litauen. Studien und Dokumente. Berlin 1999, S. 91–95.

Kilian, Achim: Stalins Prophylaxe. Maßnahmen der sowjetischen Sicherheitsorgane im besetzten Deutschland. In: Deutschland Archiv 30(1997)4, S. 531–564.

Klarsfeld, Serge (Hg.): Die Endlösung der Judenfrage in Frankreich. Deutsche Dokumente 1941–1944. Paris 1977.

Klee, Ernst: »Euthanasie im NS-Staat«. Die »Vernichtung lebensunwerten Lebens«. 2. Aufl., Frankfurt/M. 1983.

Klee, Ernst: Was sie taten. Was sie wurden. Ärzte, Juristen und andere Beteiligte am Kranken- oder Judenmord. Frankfurt/M. 1987.

Klee, Ernst (Hg.): Dokumente zur »Euthanasie«. Frankfurt/M. 1992.

Klee, Ernst: Deutsche Medizin im Dritten Reich. Karrieren vor und nach 1945. Frankfurt/M. 2001.

Klein, Thomas: SED-Parteikontrolltätigkeit in den vierziger Jahren. In: Suckut, Siegfried; Süß, Walter (Hg.): Staatspartei und Staatssicherheit. Zum Verhältnis von SED und MfS. Berlin 1997, S. 89–103.

Kleßmann, Christoph; Wagner, Georg (Hg.): Das gespaltene Land. Leben in Deutschland 1945 bis 1990. Texte und Dokumente. München 1993.

Klewitz, Andreas von: Fall 6 – Der Prozess gegen die IG Farben. In: Mühlen, Bengt von zur; Klewitz, Andreas von (Hg.): Die 12 Nürnberger Nachfolgeprozesse 1946–1949. Berlin 2000, S. 101–118.

Klietmann, Kurt G.: Die Waffen-SS. Eine Dokumentation. Osnabrück 1965.

Klietmann, Kurt G.: Auszeichnungen des Deutschen Reiches 1936–1945. Eine Dokumentation ziviler und militärischer Verdienst- und Ehrenzeichen. Stuttgart 1999.

Klimow, Gregory: Berliner Kreml. Köln 1951.

Knabe, Hubertus: Die unterwanderte Republik. Stasi im Westen. Berlin 1999.

Knabe, Hubertus: Der diskrete Charme der DDR. Stasi und Westmedien. Berlin, München 2001.

Koch, Peter Ferdinand: Menschenversuche. Die tödlichen Experimente deutscher Ärzte. München 1996.

Koenen, Gerd: Utopie der Säuberung. Was war der Kommunismus? Berlin 1998.

Kohl, Paul: Der Krieg der deutschen Wehrmacht und der Polizei 1941–1944. Sowjetische Überlebende berichten. Frankfurt/M. 1995.

Kolasa, Ingo: Sag mir wo die Bücher sind ... – Ein Beitrag zu »Beutekulturgütern« und »Trophäenkommissionen«. In: Zeitschrift für Bibliothekswesen und Bibliographie (1995)42.

Kowalczuk, Ilko-Sascha: Wir werden siegen, weil uns der große Stalin führt! Die SED zwischen Zwangsvereinigung und IV. Parteitag. In: Kowalczuk, Ilko-Sascha; Mitter, Armin; Wolle, Stefan (Hg.): Der Tag X – 17. Juni 1953. Die »innere Staatsgründung« der DDR als Ergebnis der Krise 1952/54. Berlin 1995, S. 171–242.

Krannhals, Hanns von: Der Warschauer Aufstand 1944. 2. Aufl., Frankfurt/M. 1964.

Krause, Peter: Eichmann und die Deutschen. »Vergangenheitsbewältigung« in West und Ost am Beispiel der Presse zum Jerusalemer Eichmann-Prozess. In: Deutschland Archiv 38(2005)2, S. 266–273.

Kraushaar, Wolfgang: Karriere eines Boxers. Johannes Clemens: Vom Dresdner Gestapo-Schläger zum Doppelagenten des KGB im BND. In: Heer, Hannes (Hg.): Im Herzen der Finsternis. Victor Klemperer als Chronist der NS-Zeit. Berlin 1997, S. 152–169.

Krausnick, Helmut; Wilhelm, Hans-Heinrich: Die Truppen des Weltanschauungskrieges. Stuttgart 1981.

Krausnick, Helmut: Hitlers Einsatzgruppen. Die Truppe des Weltanschauungskrieges 1938–1942. Frankfurt/M. 1985.

Krüger, Joachim; Schulz, Joachim: Kriegsverbrecher Heusinger. 45 Jahre im Solde des deutschen Imperialismus. Berlin (Ost) 1960.

Kubina, Michael: »In einer solchen Form, die nicht erkennen läßt, worum es sich handelt ...«. Zu den Anfängen der parteieigenen Geheim- und Sicherheitsapparate der KPD/SED nach dem Zweiten Weltkrieg. In: Internationale wissenschaftliche Korrespondenz zur Geschichte der internationalen Arbeiterbewegung (IWK) 32(1996)3, S. 340–374.

Kubina, Michael: »Was in dem einen Teil verwirklicht werden kann mit Hilfe der Roten Armee, wird im anderen Teil Kampffrage sein.« Zum Aufbau des zentralen Westapparates der KPD/SED 1945–1949. In: Wilke, Manfred (Hg.): Die Anatomie der Parteizentrale. Die KPD/SED auf dem Weg zur Macht. Berlin 1998, S. 413–500.

Kubina, Michael: Von Utopie, Widerstand und Kaltem Krieg. Das unzeitgemäße Leben des Berliner Rätekommunisten Alfred Weiland (1906–1978). Münster, Hamburg 2001.

Kühn, Detlef: Das Gesamtdeutsche Institut im Visier der Staatssicherheit (Schriftenreihe des Landesbeauftragten für die Unterlagen des Staatssicherheitsdienstes der ehemaligen DDR, Bd. 13). Berlin 2001.

Kühnrich, Heinz: Judenmörder Eichmann. Kein Fall der Vergangenheit. Berlin (Ost) 1961.

Kühnrich, Heinz: Der Partisanenkrieg in Europa 1939–1945. 2., überarb. u. erw. Aufl., Berlin (Ost) 1967.

Kuretsidis-Haider, Claudia; Garscha, Winfried R. (Hg.): Keine »Abrechnung«. NS-Verbrechen, Justiz und Gesellschaft in Europa nach 1945. Leipzig, Wien 1998.

Kwiet, Konrad: »Juden und Banditen«. SS-Ereignismeldungen aus Litauen 1943/1944. In: Benz, Wolfgang (Hg.): Jahrbuch für Antisemitismusforschung 2. Frankfurt/M., New York 1993, S. 405–420.

Kwiet, Konrad: Der Mord an Juden, Zigeunern und Partisanen. Zum Einsatz des Einsatzkommandos 14 der Sicherheitspolizei und des SD in der Slowakei 1944/1945. In: Benz, Wolfgang (Hg.): Jahrbuch für Antisemitismusforschung 7. Frankfurt/M., New York 1998, S. 71–81.

Lang, Martin: Stalins Strafjustiz gegen deutsche Soldaten. Die Massenprozesse gegen deutsche Kriegsgefangene in den Jahren 1949 und 1950. Herford 1981.

Langbein, Hermann: Entschädigung für KZ-Häftlinge? Ein Erfahrungsbericht. In: Herbst, Ludolf; Goschler, Constantin (Hg.): Wiedergutmachung in der Bundesrepublik Deutschland. München 1989, S. 327–339.

Langbein, Hermann: Der Auschwitz-Prozess. Eine Dokumentation. Frankfurt/M. 1995.

Langbein, Hermann: Menschen in Auschwitz. München 1996.

Lapp, Peter Joachim: Ulbrichts Helfer. Wehrmachtsoffiziere im Dienste der DDR. Bonn 2000.

Lasik, Aleksander: Die Organisationsstruktur des KL Auschwitz. In: Dlugoborski, Waclaw; Piper, Franciszek (Hg.): Auschwitz 1940–1945. Studien zur Geschichte des Konzentrations- und Vernichtungslagers Auschwitz. Oswiecim 1999.

Lehmann, Joachim: Von Staßfurt und Schönebeck nach Merseburg. Nachkriegsschicksale eines deutschen Archivs. In: Kloosterhuis, Jürgen (Hg.): Aus der Arbeit des Geheimen Staatsarchivs Preußischer Kulturbesitz. Berlin 1996, S. 131–154.

Leide, Henry: Die verschlossene Vergangenheit. Sammlung und selektive Nutzung von NS-Materialien durch die Staatssicherheit zu justitiellen, operativen und propagandistischen Zwecken. In: Engelmann, Roger; Vollnhals, Clemens (Hg.): Justiz im Dienste der Parteiherrschaft. Rechtspraxis und Staatssicherheit in der DDR. 2., durchges. Aufl., Berlin 2000, S. 495–530.

Lemke, Michael: Kampagnen gegen Bonn. Die Systemkrise der DDR und die West-Propaganda der SED 1960–1963. In: Vierteljahrshefte für Zeitgeschichte 41(1993)2, S. 153–174.

Lemke, Michael: Instrumentalisierter Antifaschismus und SED-Kampagnepolitik im deutschen Sonderkonflikt 1960–1968. In: Danyel, Jürgen (Hg.): Die geteilte Vergangenheit. Zum Umgang mit Nationalsozialismus und Widerstand in beiden deutschen Staaten. Berlin 1995, S. 61–86.

Leo, Anette; Reif-Spirek, Peter (Hg.): Vielstimmiges Schweigen. Neue Studien zum DDR-Antifaschismus. Berlin 2001.

Leo, Gerhard: Feuerproben. In: Résistance. Erinnerungen deutscher Antifaschisten. Hg. v. Institut für Marxismus-Leninismus beim ZK der SED. 3., erg. Aufl., Berlin (Ost) 1985, S. 77–94.

Lesczynski, Kazimierz (Hg.): Fall 9. Das Urteil im SS-Einsatzgruppenprozess, gefällt am 10. April 1948 in Nürnberg vom Militärgerichtshof der Vereinigten Staaten von Amerika. Berlin (Ost) 1963.

Lichtenstein, Heiner: NS-Prozesse. Zum Ende eines Kapitels deutscher Justizgeschichte. In: Lichtenstein, Heiner; Romberg, Otto R. (Hg.): Täter – Opfer – Folgen. Der Holocaust in Geschichte und Gegenwart. 2., erw. Aufl., Bonn 1997, S. 114–124.

Lilge, Herbert (Hg.): Deutschland 1945–1963. 13. Aufl., Hannover 1980.

Longrich, Peter: Politik der Vernichtung. Eine Gesamtdarstellung der nationalsozialistischen Judenverfolgung. München, Zürich 1998.

Lotfi, Gabriele: Stätten des Terrors. Die »Arbeitserziehungslager« der Gestapo. In: Paul, Gerhard; Mallmann, Klaus-Michael (Hg.): Die Gestapo im Zweiten Weltkrieg. »Heimatfront« und besetztes Europa. Darmstadt 2000, S. 254–269.

Loth, Wilfried; Rusinek, Bernd-A. (Hg.): Verwandlungspolitik. NS-Eliten in der Westdeutschen Nachkriegsgesellschaft. Frankfurt/M. 1998.
Löwenthal, Gerhard: Ich bin geblieben. Erinnerungen. 2. Aufl., München, Berlin 1987.
Madajczyk, Czeslaw: Die Okkupationspolitik Nazideutschlands in Polen 1939–1945. Berlin (Ost) 1987.
Mader, Julius: ... im Dienste der Unterwelt. Dokumentationsbericht über den »Untersuchungsausschuss freiheitlicher Juristen« – Verein kraft Verleihung – Berlin-Zehlendorf-West, Limastraße 29. 1. Aufl., Berlin (Ost) 1959.
Mader, Julius: Die graue Hand. Eine Abrechnung mit dem Bonner Geheimdienst. Berlin (Ost) 1960.
Mader, Juluis: Nicht länger geheim. Die Geheimdienste der Deutschen Bundesrepublik und ihre subversive Tätigkeit gegen die Deutsche Demokratische Republik, als Manuskript gedruckt. Berlin (Ost) 1966.
Mader, Julius: Hitlers Spionagegenerale sagen aus. Ein Dokumentarbericht über Aufbau, Struktur und Operationen des OKW-Geheimdienstamtes Ausland/Abwehr mit einer Chronologie der Ereignisse von 1933 bis 1944. Berlin (Ost) 1970.
Mählert, Ulrich: »Die Partei hat immer recht!« Parteisäuberungen als Kaderpolitik in der SED (1948–1953). In: Weber, Hermann; Mählert, Ulrich (Hg.): Terror. Stalinistische Parteisäuberungen 1936–1953. Paderborn u. a. 1998, S. 351–457.
Mählert, Ulrich: Willi Stoph – Ein Fußsoldat der KPD als Verteidigungsminister der DDR. In: Ehlert, Hans; Wagner, Armin (Hg.): Genosse General! Die Militärelite der DDR in biografischen Skizzen. Berlin 2003, S. 279–303.
Maiwald, Manfred: Rechtsbeugung im SED-Staat. In: Neue Juristische Wochenzeitschrift 46(1993)30, S. 1881–1889.
Maizière, Ulrich de: Die Bundeswehr-Neuschöpfung oder Fortsetzung der Wehrmacht. In: Müller, Rolf-Dieter; Volkmann, Hans-Erich (Hg.): Die Wehrmacht. Mythos und Realität. München 1999.
Mallmann, Klaus-Michael: Die V-Leute der Gestapo. Umrisse einer kollektiven Biographie. In: Paul, Gerhard; Mallmann, Klaus-Michael (Hg.): Die Gestapo. Mythos und Realität. Darmstadt 1995, S. 268–287.
Mallmann, Klaus-Michael: Brüderlein & Co. Die Gestapo und der kommunistische Widerstand in der Kriegsendphase. In: Paul, Gerhard; Mallmann, Klaus-Michael (Hg.): Die Gestapo im Zweiten Weltkrieg. »Heimatfront« und besetztes Europa. Darmstadt 2000, S. 270–287.
Mallmann, Klaus-Michael: Menschenjagd und Massenmord. Das neue Instrument der Einsatzgruppen und -kommandos 1938–1945. In: Paul, Gerhard; Mallmann, Klaus-Michael (Hg.): Die Gestapo im Zweiten Weltkrieg. »Heimatfront« und besetztes Europa. Darmstadt 2000, S. 291–316.
Mallmann, Klaus Michael: Der Krieg im Dunkeln. Das Unternehmen »Zeppelin« 1942–1945. In: Wildt, Michael (Hg.): Nachrichtendienst, politische Elite und Mordeinheit. Der Sicherheitsdienst des Reichsführers SS. Hamburg 2003, S. 324–346.
Malycha, Andreas: Die SED. Geschichte ihrer Stalinisierung 1946–1953. Paderborn u. a. 2000.
Meining, Stefan: Kommunistische Judenpolitik. Die DDR, die Juden und Israel. Hamburg 2002.
Meinl, Susanne: Nationalsozialisten gegen Hitler. Berlin 2000.
Melis, Damian van: Entnazifizierung in Mecklenburg-Vorpommern. Herrschaft und Verwaltung 1945–1948. München 1999.
Mende, Erich: Von Wende zu Wende. Zeuge der Zeit 1962–1982. München, Berlin 1986.
Mertens, Lothar: Davidstern unter Hammer und Zirkel. Die jüdischen Gemeinden in der SBZ/DDR und ihre Behandlung durch Partei und Staat 1945–1990. Hildesheim 1997.
Meyer, Ahlrich: Die deutsche Besatzung in Frankreich 1940–1944. Widerstandsbekämpfung und Judenverfolgung. Darmstadt 2000.
Meyer, Beate; Simon, Hermann: Juden in Berlin 1938–1945. Berlin 2000.
Meyer-Seitz, Christian: Die Verfolgung von NS-Straftaten in der Sowjetischen Besatzungszone. Berlin 1998.
Mironenko, Sergej u. a. (Hg.): Sowjetische Speziallager in Deutschland 1945 bis 1950. Bd.: 1 Studien und Berichte; Bd. 2: Sowjetische Dokumente zur Lagerpolitik. Berlin 1998.
Moisel, Claudia: Frankreich und die deutschen Kriegsverbrecher. Politik und Praxis der Strafverfolgung nach dem Zweiten Weltkrieg. Göttingen 2004.
Moller, Sabine; Rürup, Miriam; Trouvè, Christel (Hg.): Abgeschlossene Kapitel? Zur Geschichte der Konzentrationslager und der NS-Prozesse. Tübingen 2002.
Mühlen, Bengt von zur; Klewitz, Andreas von (Hg.): Die 12 Nürnberger Nachfolgeprozesse 1946–1949. Berlin 2000.

Müller-Enbergs, Helmut (Hg.): Inoffizielle Mitarbeiter des Ministeriums für Staatssicherheit. Richtlinien und Durchführungsbestimmungen. 2., durchges. Aufl., Berlin 1996.
Müller-Enbergs, Helmut (Hg.): Inoffizielle Mitarbeiter des Ministeriums für Staatssicherheit, Richtlinien und Durchführungsbestimmungen. Berlin 1996.
Müller-Enbergs, Helmut (Hg.): Inoffizielle Mitarbeiter des Ministeriums für Staatssicherheit. Teil 2: Anleitungen für die Arbeit mit Agenten, Kundschaftern und Spionen in der Bundesrepublik Deutschland. Berlin 1998.
Müller-Enbergs, Helmut; Wielgohs, Jan; Hoffmann, Dieter (Hg.): Wer war wer in der DDR? Ein biographisches Lexikon. Berlin 2000.
Müller-Enbergs, Helmut: Was wissen wir über die DDR-Spionage? In: Herbstritt, Georg; Müller-Enbergs, Helmut (Hg.): Das Gesicht dem Westen zu ... DDR-Spionage gegen die Bundesrepublik Deutschland. Bremen 2003, S. 34–71.
Muregger, Dietrich; Winkler, Frank: Quellen zur Geschichte der deutschen Arbeiterbewegung im »NS-Archiv« des ehemaligen Ministeriums für Staatssicherheit (MfS) der DDR. In: Internationale wissenschaftliche Korrespondenz zur Geschichte der deutschen Arbeiterbewegung (IWK) 30(1994)1, S. 88–97.
Musial, Bogdan: Deutsche Zivilverwaltung und Judenverfolgung im Generalgouvernement. Eine Fallstudie zum Distrikt Lublin 1939–1944. Wiesbaden 1999.
Musial, Bogdan: NS-Kriegsverbrecher vor polnischen Gerichten. In: Vierteljahrshefte für Zeitgeschichte 47(1999)1, S. 25–56.
Musial, Bogdan (Hg.): »Aktion Reinhardt«. Der Völkermord an den Juden im Generalgouvernement 1941–1944. Osnabrück 2004.
Mußmann, Olaf: Italienische Häftlinge im KZ Mittelbau-Dora. In: Dachauer Hefte 14(1998)14, S. 245–253.
Naimark, Norman M.: Die Russen in Deutschland. Die sowjetische Besatzungszone 1945 bis 1949. Berlin 1997.
Naumann, Bernd: Auschwitz. Bericht über die Strafsache gegen Mulka u. a. vor dem Schwurgericht Frankfurt. Frankfurt/M. 1968.
Neander, Joachim: Gardelegen 1945. Das Ende der Häftlingstransporte aus dem Konzentrationslager »Mittelbau«. Magdeburg 1998.
Niethammer, Lutz: Die Mitläuferfabrik. Die Entnazifizierung am Beispiel Bayerns. Bonn 1982.
Niethammer, Lutz (Hg.): Der »gesäuberte« Antifaschismus. Die SED und die roten Kapos von Buchenwald. Berlin 1994.
Noethen, Stefan: Alte Kameraden und neue Kollegen. Polizei in Nordrhein-Westfalen 1945–1953. Essen 2003.
Norden, Albert: Ereignisse und Erlebtes. Berlin (Ost) 1981.
Offenberg, Ulrike: »Seid vorsichtig gegen die Machthaber«. Die jüdischen Gemeinden in der SBZ und der DDR 1945 bis 1990. Berlin 1998.
Ogorreck, Ralf: Die Einsatzgruppen und die »Genesis der Endlösung«. Berlin 1996.
Ogorreck, Ralf; Rieß, Volker: Fall 9: Der Einsatzgruppenprozess (gegen Otto Ohlendorf und andere). In: Ueberschär, Gerd R. (Hg.): Der Nationalsozialismus vor Gericht. Die alliierten Prozesse gegen Kriegsverbrecher und Soldaten 1943–1952. Frankfurt/M. 1999, S. 164–175.
Oppenheimer, Max: Eichmann und die Eichmänner. Dokumentarische Hinweise auf den Personenkreis der Helfer und Helfershelfer bei der »Endlösung«. Frankfurt/M. 1961.
Orth, Karin: Das System der nationalsozialistischen Konzentrationslager. Eine politische Organisationsgeschichte. Hamburg 1999.
Otto, Wilfriede: Die »Waldheimer Prozesse« 1950. Historische, politische und juristische Aspekte im Spannungsfeld zwischen Antifaschismus und Stalinismus (Hefte zur DDR-Geschichte 12/1993). Berlin 1993.
Otto, Wilfriede: Die Waldheimer Prozesse. In: Mironenko, Sergej u. a. (Hg.): Sowjetische Speziallager in Deutschland 1945 bis 1950. Bd. 1: Studien und Berichte. Berlin 1998, S. 533–553.
Parthier, Benno: Kurt Mothes (1900–1983) Gelehrter, Präsident, Persönlichkeit. Halle/S. 2001.
Paul, Gerhard: Zwischen Selbstmord, Illegalität und neuer Karriere. Ehemalige Gestapo-Bedienstete im Nachkriegsdeutschland. In: Paul, Gerhard; Mallmann, Klaus-Michael (Hg.): Die Gestapo. Mythos und Realität. Darmstadt 1995, S. 529–547.
Paul, Gerhard: »Stapo sieht, hört und weiß alles«. Organisation, Mitarbeiter und Tätigkeit der Gestapo in Schleswig-Holstein. In: Nationalsozialistische Herrschaftsorganisationen in Schleswig-Holstein. Hg. v. der Landeszentrale für Politische Bildung Schleswig-Holstein. Kiel 1996, S. 45–75.

Paul, Gerhard: »Kämpfende Verwaltung«. Das Amt IV des Reichssicherheitshauptamtes als Führungsinstanz der Gestapo. In: Paul, Gerhard; Mallmann, Klaus-Michael (Hg.): Die Gestapo im Zweiten Weltkrieg. »Heimatfront« und besetztes Europa. Darmstadt 2000, S. 42–81.

Petrov, Nikita: Die Apparate des NKVD/MVD und des MGB in Deutschland (1945–1953). Eine historische Skizze. In: Mironenko, Sergej u. a. (Hg.): Sowjetische Speziallager in Deutschland 1945 bis 1950. Bd. 1: Studien und Berichte. Berlin 1998, S. 143–157.

Petrov, Nikita: Zur Geschichte der sowjetischen Repressionsorgane (NKVD/MVD-MGB) in der SBZ 1945/46. In: Hilger, Andreas; Schmeitzner, Mike; Schmidt, Ute (Hg.): Diktaturdurchsetzung. Instrumente und Methoden der kommunistischen Machtsicherung in der SBZ/DDR 1945–1955. Dresden 2001, S. 31–38.

Pfeil, Ulrich: Die »anderen« deutsch-französischen Beziehungen. Die DDR und Frankreich 1940–1990. Köln, Weimar, Wien 2004.

Pikarski, Margot; Warning, Elke (Hg.): Gestapo-Berichte über den antifaschistischen Widerstandskampf der KPD 1933–1945. Berlin 1989.

Piper, Franciszek: Das Nebenlager Sosnowitz. In: Hefte von Auschwitz, Nr. 11. Oswiecim 1970, S. 89–128.

Pirker, Theo: Die SPD nach Hitler. Die Geschichte der Sozialdemokratischen Partei Deutschlands 1945–1964. München 1965.

Pohl, Dieter: Die Einsatzgruppe C 1941/42. In: Klein, Peter (Hg.): Die Einsatzgruppen in der besetzten Sowjetunion 1941/42. Die Tätigkeits- und Lageberichte des Chefs der Sicherheitspolizei und des SD. Berlin 1997, S. 71–110.

Poliakov, Lèon; Wulf, Joseph: Das Dritte Reich und seine Diener. Frankfurt/M., Wien, Berlin 1983.

Prel, Max du (Hg.): Das Generalgouvernement. Würzburg 1942.

Pressac, Jean-Claude: Die Krematorien von Auschwitz. Die Technik des Massenmordes. München, Zürich 1995.

Przybylski, Peter: Zwischen Galgen und Amnestie. Kriegsverbrecherprozesse im Spiegel von Nürnberg. Berlin (Ost) 1979.

Przybylski, Peter; Busse, Horst: Mörder von Oradour. Berlin (Ost) 1984.

Przybylski, Peter: Täter neben Hitler. Berlin 1990.

Querg, Thorsten: Spionage und Terror – Das Amt VI des Reichssicherheitshauptamtes. Diss. FU Berlin 1997.

Ramme, Alwin: Der Sicherheitsdienst der SS. Zu seiner Funktion im faschistischen Machtapparat und im Besatzungsregime des so genannten Generalgouvernements Polen. Berlin (Ost) 1970.

Ratz, Michael: Die Justiz und die Nazis. Zur Strafverfolgung von Nazismus und Neonazismus seit 1945. Frankfurt/M. 1979.

Ray, Roland: Annäherung an Frankreich. Otto Abetz und die deutsche Frankreichpolitik 1930–1942. München 2000.

Reese, Mary Ellen: Organisation Gehlen. Der Kalte Krieg und der Aufbau des deutschen Geheimdienstes. Berlin 1992.

Reif-Spirek, Peter: Später Abschied von einem Mythos. Jussuf Ibrahim und die Stadt Jena: In: Leo, Anette; Reif-Spirek, Peter (Hg.): Vielstimmiges Schweigen. Neue Studie zum DDR-Antifaschismus. Berlin 2001, S. 21–50.

Reile, Oskar: Der Deutsche Geheimdienst im II. Weltkrieg. Westfront. Der Kampf der Abwehr im westlichen Operationsgebiet, in England und Nordafrika. Augsburg 1990.

Reitlinger, Gerald: Die SS. Tragödie einer deutschen Epoche. München, Wien, Basel 1957.

Reitlinger, Gerald: Die Endlösung. Hitlers Versuch der Ausrottung der Juden Europas 1939–1945. 4. Aufl., Berlin 1961.

Renz, Werner: Hermann Langbein – ein Menschenleben. In: Hermann Langbein: Das 51. Jahr... Hg. v. Fritz-Bauer-Institut. Frankfurt/M. 1996, S. 20–23.

Renz, Werner: Der erste Frankfurter Auschwitz-Prozess. Völkermord als Strafsache. In: Zeitschrift für Sozialgeschichte des 20. und 21. Jahrhunderts 15(2000)2, S. 11–48.

Renz, Werner: Der 1. Frankfurter Auschwitz-Prozess. Zwei Vorgeschichten. In: Benz, Wolfgang u. a. (Hg.): Zeitschrift für Geschichtswissenschaft 50(2002)7, S. 622–641.

Reuter, Elke; Hansel, Detlef: Das kurze Leben der VVN von 1947 bis 1953: Die Geschichte der Vereinigung der Verfolgten des Naziregimes in der sowjetischen Besatzungszone und in der DDR. Berlin 1997.

Rosh, Lea; Schwarberg, Günther: Der letzte Tag von Oradour. Göttingen 1988.

Rößler, Ruth-Kristin (Hg.): Entnazifizierungspolitik der KPD/SED 1945–1948. Dokumente und Materialien. Goldbach 1994.
Rückerl, Adalbert (Hg.): NS-Prozesse. Nach 25 Jahren Strafverfolgung: Möglichkeiten – Grenzen – Ergebnisse. Karlsruhe 1971.
Rückerl, Adalbert (Hg.): NS-Vernichtungslager im Spiegel deutscher Strafprozesse. 3. Aufl., München 1979.
Rückerl, Adalbert: Die Strafverfolgung von NS-Verbrechen 1945–1978. Karlsruhe 1979.
Rückerl, Adalbert: NS-Verbrechen vor Gericht. Versuch einer Vergangenheitsbewältigung. Heidelberg 1984.
Rudolph, Jörg: »Geheime Reichskommando-Sache!« Hexenjäger im Schwarzen Orden. Der H(exen)-Sonderauftrag des Reichsführers SS, 1935–1944. In: Lorenz, Sönke u. a. (Hg.): Himmlers Hexenkartothek. Das Interesse des Nationalsozialismus an der Hexenverfolgung. 2. Aufl., Bielefeld 2000, S. 47–97.
Rüter, C. F.: DDR-Justiz und NS-Verbrechen. Sammlung ostdeutscher Strafurteile wegen Nationalsozialistischer Tötungsverbrechen. München 2002.
Sacharov, Vladimir Vladimirovic; Filippovych, Dmitrij Nikolaevic; Kubina, Michael: Tschekisten in Deutschland. Organisation, Aufgaben und Aspekte der Tätigkeit der sowjetischen Sicherheitsapparate in der Sowjetischen Besatzungszone Deutschlands (1945–1949). In: Wilke, Manfred (Hg.): Die Anatomie der Parteizentrale. Die KPD/SED auf dem Weg zur Macht. Berlin 1998, S. 293–335.
Sagolla, Bernhard: Die Rote Gestapo. Hg. v. d. Kampfgruppe gegen Unmenschlichkeit. 2. Aufl., Berlin (West) 1953.
Sandner, Peter: Die »Euthanasie«-Akten im Bundesarchiv. Zur Geschichte eines lange verschollenen Bestandes. In: Vierteljahrshefte für Zeitgeschichte 47(1999)3, S. 385–400.
Sassning, Ronald: Geschichte im Visier des MfS der DDR. Wie SED-Führung, Staatssicherheit und Historiker mit den Schicksalen von Thälmann, Kattner und Wehner umgingen (Hefte zur DDR-Geschichte 65). Berlin 2000.
Sassning, Ronald: Thälmann, Dünow, Wehner, Mewis. Bilder mit Radierungen. In: Utopie kreativ (2000)115/116, S. 558–583.
Schellenberg, Walter: Aufzeichnungen. Die Memoiren des letzten Geheimdienstchefs unter Hitler. München 1979.
Schenk, Dieter: Hitlers Mann in Danzig. Albert Forster und die NS-Verbrechen in Danzig-Westpreußen. Bonn 2000.
Schenk, Dieter: Auf dem rechten Auge blind. Die braunen Wurzeln des BKA. Köln 2001.
Schirdewan, Karl: Aufstand gegen Ulbricht. Im Kampf um politische Kurskorrektur, gegen stalinistische, dogmatische Politik. 2. Aufl., Berlin 1994.
Schmidt, Hans-Dieter: Gestapo Leipzig. Politische Abteilung des Polizeipräsidiums und Staatspolizeistelle Leipzig 1933–1945. Beucha 1997.
Schmidt, Ute: Spätheimkehrer oder »Schwerstkriegsverbrecher«? Die Gruppe der 749 »Nichtamnestierten«. In: Hilger, Andreas; Schmidt, Ute; Wagenlehner, Günther (Hg.): Sowjetische Militärtribunale. Die Verurteilung deutscher Kriegsgefangener 1941–1953. Köln, Weimar, Berlin 2001, S. 273–350.
Schreiber, Carsten: »Eine verschworene Gemeinschaft«. Regionale Verfolgungsnetzwerke des SD in Sachsen. In: Wildt, Michael (Hg.): Nachrichtendienst, politische Elite und Mordeinheit. Der Sicherheitsdienst des Reichsführers SS. Hamburg 2003, S. 57–85.
Schreiber, Gerhard: Deutsche Kriegsverbrechen in Italien. Täter, Opfer, Strafverfolgung. München 1996.
Schreiber, Gerhard: Die italienischen Militärinternierten. Politische, humane und rassenideologische Gesichtspunkte einer besonderen Kriegsgefangenschaft. In: Müller, Rolf-Dieter; Volkmann, Hans-Erich (Hg.): Die Wehrmacht. Mythos und Realität. München 1999, S. 803–814.
Schroeder, Klaus: Der SED-Staat. Geschichte und Strukturen der DDR. München 1998.
Schröter, Sonja: Psychiatrie in Waldheim/Sachsen (1716–1946). Ein Beitrag zur Geschichte der forensischen Psychiatrie in Deutschland. Frankfurt/M. 1994.
Schulz, Gerhard (Hg.): Geheimdienste und Widerstandsbewegungen im Zweiten Weltkrieg. Göttingen 1982.
Schwan, Heribert; Heindrichs Helgard: Der SS-Mann. Josef Blösche – Leben und Sterben eines Mörders. München 2003.
Schwarz, Siegfried: Eine DDR-Zeitschrift mit gesamtdeutschem Anspruch. »Dokumentation der Zeit« 1949–1955. In: Deutschland Archiv 31(1998)5, S. 783–790.

Seeber, Eva: Die Okkupation 1939 bis 1945. In: Goguel, Rudi (Hg.): Polen, Deutschland und die Oder-Neiße-Grenze. Berlin (Ost) 1959.

Seidel, Carlos Collad: Angst vor dem »Vierten Reich«. Die Alliierten und die Ausschaltung des deutschen Einflusses in Spanien 1944–1958. Paderborn u. a. 2001.

Seidler, Franz W.: Die Kollaboration 1939–1945. 2. Aufl., München, Berlin 1999.

Sélitrenny, Rita; Weichert, Thilo: Das unheimliche Erbe. Die Spionage-Abteilung der Stasi. Leipzig 1991.

Semiryaga, Michail: Wie Berijas Leute in Ostdeutschland die »Demokratie« errichteten. In: Deutschland Archiv 29(1996)5, S. 741–752.

Sèrant, Paul: Die politischen Säuberungen in Westeuropa am Ende des Zweiten Weltkrieges in Deutschland, Österreich, Belgien, Dänemark, Frankreich, Großbritannien, Italien, Luxemburg, Norwegen, den Niederlanden und der Schweiz. Oldenburg, Hamburg 1966.

Shelah, Menachem: Die Ermordung italienischer Kriegsgefangener, September–November 1943. In: Heer, Hannes; Naumann, Klaus (Hg.): Vernichtungskrieg. Verbrechen der Wehrmacht 1941 bis 1944. 11. Aufl., Hamburg 1999, S. 191–207.

Simpson, Christopher: Der amerikanische Bumerang. NS-Kriegsverbrecher im Sold der USA. Wien 1988.

Smith, Bradley F.: Der Jahrhundert-Prozess. Die Motive der Richter von Nürnberg – Anatomie einer Urteilsfindung. Frankfurt/M. 1977.

Soell, Hartmut: Fritz Erler. Eine politische Biographie. Berlin, Bonn 1976.

Sprenger, Isabell: Das KZ Groß-Rosen in der letzten Kriegsphase. In: Herbert, Ulrich; Orth, Karin; Dieckmann, Christoph (Hg.): Die nationalsozialistischen Konzentrationslager. Entwicklung und Struktur. Göttingen 1998, S. 1063–1127.

Staadt, Jochen: Die geheime Westpolitik der SED 1960–1970. Von der gesamtdeutschen Orientierung zur sozialistischen Nation. Berlin 1993.

Staadt, Jochen: Unter der Käseglocke des nationalen Sozialismus. Die SED, die volkseigenen Nazis und die Konservierung des Nationalismus. In: Zeitschrift des Forschungsverbundes SED-Staat (2000)9, S. 59–73.

Staritz, Dietrich: National-Demokratische Partei Deutschlands (NDPD). In: Broszat, Martin; Weber, Hermann (Hg.): SBZ-Handbuch. Staatliche Verwaltungen, Parteien, gesellschaftliche Organisationen und ihre Führungskräfte in der Sowjetischen Besatzungszone Deutschlands 1945–1949. München 1990, S. 574–583.

Stein, George H.: Geschichte der Waffen-SS. Düsseldorf o. D.

Steinbach, Peter: Nationalsozialistische Gewaltverbrechen. Die Diskussion in der deutschen Öffentlichkeit nach 1945. Berlin (West) 1981.

Steinkühler, Manfred: »Antijüdische Auslandsaktion«. Die Arbeitstagung der Judenreferenten der deutschen Missionen am 3. und 4. April 1944. In: Linne, Karsten; Wohlleben, Thomas (Hg.): Patient Geschichte. Frankfurt/M. 1993, S. 256–279.

Steur, Claudia: Theodor Dannecker. Ein Funktionär der »Endlösung«. Essen 1997.

Herbst, Andreas; Ranke, Winfried; Winkler, Jürgen (Hg.): So funktionierte die DDR. Lexikon der Organisationen und Institutionen. Bd. 1, Hamburg 1994.

Stiepani, Ute: Die Dachauer Prozesse und ihre Bedeutung im Rahmen der alliierten Strafverfolgung von NS-Verbrechen. In: Ueberschär, Gerd R. (Hg.): Der Nationalsozialismus vor Gericht. Die alliierten Prozesse gegen Kriegsverbrecher und Soldaten 1943–1952. Frankfurt/M. 1999, S. 227–239.

Stitzer, Karl: Mordprozess Oradour. Berlin (Ost) 1954.

Stockhorst, Erich: Fünftausend Köpfe. Wer war was im Dritten Reich. Velbert 1967.

Streim, Alfred: Vorwort, in: Hoffmann, Christa: Stunden Null? Vergangenheitsbewältigung in Deutschland 1945 und 1989. Bonn, Berlin 1992, S. 7–24.

Strezelecki, Andrzej: Endphase des KL Auschwitz. Evakuierung, Liquidierung und Befreiung des Lagers. Oswiecim-Brzezinka 1995.

Strezelecki, Andrzej: Der Todesmarsch der Häftlinge aus dem KL Auschwitz. In: Herbert, Ulrich; Orth, Karin; Dieckmann, Christoph (Hg.): Die nationalsozialistischen Konzentrationslager. Entwicklung und Struktur. Göttingen 1998, S. 1063–1127.

Strezelecki, Andrzej: Die Liquidation des KL Auschwitz. In: Lasik, Aleksander u. a.: Auschwitz 1940–1945. Studien zur Geschichte des Konzentrations- und Vernichtungslagers Auschwitz. Oswiecim 1999.

Strzelecka, Irena: Strafen und Folter. In: Lasik, Aleksander u. a.: Auschwitz 1940–1945. Studien zur Geschichte des Konzentrations- und Vernichtungslagers Auschwitz. Oswiecim 1999, S. 451–481.

Suckut, Siegfried (Hg.): Das Wörterbuch der Staatssicherheit. Definitionen zur »politisch-operativen Arbeit«. Berlin 1996.
Süß, Walter (Hg.): Erich Mielke und KGB-Vize Leonid Schebarschin über den drohenden Untergang des Sozialistischen Lagers. Mitschrift eines Streitgesprächs am 7. April 1989. Berlin 1993.
Taylor, Telford: Die Nürnberger Prozesse. Kriegsverbrechen und Völkerrecht. Zürich 1951.
Taylor, Telford: Die Nürnberger Prozesse. Hintergründe, Analysen und Erkenntnisse aus heutiger Sicht. 2. Aufl., München 1996.
Thalmann, Rita: Gleichschaltung in Frankreich 1940–1944. Hamburg 1999.
Timm, Angelika: Hammer, Zirkel, Davidstern. Das gestörte Verhältnis der DDR zu Zionismus und Staat Israel. Bonn 1997.
Trepper, Leopold: Die Wahrheit. Autobiographie. München 1975.
Trunk, Achim: Zweihundert Blutproben aus Auschwitz. Ein Forschungsvorhaben zwischen Anthropologie und Biochemie (1943–1945) (Ergebnisse 12/2003. Vorabdruck aus dem Forschungsprogramm »Geschichte der Kaiser-Wilhelm-Gesellschaft im Nationalsozialismus«). Berlin 2003.
Tuchel, Johannes: Zwischen kriminalistischer Recherche und brutaler Folter. Zur Tätigkeit der Gestapo-»Sonderkommission Rote Kapelle«. In: Paul, Gerhard; Mallmann, Klaus-Michael (Hg.): Die Gestapo. Mythos und Realität. Darmstadt 1995, S. 373–387.
Tuchel, Johannes: Registrierung, Misshandlung und Exekution. Die »Politische Abteilung« in den Konzentrationslagern. In: Paul, Gerhard; Mallmann, Klaus-Michael (Hg.): Die Gestapo im Zweiten Weltkrieg. »Heimatfront« und besetztes Europa. Darmstadt 2000, S. 127–140.
Tuchel, Jochannes: Das Ministerium für Staatssicherheit und die Fallschirmagenten der Roten Kapelle – Der Fall Albert Hößler. In: Schafranek, Hans; Tuchel, Jochannes (Hg.): Krieg im Äther. Widerstand und Spionage im Zweiten Weltkrieg. Wien 2004, S. 56–77.
Ueberschär, Gerd R. (Hg.): Der Nationalsozialismus vor Gericht. Die alliierten Prozesse gegen Kriegsverbrecher und Soldaten 1943–1952. Frankfurt/M. 1999.
Ueberschär, Gerd R.: Die sowjetischen Prozesse gegen deutsche Kriegsgefangene 1943–1952. In: Ders.: Der Nationalsozialismus vor Gericht. Die alliierten Prozesse gegen Kriegsverbrecher und Soldaten 1943–1952. Frankfurt/M. 1999, S. 240–261.
Ulbricht, Walter: Zur Geschichte der Neuesten Zeit. Die Niederlage Hitlerdeutschlands und die Schaffung der antifaschistisch- demokratischen Ordnung. Berlin (Ost) 1955.
Umbreit, Hans: Der Militärbefehlshaber in Frankreich 1940–1944. Boppard am Rhein 1968.
Unverhau, Dagmar: Das »NS-Archiv« des Ministeriums für Staatssicherheit. Stationen einer Entwicklung. Münster 1998.
Veigel, Kathrin: Gardelegen, 13./14. April 1945. Rekonstruktion eines Verbrechens. Magisterarbeit an der TU Berlin, 2001, unveröff. Manuskript.
Venohr, Wolfgang: Aufstand in der Tatra. Der Kampf um die Slowakei 1939–1944. Königstein/Ts. 1979.
Vollnhals, Clemens (Hg.): Entnazifizierung. Politische Säuberung und Rehabilitierung in den vier Besatzungszonen 1945–1949. München 1991.
Vollnhals, Clemens: Der Schein der Normalität. Staatssicherheit und Justiz in der Ära Honecker. In: Suckut, Siegfried; Süß, Walter (Hg.): Staatspartei und Staatssicherheit. Zum Verhältnis von SED und MfS. Berlin 1997, S. 213–247.
Vollnhals, Clemens: Die kirchenpolitische Abteilung des Ministeriums für Staatssicherheit. Berlin 1997.
Vollnhals, Clemens: Der Fall Havemann. Ein Lehrstück politischer Justiz. Berlin 1998.
Vollnhals, Clemens: Die »doppelte« Vergangenheitsbewältigung in Deutschland – ein Vergleich. In: Baumann, Ulrich; Kury, Helmut (Hg.): Politisch motivierte Verfolgung: Opfer von SED-Unrecht. Kriminologische Forschungsberichte aus dem Max-Planck-Institut für ausländisches und internationales Strafrecht, 84. Freiburg im Breisgau 1998, S. 343–366.
Vollnhals, Clemens: Politische Säuberung als Herrschaftsinstrument: Entnazifizierung in der Sowjetischen Besatzungszone. In: Hilger, Andreas; Schmeitzner, Mike; Schmidt, Ute (Hg.): Diktaturdurchsetzung. Instrumente und Methoden der kommunistischen Machtsicherung in der SBZ/DDR 1945–1955. Dresden 2001, S. 127–138.
Wachs, Philipp-Christian: Der Fall Oberländer (1905–1998). Ein Lehrstück deutscher Geschichte. Frankfurt/M. 2000.
Wachs, Philipp-Christian: Eine Kampagne als sinnstiftendes Gemeinschaftswerk des Ostblocks – Der Fall Theodor Oberländer. In: Herbstritt, Georg; Müller-Enbergs, Helmut (Hg.): Das Gesicht dem Westen zu … DDR-Spionage gegen die Bundesrepublik Deutschland. Bremen 2003, S. 181–203.

Wagenlehner, Günther: Stalins Willkürjustiz gegen die Deutschen Kriegsgefangenen. Bonn 1993.

Wagner, Jens-Christian (Hg.): Das KZ Mittelbau-Dora. Katalog zur historischen Ausstellung in der Gedenkstätte Mittelbau-Dora. Göttingen 2001.

Wagner, Jens-Christian: Produktion des Todes. Das KZ Mittelbau-Dora. Göttingen 2001.

Wegner, Bernd: Hitlers politische Soldaten: Die Waffen-SS 1933–1945. 6. Aufl., Paderborn u. a. 1990.

Wegner, Bernd: Deutsche Aktenbestände im Moskauer Zentralen Staatsarchiv. Ein Erfahrungsbericht. In: Vierteljahrshefte für Zeitgeschichte 40(1992)2, S. 311–319.

Wegner-Korfes, Sigrid: Weimar, Stalingrad, Berlin. Das Leben des deutschen Generals Otto Korfes. Berlin. 1994.

Weinke, Annette: Der Kampf um die Akten. Zur Kooperation zwischen MfS und osteuropäischen Sicherheitsorganen bei der Vorbereitung antifaschistischer Kampagnen. In: Deutschland Archiv 32(1999)4, S. 564–577.

Weinke, Annette: Die Verfolgung von NS-Tätern im geteilten Deutschland. Vergangenheitsbewältigungen 1949–1969 oder: Eine deutsch-deutsche Beziehungsgeschichte im Kalten Krieg. Paderborn 2002.

Weinmann, Martin (Hg.): Das nationalsozialistische Lagersystem (»Catalogue of Camps and Prisons in Germany and German-Occupied Territories 1939–1945« - CCP-). 3. Aufl., Frankfurt/M. 1998.

Weirauch, Lothar: Die Volksgruppen im Generalgouvernement. Der Polnische Staat und seine Minderheiten. In: Moras, Joachim (Hg.): Europäische Revue 18(1942)5. Stuttgart, Berlin, S. 245–256.

Weisenborn, Günther (Hg.): Der lautlose Aufstand. Bericht über die Widerstandsbewegung des Deutschen Volkes 1933–1945. Hamburg 1953.

Weiss, Volkmar: Die Deutsche Zentralstelle für Genealogie in Leipzig und ihre Aufgaben (www.volkmar-weiss.de/MALTZA.html).

Weit, Erwin: Ostblock intern. 13 Jahre Dolmetscher für die polnische Partei- und Staatsführung. Hamburg 1970.

Welsh, Helga A.: Revolutionärer Wandel auf Befehl? Entnazifizierungs- und Personalpolitik in Thüringen und Sachsen (1945–1948). München 1989.

Welsh, Helga A.: »Antifaschistisch-demokratische Umwälzung« und politische Säuberung in der sowjetischen Besatzungszone Deutschlands. In: Henke, Klaus-Dietmar; Woller, Hans (Hg.): Politische Säuberung in Europa. Die Abrechnung mit Faschismus und Kollaboration nach dem Zweiten Weltkrieg. München 1991, S. 84–107.

Wember, Heiner: Umerziehung im Lager. Internierung und Bestrafung von Nationalsozialisten in der britischen Besatzungszone Deutschlands. 2. Aufl., Essen 1992.

Wendel, Eberhard: Ulbricht als Richter und Henker – Stalinistische Justiz im Parteiauftrag. Zeugnisse deutscher Geschichte. Berlin 1996.

Wentker, Hermann: Die juristische Ahndung von NS-Verbrechen in der Sowjetischen Besatzungszone und in der DDR. In: Kritische Justiz 35(2002)1, S. 60–78.

Wenzke, Rüdiger: Wehrmachtsoffiziere in den DDR-Streitkräften. In: Bald, Detlef; Brühl, Reinhard; Prüfert, Andreas (Hg.): Nationale Volksarmee – Armee für den Frieden. Beiträge zu Selbstverständnis und Geschichte des deutschen Militärs 1945–1990. Baden-Baden 1995, S. 143–156.

Wenzke, Rüdiger: Arno von Lenski – NVA-Panzergeneral mit preußischen Wurzeln. In: Ehlert, Hans; Wagner, Armin (Hg.): Genosse General! Die Militärelite der DDR in biografischen Skizzen. Berlin 2003, S. 93–123.

Wenzke, Rüdiger: Das unliebsame Erbe der Wehrmacht und der Aufbau der DDR-Volksarmee. In: Rolf, Dieter; Volkmann, Hans-Erich (Hg.): Die Wehrmacht. Mythos und Realität. München 1999.

Werkentin, Falco: Justizkorrekturen als permanenter Prozess – Gnadenerweise und Amnestien in der Justizgeschichte der DDR. In: Neue Justiz 46(1992)12, S. 521–527.

Werkentin, Falco: Rechtsprechungseingriffe und Deliktfabrikate in der Justizgeschichte der DDR – Konsequenzen für Rehabilitierungsverfahren. In: Die Steuerung der SED-Justiz im SED-Staat. Hg. v. d. Gedenkstätte für die Opfer politischer Gewalt in Sachsen-Anhalt. Magdeburg 1994, S. 7–39.

Werkentin, Falco: Politische Strafjustiz in der Ära Ulbricht. Vom bekennenden Terror zur verdeckten Repression. 2., überarb. Aufl., Berlin 1997.

Werle, Gerhard; Wandres, Thomas: Auschwitz vor Gericht. Völkermord und bundesdeutsche Strafjustiz. München 1995.

Wette, Wolfram: Die Wehrmacht. Feindbilder, Vernichtungskrieg, Legenden. Frankfurt/M. 2002.

Wheeler-Bennett, John W.: Die Nemesis der Macht. Die deutsche Armee in der Politik 1918–1945. Düsseldorf 1987.

Wieland, Günther: Der Jahrhundertprozess von Nürnberg. Berlin (Ost) 1986.

Wieland, Günther: Die deutsch-deutschen Rechtsbeziehungen zur Ahndung von NS-Verbrechen zwischen Mauerbau und Wiedervereinigung. In: Grabitz, Helge; Bästlein, Klaus; Tuchel, Johannes (Hg.): Die Normalität des Verbrechens. Bilanz und Perspektiven der Forschung zu den nationalsozialistischen Gewaltverbrechen. 1. Aufl., Berlin 1994, S. 386–407.

Wieland, Günther: Der Beitrag der DDR zur Ahndung nationalsozialistischer Gewaltverbrechen. In: Hohmann, Joachim S.; Wieland, Günter: MfS-Operativvorgang »Teufel«. »Euthanasie«-Arzt Otto Hebold vor Gericht. Berlin 1996, S. 73–106.

Wieland, Günther: Der Beitrag der deutschen Justiz zur Ahndung der in den besetzten Gebieten verübten NS-Verbrechen. In: Röhr, Werner (Hg.): Europa unterm Hakenkreuz. Analysen, Quellen, Register. Heidelberg 1996, S. 344–409.

Wieland, Günther: Verfolgung von NS-Verbrechen und Kalter Krieg. In: Kuretsidis-Haider, Claudia; Garscha, Winfried R. (Hg.): Keine »Abrechnung«. NS-Verbrechen, Justiz und Gesellschaft in Europa nach 1945. Wien 1998, S. 185–203.

Wieland, Günther: Verdienst und Defizit der DDR-Justiz beim Verfolgen von Naziverbrechen. In: Weißbecker, Manfred; Kühnl, Reinhard (Hg.): Rassismus, Faschismus, Antifaschismus: Forschungen und Betrachtungen gewidmet Kurt Pätzold zum 70. Geburtstag. Köln 2000, S. 299–310.

Wieland, Günther: Die Ahndung von NS-Verbrechen in Ostdeutschland 1945–1990. In: Rüter, C. F. (Hg.): DDR-Justiz und NS-Verbrechen. Sammlung ostdeutscher Strafurteile wegen Nationalsozialistischer Tötungsverbrechen. Verfahrensregister und Dokumentenband. München 2002, S. 12–94.

Wietog, Jutta: Volkszählung unter dem Nationalsozialismus. Eine Dokumentation zur Bevölkerungsstatistik im Dritten Reich. Berlin 2001.

Wildt, Michael: Generation des Unbedingten. Das Führungskorps des Reichssicherheitshauptamtes. Hamburg 2002.

Wildt, Michael (Hg.): Nachrichtendienst, politische Elite und Mordeinheit. Der Sicherheitsdienst des Reichsführers SS. Hamburg 2003.

Wilke, Manfred; Theuer, Werner: »Der Beweis eines Verrates lässt sich nicht erbringen«. Robert Havemann und die Widerstandsgruppe Europäische Union. In: Deutschland Archiv 32(1999)6, S. 899–912.

Wille, Manfred: Entnazifizierung in der Sowjetischen Besatzungszone Deutschlands 1945–1948. Magdeburg 1993.

Wolf, Markus: Die Troika. Geschichte eines nicht gedrehten Films. Reinbek bei Hamburg 1995.

Wolf, Markus: Spionagechef im geheimen Krieg. Erinnerungen. München 1997.

Wolf, Markus: Die Kunst der Verstellung. Dokumente, Gespräche, Interviews. Berlin 1998.

Wolf, Stephan: Die »Bearbeitung« der Kirchen in der Sowjetischen Besatzungszone und der DDR durch die politische Polizei und das Ministerium für Staatssicherheit bis 1953. In: Florath, Bernd; Mitter, Armin; Wolle, Stefan (Hg.): Die Ohnmacht der Allmächtigen. Geheimdienste und politische Polizei in der modernen Gesellschaft. Berlin 1992, S. 169–211.

Wolffsohn, Michael: Die Deutschland-Akte. Juden und Deutsche in Ost und West. Tatsachen und Legenden. München 1995.

Wright, Peter; Greengrass, Paul: Spycatcher. Enthüllungen aus dem Secret Service. Berlin 1989.

Wrobel, Halina: Die Liquidation des Konzentrationslagers Auschwitz-Birkenau. In: Hefte von Auschwitz, Nr. 6. Krakow 1962, S. 3–41.

Wulf, Joseph: Das Dritte Reich und seine Vollstrecker. Frankfurt/M., Berlin, Wien 1984.

Wysocki, Gerhard: Lizenz zum Töten. Die »Sonderbehandlungs«-Praxis der Stapo-Stelle Braunschweig. In: Paul, Gerhard; Mallmann, Klaus-Michael (Hg.): Die Gestapo im Zweiten Weltkrieg. »Heimatfront« und besetztes Europa. Darmstadt 2000, S. 237–254.

Yahil, Leni: Die Shoah. Überlebenskampf und Vernichtung der europäischen Juden. 1. Aufl., München 1998.

Zeidler, Manfred: Stalinjustiz contra NS-Verbrechen. Die Kriegsverbrecherprozesse gegen deutsche Kriegsgefangene in der UdSSR in den Jahren 1943–1952, Kenntnisstand und Forschungsproblem. Dresden 1996.

Zentner, Christian; Bedürftig, Friedemann (Hg.): Das große Lexikon des Dritten Reiches. München 1985.

Zieba, Anna: Die »Geflügelfarm Harmense«. In: Hefte von Auschwitz Nr. 11. Oswiecim 1970.

Zolling, Hermann; Höhne, Heinz: Pullach intern. General Gehlen und die Geschichte des Bundesnachrichtendienstes. Hamburg 1971.

Personenregister

Abs, Hermann Josef 177
Achenbach, Ernst 125, 288
Adenauer, Konrad 58, 75 f., 80, 277 f., 289, 294
Albrecht, Rosemarie 344 f., 347
Allers, Dietrich 337, 344, 347, 350
Alster, Antoni 182
Aly, Götz 13, 19, 22
Anhalt, Hans 359
Arlt, Fritz 285
Asbach, Hans-Adolf 182
Assmann, Arno 205

Bachmann, Otto 200
Bach-Zelewski, Erich von dem 268
Bär, Erich 182 f.
Barteldt, Paul 358
Barth, Heinz 127, 130–142
Bartsch, Karl-Heinz 87
Bästlein, Klaus 85
Bauer, Horst 140, 390
Beater, Bruno 164, 166, 313, 369 f.
Becher, Johannes R. 291
Becker, Herbert 336–340
Beckmann, Paul 162
Behrendt, Liselotte 158
Beitz, Berthold 182
Benjamin, Hilde 58 f., 332
Berg, Hermann von 411
Bergner, Thomas 75
Bernhard, Heinrich 278
Best, Werner 214, 314
Beyerlein, Friedrich 41
Bielesch, August 261–265
Bienert, Franz 199, 206 f.
Blaschke, Adolf 331
Blecha, Kurt 292
Blochwitz, Herbert 204 f.
Blösche, Josef 367 f.
Bochow, Herbert 204
Boden, Otto 199–205
Boger, Wilhelm 251
Böhm, Werner 214
Bohne, Gerhard 344, 347, 349 f.
Borchert, Karl-Heinz 131–134
Borrmann, Gustav 96
Boss, Elena 246
Bouard, Michel de 385 f.
Bovensiepen, Otto 404
Brandt, Karl Georg 368
Brandt, Willy 227, 409, 411
Braune, Fritz 329
Braune, Wilhelm 320, 330
Broad, Pery 251, 256
Brown, Irving 314
Browning, Christopher 118, 217
Buhl, Hans 212
Bunke, Heinrich 348
Bürgemeister, Ernst 200
Burger, Wilhelm 252
Bürger, Willi 284
Busch, Heinz 254
Busse, Horst 138, 141 f.
Bütefisch, Heinrich 72
Butzke, Natascha 72

Canaletto 168
Catel, Werner 72, 332–336
Charisius, Albrecht 317
Clemens, Johannes 32, 308, 313 f.
Coburger, Karli 286, 347 f., 387

Dahlem, Franz 147
Darwin, Charles 167
Dauer, Wilhelm 386 f.
Dayan, Moshe 407
Degenberger, Ernst 121
Deloncle, Eugène 303–305
Diamant, Adolf 206
Dibelius, Otto 163 f.
Dieckmann, Christoph 221
Dobberke, Walter 404
Dohnanyi, Hans von 294
Drabant, Herbert 362
Drechsler, Erich 344
Dressler-Andress, Horst 47 f.
Dünow, Hermann 143, 146, 148
Dürer, Albrecht 168
Düx, Heinz 340
Dyleweski, Klaus 251

Ebert, Wilhelm 322
Eichmann, Adolf 80 f., 227
Eisert, Wolfgang 39
Emilius, Rudolf 64 f.
Endesfelder, Siegfried 192

Endruweit, Klaus 348
Erler, Fritz 160, 227, 409–412

Falkowski, Stefan 268
Felfe, Heinz 31 f., 309, 313 f., 317
Fendler, Lothar 320
Feucht, Adolf 268
Fischer, Horst 88, 100, 259, 359 f., 397
Fister, Rolf 133, 187
Flick, Friedrich 76
Fomferra, Heinrich 150, 157
Foth, Carlos 90, 337
Fraenkel, Ernst 14
Frank, Willi 356
Frehse, Walter 327
Frei, Norbert 17
Freisler, Roland 42, 79, 196
Fricke, Karl Wilhelm 18
Fröhlich, Paul 65
Frohn, Heinrich 121
Fruck, Hans 295, 307
Fuchs, Alois 274
Fuchs, Wilhelm 270

Gaida, Wilhelm 51
Galle, Otto 205
Gefroi, Hugo 143, 145
Gehlen, Reinhard 31, 62 f., 307, 317
Gentz, Werner 144
Gerstenmaier, Eugen 163 f.
Gieseke, Jens 21
Gille, Alfred 182
Globke, Hans 71, 80–82, 90–92, 94, 100, 153, 164
Goebbels, Joseph 151 f., 407
Goercke, Kurt 320, 326–328
Göring, Franz 297–299
Grabitz, Helge 21, 126, 389
Grabner, Maximilian 264
Grafe, Hellmut 199, 205 f.
Gremliza, Hermann L. 404
Grimme, Adolf 311
Groehler, Olaf 43
Grohmann, Josef 63
Großkopf, Richard 145
Großmann, Ernst 70, 87
Grotewohl, Otto 58
Groth, Heinrich 217 f., 221 f.
Grundig, Lea 392, 395 f.
Grundmann, Walter 163
Günther, Hans 89

Haak, Walter 205
Haberland, Ernst 288
Hagen, Herbert 125, 302
Hagen, Wilhelm 286
Haid, Bruno 145–150
Halle, Günter 75, 96, 171, 193, 347 f.
Hallervorden, Julius 72, 352
Hanelt, Gustav 280, 282
Harder, Kurt 224–228
Harnack, Arvid 311
Hartmann, Wolfgang 291
Hartwig, Max 87
Hass, Karl 311
Havemann, Robert 146, 407 f.
Hebold, Otto 336–338, 343 f.
Hefelmann, Hans 344
Hegener, Richard von 332
Heidenreich, Gerhard 392, 396
Heine, Bernd 135, 138, 140
Heine, Heinrich 167
Heinemann, Gustav 315
Heinitz, Walter 89, 193, 338, 384
Heinrich, Herbert 289
Heinrichsohn, Ernst 125, 302
Helemann, Heinz 369–373
Helm, Erwin 69
Hempel, Hans-Christoph 333–336
Henke, Klaus-Dietmar 28
Hensel, Albert 204
Herf, Jeffrey 15, 82
Herrmann, Günther 320, 329
Heuchert, Georg 266, 269 f., 361–366
Heyde, Werner 336, 340, 342–344
Heydrich, Reinhard 208, 302, 305
Heyns, Harald 373, 375–391
Hielscher, Margarete 344–346
Himmler, Heinrich 31, 364
Hitler, Adolf 193, 277, 286, 299, 305, 363, 407
Hoare, Samuel 305
Hoffmann, Peter 199
Höhne, Heinz 62
Hollitzer, Tobias 181
Honecker, Erich 51 f., 139
Höpfner, Günter 223
Höß, Rudolf 184, 251, 264
Hössler, Franz 257
Hothorn, Alfred 127–130, 389
Houstek-Erber, Josef 252
Humboldt, Alexander von 167
Hummitzsch, Manfred 398, 400
Husseini, Mohammed Amin el- 304

Jäger, Karl 219
Jamin, Erich 158, 171

Kaduk, Oswald 251
Kaminski, André 11
Kanter, Hans-Adolf 281
Karoos, Paul 154, 159, 166

Kaufmann, Adolf Gustav 348, 350
Kaul, Friedrich 81, 85, 88, 252, 341, 347–350, 354, 360, 395
Keilson, Grete 147
Keller, Hermann (Peter) 303 f.
Kessler, Heinz 188
Kiefel, Josef 307
Kienberg, Paul 107, 334, 340
Kiep, Otto 196
Kiesinger, Kurt Georg 175
Kinder, Johannes 33, 249–251
Klarsfeld, Beate 283
Klarsfeld, Serge 126, 283
Kleinjung, Karl 254
Klenner, Hermann 87
Kling, Willy 68–73
Kloos, Gerhard 346 f.
Knabe, Hubertus 22
Knochen, Helmut 278 f., 302–305
Komorowski, Tadeusz 268
König, Walter 328
Kopf, Achim 390
Korthaus, Bruno 279 f.
Kostrowski, Arnold 249
Kott, Stephan 390
Kraft, Waldemar 182
Kramer, Erich 269, 315
Kramer, Fritz 407
Krase, Willy 324, 328
Krauch, Albert 72
Krichbaum, Wilhelm 31
Krüger, Hans 82
Kuckhoff, Adam 311
Kühn, Detlef 287
Kurowsky, Fanny 196

Landgraf, Frieda 205
Langbein, Hermann 254
Langer, Edmund 86 f., 368
Lannoy, Arnold de 280, 282 f.
Läritz, Willy 240–244
Lasky, Melvin J. 56
Laufer, Paul 143 f., 146, 149
Lauterwald, Helmut 293
Leber, Annedore 56
Lechner, Joseph 367
Leipold, Roland 176
Lemmer, Ernst 78, 315 f., 402, 411
Lenski, Arno von 50 f.
Leo, Gerhard 117, 281–283
Liebe, Siegfried 335 f.
Liebehenschel, Arthur 264
Liebewirth, Gunter 383
Lischka, Kurt 125 f., 302, 304, 388
Lohse, Hinrich 219
Löwenthal, Gerhard 56, 401–407
Lübke, Heinrich 82, 84, 315
Ludwig, Hans 216

Mader, Julius 24, 75, 298 f., 313, 315, 317
Mahnke, Horst 314, 363
Mally, Karl 367–369
Markert, Rolf 192
Martin, Robert 380, 388
Marx, Karl 151
Matern, Hermann 52, 68, 117
Matern, Jenny 197
Matzke, Arno 204
Mauthe, Erich 265–270, 366
Mekelburg, Heinz 192
Melsheimer, Ernst 59, 332
Melzer, Walter 178
Mende, Erich 289 f.
Mengele, Josef 72, 359
Meyer-Seitz, Christian 37
Michalke, Herbert 40
Mielke, Erich 35 f., 55, 59–62, 77, 81, 88, 91–96, 102, 112 f., 118, 134, 140, 147, 160, 167, 171 f., 176, 179, 182, 188, 222, 290, 296, 307, 311, 332, 337, 345, 349, 355, 360, 405, 408, 410 f.
Moczar, Mieczyslaw 290
Molotow, Wjatscheslaw M. 58
Moritz, August 277–284, 302
Mothes, Kurt 71
Mühlpforte, Robert 297, 312
Mulka, Robert 251, 360
Müller, Erich 363
Müller, Hans 53 f.
Müller, Liselotte (s. auch Behrendt, L.) 166
Müller, Marianne 227
Müller, Wilfried 216
Munkwitz, Günther 336 f., 340–342
Muregger, Dietrich 114, 138–140, 407
Mutschmann, Martin 166

Naumann, Werner 288
Nestler, Ludwig 176
Neubert, Gerhard 252
Neumann, Franz 216
Niemann, Beate 412
Nienkirch, Staatsanwalt 384
Nippert, Erwin 117
Norden, Albert 74 f., 77, 80, 83, 315, 348
Nosske, Gustav Adolf 361, 363
Nuschke, Otto 40

Oberg, Carl-Albrecht 379
Oberländer, Theodor 22, 71, 77 f., 100, 182
Oberreich, Otto 127, 130
Oebsger-Röder, Rudolf 214
Opitz, Max 203

Paul, Walter 319-331
Pchalek, Gerhard 86
Petrov, Nikita 29
Pieck, Wilhelm 58
Piehl, Johannes 123
Pischtan, Oskar 270
Poteranski, Wacław 182
Priebke, Erich 312
Przybylski, Peter 117, 141
Puhr, Roland 70
Pusch, Friederike 351 f.

Ramme, Alwin 118
Rathenau, Walter 152
Reckzeh, Paul 196–199
Reese, Mary Ellen 309
Rehahn, Arne 91, 170 f.
Reichel, Helmut 373, 386
Reiser, Heinrich Josef 310 f.
Rentzsch, Martin 351 f.
Reschke, Max 404
Ribbentrop, Joachim von 364
Riccius, Eberhard 128
Richter, Kurt 44
Richter, Rolf 310 f.
Rogalsky-Wedekind, Erwin 207–217
Rögner, Adolf 252, 256
Rohrscheidt, Kurt von 306, 313
Rosenbach, Schloime 11
Rosenberg, Alfred 158
Roßbach, Martin 354 f.
Rottka, Hans-Ulrich 40
Rüter, Christian Frederik 14

Saefkow, Anton 150
Sattler, Bruno 412
Sawade, Fritz 336, 344
Scharf, Bischof Kurt 164
Scheer, Diethelm 358
Schellenberg, Walter 303, 305, 316
Schenk, Johannes 344–347
Scherpenberg, Albert Hilger van 196
Schilling, Adolf 259, 261
Schilling, Franz 245–248
Schimmerohn, Heinz 300
Schindler, Johannes 342
Schirdewan, Karl 149, 157
Schlosser, Kurt 205
Schmidt, Carlo 227
Schmidt, Fritz 297 f., 314
Schmidt, Henry 116
Scholl, Hans 189
Scholl, Sophie 189
Scholz, Alfred 61
Schroeder, Klaus 34
Schrübbers, Hubert 175
Schulz, Arno 97, 119, 263, 273
Schulz, Leo 279
Schulz, Robert 293
Schulze, Fritz 204
Schulze-Boysen, Harro 311
Schumacher, Kurt 404
Schumann, Heinz 158
Schumann, Kurt 86
Schumann, Walter 127 f.
Schüßler, Staatsanwältin 397
Schuster, Albert 33, 121–123
Schütte, Friedrich 297, 314
Schwabe, Harry 201 f.
Schwabe, Rolf 100
Schwarzwäller, Ernst-Jochen 292–301, 307, 314, 318
Seebohm, Hans-Christoph 78
Seigewasser, Hans 149
Sélitrenny, Rita 21
Settnik, Josef 251–256, 258–261
Siebert, Friedrich 285
Sindermann, Horst 201, 203
Sindermann, Kurt 201, 204
Six, Franz Alfred 278, 314
Skiba, Dieter 19 f., 62, 104, 161, 184, 190, 353, 405 f.
Skorzeny, Otto 314
Smolen, Kazimierz 253
Solf, Johanna 196
Somann, Otto 294, 302, 307
Sommer, Hans 294, 296, 301–318
Spatz, Hugo 72
Speidel, Hans 76
Spilker, Alfred 266–269, 271
Stahl, Wilhelm 272–275
Stein, Karl 203
Steinbacher, Karl 214
Stinnes, Hugo 288
Stolze, Lothar 91, 100–102, 130, 140, 348 f., 355, 387, 399, 405, 410, 412
Stoph, Willi 158, 394
Streit, Josef 88, 90 f., 93 f., 135, 337, 355–357, 411
Stroh, Huldreich 143, 148, 150
Strübing, Johannes 226
Studanski, Rudolf 179 f.
Stülpnagel, Otto von 302, 304
Stumpf, Richard 176

Thadden, Elisabeth von 196
Thälmann, Ernst 21, 117
Thedieck, Franz 78
Theuer, Werner 146
Thiele, Georg 150
Thiemig, Günter 382 f., 386 f.
Thomas, Max 302–305

Thurm, Reiner 382
Tiebel, Erwin 32, 314
Timm, Franz 216 f.
Träger, Helmut 308
Trettner, Heinz 82

Uhlenhaut, Heino 244
Ulbricht, Walter 41 f., 60, 67, 70, 79, 81, 83, 87, 146 f., 278, 394
Ullmann, Erich 127
Ullrich, Aquilin 348

Ventski, Werner 182
Verschuer, Otmar Freiherr von 72
Vick, Paul 191
Vorberg, Reinhold 344, 347, 350

Wachholz, Kurt 114
Wachs, Philipp-Christian 22
Wackerow, Edwald 205
Wagenbreth, Rolf 97
Wagenlehner, Günther 221
Wagner, Helmut 270–272
Wagner, Kurt 36
Walter, Heinz 323–325
Walter, Paul 320–331
Wegner, Bernd 153
Wehlen, Uwe 279, 282
Wehner, Herbert 227, 291
Weichert, Thilo 21
Weikert, Martin 160, 166
Weiland, Alfred 221
Weineck, Arthur 205
Weinke, Annette 14 f., 22, 182
Weirauch, Lothar 284–292
Welke, Georg 148
Wenzel, Richard 171
Werkentin, Falco 21
Weser, Arno 201–204
Wieland, Günther 17, 20, 25, 132, 135, 251, 340, 386 f.
Wiesenthal, Simon 19, 407
Wilcke, Herbert 242
Windisch, Gernot 337
Winkler, Hans-Jürgen 126, 131, 134, 386 f.
Winzer, Otto 91
Wischer, Gerhard 42, 336 f.
Witossek, Walter 368
Woite, Herbert 389
Wolf, Markus 21, 117, 182, 277 f., 280, 289–292, 316 f., 405 f., 409, 411
Wolff, Georg 314
Wolff, Jeanette 56
Wollweber, Ernst 51, 60, 64, 192

Zaisser, Wilhelm 46, 53, 150
Zank, Horst 387
Zarden, Irmgard 196
Ziegler, Walter 352
Zolling, Hermann 62